ISBN: 9781314636666

Published by:
HardPress Publishing
8345 NW 66TH ST #2561
MIAMI FL 33166-2626

Email: info@hardpress.net
Web: http://www.hardpress.net

Kritisch-exegetischer Kommentar über das Neue Testament
begründet von Heinr. Aug. Wilh. Meyer

Dritte Abteilung — 9. Auflage

Die Apostelgeschichte

Von der 5. Auflage an neu bearbeitet

von

D. Hans Hinrich Wendt
o. Professor in Jena

Göttingen

Vandenhoeck & Ruprecht

1913

Frühere Auflagen dieses Kommentars:

1. Aufl. von H. A. W. Meyer	.	.	1835.
2.	„	„	„	„	„	.	.	1854.
3.	„	„	„	„	„	.	.	1861.
4.	„	„	„	„	„	.	.	1869.
5.	„	neu bearb. v. H. H. Wendt	1880.
6. resp. 7.	„	„	„	„	„	1888.
8. Aufl.	„	„	„	„	„	1899.

Univ.-Buchdruckerei von E. A. Huth, Göttingen.

Vorwort.

Die vorige Auflage dieser Abteilung des Meyer'schen Kommentars wurde von mir im Herbste des Jahres 1898 fertiggestellt. Inzwischen ist der Apostel= geschichte wieder eine reiche, vielseitige wissenschaftliche Arbeit gewidmet ge= wesen. Ich habe mich bemüht, diese Arbeit für die Neuauflage gehörig zu verwerten, um den Kommentar dem gegenwärtigen Stande der Forschung entsprechend zu machen.

Leider ist das Werk von Eduard Norden, Agnostos Theos, Unter= suchungen zur Formengeschichte religiöser Rede, Berlin 1913, erst erschienen, als in meinem Kommentar die Erklärung von K. 17 schon fertig gedruckt war. Ich konnte nur gerade noch bei der letzten Korrektur den Titel des Werkes in die Anmerkung auf S. 254 einfügen. Deshalb möchte ich an dieser Stelle nachdrücklich auf das Werk hinweisen. Es enthält eine eingehende philologisch= historische Untersuchung nicht nur des Begriffes ἄγνωστος θεός, sondern der ganzen Areopagrede des Paulus AG 17 22ff. und bespricht darüber hinaus= gehend auch die literarische Komposition der Apostelgeschichte im ganzen. Hätte ich das Werk vorher gekannt, so würde meine Beurteilung der Areopagrede anders ausgefallen sein: ich würde die Annahme, daß ein Grundbestand dieser Rede aus der Hauptquelle der Apostelgeschichte stamme, nicht aufrecht erhalten haben. Denn Norden hat meines Erachtens in überzeugender Weise dargetan, daß in dieser Rede gewisse charakteristische Gedankenelemente stoischer Herkunft, die bei der religiösen Propagandarede damals in verbreitetem Gebrauch waren, verarbeitet und mit alttestamentlichen Gedanken verbunden sind. Auch die Anknüpfung an die Altarinschrift: ἀγνώστῳ θεῷ scheint nicht ein origi= nelles Element in der Rede zu sein. Aus der großen Verwandtschaft dieses Einleitungsmotivs der Rede mit den von Philostratus überlieferten Äuße= rungen des Apollonius von Tyana über die Vorliebe der Athener für Götter= kulte aller Art und speziell auch über das Vorhandensein von „Altären un= bekannter Gottheiten" in Athen, zieht Norden wohl mit Recht den Schluß, daß hier nicht nur eine interessante Analogie, sondern eine literarische Ab= hängigkeit vorliegt. Der Verfasser der Apostelgeschichte müsse entweder die von Philostratus benutzte Schrift des Apollonius περὶ θυσιῶν oder eine Apollonius=Biographie, in der über diese Schrift noch genauer referiert war, als es bei Philostratus geschehen ist, gekannt und ihr jenes Redemotiv ent= nommen haben. Dann findet zugleich die Tatsache ihre Erklärung, die mir

immer als wichtigſtes Anzeichen für die gute Überlieferung eines Grundbe=
ſtandes der Rede AG 17₂₂ff. erſchienen iſt, daß nämlich dieſe Rede, die offenbar
als Typus einer anknüpfenden Miſſionsrede des Paulus im gebildeten Hellas
mitgeteilt wird, in Athen ſtattfindet, obwohl in der Apoſtelgeſchichte von einem
größeren Miſſionserfolge des Paulus gerade in dieſer Stadt nichts zu be=
richten war. Jene Apollonius=Schrift περὶ θυσιῶν hatte in Athen ihren
Schauplaß. Norden ſagt mit Recht, daß die Predigt des Paulus in Athen
auch für denjenigen, der ſie nicht für authentiſch pauliniſch halten kann, in=
ſofern ihre weltgeſchichtliche Bedeutung behält, als ſie auf chriſtlichem Boden
zum erſten Mal jene Verbindung ſtoiſcher und altteſtamentlich=prophetiſcher
Gedankenelemente zeigt, welche dann zu einer bedeutſamen Tradition im
Chriſtentum geworden iſt (S. 126 f.). — Durch die Modifikation meines Ur=
teils über die Areopagrede wird meine Beurteilung der Apoſtelgeſchichte im
übrigen, insbeſondere meine Auffaſſung des Verhältniſſes der Apoſtelgeſchichte
zur Hauptquelle, nicht berührt. Ich freue mich in dieſer Auffaſſung im großen
und ganzen mit Norden zuſammenzugehen. Die von ihm beigebrachten lite=
rariſchen Analogieen zu der Verflechtung von Erzählungsabſchnitten in erſter
Perſon mit ſolchen in dritter Perſon in der Apoſtelgeſchichte und ſchon in
ihrer Hauptquelle (S. 313 ff.) ſind ſehr lehrreich.

Die eben jetzt erſchienene Erklärung der Apoſtelgeſchichte von E. Preuſchen
in Lietzmanns „Handbuch zum Neuen Teſtament" habe ich nicht mehr ver=
werten können.

Hinſichtlich der äußeren Anordnung meines Kommentars bemerke ich,
daß alles auf die Quellenkritik und die Textkritik Bezügliche in der Form von
Anmerkungen gegeben iſt, mit Ausnahme ſolcher kleiner Bemerkungen, die ſich
kürzer in den Haupttext einflechten ließen. Ausführlichere Erörterungen
hiſtoriſch=kritiſcher Art über das Sachliche des Berichtes der Apoſtelgeſchichte
ſind als Exkurſe durch beſonderen Satz von der Texterklärung unterſchieden.

Der Text von Tiſchendorfs Editio VIII iſt zu Grunde gelegt, ſoweit
nichts anderes bemerkt iſt.

Jena, 12. Januar 1913.

Hans Hinrich Wendt.

Einleitung.

§ 1.

Literatur zur AG. im allgemeinen[1].

a. Wesentlich auf die Texterklärung bezügliche Werke[2].

Chrysostomus, Homiliae (55) in Acta Ap., op. ed. Montfaucon IX, Par. 1731.
²1837; Migne, Patrol. Gr. 60.

Oecumenius (Catena), Commentaria in Act. Ap., interprete Hentenio ed. Morellus, Par. 1630; Migne, Patr. Gr. 118.

Theophylactus, Explicationes in Act. Ap., ed. Finetti III, Venet. 1758; Migne, Patr. Gr. 125.

Catena in Act. Ap. ed. Cramer, Oxon. 1838.

Beda, Expositio in Act. Ap.; Retractationes in Act. Ap., Op. (Col. Agr. 1688) V. VI.[3]

Erasmus, Paraphrasis in Act. Ap., Basil. 1524.

Bullinger, Comment. in Act. Ap., Tiguri 1533.

Calvinus, Comment. in Act. Ap., Genev. 1560.

Beza, Annot. in N. T., 1565.

Grotius, Annot. in N. T. V, Par. 1644; nov. ed. Groning. 1828.

Limborch, Comment. in Act. Ap., Rotterd. 1711.

Heumann, Erkl. d. NT., V u. VI, Hann. 1753.

Chr. Walch, Dissert. in Act. Ap., Jen. 1756—61.

S. F. N. Morus, Versio et explic. Act. Ap., ed. Dindorf, Lips. 1794.

Bolten, die Gesch. d. App. übers. u. mit Anm., Altona 1799.

---

1. Die hier aufgeführten Werke werden weiterhin, soweit es ohne Undeutlichkeit geschehen kann, nur mit dem Namen des Vf.s und beigefügter Seitenzahl zitiert, die Kommentare ohne Seitenzahl.

2. Ein vollständiges Verzeichnis der Kommentare über die AG. aus der alten griechischen Kirche, von denen wir Kunde haben, gibt E. v. Dobschütz in: The American Journal of Theology, Apr. 1898 S. 373 f., bei Gelegenheit seiner Publikation eines Prologs zur AG., der wahrscheinlich einem Kommentar des Theodor von Mopsuestia über die AG. zugehörte. Die weitere ältere Literatur bis zum Anfang des 18. Jahrh.s ist, worauf ebenfalls v. Dobschütz a. a. O. hinweist, sehr genau zusammengestellt von J. A. Fabricius, Salutaris lux evangelii, Hamb. 1731 S. 71—83. Die neuere Literatur vom J. 1881 an verzeichnet der Theol. Jahresbericht. Vgl. auch die Referate in ThR über „AG. u. apost. Zeitalter" von Clemen 1898 S. 37 ff., 1900 S. 50 ff., 1901 S. 66 ff., 1903 S. 79 ff., 1904 S. 278 ff.; von Bousset 1908 S. 185 ff.; von Bauer 1909 S. 459 ff., 1911 S. 269 ff.

3. Das erstere Werk ist unecht, das zweite wahrscheinlich echt. Vgl. Schoell, Art. „Beda" in R. E.³ II S. 511.

J. O. Thieß, Luk. AG. neu überſ. mit Anm., Gera 1800.

J. H. Heinrichs, Act. Ap. illustr., Gott. 1809 (N. T. ill. J. P. Koppe vol. III).

Ch. G. Kuinoel, Comment. in libr. N. T. hist. IV, Lips. 1818, ²1827.

T. W. Hildebrand, Geſch. der App. Jeſu exeg.=hermen., Leipz. 1824.

(Olsh. =) H. Olshauſen, bibl. Comm. II, 3, Königsb. 1833; ⁴1862 umgearb. v. Ebrard.

(Mey. =) H. A. W. Meyer, krit. exeg. Handb. über d. AG., Gött. 1835, ⁴1870.

(de W. =) W. M. L. de Wette, kurze Erkl. d. AG., Leipz. 1838, ³1846, ⁴1870 bearb.
v. (Overb. =) Fr. Overbeck.

J. Th. Beelen (kath.), Comm. in Act. Ap., Lov. 1850, ²1870.

(Baumg. =) M. Baumgarten, d. AG. ob. d. Entwicklungsgang d. Kirche v. Jer. bis
Rom, Braunſchw. 1852, ²1859.

H. B. Hackett, Comm. on the Acts of the Ap., Bost. 1852.

G. V. Lechler, d. AG., in J. P. Langes Bibelwerk, NT. V, Elberf. 1860, ⁴1881.

A. Bisping (kath.), Erkl. d. AG., Münſt. 1866, ²1871.

H. Ewald, die 3 erſt. Evang. u. d. AG. (Bücher d. N. B. I) 2. Hälfte, ²Gött. 1872.

J. P. Gloag, Comm. on the Acts of the Ap., Edinb. 1870.

J. A. Alexander, the Acts of the Ap., NewYork ³1875.

(Nösg. =) C. F. Nösgen, Komm. über d. AG., Leipz. 1882.

J. R. Lumby, the Acts of the Ap., Cambr.=Lond. 1885.

(Zöckl. =) O. Zöckler, d. AG., im kurzgef. Komm., NT. II, Münch. 1866, ²1894.

F. Bethge, die paulin. Reden d. AG., Gött. 1887.

(Hltzm. =) H. Holtzmann, d. AG. im Hand=Komm. 3. NT. I, Freib. 1889, ³1901.

(Jäg. =) G. Jäger, Gedanken u. Bem. 3. AG., 3 Hefte, Leipz. 1891–95.

(Felt. =) J. Felten (kath.), d. AG., Freib. 1892.

(B. Wß =) B. Weiß, d. AG., textkrit. Unterſuchungen und Textherſtellung (TU IX,
3. 4), Leipz. 1893; der Cod. D in d. AG., textkrit. Unterſ. (TU XVII, 1),
Leipz. 1897.

F. Blaß, Acta Ap., editio philologica, Gött. 1895; Acta Ap. sec. formam quae
videtur romanam, Lips. 1896¹.

J. Belſer (kath.), Beiträge 3. Erklärung d. AG. auf Grund der Lesarten des Cod. D
und ſ. Genoſſen, Freib. 1897.

(Hilgf. =) A. Hilgenfeld, Acta Ap. graece et latine sec. antiquissimos testes,
Berol. 1899.

J. M. S. Baljon, Commentaar op de Handelingen der Apostelen, Utrecht 1903.

R. Knopf, d. AG. in: Schriften d. NT., herausg. v. J. Weiß, I 1906.

b. Weſentlich auf das literarkritiſche Problem bezügliche Werke.

(Schneckenb. =) M. Schneckenburger, über d. Zweck d. AG., Bern 1841.

(Br. =) F. Chr. Baur, Paulus d. Ap. Jeſu Chr., Stuttgart 1845, ²Leipz. 1866.

E. A. Schwanbeck, über d. Quellen d. Schriften d. Lk. I (über die Quellen d. AG.),
Darmſt. 1847.

Br. Bauer, d. AG. eine Ausgleichung d. Paulinismus u. Judent., Berl. 1850.

(Zell. =) E. Zeller, d. AG. nach Inhalt u. Urſprung kritiſch unterſucht, Stuttg. 1854.

E. Lekebuſch, d. Kompoſ. und Entſtehung d. AG., Gotha 1854.

A. Kloſtermann, Vindiciae Lucanae s. de itinerarii in libr. Act. asservati
auctore, Gott. 1866.

A. König (kath.), die Echtheit d. AG., Bresl. 1867.

K. Schmidt, die AG. unter d. Hauptgeſichtspunkt ihrer Glaubwürdigkeit, I Erl. 1882.

A. Jacobſen, die Quellen d. AG., Progr., Berl. 1885.

W. C. van Manen, Paulus I (de handelingen der Apostelen), Leid. 1890.

M. Sorof, d. Entſtehung d. AG., Berl. 1890.

(Sp. =) F. Spitta, d. AG., ihre Quellen u. deren geſchichtl. Wert, Halle 1891.

---

1. Wenn B. Wß u. Blaß ohne weiteren Zuſatz zitiert werden, ſind die hier an
erſter Stelle genannten Werke von B. Weiß u. Blaß gemeint.

p. Feine, Vorkanon. Überlieferung d. Lk. in Ev. u. AG., Gotha 1891.

C. Clemen, d. Chronologie d. paul. Briefe, Halle 1893; d. AG. im Lichte der neueren text=, quellen= u. hist.=krit. Forschungen, Gießen 1905.

(Jgst =) J. Jüngst, d. Quellen d. AG., Gotha 1895.

(Hilgf. =) A. Hilgenfeld, d. AG. nach ihren Quellenschriften untersucht, in ZwTh 1895. 96.

(J. Wß =) Joh. Weiß, über die Absicht u. den literarischen Charakter d. AG., Gött. 1897.

A. Pott, d. abendländ. Text d. AG. u. die Wir=Quelle, Leipz. 1900.

F. H. Chase, the credibility of the book of the Acts of the Ap., London 1902.

A. Harnack, Beiträge zur Einleitung in d. NT.: I. Lukas der Arzt, der Vf. des dritten Ev. u. d. AG., Leipz. 1906; III. Die AG., Leipz. 1808; IV. Neue Untersuchungen zur AG. u. zur Abfassungszeit d. synopt. Evv., Leipz. 1911[1].

H. Koch, d. Abfassungszeit des lukan. Geschichtswerkes, Leipz. 1911.

c. Wesentlich auf die apostolische Geschichte bezügliche Werke.

K. Schrader, d. Ap. Paulus, Leipz. 1830—36.

A. Neander, Gesch. d. Pflanzung und Leitung d. christl. K. durch die App., Hamb. 1832, [5]1862.

A. F. Gfrörer, Gesch. d. Urchristentums, Stuttg. 1838.

(Schwegl. =) F. C. A. Schwegler, d. nachapost. Zeitalt., Tüb. 1846.

(Wiesel. =) K. Wieseler, Chronologie d. apost. Zeitalt., Gött. 1848.

A. Ritschl, die Entstehung der altkathol. Kirche, Bonn 1850, [2]1857.

G. V. Lechler, das apost. u. nachapost. Zeitalter, Stuttg. 1851, [3]Karlsr. 1885.

H. W. J. Thiersch, d. Kirche im apost. Zeitalt., Augsb. 1852, [3]1879.

J. P. Lange, d. apost. Zeitalt., Braunschw. 1853. 54.

H. Ewald, Gesch. d. apost. Zeitalt. (Gesch. d. Volkes Isr. VI), Gött. [3]1868.

Conybeare and Howson, Life and Epistles of St. Paul, Lond. 1860; new ed. 1880.

E. Renan, les Apôtres, Par. 1866; St. Paul, Par. 1869.

Ch. F. Trip, Paulus nach der AG., Leid. 1866.

J. R. Oertel, Paulus in der AG., Halle 1868.

M. Krenkel, d. Ap. Paulus, Leipz. 1869; Beiträge z. Aufhellung der Gesch. u. der Br. d. Ap.s P., Braunschw. 1890.

A. Sabatier, l'apôtre Paul, Par. 1870, [3]1896.

A. Hausrath, Neut. Zeitgeschichte, II u. III, Heidelb. 1872. 74. [2]1875.

J. W. Straatmann, Paul. de Ap. van Jes. Chr., Amst. 1874.

A. J. Th. Jonker, de berichten van de handelingen der Ap., Utrecht 1877.

Th. Keim, aus d. Urchristentum, Zür. 1878.

Th. Lewin, Life and Epist. of St. Paul, [4]1878.

F. W. Farrar, Life and Work of St. Paul, Lond. 1879; the early days of Christianity, Lond. 1882.

Ph. Schaff, History of the Christ. Church I (Apost. Christianity), New=York 1882.

J. Chr. von Hofmann, d. bibl. Gesch. NT.s, herausg. v. Volck (d. h. Schr. NT.s X), Nördl. 1883.

(Weizs. =) C. Weizsäcker, d. apost. Zeitalt. d. christl. K., Freib. 1886, [3]1902.

(Pfleid. =) O. Pfleiderer, d. Urchristentum, Berl. 1887, [2]1902.

C. F. Nösgen, Gesch. d. neut. Offenbarung II (Gesch. d. apost. Verkündigung), Münch. 1892.

W. M. Ramsay, the Church in the Roman empire before a. d. 170, Lond. [3]1894; St. Paul the traveller and the Rom. citizen, Lond. [3]1896 (übers. v. H. Groschke, Gütersloh 1898).

A. C. McGiffert, a history of christianity in the apost. age, Edinb. 1897.

E. von Dobschütz, d. urchristl. Gemeinden. Sittengeschichtl. Bilder, Leipz. 1902; Probleme d. apost. Zeitalters, Leipz. 1904.

---

1. Wenn Harnack blos mit I, III, IV und Seitenzahl zitiert wird, sind diese „Beiträge" gemeint.

C. Clemen, Paulus, sein Leben u. Wirken, 2 Teile, Gießen 1904.

J. H. Ropes, the apostolic age, New York 1906.

(Deißm. =) A. Deißmann, Paulus, eine kultur= u. religionsgeschichtl. Skizze, Tüb. 1911.

H. Achelis, d. Christentum in den ersten drei Jahrhunderten, I, Leipz. 1912.

d. Sonstige, oft zitierte Hilfswerke für die sprachliche und geschichtliche
Erklärung.

(Win. =) G. B. Winer, Grammatik d. neut. Sprachidioms, 7. Aufl. v. Lünemann,
Leipz. 1867.

(Win.=Schmied. =) Winers Gramm. d. nt. Sprachidioms, 8. Aufl. v. P. W. Schmiedel,
Gött. I, II, 1 u. 2, 1894—97.

(Blaß Gr. =) F. Blaß, Grammatik d. neut. Griechisch, Gött. 1896, ²1902.

(Raderm. =) L. Radermacher, neut. Grammatik (Handbuch zum NT., herausg. v. H.
Lietzmann I, 1), Tüb. 1911.

(Deißm. =) G. A. Deißmann, Bibelstudien, Marb. 1895; neue Bibelstudien, Marb.
1897; Licht vom Osten, Tüb. 1908.

(Schür. =) E. Schürer, Gesch. d. jüd. Volks im Zeitalt. Jesu Chr., Leipz. I 1890;
II 1886; ⁴1901—11.

(O. Hltzm. =) Osc. Holtzmann, Neutest. Zeitgeschichte, Freib. 1895, ²1906.

(Wellhaus. =) J. Wellhausen, Israelit. u. jüd. Geschichte, Berl. ²1895.

F. Buhl, Geographie des alten Palästina, Freib. 1896.

A. Jülicher, Einleitung in d. NT., Freib. 1894, ⁶1906.

Th. Zahn, Einleitung in d. NT., 2 Bde, Leipz. 1899; ³1906.

A. Harnack, Mission u. Ausbreitung des Christentums in den ersten drei Jahrhunderten,
Leipz. 1902; ²1906.

P. Wendland, Die hellenist.=röm. Kultur in ihren Beziehungen zu Judent. u. Christent.
Die urchristl. Literaturformen (Handb. z. NT. her. v. H. Lietzmann I, 2, 3), Tüb.
²1912.

§ 2.

Der Inhalt der AG. und das durch ihn gestellte wissenschaftliche Problem.

Die unter dem Titel πράξεις (τῶν) ἀποστόλων, acta apostolorum[1],
überlieferte Schrift gibt sich selbst am Anfange als Weiterführung der im
dritten Evangelium dargestellten Geschichte, von demselben Vf. demselben
Theophilus zugeeignet (1₁)[2]. Nachdem in jenem πρῶτος λόγος die Geschichte

---

1. Bei B, Athan., Euthal. lautet die Überschrift: πράξεις ἀποστόλων; bei vielen
Min. u. Vätern: πράξεις τῶν ἀποστ.; bei ℵ u. einig. Vätern abgekürzt blos: πράξεις.
D u. Hil. haben: πρᾶξις ἀποστόλων; d: actus apostolorum. Bei den latein. Vätern
findet sich das pluralische actus ap. neben der gewöhnlicheren Form acta ap. Vgl.
J. Dent ZNW 1906 S. 92ff.
2. Die Herkunft des 3. Evang.s und der AG. von demselben Vf. wird nicht nur
wegen der ausdrücklichen Bezugnahme auf das Evang. am Anfang der AG., sondern
auch wegen der großen Ähnlichkeit der Sprache und Anschauungsweise in beiden
Schriften im allgemeinen als sicher betrachtet. Wittichen ZwTh 1873 S. 499f., JprTh
1877 S. 652f. und Scholten, het paulin. Ev., übers. von Redepenning 1881 S. 254ff.,
nehmen nur eine letzte Redaktion des 3. Evang.s durch den Vf. der AG. an, haupt=
sächlich wegen einer vermeintlichen Differenz der kirchlichen Standpunkte beider Schriften
(vgl. dagegen Bahnsen JprTh 1879 S. 137f.) Andererseits halten Sorof, Gercke,
Hermes XXIX 1894 S. 373ff. und Hilgf. ZwTh 1898 S. 619ff.; Acta p. 257ss. den
Vf. der AG. nur für den Bearbeiter des δεύτερος λόγος des Lk. Die Gründe für die
Identität des Vf.s des Ev.s und der AG. sind ausführlich dargelegt von J. Friedrich,
das Lk.ev. und d. AG. Werke desselben Vf.s, Halle 1890. Über den einheitlichen
Sprachcharakter der beiden Schriften vgl. besonders: Th. Vogel, Zur Charakteristik des

Jesu bis zu seiner Himmelfahrt erzählt ist, wird in dieser zweiten Schrift die Entwicklung der Gemeinde Jesu zur Zeit der Apostel dargestellt.

Der Inhalt des Buches läßt sich im großen und ganzen in zwei Erzählungsreihen zerlegen. Die eine schildert Begründung und Wachstum, Zustände und Schicksale der ältesten Christengemeinde in Jerusalem und die nach dem Märtyrertode des Stephanus von dieser Urgemeinde aus getanen Schritte zur Ausbreitung des christl. Evangeliums. In dieser Erzählungsreihe stehen Erlebnisse, Taten und Reden des Petrus im Vordergrunde. Die zweite Erzählungsreihe betrifft den Paulus, schildert seine Bekehrung, seine Missionsreisen und seine Gefangenschaft und teilt dabei mehrere Reden von ihm mit. Diese beiden Erzählungsreihen sind nun aber nicht so von einander getrennt, daß die eine aufhört, wo die andere beginnt. In der Mitte des Buches sind sie eng mit einander verflochten. Von der Geschichte des Petr. und der Urgemeinde wird noch Weiteres erzählt, nachdem schon die Anfänge des Paul. berichtet sind. Und die Geschichte des Paul. ist in inneren Zusammenhang gesetzt mit derjenigen der Urgemeinde. Nicht nur sind sein erstes Auftreten und seine Bekehrung verknüpft mit der stephanischen Verfolgung und liegt der Ausgangspunkt seines Missionswirkens in der mit der Urgemeinde in Beziehung stehenden Gemeinde in Antiochia. Sondern die von der Urgemeinde ausgegangene Ausbreitung des Evangeliums und Bekehrung einzelner Heiden ist als bedeutsame Vorbereitung der Heidenmission des Paul. dargestellt; und auf dem Apostelkonvente in Jer. erlangt diese Heidenmission des Paul. feierliche Anerkennung seitens der Urgemeinde.

Wegen dieses Ineinandergreifens der beiden Erzählungsreihen ist es schwer, eine einfache Disposition der AG. zu geben. Die durch die deutliche Zweiheit der Erzählungsreihen nahegelegte Zweiteilung läßt sich formell nicht genau durchführen. Der Vf. der AG. selbst hat auch gewiß garnicht an eine bestimmte sachliche Disposition gedacht. Sein Interesse richtete sich nur darauf, das ihm zur Verfügung stehende, teils auf Petr. und die Urgemeinde, teils auf Paul. bezügliche Material chronologisch zu ordnen (vgl. Jülicher, Einl. § 32, 1). Will man aus praktischen Gründen doch eine Gliederung des Inhalts vornehmen, wird man am besten von dem ersten Teile, der die Anfangsgeschichte der Gemeinde in Jer. gibt, und dem Teile, der die Mission und Gefangenschaft des Paul. schildert, einen mittleren Teil unterscheiden, der die Periode des Übergangs behandelt. In diesen ist die Stephanus-Geschichte 6₁—8₃ einzuschließen, weil sie, wenngleich sie blos in Jer. spielt, in engstem Zusammenhange mit der folgenden Weiterentwicklung des Christentums steht. Andrerseits ist der Schluß dieses Übergangsteiles besser schon nach 12₂₅ als nach 15₃₃ zu machen, weil die Erzählung von der ersten Missionsreise des Paul. K. 13 u. 14 trotz der dann folgenden, zur Urgemeinde zurückführenden Erzählung 15₁—₃₃ aufs engste mit der weiteren Missionsgeschichte des Paul. zusammengehört. Im letzten Teile des Buches liegt zwischen der Erzählung von den Missionsreisen des Paul. und der von seiner Gefangenschaft keine scharfe

Lt. nach Sprache u. Stil, ²1899; J. Hawkins, Horae synopticae, Oxf. 1899, p. 140 ff.; Harnack I S. 72 ff.

Grenze, weder hinter 21₁₄ noch hinter 21₂₆. Am beſten wird man den Haupteinſchnitt beim Schluſſe von K. 19 machen, weil die von 20₁ an ge=ſchilderte Reiſe nach Jer. ſchon ganz zur Vorbereitung der Gefangenſchaft des Paul. gehört[1].

Schon aus dem Geſagten erhellt, daß das Buch keineswegs eine voll=ſtändige Geſchichte der Apoſtel gibt, geſchweige denn eine vollſtändige Ge=ſchichte der chriſtlichen Kirche zur Zeit der App. Die Taten und Geſchicke der meiſten App. bleiben unberückſichtigt. Die ausführlicheren Nachrichten über Petr. beziehen ſich doch nur auf den früheſten Teil ſeiner apoſtol. Wirkſamkeit. Der Bericht über Paul. reicht zwar bis faſt ans Ende ſeines Lebens, iſt aber einerſeits auch für die Hauptperiode ſeines Wirkens ſehr unvollſtändig, wie ſich aus gelegentlichen Angaben ſeiner Briefe erkennen läßt (vgl. beſonders II Kor 11₂₄—12₁₀), und bricht andrerſeits in überraſchender Weiſe ohne eine Mitteilung über den Ausgang ſeines Prozeſſes und Lebens ab. Über die Zu=ſtände der Gemeinden Paläſtinas hören wir, ſeit von der Heidenmiſſion des Paul. die Rede iſt, nur ſoweit noch etwas, als die Geſchichte des Paul. dazu Anlaß bietet. Die nicht von Paul. ſelbſt vollzogene Miſſion, auch die Stiftung einer ſo wichtigen Gemeinde, wie der römiſchen, bleibt unerwähnt. Über die inneren Einrichtungen und Entwicklungen der Gemeinden wird, abgeſehen von der Schilderung der Anfangszuſtände der Gemeinde in Jer., faſt nichts be=richtet. Die ſchweren Kämpfe des Paul. innerhalb ſeiner Gemeinden gegen judaiſtiſch=chriſtliche Gegner ſeines Heidenmiſſionswerkes, Kämpfe, von deren Bedeutung ſeine Briefe zeugen, werden übergangen. Dieſen auffallenden Lücken des Geſchichtsberichtes ſteht die Tatſache gegenüber, daß die mitge=teilten Ereigniſſe zum Teil ſehr umſtändlich geſchildert ſind mit Anführung auch von Unterhaltungen und größeren Reden.

Als beſonders merkwürdig tritt in dem Inhalte der AG. der Umſtand hervor, daß die Erzählung in einigen Abſchnitten in der erſten Perſon Plura=lis geſchieht. Hierdurch wird angedeutet, daß der Erzähler bei dem Erzählten ſelbſt beteiligt war. Solche „Wirſtücke“ ſind die Abſchnitte 16₁₀—17. 20₅—15.

---

1. Über die Dispoſition der AG. vgl. Hltzm. ZwTh 1885 S. 444ff. Gegenwärtig nehmen die Meiſten 2 Hauptteile mit je 2 Unterabteilungen an. So Hltzm., Hand=Komm. Einl. I, 3: I. K. 1—12, a) K. 1—5; b) K. 6—12; II. K. 13—28, a) K. 13 bis 21₁₈; b) 21₁₉—28₃₁. Ebenſo Pfleid. S. 549, der nur im zweiten Hauptteile den Einſchnitt vor K. 20 macht, und Zöckl. S. 164, der aber den erſten Unterteil des erſten Hauptteiles von K. 1—7 rechnet. Etwas anders B.Wß S. 75. 126. 194. 254 (vgl. Einl. § 49), der 4 Hauptteile macht: 1) 1₁₅—8₃ Urgemeinde und Tätigkeit der Urapp. in ihr; 2) 8₄—15₃₃ Übergang zur Heidenmiſſion; 3) 15₃₅—21₂₆ Heidenmiſſion des Paul.; 4) 21₂₇—28₃₁ Schickſale des P. als Gefangener. Nach Knopf bilden den erſten Hauptteil K. 1—12, und zwar a) K. 1—8₁a das Chriſtentum auf jüd. Boden; b) 8₁b—12₂₅ Übergang zur Heidenmiſſion; den zweiten Hauptteil K. 13—28, und zwar a) 13₁—21₁₄ Miſſion des Paul. und ſeiner Genoſſen; b) 21₁₅—28₂₈ Gefangen=ſchaft des Paul. Harnack III S. 13ff. betrachtet K. 1—15 als erſten, K. 16—28 als zweiten Teil, bemerkt dabei aber, daß der erſte Teil mit 15₃₅ ſchließt und der Haupt=einſchnitt nach 16₅ liegt; 15₃₆—16₅ ſei Überleitung. Die Dreiteilung mit den oben von mir bezeichneten Grenzen iſt vertreten von Zell. S. 376ff. Ähnlich Baumg., der aber den mittleren Teil nicht mit K. 6, ſondern mit K. 8 beginnen läßt, und Hilgf. Einl. S. 577ff., der dieſen mittleren Teil von 8₄—15₃₄ rechnet.

21₁—₁₈. 27₁—28₁₆. Nach der occidentalischen Textüberlieferung ist auch schon 11₂₈ eine „Wirstelle.

Durch den eigentümlichen Inhalt des Buches ist ein wissenschaftliches Problem gestellt. Es gilt, das Buch in seiner Eigentümlichkeit literargeschicht= lich zu erklären. Dieses Problem setzt sich aus mehreren Einzelfragen zu= sammen. Von wem, wann, wo ist die AG. verfaßt? Wodurch ist die zum Teil auffallende Auswahl und Ausführung des mitgeteilten Stoffes bedingt? Leiteten den Vf. besondere Absichten bei der Abfassung des Buchs? Woher hatte er seinen Stoff? Wie verhält es sich mit der geschichtlichen Glaub= würdigkeit seiner Mitteilungen?

§ 3.
Die traditionelle Auffassung der AG.

Schon die älteste kurze Notiz über die AG., die uns erhalten ist, die im Muratorischen Fragment, gibt eine Antwort auf jenes Problem. Sie lautet (bei Berichtigung der Schreibversehen): Acta autem omnium apostolorum sub uno libro scripta sunt. Lucas optimo Theofilo conprindit, quia sub praesentia eius singula gerebantur, sicut et semota passione Petri evidenter declarat, sed et profectione Pauli ab urbe ad Spaniam pro= ficiscentis. Vf. der AG. war hiernach Lukas, der vorher (bei der Besprech= ung des dritten Evang.s) als „jener Arzt" (vgl. Kol 4₁₄) und Begleiter des Paul. bezeichnet ist. Er hat die Aposteltaten zusammengestellt, weil sie in seiner Gegenwart geschehen waren. So erklärt sich die Auswahl des Stoffes, die befremdliche Nichtberücksichtigung gewisser Tatsachen, wie des Martyriums des Petr. und der spanischen Reise des Paul.

In den Worten des Muratorischen Fragments ist im wesentlichen schon die Anschauung ausgesprochen, welche die traditionelle ward. Soweit man bei Geltung der altkirchlichen Inspirationslehre überhaupt auf natürlichen Er= werb und selbständige Bearbeitung des Geschichtsstoffes durch den heiligen Schriftsteller reflektierte, nahm man an, daß Lukas[1], der Gefährte des Paul. (Kol 4₁₄. Phm. 24. II Tim 4₁₁), seinen Bericht gegeben habe teils, in den Wirstücken, als Augenzeuge, teils auf Grund authentischer Mitteilungen be= teiligter Personen, wie des Petrus, Philippus, Paulus (vgl. Iren. adv. haer. III, 14, 1; Eus. h. e. III, 4). Er habe sein Buch in Rom geschrieben am Schlusse der zweijährigen Gefangenschaft des Paul. daselbst, und breche deshalb an diesem Punkte ab (vgl. Hieron. de vir. ill. 7). Bei diesen Voraussetzungen

---

1. Die merkwürdige Notiz des Photius, Quaest. Amphiloch. 145, daß Einige den röm. Clemens, Andere den Barnabas, Andere den Evangelisten Lukas als Vf. der AG. bezeichneten, geht, wie Blaß p. 1 bemerkt hat, auf eine (echte?) Homilie des Chrysostomus (ed. Montf. 1721, tom. III, 764) zurück. Sie beruht gewiß nur auf einer Verwechslung mit dem Hebräer=Briefe (vgl. die Äußerung des Philastrius v. Brixen de haer. c. 89 über den Hebräer=Brief: sunt alii quoque, qui epistolam Pauli ad Hebraeos non adserunt esse ipsius, sed dicunt aut Barnabae esse apostoli aut Clementis de urbe Roma episcopi, alii autem Lucae evange- listae). Die Tradition über Lk. als Vf. der AG. erscheint sonst als eine einhellige.

über die Entstehung der AG. wurde ihr natürlich höchste Glaubwürdigkeit beigemessen.

Diese traditionelle Auffassung ist bis in die Gegenwart vertreten nicht nur durch die Katholiken, sondern hinsichtlich des wesentlichen Punktes, daß der in den Wirstücken erzählende Reisebegleiter des Paul. identisch ist mit dem Vf. des ganzen Buches und daß derselbe, wo er nicht nach eigener Augenzeugenschaft berichten konnte, glaubwürdige Nachrichten der Nächstbeteiligten wiedergegeben hat, auch durch viele protestantische Theologen wie Meyer, Baumgarten, Lekebusch, K. Schmidt, Nösgen, Zöckler, B. Weiß, Blaß, Zahn, Harnack. Unwesentlich ist, daß sie dabei zum Teil nicht an des Hieronymus Angabe über Zeit und Ort der Abfassung festhalten, sondern die Zeit um ein paar Jahre weiter hinabsetzen und hinsichtlich des Ortes auf eine Feststellung verzichten. Nimmt man an, daß die Abfassung der AG. nicht mit dem Ende der dargestellten Geschichte zusammenfällt, so erklärt man den auffallenden Abschluß des Buches entweder daraus, daß der Plan des Vf.s bei seinem Werke eben nur dahin ging, die Ausbreitung des Evangeliums bis nach Rom hin zu schildern, und daß dieser Plan mit dem Bericht über die ungehinderte Verkündigung des Paul. in Rom ausgeführt war (Baumg. II S. 494ff.; K. Schmidt I S. 236ff.; Nösg. S. 11) oder daraus, daß der Vf. mit Rücksicht auf seine in Rom zu suchenden Leser nicht weiter von Begebenheiten geredet habe die diesen bekannt sein mußten (Lekebusch S. 233), oder daraus, daß er noch eine Fortsetzung seines Geschichtsberichtes in einem dritten Buche zu geben beabsichtigte (Mey.[4] S. 15; Zöckl. S. 162).

§ 4.

Die Kritik der Tübinger Schule und die Frage nach dem Zweck der AG.

Zu der traditionellen Auffassung der AG. trat in scharfen Gegensatz die von F. Chr. Baur und seinen Schülern, Schwegler, Zeller, Overbeck, Hausrath und And., gegebene Kritik des Buches. Während bei der traditionellen Auffassung der authentische Geschichtsbericht der AG. als wichtiges Hülfsmittel zum Verständnis der paulinischen Briefliteratur erscheint[1], wiesen diese Kritiker auf die tiefgreifenden Differenzen zwischen den echten Briefen des Paul. und dem Geschichtsberichte der AG. und auf die sich hieraus ergebende weitgehende Unglaubwürdigkeit dieses Geschichtsberichtes hin.

Sie hoben besonders folgende Punkte hervor: Die ausdrücklichen Angaben des Paul. in Gal. 1 u. 2 über seine Beziehungen zur Urgemeinde nach seiner Bekehrung ließen sich nicht in Einklang bringen mit den Mitteilungen der AG. über seine mehrmaligen Reisen nach Jer. (9 26—30. 11 30. 15 1ff. 18 22). Die

---

1. Vgl. Luther in seiner „Vorrede auf die AG." (Erl. A., deutsche Schr. 63, S. 117): „Darumb dieß Buch wohl möcht heißen eine Glosse über die Episteln S. Pauli. Denn das S. Paulus lehret und treibet mit Worten und Sprüchen aus der Schrift, das zeiget hie S. Lukas an, und beweiset es mit Exempeln und Geschichten, daß es also ergangen sei und also ergehen müsse, wie S. Paulus lehret, nämlich daß kein Gesetz, kein Werk die Menschen gerecht mache, sondern allein der Glaube an Christum".

Darstellung des Apostelkonvents und der Szene zwischen Paul. und Petr. in Antiochia Gal 2 stehe in Widerspruch zu der Darstellung AG. 15. Dem Paul. werde ein judaisierendes Verhalten zugeschrieben, wie es der historische Paul. bei der aus seinen Briefen erkennbaren Anschauung nicht geübt haben könne: er betätige großen Eifer für jüdische Zeremonial=Gesetzlichkeit (16₃. 18₁₈. ₂₁. 20₁₆. 21₂₃ — ₂₆. 24₁₁. ₁₇), betone seine jüdisch=pharisäische Rechtgläubigkeit (22₃. 23₆. 24₁₄f.), trete auf seinen Reisen überall zuerst in den Synagogen als Missionar für die Juden auf (13₅. ₁₄. 14₁. 16₁₃. 17₂. ₁₀. ₁₇. 18₄. 19₈) und finde erst in dem immer von Neuem sich erweisenden Ungehorsam der Juden gegenüber dem Evangelium eine Begründung für sein Recht, den Heiden zu predigen (13₄₆. 18₆. 28₂₅ — ₂₈). Auf der anderen Seite werde den Männern der Urgemeinde, besonders dem Petr., eine gesetzesfreie Anschauung zuge= schrieben, wie sie ihnen nach den Äußerungen des Paul. nicht geeignet haben könne (10₂₈. ₃₄f. 15₁₀f. ₁₉), und würden die Anfänge der Heidenmission statt auf Paul. auf sie zurückgeführt (8₂₆ff. 10₁ — 11₁₈. 15₇ — ₉). Die großen Reden in der AG. zeigten eine schablonenhafte, nach den für die Komposition des Buches passenden Gesichtspunkten künstlich zurechtgemachte Art, nicht aber das individuelle Gepräge der Persönlichkeiten, von denen sie gehalten sein sollten, und nicht eine lebendige Bezogenheit auf die konkreten Situationen. Die er= zählten geschichtlichen Ereignisse verrieten zum großen Teil durch ihren wunder= baren Charakter ihren sagenhaften Ursprung (z. B. 2₁ff. 5₁ff. ₁₂ — ₁₆. ₁₈ff. 12₆ff. 13₉ff. 16₂₄ff. 19₁₁ — ₁₉). Sie zeigten zum Teil eine große Ähnlichkeit mit synoptischen Erzählungen (z. B. 3₁ff. mit Lk 5₁₈ff.; 6₁₂ — ₁₄ mit Mt 26₅₉ — ₆₁. Mk 14₅₅ — ₅₈; 7₅₉f. mit Lk 23₃₄. ₄₆; 9₃₃f. mit Mt 9₆. Lk 5₂₄; 9₃₆ff. mit Mk 5₂₂f. ₄₀f.). Zum Teil wiederholten sie sich auch innerhalb der AG. selbst (vgl. 3₁ff. mit 14₈ff.; 4₁ff. mit 5₁₇ff. u. 12₅ff.; 5₁₅ mit 19₁₂; 8₁₄ — ₁₇ u. 10₄₄ff. mit 19₁ — ₆; 8₁₈ff. mit 13₆ff.; 9₃₆ff. mit 20₉ff.). Im allgemeinen entwerfe die AG. ein idealisiertes und harmonisiertes Bild des Anfanges der christl. Kirche und lasse nicht die wirklichen Entwicklungen und Spannungen ahnen, wie sie uns aus den echten Paulus=Briefen entgegentreten.

Diese Kritik enthält viel Wahres. Freilich sind die unglaubwürdigen Momente in der AG. von den Vertretern der Tübinger Schule übertrieben und verallgemeinert worden. Um die AG. gerecht zu würdigen, muß man mit Bezug auf viele der angeführten Punkte Einschränkungen machen und da= neben andere bedeutsame Punkte hervorheben, welche die Merkmale innerer Wahrscheinlichkeit und guter Überlieferung an sich tragen. Immerhin bleibt es das große Verdienst der Tübinger Schule, daß sie — mit der Einseitigkeit, deren es stets bedarf, um neue Gesichtspunkte zuerst kräftig zur Geltung zu bringen — auf das Vorhandensein unhistorischer oder zweifelhafter Bestand= teile in dem Geschichtsberichte der AG. hingewiesen, dadurch gegenüber dem naiven Vertrauen zu diesem Berichte die Notwendigkeit einer genauen Prüfung seiner Glaubwürdigkeit dargetan und als authentischen Maßstab für diese Prüfung die ältesten direkten Urkunden der apostol. Zeit, die echten Briefe des Paul., aufgestellt hat[1]. Dadurch ist das wissenschaftliche Problem in

---

1. Der Umfang dieses Maßstabes ist selbst wieder kritisch zu prüfen. Baur selbst

betreff der AG. wesentlich vertieft, seine eigentliche Schwierigkeit erst deutlich dargetan worden.

Wie gestaltete sich bei der Tübinger Kritik die Lösung dieses Problems? Baur und seine Schüler suchten die AG. zu verstehen im Zusammenhange mit ihrer Gesamtauffassung der apostol. und nachapostol. Zeit. Ihnen erschien die Entwicklung des Christentums in dieser Zeit als ganz beherrscht durch den Gegensatz zwischen dem älteren gesetzesstrengen, partikularistischen Judenchristentum und dem gesetzesfreien, universalistischen Paulinismus. Das erste christl. Jahrhundert erschien ihnen als die Zeit des unvermittelten Gegenüberstehens dieser beiden Richtungen, während sie im zweiten die Periode der Kompromisse sahen. Wie sie im allgemeinen die uns überlieferten Schriften des Urchristentums je nach ihrem Verhältnisse zu jenem vorausgesetzten Gegensatze zu verstehen suchten, so auch die AG. Sie sahen in ihr eine Schrift aus der Periode der Vermittlungen und fanden die eigentliche Lösung des Problems in der auf einen kirchenpolitischen Ausgleich des Gegensatzes gerichteten Tendenz der AG.

Die Frage nach dem Zwecke der AG. wurde zuerst von Schnecken= burger (über den Zweck d. AG., 1841) gründlich erörtert. Er fand den Zweck des Buches in einer an antipaulinische Judaisten gerichteten Verteidigung des Paul. Zu diesem Zwecke werde Paul. nur von seiner dem Judentume zugekehrten Seite dargestellt, werde er in seinen Handlungen und Schicksalen in möglichst genaue Parallele zu Petr. gestellt und würden diejenigen Er= eignisse aus seinem Leben fortgelassen, welche seinen Konflikt mit den Judaisten zur Anschauung bringen würden. Schneckenb. erkannte dabei doch im wesent= lichen die Geschichtlichkeit des in der AG. mitgeteilten, nur nach jenem be= sonderen Gesichtspunkte ausgewählten Stoffes an und betrachtete das J. 69 als Abfassungsjahr (vgl. S. 230 u. 241). Umgestaltet und erweitert wurde seine Auffassung aber durch Baur und seine Schüler. Nach ihnen lag der Zweck der AG. nicht in der Apologie des Paul. gegenüber den Judaisten, sondern in der Versöhnung der beiden Parteien der zeitgenössischen Christenheit, der Judaisten und Pauliner. Die Darstellung der AG. knüpfe freilich zum Teil an bestimmte geschichtliche Erinnerungen an. Aber der Vf. habe doch zu Gunsten seiner konziliatorischen Tendenz den geschichtlichen Stoff in weitest= gehender Freiheit umgestaltet und zum Teil auch ganz selbständig erdichtet. So sei das unglaubwürdige Geschichtsbild entstanden, das die AG. im ganzen darbiete. Die Männer der Urgemeinde seien mit Paul.˙ absichtlich parallelisiert; dabei seien die ersteren paulinisiert, Paul. judaisiert. Den Höhepunkt erreiche

---

und die ersten Vertreter seiner Schule anerkannten nur die vier großen Paulinen: Gal, I u. II Kor, Röm. In der deutschen Theologie der kritischen Richtung hat sich seitdem allmählich die Erkenntnis Bahn gebrochen, daß man doch auch noch andere der über= lieferten Paulus=Briefe als echt zu betrachten hat. Für die Beurteilung der AG. ist diese Veränderung des Maßstabs nicht gleichgültig. Wenn andrerseits Loman, Quaes= tiones Paulinae ThT 1882. 1883. 1886, Steck, Galaterbrief 1888, und ihre Anhänger in Holland die Echtheit auch jener vier großen Paulinen beanstanden, so tritt auch auf diese Weise wieder die AG. in eine günstigere Beleuchtung: sie erscheint den über= lieferten Paulus=Briefen gegenüber als die ältere und glaubwürdigere Urkunde. Vgl. besonders Steck a. a. O. S. 78—122.

die tendenziöse Darstellung bei der Geschichte des Apostelkonvents K. 15. Hier
stelle das Aposteldekret einen in historischem Gewande verhüllten, für seine
eigene Zeit bestimmten Vorschlag des Vf.s d. AG. zur Vermittlung der einander gegenüberstehenden Parteien dar.

Modifiziert wurde diese Anschauung wieder durch Overbeck in seiner
Bearbeitung von de Wette's Erklärung d. AG., 1870; vgl. auch ZwTh 1872
S. 305 ff. Er bestreitet, daß die AG. eine konziliatorische Tendenz habe, teils
wegen ihres stark ausgeprägten nationalen Antijudaismus, teils deswegen,
weil der Vf. selbst an einigen Stellen (13 38f. 15 7ff.) einen Standpunkt verrate, welcher über jenen vorgeblichen Vermittlungsstandpunkt, als dessen Ausdruck der Vorschlag des Aposteldekrets zu gelten hätte, schon hinausgegangen
sei, und weil überhaupt ein von heidenchristl. Seite ausgehender Vermittlungs-
vorschlag mit den von Baur und seinen Anhängern in der AG. gefundenen
Zugeständnissen an die Judaisten geschichtlich sich nicht begreifen lasse. Nach
Overb. hat die AG. den Zweck, die Vergangenheit der Kirche so darzustellen,
daß in ihr eine solche Vermittlung schon hergestellt gewesen zu sein scheint,
welche die rechte Basis für den Standpunkt der Pauliner zur Zeit des Vf.s
bildet. „Sie ist der Versuch eines selbst vom urchristlichen Judaismus schon
stark beeinflußten Heidenchristentums sich mit seiner Vergangenheit, insbesondere seiner eigenen Entstehung und seinem ersten Begründer Paulus aus-
einanderzusetzen" (S. XXXI).

Gegenüber Overb. hat Hilgenfeld ZwTh 1872 S. 495 ff.; Einl.,
S. 596 ff., die Ansicht vertreten, daß die AG. das Werk nicht eines schon entarteten, sondern eines wirklichen Paulinismus sei, aber eines Unionspaulinis-
mus, welcher auf die Einigung der jüd. Christenheit mit der heidnischen aus-
ging. Vgl. auch Scholten, het paulin. Evang., übers. v. Redepenning 1881
S. 254 ff. Andrerseits hat gegenüber allen Auffassungen, welche in der AG.
eine vom Paulinismus ausgehende Tendenzschrift sehen, Wittichen ZwTh
1873 S. 512 ff. u. JprTh 1877 S. 653 ff. auszuführen gesucht, daß die AG.
von einem judenchristl. Standpunkte aus geschrieben sei, und zwar in der
Tendenz, dem vorwärts dringenden Heidenchristentum den Sieg über den
Judaismus zu entwinden. Dabei seien zwar einige Zugeständnisse an das
Heidenchristentum und den Heidenapostel gemacht; aber die Selbständigkeit
beider sei doch dem Judenchristentum geopfert.

Nach Schneckenb. S. 244 f., Zell. S. 364 ff., Overb. S. XXXII f., ZwTh
1872 S. 338. 341 f., dann besonders den Holländern Straatmann, Paul. 1874,
und Meyboom ThT 1879 S. 73 ff., 239 ff., 310 ff., ferner Weizs. S. 441 ff.,
Pfleid. S. 544 f., 613, Hltzm., Hand-Komm. Einl. II, 2; d. NT. u. d. röm.
Staat 1882 S. 32 ff., J. Wß S. 56 ff., ist in der AG. auch die auf außer-
kirchliche Kreise berechnete politisch-apologetische Tendenz erkennbar, das Christentum in seiner politischen Ungefährlichkeit zu erweisen und der Sache der
Christen die Gunst der röm. Behörden zuzuwenden. Zu diesem Zwecke sei
konsequent das gute Einvernehmen dargestellt, in welchem die Personen der
apostol. Zeit, besonders der röm. Bürger Paul., mit dem röm. Staat und
seinen Beamten standen, zu deren Zahl der erste von Petr. und der erste von

Paul. bekehrte Heide gehörten (10₁ff., 13₇ff.). Es werde hervorgehoben,
daß die eigentlichen Unruhstifter und die Hetzer gegen die Christen die Juden
seien (13₃₀. 14₂. ₁₉. 17₅ff. ₁₃. 18₁₂ff. 21₂₇ff.), daß dagegen die röm. Staats=
behörden in korrekter Weise die Christen gegen vergewaltigende Angriffe in
Schutz genommen und sich selbst zur Entscheidung über religiöse Lehrstreitig=
keiten für inkompetent erklärt hätten (besonders 18₁₂—₁₇). Aus diesem Ge=
sichtspunkte erkläre sich besonders die ausführliche Darstellung des Prozesses
des Paul. mit den großen Verteidigungsreden des Apostels und mit den
wiederholten Zeugnissen der röm. Behörden über seine Unschuld (23₂₉. 25₁₈f. ₂₅.
26₃₁f.)[1]. Aus demselben Gesichtspunkte erkläre sich auch das Abbrechen der
Geschichtsdarstellung vor dem Ausgange des Paulus=Prozesses und dem Aus=
bruche der neronischen Christenverfolgung. Bedeutungsvoll schließe das Buch
mit dem Hinweise darauf, daß Paul. unter Zulassung der röm. Obrigkeit zwei
Jahre lang in Rom das Evangelium verkündet habe ἀκωλύτως.

Im allgemeinen ist in neuerer Zeit auch bei den Vertretern der kritischen
Richtung das Interesse für die Aufweisung einer bestimmten Tendenz der AG.
und die Meinung, in solcher Tendenz den Hauptschlüssel für das Problem des
Buches gewinnen zu können, merklich geschwunden. Man hat mehr und mehr
erkannt, daß einerseits die Parteien, Richtungen und Schattierungen des
Christentums in der apostol. und ersten nachapostol. Zeit sehr viel mannig=
faltiger und komplizierter waren, als die ursprünglichen Vertreter der Tübinger
Kritik annahmen, und daß andrerseits in der AG. die Anzeichen, aus denen
man auf eine kirchenparteiliche Tendenz des Vf.s schließen möchte, so ver=
schiedenartig und verschieden deutbar sind, daß man von ihnen aus nicht zu
sicheren, überzeugenden Schlüssen gelangt. So spielt auch in Weizsäckers,
Pfleiderers, H. Holtzmanns Beurteilung der AG. die Tendenz des Vf.s
durchaus nicht mehr die bedeutende Rolle, wie bei der Tübinger Kritik in
der Mitte des 19. Jahrhunderts. Im wesentlichen stehen diese neueren
Kritiker auf dem Standpunkte Overbecks (vgl. die Verteidigung dieses Stand=
punkts Harnack gegenüber durch P. W. Schmidt, De Wette=Overbecks Werk
zur AG. und dessen jüngste Bestreitung, in: Festschrift der Univ. Basel, 1910).
Sie erklären die Ungeschichtlichkeiten des Inhalts der AG. in erster Linie aus
einer Zurücktragung der Verhältnisse und Anschauungen zur Zeit des Vf.s
der AG. in die von ihm dargestellte Zeit des ersten Christentums. Daß
solche Zurücktragung nicht mit bewußter Tendenz zu geschehen brauchte, sondern
auch naiv geschehen konnte, hat besonders Jülicher, Einl. § 32, 4 betont.

Mir selbst scheint der Zweck des Vf.s der AG. folgendermaßen bestimmt
werden zu müssen.

Sein eigentlicher Hauptzweck war die geschichtliche Mitteilung als solche.
Er wollte die geschichtlichen Tatsachen der Anfangsentwicklung der christl.
Kirche in der Apostelzeit zusammenstellen, um das natürliche Interesse der

---

1. Vgl. Aberle ThQ 1855 S. 173 ff., welcher den Zweck der AG. in der Ver=
teidigung des Paul. gegen die wider ihn noch schwebende Anklage in Rom sieht. Ähn=
lich Schäfer ThQ 1877 S. 280 ff. u. 379 ff. und in der Abhandlung: die AG. ist keine
Gesch. der App., sondern eine Apologie der Kirche, Frankfurt 1890.

Christen in seiner nachapostol. Generation, etwas Zuverlässiges über die Vor=
zeit der christlichen Kirche zu erfahren, zu befriedigen (vgl. Lk 1 1 — 4) [1].
Wie sehr die Ausführung dieses Hauptzweckes einerseits durch den Umfang
und die Art des dem Vf. zu Gebote stehenden Materiales, andrerseits durch
den Gebrauch seiner schriftstellerischen Freiheit bedingt wurde, ist in den fol=
genden Abschnitten darzulegen. Hier sei nur bemerkt, daß jedenfalls auch die
besondere Art des Interesses der ursprünglichen Leser des Buches auf die
besondere Ausführung des Geschichtswerkes eingewirkt haben wird. Dieses
Interesse war in manchen Beziehungen ein anderes als das unsrige. Es
bezog sich naturgemäß vor allem auf die merkwürdigen äußeren Begeben=
heiten, auf die Taten und Geschicke der Hauptapostel, auf die wichtigsten
Schritte der äußeren Entwicklung der Kirche, nicht aber ebenso auf die ruhige
Weiterentwicklung der christl. Gemeinde, nicht auf die stille Propaganda, die
an keine bekannten Namen geknüpft war, nicht auf die inneren Ordnungen
des Gemeindelebens, in denen man noch sich selbst bewegte. Für den Vf.
der AG., der nicht für eine späte Nachwelt, sondern für seine Zeitgenossen
schrieb, war es selbstverständlich, daß er dieser Richtung ihres Interesses
Rechnung zu tragen suchte.

Mit jenem Hauptzwecke verband der Verf. nun aber den Nebenzweck zu
erbauen. Wie unsere Evangelien gewiß von vornherein als geschichtliche Er=
bauungsschriften gedacht waren, so hat der Vf. unseres 3. Evang.s seiner er=
baulichen Darstellung der Wirksamkeit Jesu eine ebenso erbauliche Darstellung
der Entwicklung der Gemeinde Jesu in der Apostelzeit folgen lassen wollen.
Die ganze AG. läßt diesen Erbauungszweck durchblicken: zu zeigen, wie die
Apostel nach dem Auftrage und der Verheißung ihres auferstandenen Herrn
(1 8) das Evangelium freimütig verkündigt und immer weiter ausgebreitet
haben, wie Gott sie dabei geleitet und bewahrt hat und wie auch Verfolgung
und Übel zum Segen und zur Förderung ihres Werkes ausgeschlagen sind
(vgl. auch Jülicher, Einl. § 32, 4). Für das Bewußtsein des Vf.s stand
dieser Erbauungszweck gewiß nicht selbständig neben seinem Zwecke einfacher
geschichtlicher Mitteilung. Ihm erschien es als selbstverständlich, daß die
schöne, große Geschichte des Anfanges der Kirche, wenn sie nur recht erzählt
würde, für die christl. Frömmigkeit erhebend, fördernd, vorbildlich wirke.
Aber tatsächlich hat dieser Erbauungszweck doch die Ausführung jenes Haupt=
zweckes eigentümlich beeinflußt. Er hat einen idealisierenden und harmoni=
sierenden Charakter der Darstellung zur Folge gehabt. Denn soweit den Vf.
dieser Zweck leitete, hatte er natürlich das Interesse, den Verlauf der Ge=
schichte als einen möglichst schönen, befriedigenden und vorbildlichen hinzu=
stellen und das Böse, Üble in der Geschichte nur insoweit in Betracht zu ziehen,
als es indirekt zum Guten diente oder eine heilsame Warnung enthielt. So=

---

1. Harnack III, S. 12 faßt die geschichtliche Aufgabe, die sich der Vf. gestellt hat,
folgendermaßen zusammen: der Vf. wollte geschichtlich darstellen „die Kraft des Geistes
Jesu in den Aposteln, wie sie die Urgemeinde begründet, die Heidenmission hervor=
gerufen, das Evang. von Jerus. bis nach Rom geführt und an die Stelle des immer
mehr sich verstockenden Judenvolks die empfängliche Völkerwelt gesetzt hat".

wohl die Auswahl als auch die Behandlung des Stoffes in der AG. können
wir in sehr vielen Punkten aus dieser Erbauungsabsicht erklären: im ersten
Teile vor allem die idealisierenden Darstellungen des inneren Friedens und
Liebelebens der Gemeinde und (in den Reden) die Schilderungen der religiösen
Anschauungen, die bei den Aposteln den Inhalt ihres Glaubens bildeten und
ihnen Antrieb und Mut zum offenen Bekenntnis desselben gaben; im zweiten
Teile aber die Übergehung der gehässigen Befeindungen des Paul. durch
judaistische Christen und der unseligen Wirren, welche durch diese Gegner in
seinen Gemeinden hervorgerufen wurden, andrerseits die Hervorhebung seines
guten Einvernehmens mit den Uraposteln, welches auch trotz gewisser Angriffe
und Verdächtigungen (15₁ff. 21₂₀f.) Bestand behalten habe, sowie der liebevollen Rücksichtnahme des Apostels bei seinem Missionswirken auch auf die
Juden und die aus dem Judentum hervorgegangenen Christen. Bei einer
solchen erbaulichen Geschichtsdarstellung wird ohne Zweifel die Treue des Geschichtsbildes im ganzen beeinträchtigt. Die wirkliche Geschichte ist eben nicht
überall erbaulich. So muß man sie zu jenem Erbauungszwecke in einer besonders vorteilhaften Gruppierung und Beleuchtung darstellen. Für uns jetzt
wäre es freilich interessanter und wertvoller, wenn der Vf. die apostol. Geschichte ganz objektiv und möglichst allseitig, Schönes und Unschönes gleichmäßig berücksichtigend, geschrieben hätte. Doch muß man das gute Recht auch
einer mit erbaulichem Nebenzwecke gegebenen Geschichtsdarstellung würdigen [1].

Neben diesem Erbauungszwecke auch eine auf nichtchristliche Kreise, speziell
auf die röm. Behörden berechnete politisch-apologetische Tendenz des Vf.s anzunehmen, scheint mir nicht angezeigt. Freilich wird wiederholt dargestellt,
wie wirksam die röm. Rechtsordnung den Paul. schützte und wie viel ruhiger
und billiger die röm. Behörden seine und des Christentums Sache beurteilten,
als die fanatischen Juden. Aber es liegt auch kein Grund vor zu zweifeln,
daß diese Darstellung einfach der geschichtlichen Wahrheit entsprach. Auch die
ausführliche Darstellung des Prozesses des Paul. nötigt nicht, jene politisch-
apologetische Bestimmung des Buches anzunehmen. Daß mehrmals betont
wird, die Schuldlosigkeit des Paul. sei von den röm. Beamten anerkannt worden,
während doch durch eigentümliche Umstände die Verlängerung seiner Haft und
schließlich sein Transport nach Rom bedingt wurden, ist ganz verständlich,
auch wenn es sich nur darum handelte, christlichen Lesern den Verlauf des

---

1. Wird nicht eine zu erbaulichem Zwecke, etwa in der Kirche am Reformations-
feste, gegebene Darstellung der Reformationsgeschichte mit gutem Rechte einen ganz
ähnlichen Charakter annehmen, wie diese erbauliche Darstellung der apostol. Geschichte?
Dürfte in ihr nicht die wesentliche Übereinstimmung der verschiedenen Reformatoren
und ihr tatsächliches Zusammenwirken besonders hervorgehoben und daneben die Differenz ihrer Anschauungen und ihres Wirkens in den Hintergrund gestellt werden?
Dürfte nicht die schöne Freundschaft Luthers und Melanchthons gepriesen werden, ohne
daß der späteren Spannung Beider gedacht würde? Dürfte nicht der Glaubensmut
und die Gemütstiefe Luthers geschildert werden, während von der Schroffheit und für
Viele anstößigen Derbheit seiner Anschauungen und Äußerungen geschwiegen würde?
Dürfte nicht auf die durch die Reformation hervorgerufenen segensreichen Zustände
hingewiesen werden, während über die unerfreulichen Lehrstreitigkeiten unter den Evangelischen oder über einen solchen sittlichen Fehltritt, wie die Doppelehe des Landgrafen
Philipp, ganz oder kurz hinweggegangen würde?

Prozesses klar zu machen. Der wahrscheinliche Grund dafür, daß die Er=
zählung vor dem Ausgange des Prozesses abbricht, soll nachher dargelegt
werden.

§ 5.
Die Quellen der AG.

A. Geschichtlicher Überblick über die Quellenhypothesen.

Die Erkenntnis des Zweckes der AG. — des Hauptzweckes der geschicht=
lichen Mitteilung und des Nebenzweckes der Erbauung — so wichtig sie auch
ist, um Manches in der Komposition des Buches zu erklären, kann doch jeden=
falls für sich allein nicht das ganze Problem des Buches lösen. Hinzutreten
muß eine gehörige Beantwortung der Frage, woher der Vf. den in seinem
Buche mitgeteilten Stoff hatte.

Daß der Vf. Quellenschriften, die ihm zu Gebote standen, verwertete,
ist an dem 3. Evang. deutlich zu ersehen. Der Vergleich der synoptischen
Evangelien mit einander zeigt, daß Lk. erstens das Markus=Evangelium und
zweitens dieselbe Spruchsammlung, welche auch Mt. mit dem Markus=Stoff
zusammengefügt hat, als Hauptquellen benützt hat. Aber die Frage ist,
ob es für ihn bei der Abfassung seines Buches über die apostol. Geschichte
schon solche frühere „Darstellungsversuche" (Lk 1,1) gab, wie er sie für die
evangelische Geschichte vorgefunden hatte [1].

Nach den älteren Abhandlungen von Königsmann, de fontibus
comment. sacr., qui Lucae nomen praeferunt etc. 1798 (in: Pott, Syl=
loge III S. 215 ff.) und Riehm, de font. act. ap., Traj. ad Rh. 1821,
und nach den Anregungen Schleiermachers, Einl. in das NT. 1845 S. 344 ff.,
hat zuerst Schwanbeck, über die Quellen der Schriften des Lk. I, 1847, die
AG. eingehend auf ihre Quellenbenutzung hin untersucht. Nach ihm gründet
sich die ganze Darstellung der AG. auf 4 Schriften: eine Biographie des
Petrus, eine rhetorische Arbeit über den Tod des Stephanus, eine Biographie
des Barnabas, die Memoiren des Silas (die Wirstücke einschließend). Der
Vf. der AG. habe den Inhalt dieser Quellen nicht frei reproduziert und ver=
arbeitet, sondern nur kompilatorisch einzelne Teile der verschiedenen Schriften
ziemlich ungeändert an einander geschoben (S. 253). Diese Hypothese fand
aber keine Zustimmung. Im allgemeinen trat die Frage nach den Quellen
der AG. sehr zurück, solange die Frage nach ihrer Tendenz im Vordergrunde
des Interesses stand. Die Vertreter der Tübinger Kritik waren zu sehr ge=
neigt, das Meiste des Inhalts der AG. auf die frei gestaltende Phantasie
des Vf.s zurückzuführen, welcher nur dürftige Überlieferungs=Elemente zur An=
knüpfung gegeben gewesen seien. Die Vertreter der traditionellen Anschauung
dagegen meinten, daß der Vf., der Reisegefährte des Paul. und persönliche
Bekannte anderer apostolischer Männer, schriftlicher Quellen nicht bedurft habe.

---

1. Zur Geschichte der an der AG. geübten Quellenkritik vgl. Zöckler in: Greifs=
walder Studien, 1895 S. 109 ff.; Heitmüller ThR 1899 S. 47 ff. 83 ff. 127 ff.

Gewisse Abschnitte in der AG. freilich haben den Forschern immer wieder den Gedanken nahegelegt, daß doch solche Quellen benutzt seien: einerseits die ausführlichen Petrus=Erzählungen und =Reden, andrerseits die Wirstücke. In neuerer Zeit ist die Quellenfrage wieder besonders eingehend von ver= schiedenen Seiten her untersucht worden.

Die Hypothese, daß die Petrus=Berichte des ersten Teiles der AG. auf einer älteren judenchristl. Quelle beruhten, gründete man früher besonders auf die an manchen Stellen bemerkbare hebraisierende Ausdrucksweise, auf das starke Bedingtsein der Gedanken durch das AT. und auf vermeintliche Spuren judaistischer Anschauung. Bertholdt, Einl. in das A. und NT. 1813 III S. 1331 f. und Kuinoel, Comm. IV p. XVII s., später auch Volkmar, Relig. Jesu, 1857 S. 282 ff., vermuteten, die hier verwertete Quelle sei das κήρυγμα Πέτρου gewesen. Aber Beziehungen der AG. zu den uns erhaltenen Fragmenten der altchristl. Schrift dieses Titels sind nicht nachweisbar (vgl. v. Dobschütz, Kerygma Petri (TU XI, 1) 1893 S. 70 f.). Hilgenfeld, Einl. S. 600; ZwTh 1895 S. 65 ff., und H. Holtzmann ZwTh 1885 S. 426 ff. nahmen an, daß πράξεις Πέτρου die Quelle gebildet haben. Auch Holsten, die 3 ursprüngl. Evang. 1883 S. 8. 20 f. 32 f., meinte in den Redestücken des ersten Teils der AG. Spuren einer judaistischen Quelle zu finden. B. Weiß, krit. Beiblatt 3. deutsch. Zeitschr. f. christl. Wissensch. 1854, 10. 11; Kähler, StKr 1873 S. 492 ff. leiteten insbesondere die Petrus=Reden aus einer Quellen= schrift her und fanden hierin die Gewähr für die wesentliche Authentie ihres Inhalts. Aber die Reden hängen wieder mit den geschichtlichen Erzählungen eng zusammen. So ist B. Weiß denn auch in seiner Einl. § 50 und AG. 1893 zu dem Versuche fortgeschritten, in der ganzen ersten Hälfte der AG. K. 1—15 das Benutztsein einer judenchristlichen Quelle nachzuweisen, indem er in vielen Unebenheiten der Darstellung die Anzeichen redaktioneller Zutat zu dem älteren Quellenberichte erkannte. Ähnlich hat Feine, zuerst in JprTh 1890 S. 84 ff., dann in etwas modifizierter Gestalt in: Vorkanon. Überlieferung des Lk. 1891, darzutun gesucht, daß eine judenchristl. Quelle, die bereits im 3. Evang. verwertet sei, die Grundlage des auf die jerusalemische Gemeinde bezüglichen Teiles der AG. (K. 1—12) gebildet habe. Dieser Quelle eigne hoher geschichtlicher Wert, sowohl in ihren rein geschichtlichen Partien, als auch in den Redestücken. Dann hat Scharfe, d. petrin. Strömung in der nt. Literatur 1893 S. 53 f. 113 ff., die Meinung ausgesprochen, eine von Markus herstammende schriftliche Quelle sei in K. 1—12 wiedergegeben. Auch Blaß p. 11 sieht in Markus den Hauptgewährsmann für die auf die Ur= gemeinde bezüglichen Stücke. Im Anschluß an Nestle StKr 1896 S. 102 ff. nimmt er die Bearbeitung einer aramäischen Quelle im ersten Teile der AG. an. Die in diesem ersten Teile häufiger als im zweiten vorliegenden Ara= maismen werden von ihm als Beweis hierfür betrachtet (Evang. sec. Luc., 1897 p. VI, XXI ss.). Über Harnacks Quellenscheidung in der ersten Hälfte der AG. s. nachher.

Auf der anderen Seite boten die Wirstücke Anlaß zur Aufstellung von Quellen=Hypothesen. Bei der traditionellen Erklärung, daß der Vf. der AG.

selbst in ihnen als zeitweiliger Reisegenosse des Paul. berichte, blieb der Umstand auffallend, daß das „Wir" so unvermittelt in der Erzählung auftritt
und wieder verschwindet, ohne daß der Schriftsteller irgend etwas über sein
Zusammentreffen mit dem Apostel und Wiederscheiden von ihm sagt. So lag
die Annahme nahe, daß der Schriftsteller eben nicht von sich selbst spreche,
sondern die Stücke eines fremden Berichtes wiedergebe. Zu dieser Annahme
wurden besonders auch die Anhänger der kritischen Richtung getrieben, welche
die AG. im ganzen wegen ihrer mannigfachen unhistorischen Auffassungen und
Angaben nicht auf einen Mann der apostolischen Zeit selbst zurückführen zu
dürfen meinten. Die Wirstücke fanden doch auch sie (mit Ausnahme freilich
so radikaler Kritiker wie Schrader und Bruno Bauer) durch eine so große Anschaulichkeit, Sachlichkeit und innere Glaubwürdigkeit ausgezeichnet, daß sie
dieselben als aus der Quellenschrift eines Augenzeugen stammend anerkannten.
Vgl. Zell. S. 513 ff.; Overb. S. XXXIX ff.; Hltzm. ZwTh 1881 S. 408 ff.;
Weizs. S. 203 ff.; Pfleid. S. 586 ff.; O. Hltzm. ZwTh 1889 S. 393 ff.[1].
   Leitete man die Wirstücke aus einer Quelle her, so suchte man ihren Vf.
unter den Gefährten des Paul. Schleiermacher, Einl. in das NT. S. 354,
de Wette, Einl. in das NT. § 114 f., Bleek StKr 1836 S. 1025 ff. 1046 ff.,
Einl. § 124 f., Ulrich StKr 1837 S. 367 ff., 1840 S. 1003 ff., Beyschlag
StKr 1864 S. 215 nahmen Timotheus als diesen Vf. an. Aber diese Hypothese ist mit der Art, wie in 20₄f. beim Einsetzen des Wirberichtes von Timotheus gesprochen wird, kaum vereinbar (s. z. d. St.). Schwanbeck S. 168 ff.
und van Vloten ZwTh 1867 S. 223 ff., 1871 S. 431 ff. dachten an Silas
(den der Letztere für identisch mit Lukas hielt; vgl. dagegen Cropp ZwTh
1868 S. 353 ff.). Noch Andere: Krenkel, Paul. S. 214 ff., Kneucker, die
Anfänge des röm. Christentums 1881 S. 14 f. 50 f., Jacobsen, Quellen der
AG. S. 24, Seufert ZwTh 1885 S. 367 ff., O. Hltzm. ZwTh 1889 S. 409,
an den sonst nirgends in der AG. vorkommenden Titus. Die meisten derjenigen Kritiker, welche die AG. im ganzen nicht von dem Apostelgefährten
Lukas verfaßt denken, betrachten diesen als den Vf. der Wirquelle. So
Gfrörer, die heilige Sage 1838 II, S. 244 ff., die Vertreter der Tübinger
Schule, H. Hltzm. ZwTh 1881 S. 408 ff.
   Bei Zurückführung der Wirstücke auf eine Quelle ergab sich die weitere
Frage ob und wieweit diese Quelle auch noch außerhalb der eigentlichen Wir-
stücke benutzt sei. Diese Wirstücke hängen ja aufs engste mit den sich an-
schließenden Erzählungen zusammen: das Stück 16₁₀₋₁₇ mit der Erzählung

---

1. Mit dieser Annahme, daß die Wirstücke einer Quellenschrift entnommen sind,
berührt sich die traditionelle Vorstellung von der Identität des Vf.s des Wirberichts
mit dem des ganzen Buches dann ganz nahe, wenn bei ihr der Wirbericht als ein
älteres Reisetagebuch des Vf.s der AG. betrachtet wird, aus dem dieser Vf. später die
einzelnen Abschnitte in sein Geschichtswerk einverleibt hat. So K. Schmidt I S. 89,
Nösg. S. 20 ff. und besonders B. Wß, Einl. § 50, 5 u. 6, der ebenso wie bei den aus
fremden Quellen entnommenen Stücken redaktionelle Zutaten von dem ursprünglichen
Bestande des Wirberichtes unterscheidet. Ebenso Ramsay, Church p. 6 ff. 148 ff.;
St. Paul p. 383 ff., der das unter dem Einflusse des Paul. entstandene travel-document als eine ursprünglich selbständige Schrift des Vf.s der AG. denkt, die dieser
später in seiner größeren Schrift weiter bearbeitet hat.

von der Verhaftung des Paul. in Philippi 16 18ff.; die Stücke 20 5 — 15 und
21 1 — 18 mit der dazwischen liegenden Erzählung von dem Aufenthalte des
Paul. in Milet; das Stück 21 1 — 18 mit der Erzählung von dem Jakobus=
Vorschlage 21 19ff. In diesen anschließenden Erzählungen scheint das „Wir"
nur deshalb zu fehlen, weil der Vf. der Quelle in ihnen nichts von seiner
persönlichen Beteiligung zu berichten hatte. Aber gehört der ganze Bestand
dieser Erzählungen mit zur Quelle: auch die nächtliche Kerkerszene in Philippi
16 25 — 34? auch die ganze Rede des Paul. an die ephesinischen Presbyter
20 18 — 35? auch die Erzählung von dem Nasiräat des Paul. 21 23 — 26? Reichte
nicht andrerseits die Quelle etwa noch weit über die eigentlichen Wirstücke
und diese nächstanschließenden Erzählungen hinaus? hat sie etwa für den
ganzen Bericht der AG. über die Missionsreisen des Paul. den hauptstoff
geliefert? Wie Schwanbeck die die Wirstücke einschließenden „Memoiren des
Silas" schon von K. 15 an wiedergegeben fand, so haben in neuerer Zeit
die meisten Vertreter der Wirquellenhypothese die Spuren dieser Quelle auch
außerhalb der eigentlichen Wirstücke mehr oder weniger bestimmt zu erkennen
gemeint.

Als eine Weiterbildung der früheren, teils an die Petrus=Stücke, teils
an die Wirstücke angeschlossenen Quellenhypothesen stellen sich nun die neueren
Versuche dar, durch die ganze AG. eine Quellenbenutzung nachzuweisen.

Dan Manen, Paulus I (de handelingen der Apostelen) 1890, nimmt
an, daß der erst in der Mitte des zweiten Jahrh.s schreibende Vf. der AG.
seinen Stoff hauptsächlich aus zwei Quellen geschöpft hat: aus handelingen
van Petrus (περίοδοι oder πράξεις Πέτρου) und handelingen van Paulus.
Die erstere dieser Schriften soll eine tendenziöse Nachbildung der letzteren ge=
wesen sein. Auf sie wird im wesentlichen der auf Petr. und Philippus be=
züglicher geschichtliche Stoff mit Ausnahme der Reden 2 14ff. 3 11ff. und der
Erzählung K. 4 zurückgeführt. Aus den Paulus=Akten soll schon die Notiz
über Barnabas 4 36f. stammen. Dann werden Elemente der Erzählungen
über Stephanus, über die Bekehrung des Paul. und über die antiochenische
Gemeinde auf sie zurückgeführt. Endlich wird sie als Grundlage für den
Bericht von K. 13 an (mit Ausnahme des Berichts über den Apostelkonvent
15 1 — 33) betrachtet. In dieser Quellenschrift soll schon verarbeitet gewesen
sein der lukanische Reisebericht, die Grundlage unserer „Wirstücke", eine Reise
des Paul. von Troas nach Rom darstellend. Von diesem Reiseberichte soll
der Vf. der AG. keine direkte Kenntnis mehr gehabt haben.

Sorof, Entstehung der AG. 1890, dagegen identifiziert den Vf. der
AG. mit dem Schreiber der Wirstücke, als den er Timotheus vermutet. Er
betrachtet diesen nur als den Überarbeiter einer älteren Schrift, der eigent=
lichen Lukas=Schrift, der Fortsetzung des 3. Evang.s[1]. Aus dieser, die den
Zweck hatte ein Bild von der Entwicklung der Heidenmission von Jerus. aus
über Antiochia nach Rom mit besonderer Hervorhebung der Person des Paul.
zu geben, sollen (abgesehen von den Anfangsworten 1 1f.) die Notizen 2 46.

---

1. Vgl. die in diesem Punkte übereinstimmende Ansicht von Gercke, hermes 1894
S. 373 ff.

4 33 — 37, die Stephanus-Geschichte 6 1 — 8 2, der Bericht über Antiochia 11 19 — 30 und der Grundbestand des Berichtes von K. 13 an stammen. Der bearbeitende Timotheus aber habe einerseits in den Anfangsteil dieser Lukas-Schrift Stücke einer Petrus-Quelle, andrerseits in den Bericht über die Reisen des Paul. seine persönlichen Erinnerungen eingefügt und auch sonst redaktionelle Bemerkungen hinzugetan.

Eine neue Quellenhypothese hat dann Spitta in seinem Werke: die AG., ihre Quellen und deren geschichtlicher Wert, 1891, durchgeführt. Er verfolgt durch die ganze AG. zwei Quellenschriften: eine ältere (A), welche die Wir= stücke einschloß, und eine jüngere (B). Ein Redaktor habe beide zusammen= gefügt und mit kleinen Zusätzen versehen. Beide Quellen sollen zum großen Teile über dieselben Ereignisse berichtet haben. Daraus erklären sich manche Parallelerzählungen in der AG. (z. B. in K. 4 u. 5) und andrerseits viele innere Inkongruenzen des Berichtes (z. B. über das Pfingstereignis, über Ste= phanus, über die Bekehrung des Paul.), wo nämlich der Red. die parallelen Stücke der beiden Quellen in einander geschoben hat. Die beiden Quellen sollen nun einen sehr verschiedenen Charakter gehabt haben. Die wahrschein= lich von dem Paulus=Gefährten Lukas stammende (vgl. S. 312) Quelle A wird als höchst wertvoller und glaubwürdiger Bericht betrachtet. Aus ihr stammen namentlich auch die großen Reden. Die Quelle B dagegen soll den unge= schichtlichen Niederschlag der volkstümlichen Tradition darbieten mit großer Neigung zum Wunderbaren. Auf sie werden alle Wundererzählungen zurück= geführt. In A werde konsequent dargestellt, wie Paul. bei seiner Mission in den jüd. Synagogen Anknüpfung gesucht habe, aber überall von dem Hasse der Juden verfolgt worden sei, während ihm die röm. Behörden mannigfachen Schutz angedeihen ließen. In B dagegen trete die Feindschaft der Juden gegen Paul. hinter die der Heiden zurück. In A erschienen Paul. und das Heidenchristentum als wesentlich selbständig den Uraposteln und dem Juden= christentum gegenüber. In B dagegen erschienen die Urapostel als Vertreter einer universalistischen Anschauung und als Urheber der Heidenmission und erscheine das Heidenchristentum als wesentlich beeinflußt durch das Juden= christentum. Vgl. die zusammenfassende Charakteristik der Quellen S. 285 ff.

Diese Spittasche Quellenhypothese hat Joh. Weiß StKr 1893 S. 480 ff. insofern modifiziert, als er nachzuweisen sucht, in K. 1 — 5 sei nur die Quelle B bearbeitet. In den mittleren Kapiteln der AG. findet er eine Verbindung von Stoffen aus dieser judenchristlichen Quelle und der hellenistischen Quelle A; so auch in der Geschichte vom Apostelkonvente K. 15, welche Spitta der Quelle B zuweist. Für die zweite Hälfte der AG. nimmt er nur die Quelle A an (Absicht d. AG. S. 38; vgl. auch den Art. „Literaturgeschichte d. NT." in RGG).

Umgestaltet ist Spittas Hypothese auch durch Jüngst, die Quellen der AG. 1895. Auch nach ihm setzt sich die AG. wesentlich aus zwei Quellen zusammen. Die eine (A), welche die Wirstücke einschließt, zieht sich durch das ganze Buch hindurch. Im ersten Teile ist sie vom Redaktor zusammengear= beitet mit einer zweiten Quelle (B), die identisch sein soll mit einer ebioniti=

2*

schen Quelle im 3. Evang. Aber nicht nur geschieht die Verteilung der ein=
zelnen Stücke an die beiden Quellen oft anders als bei Spitta. Sondern
namentlich sucht Jüngst auch zu begründen, daß der Red. die zerrissenen
Stücke der Quelle B sehr erheblich durch einander geworfen hat. So soll z. B.
in der Quelle die Erzählung von der wunderbaren Befreiung des Petr. und
seinem Weggang aus Jerusalem 12₁—₂₃ der Erzählung von den Reisen des
Petr. und seiner Heidenbekehrung 9₃₂—10₄₈ vorangegangen sein. Hierauf
soll die Erzählung von der Bekehrung Samariens und der des Anthiopen
8₅—₄₀ gefolgt sein und dann die Rechtfertigung der Heidenmission in Jer.
11₁f., wobei sich an die Rede des Petr. 11₄—₁₇ gleich die Jakobus=Worte
15₁₃—₂₀ schlossen. Dann soll 9₃₁ den Schluß der Quelle gebildet haben. Im
zweiten Teile der AG., von K. 13 an, soll der Red. (abgesehen von den ver=
sprengten B=Stücken 13₄₀f. und 15₁₃—₂₀) nur noch die Quelle A bearbeitet
haben, zu der er, wie zu den Quellenstücken des ersten Teiles, viele kleine
Zutaten hinzugefügt hat. In K. 11—15 soll er auch die ursprüngliche Reihen=
folge dieser A=Stücke verschoben haben. Namentlich soll die Diskussion zwischen
den Antiochenern und Jerusalemiten über die Gesetzesfrage 15₁—₄. 30a. 32—35
gleich auf den Bericht über die Begründung der antiochen. Gemeinde 11₁₉—₂₆
gefolgt und der Erzählung von der Missionsreise des Barnabas und Paul.
13₁ff. vorangegangen sein.

Hilgenfeld hat in einer Serie von Aufsätzen in der ZwTh 1895 und
1896 seine quellenkritische Beurteilung der AG. zusammenhängend dargelegt.
Nach ihm hatte der Vf. der AG. drei Vorlagen. Eine die Entwickelung der
Urgemeinde darstellende judenchristliche Quellenschrift (A), die man πράξεις
Πέτρου nennen kann, ist in 1₁₅—5₄₂ ausgeschrieben. Aus ihr stammen auch
die späteren Stücke 9₃₁—₄₃. 11₂ (β=Text). 12₁—₂₃. Eine zweite, im Sinne
des hellenistischen Judenchristentums verfaßte Quellenschrift (B), πράξεις τῶν
ἑπτά, hat die Grundlage für K. 6—8 gebildet; eine dritte (C), πράξεις
Παύλου, die Grundlage für K. 9—28. Für den Red. bildete die Bearbeitung
dieser dritten Quelle die Hauptaufgabe. Er wollte das Tun des Paul. durch
den Vorgang des Petr. und die ausdrückliche Anerkennung seitens der Ur=
apostel, auch durch die Unempfänglichkeit der Juden, rechtfertigen. Zu dem
Zwecke hat er nicht nur kleinere redaktionelle Zusätze gemacht, sondern auch
größere Episoden eingefügt, z. B. 10₁—11₂₆ u. 15₇—₂₁. Andrerseits hat
er zu demselben Zwecke der Paulus=Geschichte die Geschichte von der Entstehung
der Urgemeinde nach der Quelle A vorangestellt. Zur Vermittelung des aus
den Petrus= und des aus den Paulus=Akten stammenden Berichtes diente ihm
die Wiedergabe der Hellenisten=Quelle. In seiner Ausgabe der Acta, 1899,
p. 257ff. (vgl. auch ZwTh 1898 S. 619ff.) hat Hilgenfeld noch hinzugefügt,
daß er den Vf. der Quelle C für identisch hält mit Lukas, dem Autor ad
Theophilum, dem Vf. des dritten Evangeliums.

C. Clemen, der früher in seiner: Chronologie der paulin. Briefe,
1893, und in StKr 1895 S. 297ff. eine sehr komplizierte Quellentheorie
vorgelegt hatte, beschränkt sich jetzt in: Paulus I, 1904, S. 169ff. (vgl. auch:
die AG. im Lichte der neueren Forschungen 1905, S. 24ff.) auf die Unter=

scheidung von zwei Quellen, von denen die eine, in den ersten 11 Kapp. be=
nutzte, nur an einigen Stellen, bes. bei 7 58ff. u. 11 19, deutlicher hervortrete,
während die im zweiten Teil benutzte besser erkennbar sei.

Harnack (III S. 131—187) endlich unterscheidet im ersten Teile der
AG 3 verschiedene Quellen. Aus einer cäsareensisch=jerusalemischen Quelle A
leitet er her die Stücke 3 1—5 16. 8 5—40. 9 31—11 18. 12 1—23. Die „enthu=
siastische" (S. 149), aber im großen und ganzen zuverlässige und folgerichtige
Geschichtsüberlieferung dieser Quelle gehe wahrscheinlich auf den Evangelisten
Philippus und seine Töchter (AG 21 8f.), zum Teil (K. 12) auch auf Markus
zurück. Sie habe wahrscheinlich in mündlicher Kunde, die aber zum Teil durch
Schriftliches unterstützt wurde, bestanden (S. 185). Aus einer Quelle B von
nicht bestimmbarer Herkunft leitet er her die Abschnitte K. 2 u. 5 17—42,
eine minderwertige, verworrene Parallelüberlieferung zu den Anfangserzähl=
ungen der Quelle A. Aus einer dritten, antiochenisch=jerusalemischen Quelle,
die wahrscheinlich auf Silas zurückgehe, leitet er her die Abschnitte 6 1—8 4.
11 19—30. 12 25—15 35. Diese mannigfaltigen Überlieferungen seien wahr=
scheinlich mündlich, aber durch schriftliche Aufzeichnungen unterstützt gewesen.
Für den zweiten Teil der AG. aber nimmt Harnack keine besondere Quelle
an, sondern identifiziert den Vf. der AG. mit dem Autor der Wirstücke.

B. Beurteilung des Quellenproblems.

Um ein selbständiges Urteil über das Quellenproblem zu gewinnen,
ziehen wir die wichtigsten Gründe, die für und wider das Benutztsein einer
oder mehrerer Quellen in der AG. geltend gemacht werden, in betracht. Sie
betreffen 1) den schriftstellerischen Charakter der AG., 2) die geschichtliche
Glaubwürdigkeit ihrer Mitteilungen, 3) Unstimmigkeiten in ihr.

1. Am leichtesten wäre eine Quellenbenutzung in der AG. nachzuweisen,
wenn sich einzelne Partieen in ihr durch ihren sprachlichen und übrigen
schriftstellerischen Charakter deutlich von den anderen Teilen abhöben.
In der Tat tragen einzelne Partieen ihr besonderes Gepräge: einerseits am
Anfang die breit und mit sichtlicher Freude an Wundern und Ekstasen aus=
geführte Schilderung von Vorgängen in der Urgemeinde und die Petrus=Reden
mit ihrer steten Bezugnahme auf alttestamentliche Weissagungsworte und mit
mancherlei hebraisierenden Wendungen; andrerseits im zweiten Teile die Er=
zählungen über die Reisen des Paulus mit ihren knappen Aufzählungen der
Reisestationen, mit ihrer besonders in K. 27 u. 28 gehäuften Anwendung
schiffahrtstechnischer Ausdrücke (vgl. die Zusammenstellung bei Harnack I S. 59
Anm. 2) und besonders mit dem auffallenden „Wir". Man hat die An=
nahme, daß die Petrus-Geschichten und Petrus=Reden des ersten Teils oder
daß die Wirstücke aus einer Quelle geschöpft seien, immer in erster Linie durch
Hinweis auf die nachweisbaren Singularitäten des sprachlichen Charakters
dieser Abschnitte zu begründen gesucht.

Aber diese Begründung ist nicht stichhaltig, weil die sprachlichen Besonder=
heiten jener Abschnitte weit überwogen werden durch die große Einheitlichkeit

des literarischen Charakters des ganzen Buches, die sich auch auf jene Ab=
schnitte miterstreckt. Früher haben schon besonders A. Klostermann, Vindiciae
luc. p. 46ss.; Th. Vogel, Zur Charakteristik des Lk. nach Sprache und Stil
²1899; J. Hawkins, Horae synopticae, Oxf. 1899 p. 140ff. die lexikalische
und stilistische Verwandtschaft der Wirstücke mit dem übrigen Inhalt der AG.
nachgewiesen. Jetzt hat Harnack in sehr eingehenden neuen Untersuchungen
(I S. 28 — 60; IV S. 1 — 15) gezeigt, daß die Wirstücke wirklich in charakte=
ristischer Weise den lukanischen Sprachgebrauch und Stil an sich tragen. Er
hat diesen sprachlichen Beweis für die Einheitlichkeit der AG. dann noch ver=
stärkt durch den Nachweis, daß sich auch übrigens in der AG. einschließlich
der Wirstücke ein gleichartiger Interessenkreis des Vf.s, besonders ein Interesse
für Medizinisches sowie für pneumatische Vorgänge und für Wunder (I S. 122
— 137; III S. 111 — 130), und eine gleichartige Behandlung der Zeitangaben,
Ortsbestimmungen und Personen (III S. 21 — 110) wahrnehmen läßt. Wenn
einige Partieen in dem Buche, wie die Petrus=Reden und die Berichte über
die Seereisen des Paulus, neben dieser charakteristischen lukanischen Art doch
auch eine besondere Stilfärbung zeigen, so habe man hieraus nicht gleich auf
eine Quellenbenutzung zu schließen, sondern vielmehr nur auf die stilistische
Kunst des Autors, der seinen Stil je nach dem Inhalt seiner Erzählungen
und ihrem geographischen Schauplatz zu modifizieren verstand (I S. 74f.
III S. 131f.).

Aber so wertvoll auch der Nachweis der großen schriftstellerischen Ein=
heitlichkeit der AG. ist und so gewiß es richtig ist, daß es keine sprachlichen
und stilistischen Stützpunkte für eine Unterscheidung verschiedener Quellenbe=
standteile in der AG. gibt, so wenig kann durch diesen Nachweis die Mög=
lichkeit, daß der Vf. dennoch schriftliche Quellen verwertet hat, ausgeschlossen
werden. Ausgeschlossen ist nur, daß er die etwa benutzten Quellen mechanisch
ausgeschrieben hat. Nicht ausgeschlossen ist eine solche Quellenbenutzung, bei
welcher er das aus Quellen entnommene Material sich schriftstellerisch zu eigen
gemacht hat, ihm den Stempel seines eigenen Stils und seiner eigenen Inter=
essen aufprägend. Nun zeigt der Vergleich des Lukas=Evangeliums mit den
beiden ersten Evangg., wie geschickt der Vf. aus dem Stoff verschiedener Her=
kunft: aus dem Geschichtsberichte des Mk, der Spruchsammlung und ander=
weitigen Überlieferungen, ein Ganzes von durchaus einheitlichem literarischen
Charakter geformt hat. Er ist dabei mit dem ihm überlieferten Stoff ver=
schieden verfahren (vgl. Harnack I S. 60 — 75). Die geschichtlichen Erzählungen
hat er zum Teil nur leicht, zum Teil aber recht erheblich umgeformt. Die
Sprüche Jesu hat er im großen und ganzen treuer wiedergegeben. Aber nie
hat er seine Quelle rein mechanisch ausgeschrieben. Als charakteristische Probe
dafür, wie er manchmal bei wesentlich genauer Wiedergabe des Gedanken=
gehalts doch die Form seines Quellenberichts frei umgestaltet und seiner
eigenen Stilweise assimiliert hat, sei die Erzählung von der Stillung des See=
sturms angeführt.

Mt 4 35 — 40	Lk 8 22 — 25a
35. Καὶ λέγει αὐτοῖς ἐν ἐκείνῃ τῇ ἡμέρᾳ ὀψίας γενομένης· διέλθωμεν εἰς τὸ πέραν.	22. Ἐγένετο δὲ ἐν μίᾳ τῶν ἡμερῶν καὶ αὐτὸς ἐνέβη εἰς πλοῖον καὶ οἱ μαθηταὶ αὐτοῦ, καὶ εἶπεν πρὸς αὐτούς· διέλθωμεν εἰς τὸ πέραν τῆς λίμνης· καὶ ἀνήχθησαν.
36. καὶ ἀφέντες τὸν ὄχλον παραλαμβάνουσιν αὐτὸν ὡς ἦν ἐν τῷ πλοίῳ, καὶ ἄλλα δὲ πλοῖα ἦσαν μετ᾽ αὐτοῦ.	
37. καὶ γίνεται λαῖλαψ μεγάλη ἀνέμου, καὶ τὰ κύματα ἐπέβαλλεν εἰς τὸ πλοῖον, ὥστε ἤδη γεμίζεσθαι τὸ πλοῖον.	23. πλεόντων δὲ αὐτῶν ἀφύπνωσεν· καὶ κατέβη λαῖλαψ ἀνέμου εἰς τὴν λίμνην, καὶ συνεπληροῦντο καὶ ἐκινδύνευον.
39. καὶ ἦν αὐτὸς ἐν τῇ πρύμνῃ ἐπὶ τὸ προσκεφάλαιον καθεύδων· καὶ ἐγείρουσιν αὐτὸν καὶ λέγουσιν αὐτῷ· διδάσκαλε, οὐ μέλει σοι ὅτι ἀπολλύμεθα;	24. προσελθόντες δὲ διήγειραν αὐτὸν λέγοντες· ἐπιστάτα ἐπιστάτα, ἀπολλύμεθα.
40. καὶ διεγερθεὶς ἐπετίμησεν τῷ ἀνέμῳ καὶ εἶπεν τῇ θαλάσσῃ· σιώπα, πεφίμωσο· καὶ ἐκόπασεν ὁ ἄνεμος, καὶ ἐγένετο γαλήνη μεγάλη.	ὁ δὲ διεγερθεὶς ἐπετίμησεν τῷ ἀνέμῳ καὶ τῷ κλύδωνι τοῦ ὕδατος· καὶ ἐπαύσαντο καὶ ἐγένετο γαλήνη.
40. καὶ εἶπεν αὐτοῖς· τι δειλοί ἐστε οὕτως; πῶς οὐκ ἔχετε πίστιν;	25. εἶπεν δὲ αὐτοῖς· ποῦ ἡ πίστις ὑμῶν;
41. καὶ ἐφοβήθησαν φόβον μέγαν καὶ ἔλεγον πρὸς ἀλλήλους· τίς ἄρα οὗτός ἐστιν, ὅτι καὶ ὁ ἄνεμος καὶ ἡ θάλασσα αὐτῷ ὑπακούει;	φοβηθέντες δὲ ἐθαύμασαν, λέγοντες πρὸς ἀλλήλους· τίς ἄρα οὗτός ἐστιν, ὅτι καὶ τοῖς ἀνέμοις ἐπιτάσσει καὶ τῷ ὕδατι καὶ ὑπακούουσιν αὐτῷ;

Die spezifisch lukanischen Begriffe und Wendungen, die Lk hier in den wiedergegebenen Markus-Text hineingebracht hat, sind durch gesperrten Druck hervorgehoben. V. 22. Das ἐγένετο δὲ mit folgendem καὶ und Verbum finitum ist lukanisch (Lk 5 1. 9 28. AG 5 7). Der hebraisierende Gebrauch von ἐγένετο mit folgendem Verbum finitum oder Infinitivsatze ist bei Lk ungemein beliebt, während er bei Mt und Mk nur ganz selten vorkommt. — μία τῶν ἡμερῶν findet sich nur noch Lk 5 17. 20 1. 17 22. — λίμνη kommt nur noch vor Lk 5 1f. 8 33 und einige Male am Schluß der Apk (λίμνη τοῦ πυρός). — ἀνάγεσθαι vom Abfahren mit dem Schiffe findet sich nur bei Lk (4 mal) und in der AG. (17 mal). — V. 23. ἀφυπνοῦν im NT nur an u. St. — συμπληροῦν nur noch Lk 9 51. AG 2 1. — κινδυνεύειν nur noch AG 19 27. 40 und I Kor 15 30. — V. 24. ἐπιστάτα ausschließlich lukanisch. — κλύδων im NT nur noch Jak 1 6. — παύεσθαι außer in den Briefen nur Lk 5 4. 11 1. AG 5 42. 6 13. 13 10. 20 1. 31. 21 32. — In den 3 Versen Lk 8 22—24 finden sich 9 Lukanismen. Daß Lk zu diesen Änderungen durch eine Schwerfälligkeit oder Ungebräuchlichkeit der Ausdrucksweise des Mt veranlaßt worden

wäre, kann man nicht jagen. Sein hebraifierender Beginn der Erzählung ist
minder flüffig als der einfache Saß Mk 4₃₅. Und am Schluffe von Lk 8₂₃
ist das συνεπληροῦντο entschieden härter als das γεμίζεσθαι τὸ πλοῖον Mk
4₃₇. Auch in Lk 8₂₅ sind die hier nicht spezifisch lukanisches Gepräge tragen=
den Änderungen des Markus=Wortlauts offenbar nicht durch Härten der
Markus=Diktion veranlaßt. · Lk. hat die Frage Mk V. 40: πῶς οὐκ ἔχετε
πίστιν; abgeändert in: ποῦ ἡ πίστις ὑμῶν; Aber in 12₅₆ hat auch er die
Frageform: πῶς οὐ δοκιμάζετε; Er hat das φοβεῖσθαι φόβον μέγαν von
Mk V. 41 abgeändert; aber er felbst hat die gleiche Wendung in 2₉. Man
hat alle dieſe Abwandlungen des Markus=Textes gewiß nicht aus einer bewußt
auf Stilverbefferung gerichteten Abſicht zu erklären, ſondern als eine unwill=
kürlich eingetretene Überſetzung in den eigenen Sprachgebrauch bei gedächt=
nismäßiger Wiedergabe des Markus=Berichtes.

Eine einzige ſolche Stelle, an der ſich deutlich feſtſtellen läßt, wie ſehr
der Vf. dem nach einer ſchriftlichen Quelle wiedergegebenen Stoff ſeinen eigenen
ſchriftſtelleriſchen Stempel aufgeprägt hat, genügt zum Beweiſe dafür, daß man
aus der ſchriftſtelleriſchen Einheitlichkeit der AG. ſchlechterdings nicht ſchließen
darf, der Vf. könne keine ſchriftlichen Quellen benutzt haben. In welcher
Weiſe ihm ſolche Quellen etwa zur Verfügung geſtanden haben, wiſſen wir
nicht. Es liegt nichts unwahrſcheinliches in der Annahme, daß er auch bei
der Kompoſition der AG. ſeine Quellenſchrift oder =ſchriften nur auf Grund
ſeiner Erinnerung an früheres Leſen oder Vorleſenhören benutzen konnte.
Dann aber war es nur natürlich, daß er ſie ſtiliſtiſch weſentlich umgeſtaltete
und daß er bei ihrer Wiedergabe auch übrigens ſeine eigenen Anſchauungen
und Intereſſen mannigfach mit zum Ausdruck kommen ließ. Das gilt auch
mit Bezug auf ſein mediziniſches Intereſſe[1].

Gegen dieſe Möglichkeit, daß er ſpeziell in den Wirſtücken des zweiten
Teiles einen Quellenbericht frei, mit formeller Aſſimilation an ſeine eigene
ſchriftſtelleriſche Art wiedergegeben hat, ſpricht auch nicht entſcheidend die Er=

---

1. Auf die Spuren dieſes mediziniſchen Intereſſes legt Harnack (I S. 10—13.
123 ff. IV S. 15 f.) im Anſchluß an Hobart (The medical language of St. Luke,
Dublin 1882) beſonderes Gewicht, weil ſie ihm in Verbindung mit der Stelle des
Wirberichts AG 28₈—₁₀, wo ſich der Berichterſtatter indirekt ſelbſt als Arzt kundgebe,
die Identität des Vf.s des ganzen Buches mit dem Wirberichterſtatter deutlich zu
beweiſen ſcheinen. Aber in 28₈—₁₀ iſt keineswegs deutlich ausgedrückt, daß der
Schreiber des Wirberichts auf Malta als Arzt fungiert hatte und in dieſer Eigenſchaft
mit Paul. zuſammen Ehrungen erfuhr (ſ. zu d. St.). Spuren des mediziniſchen Inter=
eſſes kann man auch nicht mit Recht in den kleinen Modifikationen finden, mit denen
der dritte Evangeliſt die Heilungs=Geſchichten des Mk. wiedergibt (Lk 4₃₅.₃₈. 5₁₂.₁₈.
6₆. 8₂₇.₄₃.₅₅. 9₃₈ff. 22₅₀f.). Als etwaige Spuren kommen nur in Betracht die be=
ſtimmten mediziniſch=techniſchen Ausdrücke, mit denen der Vf. d. AG. in der Tat
Krankheiten und Heilungsprozeſſe zu bezeichnen weiß (beſonders 3₇f. 9₁₈.₄₀. 13₁₁.
16₁₆. 28₆.₈; vielleicht auch 1₁₈). Dieſer Gebrauch mediziniſch=techniſcher Ausdrücke
ſteht aber in Analogie zu ſeinem ungemein gewandten Gebrauch ſchiffahrtstechniſcher
Ausdrücke in den Partieen, wo er von den Seereiſen des Paul. berichtet (16₁₁. 20₁₃—₁₆.
21₁—₇. 27₁—28₁₃). Man kann aus jenen mediziniſchen Ausdrücken ſo wenig auf den
ärztlichen Beruf des Vf.s ſchließen, wie aus dieſen ſchiffahrtstechniſchen auf ſeinen
Schifferberuf. Vgl. P. W. Schmidt, De Wette=Overbecks Werk zur AG. 1910, S. 6—18;
Wendland S. 335².

wägung, daß der Vf. bei solcher formellen Umprägung das für seine repro=
duzierende Feder unpassend gewordene „Wir" des Quellenberichtes nicht würde
stehen gelassen haben. Gewiß, aus Zufall und Nachlässigkeit hätte er es nicht
stehen gelassen. Aber er konnte es auch mit bestimmter Absicht aus seiner
Quelle übernehmen. Wenn er es mit einer Quellenschrift zu tun hatte, deren
Vf. sich durch das „Wir" stellenweise als Reisebegleiter des Paulus kennzeich=
nete, so konnte sich ihm eben diese wichtige Tatsache und der Umfang, in
dem sie vorlag, sehr fest ins Gedächtnis geprägt haben und er konnte ge=
flissentlich diesen eigentümlichen Zug seines Quellenberichtes wiedergeben, nicht
um dadurch fälschlich sich selbst als Reisebegleiter des Paul. auszugeben, wohl
aber um anzuzeigen, daß er eben den Bericht eines Reisebegleiters darbiete.
Eine interessante Analogie zu den Wirstücken der AG., wenn dieselben nach
einer Quelle wiedergegeben sind, bilden in den Büchern Esra und Nehemja
die Abschnitte Esr 7₂₇—9₁₅. Neh 1₁—7₅. 12₃₁. 13₄—₃₁, wo gleichfalls die
Erzählung im Anschluß an einen aufgenommenen Quellenbericht unvermittelt
in die erste Person übergeht.

Zusammenfassend ist zu sagen: aus der Beobachtung des schriftstellerischen
Charakters des Buches ergeben sich keine sicheren Stützpunkte für die Be=
hauptung einer Quellenbenutzung in der AG., aber auch keine entscheidenden
Gründe gegen sie. Wie Harnack in der ersten Hälfte der AG. trotz der von
ihm so stark betonten literarischen Einheitlichkeit des Buches verschiedene Quellen=
berichte unterscheidet und auch Anzeichen dafür findet, daß dieselben zum Teil
von schriftlichen Aufzeichnungen unterstützt waren, so bleibt auch mit bezug
auf die zweite Hälfte des Buches die Quellenfrage trotz dieser literarischen
Einheitlichkeit ein offenes Problem.

2. Kann man durch Prüfung der geschichtlichen Glaubwürdigkeit
des Inhalts der AG. eine deutlichere Entscheidung in betreff der Quellen=
frage gewinnen?

Für den ersten Teil der AG. kommt eine Schlußfolgerung dieser Art kaum
ernstlich in betracht. Wenn man anderweitige sichere Anzeichen für eine
Quellenbenutzung etwa in den Petrus=Geschichten oder Philippus=Geschichten
hätte, so könnte man daraus ein gutes Vorurteil für die geschichtliche Glaub=
würdigkeit dieser quellenmäßigen Stücke herleiten. Obgleich auch dieses Vor=
urteil recht unsicher bliebe; denn auch die benutzten Quellen konnten schon
sekundär und trübe sein. Umgekehrt aber aus der anscheinenden Glaubwürdig=
keit dieser Stücke ohne Hinzukunft anderer Gründe auf ihre Herkunft aus einer
schriftlichen Quelle zu schließen, ist unmöglich. Denn auch mündliche Über=
lieferungen, die dem Vf. direkt oder indirekt von beteiligten Personen oder
Zeugen zugegangen waren, konnten gut sein. In Wirklichkeit kann man mit
bezug auf die die Urgemeinde und ihre erste Weiterentwicklung betreffenden
Abschnitte sowenig von Glaubwürdigkeit wie von Unglaubwürdigkeit im all=
gemeinen reden. Sie stellen ein eigentümliches Gemisch dar von Überlieferungen,
die einen an sich glaubwürdigen Charakter tragen, und von solchen Geschichten
oder Einzelzügen, welche den Eindruck des Legendären machen.

Größere Bedeutung hat die Argumentation von der Glaubwürdigkeit

oder Unglaubwürdigkeit des Inhaltes aus, wenn es sich beim zweiten Teil
der AG. um die Frage handelt, ob der Vf. der AG. in den Wirstücken von
seinen eigenen Erlebnissen in der Begleitung des Paul. erzählt oder den Be=
richt eines Anderen wiedergibt. In dem ersteren Falle wäre er nicht nur
mit Paul. selbst und den wichtigsten Gemeinden des Paul. genau bekannt
gewesen, sondern hätte er in der Begleitung des Paul. auch viele Persönlich=
keiten der Urgemeinde kennen gelernt: den Silas (15 22. 40), den Evangelisten
Philippus (21 8ff.), den Herrnbruder Jakobus (21 18ff.), die ihm über die
ersten Vorgänge, Zustände und Entwicklungen der Urgemeinde Authentisches
berichten konnten. Man dürfte also annehmen, daß sein Bericht sowohl über
die Urgemeinde als auch über Paulus und sein Missionswerk durch große
Glaubwürdigkeit ausgezeichnet wäre. Andrerseits darf man dann, wenn der
Inhalt der AG. eine solche Glaubwürdigkeit, wie sie bei ihrer Abfassung durch
einen zeitweiligen Reisebegleiter und Missionsgenossen des Paul. zu erwarten
wäre, vermissen läßt, die Schlußfolgerung ziehen, daß der Vf. der AG. nicht
mit dem ursprünglichen Wirberichterstatter identisch sein kann. Dieses Argu=
ment haben nun in der Tat die Kritiker der neueren Zeit meist als durch=
schlagend gegen die traditionelle Auffassung von der Identität des Vf.s mit
dem Wirberichterstatter betrachtet. Sie erkennen zwar an, daß im zweiten
Teile der AG. nicht nur die eigentlichen Wirstücke, sondern daneben auch viele
andere Partieen einen schlichten, sachlichen, durchaus glaubwürdigen Bericht
bieten, wie er wohl von einem beteiligten Augen= und Ohrenzeugen geliefert
sein könnte. Aber sie finden in nächster Verbindung mit diesen glaubwürdigen
Nachrichten andere Mitteilungen, welche als unglaubwürdig erscheinen, teils
wegen ihrer Wunderbarkeit (z. B. die Szene in dem Kerker zu Philippi
16 25 — 34), teils wegen ihres Widerspruchs zu ausdrücklichen Angaben des
Paul. (besonders die Angaben über die beiden Reisen des Paul. nach Jerusalem
9 26 — 30. 11 30 und über das Aposteldekret 15 22ff.), teils wegen ihrer Unver=
einbarkeit mit den aus den paulinischen Briefen erkennbaren Anschauungen
und Grundsätzen des Paul. (so die Mitteilungen über die Beschneidung des
Timotheus 16 3, über die regelmäßigen Versuche des Paul., zuerst die Juden
für das Evangelium zu gewinnen 13 14ff. 14 1 u. ö., und über die Beteiligung
des Paul. an Nasiräatszeremonien 21 23ff.), teils wegen sonstiger innerer Un=
wahrscheinlichkeit (so die Szene vor dem Synedrium 23 1 — 9 und die Verhand=
lung des Paul. mit der Judenschaft in Rom 28 17ff.). Diesem ganzen Sach=
verhalt werde am besten gerecht eine Quellenhypothese, gemäß welcher der
Vf. die Wirstücke und auch anderes wertvolles Material aus den Aufzeichnungen
eines Reisegefährten des Paul. übernommen, aber von sich aus minderwertige,
nicht auf ursprünglicher Kenntnis der Personen und Zustände beruhende Er=
zählungen oder Ausführungen hinzugefügt hätte.

Allein eine derartige Argumentation ist sehr unsicher. Die Urteile darüber,
was als geschichtlich=glaubwürdig gelten kann und was nicht, gehen oft weit
auseinander. Vieles, was den durch die Tübinger Kritik beeinflußten Theo=
logen als unvereinbar mit den Aussagen der echten Paulus=Briefe und deshalb
als offenbar ungeschichtlich erschien, wie die Darstellung des Apostelkonvents

oder die Mitteilungen über die Teilnahme des Paul. am Synagogalkult und
an zeremonialgesetzlichen Verrichtungen, wird von anderen Kritikern, denen
man sonst Unbefangenheit des Urteils nicht absprechen kann, für ganz wohl
vereinbar mit den Anschauungen und Äußerungen des Paul. gehalten. Die
Ausführungen Harnacks IV S. 21—65 sind in dieser Hinsicht besonders lehr=
reich. Aber auch zugegeben, daß sich einige oder viele Mitteilungen in der
AG. als sicher unrichtig erweisen lassen, so ist es doch ganz unmöglich genau
die Grenze zu ziehen, wieviel Unrichtigkeit und welche Art von Unrichtigkeit
einem zeitweiligen Reisegenossen des Paul. zugetraut werden kann. Daß auch
einem solchen Gefährten des Paul. bei seiner späteren geschichtlichen Darstellung
einige Unrichtigkeiten mit unterliefen, ist nur natürlich. Er kann auch bei
den Teilen seines Berichtes, in denen er im großen und ganzen Selbsterlebtes
erzählte, doch nicht alles einzelne unmittelbar als Augen= und Ohrenzeuge
miterlebt haben. Und auch da, wo er als Augen= und Ohrenzeuge erzählte,
konnte er selbst die Vorgänge mangelhaft aufgefaßt haben, wichtige Züge
übersehend, andere unwillkürlich hinzudichtend, das Natürliche schnell zum
Wunderbaren steigernd. Er konnte auch bei seiner späteren Darstellung op=
tima fide die Ereignisse so zurechtstutzen, daß der Hauptsinn, den er in ihnen
fand, möglichst deutlich herausspränge, während er durch solche Zustutzung
tatsächlich ihre rechte geschichtliche Art und Bedeutung verwischte. Nun aber
gar bei den Teilen seines Berichtes, die er lediglich nach der Überlieferung
Anderer geben konnte! Wenn er auch als zeitweiliger Begleiter des Paul.
die besten Gelegenheiten gehabt hatte, bei Paul. selbst und bei urapostolischen
Persönlichkeiten, in den paulinischen Gemeinden und in der jerusalemischen
Gemeinde authentisches Material für eine Geschichte der Christenheit im apo=
stolischen Zeitalter zu sammeln, — hat er diese Gelegenheiten benutzt, als sie
sich ihm boten? Stand ihm schon damals, als er mit Paul. zusammen reiste,
die historiographische Absicht fest, die er vielleicht erst sehr viel später ausge=
führt hat? War er nicht vielleicht zu der Zeit, als er sein Geschichtswerk
verfaßte, mit bezug auf die Geschichte der Urgemeinde und auf die Vorge=
schichte des Paul. vor seiner hellenischen Mission auf ganz elementare Über=
lieferungen angewiesen, die er wesentlich mit eigener Phantasie lebendig aus=
zugestalten suchen mußte?

Wegen solcher Erwägungen muß man das Urteil, daß durch den viel=
fach unglaubwürdigen Inhalt der AG. die Abfassung des Buches durch den
Wirberichterstatter selbst, einen zeitweiligen Reisegefährten des Paul., ausge=
schlossen werde, vorsichtig zurückhalten. Aus der Glaubwürdigkeit oder Un=
glaubwürdigkeit des Inhalts der AG. lassen sich keine irgendwie sicheren
Folgerungen mit bezug auf die Quellenbenutzung in dem Buche ziehen. Nur
wenn man anderweitige deutliche Indizien für eine Quellenbenutzung hätte,
könnte die Rücksicht auf den verschiedenen Grad der Glaubwürdigkeit ver=
schiedener Partien der AG. etwa zur Unterstützung und Bestätigung der
Quellenscheidung dienen.

3. Finden sich in der AG. solche Unstimmigkeiten, störende Unter=

brechungen ursprünglicher Zusammenhänge, Widersprüche, Mißdeutungen, welche zur Aufstellung einer Quellenhypothese zwingen?

Selbstverständlich darf man nicht alle kleinen Unklarheiten und Uneben= heiten der Darstellung gleich als Anzeichen einer Quellenbenutzung, nämlich einer schlechten, unaufmerksamen Quellenbenutzung, hinstellen. — Man muß immer zunächst die Möglichkeit in betracht ziehen, daß der Schriftsteller selbst sich kleine Flüchtigkeiten der Darstellung hat zu Schulden kommen laffen, z. B. wenn er 17₅ und 19₃₃ von Personen wie von bekannten redet, obwohl er dieselben vorher in seiner Erzählung nicht besonders eingeführt hat. Harnack III S. 159 — 178 hat eine Menge solcher kleiner Anstöße zusammengestellt und mit vollem Recht geurteilt, daß man aus der großen Mehrheit derselben keine andere Folgerung ziehen darf, als die, daß gewisse Undeutlichkeiten und Ungenauigkeiten eben zur Schreibweise des Vf.s der AG. gehören.

Aber es gibt in der AG. auch Unstimmigkeiten von größerer Bedeutung, zu deren Erklärung die Berufung auf die etwas saloppe Schreibweise des Autors nicht genügt, die vielmehr nur bei der Annahme verständlich werden, daß der Autor ein schon fest ausgeprägtes älteres Überlieferungsmaterial wiedergegeben und mit anderweitigen, innerlich nicht ganz zupaffenden Über= lieferungen oder eigenen Deutungen verbunden hat. Wenn solche entscheidende Anzeichen einer Quellenbenutzung gegeben sind, so gewinnen im Zusammen= hang mit ihnen dann auch kleinere Auffälligkeiten und Inkongruenzen der Erzählung, die für sich allein nichts beweisen würden, eine symptomatische Bedeutung. Tatsächlich reihen sich in der AG. mannigfache solche Symptome einer Quellenbenutzung an einander und ergänzen einander. Zieht man nicht nur einzelne von ihnen, sondern ihre ganze Reihe in betracht, so wird man auf eine einfache und einheitliche Quellenhypothese hingedrängt, bei deren Annahme sich die verschiedenen Probleme, die das Buch bietet, verständlich lösen. Das zur Durchführung dieser Quellenhypothese gehörige Detail werde ich später bei den einzelnen Abschnitten der Exegese bringen und skizziere jetzt nur ihre entscheidenden Gründe und Grundzüge.

Zum Ausgangspunkt nehme ich die Stephanus=Geschichte K. 6 und 7. Fast alle Kritiker, die sich überhaupt auf eine Quellenuntersuchung einlaffen, stimmen darin überein, daß hier eine besondere Überlieferung verwertet ist. Der entscheidende Grund dafür, daß man an eine schriftliche Quelle zu denken hat, scheint mir in der Rede K. 7 gegeben zu sein, nämlich insofern, als hier der leitende Gesichtspunkt, durch den ursprünglich die Auswahl des geschicht= lichen Stoffes in der Rede bedingt ist und bei dem die innere Beziehung dieser geschichtlichen Mitteilungen als einer Verteidigung auf die Anklage 6₁₁ u. ₁₃f. ersichtlich wird, durch einen anderen, sekundären Gesichtspunkt zurückgedrängt und undeutlich gemacht ist (s. den Exkurs beim Beginne von K. 7). Die Stephanus=Rede aber hängt fest mit der einleitenden Erzählung K. 6 und mit der Erzählung von dem Martyrium des Stephanus 7₅₄ — 8₃ zusammen. Auch in dieser geschichtlichen Umrahmung der Rede zeigen sich Spuren einer Quellen= bearbeitung. Sie liegen vor 1) in dem Mißverhältnis, in dem die Bezeichnung des Notstandes in der jerus. Gemeinde 6₁f. zu den früheren idealen Schilder=

ungen des Gemeinschaftsbesitzes der Gemeindeglieder 2₄₄ff. 4₃₂ff. steht, einem Mißverhältnis, das der Vf. der AG. gewiß nicht so hart hätte hervortreten lassen, wenn er die Einleitung zur Stephanus=Geschichte wesentlich frei von sich aus, und nicht gebunden durch eine Vorlage gestaltet hätte; 2) darin, daß in 6₁₁ — ₁₅ zwei verschiedene Auffassungen von der Art der Verhandlung gegen Stephanus in einander geschoben sind; 3) darin, daß sich in 7₅₈ — 8₃ die auf Saulus bezüglichen Mitteilungen deutlich als Einschübe in eine ältere feste Fassung der Erzählung von dem Tode des Stephanus herausheben. Vgl. die quellenkritischen Anmerkungen bei 6₁ff. 6₈ff. und 7₅₄ff.

Die Stephanus=Geschichte findet nun offenbar ihre ursprüngliche Fort= setzung in der Erzählung von der Begründung der ersten heidenchristlichen Gemeinde in Antiochia 11₁₉ff. Die Anfangsworte 11₁₉ über die bei der stephanischen Verfolgung Versprengten knüpfen rückwärts, über den Abschnitt 8₅ — 11₁₈ weg, wieder an 8₁. ₄, d. i. an den Schluß der Stephanus=Geschichte an. Andrerseits hat dieser Bericht über die Begründung der Gemeinde in Antiochia nach vorwärts seine deutliche Beziehung zu 13₁ff. Der Erzählung von dem Auftreten der von Jerusalem gekommenen Propheten in dieser Ge= meinde 11₂₇f. tritt gegenüber die Erzählung von einer Kundgebung der zur dort bestehenden Gemeinde (κατὰ τὴν οὖσαν ἐκκλησίαν) gehörigen Propheten und Lehrer 13₁ff. Aus der Erkenntnis dieses Zusammenhanges ergibt sich die weitere Folgerung, daß in dem Abschnitte 11₁₉ — ₃₀ die auf Barnabas und Saulus bezüglichen Glieder V. 22 — 26a und 30 gewiß nicht mit zum ursprünglichen Erzählungsbestande gehört haben. Denn in 13₁ werden Bar= nabas und Saulus so neben den anderen Namen aufgeführt, als wären sie bisher noch nicht als zur antiochenischen Gemeinde gehörig erwähnt gewesen. In der Quelle war Barnabas wohl nur indirekt als einer der Cyprier 11₂₀, welche zuerst auch den Hellenen gepredigt hatten, mitgemeint. Die Mitteilung über die antiochenische Kollekte 11₂₉f. (deren Ungeschichtlichkeit, sofern sie die Reise des Saulus nach Jerusalem betrifft, durch Gal 1₂₁ — ₂₄ bewiesen wird) enthält nun auch insofern eine Schwierigkeit, als in dem Prophetenworte 11₂₈ eine große Hungersnot für die ganze Welt geweissagt wird, während bei der Erzählung über die Kollekte und ihre Überbringung einfach voraus= gesetzt ist, daß die Hungersnot nur für Judäa gilt. Wenn die Notiz über die Kollekte nicht zum ursprünglichen Bestande der Erzählung gehörte und andrerseits die Erzählung 11₂₇f. in ursprünglicher Beziehung zu 13₁ff. stand, so findet jene Schwierigkeit in betreff der Hungersnot eine sehr einfache Er= klärung. Das Prophetenwort von der bevorstehenden „Hungersnot über die ganze Welt" betraf nicht eine natürliche Kalamität, welche zu der bedeut= samen Tatsache des Vorhandenseins einer Heidenchristen=Gemeinde in Antiochia in keiner inneren Beziehung gestanden hätte; sondern es betraf einen „Hunger nach dem Worte Gottes", den der Prophet nach Analogie von Am 8₁₁f. vorausschaute, und zwar deshalb vorausschaute, weil er jetzt in Antiochia etwas von solchem „Hunger" bei den Heiden vor sich sah. Und diesem Worte des aus der Fremde gekommenen Propheten korrespondierte dann, was die einheimischen Propheten in Antiochia als Offenbarung verkündigten: daß aus ihrer Mitte zwei Männer zu der von Gott gewollten Arbeit, d. h. zur Stillung des Ḫungers in der Ḫeidenwelt draußen, ausgesandt werden sollten (13₁f.). Der Bearbeiter des Quellenberichtes hat den bildlichen Sinn des Propheten= wortes von der Ḫungersnot mißverstanden, eben deshalb aber auch den engen Zusammenhang der Erzählungen 11₂₇ff. und 13₁ff. verkannt und aufgelöst. Erst bei Erkenntnis des ursprünglichen Sinnes und Zusammenhanges des Pro= phetenwortes 11₂₈ tritt der innere Pragmatismus in der Geschichte von der Entstehung der Ḫeidenmission in Antiochia ganz einheitlich hervor[1].

Auf die kleinen Einzelspuren, die in K. 13 und 14 bestätigen, daß hier ein älterer Quellenbericht bearbeitet ist, sei jetzt nicht eingegangen (s. die Anm. zu 13₁₆ff. 13₄₂ff. 14₂. 14₈ff.; auch die Auslegung zu 14₄ und 14₁₉₋₂₁). Zur weiteren Erkenntnis der Quellenbenutzung im großen und ganzen dient zunächst der Umstand, daß in 15₃₅ff. sichtlich der Erzählungsfaden von K. 13 und 14 wiederaufgenommen wird. Die Erzählung vom Apostelkonvent 15₁₋₃₃ steht wie eine Episode dazwischen. Der Schluß dieser Episode: die Angabe, daß Judas und Silas wieder aus Antiochia nach Jerus. zurückgekehrt seien (V. 33), paßt nicht zu der Fortsetzung, wo die Anwesenheit des Silas in Antiochia vorausgesetzt wird (V. 40), weshalb denn auch die sekundäre Text= überlieferung jenen Schluß abgeändert hat. Andrerseits wird in V. 35 genau so an den Wortlaut von 14₂₈ wieder angeknüpft, wie in 11₁₉ an 8₁.₄. Auch die späteren Bezugnahmen auf die Verabredung des Apostelkonvents 16₄ und 21₂₅ tragen denselben episodischen Charakter wie die Erzählung von dem Apostelkonvent selbst. Aber das, worauf es für unsere weitere Quellenkritik ankommt, ist nicht so sehr die Erkenntnis, daß die Erzählung 15₁₋₃₃ nicht aus derselben Quelle stammt, wie K. 13 u. 14, als vielmehr die positive Erkenntnis, daß jedenfalls, wie es sich auch mit der episodischen Erzählung vom Apostelkonvente verhalte, die Missionsgeschichte von K. 13 u. 14 wieder= aufgenommen und fortgeführt wird in 15₃₅ff. Ebendamit sind wir nun aber schon unmittelbar zu dem Abschnitt der AG. gelangt, innerhalb dessen sich die Wirstücke befinden. Für den, der bei der Quellenkritik der AG. nicht von den Wirstücken ausgeht, sondern von den Abschnitten der ersten Ḫälfte der AG., die sich am deutlichsten als aus einer Quelle herstammend erweisen, stellt sich die kritische Frage mit bezug auf die zweite Ḫälfte der AG. nicht einfach so: sind die Wirstücke aus einer Quelle geschöpft oder von dem Vf. d. AG. auf Grund seiner eigenen Erinnerungen gegeben, — sondern so: stammt der im großen und ganzen einheitlich zusammenhängende Bericht über die helleni= sche Mission, die Jerusalems=Reise und die Gefangenschaft des Paul. von K. 16 an aus einer Fortsetzung der in 6₁₋₈₂. 11₁₉ff. 13₁₋₁₄₂₈ benutzten Quelle, worauf die enge Beziehung des Abschnittes 15₃₅ff. einerseits zu K. 13 u. 14 und andererseits zu K. 16 hinweist, oder muß man trotz dieser Beziehung

---

1. So bedeutsam mir auch die angegebene Deutung des ursprünglichen Sinnes von 11₂₈ erscheint, so möchte ich doch bemerken, daß von ihr die Erkenntnis des ur= sprünglichen Zusammenhanges des Grundbestandes von 11₁₉ff. mit 13₁ff. nicht ab= hängt. Auch Ḫarnack III S. 133ff. anerkennt die Ḫerkunft von 11₁₉ff. und K. 13 und 14 aus einer und derselben Quellenüberlieferung, obgleich er das Agabuswort nicht in bildlichem Sinne versteht.

urteilen, daß von K. 16 an die in K. 13 u. 14 verwertete Quelle nicht
weiter benutzt ist?

Eine Antwort auf diese Frage kann man nicht aus den Wirstücken allein
entnehmen. Diese Stücke sind jedenfalls nicht für sich allein die in Frage
stehende Fortsetzung jener Quelle gewesen. Sie schließen sich weder unmittel=
bar an das Stück 15₃₅—₄₀ noch unmittelbar an den Schluß von K. 14 an.
Sie stellen sich auch nicht in ihrer Umgebung als fremdartige, leicht auslös=
bare oder gar störende Elemente dar. Sie stehen auch nicht zu einander in
solcher Beziehung, daß sie als ein ursprüngliches Ganzes betrachtet werden
könnten, das jetzt durch die dazwischen geschobenen Partien zersplittert wäre.
Sie sind vielmehr aufs engste verflochten mit den jetzt in der AG. sie um=
gebenden Erzählungsstücken. Es ist freilich gewiß nicht zufällig, daß das erste
Wirstück 16₁₀—₁₇ in Philippi abbricht und das folgende 20₅ff. in Philippi
wieder einsetzt. Der Schreiber der Wirstücke wird in Philippi geblieben sein,
als Paul. von dort weiterreisen mußte, und er wird später dort wieder mit
ihm zusammengetroffen sein. Aber literarisch kann sich doch die Erzählung
20₄ff. nicht direkt an 16₁₇ oder 16₄₀ angeschlossen haben. Irgendeine Ver=
mittelung muß dazwischen gestanden haben. Hat dieselbe nun etwa ursprüng=
lich in Aufzeichnungen des Wirberichterstatters über seine eigenen Erlebnisse
zwischen seiner Trennung von Paul. in Philippi und seinem Wiederzusammen=
treffen mit ihm dort bestanden, oder aber in Mitteilungen über die Missions=
wirksamkeit des Paul. in der Zwischenzeit? Wenn man bedenkt, wie fest der
Beginn des ersten Wirstückes 16₁₀ innerlich zusammenhängt mit 16₆ff., d. i.
mit einer nicht den Wirberichterstatter, sondern den Paul. betreffenden Er=
zählung, so muß man es für wahrscheinlich halten, daß auch zwischen dem
Wirstücke von K. 16 und dem von K. 20 Mitteilungen des Wirberichterstatters
nicht über sich selbst, sondern über die Reisen des Paul. standen. Der ur=
sprüngliche Zusammenhang also, zu dem die Wirstücke gehörten, wird nicht
ein Tagebuch des Wirberichterstatters, sondern eine Geschichte der Mission des
Paul. gewesen sein. Dann aber ist weitaus am einfachsten und natürlichsten
die Annahme, daß die Wirstücke von Anfang an in wesentlich derselben ge=
schichtlichen Umrahmung gestanden haben, mit der wir sie jetzt so fest ver=
bunden vorfinden. Die offene Frage ist nun, ob der Vf. der AG. selbst der
ursprüngliche Aufzeichner dieser Missions=Geschichte des Paul. war, in welcher
er stellenweise von seinen eigenen Erlebnissen in der Begleitung des Apostels
berichtete, oder ob er eine von einem Anderen, und zwar von einem zeit=
weiligen Reisebegleiter des Paul. aufgezeichnete Missions=Geschichte des Paul.
als Quelle verwertet hat. Über diese Frage kann der Gebrauch des „Wir"
in einigen Stücken und der wahrnehmbare innere Zusammenhang zwischen
diesen Wirstücken und ihrer Umgebung keine Entscheidung geben. So gut der
Vf. der AG., falls er selbst der Gefährte des Paul. gewesen war, streckenweise
in die Erzählungsform in erster Person übergehen konnte, so gut konnte natür=
lich auch der Vf. der eventuell anzunehmenden Quellen=Schrift in dieser Weise
von sich selbst miterzählen. Und daß im letzteren Falle der den Quellen=Bericht
verarbeitende Vf. der AG. doch mit gutem Bedacht die erste Person Pluralis

in seine sekundäre Wiedergabe übernehmen konnte, wurde oben schon von uns bemerkt.

Sind nun innerhalb der Geschichte von der Mission und der Gefangen=schaft des Paul. K. 16—28 irgendwelche deutliche Anzeichen dafür vorhanden, daß der Verf. der AG. hier eine Quelle benutzt hat?

Ich finde ein erstes solches Anzeichen in der Art, wie in die Erzählung von der Kerkerhaft des Paul. und Silas in Philippi 16 16—40 die Episode von dem Erdbeben und der Bekehrung des Kerkermeisters 16 25—34 eingefügt ist. Das entscheidende Moment ist nicht der legendäre, wunderbare Charakter der erzählten Vorgänge, sondern der Mangel eines inneren Zusammenhangs zwischen der Erzählung von diesen Vorgängen während der Kerkerhaft und der weiteren Erzählung von der Haftentlassung des Paul. V. 35 ff. Wenn der Vf. der AG. das Material zu beiden Erzählungen aus freier mündlicher Überlieferung geschöpft und selbständig in die literarische Form gebracht hätte, so würde er dieses Material auch zu einer wirklich einheitlichen Erzählung zusammengeschweißt haben. Tatsächlich aber ist die eine Erzählung lediglich äußerlich in die andere Erzählung von der willkürlichen Verhaftung und der ehrenvollen Haftentlassung des Paul. und Silas hineingeschoben und läßt sich wieder aus ihr herausheben, ohne daß dem Pragmatismus des Restes ein Eintrag geschieht (vgl. d. Anm. zu 16 25). Dieser Sachverhalt findet seine natürliche Erklärung nur bei der Annahme, daß die Erzählung V. 16—24 u. V. 35 ff. schon in literarisch fixierter Ausprägung vorlag, als die legendäre Erzählung von den Ereignissen während der Kerkerhaft mit ihr verbunden wurde. Wenn wir es blos mit diesem einen Falle zu tun hätten, so würden wir etwa auch an die Möglichkeit einer nachträglichen Interpolation des Ab=schnittes V. 25—34 in die AG. denken können. Da wir es aber auch mit anderen Anstößen in der AG. zu tun haben, die in ihrer Gesamtheit nicht durch eine Interpolationshypothese, sondern nur durch eine Quellenhypothese zur befriedigenden Erklärung kommen, so werden wir auch in diesem Falle urteilen, daß nicht ein Späterer einen Zusatz zu dem ursprünglichen Bestande unserer AG., sondern der Vf. unserer AG. einen Zusatz zu dem ihm über=lieferten Bestande eines älteren Quellenberichtes gemacht hat, — eines Quellen=berichtes, zu welchem das Wirstück 16 10 ff. gehörte.

Ein zweites deutliches Anzeichen der Quellenbenutzung sehe ich in dem Verhältnis der Mitteilung über den Apollos 18 25 zu der Erzählung von den Jüngern des Täufers in Ephesus 19 1—7. Auch Apollos wird als Johannes=jünger charakterisiert; aber ihm wird schon für die Zeit seiner Johannesjünger=schaft ein Unterrichtetsein in dem „Wege des Herrn" und eine „genaue Lehre mit bezug auf Jesus" zugeschrieben. Die Johannesjünger 19 1 ff. dagegen wissen noch nichts von der Verwirklichung der messianischen Heilszeit, die der Täufer verkündigt hatte, nicht weil sie der Botschaft von Jesus als dem er=schienenen Messias nicht Glauben geschenkt, sondern weil sie diese Botschaft überhaupt noch nicht gehört hatten. Sie nehmen sie bereitwilligst auf, als Paul. sie ihnen bringt. Diese Differenz zwischen der Zeichnung des Johannes=jüngers Apollos und der der Johannesjünger 19 1 ff. entspricht nun genau der

Differenz zwischen der sekundären und der primären Überlieferung über den Täufer in unseren Evangelien. Nach der primären, in Mt 1 1 — 11 und dem Logiastücke Mt 11 2 — 6 vorliegenden Überlieferung hat der Täufer das un= mittelbar bevorstehende Kommen des Messias verkündigt, nicht aber Jesum als diesen Messias erkannt und bezeichnet, sondern nur vom Gefängnisse aus zweifelnd seine Messianität in Frage gezogen. Bei diesem Verhältnisse des Täufers zu Jesus konnte es nach dem Tode des Täufers noch solche Johannes= jünger geben, wie sie in AG 19 1ff. gezeichnet sind, die von der Messianität Jesu nichts wußten. Nach der sekundären evangelischen Überlieferung aber, die in Mt 3 14. 17. Lk 1 39ff. Joh 1 29 — 36. 3 25 — 36 vorliegt, hat der Täufer von der Messianität Jesu eine offenbarungsmäßige Kenntnis gehabt und sie ausdrücklich bezeugt. Dann konnte es nachmals keine rechten Johannisjünger geben, die nicht zugleich Jünger Jesu geworden wären. Daß unser dritter Evangelist von dieser sekundären Überlieferung beeinflußt war, bezeugt seine evangelische Vorgeschichte Lk 1; und gemäß dieser Überlieferung hat er in AG 18 25 die Charakteristik des Johannesjüngers Apollos gestaltet. Wie er aber in seinem Evangelium doch auch die der primären Überlieferung ent= sprechende Erzählung von der Botschaft des gefangenen Täufers an Jesus wiedergegeben hat (Lk 7 18 — 23), weil er sie eben in seiner Quelle vorfand, so hat er in der AG. auch die zu der primären Überlieferung stimmende Erzählung von den Johannesjüngern 19 1ff. wiedergegeben. Auch sie muß er aus einem Quellenbericht übernommen haben. Denn bei freier eigener Gestaltung der Geschichte würde er das Wesen der Johannesjüngerschaft in Einklang und nicht in Widerspruch mit 18 25 charakterisiert haben. Die Be= stätigung dafür, daß die Mitteilung über den Apollos 18 25, oder genauer gesagt: die Mitteilung über die Johannesjüngerschaft des Apollos, ursprüng= lich nicht mit der Erzählung 19 1ff. zusammengehört hat, liegt darin, daß die Gewinnung des Johannesjüngers Apollos durch Aquila und Priscilla 18 26 auf das Nichtwissen der Johannesjünger 19 1ff. um Jesus und das Christentum nicht den geringsten Einfluß hat. Der Vf. der AG. hat in 18 25 in einen älteren Bericht einen Erzählungszug hineingebracht, der zu dem ursprünglichen Verlaufe der Erzählung 18 24 — 19 7 nicht paßt (vgl. die Anm. zu 18 25).

Ein drittes deutliches Anzeichen der Quellenbenutzung liegt vor in dem Verhältnis der Erzählung des Paul. über seine Bekehrung 26 9 — 18 zu den beiden früheren Berichten über diese Bekehrung 9 1 — 19 u. 22 3 — 16. Von den verschiedenen Differenzpunkten dieser drei Berichte (s. den Exkurs hinter 9 19 a unter I) kommt für unsere Frage nur der eine, aber allerdings wich= tigste in betracht. Nach K. 9 u. 22 wird Paul. von dem ihm erscheinenden Christus angewiesen, nach Damaskus zu gehen, wo er weiteren Auftrag empfangen werde. Eine Offenbarung über den universalen Missionsberuf des Paul. wird dann zunächst dem Ananias gegeben (9 15f.) und durch diesen dem Paul. mitgeteilt (22 14f.). Nach 26 16 — 18 dagegen wird dem Paul. unmittelbar durch den sich ihm offenbarenden Christus sein Missionsberuf kundgetan, in Worten, die den nach K. 9 u. 22 von Ananias empfangenen und weiter= gegebenen Worten nächstverwandt sind. Dieser Differenzpunkt betrifft nun

eine für Paul. ungemein wichtige Tatsache. Paul. legt größtes Gewicht darauf,
seinen Heidenmissionsberuf nicht durch Menschenvermittlung, sondern unmittelbar
durch Gott und Christus empfangen zu haben (Gal 1 1. 11 — 17. I Kor 9 1).
Wie das psychologisch möglich war, daß er in dem einen Momente der
Christuserscheinung zugleich mit dem ganzen Inhalte seines Gnaden= und
Glaubensevangeliums (Gal 1 11 f.) auch schon die Erkenntnis seines Heiden=
missionsberufes erhielt, haben wir jetzt nicht zu fragen (vgl. darüber den
Exkurs hinter 9 19 a unter II). Wir konstatieren nur, daß die eigene Auf=
fassung des Paul. von seiner unmittelbar durch Christus erfolgten Berufung
zum Apostel mit der Darstellung von AG 26 zusammenstimmt, dagegen mit
der Darstellung in K. 9 u. 22 nicht vereinbar ist. Unter diesen Umständen
kann man sich nicht bei der gewöhnlichen Erklärung beruhigen, daß der Be=
richt in K. 26 durch eine freie Abwandlung des ursprünglichen Berichtes in
K. 9 (u. 22) zu Stande gekommen sei, indem der Vf. d. AG. das Haupt=
moment der Ananiasgeschichte der Kürze halber gleich in die Christuserschei=
nung des Paul. hineingefügt habe. Denn es ist nicht wahrscheinlich, daß der
Vf. durch eine solche ungenau verkürzende Wiedergabe des ursprünglichen Be=
richtes zufällig und unbewußt eine tatsächliche Unrichtigkeit dieses Berichtes in
einem für Paul. sehr wesentlichen Punkte richtig gestellt haben sollte[1]. Sondern
die Darstellung des Bekehrungs=Vorganges in K. 26 muß hinsichtlich dieses
wichtigen Punktes als auf einer guten, gegenüber derjenigen von K. 9 u. 22
selbständigen Überlieferung beruhend anerkannt und der Bericht in K. 9 (u. 22)
muß als sekundäre Abwandlung des primären Berichtes in K. 26 betrachtet
werden. Die wertvolle Selbständigkeit dieses Berichtes in K. 26 gegenüber
der Darstellung in K. 9 u. 22 zeigt sich auch in den originalen Zügen der
Schilderung der Christenverfolgung des Paul. (V. 10 f.) und besonders in dem
Christusworte vom Stachel (V. 14). Woher stammt nun diese gute Überlie=
ferung über die Bekehrung des Paul. in K. 26? Die Rede des Paul. vor
Festus und dem König Agrippa, in der Paul. von seiner Bekehrung spricht,
geht dem Wirstücke 27 1 ff. unmittelbar voran und die diese Rede umrahmende
Erzählung von der Appellation des Paul. an den Kaiser gehört mit der
folgenden Geschichte von dem Transporte des gefangenen Paul. nach Rom fest
zusammen. Es wäre willkürlich, wenn man den bedeutsamen Vorzug der Er=
zählung von der Bekehrung des Paul. in K. 26 vor den im Übrigen so nahe
verwandten Erzählungen in K. 9 u. 22 nicht daraus erklären wollte, daß
hier in K. 26 die gute Überlieferung des Wirberichterstatters vorliegt, der
schon bevor er die Reise 27 1 ff. mit Paul. zusammen antrat, in Caesarea an=
wesend und entweder selbst Zeuge der Rede des Paul. vor Festus und Agrippa
gewesen war, oder dort von Ohrenzeugen oder von Paul. selbst zuverlässige
Nachricht über die Rede erhalten hatte. Wäre nun der Verf. der AG. mit
diesem Wirberichterstatter identisch, wie wäre es zu begreifen, daß er die von
Paul. selbst erhaltene und in K. 26 in Einklang mit Paul. wiedergegebene
Erzählung von der Bekehrung desselben vorher in K. 9 u. 22 hinsichtlich

---

1. Mit einem solchen „zufälligen Ergebnis“ rechnet auch Wendland[2] S. 329.

jenes für Paul. so wichtigen Punktes umgestaltet hätte? Ihm müßte doch bei
seiner Darstellung in K. 9 u. 22 die Erinnerung an die Darstellung des Vor=
ganges durch Paul. vor Festus und Agrippa schon ebenso lebendig gewesen
sein, wie nachher bei der Aufzeichnung von K. 26. Erklärlich wird das Ver=
halten des Vfs. der AG. nur bei der Annahme, daß er eben nicht selbst der
Wirberichterstatter war, sondern die Aufzeichnungen desselben als eine Quelle
verwertete. Denn dann konnte er in K. 9, wo er zuerst von der Bekehrung
des Paul. erzählte, und ebenso in der wesentlich von ihm selbst komponierten
Rede des Paul. in K. 22, die in der Geschichte von der Gefangenschaft des
Paul. in Caesarea eingeschlossene Überlieferung dieses Wirberichterstatters mit
einer anderen Überlieferung, welche von der Taufe und der Unterweisung des
Paul. durch einen Christen Ananias in Damaskus wußte, in eine passende
Kombination zu bringen versuchen, während er dann doch in dem Zusammen=
hange von K. 26, wo er übrigens die Geschichte von der Gefangenschaft des
Paul. im Anschluß an seine Hauptquelle mitteilte, auch die Erzählung des
Paul. über seine Bekehrung einfach nach dieser Quelle wiedergab.

Es ist nicht zufällig, daß wir gerade in der Erzählung von den Johannes=
jüngern und dann wieder in der von der Bekehrung des Paul. entscheidende
Anzeichen für die Quellenbenutzung finden. Diese beiden Erzählungen der
AG. gleichen einander darin, daß sie eine Beziehung zu geschichtlichen Über=
lieferungen haben, die uns außerhalb der AG. gegeben sind: zu den evan=
gelischen Berichten über Johannes den Täufer bezw. zu den eigenen Aus=
sagen des Paul. in seinen Briefen über seine Bekehrung. Dadurch ist uns
hier eine Handhabe für die Kritik geboten, wie sie uns sonst fehlt. Beide
Male sehen wir eine Unstimmigkeit in der AG. dadurch bedingt, daß eine
ältere Überlieferung mit einer unrichtigen jüngeren Auffassung verbunden ist.
Der Vf. der AG. selbst vertritt die jüngere Auffassung. Aber er läßt doch
auch die ältere Auffassung erkennen, weil er seine Erzählung nicht ganz frei
gestaltet, sondern nach einer älteren Quelle gibt.

Unser jetzt gewonnenes Ergebnis, daß sich innerhalb des Berichtes der
AG. von K. 16 an deutliche Spuren einer Quellenbenutzung finden, schließt
sich nun zusammen mit der vorher begründeten Erkenntnis, daß schon in
6₁—8₂, dann in 11₁₉ff. und in K. 13 u. 14 eine einheitliche Quelle ver=
wertet ist und daß sich der Abschnitt 15₃₅—₄₁ ebenso unmittelbar als Fort=
setzung des aus jener Quelle stammenden Berichtes über die Missionsreise des
Paul. K. 13 u. 14 wie als Einleitung zu dem weiteren Berichte über die
Mission des Paul. von K. 16 an darstellt. Wenn man dies alles berück=
sichtigt, muß man die Folgerung ziehen, daß die von K. 16 an benutzte
Quelle, aus welcher auch die Wirstücke, aber nicht sie allein geflossen sind, die
Fortsetzung jener schon in den früheren Abschnitten erkennbaren Quelle war.
In höchst bemerkenswerter Weise wird dieser Quellenzusammenhang dadurch
bestätigt, daß nach der occidentalischen Textüberlieferung schon in 11₂₈ zum
ersten Mal das „Wir" der späteren Wirstücke vorkommt (s. d. Anm. z. d. St.).
Die von einem zeitweiligen Reise= und Missionsgefährten des Paul. herstam=
mende Quelle war aber weder ein bloßes Reisetagebuch dieses Begleiters,

3*

noch auch einfach eine Geschichte des Paul. Sie enthielt am Anfang manches, was sich nicht auf Paul. bezog und gab seine Geschichte erst von dem Beginne seiner Missionsreisen an. Auch seine Bekehrung erzählte sie nur indirekt innerhalb seiner späteren Rede vor Festus und Agrippa. Sie bot aber auch nicht im allgemeinen eine Geschichte der Anfangsentwicklung der christl. Kirche oder eine Geschichte der Heidenmission in der apostolischen Zeit. Ihr Interesse konzentrierte sich doch vorwiegend auf die Person des Paul. Sie bot eine Geschichte seiner großen Missionsreisen, seiner Gefangenschaft und seiner Romreise, leitete diese Geschichte aber ein durch einen Bericht darüber, wie es von der Urgemeinde in Jerus. aus in Folge des Auftretens und Märtyrertodes des Stephanus zur Begründung der heidenchristlichen Gemeinde in Antiochia gekommen war, von der wieder das Missionswerk des Paul. seinen Ausgang genommen hatte.

Wie die Quelle begann, müssen wir dahingestellt sein lassen. Mit der Geschichte von der Wahl der Siebenmänner 6 1ff. kann sie nicht wohl eingesetzt haben. Vorausgesetzt ist hier, daß es vor der Zeit des Anwachsens der Gemeinde zu Jerus., wo Mißhelligkeiten bei der täglichen Versorgung die Wahl der Sieben veranlaßten, einen Zustand gab, wo die noch kleine, nur durch die Zwölf geleitete Gemeinde in voller Harmonie lebte, mit gemeinschaftlichen Mahlzeiten und gleichmäßiger Versorgung aller Bedürftigen. Da nun auch in den Schilderungen des idealen Anfangszustandes der Urgemeinde 2 43—47. 4 32—35. 5 12—15 mehrfache Inkongruenzen der Erzählung auf das Bearbeitetsein einer älteren Überlieferung hindeuten, so dürfen wir eine Grundlage dieser Abschnitte wohl als aus unserer Quellenschrift stammend betrachten, ohne jedoch die Quellen-Bestandteile genauer umgrenzen zu können (vgl. d. Anm. zu 2 43ff. 4 32ff. 5 14).

Mit mancherlei Unsicherheit bleibt selbstverständlich die Erkenntnis der Quellenbestandteile in allen den Abschnitten behaftet, die nicht durch das „Wir" als bestimmt aus der Quelle herstammend gekennzeichnet sind. Das gilt namentlich mit bezug auf die Darstellung der Vorgänge zwischen der Verhaftung des Paul. in Jerus. und dem Amtsantritt des Festus K. 22—24. Hier scheint die Quellenschrift nur einen knappen Rahmen geboten zu haben, den der Vf. der AG. ausgefüllt hat (vgl. d. Anm. zu 22 1ff. 22 30ff. 23 12ff. 24 1ff.). Es ist auch sehr wohl denkbar, daß dieser Vf. mit gutem Bedacht diejenigen Partieen der Quellenschrift, die sich als auf augenzeugenschaftlicher Erinnerung beruhend gaben, mit besonderer Genauigkeit wiederzugeben gesucht hat, während er sich bei den anderen Partieen zu einer freieren Wiedergabe und reichlicheren Einschaltungen nach anderweitiger Überlieferung berechtigt fühlte.

Eine in dieser Weise begründete Quellenhypothese bietet nicht nur für die mannigfaltigen Unstimmigkeiten in der AG. eine befriedigende Erklärung, sondern wird auch dem geschichtlichen Werte dieses Buches wahrhaft gerecht. Sie lehrt zwischen Bestandteilen verschiedenen Überlieferungs-Wertes in ihm unterscheiden nicht nach zweifelhaften Urteilen über die Glaubwürdigkeit oder Unglaubwürdigkeit des Berichteten, sondern nach Maßgabe der erkennbaren

Zugehörigkeit des Berichtes zu der guten Hauptquelle, oder zu den aus un=
sicherer Überlieferung geflossenen Zutaten ihres späteren Bearbeiters, des Vf.s
unserer AG. Wenn diese Unterscheidung auch im Detail vielfach unsicher
bleibt, im großen und ganzen läßt sie sich doch durchführen. Und bei ihr
stellt sich als Ergebnis heraus, daß die aus der älteren Quelle geschöpften
Erzählungsstücke der AG. ein solches Bild von den Anfängen der christlichen
Heidenmission und speziell von dem Wirken und dem Geschicke des Paul.
bieten, welches zu der unmittelbar aus den Briefen des Paul. zu schöpfenden
geschichtlichen Erkenntnis innerlich paßt, sie aufs wertvollste ergänzend, be=
reichernd und zu einem einheitlichen Geschichtsbilde zusammenschließend. An
diesem Verhältnis zu den Paulusbriefen erprobt sich die geschichtliche Glaub=
würdigkeit der Quellenstücke in der AG.; und diese Glaubwürdigkeit wiederum
dient zur Bestätigung dafür, daß wir es bei dieser Quelle mit dem Werke
einer an den geschilderten Vorgängen zum Teil selbst beteiligten, dem Paul.
persönlich nahestehenden Persönlichkeit der apostolischen Zeit zu tun haben.
Aber nicht alles in der AG. hat den gleichen geschichtlichen Wert. Es gibt
in ihr auch Erzählungen von offenbar legendärem Charakter. Es gibt Er=
zählungen, die zu ausdrücklichen Mitteilungen des Paul. selbst in Widerspruch
stehen. Es gibt Verzeichnungen in der Charakteristik der Anschauungsweise
und der Persönlichkeit des Paul. Und diese Erzählungsstücke oder Erzäh=
lungszüge, die unsere Kritik herausfordern, stehen hart neben den anderen,
die sich uns als Überlieferungen aus erster Hand darstellen. Die Tatsache
dieser eigentümlichen Mischung von Elementen verschiedener geschichtlicher
Qualität, diese Tatsache, der weder die traditionelle Herleitung des ganzen
Buches von dem Wirberichterstatter, noch auch andrerseits die radikale Be=
urteilung des ganzen Buches als einer kirchenpolitischen Tendenzschrift gerecht
zu werden vermochte, findet ihre rechte Erklärung durch die Erkenntnis, daß
in dem Buche die ältere Geschichtsdarstellung eines zeitweiligen Begleiters des
Paul. enthalten ist, aber in Verarbeitung durch einen nachapostolischen Schrift=
steller, der den wertvollen Elementen jener Quelle mancherlei anderes Ma=
terial hinzugefügt hat.

Innerhalb dieser Zutaten des Vf.s der AG. zu seiner Hauptquelle noch
andere Nebenquellen, aus denen er geschöpft hat, nachzuweisen, scheint mir
nicht möglich. Freilich ist nicht zu bezweifeln, daß auch den auf die Urge=
meinde bezüglichen Erzählungsstücken zum Teil fest ausgeprägte Überlieferungen
zu Grunde gelegen haben. Anzeichen hierfür scheinen mir bei dem Abschnitte
4 36 — 5 11 vorzuliegen (vgl. die Anm. zu 4 32ff.); desgleichen bei dem Stücke
11 2 — 18, welches wahrscheinlich die Grundlage für die Erzählung K. 10 bildete
(vgl. den Exkurs hinter 11 18); dann bei der Erzählung von dem seitens der
Urgemeinde an die Heidenchristen von Antiochia, Syrien und Cilicien gesandten
Schreiben 15 1 — 33 (vgl. den Exkurs hinter 15 21 unter III gegen Schluß).
Auch die Erzählungen von der Ergänzung des Zwölferkollegiums 1 15 — 26, von
dem ersten Auftreten der Glossolalie 2 1 — 13, von der Wirksamkeit des Sieben=
mannes Philippus 8 5 — 8. 26 — 40, von der Hinrichtung des Zebedaiden Ja=
kobus 12 1f. beruhen gewiß auf guter älterer Überlieferung. Aber lagen die

in diesen Stücken verwerteten Überlieferungen dem Vf. der AG. alle oder
zum Teil schon in schriftlicher Fixierung vor? Gehörten sie, wenn sie schriftlich
waren, zu einer und derselben Quellenschrift oder stammen sie aus verschiedenen Schriftstücken? Meines Erachtens lassen sich diese Fragen nicht beantworten. Dem Urteile Harnacks (vgl. oben S. 21), daß in K. 2—5 zwei
Überlieferungskomplexe zu unterscheiden seien, kann ich nicht beipflichten (vgl.
den Exkurs hinter 2₁₃ unter II am Schluß). Freilich wird die Erzählung
4₁—₂₂ ein Parallelbericht zu 5₁₇—₄₂ sein, und zu der Erzählung von der
wunderbaren Befreiung der Zwölfe 5₁₈—₂₀ bildet wieder die von der Befreiung des Petrus 12₃ff. einen Parallelbericht. Aber das sind verschiedene Aus-
gestaltungen der mündlichen Überlieferung über einen und denselben Vorgang.
Ein Parallelgehen größerer Erzählungsgruppen läßt sich nicht wahrnehmen.
Daß sich die mündliche Tradition über die Urgemeinde besonders mit Petrus be-
schäftigte, hatte gewiß seinen guten Grund in der wirklichen Bedeutung dieses
Apostels für die Konstituierung und Ausbreitung der ältesten Christengemeinde.

Natürlich war der Umfang des dem Vf. der AG. teils in jener schriftlichen Hauptquelle, teils in anderweitigen Überlieferungen gegebenen Materiales von größtem Einflusse auf die Ausgestaltung des Geschichtsbildes in
seinem Buche. Manches, was wir vermissen, weil es zur Vollständigkeit des
Geschichtsbildes gehören würde, hat der Vf. gewiß nur deshalb nicht berichtet,
weil er selbst nichts darüber wußte. Viele Tatsachen nebensächlicher Art dagegen, z. B. bei den Reisen des Paul., hat er ausführlich mitgeteilt, weil
ihm seine Quelle den Stoff in Ausführlichkeit zuführte. Die uns befremdliche
Kürze der Mitteilung über die Hinrichtung des Jakobus neben der detaillierten Erzählung von der wunderbaren Befreiung des Petrus 12₁ff. hatte
gewiß keinen andern Grund, als daß dem Verf. der AG. über jenes Ereignis
eine genauere Überlieferung fehlte, während ihm über diese Petrusgeschichte
eine, vielleicht auf Markus (vgl. 12₁₂) zurückgehende, ausführlichere Erzählung zugekommen war.

So ist meines Erachtens auch das überraschende Abbrechen der AG. vor
dem Ausgange des Prozesses und des Lebens des Paul. hauptsächlich daraus
zu erklären, daß den Vf. seine Hauptquelle nicht weiter führte, als bis zur
Hinkunft des Paul. nach Rom, und daß anderweitige bestimmte Nachrichten
über das Ende des Apostels fehlten. Jenes Erstere, daß die Quelle nicht
weiter führte, hatte gewiß darin seinen Grund, daß sie bald nach der Ankunft des Paul. in Rom noch unter den frischen Eindrücken der gefahrvollen
Winterreise geschrieben war. Das Andere aber, daß man über das Ende
des Paul. nichts Genaueres wußte, ist begreiflich, wenn nach den zwei Jahren
der leichten Haft 28₃₀f. der Prozeß des Paul. eine ungünstige Wendung
nahm, an Stelle des ungehinderten Verkehres und Predigens des Apostels
eine strenge Abschließung des Gefangenen eintrat, und derselbe dann im Gefängnis ein gewaltsames Ende fand, von dessen Zeitpunkt und Umständen
kein Christ etwas erfuhr. Nicht nur wenn sich der Prozeß des Paul. bis
zum Anbruch der Neronischen Verfolgung hinzog, der er als ein durch seinen

Prozeß bekannter und überführter Vertreter und wichtigster Verbreiter der verwerflichen Christensekte gewiß gleich zuerst zum Opfer gefallen wäre, son= dern auch wenn sein Prozeß schon vorher mit dem Todesurteil abschloß (vgl. nachher den Schluß von § 10), ist es begreiflich, daß die Christen in Rom nie etwas Bestimmtes über dieses Urteil und seine Exekution erfuhren. Wegen dieses Mangels einer positiven Nachricht über den Verbleib und Ausgang des Paul. konnte sich auch wohl das Gerücht bilden und Glauben finden, er sei freigekommen und sei seiner früher kundgegebenen Absicht gemäß (Röm 15 24. 28) nach Spanien gereist (I Clem 5 7; Can. Murator.). Wäre diese Vermutung richtig gewesen, so wäre Paul. nicht im Gefängnis in Rom, sondern in Spanien verschollen. Aber man müßte dann doch in der röm. Gemeinde etwas von seiner Freilassung und seiner Weiterreise erfahren haben, da er ohne Mit= wissen und Unterstützung seiner Freunde in Rom kaum die Möglichkeit zu einer Reise nach Spanien gefunden hätte. Aber ein positives Wissen um seine Freilassung fehlte. Hätte der Vf. der AG. ein solches Wissen gehabt, so würde er ohne Zweifel dieses glückliche Ende des so breit erzählten Pro= zesses des Paul. berichtet haben. Wenn aber der Ausgang des Prozesses und des Lebens des Paul. ganz im Dunkel lag, konnte es unserm Vf. befrie= digender erscheinen, seinen Bericht mit der erfreulichen letzten Tatsache, die noch von dem Leben des Paul. bezeugt war, daß er nämlich auch in Rom noch als Prediger des Reiches Gottes und der Sache des Herrn Jesus hatte wirken können, als mit einem Hinweis auf das dann folgende Dunkel abzu= schließen[1].

Es ist aber auch nicht richtig, wenn man in der AG. nur eine musi= vische Zusammensetzung fertig gegebener Überlieferungsstücke sieht und ihren Vf. nur als den Redaktor betrachtet, der in ziemlich mechanischer Weise diese Zusammenfügung besorgte. Vielmehr ist als wichtiger Faktor bei der Kom= position des Buches auch die schriftstellerische Selbständigkeit des Vf.s zu wür= digen. Ihr war, gemäß der naiven Art antiker Geschichtschreibung überhaupt, ein viel weiterer Spielraum gelassen, als welchen wir dem modernen, wissen=

---

1. In neuerer Zeit haben mehrere Forscher den überraschenden Schluß der AG. aus dem äußeren Umstande erklärt, daß die Rolle, auf welcher der Vf. das Original schrieb, zu Ende gewesen sei. Die AG. umfasse, ebenso wie das Lukasevang., ca. 2500 Stichen. Dies sei nach Birt, d. antike Buchwesen 1882 S. 310 ff., gerade ein gewöhn= liches mittleres Format von Büchern der damaligen Zeit gewesen. Vgl. Jacobsen ZwTh 1888 S. 134 f., 1890 S. 503 f.; Spitta, zur Gesch. u. Litt. des Urchristent. S. 15 f.; Rüegg StKr 1896 S. 64 ff. Aber wenn es auch sehr wahrscheinlich sein mag, daß der Schluß des Buches und das Ende der Rolle zusammenfielen, so ist es doch sehr un= wahrscheinlich, daß hierdurch die eigentümliche Gestaltung des Schlusses, die Fortlassung einer Angabe über den Ausgang des Paul., bedingt war. Die um dieses unbefrie= digenden Schlusses willen aufgestellte Hypothese, daß der Vf. noch einen τρίτος λόγος habe schreiben wollen (vgl. bes. Zahn, Einl. II § 60), ist sehr problematisch. Aber selbst wenn er diese Absicht gehabt hätte, müßte man ihm doch so viel schriftstellerische Gewandtheit in der Verwertung seiner Papyrusrolle bezw. in der durch sie bedingten Oekonomie seines Buches zutrauen, daß er nicht aus jenem blos äußerlichen Grunde denjenigen Schluß seines Werkes weggelassen hat, auf welchen durch die ganze voran= gehende Erzählung das Interesse des Lesers hingedrängt wird: die Mitteilung sei es der Freisprechung, sei es des Märtyrertodes des Paul. Das Fehlen dieses natürlichen Schlusses ist nur daraus zu erklären, daß der Vf. ihn wegen Fehlens jeder Kunde nicht geben konnte.

schaftlichen Historiographen geben. Sie hat sich darin betätigt, daß der Vf. den ihm überlieferten Stoff nicht nur in formeller Beziehung sehr wesentlich umprägte und sich assimilierte, sondern auch inhaltlich mit großer Freiheit ausführte und erweiterte. Er hat an vielen Stellen kurze Andeutungen, die ihm überliefert waren, zu anschaulichen Bildern ausgestaltet, indem er das Detail mit eigener Phantasie erfand. So ist z. B. die ausführliche Erzählung von den der Bekehrung des Paul. folgenden Ereignissen in Damaskus und Jerusalem 9 10 — 30 zu beurteilen; so auch die Hauptmasse des in K. 23 u. 24 über die Ereignisse zwischen der Verhaftung des Paul. und der Ankunft des Festus Erzählten. Namentlich aber sind viele der großen Reden des Buches freie Kompositionen des Vf.s, sowohl die Petrusreden im ersten Teile (1 16ff. 2 14ff. 3 12ff. 4 8ff. 24ff. 5 29ff. 10 34ff.), als auch einige der Paulusreden im letzten Teile (13 16ff. 14 15ff. 22 1ff. 24 10ff.). Die Freiheit, die sich der Vf. bei diesen Rede=Kompositionen nahm, ist keine andere als die der antiken Geschichtsschreiber, besonders des Thucydides, welche durch die Reden, die sie in bedeutsamen Momenten den Hauptpersonen in den Mund legen, den Charakter der Situationen und die Motive der maßgebenden Persönlichkeiten zu schildern suchen. Beim Vf. der AG. wirkte nun aber auf die Ausgestaltung dieser Reden noch besonders die erbauliche Tendenz ein, die ihn bei seiner Geschichtsschreibung begleitete (s. oben S. 13f.). Er brachte in dieser Form die wesentlichen Gedanken des christlichen Evangeliums zum Ausdruck. Er veranschaulichte den vorbildlichen Bekennermut der Apostel, die vorbildliche Art ihrer Predigt, um Juden und Heiden für das Christentum zu gewinnen, die vorbildliche Art ihrer Apologie vor jüdischen und römischen Obrigkeiten. Darin, daß er von sich aus die Mehrzahl dieser Reden komponiert hat, liegt die Erklärung für die Gleichartigkeit ihres Gedankengehalts. Der Vf. hat nicht tendenziös den Petrus paulinisiert und den Paul. petrinisiert; er hat vielmehr beiden Aposteln seine eigenen christlichen Gedanken, die Anschauungen des Heidenchristentums der nachapostolischen Zeit geliehen, naiv voraussetzend, daß sie in diesen christlichen Gedanken eins gewesen seien.

Weil die AG. wertvolle Überlieferungen älterer Zeit einschließt, ist sie selbst für uns ein Geschichtswerk von unschätzbarem Werte. Man darf gewiß annehmen, daß der Vf. die guten Überlieferungen über die apostolische Geschichte soweit gesammelt hat, wie sie ihm irgend zugänglich waren. Und er hat sie in einer solchen Weise bearbeitet, daß es uns doch noch im wesentlichen möglich ist, den wertvollen Bestand dieser älteren Überlieferungen aus seiner Bearbeitung herauszuerkennen.

§ 6.

Das Verhältnis der AG. zu den Briefen des Paulus und zu Josephus.

1. Hat der Vf. der AG. die Briefe des Paul. gekannt und benutzt? Die Vertreter der Tübinger Schule haben gemäß ihrer Vorstellung von der späten Abfassungszeit der AG. diese Frage bejaht. Sie nahmen aber nicht sowohl eine Verwertung dieser Briefe als eigentlicher Quellen an, als viel=

mehr eine gewisse gegensätzliche Beziehung der tendenziösen Geschichtserzählung der AG. zu den eigenen Angaben des Paul. Namentlich sahen sie in den Erzählungen der AG. über das Verhältnis des Paul. zu den Uraposteln $9_{19} - _{30}$ u. $15_{1} - _{33}$, sowie über sein Verhältnis zu Barnabas 15_{35} ff. und seine Beschneidung des Timotheus $16_{1} - _{3}$ eine bewußte Umbildung der von Paul. in Gal. 1 u. 2 gegebenen Darstellung. Vgl. Zell. S. 518 ff.; Overb. S. LIX; Weizs. S. 175 ff.; Volkmar, Paul. v. Dam. bis 3. Gal.br. S. 7 ff.; Hltzm. Hand-Komm. Einl. I, 5; H. Schulze, Ursprünglichkeit d. Gal.briefs, 1903; S. 7 ff.; P. W. Schmidt, DeWette-Overbecks Werk zur AG., 1910, S. 35; Wendland ² S. 319. Nach Sp. S. 189 f.; Gercke, Hermes 1894 S. 378, war der Red. der AG. mit dem Galaterbriefe bekannt. Pfleid. findet, abgesehen von anderen Spuren der Bekanntschaft mit Paulusbriefen (S. 551. 585), besonders in den Äußerungen der AG. über den Unglauben der Juden gegenüber der Predigt vom Messias und über die dadurch bedingte Zuwendung des Evangeliums zu den Heiden ($7_{2} - _{53}$. $28_{17} - _{28}$) eine Verarbeitung der Gedanken von Röm 9 — 11 durch den Deuteropauliner (S. 562. 609; vgl. auch S. 577 f.). Soltau 3NT 1903 S. 128 ff. meint besonders in den Reden der AG. den Einfluß der Paulusbriefe nachweisen zu können. Jacobsen S. 8 ff. hat die Behauptung durchzuführen gesucht, daß der Vf. der AG. auch für die ersten 12 Kapitel die paulin. Briefe eigentlich als einzige Quelle gehabt und nach ihren kleinen Angaben oder Andeutungen seine Geschichte des Urchristentums kombiniert habe.

Dagegen ist das Benutztsein der Paulusbriefe in der AG. bestritten sowohl von den Vertretern der traditionellen Anschauung, daß der Wirbericht-erstatter identisch mit dem Vf. der AG. ist (3. B. K. Schmidt I S. 137 ff.; Nösg. S. 15; Felten S. 17; Zahn, Einl. II § 61; Harnack IV S. 70 f.), als auch von Steck SchwThZ 1890 S. 153 ff. und den Kritikern der holländischen Schule, welche die uns vorliegenden (pseudo)paulin. Briefe für jünger als die AG. und für abhängig von ihr halten. Auch Sabatier ist in seiner gründlichen Untersuchung der Frage: „L'auteur du livre des Actes des Apôtres a-t-il connu et utilisé dans son récit les épitres de S. Paul?" (Bibliothèque de l'École des hautes études. Sciences religieuses I) 1889 p. 205 ss. zu wesentlich negativem Resultate gekommen.

Daß der Vf. der AG. einzelne Briefe des Paul. gekannt hat, ist nicht unmöglich. Aber von einer Benutzung derselben zu seinem schriftstellerischen Zwecke kann meines Erachtens nicht die Rede sein. Sehr viele auf die Person und Wirksamkeit des Paul. bezügliche Daten, die er den Briefen hätte entnehmen können und durch deren Berücksichtigung er seinem Berichte den Stempel besonderer Genauigkeit und Vollständigkeit hätte aufdrücken können, erscheinen ihm unbekannt. Hinsichtlich der Reisen des Paul. nach seiner Bekehrung und der Vorgänge bei und nach dem Apostelkonvente, wo der Erzählung der AG. die bestimmten Angaben des Paul. in Gal 1 u. 2 zur Seite stehen, weichen die beiderseitigen Mitteilungen erheblich von einander ab. Wer nicht das Vorurteil von dem tendenziösen Parteicharakter der AG. mitbringt, wird es für natürlicher halten, daß diese Differenz ihren Grund in der völligen Selbständigkeit des einen Berichtes gegen den anderen hat, als daß bei ihr eine gegensätzliche Bezugnahme des einen auf den anderen statthat. Dann wird man aber auch die Berührung von 9 21 mit Gal 1 13 u. 23 in dem Ausdrucke πορϑεῖν für zufällig halten. Nur zwischen 9 25 u. II Kor 11 33 besteht eine etwas weitergehende Berührung des Wortlauts. Hier dürfte wohl eine Reminiscenz des Vf.s der AG. an die Mitteilung des Paul. anzuerkennen sein. Eine solche ist freilich deshalb besonders auffallend, weil der übrige Inhalt des so reichen geschichtlichen Stoff bietenden Abschnittes II Kor 11 23 — 12 10 in der AG. nicht verwertet ist [1].

2. Viel erörtert ist das Verhältnis der AG. zu Josephus. Die Berührungen zwischen dem NT. und Jos. waren schon in der Mitte des 18. Jahrhunderts sorgfältig zusammengestellt von J. B. Ott, Spicilegium s. excerpta ex Fl. Josepho ad N. Ti. illustrationem, Lugd. Bat. 1741, und J. T. Krebs, Observationes in N. T. e Fl. Josepho, Lips. 1755. Aber erst in neuerer Zeit ist die Frage, ob der Vf. des dritten Evang.s und der AG. von Jos. schriftstellerisch abhängig sei, untersucht worden. Nach Anregungen von Overb. zu AG 5 37 und Keim, Gesch. Jesu v. Naz. III (1872) S. 134. 480, suchte zuerst Hltzm. ZwTh 1873 S. 85 ff. diese Abhängigkeit darzutun. Seine Nachweise wurden noch erweitert von Krenkel ZwTh 1873 S. 441 ff. und Hausrath III S. 423 ff. Bestritten wurde die Abhängigkeit von Schürer ZwTh 1876 S. 574 ff. und Nösgen StKr 1879 S. 521 ff.; vgl. dagegen wieder Hltzm. ZwTh 1877 S. 535 ff.; 1880 S. 121 f. Für die Abhängigkeit traten weiter ein Renan, les évangiles 1877 p. 255; der Autor des Buches „Supernatural Religion" in: Fortnightly Review 1877 p. 485 ff.; Keim, Urchristent. S. 1 ff. und Andere, namentlich aber Krenkel, Jos. und Luk. 1894. Er bespricht aufs Ausführlichste alle Berührungen mit Jos. und kommt zu dem Ergebnisse, daß der Vf. der AG. alle Schriften des Jos. genau gekannt hat und durch sie sowohl in sachlicher wie in sprachlicher Beziehung sehr wesentlich beeinflußt ist. In der Hauptsache stimmen mit Krenkel zusammen Clemen, StKr 1895 S. 335 ff.; Schmiedel SchwThZ 1898 S. 46. Gegen Krenkel vgl. besonders Bousset ThLz 1895 S. 391 ff. und Belser ThQ 1895 S. 634 ff.; 1896 S. 1 ff. Die Frage ist von wesentlicher Bedeutung für die Datierung der Abfassung der AG. Da Josephus nach Ant. 20, 11, 2 seine Archäologie im 13. Regierungsjahre Domitians, d. i. 93 auf 94, vollendet hat, so ist ihre Benützung durch den Vf. der AG. mit der Abfassung der AG. schon zu Anfang des 7. Jahrzehnts des 1. Jahrhunderts unvereinbar. Wer aus anderweitigen Gründen an dieser frühen Abfassungszeit der AG. festhält, muß die Abhängigkeit von Jos. bestreiten. Vgl. Zahn, Einl. II § 61; Harnack IV S. 80.

In der Tat handelt es sich nirgends um eine ausdrückliche Zitierung des Jos. oder wörtliche Ausschreibung ganzer Sätze aus ihm. Darin, daß der

---

1. Die Notiz II Kor 11 32 f. macht sehr den Eindruck einer nicht an richtiger Stelle stehenden Einschaltung (vgl. Schmiedel, Hand-Komm., Exkurs 3. d. St. und die dort angeführte Literatur; auch Sp. S. 144). Wahrscheinlich ist sie ein nachträglicher Randzusatz des Paul., der eigentlich zu der Parenthese V. 24 f. gehörte. Daß sie Zusatz eines Späteren auf Grund der St. AG 9 23—25 ist, ist deshalb nicht wahrscheinlich, weil die Angabe über den Ethnarchen des Königs Aretas nicht aus der AG. stammt.

Vf. der AG. gelegentlich von den gleichen Personen und Ereignissen spricht, über welche Jos. in seiner Archäologie oder in seinem Jüd. Kriege berichtet, und daß sich in solchen Fällen der Ausdruck beider Schriftsteller berührt, z. B. beide den Porcius Festus als διάδοχος für Felix bezeichnen (AG 24 27; Jos. Ant. 20, 8, 9), liegt kein Beweis für die literarische Abhängigkeit des einen von dem andern. Besonders Krenkel hat in vielen Fällen eine Abhängigkeit der AG. von Jos. behauptet, wo in Wirklichkeit nur ein Zusammentreffen vorliegt, das unabhängig zustande gekommen sein kann. Den Berührungen stehen auch wesentliche Abweichungen gerade bei den Berichten über dieselben Tatsachen und Personen (z. B. über das Ende des Königs Herodes Agrippa AG 12 19ff.; Jos. Ant. 19, 8, 2) zur Seite. Aber an der einen St. AG 5 36f. liegt eine Beziehung zu Jos. Ant. 20, 5, 1f. vor, die nicht für bloß „zufällig" erachtet werden kann. Von dieser St. hat deshalb auch die ganze neuere Untersuchung des Verhältnisses der AG. zu Jos. ihren Ausgang genommen.

Jos. Ant. 20, 5.	AG 5.
1. Φάδου δὲ τῆς Ἰουδαίας ἐπιτροπεύοντος γοής τις ἀνήρ, Θευδᾶς ὄνομα, πείθει τὸν πλεῖστον ὄχλον ἀναλαβόντα τὰς κτήσεις ἕπεσθαι πρὸς τὸν Ἰορδάνην ποταμὸν αὐτῷ· προφήτης γὰρ ἔλεγεν εἶναι, καὶ προστάγματι τὸν ποταμὸν σχίσας δίοδον ἔφη παρέξειν αὐτοῖς ῥαδίαν. καὶ ταῦτα λέγων πολλοὺς ἠπάτησεν. οὐ μὴν εἴασεν αὐτοὺς τῆς ἀφροσύνης ὄνασθαι Φᾶδος, ἀλλ᾽ ἐξέπεμψεν ἴλην ἱππέων ἐπ᾽ αὐτούς, ἥτις ἀπροσδόκητος ἐπιπεσοῦσα πολλοὺς μὲν αὐτῶν ἀνεῖλε πολλοὺς δὲ ζῶντας ἔλαβεν· αὐτόν τε τὸν Θευδᾶν ζωγρήσαντες ἀποτέμνουσι τὴν κεφαλὴν αὐτοῦ καὶ κομίζουσιν εἰς Ἱεροσόλυμα. — —	36. πρὸ γὰρ τούτων τῶν ἡμερῶν ἀνέστη Θευδᾶς, λέγων εἶναί τινα ἑαυτόν, ᾧ προσεκλίθη ἀνδρῶν ἀριθμὸς ὡς τετρακοσίων, ὃς ἀνῃρέθη, καὶ πάντες ὅσοι ἐπείθοντο αὐτῷ διελύθησαν καὶ ἐγένοντο εἰς οὐδέν.
2. — — πρὸς τούτοις δὲ καὶ οἱ παῖδες Ἰούδα τοῦ Γαλιλαίου ἀνῃρέθησαν, τοῦ τὸν λαὸν ἀπὸ Ῥωμαίων ἀποστήσαντος Κυρινίου τῆς Ἰουδαίας τιμητεύοντος, ὡς ἐν τοῖς πρὸ τούτων ἐδηλώσαμεν, Ἰάκωβος καὶ Σίμων, οὓς ἀνασταυρῶσαι προσέταξεν ὁ Ἀλέξανδρος.	37. μετὰ τοῦτον ἀνέστη Ἰούδας ὁ Γαλιλαῖος ἐν ταῖς ἡμέραις τῆς ἀπογραφῆς καὶ ἀπέστησεν λαὸν ὀπίσω αὐτοῦ· κἀκεῖνος ἀπώλετο καὶ πάντες ὅσοι ἐπείθοντο αὐτῷ διεσκορπίσθησαν.

Die AG. trifft hier mit Jos. nicht nur darin zusammen, daß sie überhaupt von dem Aufstand des Theudas und von dem des Judas Galiläus und von der Niederschlagung beider spricht und dabei mehrere Ausdrücke und Wendungen ebenso gebraucht wie er (πείθεσθαι mit bezug auf die Anhängerschaft, λέγειν εἶναί τινα, ἀναιρεῖσθαι, ἀφιστάναι, Datierung des Judas auf die Schatzung des Quirinius); sondern, was der wichtigste Punkt ist, auch darin, daß sie von diesen beiden chronologisch nicht zusammengehörigen, aber bei Jos. dicht nacheinander besprochenen Personen und Vorgängen in derselben unchronologischen Reihenfolge spricht wie Jos. Dieser erzählt bei der Pro=

kuratur des Cuspius Fadus von dem Aufstande des Theudas und bei der
folgenden Prokuratur des Tiberius Alexander von der Hinrichtung der Söhne
des Judas Galiläus und nimmt hierbei Veranlassung, nochmals zu erwähnen,
daß dieser Judas zur Zeit des Census des Quirinius einen Abfall von den
Römern bewirkt habe. Der Vf. der AG. aber gibt nun irriger Weise an,
daß der Aufstand des Theudas dem des Judas Galiläus zeitlich vorangegangen
sei. Mit diesem Irrtum hängt dann die Konfusion zusammen, daß Gamaliel
in einer Synedriumsversammlung im Laufe des vierten Jahrzehnts n. Chr.
auf den Aufstand des Theudas, der erst während der Prokuratur des Cuspius
Fadus von 44 bis ca. 46 n. Chr. stattgefunden hat, als auf ein vergangenes
Ereignis Bezug genommen haben soll. Dieser Komplex von Erscheinungen
findet eine plausible Erklärung nur durch die Annahme, daß der Vf. der AG.
durch eine ungenaue Reminiscenz an Jos. Ant. 20, 5, 1 f. beeinflußt war.
Will man diese Bedingtheit durch Jos. nicht anerkennen, so muß man erstens
den Irrtum der AG. in der zeitlichen Ansetzung des Theudas vor Judas
unerklärt lassen und zweitens mit einer ganz unwahrscheinlichen Häufung von
„zufälligem" Zusammentreffen mit Jos. in einem kurzen Abschnitt der AG.,
in zwei Versen, rechnen.

　Ist nun aber an diesem einen Punkte eine Bekanntschaft des Vf.s der
AG. mit Jos. bemerkbar, so ist natürlich anzunehmen, daß sich ihr Einfluß
auch noch auf andere Punkte erstreckt hat. Man wird also auch bei solchen
Berührungen der AG. mit Jos., die für sich allein den Schluß auf eine Ab=
hängigkeit von Jos. nicht zuließen, doch ein bewußtes oder unbewußtes Be=
einflußtsein durch Jos. für wahrscheinlich halten. Namentlich gilt dies mit
bezug auf gewisse, mit Jos. übereinstimmende, archäologische oder historische
Notizen in solchen Abschnitten der AG., welche wir nicht auf eine ältere
Quellenschrift, sondern auf den Vf. der AG. selbst zurückzuführen Anlaß haben.
Dahin rechne ich die Notiz über die Grabstätte Davids in Jerusalem 2₂₉ (vgl.
Jos. Ant. 7, 15, 3. 13, 8, 4), über das schöne Tor des Tempels 3₂ (vgl.
Jos. Bell. 5, 5, 3), über „die große Hungersnot" unter Claudius 11₂₈b (vgl.
Jos. Ant. 20, 5, 2). Bei anderen Notizen, wie bei denen über die Halle
Salomos 3₁₁. 5₁₂ (vgl. Jos. Ant. 20, 9, 7), über den Ägypter 21₃₈ (vgl.
Jos. Ant. 20. 8, 6. Bell. 2, 13, 5), über den Hohenpriester Ananias 23₂.
24₁ (vgl. Jos. Ant. 20, 5, 2; 9, 2—4), wird man zweifelhaft sein, ob der
Vf. der AG. sie aus Jos. oder aus seiner Hauptquelle entnommen hat. Man
muß sich gewiß hüten, den Einfluß des Jos. auf die AG. zu hoch anzuschlagen.
Gerade jene eine St. 5₃₆f., bei der sich dieser Einfluß am meisten zeigt, läßt
zugleich erkennen, welcher Art die Benutzung des Jos. durch den Vf. der AG.
war. Sie bestand nicht in einem genauen Vertrautsein mit den Werken des
Jos. und in sorgfältiger Ausbeutung ihres Stoffes, auch gewiß nicht schrift=
lichen Exzerpten, sondern in oberflächlichen Erinnerungen an eine frühere
Lektüre. Daraus erklären sich die Abweichungen neben den Anklängen. Wahr=
scheinlich waren es nur des Jos. Schrift über den jüd. Krieg und seine Ar=
chäologie, die der Vf. der AG. kannte. Deutliche Spuren der Bekanntschaft
mit der späteren Schrift gegen Apion und mit der Biographie des Jos. scheinen

mir nicht vorhanden zu sein. Denn der Gebrauch derselben Redewendung in
AG 25₁₁ und Jos. Vit. 29 stellt eine solche deutliche Spur nicht dar.

§ 7.
Verfasser der AG.; Zeit und Ort ihrer Abfassung.

Wenn man die Wirstücke auf eine von dem Vf. der AG. benutzte Quellen=
schrift zurückführen muß, so hat die Vermutung große Wahrscheinlichkeit für
sich, daß Lukas, der Genosse des Paul., den die Tradition, unter Voraus=
setzung der Identität des Vf.s der AG. mit dem ursprünglichen Erzähler der
Wirstücke für den Vf. der AG. hält (vgl. oben S. 7), vielmehr der Vf. der
Wirquelle war (vgl. S. 17). Jene Tradition hat dann den gleichen Grund
und das gleiche Maß von Berechtigung, wie die, welche Matthäus als den
Vf. unseres ersten Evang.s bezeichnet, meines Erachtens auch wie die, welche
Johannes den Vf. des vierten Evang.s nennt. Nach Euseb. h. e. III, 4, 6
gehörte Lukas „der Geburt nach zu denen aus Antiochia" (Λουκᾶς δὲ τὸ
μὲν γένος ὢν τῶν ἀπ' Ἀντιοχείας). Danach bezeichnet die kirchliche Über=
lieferung ihn als Antiochener (vgl. Hieron. de vir. ill. 7). Die Angabe des
Euseb. findet man bestätigt, wenn man den durch D und Augustin bezeugten
Text von 11₂₈ anerkennt, nach welchem in Antiochia zum ersten Mal das
„Wir" in der Erzählung der AG. auftritt (vgl. Hilgf., Einl. S. 548ff.; K.
Schmidt I S. 100ff.; Blaß S. 2). Über Ramsays Annahme, daß Luk. ein
Macedonier aus Philippi gewesen sei, s. den Exkurs hinter 16₁₀.

Über den Vf. der AG. selbst läßt sich dann nichts Weiteres sagen, als
daß er ein Heidenchrist der nachapostolischen Generation war. Er war nicht
ein Judenchrist, wie Wittichen ZwTh 1873 S. 512ff. JprTh 1877 S. 653ff.
wegen der vermeintlichen kirchenpolitischen, der Aufrechterhaltung des Judais=
mus gegenüber dem Heidenchristentum dienenden Tendenz der AG. behauptete
(vgl. dagegen Hilgf. ZwTh 1878 S. 321ff.; Bahnsen JprTh 1879 S. 137ff.).
Die Anschauungen und Bestrebungen des eigentlichen Judenchristentums, die
sich auf die jüdisch=nationale Gestaltung der messianischen Gemeinde und auf
die fortbestehende Geltung des nicht umgedeuteten mosaischen Gesetzes im
Christentum richteten, sind ihm ganz fremd. Andrerseits ist er auch nicht
Vertreter eines echten Paulinismus. Der Gebrauch einzelner paulinischer Be=
griffe und Gedankenwendungen (vgl. Harnack I S. 14f.) stempelt ihn noch
nicht zu einem solchen. Sein Christentum entspricht dem Typus, den das
Heidenchristentum der nachapostolischen Zeit im großen und ganzen trägt: die
universalistische Bestimmung des messianischen Heiles gilt als ausgemacht; dabei
wird das Alte Testament voll angeeignet, indem es so gedeutet wird, daß
sich das Christentum als seine eigentliche Erfüllung darstellt (vgl. Jüngst StKr
1896 S. 243f.; dazu Harnack III S. 211ff.).

Für die Abfassungszeit der AG. ist dann, wenn man die Bekanntschaft
des Vf.s mit der Archäologie des Josephus anerkennt, ein fester terminus
a quo gegeben: das J. 94 n. Chr. (vgl. oben S. 42). Die Abfassung der
AG. viel später anzusetzen, verbietet sich wegen der Nichtbenutzung der Paulus=

briefe, die um so unerklärlicher würde, je später man die AG. in das zweite
Jahrhundert hineinrückte. Wäre auch das 3. Evang. später als die Archäo=
logie des Jos. geschrieben, so dürfte man die Abfassung der AG. jedenfalls
erst einige Jahre nach dem J. 94 ansetzen. Denn darauf, daß zwischen der
Abfassung des Evang.s und der AG. ein gewisser Zeitraum verstrichen ist,
weist die Differenz zwischen dem Himmelfahrtsberichte am Schlusse des Evang.s
und am Anfange der AG. Aber sichere Spuren der Bekanntschaft mit Jos.
scheinen mir im 3. Evang. nicht nachweisbar zu sein. So darf man die Ab=
fassung der AG. innerhalb der Frist vom J. 95 — 100 annehmen. Die Mög=
lichkeit, daß sie noch einige Jahre später gelegen hat, ist nicht auszuschließen.
Ungefähr dieselbe Zeitbestimmung geben Hilgf., Einl. S. 609 (ca. 100) und
Jülicher, Einl. § 32, 3 (ca. 100 — 105). In das 2. Jahrh. verweisen die
AG. Weizs. S. 203 und Hltzm., Hand=Komm. Einl. I, 5. Bis ins zweite oder
dritte Jahrzehnt desselben rücken sie Schwegl. II S. 118 f.; Zell. S. 481;
Overb. S. LXIV; Krenkel, Jos. u. Lk. S. 341 f. [1].

Der Ort der Abfassung läßt sich nicht bestimmen. Es kommt darauf
auch wenig an. Die seit Hieronymus traditionelle Annahme, daß die AG.
in Rom verfaßt sei, hängt mit der Voraussetzung zusammen, daß sie vom
Begleiter des Paul. noch während dessen röm. Gefangenschaft geschrieben sei
(s. oben S. 8). Bei dem Wegfall dieser Voraussetzung läßt sich die Abfassung
in Rom weder durch die vermeintliche besondere Berechnung ihres Inhalts
auf röm. Leser (Schneckenb. S. 241 ff.; Zell. S. 487 ff.; Lekebusch S. 430 ff.),
noch durch die Bekanntschaft mit den Werken des Josephus (Krenkel, Jos. u.
Lk. S. 342 f.) sicher begründen. Es sprechen aber meines Erachtens auch
keine entscheidende Gründe gegen Rom. Hilgf., Einl. S. 610 ff. meint, daß
die Lukas=Schriften schon aus sprachlichen Gründen dem hellenischen Sprach=
gebiete, d. h. Achaja (wohin Hieron. praefat. in Matth. die Abfassung des

---

1. Harnack, der früher (Chronologie der altchristl. Literatur I 1897, S. 246 ff.)
die Abfassung der AG. in dem Zeitraum zwischen 80 u. 93 annahm, vertritt neuer=
dings (III S. 217 ff; IV S. 63 ff.) die Ansicht, daß die AG. noch bei Lebzeiten des
Paul., zu Anfang der sechziger Jahre abgefaßt sei (ebenso: Koch, die Abfassungszeit
des lukan. Geschichtswerkes 1911). Aber auch wenn man von der Bekanntschaft des
Vf.s der AG. mit Jos., welche Harnack nicht anerkennt, absieht, scheitert diese frühe
Datierung der AG. daran, daß das vor der AG. von demselben Autor geschriebene
Lk.evangelium wegen der Stelle Lk 21 20—24 erst nach dem J. 70 verfaßt sein kann.
Harnacks Ausführungen IV S. 83 ff., welche diesen Anstoß wegräumen sollen, sind nicht
überzeugend. Die Art, wie Lk. bei seiner Wiedergabe der eschatologischen Rede Mk 13
die Vorlage Mk 13 14—20 in seinem Abschnitte Lk 21 20—24 abgeändert hat, indem er
an die Stelle der undeutlichen apokalyptischen Formulierung des Mk eine deutliche
Bezeichnung der Belagerung und Zerstörung Jerusalems setzt und dann zwischen dieser
Katastrophe und der bei Mk gleich folgenden Parusie des Menschensohnes noch καιροὶ
ἐθνῶν einschiebt (V. 24), zeugt deutlich dafür, daß er von einem Standpunkte nach
der Zerstörung Jerusalems aus schreibt. Der von Harnack IV S. 86 betonte Umstand,
daß Lk. doch in anderen Aussagen der eschatologischen Rede, besonders in V. 28, Alles
als noch in der Zukunft liegend betrachte, kann nichts gegen das deutliche Zeugnis
von V. 20—24 beweisen. Denn diese anderen Aussagen gibt Lk. einfach nach Mk.
wieder. Nicht das, was er bei seiner Reproduktion des Mk. mit diesem gemeinsam
hat, sondern nur das, was er abweichend von Mk. gibt, ist für seine eigene Stellung
charakteristisch. Daß bei der Zusammenfügung von Elementen einer überlieferten äl=
teren Rede mit eigenen, dem späteren Standpunkt entsprechenden Abänderungen oder
Zutaten Inkongruenzen entstehen, ist sehr begreiflich, ja fast selbstverständlich.

Lt.-evang.s verlegt) oder Macedonien oder Kleinasien, zuzuweisen seien. Köstlin, Syn. Evv. S. 294 ff., Overb. S. LXVIII, Pfleid. S. 613 meinen aus dem besonderen Interesse, welches der Vf. der AG. für Ephesus verrate, auf diese Stadt als Abfassungsort schließen zu sollen. Durchschlagend sind die hierfür geltend gemachten Gründe nicht.

§ 9.
Der Gebrauch der AG. im zweiten Jahrhundert und ihre Aufnahme in den Kanon.

Schon die älteste der uns erhaltenen außerkanonischen Schriften des Christentums, der I Clemensbrief, zeigt an einem Punkte eine auffallende Berührung mit der AG. Die St. Pf 89₂₁, die in LXX lautet: εὗρον Δαυὶδ τὸν δοῦλόν μου, wird in AG. 13₂₂ folgendermaßen eingeleitet und erweitert: ἤγειρεν τὸν Δαυεὶδ αὐτοῖς εἰς βασιλέα, ᾧ καὶ εἶπεν μαρτυρήσας· εὗρον Δαυεὶδ τὸν τοῦ Ἰεσσαί, ἄνδρα κατὰ τὴν καρδίαν μου (vgl. I Sam 13₁₄), und in I Clem 18₁: τί δὲ εἴπωμεν ἐπὶ τῷ μεμαρτυρημένῳ Δαυίδ; πρὸς ὃν εἶπεν ὁ θεός· εὗρον ἄνδρα κατὰ τὴν καρδίαν μου, Δαυὶδ τὸν τοῦ Ἰεσσαί. Die gemeinsamen Zusätze zum LXX-Texte können hier nicht zufällig sein. Wenn nun aber die AG. erst nach dem J. 94 verfaßt sein kann (s. oben S. 45), während die Abfassung des I Clemensbriefes nach deutlichen Anzeichen in den Zeitraum vom J. 93−95 zu setzen ist (Harnack, Chronologie der altchristl. Literatur I S. 251 ff.), so ist es kaum wahrscheinlich, daß in jenem Psalmzitate die AG. vom I Clemensbriefe abhängig ist. Eher wäre die umgekehrte Abhängigkeit zu vermuten. Aber wahrscheinlich ist das Zitat in beiden Schriften durch eine gemeinsame dritte Quelle bedingt, in welcher der Gottesspruch über David mit jener Modifikation unseres Psalmtextes wiedergegeben war. Ebenso wird der Anklang von I Clem. 2, 1 (ἥδιον διδόντες ἢ λαμβάνοντες) an AG 20₃₅ nicht aus einer literarischen Verwertung der AG. im I Clemensbriefe oder umgekehrt zu erklären sein, sondern aus gemeinsamer Verwertung des in der mündlichen Überlieferung zirkulierenden Herrnspruches. Auch die in I Clem. 5, 4 u. 7 von Petr. u. Paul., wie in AG 1₂₅ von Judas gebrauchte Phrase: πορεύεσθαι εἰς τὸν τόπον beweist keine literarische Beziehung der Schriften zu einander.

Spuren einer Bekanntschaft mit der AG. liegen vor bei Polykarp ad Phil 1₂: ὃν ἤγειρεν ὁ θεὸς λύσας τὰς ὠδῖνας τοῦ ᾅδου (vgl. AG 2₂₄) und bei Ignat. ad Smyrn. 3: μετὰ δὲ τὴν ἀνάστασιν συνέφαγεν αὐτοῖς καὶ συνέπιεν (vgl. AG 10₄₁). Unsicherer ist die Beziehung von Jgn. ad Magn. 5: ἕκαστος εἰς τὸν ἴδιον τόπον μέλλει χωρεῖν auf AG 1₂₅. Der ähnliche Ausdruck bei Polyk. ad Phil 9₂: εἰς τὸν ὀφειλόμενον αὐτοῖς τόπον geht offenbar auf I Clem. 5, 4 zurück. Auch die Anklänge in Barn. 7, 2 an AG 10₄₂, in Herm. Vis. 4, 2, 4 an AG 4₁₂, in Herm. Sim. 9, 28, 5 an AG 5₄₁ und in Didache 4, 8 an AG 4₃₂ stellen keine deutlichen Zeugnisse für die Benutzung der AG. dar. Häufiger und deutlicher sind die Anklänge an die AG. bei Justin: vgl. Apol. I, 49 mit AG 13₂₇f. ₄₈; Apol. I, 50 mit AG 1₈f.; Apol.

II, 10 mit AG 17₂₃; Dial. c. Tryph. 16 mit AG 7₅₂; Dial. 36 mit AG 26₂₂; Dial. 68 mit AG 2₃₀. Daß die Areopag=Rede des Paulus den Apologeten vorbildlich erschien, ist sehr begreiflich. Die St. AG. 17₂₄f. ist von Tatian Orat. ad Gr. 4, Athenagoras Leg. 13 und in der Ep. ad Diogn. 3 ver= wertet. Auf das Wort des sterbenden Stephanus AG 7₆₀ wird bezug ge= nommen in dem Schreiben der Gemeinden von Lugdunum und Vienna vom J. 177 (Euf. h. e. V, 2, 5).

Groß war der Einfluß der AG. auf diejenige christliche Literaturgattung, die ihr der Art nach verwandt war: auf die apokryphen Apostelgeschichten. Diese wollten dem Interesse der christlichen Gemeinden entgegenkommen, von den im NT. eine Rolle spielenden oder auch nur gelegentlich erwähnten Per= sönlichkeiten der christlichen Urzeit Weiteres zu erfahren. Sie bilden also ge= wissermaßen eine Ergänzung unserer AG. Sie knüpfen vielfach an die in unserer AG. bezeichneten Situationen an; so die Petrusakten (T. Schmidt, Die alten Petrusakten, TU, N. F. IX, 1, 1903) an die Beziehung des Petrus zu Simon Magus und die neuerdings gefundenen Paulusakten (Acta Pauli, her. von C. Schmidt, 1904) an die kleinasiatischen und hellenischen Reise= stationen des Paulus. Aber gerade der Vergleich dieser nirgends auf solider Überlieferungsbasis ruhenden, überall phantastisch romanhaften und von sehr äußerlichem Mirakelinteresse erfüllten apokryphen Apostelgeschichten läßt uns den Wert unserer kanonischen AG. besonders empfinden[1].

Daß die AG. nicht von vornherein in der christl. Kirche eine ähnliche Autorität genoß wie die Evangelienschriften, in denen die Worte und Taten des Herrn zusammengestellt waren, oder wie die Briefe des Paul., war nur natürlich. Als aber die Kirche im letzten Viertel des 2. Jahrhunderts eine Sammlung apostolischer Schriften dem alttestamentlichen Schriftkanon zur Seite stellte und mit analoger Autorität bekleidete, erscheint die AG. von Anfang an als fest zugehöriges Glied dieser Sammlung. So gleich im Muratorischen Kanon, ebenso bei Irenäus (adv. haer. III, 14, 1. 15, 1) und Tertullian (de praescr. 22; adv. Marc. V, 2). Einerseits war hierfür entscheidend die Zusammengehörigkeit der AG. mit dem 3. Evang., das bereits vorher seinen festen Platz in der autoritativen Evangeliensammlung hatte. War dieses Evang. als indirekt apostolische Schrift anerkannt, so konnte man die von demselben Autor stammende AG. nicht geringer werten. Andrerseits suchte und fand man in der AG. eine Stütze für die katholische Theorie, daß die zwölf Apostel auf Geheiß des Herrn das Evangelium in alle Welt getragen hätten und daß sie die Bürgen für die Authentie der christlichen Lehre in den von ihnen gegründeten Gemeinden seien. So wurde die AG. im neutest. Kanon ein bedeutsames Mittelglied zwischen den Evangelien und den Paulus= briefen. Sie repräsentierte, zusammen mit den katholischen Briefen, die all= gemeine apostolische Verkündigung.

Beanstandet wurde ihre autoritative Geltung von häretischen Parteien.

---

1. Vgl. über diese Literaturgattung: R. A. Lipsius, Die apokr. Apostelgeschichten u. Apostellegenden, 1883—90; Acta apostolorum apocrypha ed. Lipsius et Bonnet, 1891—1903; E. Hennecke, Neutest. Apokryphen, 1904, S. 346ff.; Wendland² S. 335ff.

Ebioniten stellten ihr eine andere Apostelgeschichte gegenüber (Epiph. haer. 30, 16). Marcioniten (Tert. de praescr. 22; adv. Marc. V, 2), Severianer (Euf. h. e. IV, 29) und später noch Manichäer (Aug. de util. cred. 2, 7; epist. 237 [al. 253]) erkannten sie nicht an. In der katholischen Kirche aber gehörte sie zu den Homologumena (Euf. h. e. III, 25, 1). Daß sie gleichwohl auch späterhin noch in manchen Kreisen der Kirche wesentlich unbekannt blieb, wird bezeugt durch die Bemerkung, mit der Chrysostomus seine Homilien über die AG. einleitet: πολλοῖς τουτὶ τὸ βιβλίον οὐδ᾽ ὅτι ἔνι γνώριμόν ἐστιν, οὔτε αὐτὸ οὔτε ὁ γράψας αὐτὸ καὶ συνθείς.

§ 9.
Der Text der AG.

Der Text der AG. bietet insofern ein besonderes Problem, als die „occidentalische" Textüberlieferung, die, wie namentlich Westcott und Hort dargetan haben, mit bezug auf das ganze NT. von der alexandrinischen und der spätsyrischen zu unterscheiden ist, gerade bei der AG. noch größere Abweichungen von der übrigen Textüberlieferung zeigt, als bei anderen Büchern des NT. In neuerer Zeit ist durch den Philologen Fr. Blaß die Untersuchung der Frage, wie diese eigentümliche Gestalt des occidentalischen Textes der AG. zu erklären und zu werten sei, lebhaft in Fluß gebracht worden. Als Hauptrepräsentant dieses occidentalischen Textes war der von Beza im J. 1581 der Universität Cambridge geschenkte Codex Bezae Cantabrigiensis (D) bekannt (Ausgabe von F. H. Scrivener, Cantabr. 1864; vollständige Collation bei E. Nestle, Novi Test. Supplementum, Lips. 1896). Schon F. A. Bornemann, Acta ap. ad Codicis Cantab. fidem rec. 1848, stellte die durch D bezeugte Textgestalt als die älteste hin, fand aber für dieses Urteil keine Zustimmung. Man betrachtete allgemein die ungewöhnlich vielen und erheblichen Varianten dieses Codex als interessanten Beleg dafür, wie willkürlich die Abschreiber zum Teil mit dem Texte eines neut. Buches umgesprungen seien. Man freute sich zwar des Zeugnisses dieser alten (aus dem Anfang oder der Mitte des 6. Jahrhunderts stammenden) Handschrift, wo sie zusammen mit den ältesten Handschriften der jüngeren Textüberlieferung gegenüberstand. Aber man hielt es nicht für zulässig, den Text von D auch im Gegensatz zu den ältesten anderweitigen Textzeugen festzuhalten. So haben besonders Tischendorf (T.), Westcott und Hort (W.-H.) und B. Weiß (B. Wß) den Text der AG. wesentlich auf Grund der Codices BℵAC festzustellen gesucht.

Blaß dagegen ist wieder zur Position F. A. Bornemanns zurückgekehrt, der er eine umfassendere Begründung gegeben hat. Er hat vor allem den großen Zusammenhang und die weite Verzweigung der occidentalischen Textüberlieferung zur Darstellung gebracht, für welche der Cod. D zwar ein besonders wichtiger Zeuge, aber doch eben nur einer neben anderen ist, und zwar nicht überall ein ganz reiner. Die charakteristischen Lesarten dieses

occidentalischen Typus werden zum Teil auch bezeugt durch den Cod. Lau-
dianus (E) und durch eine Minuskelhandschrift in Mailand (137, bei Blaß:
M); an einigen Stellen auch durch den Cod. Ephraemi rescriptus (C); ferner
für K. 13—22 durch einen Oxforder Codex (O; vgl. A. Pott, der abendländ.
Text d. AG. u. die Wirquelle, 1900). Diese Handschriften bieten also eine
gewisse Textmischung. Dann bezeugen mehrere Übersetzungen jenen occiden=
talischen Typus, besonders die syrische Versio philoxeniana mit den Rand=
bemerkungen des Thomas von Heraklea vom J. 616 (syr. P. marg.), die ober=
ägyptische Übersetzung (sah. = sahidica) und einzelne Formen der lateini=
schen Übersetzung. Zu letzteren gehören in erster Linie der lat. Text im
Cod. Cantabr. (d) und Laudian. (e); dann der Palimpsest von Fleury (flor.
= floriacensis), der folgende Bruchstücke der AG. enthält: $3_2 — 4_{18}$. $5_{32} — 7_2$.
$7_{42} — 8_2$. $9_4 — 23$. $14_5 — 23$. $17_{34} — 18_{19}$. $23_8 — 24$. $26_{20} — 27_{13}$ (vgl. S. Berger,
le palimpseste de Fleury, Paris 1889); ferner der sog. Gigas (gig.) in
Stockholm (vgl. J. Belsheim, die AG. und die Offenb. Joh. aus d. Gig. libr.,
Christiania 1879); der Cod. parisinus 321 (par.; vgl. S. Berger, un ancien
texte latin des Actes des Ap., Par. 1895 u. Blaß StKr 1896 S. 436 ff.);
eine latein. Übersetzung des NT. in Wernigerode (wernig.; vgl. Blaß a. a. O.);
auch die lat. Übersetzung in einer irischen Handschrift aus dem Anfang des
9. Jahrh.s, genannt book of Armagh (vgl. Blaß StKr 1900 S. 5 ff.).
Vgl. auch S. Berger, Histoire de la Vulgate, 1893 p. 81 s., und die in
der Schrift Anonymi de prophetis et prophetiis (in Miscellanea Cassinese, 1897) enthaltenen Bruchstücke einer altlatein. Übersetzung der AG.
(Harnack ThLz 1898 S. 171 ff.). Aber auch in späteren mittelalterlichen
Übersetzungen finden sich Spuren des eigentümlichen occidentalischen Typus:
in einer provençalischen (prov.) aus dem 13. Jahrh. (vgl. Clédat, le NT.
provençal de Lyon, Paris 1887, u. Blaß StKr a. a. O.) in einer geor=
gischen aus dem 12. oder 13. Jahrh. (vgl. Conybeare ZNW 1911 S. 131 ff.)
und in der mittelalterl. deutschen (vgl. Haußleiter ThLBl 1896 S. 109 f.).
Zu den Übersetzungen treten als fernere wichtige Zeugen einige Kirchenväter:
Irenaeus, Cyprian (vgl. Corßen, der cyprianische Text der Acta ap., Berl.
1892) und zum Teil Augustin (besonders in seinen Schriften de actis cum
Felice Manichaeo I, 4, contra epist. fundamenti c. 9 und contra Fau-
stum Manich., wo die Stücke AG $1_1 — 2_{13}$ u. $10_{13} — 15$ wiedergegeben sind).
Auch Stellen der Constitutiones apostolicae, ferner der unter den Werken
des Prosper aufgeführten Schrift de promissionibus et praedicationibus
Dei und der Schrift des Vigilius von Thapsus contra Virimadum.

Mit Hülfe dieser Zeugen verschiedener Art hat Blaß die occidentalische
Textgestalt der AG. festzustellen gesucht, auch für diejenigen Partieen, wo der
Cod. D Lücken hat (d. i. von 8_{29} πρόσελθε bis 10_{14} ἔφαγον incl., von 21_2
ἐπιβάντες bis 21_{10} ἀπὸ τῆς, von 22_{10} ὧν τέτακται bis 22_{20} συνευδοκῶν
und von 22_{29} οἱ μέλλοντες an bis zum Schluß des Buchs). Er hat zuerst
in seinem größeren Werke Acta ap., Gött. 1895, die Besonderheiten dieser
Textgestalt (des β=Textes) neben dem vollständig mitgeteilten Texte des nach
אBAC usw. festgestellten Typus (dem α=Texte) aufgeführt, dann in der klei=

neren Textausgabe: Acta ap. secundum formam quae videtur romanam, Lips. 1896, den zusammenhängenden β=Text gegeben, beide Male mit genauem Apparat[1]. Sein Ziel war, den occidentalischen Text so herzustellen, wie er etwa zu Cyprians Zeit existierte (vgl. Blaß, Evang. sec. Luc. 1897 p. XXXI). Über vieles Einzelne in dieser Textrekonstruktion von Blaß läßt sich streiten. Blaß ist wohl zu sehr geneigt gewesen, alles Absonderliche, welches er bei Zeugen des occidentalischen Textes, auch bei solchen, die doch nur teilweise und sehr indirekt als solche gelten können, fand, zum ursprünglichen Bestande dieses Textes zu rechnen, auch wo es durch die älteren und direkten Zeugen dieses Textes nicht gedeckt wird. Im großen und ganzen ist doch sein Verdienst um die Aufweisung dieser höchst bedeutsamen und weitverbreiteten occidentalischen Textgestalt aufs dankbarste anzuerkennen.

Blaß hat nun zugleich das Verhältnis dieser Textgestalt zu den durch die ältesten Majuskelhandschriften bezeugten beurteilt und eine Hypothese über die Entstehung beider Texttypen aufgestellt. Er betrachtet den β=Text nicht als eine sekundäre Entartung des α=Textes, meint vielmehr gerade in den charakteristischen Abweichungen und Erweiterungen desselben die Anzeichen einer ursprünglichen Kenntnis des Sachverhalts und einer vielfach deutlicheren Darstellung zu sehen, als welche im α=Texte vorliegt. Andrerseits möchte er auch die Abwandlungen dieses α=Textes nicht auf die Willkür eines Anonymus zurückführen. So nimmt er an, Lukas selbst habe den Text in beiden Gestalten gegeben, zuerst als Kladde den β=Text, dann als Reinschrift für Theophilus den α=Text. Er habe das Buch in Rom während der dortigen Gefangenschaft des Paulus verfaßt (d. i. nach Blaß Berechnung in den J. 57 — 59). Die Kladde sei in Rom geblieben und die Grundlage der von hier aus verbreiteten occidentalischen Textgestalt geworden (daher: forma romana). Abschriften von ihr seien im 2. Jahrh. auch nach Syrien und Ägypten gekommen. Die im einzelnen mannigfach abgeänderte und verkürzte Reinschrift des Lk. aber sei nach Antiochia an den Theophilus gegangen (daher: forma antiochena) und von hieraus Grundlage des orientalischen Texttypus geworden. Vgl. hierzu: Blaß StKr 1894 S. 86ff.; 1900 S. 5ff.; Acta ap. 1895 p. 24 ss; ed. Act. sec. form. rom. p. Iss; Evang. sec. Lc. p. LXXIX s.[2].

Für das Wesentliche der Hypothese von Blaß haben ihre Zustimmung ausgesprochen: Dräseke ZwTh 1894 S. 192ff.; Nestle ChrW 1895 S. 304ff.; StKr 1896 S. 103ff.; Einführung in d. griech. NT. 1897 S. 97ff.; Zöckler, Greifswalder Studien 1895 S. 129ff.; Haußleiter ThLBl 1896 S. 105ff.;

---

1. Wo ich weiterhin im Kommentar von „Blaß β=Text" rede, ist immer der β=Text, wie ihn Blaß in dem zweiten genannten Werke gibt, gemeint.
2. Im dritten Evang., dessen „römischen" Text Blaß in dem letztgenannten Werke gibt, ist dieser Text gegenüber dem gewöhnlichen, „antiochenischen", nicht der ausführlichere, wie in der AG., sondern der kürzere. Blaß erklärt dies daraus, daß hier die antiochen. Textform die ältere sei. Lk habe sein Evang. in dieser Form in Palästina während der caesareensischen Gefangenschaft des Paul. verfaßt. Später in Rom habe er es in etwas modifizierter Form für die dortigen Christen herausgegeben. Daher schlössen sich Evang. u. AG. in der röm. Form eng an einander, aber nicht ebenso in der antiochen. Form (l. l. p. V ss.).

Belser, Beiträge zur Erklärung d. AG. auf Grund der Lesarten des Cod. D u. f. Genossen 1897; Zahn, Einleitung II, § 59. Auch Hilgenfeld schon in seinen Abhandlungen über die AG. ZwTh 1895 u. 1896 und dann besonders in seiner Ausgabe: Acta apostolorum graece et lat. sec. antiquissimos testes, 1899, er aber mit dem Unterschiede von Blaß, 1. daß er nicht auch den α-Text auf den ursprünglichen Vf. d. AG. zurückführt, sondern den β-Text allein für den echten hält, 2. daß er bei der Feststellung des β-Textes im wesentlichen dem Hauptzeugen desselben D folgt, nicht aber den von Blaß bevorzugten Nebenzeugen. Hilgf. ist der ursprünglichen Form der occiden= talischen Textrecension gewiß näher gekommen als Blaß[1]. — Gegen die Hy= pothese von der Priorität des β-Textes vor dem α-Texte oder der Gleich= wertigkeit beider Texte vgl. v. D[obschütz] LC 1895 S. 601 ff., 1897 S. 385 ff.; Corssen GGA 1896 S. 425 ff., welcher auf Spuren des montanistischen Cha= rakters des β-Textes hinweist; B. Wß, der Cod. D in der AG. (TU XVII, 1) 1897, welcher aufs gründlichste alle Varianten von D durchgeht und ihren sekundären Charakter nachzuweisen sucht; Jülicher, Einl. § 32, 6; Bousset ThL3 1900 S. 633 ff.; ThR 1901 S. 367 ff.; Harnack ThL3 1907 S. 396 ff.

Wie ist diese große textkritische Streitfrage zu entscheiden? Aus sehr vielen, ja man darf sagen: aus den meisten Einzelfällen, wo die beiden Text= formen von einander abweichen, läßt sich kein Anhalt zu solcher Entscheidung gewinnen. Der β-Text gibt oft eine umständlichere, anschaulichere, die Über= gänge mehr vermittelnde Darstellung als der α-Text; vgl. 3. B. $5_{18. 38f.}$ 6_{10}. $8_{24. 37.}$ $9_{8.}$ $10_{25.}$ $11_2.$ $13_8.$ $14_2—7. 18f.$ $16_{35. 39f.}$ $18_{12. 27f.}$ $25_{24f.}$ Hier kann der ausführlichere Text der ursprüngliche sein, der bei der zweiten Redaktion gekürzt ist; aber gerade so gut kann er die sekundäre, verbesserte, abgeglättete Redaktion sein. Deutlichere Folgerungen scheinen sich aus einigen Stellen zu ergeben, wo der β-Text gewisse selbständige sachliche Notizen enthält, die dem α-Texte fehlen, Notizen, die nicht einfach aus dem übrigen Zusammenhange erschlossen, sondern vielmehr aus einer ursprünglichen Kenntnis des Sachver= halts geflossen zu sein scheinen. Es sind die Stellen 12_{10} (Zusatz: κατέβησαν τοὺς ἑπτὰ βαθμούς), 19_9 (ἀπὸ ὥρας πέμπτης ἕως δεκάτης), 20_{15} (καὶ μείναντες ἐν Τρωγυλλίῳ), 21_1 (καὶ Μύρα). Freilich können diese Stellen gerade dann, wenn man die beiden Textformen auf denselben Autor zurück= führt, nichts für die primäre Abfassung des β-Textes beweisen. Denn so gut der Autor diese Notizen bei der zweiten Redaktion weglassen konnte, so gut konnte er sie auch bei ihr hinzutun. Immerhin können diese Stellen, zu denen

---

1. In eigentümlicher Weise hat Pott, der abendländ. Text d. AG. und die Wir= quelle, 1900, das textkritische Problem, die Urform des β-Textes zu erkennen, mit einer quellenkritischen Hypothese verbunden. Gestützt auf die Beobachtung, daß in dem von ihm kollationierten Cod. O (f. o.) der β-Text im Unterschiede von D speziell mit dem Texte von Cod. 137 (= M) und einer in syr[p. marg.] verwerteten Handschrift überein= stimmt, vermutet er, daß die hier zu Grunde liegende Urform des β-Textes aus dem Texte der Hauptquelle unserer AG. herstamme. Diese Quellenschrift, acta Pauli, werde getrennt von unserer AG. noch einige Zeit existiert haben. Nach ihr seien einige Exemplare der kanonischen AG. korrigiert, wahrscheinlich am Rande. Auf diese korri= gierten Exemplare gehen die Repräsentanten des β-Textes teils direkt teils indirekt (D u. Trabanten) zurück.

weiter die St. 4₆ mit dem von D bezeugten Namen Ἰωνάϑας statt Ἰωάννης kommt und besonders die St. 11₂₈, wo im β-Texte bereits erstmalig die 1. Perf. Plur. auftritt, am ersten als Anzeichen für die Originalität des β-Textes dem α-Texte gegenüber geltend gemacht werden. Aber diesen verhältnismäßig sehr wenigen Stellen steht nun eine größere Zahl solcher Stellen gegenüber, wo der α-Text offenbar die Priorität vor dem β-Texte hat. Denn an ihnen ist dieser letztere teils in stilistischer, teils in sachlicher Beziehung so viel leichter und klarer, daß es schlechthin unbegreiflich wäre, wie der ursprüngliche Vf. oder ein späterer Abschreiber diesen einfachen und deutlichen Text zu dem schwierigeren α-Texte umgestaltet haben sollte, während die umgekehrte Um= gestaltung ohne weiteres verständlich ist. Blaß pflegt in den Fällen dieser Art die für seine Hypothese entstehende Schwierigkeit dadurch zu beseitigen, daß er den α= und den β=Text einander assimiliert, während sie nach den Zeugen zu differenzieren wären. Folgende Beispiele scheinen mir besonders deutlich zu sein.

In 5₂₈ haben א*AB: παραγγελίᾳ παρηγγείλαμεν; DE 137 flor. par.: οὐ παραγγ. παρηγγ. Durch dieses οὐ wird entsprechend dem vorangehenden ἐπηρώτησεν die Aussage zur Frage gemacht. Das ist eine begreifliche stili= stische Glättung. Die spätere Weglassung des einmal gesetzten οὐ wäre nicht begreiflich. Blaß hat das οὐ auch in den α=Text aufgenommen.

In 5₃₄ haben אAB: τ. ἀνϑρώπους; DE d. flor. gig.: τ. ἀποστόλους. Der erstere Ausdruck ist im Sinne des Gamaliel von den Zwölfen gebraucht. Aber da doch nicht die direkten Worte des G. angeführt sind, erschien er un= passend. Daß an Stelle des im Texte gegebenen ἀποστ. später ἀνϑρ. ein= gesetzt wäre, ist kaum denkbar. Blaß hat hier τ. ἀνϑρ. in den β=Text gesetzt.

Hinter 15₃₃ gehen אABEHLP gleich zu V. 35 über. Bei CD meh= reren Min. und Verss. ist dazwischen der Satz eingeschoben: ἔδοξε δὲ τῷ Σίλᾳ ἐπιμεῖναι αὐτοῦ (CD* αὐτούς), wozu bei D gig. vulg.^clem. arm. noch die W. gefügt sind: μόνος δὲ Ἰούδας ἐπορεύϑη. Dieser Einschub ist zur Ver= mittlung der Aussage 15₃₃ über die Abreise des Judas und Silas aus An= tiochia mit der folgenden Erzählung 15₄₀ über die Zusammenreise des Paul. mit Silas von Antiochia aus höchst erwünscht. Das Fehlen einer solchen Vermittlung im α=Texte ist nur daraus erklärlich, daß der Vf. zwei Quellen= stücke, die nicht genau an einander paßten, an einander geschoben hat. Daß die fehlende Vermittlung nachträglich eingeführt wurde, ist begreiflich; daß die ursprünglich gegebene nachträglich weggelassen wäre, unbegreiflich. Blaß hat die W.: ἔδοξεν δὲ τ. Σ. ἐπιμ. αὐτ. in den α=Text aufgenommen.

In 19₁₄ sind nach אAB usw. ἑπτὰ υἱοί des Skeuas die den Jesusnamen unberechtigter Weise anwendenden Beschwörer. Diese Zahlangabe ist nicht ver= mittelt mit der in V. 16 folgenden Erzählung, daß der beschworene Geist „beide" Beschwörende überwältigt habe. Ebenso ist das in V. 16 bemerkte Entfliehen dieser Beschwörer „aus jenem Hause" nicht durch eine vorangehende Bemerkung über die Situation im Hause vorbereitet. In dem Texte von D syr.^p. marg. ist zuerst nur von υἱοί des Skeuas ohne Zahlwort die Rede und ist auch gesagt, daß dieselben zu dem Dämonischen ins Haus gegangen waren.

So sind die Härten des α=Textes beseitigt. Daß der durchsichtige β=Text erst nachträglich zu dem undeutlicheren α=Texte umgestaltet wäre, ist nicht denkbar. Blaß setzt in dem α=Texte das ἑπτά in eckige Klammern.

Bei den bisher besprochenen Stellen ließe sich noch die Annahme fest=halten, daß derselbe Vf. der AG. die beiden Textformen hergestellt hat, nur eben den α=Text zuerst und später mit nachbessernder Hand den β=Text. Die Blaßsche Position wäre in der Tat viel leichter zu verteidigen, wenn Blaß bei der AG. ebenso wie beim Lukasevang. dem α=Text die Priorität vor dem β=Text zuschriebe. Aber es kommen nun noch einige weitere Stellen in Be=tracht, wo nicht nur der β=Text sichtlich der sekundäre ist, sondern wo auch die Möglichkeit, diese sekundäre Umformung auf denselben ursprünglichen Autor zurückzuführen, wie den α=Text, ausgeschlossen ist.

In 15₂ folgen auf den übereinstimmend bezeugten einleitenden Genit. abs. γενομένης δὲ — πρὸς αὐτούς (D: σὺν αὐτοῖς) bei D d. syr. ᵖ· ᵐᵃʳᵍ· die W.: ἔλεγεν γὰρ ὁ Π. μένειν οὕτως καθὼς ἐπίστευσαν διϊσχυριζόμενος. οἱ δὲ ἐληλυθότες ἀπὸ Ἱερουσαλὴμ παρήγγειλαν αὐτοῖς, τῷ Παύλῳ κ. Βαρ=νάβᾳ καί τισιν ἄλλοις, ἀναβαίνειν πρὸς κτέ. Der harte Anakoluth, daß die mit dem Gen. abs. begonnene Satzkonstruktion fallen gelassen wird, ist offenbar dadurch entstanden, daß der die Meinung des Paul. bezeichnende Satz ἔλεγεν — διϊσχυριζόμενος als Glosse eingefügt und dann die Fortsetzung diesem Einschube angepaßt wurde. Auch Blaß traut diesen Anakoluth nicht dem ur=sprünglichen Vf. zu, sondern löst von sich aus im β=Texte den Gen. abs. in einen selbständigen Satz auf: ἐγένετο δὲ στάσις κ. ζήτησις οὐκ ὀλίγη τῷ Π. κτέ. Hilgf., Acta p. 64, bewahrt den überall bezeugten Gen. abs., setzt dann die W. des β=Textes ἔλεγεν — διϊσχυριζόμενος in Klammern und zieht die W. οἱ δὲ zusammen in οἵδε, um einen einheitlichen Satz zu erreichen, der sich aber doch als Künstelei darstellt. Zwischen dem α= und dem β=Texte besteht hier aber nicht nur eine formelle, sondern auch eine wesentliche sach=liche Differenz. Nach dem α=Texte sind es die Brüder in Antiochia, die den P. und Barn. zur Reise nach Jerus. bestimmen; nach dem β=Texte die von Jerus. gekommenen Christen. Dieser verschiedenen Auffassung entspricht die Abwandlung des Begriffes ἔταξαν (α=Text) in παρήγγειλαν (β=Text).

In 15₅ berichtet der α=Text: ἐξανέστησαν δέ τινες τῶν ἀπὸ τῆς αἱρέ=σεως τῶν Φαρισαίων πεπιστευκότες, λέγοντες ὅτι κτέ. Bei diesem Texte bleibt unklar, in welcher Beziehung die in Jerus. auftretenden Bestreiter des gesetzesfreien Heidenchristentums zu den Leuten standen, welche nach V. 1 f. in Antiochia die Gesetzesfreiheit der Heidenchristen beanstandet und dadurch den Anlaß zur Reise des Paul. u. Barn. nach Jerus. gegeben hatten. Diese Unklarheit wird beseitigt im β=Texte, vertreten durch D d. syr. ᵖ· ᵐᵃʳᵍ·, wo die in Jerus. Auftretenden ausdrücklich mit den Veranlassern der Sendung des Paul. u. Barn. identifiziert werden. Aber daneben werden sie auch hier ebenso wie im α=Texte bezeichnet als τινες ἀπὸ τῆς αἱρέσεως τ. Φαρ. πε=πιστευκότες, so daß der ganz ungefüge Satz entsteht: οἱ δὲ παραγγείλαντες αὐτοῖς ἀναβαίνειν πρὸς τοὺς πρεσβυτέρους ἐξανέστησαν λέγοντές τινες ἀπὸ τῆς αἱρέσεως τῶν Φαρισαίων πεπιστευκότες. Dieser Text ist sichtlich dadurch entstanden, daß eine ursprüngliche Randbemerkung neben dem α-Texte sehr äußerlich in diesen Text selbst hineingefügt ist (vgl. B. Wß, Cod. D S. 80f.; Bousset ThL3 1900 S. 637). Auch Blaß u. Hilgf. können hier den β-Text nicht in seiner wirklich überlieferten Gestalt für ursprünglich halten, sondern stutzen ihn zurecht durch Weglassung der W.: τινες — πεπιστευκότες.

In 15 20 u. 29ʹ sind in dem durch D d. Iren. und anderen Zeugen dargebotenen β-Texte die im α-Texte überlieferten W.: καὶ τοῦ πνικτοῦ (bezw. D. 29: καὶ πνικτῶν) weggelassen, dagegen die W.: καὶ ὅσα μὴ θέλουσιν (θέλετε) ἑαυτοῖς γίνεσθαι, ἑτέροις (ἑτέρῳ) μὴ ποιεῖν hinzugefügt. Nach diesem β-Texte haben die von Jakobus vorgeschlagenen, vom Apostelkonvent beschlossenen Forderungen für die Heidenchristen einen moralgesetzlichen, nach dem α-Texte dagegen einen zeremonialgesetzlichen Sinn. Der β-Text wird uns verständlich als eine Umprägung des α-Textes, die sich dort aufdrängte, wo man die im α-Texte bezeichneten zeremonialgesetzlichen Forderungen jüdischer Herkunft gewohnheitsrechtlich nicht kannte und nicht als allgemein verpflichtend für die Heidenchristenheit empfand. Vgl. den Exkurs hinter 15 21 unter I. Harnack III S. 197, der in diesem Falle nachdrücklich für die Priorität des β-Textes eingetreten ist, kann die Entstehung des α-Textes aus dem β-Texte doch nur begreiflich finden mit Hülfe der Vermutung, daß zum ursprünglichen Bestande des β-Textes die „goldene Regel": καὶ ὅσα μὴ θέλουσιν κτέ. nicht gehört habe. Vollends unmöglich ist es, die beiden Textgestalten mit ihrem wesentlich verschiedenen Sinn auf einen und denselben Autor zurückzuführen. Auch Blaß (Evang. sec. Luc. p. XXVI) muß hier mit einer hinter den beiden Textgestalten liegenden Urgestalt, die Lk verschieden redigiert habe, rechnen.

In 22 29 wird nach dem α-Texte erzählt, der Chiliarch habe sich, als er von dem röm. Bürgerrechte des Paul. Kenntnis bekommen habe, gefürchtet, weil er ihn hatte fesseln lassen; in V. 30 wird hinzugefügt: als er ihn am nächsten Tage zur Untersuchung der Sache vor das Synedrium vorführen lassen wollte, habe er ihn von den Ketten lösen lassen. In diesem Berichte befremdet, daß die Lösung erst am folgenden Tage aus dem neuen Motive erfolgt, nicht aber sofort als Konsequenz der Erkenntnis des röm. Bürgerrechts. In Cod. 137 syr. ᵖ· ᵐᵃʳᵍ· sah. (D bricht gerade vor dieser St. ab) ist nun gleich am Schlusse von V. 29 der Zusatz gegeben: καὶ παραχρῆμα ἔλυσεν αὐτόν. Daß aber dieser Zusatz sekundär ist, zeigt sich darin, daß dann doch in V. 30 noch einmal die Lösung bezeichnet wird. Nur sah. läßt in V. 30 die W.: ἔλυσεν αὐτὸν καί fort; so auch Blaß im β-Text. Aber betrachtet man den Text in dieser Fassung als den ursprünglichen, so ist es unbegreiflich, wie der Autor diese durchsichtige Erzählung später zu dem unklaren α-Texte umgestaltet haben sollte. Blaß kann sich hier nur mit der Konjektur helfen, daß in V. 30 statt τῇ δὲ ἐπαύριον ursprünglich gestanden habe: τῇ δὲ ἑσπέρᾳ.

Zu diesen Stellen kommen endlich diejenigen, wo nicht der Cod. D allein, sondern mit ihm zusammen auch andere Zeugen des β-Textes offenbare Schreibversehen enthalten. In 5 31 haben D gig. par. sah. Iren. δόξῃ ᵗatt δεξιᾷ.

In 13₄₈ D gig. Aug.: ἐδέξαντο statt ἐδόξασαν. In 15₁₅ D gig. Iren.: οὕτως συμφωνοῦσιν statt τούτῳ συμφ. In diesen Fällen hat Blaß (in 13₄₈ auch Hilgf.) die Lesarten des α-Textes in seinen β-Text aufgenommen. Zum wirklichen β-Texte gehören aber eben jene Fehler.

Aus allem Angeführten erhellt, daß es verkehrt ist, dem β-Texte im großen und ganzen die Priorität vor dem α-Texte zuzuschreiben. Wenn man an mehreren einzelnen Stellen deutliche Anzeichen dafür gefunden hat, daß Sonderlesarten des β-Textes durch eine spätere, nachbessernde Hand hergestellt sind, so wird man mit Recht den sekundären Charakter auch solcher anderer Sonderlesarten annehmen, bei welchen man das Motiv, den α-Text formell oder sachlich zu bessern, zu glätten und zu verdeutlichen, erkennen kann. Daß dieses Motiv in der Tat bei fast allen charakteristischen Abweichungen des β-Textes erkennbar ist, hat B. Wß, Cod. D S. 52 ff. dargelegt. Darüber, wie dieser Text ursprünglich zu Stande gekommen ist, lassen sich nur Vermutungen aufstellen. Gewiß sind nicht alle die Varianten, die dem occidentalischen Text=typus zugehören und aus denen Blaß seinen „römischen“ Text zusammenge=stellt hat, gleichen Alters und gleicher Herkunft. Auch dieser occidentalische Text hat seine Entwicklungsgeschichte gehabt. Aber ich halte es doch für sehr wahrscheinlich, daß der Hauptbestand seiner bedeutsamen Sonderlesarten auf einen einzigen Redaktor zurückgeht, der etwa der Mitte des 2. Jahrh.s an=gehörte. Er hat in naiver Weise, d. h. ohne ein solches Bewußtsein der Pflicht zur genauen Wiedergabe des vom Autor gegebenen Textes, wie es moderne Herausgeber haben, aber auch noch ohne die Scheu vor dem Buch=staben der AG. als einer inspirierten, kanonischen Schrift, den Text der AG. im einzelnen zu bessern, anschaulicher zu machen und von Schwierigkeiten zu befreien gesucht. Die größeren Abweichungen des β-Textes finden sich fast alle in den erzählenden Partieen des Buches, nicht in den Redestücken (vgl. Blaß, ed. Act. sec. form. rom. p. XI; B. Wß a. a. O. S. 105). Es ist sehr begreiflich, daß der Redaktor sich nicht dieselbe Freiheit, wie dem Erzählungs=texte gegenüber, auch den darin eingeschlossenen Apostelworten gegenüber erlaubte.

Durch diese Beurteilung ist nun aber keineswegs ausgeschlossen, daß sich unter den Besonderheiten des occidentalischen Textes auch einzelne sehr gute, ursprüngliche Elemente befinden. Wenn diese Textrezension im wesentlichen schon aus dem 2. Jahrh. stammt, so muß ihr ein uralter, der Abfassungszeit des Buches ganz nahestehender Text zu Grunde gelegen haben. Aus diesem Grundtexte her können in der occidentalischen Textüberlieferung einzelne ur=sprüngliche Bestandteile bewahrt geblieben sein, die in der übrigen Textüber=lieferung verloren gegangen sind. Diese Möglichkeit ist besonders bei den oben S. 52 f. erwähnten Fällen 4₆. 11₂₈. 12₁₀. 19₉. 20₁₅. 21₁ in Betracht zu ziehen. In anderen Fällen dient das Zeugnis von D zur gewichtigen Unterstützung solcher Lesarten, welche sonst nur von B (z. B. 19₈: Fehlen des τά vor περὶ τ. βασ. τ. ϑ.; 21₂₅: ἀπεστείλαμεν statt ἐπεστ.), oder nur von ℵ (z. B. 2₂₀: Fehlen der W. καὶ ἐπιφανῇ), oder gerade nicht von diesen beiden ältesten Majuskeln, wohl aber anderweitig bezeugt werden (z. B. 1₁₆:

τ. γραφὴν ταύτην; 7₁₆: τοῦ Συχέμ; 10₁₉: Fehlen der Zahlangabe vor ἄν-δρες; 20₄: ἄχρι (μέχρι) τῆς ᾿Ασίας; 20₁₄: συνέβαλεν).

Aber die Fälle, wo occidentalische Lesarten gegenüber denen der ältesten Majuskelhandschriften zu bevorzugen sind, bilden die Ausnahme. Durch das Interesse, das dieser occidentalische Text mit Recht in textgeschichtlicher Be= ziehung in Anspruch nimmt, darf man sich nicht zu seiner Überschätzung in textkritischer Beziehung verleiten lassen. Im großen und ganzen ist ihm der durch die ältesten Majuskeln bezeugte Text doch an Authentie überlegen. Wie in den Fällen zu entscheiden ist, wo die ältesten Majuskeltexte auseinander gehen, darüber läßt sich keine allgemeingültige Regel aufstellen. Man muß von Fall zu Fall die besonderen Umstände prüfen. Auch die Codices B und א können nicht überall als Zeugen des ursprünglichen Textes gelten. Sie sind schon Vertreter einer bestimmten Recension. Und neben den Majuskeln können auch gewisse Gruppen von Minuskeln, die auf eine gemeinsam be= nutzte ältere Handschrift zurückweisen, ein wichtiges Zeugnis darstellen. Vgl. Bousset, Textkritische Studien zum NT. (TU XI, 4), 1894, besonders S. 136 ff. Es steht zu erwarten, daß sich aus dem von H. von Soden in seinem Werke: Die Schriften des NT. in ihrer ältesten Textgestalt III, 1910, S. 1653 ff. beigebrachten reichen Material noch eine wesentliche Förderung unserer Kenntnis der Textgeschichte der AG. ergeben wird.

§ 10.
Chronologie der apostolischen Geschichte[1].

Der Vf. der AG. hat in diesem Werke gewiß ebenso wie in seinem Evang. (1₃) eine chronologische Anordnung des Stoffes erstrebt. Er gibt auch, jedoch nicht in den Anfangsabschnitten, wohl aber im weiteren Verlaufe seines Werkes, besonders wo ihm seine Hauptquelle den Stoff lieferte, ziem= lich viele einzelne Zeitangaben. Aber dieselben sind doch zum Teil so un= präzis, daß es nicht möglich ist, mit ihrer Hülfe allein den zeitlichen Abstand der berichteten Ereignisse von einander richtig zu erkennen. Und namentlich sind uns nur sehr wenige solche Daten gegeben, durch welche die Vorgänge der apostolischen Geschichte in Beziehung zu anderweitig bekannten Tatsachen der Zeitgeschichte gebracht werden, so daß ihre absolute Chronologie festge= stellt werden kann.

Den Anfangspunkt der apostol. Geschichte bildet der Tod Jesu. Für die

---

1. Wichtigste Literatur: Wurm ZTh 1833 S. 1 ff.; Anger, de temporum in Actis ap. ratione 1833; Wieseler, Chronologie d. apost. Zeitalters 1848; Schür. I³ S. 431—600; ZwTh 1898 S. 21 ff.; O. Hltzm. ² S. 117 ff.; Blaß p. 21 ff.; Harnack, Chronologie d. altchristl. Literatur bis Euseb. I, 1897 S. 233 ff.; Beitr. III S. 21 ff.; Ramsay Exp. 1896 I p. 336 ff., 1897 I p. 201 ff., 1900 II p. 81 ff.; Belser ThQ 1898 S. 353 ff.; Bacon Exp. 1898 II p. 123 ff.; 1899 II p. 351 ff.; Zahn, Einl. II S. 626 ff. (Exkurs II); Art. „Paulus" in R.E.³ unter I; Turner Art. „Chronology" in Hastings Dict. of the Bibl. I p. 403 ff.; Hoennicke, Chronologie d. Lebens d. Ap. Paul., 1903; Aberle, Bibl. Zeitschr. 1903 S. 256 ff. 372 ff.; Clemen, Paulus 1904, I S. 349 ff.; E. Schwartz NGW 1907 S. 263 ff.; Deißm., Paulus, 1911, S. 159 ff.; Lietzmann ZwTh 1911 S. 345 ff.; Dubowy, Bibl. Zeitschr. 1912 S. 143 ff.; Harnack, Sitzungsber. d. Berl. Akad. 1912 S. 637 ff.; Goguel, Revue de l'histoire des reli-gions 1912, p. 285 ss.

Berechnung der Zeit desselben bietet eine Anknüpfung die Angabe Lk 3₁,
daß der Täufer im 15. Regierungsjahre des Tiberius aufgetreten ſei. Wenn
dieſe Regierungsjahre vom Tode des Auguſtus, d. 19. Aug. 14 n. Chr., ge=
zählt ſind, ſo würde das 15te vom Aug. 28—29 laufen. Die öffentliche
Predigtwirkſamkeit Jeſu iſt nach Mk 1₁₄ erſt der Gefangenſetzung des Täufers
gefolgt. Aber das Wirken des Täufers ſcheint auch nur kurz geweſen zu
ſein. So kann die Wirkſamkeit Jeſu im J. 29 begonnen haben. Aber wie=
lange währte ſie? Die auf einen dreijährigen Zeitraum deutenden Angaben
des 4. Evang.s über die Feſtreiſen Jeſu ſind meines Erachtens nicht als
authentiſch zu betrachten. Andrerſeits darf man wohl auch nicht mit der
Sicherheit, wie es z. B. Windiſch ZNW 1911 S. 141 ff. tut, eine nur ein=
jährige Dauer des öffentlichen Wirkens Jeſu annehmen. Was in den ſynop=
tiſchen Evangelien erzählt wird über ſein Wandern von Ort zu Ort (Mk
1₃₉. Lk 8₁), andeutend auch über ſein öfteres Predigen in Jer. (Lk 13₃₄;
vgl. 10₃₈), dann über ſeine Ausſendung der Zwölfe (Mk 6₆—₁₃), über die
Ausbreitung des Gerüchtes von ihm auch über die Grenzen Paläſtinas hinaus
und das hierdurch bedingte Zuſtrömen von Menſchen zu ihm von fernher
(Mk 1₄₅. 3₇f.), über ſein Zurückweichen in einſame Gegenden (Mk 1₄₅) und über
ſeine Wanderungen außerhalb Paläſtinas (Mk 7₂₄. ₃₁. 8₂₇), das alles ſcheint mir
im Zeitraum eines einzigen Jahres kaum unterzubringen zu ſein. Wenn ſeine
Wirkſamkeit im J. 29 begann, ſo wird ſein Tod ins J. 31 gefallen ſein.

Tertullian adv. Jud. 8 ſagt nun aber beſtimmt, Jeſus ſei unter dem
Conſulate des Rubellius Geminus und Fuſius (Rufius) Geminus, d. i. im
J. 29, geſtorben. Dieſe bemerkenswerte Angabe läßt ſich mit dem in Lk 3₁
gegebenen Datum nur vereinbaren, wenn man bei dem letzteren die Regie=
rungsjahre des Tiberius ſchon von ſeinem Eintritte in die Mitregentſchaft,
wahrſcheinlich zu Ende des J. 11 n. Chr., an gerechnet ſein läßt (vgl. Zumpt,
Geburtsjahr Chriſti 1869 S. 282ff.; Wieſeler, Beitr. z. Würdigung der
Evang. 1869 S. 177ff.; Beyſchlag, Leben Jeſu 1885, I S. 135ff.). Dann
würde auch nach dem Datum des Lk. das Auftreten Jeſu im J. 27, ſein
Tod im J. 29 liegen. Eine ſichere Entſcheidung darüber, ob Lk. ſein Datum
in dieſer Weiſe berechnet hat, bezw. ob wir die Überlieferung Tertullians
vor dem Datum des Lk. bevorzugen dürfen, läßt ſich kaum treffen. Der Tod
Jeſu iſt alſo unbeſtimmt um das J. 30 anzuſetzen. Er kann im J. 31, aber
auch ſchon im J. 29 ſtattgefunden haben.

Allein auch wenn ſich das Todesjahr Jeſu beſtimmter datieren ließe, ſo
wäre damit für die weitere chronologiſche Datierung der apoſtol. Geſchichte
nichts gewonnen. Denn aus der AG. iſt nicht zu erkennen, wie lang der
Zeitraum zwiſchen dem Tode Jeſu und der Bekehrung des Paul. war, von
welcher aus man mit Hülfe der Zeitangaben in Gal. 1 u. 2 und in der AG.
weiterrechnen könnte. Der Vf. der AG. beginnt zwar gleich mit einer be=
ſtimmten Zeitangabe über die Friſt der Erſcheinungen des Auferſtandenen
(1₃) und mit einer beſtimmten Datierung der erſten Geiſtesausgießung (2₁).
Aber dann beſchränkt er ſich bei der Urgeſchichte der Gemeinde, gewiß mangels
genauerer Kunde, auf die eine unbeſtimmte Zeitangabe 6₁. Ganz kurz kann

der Zeitraum zwischen dem Tode Jesu und der Bekehrung des Paul. nicht gewesen sein. Die in K. 2—5 berichteten Ereignisse freilich ließen sich wohl in rascher Aufeinanderfolge denken. Aber der aus 6₁ erkennbare Zustand der Gemeinde setzt eine vorangegangene Entwicklung voraus, die nicht eine ganz schnelle und sprunghafte gewesen sein kann. Die Anklage gegen Stephanus sodann wird nicht als sofortige Folge seiner Wahl in das Kollegium der Sieben hingestellt, sondern durch die Bemerkung 6₇ einer Periode noch weiteren Wachstums der Gemeinde zugewiesen. Ihr ist eine Zeit der Disputationen des Stephanus in den Synagogen vorangegangen (6₉f.). Nach dem Tode des Stephanus aber kann weder die Ausbreitung des Christentums bis nach Damaskus hin, noch die in 26₁₀f. geschilderte Verfolgung der Christen durch Paul. bis in die auswärtigen Städte als eine geschwind verlaufene vorgestellt werden. Alle Wahrscheinlichkeit spricht dafür, daß zwischen dem Tode Jesu und der Bekehrung des Paul. einige Jahre verflossen sind.

Das erste bestimmt fixierbare Datum der AG. ist der bald nach der in 12₁ff. berichteten Verfolgung der jerusalem. Gemeinde durch den König Herodes Agrippa I erfolgte Tod dieses Königs 12₁₉—₂₃. Herodes Agrippa starb im J. 44. Jene Verfolgung mag also im J. 43 (oder 42) stattgefunden haben. Aber auch dieses Datum hilft uns nicht weiter. Es ist zwar von Interesse für die katholische Tradition, der zufolge der „andere Ort", nach dem Petrus damals wegzog (12₁₇), Rom war. Auch Harnack III S. 32f. freut sich der Bestätigung für die altkirchliche Tradition, daß die Apostel 12 Jahre nach dem Tode Jesu Jerusalem verlassen hätten. Aber etwas Positives darüber, wohin Petrus und die übrigen Apostel damals gezogen wären, wissen wir nicht. Nach AG 15 sind sie beim Apostelkonvente wieder in Jerusalem. Und zu dem Wirken des Paulus steht jenes Datum in keiner Beziehung. Die Reise des Paul. nach Jerusalem 11₃₀. 12₂₅, welche von der AG. in zeitliche Verbindung mit der Verfolgung durch Herodes Agrippa gebracht wird (12₁), kann nach Gal 1₁₈—₂₁ nicht historisch sein (s. Anm. 3. 11₁₉).

Dagegen ist nun von entscheidender Bedeutung für die Chronologie der Missionswirksamkeit des Paul. die Angabe AG 18₁₂: „als Gallio (d. i. L. Junius Gallio) Prokonsul von Achaja war", hätten die Juden in Korinth eine fruchtlos verlaufene Anklage gegen Paul. bei diesem Prokonsul erhoben. Dank einem Inschriftenfunde können wir das Jahr dieses Prokonsulates feststellen (vgl. Deißm. a. a. O. u. Lietzmann a. a. O.). Auf einem fragmentarisch erhaltenen delphischen Steine, dessen im übrigen sehr verstümmelte Inschrift einen Brief des Kaisers Claudius an die Stadt Delphi darstellt (publiziert von A. Bourguet, de rebus Delphicis imperatoriae aetatis capita duo, Montepess. 1905, p. 63 s.; Facsimile bei Deißm. a. a. O. beim Titelblatt), ist die Zeit, wo Claudius zum 26. Mal „Imperator" war, zugleich als die des Prokonsulates des Gallio in Achaja bezeichnet. Die Periode der 26. imperatorischen Akklamation des Claudius hat nun anderweitigen inschriftlichen Mitteilungen zufolge ungefähr von Ende 51 bis August 52 gewährt. Da in der früheren Kaiserzeit der Prokonsulat in der Regel einjährig war und ungefähr am 1. Juli angetreten wurde, so ist Gallio wahrscheinlich von ca. 1. Juli 51 bis dahin 52 (möglich, aber unwahrſcheinlich wäre: von 1. Juli 52 — 53) Prokonſul von Achaja geweſen. Aus dem Wortlaut und Zuſammenhang von AG 18₁₂ iſt meines Erachtens durchaus nicht ſicher zu erſchließen, daß die Anklage der Juden gegen Paul. gleich nach dem Amtsantritt des Gallio erhoben wurde (ſo Deißm. u. Lietzmann). Sie kann auch am Schluß ſeiner Amtszeit erhoben ſein. Es iſt ebenſo gut denkbar, daß die Juden in Korinth noch die letzte Friſt der Amtszeit des ihnen bekannten Gallio zu benutzen ſuchten, um gegen Paul. vorzugehen, wie daß ſie den Gallio als neugekommenen Prokonſul gegen Paul. in Anſpruch zu nehmen verſuchten. Man muß für den Vorgang AG 18₁₂ff. die ganze Amtszeit des Gallio in Achaja freihalten, von ca. 1. Juli 51 — 52.

Von dieſem Datum aus können wir zunächſt rückwärts rechnen. Die Anklage vor Gallio lag nach 18₁₈ gegen Ende des Aufenthaltes in Korinth, deſſen Dauer in 18₁₁ als 1¹⁄₂jährig angegeben wird. Bei dieſer Angabe ſind die $\dot{\eta}\mu\dot{\varepsilon}\varrho\alpha\iota$ $\dot{\iota}\varkappa\alpha\nu\alpha\dot{\iota}$, die P. nach jenem Vorgang vor Gallio noch in der Stadt weilte (18₁₈), gewiß eingeſchloſſen gedacht. Andrerſeits iſt die Anfangszeit in Korinth, wo Paul. Anknüpfung in der Synagoge ſuchte, bis zu ſeiner Überſiedlung in das Haus des Titius Juſtus (18₄. ₅. ₇), wahrſcheinlich in jenen 1¹⁄₂ Jahren von 18₁₁ nicht eingerechnet. So darf man annehmen, daß die Hinkunft des Paul. nach Korinth ca. 1¹⁄₂ Jahr vor der Szene vor Gallio lag. Für die Vorgänge zwiſchen dem Apoſtel-Konvent und der Hinkunft des Paul. nach Korinth, d. h. für ſeinen Aufenthalt in Antiochia (vgl. die unbeſtimmte Zeitangabe 15₃₆), für ſeine Reiſe durch Syrien, Cilicien und Lykaonien zum Beſuche der früher gegründeten Gemeinden (15₄₁. 16₁—₄), für ſein Durchziehen der verſchiedenen Gebiete Kleinaſiens (16₆—₈), bei dem er ſich zwar durch den Geiſt weitergetrieben fühlte, aber doch auch wenigſtens einen, durch Krankheit veranlaßten, längeren Aufenthalt gehabt hat (Gal 4₁₃), und dann für ſeinen Aufenthalt in den macedoniſchen Städten und in Athen (AG 16₁₁ — 18₁), iſt gewiß ein Zeitraum von ca. 1¹⁄₂ Jahren anzuſetzen. Alſo hat der Apoſtel-Konvent AG 15 ſpäteſtens im Sommer 49, vielleicht aber ſchon 48 oder noch früher ſtattgefunden. Für den Zeitraum zwiſchen der Bekehrung des Paul. und dem Apoſtel-Konvent haben wir dann die Angaben des Paul. Gal 1₁₈ u. 2₁, er ſei zuerſt „nach 3 Jahren" und „dann nach Verlauf von 14 Jahren" nach Jeruſ. gezogen. Dieſe ſcheinbar ſehr beſtimmten Angaben ermöglichen inſofern doch keine beſtimmte Berechnung, weil unſicher iſt, erſtens ob der 14jährige Zeitraum Gal 2₁ wieder von der Bekehrung oder von dem erſten Beſuch in Jeruſ. Gal 1₁₈ an gerechnet iſt, und zweitens ob die 3 und die 14 Jahre wirklich voll gerechnet ſind. Mit Recht ſagt der Philolog E. Schwartz a. a. O. S. 274, daß nach dem gewöhnlichen antiken Sprachgebrauch bei einer ſolchen Friſtbezeichnung das Ausgangsjahr mitgezählt wird, alſo durch die Angabe „nach 3 (oder 14) Jahren" ein in Wirklichkeit nur 2- (oder 13)jähriger Zeitraum bezeichnet iſt. In Anbetracht dieſer Unſicherheiten, die doch nur durch einen Gewaltſpruch entſchieden werden könnten, kommt man für die Bekehrung des Paul., falls man überall mit der ſpäteſten und kürzeſten Möglichkeit rechnet, auf das J. 36 als ſpäteſten und,

falls man überall mit der früheſten und längſten Möglichkeit rechnet, auf das
J. 31 als früheſten möglichen Termin. Wenn man den Vorgang vor Gallio
auf Sommer 51 oder 52, den Apoſtel=Konvent auf das J. 48 oder 49 an=
ſetzt und die Angaben Gal 1 18 u. 21 auf im ganzen 15 Jahre berechnet,
fällt die Bekehrung des Paul. ins J. 33 oder 34. Dann hätte zwiſchen dem
Tode Jeſu und der Bekehrung des Paul. ein ca. 3jähriger Zeitraum gelegen [1].
Mit ebenſo großen Unſicherheiten iſt die Weiterrechnung von dem Vor=
gang vor Gallio bis zur letzten Reiſe des Paul. nach Jeruſ. behaftet. Die
AG. bietet hier einige Zeitangaben. Nach 18 18 iſt Paul. nach dem Prozeß
vor Gallio noch ἡμέρας ἱκανάς d. i. geraume Zeit in Korinth geblieben.
Seine Abreiſe iſt alſo in den Herbſt des J. 51 oder 52 zu ſetzen. Der ſeiner
Reiſe nach Antiochia und dann durch Galatien und Phrygien (18 22f.) folgende
Aufenthalt in Epheſus umfaßte nach 19 8 u. 10 3 Monate und 2 Jahre, wozu
aber wahrſcheinlich die in 19 21f. bezeichnete Friſt ſeines Verweilens dort
während der Sendung des Timotheus und Eraſtus nach Macedonien noch
hinzuzurechnen iſt (ſ. 3. 19 21). So ſteht die Angabe 20 31, daß der Aufenthalt
in Epheſus dreijährig geweſen ſei, nicht in Widerſpruch zu den Zeitangaben
in K. 19. Sein Aufenthalt in Hellas vor der letzten Abreiſe nach Jeruſ. hat
nach 20 3 drei Monate gewährt. Dies ſind Wintermonate geweſen. Denn
Paul. muß doch ſchon geraume Zeit vor dem Paſſahfeſte (20 6) von Korinth
aufgebrochen ſein. Bis Pfingſten ſuchte er in Jeruſ. einzutreffen (20 16). Bei
dieſer Reihe von Zeitbeſtimmungen bleibt zweierlei zweifelhaft: erſtens die
Dauer des Aufenthaltes des Paul. in Antiochia und ſeiner Reiſe durch Klein=
aſien (18 22f. 19 1), zweitens der Zeitraum zwiſchen der Abreiſe des Paul.
von Epheſus nach Macedonien (20 1) und ſeinem letzten Winteraufenthalt in
Korinth (20 3).
Was den erſteren Punkt anlangt, ſo heißt es in 18 23 unbeſtimmt, Paul.
habe ſich „eine Zeitlang" in Antiochia aufgehalten. Da nichts von ſeinen
Unternehmungen oder Erlebniſſen während dieſes Aufenthaltes erwähnt wird,
liegt die Annahme nahe, daß derſelbe nur ganz kurz und ebendeshalb inhaltleer
geweſen ſei. Aber möglich iſt auch, daß die Kürze des Berichtes der AG.
nur in dem Nichtwiſſen des Vf.s der AG. oder ſchon des Autors der Quelle
um die Dauer und den Inhalt dieſes Aufenthaltes des Paul. in Antiochia
ihren Grund hat. Die AG. erzählt ja auch über den langjährigen Aufenthalt
des Paul. in Syrien und Cilicien, der nach Gal 1 21 zwiſchen der Bekehrung
des Paul. und dem Apoſtel=Konvente gelegen hat, ſo gut wie nichts. Ab=
geſehen von der, doch nur eine Epiſode in dieſem Aufenthalte bildenden,
Miſſionsreiſe des Barnabas und Paul. nach Cypern und ins Innere Klein=

---

1. Harnack, Sitzungsber. d. Berl. Akad. 1912 S. 677ff. entſcheidet ſich für das
J. 31 als Bekehrungsjahr des Paul. und für einen 1½jährigen Zwiſchenraum zwiſchen
dem Tode Jeſu und der Bekehrung des Paul., weil er dieſe Datierung beſtätigt findet
durch die Gnoſtikern und in der Ascenſio Jeſajae vertretene Überlieferung, daß
der verklärte Jeſus noch 18 Monate mit ſeinen Jüngern verkehrt habe (ſ. den Exkurs
bei 1 1ff. am Schluſſe). Die Chriſtusviſion des Paul. vor Damaskus habe den Abſchluß
dieſes anderthalbjährigen Verkehres gebildet (nach I Kor 15 8). — Ob man jener apo=
kryphen Überlieferung ſo großes Gewicht beilegen darf?

asiens (AG 13 u. 14, eingeleitet durch 11₂₇f.) beschränkt sie sich auf die all=
gemeine Mitteilung, daß Barnabas und Paul. in Antiochia geweilt und ge=
lehrt haben (11₂₆. 13₁. 14₂₈; vgl. 15₃₅). Aber darauf, daß Paul. auch
außerhalb Antiochias in Syrien und Cilicien als Heidenmissionar tätig gewesen
ist, wird indirekt in 15₂₃ u. ₄₁ Bezug genommen (vgl. auch 3u=21₄). Paul.
wird dort Gemeinden gehabt haben, die ihm ebenso am Herzen lagen, wie
nachher die in Lykaonien und Galatien, Macedonien und Achaja. Er hätte
die große, kostspielige und gefahrvolle Seereise von Korinth nach Syrien (18₁₈)
gewiß nicht unternommen, wenn sie bloß eine Unterbrechung seines Missions=
werkes bedeutet hätte. Er hätte den ihm in Ephesus ausgesprochenen Wunsch,
dort zu bleiben, gewiß nicht ausgeschlagen (18₂₀), wenn er nicht ein in seiner
Missionspflicht begründetes Motiv gehabt hätte, zunächst nach Syrien zurück=
zukehren. Ebenso wie er es als seine Pflicht empfand, von Antiochia aus
seine früher gegründeten Gemeinden in Lykaonien (15₃₆) oder später von
Ephesus aus seine macedonischen Gemeinden und die Korinther=Gemeinde
wieder zu besuchen (I Kor 16₅ff.), wird er auch, als er einige Jahre lang
in Hellas geweilt hatte, einen Drang und eine Pflicht empfunden haben, seine
älteren Missionsgemeinden in Syrien wieder aufzusuchen, um sich von ihrem
Feststehen im christlichen Glauben zu überzeugen und, wo es nottat, ihren
Heilsstand zu fördern. Deshalb ist es durchaus wahrscheinlich, daß er damals
einen längeren Aufenthalt in Antiochia und dem Umland gehabt hat. Nur
haben wir keinen Anhalt, die Dauer dieses Aufenthaltes abzuschätzen.

Was den zweiten Punkt betrifft, den Zeitraum zwischen der Abreise des
Paul. aus Ephesus (20₁) und seiner Abreise aus Korinth nach Jerus. (20₃ff.),
so scheint nach dem Berichte der AG. nur die Zeit der Landreise von Ephesus
über Macedonien nach Hellas (20₂) zu den 3 Monaten von 20₃ hinzuzu=
addieren zu sein. Aber hier erfährt nun die AG. eine höchst bedeutsame
Ergänzung durch unseren zweiten Korintherbrief. Im ersten Korintherbrief,
dessen Abfassung nach 16₅₋₈ in die Schlußperiode des Aufenthaltes des Paul.
in Ephesus fällt, blickt der Apostel nur auf die einmalige frühere Anwesen=
heit in Korinth bei seiner Begründung der Gemeinde dort zurück (2₁ff. 3₁ff.).
Im zweiten Korintherbrief aber betont er, daß er demnächst zum dritten Mal
nach Korinth komme (12₁₄. 13₁). Zwischen diesen ·beiden Briefen hat also
ein Aufenthalt des Apostels in Korinth gelegen, von dem die AG. nichts
weiß. Dieser Aufenthalt muß sehr trübe Erfahrungen für Paul. eingeschlossen
haben, die zu einem vorübergehenden Bruch zwischen der Gemeinde und ihm
führten (2₅₋₁₁). Er muß in Unmut von Korinth abgereist sein und seine
ausdrückliche Zusage, wiederzukommen, so lange nicht ausgeführt haben, daß
man ihn in der korinth. Gemeinde der Unwahrhaftigkeit zeihen konnte (1₁₅₋₂₄).
Die Worte 1₈₋₁₁ deuten darauf hin, daß er damals in Asien, d. i. vielleicht
in Ephesus, vielleicht aber auch an einem anderen Orte Vorderasiens, eine
schwere Krankheit durchgemacht hat, die ihn in höchste Todesgefahr brachte.
Er hat dann einen uns verlorenen Brief scharfen, schmerzenden Inhalts an
die korinth. Gemeinde gerichtet (2₁₋₄. 7₈f.) und hat den Titus hingesandt,
damit er ihm über die Aufnahme und Wirkung dieses Briefes Nachricht

bringe. Bei Abfassung unseres zweiten Briefes befindet er sich auf der Landreise von Asien durch Macedonien nach Korinth und hat nun in Macedonien
durch Titus die beruhigende Nachricht von der zu seinen Gunsten erfolgten
Krisis in der korinth. Gemeinde erhalten (2 12f. 7 5 — 15). Hat der Vf. der
AG. von allen diesen Vorgängen nichts gewußt? Oder hat er die darauf
bezüglichen Mitteilungen seiner Quelle geflissentlich übergangen, um das schöne
Bild von dem erfolgreichen Wirken des Paul. in Hellas nicht durch die Erzählung von einem so unerfreulichen Konflikte zu entstellen? Jedenfalls hat
sein Bericht hier eine wesentliche Lücke. Man hat für die Vorgänge und
Reisen, auf die Paul. im zweiten Korintherbriefe zurückweist, und für die
ganze zwischen unserm ersten und zweiten Briefe liegende Veränderung in
dem Zustande und der Stimmung der Gemeinde in Korinth, gewiß die Frist
von 1 1/2 Jahren anzusetzen. Die „seit dem vorigen Jahre" bestehende Bereitschaft der Korinther zur Kollekte, die Paul. nach II Kor 9 2 vor den Macedoniern rühmt, wird nicht eine Bereitschaft gewesen sein, die schon vor der
Aufforderung des Paul. I Kor 16 1ff. bestand, sondern eine solche, welche eben
durch diese Aufforderung erst begründet wurde.

Es ergibt sich die Erkenntnis, daß der Zeitraum zwischen dem Vorgange
vor Gallio (AG 18 12ff.) und der letzten Reise des Paul. nach Jerus. (20 4ff.)
wesentlich länger war, als er zunächst nach den direkten Zeitangaben der AG.
erscheint. Zur Bestätigung dieser Erkenntnis dient das einzige weitere Datum
aus der Geschichte des Paul., das wir noch mit annähernder Sicherheit zu
berechnen vermögen: der Übergang der Prokuratur in Judäa von Felix auf
Festus, nachdem Paul. zwei Jahre der Haft in Caesarea zugebracht hatte
(24 27) [1]. Nach Jos. Bell. 6, 5, 3 hat Albinus, der Amtsnachfolger des
Festus, im Herbst des J. 62 die Prokuratur in Judäa angetreten. Festus
wird also im Sommer 62 gestorben sein. Wie lange er im Amte war, sagt
Jos. nicht. Aber daraus, daß Jos. nur verhältnismäßig sehr wenig aus seiner
Amtszeit zu berichten weiß (Ant. 20, 8, 9 — 11; Bell. 2, 14, 1), ist zu erschließen, daß dieselbe nur kurz war. Sie mag etwa 1 oder höchstens 2 Jahre
umfaßt haben. Der Amtsantritt des Festus ist also auf das J. 60 oder 61
anzusetzen (vgl. Schür. I 3 S. 577 ff.) [2]. Dann hat zwischen dem Galliovorgang
im Sommer 51 oder 52 und dem 2 Jahre vor dem Amtsantritt des Festus
stattgehabten Verhaftung des Paul. in Jerus. ein Zeitraum von mindestens 6,
höchstens 8 Jahren gelegen. Wenn man nun, wie wir vorher als notwendig

---

1. Wellhausen NGW 1907 S. 8 und Schwartz ebendas. S. 294 haben die W.
διετίας πληρωθείσης 24 27 auf den Ablauf nicht einer 2jährigen Haft des Paul., sondern der 2jährigen Amtszeit des Felix bezogen und durch diese Deutung den Prozeß
des Paul. von einem „absurden Hiatus" zu befreien gemeint. Aber im Zusammenhange der St., wo garnicht von dem Beginne der Amtszeit des Felix oder von anderen Vorgängen während seiner Amtsführung, sondern nur von der Haft des Paul.
die Rede ist, kann man jene W. nicht anders als von der Dauer eben dieser Haft des
Paul. verstehen. Die Amtsführung des Felix ist vorher (24 10) auch als eine „viele
Jahre" umfassende bezeichnet. Eine Verschleppung von Prozessen infolge von Willkür
oder Lässigkeit der richterlichen Behörden hat es auch schon im Altertum gegeben.
Vgl. auch Harnack III S. 25f.
2) Eine um ca. 5 Jahr frühere Ansetzung vertreten unter Berufung hauptsächlich
auf die Chronik des Eusebius (Ausg. von A. Schoene II p. 155) und auf Jos. Ant.

erkannten, zwiſchen dem Schluß des Hauptaufenthalts des Paul. in Epheſus und ſeiner Verhaftung in Jeruſ. 2 Jahre anſetzt und den Aufenthalt in Epheſus auf 3 Jahre beſtimmt, ſo bleibt für die Ereigniſſe zwiſchen dem Galliovorgang und der Hinkunft des Paul. nach Epheſus 19₁ff. ein Zeitraum von mindeſtens 1 Jahr oder höchſtens 3 Jahren übrig. Eine Entſcheidung läßt ſich hier nicht ohne Willkür treffen. Wie lange der Aufenthalt des Paul. in Syrien 18₂₃ währte, wiſſen wir ſo wenig, wie es der Vf. der AG. gewußt hat. Er kann 3 Jahre gedauert haben, kann aber auch viel kürzer geweſen ſein.

Alſo trotz der ungemein wichtigen Gallio=Inſchrift bleiben· alle Daten der apoſtoliſchen Geſchichte ſchwankend. Aber doch nur innerhalb gewiſſer Grenzen. Und durch die verbleibende chronologiſche Unſicherheit wird nicht zugleich unſere ſachliche Auffaſſung der geſchichtlichen Vorgänge in weſentlichen Punkten unſicher gemacht. Das gilt auch mit bezug auf den Ausgang des Paul. Wenn wir für den Amtsantritt des Feſtus das möglichſt ſpäte Datum, Sommer 61, annehmen, ſo wäre Paul. im Frühjahr 62 in Rom eingetroffen und der Schluß der διετία AG 28₃₀ fiele kurz vor den Ausbruch der Neroniſchen Ver= folgung im Sommer 64. Dann wäre der gewaltſame Tod des gefangenen Apoſtels unter Umſtänden, von denen die römiſchen Chriſten nie etwas er= fuhren, am leichteſten begreiflich. Wenn aber der Amtsantritt des Feſtus in Judäa ſchon ein Jahr früher ſtattgefunden hätte, alſo die 2 Jahre der leichten Haft des Apoſtels in Rom ſchon im Frühjahr 63 abgelaufen wären, müßten wir gleichwohl bei dem Urteil bleiben, daß Paul. als Gefangener in Rom umgekommen iſt, daß aber die römiſchen Chriſten eben wegen ſeiner ſchon vorher verſchärften Haft von den Umſtänden ſeines Märtyrertodes im J. 63 oder ſpäter keine Kunde bekommen haben. Denn nur ſo erklärt ſich das Fehlen jeder genaueren Überlieferung über den Ausgang ſeiner Haft (vgl. o. S. 38 f.).

Die Ergebniſſe unſerer chronologiſchen Unterſuchung faſſe ich in folgender Tabelle zuſammen. Den Jahreszahlen, die ich für die wahrſcheinlichſten halte, füge ich in Klammern die Zahlen hinzu, die auch als möglich gelten müſſen.

Frühjahr 31 (29. 30): Tod Jeſu.
34 (31 − 36): Bekehrung des Paulus.
36 (34 − 38): Reiſe des P. nach Jeruſalem (Gal 1₁₈).
43 (42): Verfolgung der jeruſalem. Chriſten durch Herodes
49 (48): Apoſtelkonvent. [Agrippa I (AG 12₁ff.).
Herbſt 50 (49): Ankunft des P. in Korinth.
Sommer 52 (51): Prozeß des P. vor Gallio.
Herbſt 54 (53): Ankunft des P. in Epheſus.
Frühjahr 59 (58): Letzte Reiſe des P. nach Jeruſalem.
Sommer 61 (60): Amtsantritt des Feſtus.
Frühjahr 62 (61): Ankunft des P. in Rom.
Sommer 64 (63): Märtyrertod des P. in Rom.

20, 8, 9 vgl. mit Tacitus Ann. 13, 14: Blaß p. 22; Harnack, Chronologie I S. 233ff.; Sitzungsber. d. Berl. Akad. 1912 S. 682; Schwartz NGW 1907 S. 284ff. Aber vgl. dagegen Schür., ZwTh 1898 S. 21ff.; Zahn, Art. „Paulus" in R.E. ³ (XV S. 65ff.).

Kap. 1.

V. 1—14. Abschied des auferstandenen Jesus von seinen Jüngern.
Der Vf. der AG. bezieht sich im Eingange seines neuen Werkes auf sein früheres
zurück (V. 1 u. 2) und nimmt den Schluß desselben wieder auf. V. 3—14 ist eine
Parallele zu Lf 24 36—53. Zwischen diesen beiden Berichten besteht aber insofern eine
bedeutsame Differenz, als sich die Himmelfahrt nach Lf 24 gleich an das Zusammensein
des Auferstandenen mit seinen Jüngern am Abend des Auferstehungstages anschloß,
während sie nach der AG. eine 40 tägige Frist von Erscheinungen des Auferstandenen
abschloß (V. 3). Diese Differenz läßt sich nicht durch die Erklärung beseitigen, daß
der Vf. im Ev. summarisch abkürzend berichte, etwa veranlaßt durch Raummangel auf
seiner Buchrolle (vgl. Rüegg StKr 1896 S. 94 ff.), und daß durch seine Ausdrucksweise
in Lf 24 44 u. 50 nicht das Einsetzen neuer, zeitlich getrennter Begebenheiten ausgeschlossen sei (Mösg., Jacobsen S. 10, Blaß). Auch bei kürzester Fassung hätte der Vf.
doch die Vorstellung, daß es sich um ein mehrmaliges Zusammensein Jesu mit seinen
Jüngern handelte, ausdrücken können und müssen, wenn er diese Vorstellung gehabt
hätte. Denn das wunderbare Verschwinden und spätere Wiedererscheinen Jesu konnte
nicht von den Lesern als etwas Selbstverständliches ergänzt werden. Darum sind solche
Fälle, wie Lf 9 59. 61. 17 1. 5, wo zwar zeitlich getrennte Aussprüche ohne Hervorhebung
der neuen Situation aneinandergereiht werden, wo es sich aber auch nicht um ein
neues wunderbares Wiedereintreten Jesu in den Kreis der Menschen handelt, nicht
vergleichbar. Die Differenz ist auch nicht dadurch zu beseitigen, daß man in Lf 24 51
nach א*D it. Aug. bloß liest: διέστη ἀπ' αὐτῶν (ohne den durch die übrigen Handschriften bezeugten Zusatz: καὶ ἀνεφέρετο εἰς τὸν οὐρανόν) und dieses διέστη nicht auf
das letztmalige, sondern auf ein früheres Verschwinden des Auferstandenen deutet,
somit den Vorgang Lf 24 50 f. von der Himmelfahrt AG 1 9 unterscheidet (Zöckl.; vgl.
dagegen Gräfe StKr 1888 S. 522 ff.). Denn aus den W. AG 1 2: ἄχρι ἧς ἡμ. —
ἀνελήμφθη ist ersichtlich, daß der Vf. das Bewußtsein hat, seinen Bericht im Ev. schon
bis zur abschließenden Himmelfahrt geführt zu haben (vgl. zur Bedeutung v. ἀνελήμφθη
V. 11 u. 22). Wenn man den bestbezeugten Text von V. 2 festhält (s. d. Anm. zu
V. 2), ist jene Differenz nicht zu beseitigen. Es könnte zu ihr auch eine hinsichtlich
des Ortes der Himmelfahrt (s. z. V. 12). Zu erklären ist sie nicht daraus, daß der
Vf. der AG. ein anderer war als der des dritten Ev.s (Sorof S. 51 f.; Gercke, Hermes
1894 S. 379 ff.), sondern daraus, daß der Vf. zwischen der Abfassung des Ev.s u. der
AG. eine neue mündliche Überlieferung über die Erscheinungen des Auferstandenen erhalten hatte, die ihm der Berücksichtigung wert erschien. An eine neue schriftliche
Quelle, die dem Berichte 1 1—14 zugrunde gelegen hätte (Sp. S. 8 ff.; vgl. Blaß, Evang.
sec. Luc. p. VI), braucht nicht gedacht zu werden. Denn dafür ist die Verwandt-
schaft dieses Berichtes mit Lf 24 doch wieder zu groß. Daß die Überlieferungen über
die Erscheinungen des Auferstandenen differierten und daß die einfacheren älteren
Überlieferungen später reichere Erweiterungen erfuhren, ist aus dem Vergleiche der
Berichte I Kor 15 5—8. Mt 16 1—8. Mt 28. Joh 20. Joh 21 mit einander und mit Lf 24.
AG 1 zu ersehen. Harnack, der den Bericht V. 1—11 für „wohl das jüngste Stück der
AG. und von Lf auf Grund der spätesten Legendenbildung eingestellt" hält (III S. 148;
vgl. S. 126 f. u. 153), nimmt vielleicht mit Recht an (IV S. 113 f.), daß die 40 tägige
Frist an u. St. auf eine messianisch-apokalyptische Erwägung zurückgeht und ursprüng-
lich nicht als Frist des Verkehrs des Auferstandenen mit seinen Jüngern, sondern als
Vorbereitungsfrist vor seiner Einsetzung in die himmlische Messiaswürde gedacht war.
Später gab es eine Tradition, daß der Auferstandene 18 Monate lang bei seinen
Jüngern auf Erden geblieben sei: so die Ascensio Jesaiae 9, 16 und nach Jren.
adv. haer. I, 3, 2 u. 30, 14 die gnostischen Valentinianer und Ophiten (vgl. dazu

v. Dobſchüß, Oſtern u. Pfingſten, 1903, S. 52; Harnacř, Sißungsber. d. Berl. Αřad. 1912, S. 677 ff.). **V. 1.** Der Vf. beginnt mit einem Hinweis auf ſeinen früheren Beriḑt, dem er in Gedanřen, aber niḑt ausdrücřliḑ, den jeßt beabſiḑtigten neuen gegenüberſtellt [1]. Dem μὲν folgt řein δέ, wie 3₁₃ u. ö. πρῶτος hier = πρότερος, welḑes in dem Sinne „der erſte von zweien" im ΝΤ niḑt vor= řommt (Blaß, Gr. § 34, 5, Raderm. S. 56 f.). λόγον ποιεῖσθαι = Beriḑt erſtatten. Sein früherer Beriḑt bezog ſiḑ auf alles, „was Jeſus zu tun und zu lehren anfing". ὧν attrahiert für ἅ. Da ἄρχεσθαι seq. inf. in den Evang. ſehr häufig geſeßt wird, niḑt um den Anfang einer Handlung von der Fortſeßung zu unterſḑeiden, ſondern um die Handlung als eine neu ein= ſeßende im Gegenſaße zu ihrem früheren Niḑtvorhandenſein zu bezeiḑnen, z. B. Lř 3₈. 4₂₁. 5₂₁. 7₁₅. ₂₄. ₃₈. ₄₉, ſo iſt es eine řünſtliḑe Deutung, wenn man an u. St. den im Ev. beriḑteten Anfang des Tuns und Lehrens Jeſu in Gedanřengegenſaß ſtellt zu der in der ΑΓ. zu beriḑtenden Fortſeßung ſeines Wirřens vom Himmel her oder durḑ Vermittlung der Apoſtel (Baumg., Nöſg., Zöřl.). Zu der řurzen Ḑarařteriſtiř des Inhalts des evang. Beriḑts vgl. die Ḑarařteriſtiř des Μt.ev.s durḑ Papias bei Euſ. h. e. III, 39: τὰ ὑπὸ τοῦ Χριστοῦ ἢ λεχθέντα ἢ πραχθέντα. Taten und Lehren Jeſu zu= ſammen bilden die πράγματα Lř 1₁. **V. 2.**[2] „Bis zu dem Tage, an dem er (ἄχρι ἧς ἡμέρας Attrařtion), naḑdem er den Apoſteln, die er durḑ h. Geiſt auserwählt hatte, Auftrag gegeben hatte, aufgenommen ward (in den Himmel)". Gedaḑt iſt an den Abſḑiedsauftrag Lř 24₄₇₋₄₉. διὰ πνεύματος ἁγίου iſt zum folgenden Relativſaß zu ziehen. Die Inverſion (vgl. 19₄. Gal 2₁₀. II Kor 2₄. 12₇; Win. § 61, 3) dient zur naḑdrücřliḑen Hervorhebung des Momentes, welḑes bei der erſten Nennung der App. in dieſem von den App. handelnden Buḑe beaḑtet werden ſoll: daß Jeſus ſie niḑt durḑ Zufall oder

---

1. Das Fehlen einer ausdrücřliḑen Ausſage über den δεύτερος λόγος iſt řeines= wegs eine ſo große ſtiliſtiſḑe Härte, daß man mit Sorof S. 51 f., Gerře a. a. Ο. S. 389 f. u. Hilgf. ЗwTh 1898 S. 619 ff.; Acta p. 258 f. folgern müßte, die urſprüng= liḑe Fortſeßung der zur Luřas=Quelle gehörigen Worte V. 1 f. ſei von dem Bearbeiter dieſer Quelle weggelaſſen worden. Naḑ Hilgf. erfolgte die Weglaſſung deshalb, weil in der Quelle dem δεύτερος λόγος eine ſpezielle Beziehung auf die Miſſionswirřſamřeit des Paulus gegeben war, während der Bearbeiter die πράξεις Παύλου zu πράξεις ἀποστόλων erweitern wollte.

2. Bei D syr. ᵖ· ᵐᵃʳᵍ· iſt ἀνελήμφθη vor ἐντειλάμενος eingeſḑoben und folgen auf ἐξελέξατο die W.: καὶ ἐκέλευσε κηρύσσειν τὸ εὐαγγέλιον (ſo Hilgf.). Aug. bietet den Text: in die quo app. elegit per spir. s. et praecepit praedicare evang. (ähnliḑ gig.). Blaß, edit. Act. sec. form. rom. p. XXIII s., urteilt mit Reḑt, daß die LA v. D eine Zuſammenziehung des Textes Aug. mit dem α=Texte iſt. Er ſtellt den β=Text gemäß Aug. ſo feſt: ἐν ᾗ ἡμέρᾳ τοὺς ἀποστ. ἐξελέξατο διὰ πν. ἁγ. καὶ ἐκέλευσε κηρύσσειν τὸ εὐαγγ. Hier iſt niḑt von dem Tage der Himmelfahrt, ſondern von dem Tage der Apoſtelwahl Lř 6₁₃, vgl. Mř 3₁₄, die Rede. Formell bietet dieſe LA eine gewiſſe Erleiḑterung gegenüber der řomplizierteren des α=Textes. Iſt ſie niḑt aus dem Streben naḑ ſolḑer Erleiḑterung entſprungen? Saḑliḑ iſt ſie des= halb ſḑwierig, weil das im Evang. geſḑilderte Wirřen Jeſu eben niḑt mit dem Vor= gange Lř 6₁₂f. anhebt (vgl. M. B. Wß, Cod. D S. 53). Belſer, Beitr. S. 12 ff. acceptiert daher an dieſer St. niḑt den β=Text von Blaß, ſondern meint, daß der β=Text wie der α=Text gelautet habe, nur mit dem Zuſaße: κηρύσσειν τὸ εὐαγγ. hinter ἐξελέξατο. J. Wß S. 3 nimmt den β=Text von Blaß auf, um die Bezugnahme auf die in Lř 24₅₁ niḑt bezeiḑnete Himmelfahrt zu beſeitigen.

aus menſchlichen Motiven, ſondern kraft des h. Geiſtes zu ſeinen App. berufen hat. Andere (Mey., Overb., Hltzm., B. Wß, Blaß) verbinden διὰ πνεύματος ἁγίου mit ἐντειλάμενος. Aber wenn man auch die Zwiſchenſchiebung von τοῖς ἀποστόλοις daraus erklären könnte, daß auf den Perſonen, von denen alles Folgende erzählt, der Nachdruck liegen ſoll (B. Wß), ſo würde die abgetrennte Stellung des οὓς ἐξελέξατο um ſo auffallender ſein, je überflüſſiger dann dieſer Zuſatz wäre. Er hat ſeine Bedeutung nur dadurch, daß dem ἐξελέξατο die wichtige Näherbeſtimmung διὰ πνεύμ. ἁγ. gegeben iſt. Sp. S. 7 deutet die Worte auf den Auftrag zu der im Folgenden beſchriebenen Zuſammenkunft auf dem Ölberge, den der Auferſtandene den Jüngern durch den h. Geiſt gegeben habe, analog dem Auftrage durch die Frauen Mt 28 10. 16. Aber kann das abſolute ἐντειλάμενος einen ſolchen ſpeziellen Auftrag bezeichnen? — Der Begriff οἱ ἀπόστολοι iſt in der AG. regelmäßige Bezeichnung für den Kreis der Zwölfe. Von dieſer Bedeutung iſt die andere, ältere, beſonders in den Paulusbriefen (aber auch noch Did. c. 11) vorliegende zu unterſcheiden, wonach ἀπόστολος im allgemeinen der Sendbote zur Ausbreitung des Evangeliums, der chriſtl. Miſſionar, iſt, die ἀπόστολοι alſo begrifflich von den δώδεκα unterſchieden ſind (I Kor 15 5. 7). Dieſer ältere Sprachgebrauch zeigt ſich in der AG. nur in den aus einer älteren Quelle ſtammenden Stellen 14 4. 14. Über Apoſtolat und Apoſtelbegriff vgl. Seufert, Urſprung u. Bedeutung d. Apoſtolats in der chr. K. d. erſten zwei Jahrh., 1887; Haupt, zum Verſtändnis d. Apoſtolats im NT., 1896; Harnack, Miſſion I² S. 266 ff.; H. Monnier, la notion de l'apostolat dès origines à Irénée, 1903; v. Dobſchütz, Probleme d. ap. Zeitalters, 1904, S. 103—108.

V. 3. Dem Momente, daß der in den Himmel Aufgenommene vorher ſeinen Jüngern Auftrag gegeben hatte, wird das andere Moment angereiht, daß er „ſich ihnen auch als lebend erwieſen hatte — — durch viele Beweiſe." τεκμήριον nur hier im NT. Gedacht iſt an die Beweisführung Lk 24 39—43. Die Art, wie ſich Jeſus als lebendig erwies, wird näher bezeichnet durch die beiden Partic. Praeſ.: „indem er 40 Tage hindurch (zu dieſer Zeitbeſtimmung vgl. die Vorbemerkung zu V. 1—14) ihnen erſchien und das auf das Reich Gottes Bezügliche mitteilte". ὀπτάνεσθαι iſt helleniſtiſche Präſensform zu dem Aor. ὤφθην (Blaß, Gr. § 24 zu ὁρᾶν; Deißm., Licht v. Oſt. S. 52; vgl. I Reg 8 8. Tob 12 19). Der Ausdruck ſoll die viſionäre Art des Verkehres des Auferſtandenen mit den Jüngern bezeichnen. Doch ſind die Erſcheinungen durchaus objektiv und realiſtiſch gedacht. Die Mitteilungen mit bezug auf das Reich Gottes ſind gewiß in der Art gedacht, wie ſie in Lk 24 25—27 u. 44—49 und nachher in V. 4 f. u. 7 f. näher bezeichnet ſind, d. h. teils als Aufſchlüſſe darüber, daß das Leiden des Meſſias notwendig war, um die Schriftworte zu erfüllen, teils als Verheißungen und Aufträge für das weitere Wirken der Jünger als Zeugen Jeſu. Die kathol. Ausleger finden hier Raum für Belehrungen Jeſu „über die Kirche und ihre Hierarchie, die Sakramente und Ähnliches" (Felt.).

V. 4. „Und während er mit ihnen aß (oder: „ſich mit ihnen verſammelte"), trug er ihnen auf". Der Sinn des συναλιζόμενος iſt zweifelhaft.

συναλίζειν, abgeleitet von ἁλής = verſammelt, bed. „verſammeln". Aber im ſpäteren griech. Sprachgebrauch kommt auch vor συναλίζεσθαι = „zuſammeneſſen", abgeleitet von ἅλς = Salz, οἱ ἅλες = die Koſt. An u. St. iſt die erſtere Bedeutung (Luth.: „als er ſie verſammelt hatte") ſchwierig wegen des Part. Praeſ. ſtatt des zu erwartenden Part. Aor: Denn das Part. Praeſ. kann nicht genügend daraus erklärt werden, daß ſich die Verſammlungen Jeſu mit den Jüngern während der 40 Tage wiederholten (Jäger I S. 8; Hatch JBL 1911, II p. 123 − 128), ſondern nur daraus, daß das συναλίζεσθαι als ein Vorgang gedacht iſt, der während des παραγγέλλειν fortdauerte. Doch iſt es vielleicht möglich, den Begriff des ſich Verſammelns nicht ſowohl auf das Zuſammenkommen als vielmehr auf den Zuſtand des Zuſammenſeins zu beziehen (vgl. das συνερχόμενοι I Kor 11 ₃₃). Aber viel wahrſcheinlicher iſt, daß συναλιζόμ. hier gleichbedeutend mit συνεσθίων und im Rückblick auf Lk 24 ₄₁ − ₄₃ geſagt iſt (ſo Vulg. u. griech. Väter; von Neueren Overb., Blaß, B. Wß, Bowen ZNW 1912 S. 247 ff.). Der Vf. d. AG. ſah in dem Miteſſen ein Zeugnis für die Realität des den Jüngern erſcheinenden Jeſus und für die enge Gemeinſchaft, in die er mit den Jüngern trat (vgl. 10 ₄₁). Das Eſſen iſt aber nicht als ein einmaliger, ſondern als ein während der 40 Tage ſich oft wiederholender Vorgang gedacht. Denn hier in V. 4 f. wird nicht ſchon die letzte Zuſammenkunft vor der Himmelfahrt beſchrieben (Overb., Hltzm., Zöckl. u. A.), ſondern die in V. 3 begonnene allgemeine Charakteriſtik der Erſcheinungen des Auferſtandenen noch fortgeſetzt. Dabei iſt das, was nach dem Ev. den Inhalt des einen Zuſammenſeins am Abend des Auferſtehungstages bildete, hier als Inhalt des ganzen 40 tägigen Verkehrs bezeichnet. − Die Stadt Jeruſalem wird hier in der griechiſchen Namensform Ἱεροσόλυμα bezeichnet. Der Vf. d. AG. wechſelt (wie auch im Ev.) im Gebrauche dieſer griechiſchen und der hebräiſchen Namensform Ἱερουσαλήμ. Über das in dieſem Wechſel liegende Problem vgl. Ramſay Exp. 1907 I, p. 110 ff.; Harnack III S. 72 ff.; Schütz ZNW 1910, S. 169 ff. Die hebr. Namensform wird bevorzugt, wo ſich die Erzählung ganz auf jüdiſchem Boden und in jüdiſchen Verhältniſſen bewegt (deshalb abgeſehen von u. St. durchweg in K. 1 − 7), oder wo Worte aramäiſch Redender wiedergegeben werden (z. B. 21 ₁₁ − ₁₃. ₃₁. 22 ₅. ₁₇. ₁₈). Doch folgt der Vf. d. AG. bei ſeinem Gebrauch der einen oder der anderen Namensform anſcheinend nicht einer bewußten Regel, ſondern einem unwillkürlichen Sprachgefühl. Deshalb iſt er nicht ganz konſequent. Gerade an u. St. wäre nach obiger Regel und im Einklang mit V. 8 u. Lk 24 ₄₇ die Form Ἱερουσαλήμ zu erwarten. − Die Verheißung des h. Geiſtes iſt eine Verheißung des Vaters, ſofern dieſer ſie im AT gegeben hat (vgl. 2 ₁₆ff. = Jo 3 ₁ff.). Als ihr Ausführer aber gilt der erhöhte Jeſus ſelbſt: 2 ₃₃, vgl. Lk 24 ₄₉. − Mit den W. ἣν ἠκούσατέ μου vollzieht ſich ein Übergang in die oratio directa wie 23 ₂₂ [1]. In V. 5 [2] wird ein früherer Ausſpruch Jeſu angeführt (vgl. 11 ₁₆).

---

1. D vulg. aeth. Aug. haben: ἣν ἠκούσατέ φησιν διὰ τ. στόματός μου. Vgl. 15 ₇. Das φησιν hebt den Beginn der oratio directa hervor, wie 25 ₅.
2. D gig. Hil. Aug. haben in dieſem V. die LA: ὑμεῖς δὲ ἐν πνεύματι ἁγ. βαπτισθήσεσθε, ὃ καὶ (D: καὶ ὃ) μέλλετε λαμβάνειν. Außerdem bezeugt Aug. ep. 265

Ein solcher ist aber aus der Zeit vor dem Tode Jesu in den Evv. nicht über=
liefert. Allgemeine Geistesverheißungen Jesu berichtet nur das 4. Ev.: Joh
14₁₆f. 26. 15₂₆. 16₇—₁₄. Nach den synopt. Evv. hat Jesus seinen Jüngern
den h. Geist speziell für ihre Verteidigung vor den Gerichten verheißen:
Mt 13₁₁. Lk 12₁₁f. Unser Ausspruch bezieht sich auf die Geistesausgießung
K. 2. Wahrscheinlich hat unser Vf. das Wort des Auferstandenen Lk 24₄₉
im Sinne. Auffallend ist dann freilich, daß er, indem er die Lk 24₄₄—₄₉
berichteten Worte hier als Thema der wiederholten Belehrungen Jesu wäh=
rend der 40 Tage hinstellt, doch zugleich Jesum auf Lk 24₄₉ als auf ein
einmaliges früheres Wort Bezug nehmen läßt. Die Formulierung des Aus=
spruches ist nachgebildet dem Täuferworte Lk 3₁₆. Vgl. wie umgekehrt das
Wort Jesu Mt 4₁₇ = Mk 1₁₅ dem Täufer in den Mund gelegt wird: Mt
3₂. Die Wendung: οὐ μετὰ πολλὰς ταύτας ἡμέρας „in wenigen Tagen von
jetzt an" ist nach Blaß mehr latinisierend als echt griechisch.

V. 6. Hier beginnt das letzte, durch die Himmelfahrt V. 9 abgeschlossene
Zusammensein und Gespräch. Die Abgrenzung dieses einzelnen Vorganges
von dem bisher im allgemeinen charakterisierten 40 tägigen Verkehre wird
freilich nur ganz leicht angedeutet. Auch inhaltlich erscheinen die Worte Jesu
V. 7f. wie eine erläuternde Fortsetzung von V. 4 f.; sie bilden ebenso wie
V. 4f. eine Parallele zu Lk 24₄₇—₄₉. Der Vf. mußte eben dieselben Worte
Jesu, die nach dem Ev. am Abend des Auferstehungstages der Himmelfahrt
vorangingen, in der AG. einerseits als Inhalt der 40 tägigen Belehrungen,
andrerseits doch auch wieder als Inhalt des Abschiedsgespräds vor der Himmel=
fahrt hinstellen. — Bei den W. οἱ μὲν οὖν συνελθόντες fragt es sich, ob
οἱ blos mit μὲν οὖν zu verbinden (wie 5₄₁. 8₂₅ u. ö.) und συνελθόντες als
Apposition aufzufassen ist: „die nun, zusammengekommen" (B. Wß, Blaß), oder
ob οἱ als Art. mit συνελθόντες zu verbinden ist (vgl. 8₄. 11₁₉): „die so
(mit ihm) zusammengekommenen" (Hlzm., Hilgf.). Die letztere Fassung ist wohl
die einfachere. Doch kann hierfür Hilgf.s (Acta p. 260) Begründung, daß
in V. 6ff. wegen V. 12—14 u. 21f. ein größerer Zeugenkreis bei der
Himmelfahrt Jesu gemeint sein müsse als in der V. 2—5 bezeichnete Kreis
der Apostel nicht entscheidend sein. Die Bezugnahme auf die vorangegangene
Schilderung und ebendamit auch auf die vorher bezeichneten Personen ist jeden=
falls durch das μὲν οὖν gegeben. Aber durch die Formulierung in V. 3ff.
ist nicht ausgeschlossen, daß der Auferstandene sich auch noch anderen bezeugt
hat, als den Aposteln. Andrerseits werden auch durch die vorsichtige For=
mulierung in V. 14 u. 21 f., die mit dem Apostelkreise nächst verbundenen
Personen nicht direkt als Zeugen der Himmelfahrt des Herrn hingestellt. —

---

mißbilligend das Vorkommen der LA incipietis baptizare oder baptizabitis (für
βαπτισθήσεσθε). So rekonstruiert Blaß den β=Text: ὑμ. δὲ ἐν πν. ἁγ. μέλλετε βαπτίζειν, ὃ καὶ μέλλετε λαμβάνειν οὐ κτἑ. Hier nimmt also der Auferstandene Bezug auf
das von seinen Jüngern zu vollziehende Taufen; vgl. Mt 28₁₉. Mk 16₁₆. Da man
den Taufbefehl als Voraussetzung für 2₃₈ im Lk=ev. und hier am Anfang der AG.
vermißte, so lag es nahe, ihn an der von Taufen handelnden St. zu ergänzen. —
Am Schlusse des V. fügen D* d. sah. Aug. noch hinzu: ἕως τῆς πεντηκοστῆς, neben
der unbestimmten Zeitangabe οὐ μετὰ πολλὰς ταύτας ἡμέρας eine bestimmte.

Die Jünger fragen ($\epsilon\acute{\iota}$ leitet im NT häufig die direkte Frage ein, z. B. 7₁. 19₂; vgl. Win. § 57, 2; Blaß, Gr. § 77, 2): „Herr, stellst du in dieser Zeit das Reich für Israel wieder her?" Wenn in V. 6 die Schilderung des letzten Zusammenseins einsetzt, so ist es nicht selbstverständlich, daß sich $\dot{\epsilon}v\ \tau\tilde{\omega}$ $\chi\varrho\acute{o}v\omega\ \tau o\acute{v}\tau\omega$ auf die in V. 5 bezeichnete Zeit der Geistestaufe bezieht. Vielmehr meinen die Jünger unter „dieser Zeit" den gegenwärtigen Zeitraum, wo der aus dem Tode auferstandene Herr mit ihnen verkehrt. Bringt er jetzt die das alte davidische Reich wiederherstellende Aufrichtung des messian. Reichs für Israel? Da die Jünger das unmittelbar bevorstehende Aufhören der Erscheinungen des Auferstandenen nicht ahnen und demgemäß die als bald eintretend bezeichnete Geistestaufe V. 5 auch in diese Zeit seines fort= gesetzten Verkehrs mit ihnen fallend denken, gibt ihnen diese Verheißung der Geistestaufe Anlaß zur Frage nach der eschatologischen Reichserrichtung, die gemäß Jo 3 u. 4 zur Zeit der Geistesausgießung eintreten soll. Bemerkens= wert ist, daß sich die Frage sowohl auf die Zeit der Reichserrichtung, als auch auf die Bestimmung des Reichs für Israel richtet. Auf beide Punkte bezieht sich nachher die Antwort Jesu. Zu $\dot{\alpha}\pi o\kappa\alpha\vartheta\iota\sigma\tau\acute{\alpha}v\alpha\iota$ vgl. 3₈₁. Mt 9₁₂.

V. 7. „Euch steht es nicht zu, Zeiten oder Termine zu kennen, die der Vater festgestellt hat vermöge seiner eigenen (ihm allein zustehenden) Voll= macht". Dieselben Ausdrücke von der Zeit der Parusie I Th 5₁. Das $\check{\eta}$ in der negativen Aussage statt $\kappa\alpha\acute{\iota}$ in der positiven, wie Mt 5₁₇. Joh 8₁₄. Zum Gedanken vgl. Mt 13₃₂, welcher Ausspruch in der Rede Lk 21 nicht wiedergegeben ist. **V. 8.** Nachdem so die Frage nach der Zeit der eschato= logischen Reichserrichtung abgewiesen ist, erneuert Jesus seine Geistesverheißung und verbindet damit eine solche Mitteilung über die weitere Wirksamkeit der Jünger, welche indirekt ihre Vorstellung korrigiert, daß das messian. Reich nur für Israel bestimmt sei: „ihr werdet Kraft empfangen, wenn der heilige Geist auf euch gekommen ist (gen. abs.), und werdet Zeugen für mich werden in Jerusalem und in ganz Judäa und Samaria und bis ans Ende der Erde". Der Vf. d. AG. läßt den Auferstandenen hier prophetisch die Entwicklung vorherbezeichnen, deren wirklichen Verlauf das jetzt beginnende Buch schildern soll. Bei dem „Ende der Erde" hat er gewiß in erster Linie an Rom ge= dacht, als an das Ziel, bis zu welchem hin er die Ausbreitung des Evang.s beschreiben will (Overb.). Aber er wählt absichtlich den volleren und allge= meineren Begriff (vgl. 13₄₇ = Jef 49₆), unter den sich auch Rom subsumieren ließ. Über das Verhältnis des Auftrages Jesu an u. St. zu dem nachherigen Bewußtsein der Jünger von ihrer Aufgabe s. z. 10₄₂. Über die nachaposto= lische Tradition, daß wirklich die Zwölfe als Missionare in alle Welt gezogen seien, vgl. die von Hilgf., Acta p. 199 s. angeführten Stellen[1].

---

1. In der Komposition von V. 3—8 haben manche Kritiker Anzeichen einer Quellenbenutzung gefunden. Nach Sp. S. 9 ff. soll sich V. 8 als Einschub des Red. in einen Quellenbericht (B) kennzeichnen, weil hier der Gedanke von V. 5 wiederholt und der Zusammenhang zwischen V. 7 u. 9—11 unterbrochen sei. Vgl. dagegen Wrede GGA 1895 S. 499. Nach J. Wß StKr 1893 S. 485 f. schließen V. 5 u. 8 einander aus; aber V. 5 gehöre dem Red. an; mit V. 6 setze die judenchristl. Quelle ein, zu der der Red. wohl nur die Schlußworte von V. 8 gefügt habe. Nach Jgst

V. 9[1]. Eine Wolke vermittelt hier, wie oft sonst (vgl. Mk 9 7. Apk 11 12. 14 14ff.), den wunderbaren Verkehr zwischen Himmel und Erde; zugleich verhüllt sie dem menschlichen Auge die unanschaubare himmlische Herrlichkeit. **V. 10f.** Als die Jünger ihre Augen gespannt, in fragendem Erstaunen (zu ἀτενίζειν vgl. 3 12) zum Himmel richteten, standen zwei Männer in weißen Gewändern (d. i. Engel; vgl. Lk 24 4) bei ihnen, welche ihnen mit dem einen Punkte, daß das jetzige Aufgenommensein Jesu von ihnen weg (ἀφ᾽ ὑμῶν) in den Himmel ein Fortgegangensein nach der 40tägigen Zeit seines Erscheinens bedeute, zugleich den anderen Punkt kundtaten, daß die Tren= nung doch keine definitive sein werde, sondern Jesus dereinst ebenso, d. h. auch in sichtbarer Weise und in den Wolken (vgl. Mk 14 62. Lk 21 27 nach Dan 7 13), vom Himmel her kommen werde, wie er jetzt in den Himmel aufge= hoben sei. — Zur Geschichte der Überlieferung von der Himmelfahrt Jesu in der ältesten christl. Literatur vgl. Harnack in Hahn, Bibliothek der Sym= bole[3] S. 382 ff. **V. 12.** Der Ölberg (vgl. über ihn Buhl S. 94 f.) heißt im NT ge= wöhnlich τὸ ὄρος τῶν ἐλαιῶν (Mt 21 1 u. ö.). Aber an u. St. hat er den flektierten Eigennamen Ἐλαιών, der unflektiert auch in Lk 19 29. 21 37 vorzu= liegen scheint (vgl. Win.=Schmied. § 10, 4. Deißm., Neue Bibelstud. S. 36 ff.). Blaß, Gr. § 10, 5. 33, 1 meint, daß man wie in Lk 19 29. 21 37 so auch an u. St. trotz aller Handschr. ἐλαιῶν lesen müsse. Die Entfernung des Berges von Jerus. wird bezeichnet als „einen Sabbatsweg (habend d. i.) weit". Ein Sabbatsweg ist eine nach rabbinischer Satzung am Sabbat er= laubte Wegstrecke, nämlich 2000 Ellen. S. Schür. II[3] S. 475 f. Joseph. schätzt die Entfernung des Berges auf 5 Stadien (Ant. 20, 8, 6; vgl. zu dieser St. Nestle ZNW 1902 S. 248). Aus der Bezeichnung Sabbatsweg schloß Chrys. (auch Schneckenb. StKr 1855 S. 502), daß die Himmelfahrt am Sabbat stattfand; noch willkürlicher Jäg. I S. 9 f., daß die Jünger erst 3 Tage lang den verschwundenen Herrn am Ölberg gesucht hätten und dann am Sabbat nach Jer. zurückgekehrt seien. — Die Notiz über die Entfernung des Berges hat an u. St. natürlich nur insofern Sinn, als sie den Ort der Himmelfahrt näher bestimmen soll. Nach Lk 24 50 fand nun aber die Himmel=

S. 14 ff. nötigt die Steifheit der Einführung von V. 6 zur Annahme, daß V. 6—8 aus einer Quelle (A) stamme, aus der sich auch in dem ἐντειλάμενος V. 2 ein Rest erhalten habe. Auch Schwartz NGW 1907 S. 277 f. erklärt, daß zwei Erzählungen, zwischen denen V. 8 die Fuge bilde, nicht geschickt zusammenredigiert seien. Harnack III S. 182 nimmt an, daß nachträglich in diesen ersten Versen korrigiert worden ist. Mir scheint der zureichende Erklärungsgrund für die Schwerfälligkeit der Erzählung V. 3—8 darin zu liegen, daß der Verf. einerseits das in Lk 24 36ff. geschilderte Zu= sammenkommen des Auferstandenen mit den Jüngern zu einem 40tägigen Verkehre mit ihnen erweitern, andrerseits doch auf die Schilderung eines bedeutsamen Abschieds= aktes nicht verzichten wollte, aber für die Ausgestaltung dieses Schlußaktes in V. 6ff. keinen wesentlich anderen Gedankenstoff hatte, als den auch schon in V. 4f. nach Lk 24 36ff. gegebenen.

1. V. 9 lautet nach D sah. Aug.: καὶ ταῦτα εἰπόντος αὐτοῦ νεφέλη ὑπέλαβεν αὐτὸν καὶ ἀπήρθη ἀπὸ ὀφθαλμῶν αὐτῶν. Blaß läßt im β=Texte das W. ὀφθαλμ. fort (mit Aug.), welches allerdings beim Ausfall der W. βλεπόντων αὐτῶν unmotiviert ist. Über den sekundären Charakter der LA vgl. B. Wß, Cod. D S. 54.

fahrt bei Bethanien ſtatt, das nach Joh 11 18 15 Stadien von Jer. entfernt
iſt. Dieſe Differenz der Berichte AG 1 u. Lt 24 erkennt auch Zöckl. an,
aber unter der (unhaltbaren) Vorausſetzung, daß in Lt 24 eben nicht die
abſchließende Himmelfahrt erzählt ſei. Wenn man in Lt 24 51 die Himmel=
fahrt bezeichnet findet, aber eine Differenz zwiſchen AG 1 u. Lt 24 nicht
zugeben will, ſo muß man annehmen, daß der Vf. entweder an u. St. (Mey.)
oder in Lt 24 50 (Nösg., Blaß) ſich ungenau ausgedrückt hat.   Freilich iſt
πρὸς Βηϑ. Lt 24 50 nicht einfach = εἰς B.; es kann aber auch von keinem
Leſer, dem nichts Weiteres geſagt iſt, auf ein ſolches Gehen in der Richtung
nach Bethanien gedeutet werden, welches ſchon nach dem erſten Drittel des
Weges nach Bethanien ſein Ziel hat. — V. 13.   „Als ſie hineingekommen
waren (in die Stadt), gingen ſie hinauf in das Obergemach“, ὑπερῷον =
עֲלִיָּה. Wahrſcheinlich iſt an u. St. wie in 9 37. 38. 20 8 das Obergemach in
einem Privathauſe, welches den Jüngern als Quartier oder Verſammlungs=
raum diente, gemeint. Nach Hltzm. ZwTh 1877 S. 543 f., Krenkel, Joſ. u.
Lt. S. 149 f., war es ein oberes Zimmer im Tempel, wegen Lt 24 53.
AG 2 46. Aber der Tempel hätte genauer bezeichnet ſein müſſen. Auch an
den von Hltzm. und Krenkel angeführten Joſephus=Stellen iſt im Zuſammen=
hange ausdrücklich vom Tempel die Rede.   Die auf das allgemeine Verhalten
der Jünger während einer längeren Folgezeit nach der Himmelfahrt bezüg=
liche Angabe Lt 24 53 kann nichts beweiſen für den ſpeziellen Fall an u. St.
Der Vf. der AG. ſcheint vielmehr gerade hervorheben zu wollen, daß das
Lt 24 53 bezeichnete Weilen im Tempel doch nicht gleich nach der Himmel=
fahrt, ſondern erſt nach dem Pfingſtereigniſſe begann.   Zunächſt blieben ſie
noch in ihrem Privatlokale; deshalb der Zuſatz: οὗ ἦσαν καταμένοντες. Erſt
von Pfingſten an traten ſie in die Öffentlichkeit und hielten ſich im Tempel
auf (2 46). — Die Namen der Elf ſtimmen mit Lt 6 14f. überein. Nur ſind
die Brüder Petrus u. Andreas durch die Zebedaiden getrennt, wie Mk 3 16;
von dieſen letzteren tritt Johannes vor Jakobus, wohl um gleich hier Petr.
u. Joh. ſo zuſammenzurücken, wie ſie 3 1ff. u. 8 14ff. auftreten; endlich folgt
Thomas gleich auf Philippus, ſtatt erſt auf Matthäus. Simon wird als „der
Zelot“, d. h. als früher zur fanatiſchen Zelotenpartei gehörig bezeichnet.
S. Schür. I 3 S. 486. ζηλωτής = קַנְאָנָיָא = Καναναῖος Mk 3 18. Mt 10 4.
Judas Jakobi, d. h. Sohn (nicht Bruder) des Jak., wird zu identifizieren
ſein mit Thaddäus Mk 3 18 u. Lebbäus Mt 10 3.   Gegen die abweichende
Kombination von Reſch, außerkan. Paralleltexte zu d. Evv. (TU X) S. 814 ff.
vgl. Haupt, zum Verſtändnis des Apoſtolats im NT S. 5 ff.   Über das Ver=
hältnis dieſer Apoſtelliſte zu den parallelen Liſten Mt 10 2—4. Mk 3 16—19.
Lt 6 14—16 vgl. W. Weber ZwTh 1912 S. 8 ff.

V. 14. Mit den „einmütig beim Gebet verharrenden“ Elf waren noch
andere nächſte Anhänger Jeſu verbunden, deren Beteiligung an den in V.
2—11 geſchilderten Vorgängen dahingeſtellt bleibt.   Über die Frauen im
engeren Jüngerkreiſe Jeſu vgl. Lt 8 2f. 23 49. 55. 24 10. Mk 15 40f.[1]. Maria

---

2. Bei D hat γυναιξὶν den Artikel und folgt darauf: καὶ τέκνοις κ. M. Bezeichnet

als die wichtigste wird besonders genannt, aber durch ein καὶ einfach ange=
reiht, als wäre sie unter der Allgemeinbezeichnung γυναῖκες nicht mitgedacht.
Über die Brüder Jesu f. Mk 6 з. Über ihre frühere verständnislose Stellung
zu Jesus f. Mk 3 21. 31 — 35. Joh 7 5. Wurde ihr Unglaube etwa erst durch
Erscheinungen des Auferstandenen (vgl. I Kor 15 7) endgültig besiegt? Nach
kath. Auslegern sind die ἀδελφοί Jesu seine Vettern (Felt.; vgl. auch Nösg.).
Zur ganzen Tradition über die Brüder u. Vettern Jesu vgl. Zahn, For=
schungen zur Gesch. d. neut. Kanons VI, 1900, S. 225 ff. Wenn mit W.=h.,
B. Wß S. 51 nach BE syr. Chrys. das σὺν der Rec. vor τ. ἀδελφοῖς bei=
zubehalten ist, so sind die aufgezählten Personen in 3 Gruppen geteilt, a) die
Elf, b) die Frauen und Maria, c) die Brüder Jesu.

V. 15 — 26. Die Apostel=Ersatzwahl. V. 15. Die erste Anregung
zu einem selbständigen Vorgehen der Jünger ging „in diesen Tagen", d. h.
in der Zeit zwischen Himmelfahrt und Pfingsten, von Petrus aus. Dieser er=
scheint gemäß seiner schon aus den Evv. erkennbaren führenden Stellung unter
den Zwölfen auch weiterhin im ersten Teile der AG. als Leiter und Wort=
führer der Urgemeinde. Er trat auf „inmitten der Brüder"[1]. Zu dieser
sehr häufigen Bezeichnung der Christen in der AG. und in den neut. Briefen
vgl. Harnack, Mission[2] S. 340 ff. In V. 15 b wird parenthetisch bemerkt,
daß die beisammen (ἐπὶ τὸ αὐτό) befindliche „Personenmenge" (ὄχλος ὀνο=
μάτων) doch nicht nur aus den in V. 13 f. Aufgezählten bestand. Daß der
Gebrauch von ὄνομα = Person (vgl. Apk 3 4. 11 13. Num 1 18. 20. 26 53)
kein bloßer Hebraismus ist, hat Deißm., Neue Bibelstud. S. 24 f. nachgewiesen.
Die Zahl „ungefähr 120" kann auf guter Überlieferung beruhen. Nach Br.,
Zell., Overb., Hltzm., Jgst wäre sie aus symbolisierender Reflexion entstanden
(10 × 12 oder 3 × 40). Sie scheint in Widerspruch dazu zu stehen, daß
nach I Kor 15 6 der Auferstandene 500 Brüdern auf einmal erschienen ist. Da
Paul. erst die von ihm selbst vorzeitig (ὥσπερεὶ τῷ ἐκτρώματι) erlebte Er=
scheinung für die abschließende hält (I Kor 15 8), also einen solchen früheren
Abschluß der Erscheinungen, wie ihn der Vf. d. AG. in der Himmelfahrt
sieht, nicht kennt, wird die von ihm berichtete Erscheinung vor 500 Brüdern
wohl zu einer Zeit stattgefunden haben, als sich die Christengemeinde schon
vergrößert hatte. Beachte, wie Paul. auch eine Erscheinung für die ἀπόστολοι
πάντες erwähnt (V. 7), worunter nach seinem Sprachgebrauch und im Unter=

---

werden hier also die Frauen und Kinder der Elf. Blaß hat diesen Zusatz von D
nicht aufgenommen; aber ihn verteidigt Hilgf. ZwTh 1897 S. 626 f.
    1. Die LA. τ. ἀδελφῶν wird mit T., W.=h., B. Wß nach אABC* einig. Min.
u. Verss. anzunehmen sein, während Blaß die LA der Rec.: τ. μαθητῶν nach C³DE
d. meist. Min., syr. Chrys. Aug. auch in den α=Text aufgenommen hat. Es ist doch
wahrscheinlicher, daß das ursprüngliche ἀδελφῶν, wo es zum ersten Male in d. AG.
als Bezeichnung für die Christen vorkam, zumal nach dem anderen Gebrauche in V. 14,
durch das erklärende μαθητῶν ersetzt wurde, als daß aus V. 14 od. 16 ἀδελφ. statt
μαθ. in den Text gekommen ist. — Der verschiedene Gebrauch von ἀδελφοί in V. 14
u. 15 kann nicht als Anzeichen dafür gelten, daß diese beiden Verse zu verschiedenen
Quellen gehörten (Sp. S. 16). Denn der Gebrauch von ἀδελφός in übertragenem
Sinne schloß selbstverständlich nicht aus, daß derselbe Autor das Wort gelegentlich in
seinem natürlichen Sinne anwandte. In V. 14 u. 15 war der verschiedene Sinn durch
den Zusammenhang klar.

ſchiede von den δώδεκα (V. 5) nur „alle Miſſionare" verſtanden ſein können. Auch dieſe Viſion weiſt in die Zeit nach dem Pfingſtereignis, wo ſchon Miſſion getrieben wurde.

V. 16. Den feierlich als ἄνδρες ἀδελφοί (vgl. 2 29. 37. 13 15. 26) An= geredeten legt Petrus dar, daß die anſtößige Tatſache des Verrates Jeſu durch einen der zwölf Apoſtel, durch „Judas, der ein Führer ward für die Jeſum Verhaftenden" (vgl. Lk 22 47: προήρχετο αὐτούς), nach göttlichem Ratſchluß eintreten mußte (vgl. Lk 22 37. 24 26. 44), um das inſpirierte Schrift= wort (γραφή)[1], nämlich das in V. 20 zitierte, zur Erfüllung zu bringen. Da die Schriftſtelle V. 20 b von einer Amtsenthebung und Amtserſetzung redet, ſagt ſie indirekt, daß es ſich um den Träger eines Amtes handelt. In V. 17 wird zuerſt die Beziehung des Schriftwortes auf dieſen Punkt hervor= gehoben (ὅτι = „mit bezug darauf, daß"; vgl. Joh 2 18. 9 17). Der bild= liche Ausdruck, daß Judas „das Los dieſes Amtes erlangt hatte", iſt gewiß im Vorausblick auf die folgende Loſung (V. 26) gewählt (Hlzm.). Für Judas wie für den durch wirkliche Loſung gewählten Matthias gilt gleicherweiſe, daß ſie „dieſes Amt", nämlich das apoſtoliſche (vgl. V. 25), weder ſich ſelbſt geben noch von anderen Menſchen übertragen bekommen, ſondern als einen durch göttliche Fügung ihnen zufallenden Anteil erlangen.

V. 18. Vor Anführung des Schriftwortes, daß ſich auf das in V. 17 bezeichnete Amt des Judas bezieht, wird erſt noch eine geſchichtliche Bemerkung über den Ausgang des Judas eingefügt. Dieſelbe iſt nicht ein den Zuſammen= hang der Rede ſtörender Einſchub[2], ſondern dient dazu zu zeigen, daß neben dem in V. 20 b anzuführenden Schriftworte auch noch ein anderes, V. 20 a, ſich an Judas erfüllt hat. „Dieſer erwarb ſich ein Ackergrundſtück für den Lohn der Ungerechtigkeit und kopfüber ſtürzend (oder: von Schwellung be= fallen) zerbarſt er mittendurch und verſchüttet wurden alle ſeine Eingeweide." πρηνής wird in der Regel = pronus, kopfüber, im Gegenſatz zu ὕπτιος verſtanden. Das γενόμενος neben dem ſo verſtandenenen πρηνής iſt hart, doch nicht unmöglich. Neuerdings haben F. H. Ely [= Chase], Journal of theolog. studies, Jan. 1912, und ihm folgend Harnack ThLz 1912 S. 235ff. die Vermutung begründet, daß das W. hier von der Wurzel πρα (πρε) in πίμπρασθαι (vgl. AG 28 16) abgeleitet und = πεπρησμένος ſei, d. h. „ent= zündlich geſchwollen" bedeute (γένομενος dabei wie 12 23). Dieſer mediziniſche

---

1. Vielleicht iſt τὴν γραφὴν ταύτην zu L. nach C³DE L. al. syr. Chryſ. (Mey., Overb., Blaß im β=Texte). אABC mehrere Verſſ. u. Vät. laſſen ταύτην weg (T., W.=H., B.Wß). Die Weglaſſung war dadurch nahegelegt, daß die zitierte Schriftſtelle nicht unmittelbar folgt.
2. Nach dem Vorgange Calvins ſehen von den Neueren B.Wß, Feine S. 165, Sp. S. 14f., J.Wß StKr 1893 S. 487 in V. 18f. eine unpaſſende Einſchaltung des Red., weil nach V. 17 die ἔπαυλις V. 20 ſich auf den κλῆρος V. 17 beziehen müſſe, während jetzt nach der Einſchaltung V. 18f. die Beziehung auf das χωρίον angezeigt ſei. Aber das erſte Zitat in V. 20 kann ſich nicht auf die Erledigung der Amtsſtelle beziehen, weil dann die W. καὶ μὴ ἔστω ὁ κατοικῶν ἐν αὐτῇ ſinnlos würden. Vgl. Wrede GGA 1895 S. 500f.; Clemen StKr 1895 S. 314; Harnack III S. 182. — Blaß (vgl. ed. Act. sec. form. rom. p. XVII) vermutet, daß das ganze Stück von καὶ ἔλαχεν V. 17 an bis incl. ἐν βίβλῳ ψαλμ. V. 20 im β=Texte gefehlt habe, weil Iren. bei ſeiner Bezugnahme auf V. 16—20 es nicht berückſichtige.

Sinn von πρηνής ist zwar anderweitig nicht direkt bezeugt, aber doch in=
direkt durch die armenische Übersetzung unserer St. und durch die altlatein.
und armen. Übersetzung von Sap. Sal. 4 19 (wo πρηνεῖς == inflati) sowie
die latein. von Num. 5 27. Sehr bemerkenswert ist auch, daß in einem von
Apollinarius überlieferten Papias=Fragmente (Fragm. 3 in der Ausg. der
Patres apost. von Gebhardt, Harnack, Zahn) die gräßliche Leibesaufschwellung
geschildert wird, an der Judas zugrunde gegangen sei. Wahrscheinlich ist
das nicht eine dritte selbständige Überlieferung über das Ende des Judas
neben derjenigen unserer St. und der von ihr abweichenden Mt 27 5—8,
sondern eine Weiterbildung der Überlieferung an u. St., so daß der von
Papias gebrauchte Begriff πρησθείς dem Begriff πρηνής an u. St. entspricht.
— ἐλάκησεν ist nicht von λάσκω (Win.=Schmied. § 15), sondern von λακέω
abzuleiten. Das W. im NT nur hier; sonst nur Aristoph. Nub. 410 und
Act. Thomae § 33 (wo die W. φυσηθείς ἐλάκησεν dem πρηνής γενόμενος
ἐλάκησεν an u. St. nachgebildet sind). Über die Entwicklung der Tradition
vom Ende des Judas vgl. Barth SchwThZ 1894 S. 108—124.

V. 19. Unter der Voraussetzung, daß Judas auf dem für den Ver=
räterlohn erworbenen eigenen Acker ums Leben gekommen war, konnte das
Kundwerden des in V. 18 bezeichneten Vorganges bei den Einwohnern Jer.s
die in V. 19b angegebene Folge haben, daß sie dem Acker „in ihrer eigenen
Sprache", d. i. in der aramäischen, einen entsprechenden Namen gaben. διάλεκτος, im NT nur in der AG., bed. hier stets (2 6. 8. 21 40. 22 2. 26 14)
„Sprache", nicht „Dialekt" in unserm Sinne. Die W. τῇ ἰδίᾳ διαλέκτῳ sind
ebenso wie die folgende Erklärung: τοῦτ᾽ ἔστιν χωρίον αἵματος insofern Ein=
fügungen des Vf. der AG. in die Petrus=Rede, als sie offenbar nicht auf die
ursprünglichen Hörer der Rede, sondern auf die Leser der AG. berechnet sind.
Aber sie sind nicht in dem Sinne Zusätze, als wären sie erst von dem Vf.
der AG. dem übrigens aus einer Quelle übernommenen Bestande der Rede
eingefügt. Natürlich konnte der Vf. der AG. gerade so gut als selbständiger
Konzipient der Rede, wie als Redaktor einer Quelle, die Worte um seiner
Leser willen in die Rede einfügen. Vgl. Pfleid. S. 550. Der Name ist
wahrscheinlich Ἀκελδαμάχ zu l. (nach B u. Eus.; D hat Ἀκελδαιμάχ; אA
40. 61: Ἀχελδαμάχ). Über ihn vgl. Klostermann, Probleme im Aposteltexte
1883 S. 1ff. Er scheint aramäisch חֲקַל דְּמָך gelautet und, da das aram.
דְּמָך == κοιμᾶσθαι ist, „Todesacker" bedeutet zu haben. Diese Bedeutung
würde sich sachlich aus der Angabe Mt 27 8 erklären, daß der Acker zu einem
Begräbnisplatz für Ausländer gemacht sei. Die Deutung „Blutacker" dagegen,
die sowohl in Mt 27 8 als auch an u. St., obwohl mit verschiedener Begrün=
dung, gegeben wird, würde die aram. Namensform חֲקַל דְּמָא voraussetzen,
wie denn auch die späteren Handschriften Ἀκελδαμά lesen (so Rec. nach C
u. d. meist. Min.). Wahrscheinlich war jene erstere Wortform und Bedeutung
die ursprüngliche und beruht die Deutung „Blutacker" auf einer nachträg=
lichen Etymologisierung der Christen, welche den Namen des Ackers in
Beziehung zu dem blutigen Ende (bez. nach Mt zu der Bluttat) des Judas
setzten.

V. 20. Das jetzt angeführte Schriftwort, das sich an Judas erfüllen mußte, besteht aus zwei Stellen. Die erste ist Pf 69 26, frei nach LXX (statt αὐτῶν : αὐτοῦ). Sie betrifft den Acker und den Tod des Judas. Die ἔπαυλις, „das Gehöft", ist im Sinne unseres Vf.s nicht bildlich auf die Amtsstelle (Mey. u. And.), sondern auf das χωρίον zu deuten (s. d. Anm. zu V. 18). Die zweite St. ist Pf 109 8, wörtlich nach LXX (nur statt λάβοι : λαβέτω). Sie bezieht sich auf das Apostelamt, das Judas innehatte und das auf einen Anderen übergehen soll. Der Begriff ἐπισκοπή = „Aufsicht" d. i. „Amt" hat hier denselben allgemeinen Sinn wie ἐπίσκοπος I Pt 2 25. Man kann aus der Beziehung dieses im Zitat gegebenen Ausdrucks auf das Amt des Judas weder schließen, daß für den Vf. der AG. der Episkopat im hierarchischen Sinne gleichbedeutend mit dem Apostolat gewesen sei (Zell. S. 474 f.), noch daß der Vf. speziell die Geldverwaltung des Judas habe bezeichnen wollen (Clemen StKr 1895 S. 314 f.). Nach V. 22 ist das Amt des apostolischen Zeugnisses von Jesu gemeint.

V. 21 f. Gemäß der letzten Schriftstelle (οὖν) soll „von den Männern (der Gen. τῶν συνελθόντων ἀνδρῶν abhängig von dem ἕνα am Schlusse von V. 22), welche mit uns einhergezogen sind in der ganzen Zeit, in der bei uns aus= und einging der Herr Jesus, — — von diesen einer mit uns zusammen Zeuge seiner Auferstehung werden". συνέρχεσθαί τινι = „mit Jem. zusammengehen" (9 39. 10 23 u. ö.). Sp. S. 13 bezieht gemäß seiner Annahme, daß die folgenden W. ἐν παντὶ χρόνῳ — ἀφ᾽ ἡμῶν nicht zum ursprünglichen Zusammenhange gehört haben (s. d. Anm. z. V. 22), die W. τ. συνελθ. ἡμῖν ἀνδρῶν auf die jetzige Zusammenkunft mit den App. εἰσέρχεσθαι καὶ ἐξέρχεσθαι ἐπί τινα bed. „mit Jem. in Verkehr stehen". Vgl. 9 28. Joh 10 9. I Mak 13 49. Der Verkehr Jesu mit seinen Jüngern wird in V. 22 a nach dem Anfangs= und Endpunkte der evangelischen Überlieferung bezeichnet. Zu ἀρξάμενος — ἕως[1] vgl. Mt 20 8. Lk 23 5. ἀρξάμ. ist formell Apposition zu Ἰησοῦς. Der Gen. ἧς vor ἀνελήμφθη wird mit Blaß als attrahiert für ᾗ aufzufassen sein (vgl. Lev. 23 15. Bar 1 19), obgleich die seltene Attraktion des Dativs sonst im NT nicht vorkommt. Mey., Hltzm., B. Wß fassen ἧς als Gen. der Zeitbestimmung. Wellhausen NGW 1907 S. 3 sieht in V. 22 a einen unpassenden Zusatz zu V. 21. Denn vor seinem Tode habe Jesus mit seinen Jüngern nicht nur „in Verkehr gestanden", sondern beständig zusammen gelebt. Aber gerade dem Anfange der evang. Geschichte, auf den Petr. Bezug nimmt, war doch die Periode des einsamen Aufenthaltes Jesu in der Wüste gefolgt. Im Hinblick auf diese Periode und auf die Schlußperiode zwischen Auferstehung und Himmelfahrt hat der Vf. der AG. gewiß mit bestem Bedacht seine Ausdrucksweise gewählt. Der neu zu wählende Apostel soll nicht nur überhaupt Zeuge der Auferstehung Jesu sein, sondern ein solcher Zeuge derselben, welcher auch die ganze irdische Wirksamkeit Jesu als Gefährte bezeugen kann; vgl. 1 8. 10 39 — 41[2]. Schwerlich hätte der Vf. der AG. hier den

---

1. Statt des durch אA bezeugten ἄχρι (T., Blaß im α=Text) ist wahrscheinlich nach BCDE zu l.: ἕως (W.=H., B. Wß, Blaß im β=Text).
2. Nach Sp. S. 13 f., B. Wß, J. Wß StKr 1893 S. 487, Jgst S. 24 sind V. 21 b

Petrus dieses Erfordernis für einen Ap. so stark hervorheben lassen, wenn er die von der Tübinger Schule vorausgesetzte Tendenz gehabt hätte. Denn auf Paul. paßte dieses Erfordernis nicht. **V. 23.** „Sie (die Versammelten) stellten auf (näml. als Wahlkandidaten) zwei: Joseph, genannt Barsabbas (nom. patron.: Sohn des Sabbas; s. 3. 15 22) mit dem (latein.) Beinamen Justus, und Matthias." Über beide wissen wir nichts weiteres. Nach der späteren Legende gehörten sie zu den 70. Vgl. Lipsius, apokr. Apostelgeschichten u. Apostellegenden II, 2 S. 258 ff. und die Acta Andreae et Matthiae in den Acta apostolorum apocrypha ed. Bonnet II, 1, 1898 p. 65 ss.; Hilgf., Acta p. 202. **V. 24.** προσευξά-μενοι εἶπαν = „betend sprachen sie". Durch das Part. Aor. wird hier, wie häufig, eine Tätigkeit bezeichnet, die nicht der im Verb. fin. bezeichneten zeitlich vorangeht, aber auch nicht gleichzeitig mit ihr ist (das müßte Part. Praes. sein), sondern in der sich die des Verb. fin. selbst vollzieht. Vgl. das häufige ἀποκριθεὶς εἶπεν, oder Lk 10 30: ὑπολαβὼν εἶπεν. S. auch 3. 25 13. Der im Gebet angeredete „Herr" ist nicht Christus, sondern Gott, dessen be-sonderes Attribut es ist, „Herzenskenner" zu sein, d. h. das verborgene Innere der Menschen zu durchschauen. Vgl. 15 8. Lk 16 15. Pf 7 10. Jer 17 10. Zum Gebrauch des Begr. κύριος in der AG. vgl. S. Herner, die Anwendung des Wortes κύρ. im NT, Lund 1903, S. 14—21 u. 47 f. **V. 25.** Das erledigte Amt, das in einem ἓν διὰ δυοῖν als „Dienst u. Apostolat" bezeichnet wird, wird bildlich als ein einzunehmender „Platz" be-trachtet. Dieses Bild liegt so nahe, daß man nicht mit Blaß statt τόπον trotz der schlechteren handschriftl. Bezeugung κλῆρον zu l. braucht. Der bild-liche Ausdruck braucht auch nicht durch Beziehung auf die (dann auf die Amtsstelle zu deutende) ἔπαυλις V. 20 bedingt zu sein (B. Wß). Vgl. den von Deißm., Neue Bibelstud. S. 95, mitgeteilten Gebrauch des Ausdrucks in einer pergamenischen Inschrift. Von diesem „Platze" ist Judas „abgetreten an seinen ihm zugehörigen (d. i. gebührenden) Platz". Gemeint ist der Ort der Strafe und Qual im Hades, die γέεννα. Vgl. die analogen rabbinischen Stellen bei Lightfoot, hor. hebr. in act. ap., 1679, p. 15, z. B. Baal Turim in Num. 24, 25: Balaam ivit in locum suum i. e. in Gehennam. Im Gegensatz dazu heißt es I Clem. 5, 4 von Petrus: ἐπορεύθη εἰς τὸν ὀφειλόμενον τόπον τῆς δόξης, u. ibid. § 7 von Paulus: εἰς τὸν ἅγιον τόπον ἐπορεύθη. Vgl. Polyk. Phil. 9, 2. Ignat. Magn. 5, 1 u. s. oben S. 47. **V. 26.** Die Auslosung geschah in der Weise, daß zwei Täfelchen je mit einem der beiden Namen in ein Gefäß getan wurden. Das beim

---

u. 22a (ἐν παντὶ χρόνῳ — ἀφ' ἡμῶν) eine Einschaltung des Red. in einen älteren Quellenbericht, weil hier die Qualifikation zum Apostolat offenbar vom Standpunkte des späteren Geschichtsschreibers aus bezeichnet sei. Wer nicht aus anderweitigen Gründen die Sicherheit mitbringt, daß die ganze Erzählung von der Apostelwahl mit der Petrus-Rede aus einer älteren Quellenschrift stammt (nach Sp. aus der Quelle A, in der sich V. 15 ff. gleich an Lk 24 44—53 anschloß), wird in den uns überlieferten Worten der Petrus-Rede nur Anzeichen dafür finden, daß diese Rede eben nicht aus einer alten Quelle stammt, sondern vom Vf. der AG. gemäß seiner späteren Auffassung von dem charakteristischen Wesen des Zwölfapostolats dem Petrus in den Mund gelegt ist. Vgl. Wrede GGA 1895 S. 500.

Schütteln zuerst herausfallende (ἔπεσεν) gab die Entscheidung. Man loste, weil man durch das Fernhalten überlegten menschlichen Einflusses den Willen Gottes um so sicherer zu erkennen meinte. Der durch das Los getroffene Matthias „wurde mitgezählt zu den 11 Aposteln". συνκαταψηφίζειν (nur hier im NT) ist gleichbedeutend mit συμφηφίζειν 19 9, entsprechend dem κατηριϑμημένος ἦν V. 17 [1].

Kap. 2.

V. 1 — 13. Das Pfingstereignis. V. 1. Was bed. die Zeitbestimmung: „als der Tag des Pfingstfestes voll ward"? Der bildliche Ausdruck „voll= werden" bed. in Anwendung auf einen Zeitraum das Ablaufen oder zu Ende Kommen desselben. Vgl. 4 23. 30. 9 23. 21 26. 24 27. Lk 1 23. 2 21f. 21 24. Diese Bedeutung ergäbe an u. St. den Sinn: als der Pfingsttag ablief d. i. seinem Ende zuging. Dieser Sinn ist durch V. 15 ausgeschlossen. Jener bildliche Ausdruck wird aber vermöge einer eigentümlichen Abbreviatur des Gedankens mehrfach im NT auch gebraucht mit bezug auf einen Zeittermin, und zwar einen vorherbestimmten oder geweissagten. Indem sich hier der Gedanke an das „Vollwerden" der Verheißung mit dem Gedanken an das „Vollwerden" der Zeit verbindet, gewinnt der Ausdruck seine Gedankenbeziehung auf den Ablauf des Zeittermins im Sinne des Ablaufs der Frist bis zu dem die Er= füllung der Verheißung bringenden Termin. Das „Vollwerden" des genannten Zeittermins bed. dann also das bestimmungs= oder verheißungsgemäße Ein= treten dieses Termins. So Mk 1 15. Lk 1 57. Joh 7 8. Gal 4 4. Diese Be= deutung ist auch anzunehmen für Lk 9 51: ἐν τῷ συμπληροῦσϑαι τὰς ἡμέρας τῆς ἀναλήμψεως αὐτοῦ. Denn obgleich hier pluralisch von Tagen die Rede ist, ergibt sich doch aus dem Zusammenhang, daß nicht gemeint ist: als die Tage seiner Aufnahme (in den Himmel) abliefen, sondern: als die Frist bis zu seiner Erhöhungszeit ablief, d. h. als die Zeit seiner Erhöhung (die mit seiner Erhöhung abschließende Leidenszeit) anbrach. Der Ausdruck ist hier gewählt, um diese Erhöhung zugleich als Erfüllung göttlicher Vorherbestim= mung zu charakterisieren (vgl. Lk 24 25 — 27. 44 — 46). Ebenso bed. u. St.: „beim Ablauf der Frist bis zu dem (die Erfüllung der Verheißung bringenden) Pfingsttag", oder: „beim Eintritt des verheißungsmäßigen Pfingsttages" [2].

---

1. Daß der Vf. der AG. die Geschichte von dieser Ergänzungswahl auf Grund bestimmter Überlieferung mitgeteilt hat, ist um so sicherer anzunehmen, als der ge= wählte Matthias weiterhin in der AG. keinerlei Rolle spielt. Aber wenn man keine anderweitigen Anzeichen einer bearbeiteten schriftlichen Quelle in diesem Stücke 1 15ff. anerkennt, kann man nicht wohl mit Hilgf. 3wTh 1895 S. 82f. bloß in der Tatsache des unvermittelten Eintretens der 120 Personen V. 15 und der beiden Namen V. 23 Spuren für das Benutz= u. Ausgeschriebensein einer schriftlichen Vorlage in unserem Abschnitte sehen.

2. Sp. S. 51f. findet eine Lösung für die Schwierigkeiten des Ausdrucks in V. 1 mit Hülfe seiner Quellenscheidung. Er nimmt an, daß das ἐν τῷ συμπληρ. in der einen Quelle (A) stand und sich hier auf das vorher erzählte Vollwerden der Zwölfzahl bezog, während in der zweiten Quelle (B) als Zeitbestimmung etwa τῇ δὲ ἡμέρᾳ τ. πεντηκ. geschrieben war. Der ungeschickte Red. habe die beiden Angaben zu der uns vorliegenden unverständlichen Formel verbunden.

Vgl. das den Sprachgebr. gründlich erörternde Progr. von Mumssen über
Act 2₁, Hambg. 1870, u. Jgst S. 34. Blaß erschließt aus dem Präs. συμ-
πληροῦσθαι, daß ein Zeitpunkt kurz vor dem Pfingstfest gemeint sei. Aber
das Präs. war ganz am Platze, wenn der das bestimmungsmäßige Ziel des
Zeitverlaufs bildende, die Erfüllung bringende Pfingsttag nicht schon vorüber,
sondern gegenwärtig war. — ἡ πεντηκοστή (eigentl. scil. ἡμέρα) ist sub-
stantivierte Bezeichnung für das Pfingstfest geworden; so schon II Mak 12 32.
Tob 2₁. Deshalb kann es an u. St. u. 20₁₆ heißen: ἡ ἡμέρα τ. πεντ., „der
Tag des Pfingstfestes". Das jüd. Pfingstfest, שָׁבֻעוֹת חַג Dtn 16₁₀, ἁγία ἑπτὰ
ἑβδομάδων Tob 2₁, war das Fest der Getreideernte, Ex 23₁₆. 34₂₃. In
der späteren talmudischen Zeit wurde es auch als Gedächtnisfest für die Gesetzgebung am Sinai betrachtet. Dafür findet sich aber bei Philo und Joseph.
noch keine Spur. Das Fest wurde, zwar wahrscheinlich nicht im Sinne der
Verordnung Lev 23₁₁. 15f., wohl aber gemäß der späteren jüd. Praxis, am
50. Tage nach dem ersten Passahfesttage gefeiert, so daß der 16. Nisan, der
zweite Passahfesttag, der Garbentag, als erster der 50 Tage gezählt wurde.
Vgl. Orelli, Art. Pfingstfest, israel.-jüd., in R. E.³. Da nach der im Lk.-ev.
wiedergegebenen synoptischen Überlieferung der Freitag, an dem Jesus starb,
der 15. Nisan war (Lk 22₇. 23₅₄), wird der Vf. der AG. auch das erste
christl. Pfingstfest auf einen Sabbath fallend gedacht haben. Die johanneische
Überlieferung dagegen, daß jener Freitag, der Todestag Jesu, der 14. Nisan
gewesen sei, würde zu der altchristlichen Ansetzung des ersten christl. Pfingstfestes auf einen Sonntag stimmen. — „Alle (d. h. alle Brüder 1 15) waren
gemeinsam beisammen." Der Ausdruck ὁμοῦ ἐπὶ τὸ αὐτό ist pleonastisch.
Die Rec. hat statt ὁμοῦ: ὁμοθυμαδόν, „einmütig".

V. 2. Unter äußeren, für das Gehör (V. 2) und für das Auge (V. 3)
wahrnehmbaren Symptomen tritt die Erfüllung mit dem h. Geiste (V. 4) ein.
Das „Getöse" (ἦχος), welches „plötzlich vom Himmel her eintrat", ist als
ein wunderbares gedacht: es rührt nicht von einem wirklichen Winde her,
sondern wird nur verglichen dem Getöse „eines daherfahrenden heftigen
Windes". Vgl. Joh. 3 8: der Geist Gottes dem Winde vergleichbar. Das
Getöse „erfüllte das ganze Haus", d. h. es wurde von den im Hause Versammelten nicht nur als ein draußen stattfindendes vernommen, sondern trat
in ihr Haus ein und vollzog sich nun in diesem bei ihnen, so daß die übrigen
Menschen es dann von dem Hause her hörten (V. 6). „Das Haus, wo sie
(die Jünger) saßen", ist wie 1 13 als Privathaus gedacht. Viele Ausleger,
wie Olsh., Baumg., Hlzm., Krenkel, Jos. und Lk. S. 151f., Zöckl. nehmen
an, daß der Tempel, bezw. das Obergeschoß in ihm, gemeint sei. Aber da
der Vf. der AG. weiterhin, wenn er den Tempel bezeichnen will, immer
(22mal) ἱερόν sagt, so ist nicht abzusehen, weshalb er hier (u. 1 13) anstatt
dieses deutlichen Ausdrucks den mißverständlichen οἶκος gebraucht haben sollte,
um so weniger, wenn er den Vorgang gerade wegen seiner Bedeutsamkeit
im alttest. Heiligtum stattfindend gedacht hätte. Seine Meinung war vielmehr, daß die Jünger erst nach dem Pfingstereignis die Öffentlichkeit des
Tempels aufsuchten.

V. 3. „Es erſchienen ihnen ſich zerteilende Zungen wie von Feuer und
es ſetzte ſich (je eine von denſelben) auf jeden Einzelnen von ihnen." Zungen
ſind Sprachorgane. So ſteht dieſe Erſcheinung in engem Zuſammenhang mit
dem „Reden mit anderen Zungen" V. 4. Die Zungen ſind nicht etwa nur
ein σημεῖον auf das folgende wunderbare λαλεῖν (Mey.) oder Symbole der
neuen Sprachengabe (B. Wß), ſondern vielmehr die wunderbaren Organe ſelbſt,
mit denen ſich das neue wunderbare Reden vollziehen ſoll. Die Zungen
waren in ihrer Erſcheinung „wie von Feuer" d. h. züngelndem Feuer ver=
gleichbar. Vgl. wie nach Philo de decal. 9 u. 11 bei der Geſetzgebung
auf dem Sinai ein vom Himmel kommendes Feuer als Träger der zu ver=
ſchiedenen Sprachen ſich artikulierenden göttlichen Stimme gedacht iſt (Sp.
S. 28); ferner wie ſich nach Juſtin. dial. c. Tryph. c. 88 bei der Taufe
und dem Geiſtesempfang Jeſu ein Feuer im Jordan entzündete; auch Ex 3₂.
Das Feuer Mt 3₁₁. Lk 3₁₆ gehört nicht hierher, weil es Bezeichnung nicht
der Geiſteswirkungen, ſondern des Strafgerichts iſt. Aber beachte den bildl.
Ausdruck I Th 5₁₉. Subj. zu ἐκάϑισεν iſt nicht der h. Geiſt (ſo Luth. u. A.),
auch nicht das Feuer, dem ja die Zungen nur verglichen werden, ſondern
nach dem Zuſammenhange: eine Zunge. Die von Blaß u. Hilgf. bevorzugte
LA ἐκάϑισαν (nach א*D ſyr.) iſt freilich einfacher. Der Vf. hat aber doch
wohl den härteren Singular geſchrieben, um die Mißdeutung auszuſchließen,
daß ſich alle erſcheinenden Zungen auf jeden Anweſenden (nacheinander) ge=
ſetzt hätten. Übrigens iſt der Ausdruck, daß ſich je eine Zunge auf jeden
Einzelnen von ihnen geſetzt habe, nicht der „denkbar unglücklichſte", wie Sp.
ſagt (der in dieſen Schlußworten von V. 3 einen Zuſatz des Red. ſieht). Er
entſpricht der Vorſtellung von dem Herunterkommen der wunderbaren neuen
Sprachorgane aus dem Himmel auf die Jünger, bei denen ſie dann bleiben.
Vgl. Mt 3₁₆. Joh 1₃₂f.

V. 4. Der die Jünger erfüllende h. Geiſt iſt hier nicht im Sinne des
Paul. die allen Chriſten dauernd eignende göttliche Kraft zum Erkennen
Gottes und ſeines Heiles, zum kindlichen Gebete und zur Erfüllung der Ge=
bote Gottes (z. B. I Kor 2₁₀ – 16. 6₁₉. Gal 5₁₆ – 25. Röm 8₂ – 16), ſondern
nach Analogie von Lk 1₄₁. ₆₇. AG 4₈. ₃₁. 8₁₇ – 19. 10₄₄ – 47. 11₁₅. ₂₄. 13₉.
19₆ die Gabe und der Trieb zur ekſtatiſchen (prophetiſchen oder gloſſolaliſchen
oder ſonſtwie inſpirierten) Rede (vgl. I Kor 12₁₀). Der Vf. der AG. hat
dieſe Gabe gewiß als den Jüngern von dieſem Pfingſttage an dauernd eig=
nend, aber den Impuls zu ihrer Äußerung doch nur als von Zeit zu Zeit
bei ihnen wirkſam gedacht. Die mit dem h. Geiſte Erfüllten „fingen an mit
anderen Zungen zu reden, wie der Geiſt ihnen gab auszuſprechen". Durch
ἤρξαντο (ſ. zu 1₁) wird das Überraſchende, Neue ihres gloſſolaliſchen Redens
hervorgehoben. Über den Sinn des λαλεῖν ἑτέραις γλώσσαις ſ. den Exkurs
hinter V. 13. Der Zuſatz: καϑὼς τὸ πνεῦμα ἐδίδου ἀποφϑέγγεσϑαι αὐτοῖς
ſoll deutlich machen, daß das λαλεῖν ἑτέρ. γλ., welches dem Erfülltwerden
mit h. Geiſte zunächſt nur als ein weiterer Vorgang angereiht iſt, das Pro=
dukt dieſer Geiſteserfüllung war. ἀποφϑέγγεσϑαι wird vorzugsweiſe vom

Reden im begeisterten Zustande gebraucht; vgl. 2₁₄. 26₂₅, und I Chr 25₁.
Ez 13₉. ₁₉. Mch 5₁₂. Sach 10₂. **D. 5.** Die jetzt eingeführten Personen werden bezeichnet als: εἰς Ἱερ.
κατοικοῦντες Ἰουδαῖοι. Statt des erwarteten ἐν Ἱερ. (so W.=H. nach den
meisten Handschr.) haben א*A das gewiß ursprünglichere εἰς Ἱ. (vgl. B. Wß
S. 36). Dieses schließt den Gedanken an den Bewegungsprozeß, durch den
der bleibende Zustand herbeigeführt war, ein; also: „nach Jer. übergesiedelte
und nun dort wohnhafte Juden". Vgl. 8₄₀. 9₂₁. 14₂₅. 21₁₃. Das Wohnen
in Jer. scheint in Widerspruch dazu zu stehen, daß die Leute sich im Folgenden
selbst als Parther, Meder usw. und als „bewohnend Mesepotamien usw."
bezeichnen (D. 9). Deshalb hat schon א Ἰουδαῖοι weggelassen (so Blaß, vgl.
Ntz 1892 S. 826ff.), während Sp. u. Jgst κατοικ. Ἰουδ., Hilgf. nur κατοικ.
für Zusatz des Red. halten. J. Wß S. 6 macht die Konjektur, daß hinter
Ἰουδ. ein καὶ einzusetzen sei. Aber der Widerspruch ist nur ein scheinbarer.
Die vielen fremdsprachigen Menschen werden gleich von vornherein ihrer Re=
ligion und ihrer Nationalität nach als Juden bezeichnet, um den sonst nahe=
liegenden Gedanken auszuschließen, daß sie Heiden waren. Hinterher be=
zeichnen sie sich selbst hinsichtlich ihres ursprünglichen heimatlichen Wohnsitzes.
Hier können sie nun kurz Parther statt parthische Juden usw. heißen, weil
nach D. 5 kein Mißverständnis möglich ist. Und sie können κατοικοῦντες τὴν
Μεσοποτ. κτἑ. heißen, weil der Df. darauf rechnen durfte, daß der Leser aus
dem Zusammenhange ohne weiteres erschließen würde, hier sei nicht von
ihrem gegenwärtigen, sondern früheren Wohnen in den Ländern, wo sie ihre
heimischen Sprachen gelernt hatten, die Rede. Durch das Epitheton εὐλαβεῖς
= „gottesfürchtig", das im NT nur für Juden gilt (8₂. 22₁₂. Lf 2₂₅) und
nicht gleichbedeutend ist mit dem die unbeschnittenen Anhänger der jüd. Re=
ligion bezeichnenden φοβούμενοι oder σεβόμενοι τ. ϑ. (gegen Blaß; s. z. 10₂)
wird der Aufenthalt der ausländischen Juden in Jer. motiviert.
    D. 6. „Als aber dieses Geräusch entstand (nicht das wunderbare Reden
D. 4, sondern das Getöse D. 2, das jetzt vom Hause der Jünger her erscholl),
kam die Volksmenge zusammen und geriet in Bestürzung (zu συγχύνειν vgl.
9₂₂. I Mak 4₂₇. II Mak 10₃₀) weil jeder einzelne in seiner eigenen Sprache
sie reden hörte." Die zusammenlaufende Menge bestand aus Leuten, die sich
auf der Straße oder in den benachbarten Häusern befanden. Zu ihr gehörten
teils die in D. 5 genannten Ausländer, teils palästinensische Juden (D. 9:
Ἰουδαίαν); vgl. die Anrede D. 14. διάλεκτος bed. hier und D. 8 nicht
„Dialekt" (Men.), sondern „Sprache" (s. z. 1₁₉) wie γλῶσσα D. 11. Der
Ausdruck ist gebraucht, weil γλῶσσα in D. 3 u. 4 in der Bedeutung „Zunge"
gebraucht war. In D. 11 war es dann, nach dem zweimaligen Gebrauche
von διάλεκτος, unmißverständlich, daß in derselben Wendung γλῶσσα „Sprache"
bedeutete. **D. 7.** „Sind nicht, siehe, diese Redenden alle Galiläer?" Das
eingeschobene ἰδού macht lebhaft auf einen bemerkenswerten Umstand auf=
merksam (vgl. Lf 13₁₆. 22₂₁). Die Einschiebung des εἰσιν zwischen πάντες
οὗτοι und οἱ λαλοῦντες dient dann zur stärkeren Betonung des πάντες
(B. Wß). Daß die Redenden alle Galiläer sind, steht in Kontrast dazu, daß

die Hörer aus den verschiedenen Ländern bei ihnen ihre Muttersprache ver=
nehmen. Die Galiläer kommen hier nicht im Unterschiede von den Judäern
in betracht, sondern als zu den Palästinensern gehörige Juden, die natürlicher=
weise die paläst. Landessprache reden müßten. Der Vf. der AG. denkt hier
nicht nur an die Zwölfe (so B. Wß: der Bearbeiter im Widerspruch mit
V. 1. 4), sondern setzt, gewiß im wesentlichen mit Recht, voraus, daß alle
damals in Jer. versammelten Jünger Jesu frühere galiläische Anhänger Jesu
waren. S. 3. I 15.

V. 9—11. Die Nennung der Völkerschaften (vgl. zu ihr Harnack III
S. 65—69) ist wohl bedingt durch die Vorstellungen des Vf.s der AG. von
der Verbreitung der jüd. Diaspora (vgl. über diese Schür. III³ S. 2 ff.). Die
Aufzählung geht von Πάρθοι bis Ῥωμαῖοι im großen und ganzen von Ost
nach West; bei der mittleren Region werden zuerst die nördlicheren klein=
asiatischen, dann die südlicheren afrikanischen Länder genannt. Die Nicht=
erwähnung von Hellas, bezw. von Macedonien und Achaja, ist um so auf=
fallender, je größer die Bedeutung der hellenischen Sprache nicht nur für die
damalige Kulturwelt im allgemeinen, sondern auch besonders für die jüd.
Diaspora war und für das sich ausbreitende Christentum wurde. Als Ver=
treter der griech. Sprache können freilich auch die Bewohner Kleinasiens und
Ägyptens gelten. **V. 9.** Die Namensform Ἐλαμεῖται findet sich auch Jes 21 2,
statt der bei Polyb. und sonst gewöhnlichen Ἐλυμαῖοι. Elam, oder besser
Aelam, ist eine am persischen Meer liegende Landschaft. Vgl. den Art. „Elam“
in BL u. R.E³. Mit: οἱ κατοικοῦντες τὴν Μεσοποταμίαν ist der nicht ge=
läufige Begriff Μεσοποταμῖται umschrieben (Wrede GGA 1895 S. 503 f.).
Über das Verhältnis dieses κατοικεῖν zu dem κατοικεῖν εἰς Ἱερ. s. z. V. 5.
Zu Ἰουδαίαν s. den Exkurs hinter V. 13 unter I. Ἀσία ist das westliche
Küstenland Kleinasiens. **V. 10.** „Die Gebiete des nach Kyrene hin gelegenen
Libyens“ sind Libya cyrenaica, Oberlibyen mit der Hauptstadt Kyrene, mit
starker jüd. Bevölkerung. Vgl. I Mak 15 23. Jos. Ant. 14, 7, 2. 16, 6, 1;
dazu Schür. III³ S. 25 f. Über die Synagoge der Kyrenäer in Jer. s. 6 9.
Unter den ἐπιδημοῦντες (vgl. 17 21) Ῥωμαῖοι sind gewiß nicht verstanden
nur vorübergehend in Jer. anwesende Römer im Unterschiede von den
dort wohnhaft gewordenen (V. 5; so Mey., Krenkel, Jos. u. Lk. S. 155),
auch nicht in Jer. eingewanderte Römer im Unterschiede von solchen ge=
borenen Jerusalemiten, die als röm. Bürger den Titel Ῥωμαῖοι führen
(Wiesel. S. 560, Overb., Harnack III S. 66), sondern „(in Rom) ansässige
Römer“, die also in latein. Sprache aufgewachsen sind, im Unterschiede von
„Römern“ d. h. röm. Bürgern (vgl. 16 37 f. 22 25 f.), die in andern Ländern
wohnen (Sp. S. 33 ff.). In Rom ansässig heißen sie trotz V. 5 in demselben
Sinne, in welchem Andere κατοικοῦντες τὴν Μεσοπ. κτέ. heißen (V. 9): ihr
früherer, heimatlicher Wohnort war Rom. Der Zusatz Ἰουδαῖοί τε κ. προσ=
ήλυτοι betrifft nicht mehr die geographische Herkunft und die Sprache, son=
dern das Verhältnis zur israelit. Nation und Religion: „geborene Juden sowie
übergetretene“. Dieser Zusatz wäre bedeutungslos bei der Voraussetzung, daß
die Jünger wirkliche fremde Landessprachen geredet hätten. Denn die Ver=

treter der jüd. Landesſprache ſind ſchon genannt (V. 9) und die Proſelyten
haben als ſolche keine beſondere Sprache. Aber er iſt nicht bedeutungslos
bei der Vorausſetzung, daß die Jünger eine ganz neue wunderbare Sprache
führten und daß den Hörern trotz ihres Verſtehens dieſer Sprache doch auch
die wunderſame Art derſelben bewußt blieb. Nicht die geborenen Juden
allein haben den Vorzug, dieſe neue Wunderſprache wie ihre Mutterſprache
zu verſtehen; den Proſelyten geht's ebenſo. Weil die W. nicht hinter $Κρῆτες$
$καὶ \, ῎Αραβες$ am Schluß der ganzen Völkerliſte ſtehen, faſſen Eraſm., Grot.,
Felt., Zöckl., Blaß ſie als Appoſition nur zu $῾Ρωμαῖοι$ auf. Aber weshalb
ſollten nur bei den röm. Juden die Proſelyten beſonders erwähnt ſein, deren
es doch bei allen Diaſpora=Juden gab? Die Liſte iſt vielmehr mit den $῾Ρω-$
$μαῖοι$ als den Bewohnern der Welthauptſtadt (Harnack a. a. O.), wirkſam
abgeſchloſſen, ſo daß nun die Appoſition zu allen Genannten folgt. V. 11.
$Κρῆτες \, καὶ \, ῎Αραβες$ iſt Nachtrag, entweder von dem Vf. der AG. ſelbſt oder
wahrſcheinlich von einem frühen Abſchreiber, der die Vertreter der jüd. Dia=
ſpora aus dieſen beiden Gebieten vermißte. — Gegenſtand des wunderſamen
Redens ſind: „die Großtaten Gottes". Zu $τὰ \, μεγαλεῖα \, τοῦ \, θεοῦ$ vgl. Dtn 11 2.
Pſ 71 19. JSir 17 8. 18 4 u. ö.; und $μεγαλύνειν \, τ. \, θ.$ 10 46. Gewiß richtete
ſich der Lobpreis auf die herrliche Offenbarung Gottes in Jeſu Chr. und in
ſeiner Auferweckung. Aber der Vf. hebt dies nicht beſonders hervor. S. d.
Exkurs hinter V. 13 sub I gegen Schluß.
        V. 12. „Alle erſtaunten und wußten ſich keinen Rat" (das Med. des
lukan. $διαπορεῖν$ nur hier). Sie fragten einander: „was will dies ſein?"
d. h. was bedeutet oder bezweckt dieſer Vorgang? Statt $τί \, θέλει \, τοῦτο \, εἶναι$
lieſt die Rec. nach אE uſw.: $τί \, (ἂν) \, θέλοι \, κτέ.$, was in der oratio directa
wie 17 18 als abhängig von einem gedachten: $οὐκ \, οἴδαμεν$ zu erklären wäre.
V. 13. Die „Anderen, Spottenden" ſind nicht andere als die V. 7 — 12 Be=
rückſichtigten (Mey.), ſondern einige derſelben, die anſtatt der ratloſen Frage
V. 12 b vielmehr ein poſitives Urteil ausſprachen. Das $πάντες$ V. 12 iſt
alſo inſofern ungenau gebraucht, als die abweichende Äußerung Einzelner
vorbehalten iſt. Nach Sp. S. 42 f. können die Spötter nicht zu den $ἄνδρες$
$εὐλαβεῖς$ V. 5 gehöt haben; auch nach B. Wß bildeten ſie im Urbericht den
Gegenſatz zu dieſen. Aber ſchließt die jüd. Frömmigkeit, die V. 5 als Motiv
der Überſiedlung nach Jer. erwähnt war, den Spott über die noch nicht in
ihrem Weſen erkannte Redeweiſe der Anhänger des für einen Pſeudo=Meſſias
gehaltenen Jeſus aus? Zöckl. vergleicht mit Recht die Zweifler Mt 28 17.
Die Verkennung des ekſtatiſchen Lobpreiſes Gottes hier gleicht der Verkennung
des Gebetes der Hanna I Sam 1 12f. Da zu Pfingſten noch nicht Zeit für
ungegorenen ſüßen Wein iſt, ſo iſt unter dem $γλεῦκος$, „Moſt", vielleicht das
ſüße $κάροινον$ gemeint, das ſeinen Namen von der leicht zum Taumel ($κάρος$)
führenden Wirkung hat (Blaß).
        In betreff des in V. 1—13 geſchilderten Pfingſtereigniſſes[1] ſind 2 Fragen

---

1. Aus der reichen Literatur iſt beſ. in betracht zu ziehen: Herder, v. d. Gabe
d. Sprachen am erſten chr. Pfingſtf., Riga 1794. J. A. G. Meyer, de charism. τ.
$γλωσσ.$, Hann. 1797. Schultheß, de charism. Sp. S., Lips. 1818. Bleek StKr 1829

zu unterscheiden: I. Wie hat der Vf. der AG. den Vorgang gedacht, insbesondere das λαλεῖν ἑτέραις γλώσσαις, das er als Wirkung des die Jünger erfüllenden Geistes hin=stellt (V. 4) und dessen Eindruck auf andere Menschen er in V. 6—13 beschreibt? II. Wie ist über die Geschichtlichkeit des in der AG. erzählten Vorgangs zu urteilen? I. Wie dachte der Vf. der AG. den Vorgang? In der Gegenwart gilt es fast allen Erklärern als ausgemacht, daß die altüberlieferte Vorstellung im Rechte ist, in unserer Erzählung werde ein Reden der Jünger in verschiedenen wirklich existierenden, aber den Jüngern bisher unbekannten Sprachen, also ein „Sprachenwunder", ein „phi=lologisches Wunder" (Hlßm.), geschildert. Man übersetzt dann das λαλεῖν ἑτέραις γλώσ=σαις V. 4 mit „reden in anderen Sprachen", indem man den Begriff γλῶσσα ebenso auffaßt, wie er offenbar in V. 11 gebraucht ist, = διάλεκτος V. 6 u. 8. Die Aus=führung V. 6—11 soll diese Auffassung bezeugen. Dazu kommt, daß man in der eigentümlichen Bedeutsamkeit eines Sprachenwunders am Pfingstfeste eine Bestätigung für das Gemeintsein eines solchen findet, sei es nun, daß man die einfache Geschicht=lichkeit des beschriebenen Ereignisses, sei es, daß man eine mehr oder weniger freie Ausgestaltung der Geschichte durch unseren Vf. annimmt. Nach der späteren jüd. Tra=dition war das Pfingstfest das Fest der Erinnerung an die sinaitische Gesetzgebung. Bei dieser war nach der schon bei Philo de decal. § 9 u. 11, de septen. § 22 vor=liegenden jüd. Tradition das offenbarte göttliche Gesetz allen Nationen der Welt in wunderbarer Weise in ihrer Muttersprache vernehmlich geworden (vgl. die rabbin. Stellen bei Sp. S. 27f.). Wie bedeutsam war es also (bez. mußte es dem Vf. der AG. erscheinen), daß bei dem ersten christl. Pfingstfeste, wo es sich um das erste öffentliche Hervortreten der apostol. Verkündigung des Christentums handelte, durch ein analoges Sprachenwunder die universale Bestimmung des christl. Evangeliums für alle Völker hervorgehoben wurde (vgl. Gfrörer, II, 1, S. 387ff., Schneckenb. S. 202ff., Baumg., Overb., Hlßm., Sp. u. A.).

Gegen diese Deutung auf ein Sprachenwunder erheben sich aber gewichtige, in der Darstellung der AG. selbst begründete Bedenken. 1) In V. 6—11 wird keineswegs die Vorstellung dargeboten, daß von den Begeisterten der eine in der einen, der andere in einer anderen Sprache geredet hätte und daß ebenso von den Hinzukommenden der einzelne immer nur bei je einem oder etwa bei einigen der Redenden seine Mutter=sprache, bei den übrigen aber, d. h. bei der Majorität der Redenden, ein unverständ=liches Sprachengewirr vernommen hätte. Vielmehr heißt es ganz allgemein, daß von den Hinzukommenden jeder sie in seiner eigenen Sprache hörte. Dies ist ein einfacher, verständlicher Ausdruck nur für die Vorstellung, daß jeder der Hinzukommenden das

S. 1ff., 1830 S. 45ff. Baur 3Th 1830, 2 S. 75ff. StKr 1838 S. 618ff. Dav. Schulz, die Geistesgaben der erst. Christ., Bresl. 1836. Zinsler, de charism. τ. γλ. λαλ. 1847. Englmann, v. d. Charismen, Regensb. 1848. Roßteuscher, Gabe d. Sprachen, Marb. 1850. Frohschammer, v. d. Charismen, Landsh. 1850. Hilgf., d. Glossolalie in d. alt. K., Lpz. 1850. Maier, d. Glossol. d. ap. Z. 1855. Svenson 3Th 1859 S. 1ff. v. Hengel, de gave der talen, Leid. 1864. Heinrici, I Kor. 1880, S. 376ff. Holsten, Ev. d. Paul. I, 1, 1880 S. 479ff. Schmiedel im Hand=Komm. II Exkurs nach I Kor. 14. Gloël, d. h. Geist in d. Heilsverk. d. Paul., 1888, S. 337ff. Gunkel, d. Wirkungen d. h. Geistes, 1888, S. 20ff. Cremer, bibl.=th. Wörterb. zu γλῶσσα. Moser DEBl 1889 S. 671ff. Benschlag ebendas. S. 683ff. Evers ebendas. 1890 S. 35ff. Benschlag ebendas. 1895 S. 455ff. Hadorn (in „Aus Schrift u. Geschichte", Theol. Abhandlungen, C. v. Orelli gewidm.) 1898 S. 300ff. Weinel, d. Wirkungen d. Geistes u. der Geister im nachapost. Zeitalter, 1899, S. 72ff. und Bibl. Theol. d. NT 1911 S. 218ff. Dawson Walter, The gift of tongues, 1906, p. 1—80. Knopf in: Schriften d. NT, herausg. v. J. Wß, Exkurs nach AG 213. Bousset ebendas. Exkurs nach I Kor 1211. Feine, Art. „Zungenreden" in R.E³. J. Weiß, I Kor. (in Meyers Komm.), Exkurs nach I Kor 1426. P. Volz, d. Geist Gottes u. die verwandten Erscheinungen im AT u. im anschließenden Judentum, 1910. E. Lombard, de la Glossolalie chez les premiers chrétiens et des phénomènes similaires, 1910. Eddison Mosiman, d. Zungenreden geschichtl. u. psychologisch untersucht, 1911. Vgl. auch P. Drews in ChrW 1908, Nr. 11 S. 271ff. und die dort angeführte Literatur über moderne Erscheinungen der Glossolalie.

Geredete bei allen Redenden wie seine Muttersprache verstand. Diese Vorstellung ist aber nicht vereinbar mit der anderen, daß die Versammelten in vielen ver= schiedenen fremden Landessprachen geredet hätten. 2) In V. 9 wird zwischen den übrigen Völkernamen Judäa erwähnt. Wenn es sich um ein Reden in verschiedenen Landessprachen gehandelt hätte, so hätten diejenigen der Begeisterten, die noch in der Landessprache Judäas, d. i. in ihrer gewöhnlichen Muttersprache redeten, an der neuen, wunderbaren Sprachengabe nicht teilgehabt und ihr Reden hätte auch den hinzukom= menden Judäern nicht irgendwie auffallend erscheinen können. 3) In V. 13 wird er= zählt, einige der Hinzukommenden hätten das gehörte wunderbare Reden für eine Äußerung der Trunkenheit gehalten. Ein Reden in fremden Landessprachen wird man so nur dann beurteilen, wenn man entweder selbst jene fremden Sprachen nicht ver= steht und deshalb das Reden irrtümlich für ein Reden eben nicht in fremden Sprachen, sondern in sinnlosen Lauten hält, oder wenn man annimmt, daß der Redende die ihm zwar bekannte, aber gewöhnlich nicht von ihm gebrauchte fremde Sprache jetzt infolge seiner Trunkenheit gebrauchte. Aber diese beiden Voraussetzungen passen nicht zu unserer Erzählung, wo die Hinzukommenden einerseits das Gehörte richtig verstehen und andrerseits wissen, daß den Redenden als Galiläern die fremden Sprachen nicht vorher bekannt waren (V. 7). Das Vermögen aber, in einer fremden Landessprache zu reden, die man vorher noch nicht kannte, wird niemand für eine Folge von Trunken= heit ausgeben. 4) Noch zweimal später wird in der AG. ein λαλεῖν γλώσσαις erwähnt: 10₄₆. 19₆, und zwar wird ausdrücklich die Gleichheit des Vorganges 10₄₆ mit dem Pfingstvorgange betont (10₄₇. 11₁₅. ₁₇). In diesen späteren Fällen aber hätte ein Reden in fremden Landessprachen den Umständen nach keinen Sinn und Zweck gehabt und wird auch durch keine Andeutung der Schein erweckt, als sei ein solches Sprachen= wunder gemeint. Man wird hier vielmehr unmittelbar auf die Vorstellung hingeführt, daß eine solche Art der Glossolalie gemeint sei, wie sie Paul. I Kor 14 bespricht. Diese war aber kein Reden in fremden Landessprachen.

Wenn man trotz dieser Bedenken an dem Axiome, daß der Vf. der AG. ein phi= lologisches Sprachenwunder gemeint habe, festhalten will, so muß man zu den Hülfs= mitteln der Konjektur und der Quellenscheidung greifen. Durch Konjektur beseitigt man das Ἰουδαίαν in V. 9. Schon Tertull. adv. iud. 7 las Armeniam, Hieron.: Syriam (vgl. Blaß); Andere schlagen Ἰδουμαίαν (Sp.), oder Ἰνδίαν, oder Βιθυνίαν usw. vor (s. Clemen StKr 1895 S. 318 Anm.). Hilgf. ZwTh 1895 S. 94 f. hält es unter Be= rufung auf Mt 15. Joh 3₂₂ für möglich, Ἰουδαίαν als adjektivisch zu Μεσοποταμίαν gehörig zu fassen. Harnack III S. 65 f. ist für Streichung des „sinnlosen" Ἰουδ., wenn= gleich er hinzufügen muß, daß es keine befriedigende Erklärung für die Einschiebung gibt. v. Dobschütz ZwTh 1902 S. 407 ff. warnt mit Recht vor solcher Streichung, in= dem er auf talmudische Aufzählungen von Völkerschaften hinweist, wo ebenfalls die Juden zwischen anderen Völkerschaften mitten inne stehen. In Wirklichkeit ist das Ἰουδαίαν ein Protest gegen die Richtigkeit jener Voraussetzung, daß der Vf. der AG. ein philologisches Sprachenwunder beschreiben wollte. Alle übrigen Gegengründe gegen diese Voraussetzung pflegt man durch die Annahme zum Schweigen zu bringen, daß infolge der Verwertung einer mißverstandenen älteren Überlieferung durch den jün= geren Vf. der AG. verschiedenartige, nicht zu einander passende Elemente und Auf= fassungen in unserer Erzählung verbunden sind. Teils begnügt man sich mit der all= gemeinen Behauptung eines Aufeinandergesetztseins der Vorstellung von dem Sprachen= wunder auf die ältere Vorstellung von einer ekstatischen Glossolalie nach Analogie von I Kor 14 (so Hltzm. ZwTh 1885 S. 428; v. Dobschütz, Probleme d. apost. Zeitalters 1904, S. 20 f.; Harnack III S. 182 f.), teils meint man noch genauer die aus einer oder mehreren Quellen stammenden Stücke von den Zutaten des Redaktors unterscheiden zu können (so B. Wß, Evers a. a. O., Feine S. 166 ff., Sp. S. 22 ff., J. Wß StKr 1893 S. 487 f., Absicht der AG. S. 5 f., Jgst S. 27 ff., Clemen StKr 1895 S. 316 ff.; Paulus I S. 178; Weinel, Bibl. Theol. d. NT S. 219)[1]. Gewiß, störende Unebenheiten in einer Dar=

---

1. Sp. nimmt die Zusammenarbeitung eines Berichtes aus der Quelle A mit

ſtellung können wichtige Indizien dafür ſein, daß verſchiedene Hände an dieſer Dar=
ſtellung gearbeitet haben. Aber es iſt doch die Frage, ob wirklich in unſerer Pfingſt=
geſchichte ſolche Unebenheiten anzuerkennen ſind, oder ob nicht vielmehr jenes an der
Erzählung nicht durchführbare Axiom, daß der Vf. ein wunderbares Reden in ver=
ſchiedenen Landesſprachen habe ſchildern wollen, aufgegeben werden muß.

Kann denn λαλεῖν ἑτέραις γλώσσαις V. 4 nur bed.: „reden in anderen Sprachen"?
Das W. γλῶσσαι kann nach wohlbezeugtem griech. Sprachgebrauch (vgl. Bleek a. a. O.
S. 33 ff.) ungewöhnliche, altertümliche, poetiſche, dialektiſche Ausdrücke bezeichnen. Dieſe
Bedeutung hat insbeſondere Bleek auf den neut. Begriff γλώσσαις λαλεῖν anzuwenden
geſucht (vgl. auch J. A. G. Meyer, v. Hengel, Heinrici). Aber die Auffaſſung des
Vf.s der AG. wird bei Annahme dieſer Bedeutung nicht getroffen. Die beſondere
Ausführung des Umſtandes, daß Hinzukommende aus den verſchiedenen Ländern ihre
eigene Mutterſprache zu vernehmen behaupten, hat doch nur dann rechten Sinn, wenn
es ſich um eine Erſcheinung handelt, deren auffallende Art beſonders von den Ver=
tretern vieler verſchiedener Landesſprachen bemerkt und bezeugt werden mußte, nicht
aber um eine Erſcheinung, deren Abſonderlichkeit ſich nur im Vergleich mit der nor=
malen jüd. Sprachweiſe herausſtellte und am ſtärkſten gerade von den paläſtinenſiſchen
Juden empfunden werden mußte.

Es ergibt ſich aber auch noch ein anderer Sinn für das λαλεῖν ἑτέραις γλώσσαις
V. 4, wenn man beachtet, daß nach der Auffaſſung des Vf.s der Vorgang V. 4 in=
ſofern in engem Zuſammenhang mit dem Phänomen V. 3 ſteht, als die feuerähnlichen
Zungen, die ſich auf die einzelnen Jünger niederlaſſen, dieſelben „anderen Zungen"
ſind, mit denen ſie dann zu ſprechen anfangen. Für den Begriff γλῶσσαι V. 4 iſt die=
ſelbe Bedeutung „Zungen" feſtzuhalten, die das Wort V. 3 hat. Freilich kommen
in V. 3 wie in V. 4 die Zungen nur in betracht als Organe der Sprache. Aber
wenn γλῶσσα direkt in der Bedeutung „Sprache" gedacht iſt, ſo muß der Plur. ἕτεραι
γλῶσσαι von mehreren fremden Sprachen verſtanden werden. Wenn aber γλῶσσα
„Zunge" bedeutet, ſo bezeichnet der Plur. die vielen neuen Zungen der Jünger, welche
Organe für eine und dieſelbe Sprache ſein können. Und dies war die Meinung
unſeres Vf.s: vermöge der neuen wunderbaren Sprachorgane, die ſie nach V. 3 em=
pfingen, redeten die Verſammelten eine neue Sprache. Wie dieſe von ihrer eigenen
gewöhnlichen Sprache verſchieden war, ſo war ſie auch nicht etwa irgend eine andere
Landesſprache, ſondern eine ganz wunderbare, durch den Gottesgeiſt eingegebene
Sprache. Ihr haftete die wunderbare Eigenſchaft an, daß alle Hörer, woher ſie auch
ſtammten, ſie unmittelbar verſtanden, und zwar ſo, daß ſie ihre eigenſte, vertraute
Mutterſprache zu hören glaubten. Es iſt beachtenswert, wie ſorgfältig der Vf. in
V. 6. 8. 11 ſeinen Ausdruck wählt, um dieſe wunderbare Eigenſchaft der neuen Sprache

einem aus der Quelle B an. Aus A ſtammt V. 4 u. 12 f. Hier war im Anſchluß an
die Apoſtelwahl (ſ. d. Anm. zu V. 1) nur das erſte Ausbrechen der Gloſſolalie (im
paulin. Sinne) berichtet. Daran ſchloß ſich die Rede des Petrus V. 14 ff. Aus B
ſtammt V. 1 b—3 a. 5 (exkl. κατοικ. Ἰουδ.). 6 (hier am Schluſſe ſtatt λαλ. αὐτ. aus
V. 11: τ. μεγ. τ. ϑ.). 9. 10 u. 43. Hier war ein Wunder nach Analogie der jüd.
Vorſtellung von dem ſinait. Geſetzgebungsereignis berichtet: eine Gottesſtimme, die
aber nicht etwa durch Reden der Jünger vermittelt iſt, ergeht an Angehörige aller
Weltvölker, und zwar ſo, daß jeder ſie in ſeiner Mutterſprache hört. Der dieſe beiden
Berichte verbindende Red. hat V. 3 b u. 7 f. hinzugetan und erſt die Vorſtellung von
dem Reden der Jünger in den fremden Sprachen hineingebracht. — Auch nach Jgſt
ſind zweierlei Quellenſtücke verbunden: V. 1. 2 a. 3. 5—11 ſind ein Parallelbericht zu
V. 4 u. 12 f.; Zuſätze des Red. ſind: V. 2 b, ἑτέραις V. 4, κατοικ. Ἰουδ V. 5 u. Ἰουδ
τε κ. προσήλ. V. 10. — B. Wß, Evers, Feine, J. Wß, Clemen, Schwartz NGW, 1907,
S. 279, Knopf ſtimmen darin überein, daß ſie die Bearbeitung nur eines einzigen äl=
teren Berichtes annehmen und dem Bearbeiter alles auf das Sprachenwunder Bezüg=
liche, d. h. im weſentlichen V. 5—11 (nach B. Wß V. 6—11), zuſchieben. — Auch Hilgf.
ZwTh 1895 S. 91 ff., Acta p. 260 s. nimmt an, daß unſerer Erzählung ein älteres
Quellenſtück zugrunde liegt; er ſieht Zuſätze des Red. aber nur in den unbequemen
W. κατοικ. V. 5, Ἰουδ. V. 9, κ. οἱ ἐπιδημ. — προσήλ. V. 10.

deutlich zu kennzeichnen und andrerseits doch den Unterschied der gesprochenen Sprache von den vermeintlich gehörten Sprachen vorzubehalten. Er sagt nie einfach, daß die Begeisterten den διάλεκτος der Parther usw. sprachen, sondern braucht immer die umständlichere, nur den subjektiven Eindruck bezeichnende Formel, daß die hinzu= kommenden ihre eigenen Sprachen von den Jüngern sprechen hörten. So wenig diese Ausdrucksweise für sich allein entscheidend sein könnte, so bedeutsam ist sie, wo sie zu anderen Indizien über die Auffassung des Vf.s hinzutritt. Seine Meinung ist nun aber auch nicht etwa, daß nur ein Hörwunder geschah (vgl. Gregor. Naz. orat. 41, 15). Ein solches würde dann vorliegen, wenn die Redenden ihre gewöhnliche Sprache gebraucht, die zuhörenden Fremden aber ihre verschiedenen Muttersprachen vernommen hätten. Vielmehr geschah nach unserem Vf. ein eigentliches Sprach= wunder, sofern die Begeisterten wirklich eine wunderbare neue Sprache, nur eben eine allen Menschen unmittelbar verständliche, redeten. Vgl. Schneckenb. Beitr. S. 84 und Overb., welche beide aber die Vorstellung von einem Hörwunder in den Vordergrund stellen; ferner Svenson und Hilgf. ZwTh 1895 S. 93 u. 100.

Bei diesem Sinne unserer Erzählung fallen alle die Schwierigkeiten hin, welche sich gegen die Vorstellung von einem Sprachenwunder erheben. Begreiflich wird, 1) daß nach V. 6. 8. 11 alle Hinzukommenden ganz im allgemeinen bei den Redenden ihre Muttersprache vernehmen. Jeder versteht das wunderbare Reden aller dieser Begeisterten. Unser Vf. meinte ohne Zweifel, daß jedweder Fremde auch aus belie= bigen nichtgenannten Ländern damals die gleiche Erfahrung gemacht haben würde. Begreiflich wird 2) die Erwähnung von Judäa in V. 9. Denn für die Judäer war jene wunderbare Sprache gerade ebenso neu und fremdartig und deshalb auch ihre Verständlichkeit ebenso auffallend wie für die Ausländer. Begreiflich wird 3) die übel= wollende Beurteilung V. 13, in der sich ausdrückt, daß die Hörer, obwohl sie ihre Muttersprache zu hören erklären, doch ein Bewußtsein davon haben, daß nicht ihre wirkliche Muttersprache gesprochen wird, sondern eine aus Ekstase hervorgehende neue Sprache, die ihnen nur ebenso verständlich ist wie ihre Muttersprache. Begreiflich wird 4) die Hervorhebung der Gleichartigkeit der späteren Erscheinungen der Glosso= lalie mit dem Pfingstvorgange durch den Vf. der AG. Denn ein ebensolches Reden in der einen neuen wunderbaren Geistessprache konnte er auch in den Fällen 10₄₆. 19₆ annehmen.

Bei diesem Sinne unserer Erzählung tritt die Analogie derselben mit dem in der philonisch=jüd. Tradition berichteten sinaitischen Gesetzgebungswunder durchaus nicht weniger hervor, als wenn man ein Sprechen der Jünger in den verschiedenen Landes= sprachen erzählt findet. Die eine wunderbare Gottesstimme, die hier aus den Jün= gern sprach, wie nach Philo am Sinai aus der Feuererscheinung in der Luft, wurde allen Hörenden der verschiedenen Sprachen unmittelbar verständlich. Aber freilich scheint mir diese Analogie doch nur eine tatsächliche, nicht aber eine dem Vf. der AG. bewußte und von ihm beabsichtigte zu sein. Denn er gibt nicht die geringste Hin= deutung auf sie. Als Inhalt der glossolalischen Rede wird in V. 11 nicht eine an die Hörer gerichtete Verkündigung der neuen Gottesoffenbarung, sondern ein an Gott ge= richtetes Preisen seiner Großtaten hingestellt. Auch die folgende, die wunderbare Spracherscheinung beurteilende Petrus=Rede nimmt nicht bezug auf jene Analogie. Man kann nicht einwenden, diese Rede stamme eben aus einer Quelle, die von einem Wunder nach Analogie des sinaitischen nichts gewußt habe. Denn wenn der Vf. der AG. in V. 1—13 seinen Quellenbericht nach Analogie jenes sinaitischen Gesetzgebungs= wunders umgestaltet hätte, so hätte er sich wohl auch nicht gescheut, seine Vorstellung von dieser Analogie in die Rede V. 14ff. irgendwie einzufügen, wozu hinter V. 21 der passendste Platz war. Man darf m. Er. nur an die Möglichkeit denken, daß bei der mündlichen Überlieferung der Pfingstgeschichte der Gedanke an jenes Sinai=Ereignis, wie es in der jüd. Tradition vorgestellt wurde, als aus= und umgestaltender Faktor mitgewirkt hatte, bevor unser Vf. diese Überlieferung schriftlich fixierte.

Ebenso ist über die symbolische Bedeutsamkeit des in der AG. erzählten Ereig= nisses zu urteilen. Ist sie bei unserer Auffassung des Berichtes geringer als dann, wenn ein philologisches Wunder erzählt wäre? Die Sprache des christl. Evangeliums ist eine einzige, einheitliche; aber sie ist keine natürliche Menschensprache, sondern eine offenbarte Gottessprache; und doch ist sie den Menschen aller Sprachen verständlich wie ihre Muttersprache! Aber diese schönen Gedanken deutet unser Vf. nicht an. Der Prediger mag sie bei seiner Verwertung der Geschichte in dieselbe hineinlegen; der Exeget darf sie nicht als zu dem vom Vf. beabsichtigten Sinn gehörig hinstellen.

II. Wie verhält es sich mit der Geschichtlichkeit des erzählten Vorganges? Veraltet ist die rationalistische Erklärung, daß die redenden Jünger aus verschiedenen Ländern stammten und die ihnen bekannten fremden Sprachen gebrauchten (Schultheß u. A.). In Übereinstimmung mit den meisten neueren Auslegern ist anzunehmen, daß es sich um eine Glossolalie derselben Art gehandelt hat, wie sie nach I Kor 12 u. 14 in der Christengemeinde Korinths eine so große Rolle spielte. Paul. charakterisiert diese Glossolalie folgendermaßen: 1) sie ist eine charismatische Wirkung des Gottesgeistes und als solche dem προφητεύειν koordiniert (12 10. 14 2 ff.); 2) ihr Inhalt ist Gebetsrede (14 14 ff.); 3) bei ihr ist der νοῦς d. i. das Urteilsvermögen untätig, sie ist also Ausdruck einer bloß gefühlsmäßigen Intuition, die nicht in den Formen bestimmter Begriffe und Urteile aufgefaßt wird (14 14. 19); 4) ebendeswegen ist sie für andere Menschen unverständlich, solange ihr Inhalt nicht mittelst der besonderen Gabe der Interpretation zugänglich gemacht wird (14 2—19); 5) auf Fremde macht sie den Eindruck der Raserei (14 23). Von diesen Merkmalen finden sich das erste, zweite und letzte auch bei der in der AG. berichteten Erscheinung. Hinsichtlich des dritten läßt sich kein Widerspruch behaupten, weil in der AG. nicht von dem Verhältnis der neuen Begabung zu den gewöhnlichen psychischen Funktionen der Redenden, sondern nur von ihrem Eindruck auf die Hörenden gesprochen wird. Hinsichtlich des vierten aber besteht ein Gegensatz, der um so mehr in die Augen fällt, als sich die Erörterung I Kor 14 gerade um das Merkmal der Unverständlichkeit für Andere dreht, während in der AG. umgekehrt die allgemeine Verständlichkeit der Hauptpunkt der Erzählung ist[1]. Hier ist nun gewiß die Darstellung des Paulus geschichtlich richtiger als die der AG. an u. St. Doch wird nicht erst der Vf. der AG., sondern schon vor ihm die mündliche Überlieferung den unhistorischen Zug, daß das in der wunderbaren Sprache Geredete ohne weiteres allen verständlich gewesen sei, in die Geschichte eingetragen haben. Wenn ursprünglich erzählt war, die hinzukommenden Juden hätten alle gemerkt, daß das wundersame Reden der Jünger ein Preisen Gottes sein sollte, — und eine Verständlichkeit dieses allgemeinen Sinnes der glossolalischen Gebetsrede wird auch durch I Kor 14 16 f. nicht ausgeschlossen, — so konnte dies sehr leicht von der Überlieferung dahin erweitert werden, daß der Inhalt der Rede auch im einzelnen in wunderbarer Weise verständlich gewesen sei. Dann wurde dieses Wunder dadurch, daß man es nicht nur vor palästinensischen, sondern auch vor allen möglichen fremdsprachigen Juden mit demselben Effekte sich vollziehen ließ, nicht vergrößert, sondern nur verdeutlicht. Zugleich wurde aber doch von der Überlieferung die Erinnerung daran festgehalten, daß

---

1. Eine verschiedene Erklärung der ganzen Erscheinung zeigt sich darin, daß sie bei Paul. als λαλεῖν γλώσσῃ oder ἐν γλώσσῃ oder γλώσσαις, in der AG. aber als λαλεῖν ἑτέραις γλώσσαις bezeichnet wird. Jene paulin. Bezeichnung hat gewiß darin ihren Grund, daß man das Eigentümliche der Erscheinung in der bloßen Betätigung der Zunge, des Sprachorganes, ohne Mitbetätigung des νοῦς d. i. des Denk- und Urteilsvermögens, welches sonst die Sprache beherrscht, fand (I Kor 14 14 f.; vgl. Holsten, Evang. d. Paul. I, 1 S. 485 ff., Jgst S. 28 Anm.). Diese eigentümliche Alleinbetätigung der Zunge oder des Sprechens erklärte man sich aus der Wirksamkeit des göttlichen Geistes, welcher die natürlichen Organe des Menschen so wunderbar in Bewegung zu setzen vermochte; gewiß aber dachte man nicht an eine wunderbare Veränderung dieser natürlichen Sprachorgane. In der Schilderung der AG. dagegen ist die Erscheinung daraus erklärt, daß die versammelten Jünger wunderbare neue Zungen erhalten hätten, mittelst deren nun der sie erfüllende Geist sie habe sprechen lassen. Deshalb heißt es hier: λαλεῖν ἑτέραις γλώσσαις (vgl. Mk 16 17: γλώσσαις λαλεῖν καιναῖς). Die paul. Ausdrucksweise ist sicher die ursprünglichere; sie ist auch vom Vf. der AG. in 10 46 u. 19 6 aus dem gewöhnlichen Sprachgebrauche aufgenommen.

die seltsame Art der Gebetsrede auf einige Zuhörer den Eindruck der Trunkenheit ge=
macht habe.

Wegen der unhistorischen Ausschmückung die Geschichtlichkeit des Kerns der Er=
zählung dahingestellt sein zu lassen (Br., neut. Theol. S. 322 ff., Zell. S. 104 ff., Overb
S. 36), halte ich nicht für berechtigt. Vgl. auch Weizs. S. 42 f. Es ist durchaus be=
greiflich, daß sich die große und offenbar schnell verlaufene innere Entwicklung, welche
die Anhänger Jesu ganz bald nach seinem Kreuzestode durchmachten: der Umschwung
von tiefster Niedergeschlagenheit über den Verbrechertod ihres Meisters und den an=
scheinenden Untergang seiner Sache zur freudigen Gewißheit seines Lebens in messia=
nischer Herrlichkeit und zum eigenen mutigen Eintreten für seine Sache, — daß sich
diese Entwicklung unter einer gewaltigen psychischen Spannung vollzog, die sich wie
in Visionen, so auch in ekstatischen Reden auslöste. Eben diese wunderbaren Äuße=
rungen aber erschienen ihnen als bedeutsame Wirkungen Gottes, die sie erlebten, als
Anzeichen der verwirklichten messianischen Heilszeit, als Erweisungen eines neuen Ver=
mögens, das Gott um des Messias Jesus willen in sie legte, als Triebkraft zur Aus=
führung ihrer großen neuen Aufgabe.

Die Vermutung von Weiße, ev. Gesch. II S. 417 ff., Pfleid. S. 553, v. Dobschütz,
Ostern u. Pfingsten, 1903, S. 31 ff., daß der geschichtliche Kern mit der Erscheinung
vor 500 Brüdern I Kor 15 6 identisch gewesen sei, ist unerweisbar. Ein unserer Er=
zählung im Hauptthema paralleler, aber freilich in der Ausführung ganz von ihm
abweichender Bericht über die Verleihung des h. Geistes an die Jünger Jesu nach
seiner Auferstehung liegt vor in Joh 20 21—23 (vgl. Volz a. a. O. S. 199).

Nach Harnack III S. 142 ff. ist unsere Erzählung eine Dublette zu der Erzählung
4 31 von der Geistesausgießung über die versammelten Jünger nach der Rückkehr des
Petrus und Joh. aus ihrer Haft (41—23). In der schriftlichen Quelle, aus der der Be=
richt 31—516 stamme, sei in der Geistesausgießung 431 das „wirkliche geschichtliche
Pfingsten" erzählt gewesen. In unserm Berichte K. 2 trete die Geistesausgießung un=
motiviert ein, während sie innerhalb des Berichtes K. 4 motiviert sei. Allein für die
Auffassung des Vf.s der AG. war der Vorgang 2 1ff. vorbereitet durch die Verheißung
des Auferstandenen 14. 8, auf deren Erfüllung die Jünger in Jerusalem warteten.
Und in Wirklichkeit lag in der ganzen mit den Erscheinungen des Auferstandenen zu=
sammenhängenden inneren Entwicklung der Jünger nach dem Tode Jesu die zureichende
psychologische Begründung für dieses neue Erlebnis ihres Erfülltwerdens mit dem
„Geiste". Geschichtlich ist es viel wahrscheinlicher, daß das mutige Auftreten der Zwölfe
vor der Öffentlichkeit im Namen Jesu erst die Folge einer zuerst bei ihrem intimen
Zusammensein unter einander erfahrenen ekstatischen Geistesbegabung war, als daß
diese Geistesbegabung ihrem mutigen Auftreten im Namen Jesu erst gefolgt wäre.
Der Vf. der AG. hat — gewiß mit Recht — angenommen, daß sich das vom Geiste
eingegebene ekstatische Reden im Jüngerkreise oft wiederholt hat. In 431 schildert er
eine solche Wiederholung. Keine Spur weist an dieser Stelle darauf hin, daß der
Vorgang eigentlich als erstmaliger in seiner Art gedacht war. In derselben Erzählung
ist schon vorher in 48 die Erfüllung des Petrus mit heiligem Geiste bezeichnet.

V. 14—36. Pfingstrede Petri[1]. Petrus führt zuerst aus, daß das ver=
wunderliche Reden seiner Genossen die Erfüllung eines auf die messian. Zeit bezüg=

---

1. Vgl. A. Köhler ZLTh 1870 S. 409 ff. — Diese Rede nebst dem Abschlusse
V. 37—41 oder 42 wird von B. Wß und Anderen, welche für die ersten Kapp. der
AG. eine judenchristl. Quelle annehmen, aus dieser hergeleitet. Sp. S. 44 ff. rechnet
sie zur Quelle A, d. h. betrachtet sie als Fortsetzung von V. 4 1 u. 12. Jgst S. 35 f.
erklärt sehr willkürlich V. 24—31 u. 34 f. für Einschiebsel, die aber nicht vom Redr.,
sondern aus der zweiten Quelle stammen. Nach Schwartz NGW 1907 S. 279 ist die
Rede „aus verschiedenen Stücken zusammengesetzt", „das Werk einer, vielleicht mehrerer
Redaktionen"; V. 15—21 gehört zu ihrem ältesten Bestand. Nach Harnack III S. 142 ff.
stammt diese Rede aus derselben, im großen und ganzen „wertlosen" (S. 152) Über=
lieferung, nach welcher der Vf. der AG. den Bericht 21—13 und nachher die Stücke
2 37—47 und 517—42 gegeben hat.

lichen Prophetenwortes ist (V. 14—21), dann daß der von den Juden gekreuzigte Jesus der Messias ist, der diese Erfüllung der Weissagung bewirkt hat und sich da= durch als Messias beglaubigt (V. 22—36).

V. 14. Petrus, „auftretend" (σταθείς wie 5₂₀ u. ö., in Rednerstellung) zusammen mit den Elf, redet als Vertreter derselben. Sein begeistertes Reden (ἀπεφϑέγξατο, s. 3. V. 4) ist nun aber nicht mehr als glossolalisches gedacht. In seiner Anrede sind wahrscheinlich unter den Ἰουδαῖοι die in Palästina einheimischen Juden, unter den κατοικοῦντες Ἰερ. die in Jer. wohnhaften ausländischen (V. 5) verstanden, obgleich jede der beiden Bezeichnungen an sich beide Kategorieen umfassen könnte. Die Aufforderung: „lasset dieses (das Folgende) in eure Ohren gehen" (ἐνωτίζεσϑαι der klass. Gräcität fremd, aber häufig bei d. LXX, 3. B. Job 32₁₁. Ps 5₂. Jo 1₂) wird in **V. 15** be= gründet durch den Hinweis darauf, daß das wundersame Reden „dieser", d. i. der versammelten Anhänger Jesu, nicht auf Trunkenheit beruhen kann, sondern daß es mit ihm eine sehr bedeutsame andere Bewandnis hat. Petr. spricht von den Begeisterten wie von Dritten, als ihr Anwalt. Was von ihnen gilt, gilt aber natürlich zugleich von ihm selbst, der ebenso glossolalisch geredet hat. Die „dritte Stunde des Tages" ist 9 Uhr früh. Daß diese Stunde eine der ständigen jüdischen Gebetszeiten sei (Mey.), ist nicht richtig; s. Schür. II³ S. 293.

V. 16—21. Der wunderbare Vorgang (τοῦτο) ist vielmehr eine Er= füllung von Jo 3₁—₅. Diese St. wird frei nach LXX angeführt[1]. **V. 17.** Für das μετὰ ταῦτα der LXX wird ἐν ταῖς ἐσχάταις ἡμέραις eingesetzt nach Jes 2₂. Mch 4₁, im Sinne des Petr. die der nahen Parusie Christi un= mittelbar vorangehende Zeit. Vgl. II Tim 3₁. Jak 5₃, auch Hbr 1₁. Das Bild des Ausgießens (ἐκχεῶ hellenist. Futurform; vgl. Win.=Schmied. § 13, 5. Blaß, Gr. § 18, 2) ist bei Joel durch die vorangehende Verheißung frucht= baren Regens veranlaßt, 2₂₃ff. Die vom hebr. Texte abweichende partitive Ausdrucksweise der LXX: „von meinem Geiste" ist wohl der Reflexion ent= sprungen, daß der Geist Gottes, als Ganzheit gedacht, bei Gott bleibt und die Menschen nur etwas von ihm erlangen. „Alles Fleisch" bed. alle Men= schen, mit dem Nebenbegriffe der geschöpflichen Schwäche gegenüber Gott und seinem Geiste. Die Universalität der Geistesmitteilung wird betont im Gegen= satze nicht zur Beschränkung auf das Volk Isr., sondern zur Beschränkung auf einzelne Propheten und Bevorzugte. Vgl. Jes 54₁₃. Ez 36₂₆f. Die in der Joel=Stelle aufgeführten speziellen Äußerungen der Geistesbegabung: prophe= tisches Reden, Visionen, Traumgesichte, sind andere als die Glossolalie bei den Jüngern. Gleichwohl konnte das Prophetenwort im ganzen als in dem durch

---

1. Bei D hat das Zitat etwas andere Form. In V. 17 steht statt der beiden ersten ὑμῶν: αὐτῶν; die beiden weiteren ὑμῶν fehlen. In V. 18 fehlen die W. ἐν τ. ἡμέραις ἐκείναις u. καὶ προφητεύσ., in V. 19 αἷμα bis καπνοῦ. Am Schlusse von V. 20 fehlt καὶ ἐπιφανῆ, und zwar auch bei ℵ. Die Vermutung liegt nahe, daß der α=Text auf Konformation mit LXX beruht und daß das καὶ προφητ. V. 18, welches weder bei LXX noch im hebr. Text steht, aus V. 17 interpoliert ist (Blaß). Aber wäre nicht zu erwarten, daß dann die Konformierung mit LXX ganz durchgeführt wäre? Wahrscheinlich ist nur das καὶ ἐπιφανῆ V. 20 Zusatz zum ursprüngl. Texte nach LXX. T. hat es gestrichen; W.=H. u. B. Wß haben es nach B usw. beibehalten.

den göttlichen Geist bewirkten wunderbaren Reden der Jünger erfüllt gelten. Die Verteilung der verschiedenen pneumatischen Funktionen auf die verschiedenen Kategorieen von Menschen ist die im Parallelismus membrorum häufige rhetorisch-formelle; vgl. z. B. Prv 10 1. ἐνυπνίοις ἐνυπνιασϑήσονται ist Hebraismus; vgl. 5 28: παραγγελίᾳ παρηγγείλαμεν. V. 18. καίγε = „und zwar". Vgl. 17 27. Lk 19 42. Im hebr. Texte sind die Knechte und Mägde als die in niedrigster irdischer Stellung Befindlichen genannt. Durch den Zusatz des μου in LXX (nur hinter δούλους) u. an u. St. werden die Genannten als Knechte Gottes bezeichnet. Damit ist nun nicht eine neue Kategorie von Personen aufgeführt, sondern eine solche Charakteristik der vorher genannten Personen gegeben, in welcher die religiöse Bedingung für ihren Geistesempfang bezeichnet ist. V. 19 f. Ist aus der Mitaufnahme dieser Worte des Joel zu schließen, daß Petr. im Anschluß an die Geistesausgießung jetzt noch weitere Ereignisse als Vorboten des Endgerichts erwartete (Mey., B. Wß, Sp. S. 46), oder sah er eine Erfüllung dieses Teils der Weissagung schon in den Phänomenen V. 2 f., welche die Geistesausgießung begleitet hatten (de W., Nösg.)? Wahrscheinlich letzteres. Freilich waren die Phänomene V. 2 f. keine buchstäblich genaue Erfüllung des vom Propheten Geweissagten. Sie verhielten sich dazu ungefähr ebenso, wie die Glossolalie zu der Weissagung V. 17 f. Gleichwohl konnte Petr. (bezw. der Vf. der AG.) in ihnen das Wesentliche jener Weissagung erfüllt finden. Als „Zeichen auf der Erde unten" werden hingestellt „Blut und Feuer und Rauchqualm", im Sinne des Propheten von Krieg und ähnlichen schrecklichen Ereignissen herrührend. V. 20. Unter dem „Tag des Herrn" versteht der Prophet den Tag Jahves, Petr. (bezw. der Vf. d. AG.) aber den Tag Christi, nämlich seiner Parusie. Wenn der Zusatz καὶ ἐπιφανῆ im Texte echt ist, so bed. er: „der offenbare (Tag)", d. h. der Allen ohne weiteres kundwerdende (Vulg.: manifestus). Vgl. Lk 17 24 und die ἐπιφάνεια II Th 2 8. I Tim 6 14 u. ö. Der hebr. Text hat הַנּוֹרָא, terribilis. V. 21. Vgl. Röm 10 13. Im Sinne des Petr. wird dieses Verheißungswort erfüllt in der Anrufung Christi (vgl. 7 59. 9 14. Röm 10 12. I Kor 1 2. Phl 2 10) und in der Heilsrettung, welche die ihn Anrufenden, d. i. die gläubigen Jünger, bei der Parusie erfahren werden. Den ausdrücklichen Hinweis auf Jesum als den Herrn und Messias (V. 36) gibt nun der folgende Teil der Rede.

V. 22. Die neue Anrede, die Schwartz (s. o. die Anm. auf S. 89) hier wie nachher V. 29 als „unerhört" und demgemäß als Anzeichen einer redaktionellen Erweiterung betrachtet, ist durchaus am Platze, wo nach dem umfänglichen Zitate die eigene Ausführung des Redners beginnt. Nachdrücklich setzt diese Ausführung mit der Nennung Jesu ein. Diese Person bekommt zuerst eine natürliche Näherbestimmung durch das Attribut „der Nazaräer" d. i. der aus Nazaret stammende (zu ὁ Ναζωραῖος vgl. Harnack III S. 70 Anm. u. P. Schwen ZwTh 1912 S. 31 ff.) und wird dann in ihrer religiösen Bedeutung charakterisiert durch die Apposition: „einen Mann, der ausgewiesen ist seitens Gottes für euch (näml. als Träger eines Auftrages, einer Botschaft Gottes an euch) durch Kräfte und Wunder und Zeichen". Die Wundertaten

Gottes durch Jesus werden plerophorisch hinsichtlich ihrer machtvollen (δυνάμεις), auffallenden (τέρατα) und bedeutsamen Art (σημεῖα) bezeichnet. Vgl.
II Th 2 9. II Kor 12 12. Hbr 2 4.

V. 23. Zu dem Wunderzeugnis Gottes für Jesus scheint die Tatsache
seines Kreuzestodes in Widerspruch zu stehen. Deshalb hebt Petr. nun hervor,
daß dieser Tod einerseits nach Gottes Vorherbestimmung eintreten mußte,
andrerseits durch die Auferweckung Christi von Gott wieder aufgehoben
wurde (V. 24). „Diesen vermöge der festgesetzten Beschließung und Vorher-
erkenntnis Gottes (also nicht zufällig und nicht in Widerspruch zu Gottes
Plänen) Ausgelieferten (näml. vom Verräter den jüdischen Machthabern in
die Hände Gegebenen) habt ihr vermittelst (διὰ χειρὸς = בְּיַד־, wie 7 25 u. ö.;
Hebraismus) Gesetzloser (o. i. Heiden, der römischen Soldaten; vgl. I Kor 9 21)
durch Anheftung (ans Kreuz) umgebracht". Die Vorherbestimmung des Todes
Jesu (vgl. 4 28) steht dem Vf. der Rede fest, weil er diese Tatsache im AT
vorhergesagt findet (vgl. 3 18. 13 27. 29. Lk 24 26f. 44 — 46)[1]. Daß die Juden
Heiden zu Werkzeugen ihrer Tötung des Messias genommen haben, wird als
gravierendes Moment hervorgehoben. A. Seeberg, Tod Christi, 1895, S. 322 f.,
verbindet ἔκδοτον mit διὰ χειρὸς ἀνόμων und versteht unter den „Ungerechten", durch die Jesus ausgeliefert sei, Herodes und Pilatus. Aber bei
diesem Sinne müßte statt διὰ χειρὸς stehen: παρ᾽, weil Herodes und Pilatus
nicht eine bloße Vermittlerrolle bei der Preisgabe Jesu an die Wünsche seiner
jüdischen Feinde hatten. Mit Recht werden die Juden als die eigentlichen
und verantwortlichen Urheber der Kreuzigung Jesu, die Heiden nur als ihre
Organe hingestellt. Die angeredete Volksmenge ist mitverantwortlich für die
Tat der Oberen des Volkes, der sie zustimmte (vgl. 3 13). **V. 24.** „Ihn ließ
Gott auferstehen, indem er die Wehen des Todes löste, demgemäß, daß (καθότι) es unmöglich war, daß er (Jesus) von ihm (dem Tode) festgehalten
wurde". Der Tod (personifiziert wie I Kor 15 26. 55f.) ist als in Geburtswehen kreißend gedacht, weil er den Messias nicht bei sich behalten kann.
Indem Gott Jesum aus dem Tode auferweckt, ihn zum himmlischen Leben
geboren werden läßt (vgl. Kol 1 18), löst er die Wehen des Todes. Über
das Part. Aor. s. 3. 1 24. ὠδῖνες θανάτου ist bei d. LXX Übersetzung von
חֶבְלֵי־מָוֶת (Pf 18 5. 116 3), was eigentlich „Stricke des Todes" bed. Die LXX
aber leiteten חֶבְלֵי fälschlich von חֵבֶל „Schmerz", Plur.: „Geburtswehen", statt
von חֶבֶל „Strick" her. Wir können nun aber nicht mit Bleek StKr 1836
S. 1038 f., Mey., Köhl., Nösg., Clemen StKr 1895 S. 322 ff. schließen, Petr.

---

1. Holsten, 3. Ev. u. Paul. u. Petr. S. 146 ff., vgl. die drei urspr. Evv. S. 8 u. 32 f.,
betont, daß hier wie sonst in den Reden am Anfang der AG. der Tod Chr. nur als
Erfüllung des Schicksalswillens G.s gemäß der proph. Verkündigung gewürdigt werde,
nicht aber als Ursache oder Vermittlung des Heiles für die Menschen, während Petr.
doch nach I Kor 15 3 den Tod Chr. auch in diesem letzteren Sinne beurteilt habe.
Hieraus ist nur nicht mit H. zu folgern, daß dem Vf. der AG. für die Petrusreden
judaistische Quellen vorgelegen haben, sondern nur, daß er in seinen eigenen Anschauungen, von denen aus er diese Petrusreden geformt hat, der frühen nachapostolischen heidenchristlichen Lehrweise zugehörte, bei der wir auch sonst kaum noch die
Spuren der urapostol. und paulin. Schätzung des Heilswertes des Todes Christi finden.
Vgl. Harnack, Dogmengesch. I ³ S. 191 ff.

werde hebräiſch oder aramäiſch ſprechend die Phraſe in jenem urſprünglichen
Sinne gebraucht haben und der Vf. der AG. habe ſie dann aus ſeiner Quellen=
ſchrift nach Analogie der LXX verkehrt überſeßt. Solche Vermutung wäre
nur berechtigt, wenn die Herkunft unſerer Rede aus einer hebr. oder aram.
Quelle anderweitig feſtſtände. Da die Vorſtellung von Wehen des Todes auf
Grund jenes Sprachgebrauchs der LXX gangbar war und der Begriff λύειν,
der freilich noch beſſer zu dem Bilde des Strickes paßt, auch in Anwendung
auf die Geburtswehen nicht auffallend iſt (Job 39 2), konnte der Vf. der AG.
dieſe Phraſe ganz wohl ſelbſtändig im Sinne der LXX auf die Auferſtehung
Chriſti anwenden.

V. 25—28. Die Begründung dafür, daß wie der Tod ſo auch die
Auferſtehung Jeſu aus dem Tode notwendig, weil ſchriftgemäß war, gibt
Pſ 16 8—11 (nach LXX). Daß dieſe St., in welcher der Pſalmiſt von ſich
ſelbſt zu reden ſcheint, doch εἰς αὐτόν, „mit bezug auf ihn", den Meſſias
Jeſus, geſagt iſt, wird nachher in V. 29—31 bewieſen. Vgl. 13 35—37.
Gemäß dieſem meſſianiſchen Verſtändnis ſind die Ausſagen des im Pſ. Re=
denden V. 25 von ſeinem beſtändigen Anſchauen ſeines Herrn (d. i. Gottes),
weil derſelbe ihm als Schüßer und Anwalt „zur Rechten iſt" (vgl. Pſ 109 31;
zu dem ἐκ vgl. Win. § 47 b), und V. 26 von ſeiner Freudigkeit und Hoff=
nung zu beziehen auf die ſtetige Gottesgemeinſchaft und Heilszuverſicht des
Meſſias während ſeines Erdenwandels. Das „Herz" und die „Zunge" ſtehen
neben einander als der innere Siß der bewußten Geiſtestätigkeit und das
Organ zur Äußerung des Inneren. Vgl. Mt 12 34. Röm 10 8—10. II Kor
6 11. Statt ἡ γλῶσσά μου hat der hebr. Text כְּבוֹדִי d. i. eigentlich: „meine
Ehre", eine Umſchreibung für den Begriff Seele. Vgl. Pſ 7 6 u. ö. Im
Gegenſaß zum „Herzen" iſt dann unter dem „Fleiſch" der Leib zu verſtehen,
wie z. B. Röm 2 28f. Die W.: „zudem wird aber auch mein Fleiſch in Hoff=
nung (vgl. Röm 4 18. I Kor 9 10) zelten (d. h. ſeine Wohnung nehmen)",
ſind bei der meſſian. Deutung der St. auf die Grablegung zu beziehen (Knopf),
auf die der Meſſias in ſicherer Hoffnung auf die Auferweckung ſeines Leibes
vorausblickt. V. 27. Nach ihrem hiſtor. Sinn drücken dieſe W. die Hoff=
nung des Pſalmiſten auf Bewahrung vor dem Tode aus. Bei ihrer meſſia=
niſchen Deutung aber beziehen ſie ſich auf das Nichtbleiben der Seele des
getöteten Meſſias im Hades und auf das Nichtverweſen ſeines Leibes. „Du
wirſt nicht geben (d. h. bewirken; vgl. 10 40), daß dein Heiliger Verderbnis
erfährt". Zu ἰδεῖν = erfahren vgl. Lk 2 26. Hbr 11 5. διαφθορά, „Ver=
derbnis", bed. hier ſoviel wie „Verweſung". Das W. שַׁחַת im hebr. Text,
abzuleiten von שׁוּחַ, bed. Grube, d. i. Hades. Die LXX aber leiteten es
von שָׁחַת, verderben, ab, wie Job 17 14, und überſeßten διαφθορά. V. 28
bezieht ſich bei der meſſian. Deutung der Pſalmſt. auf die Hinzuführung des
Meſſias zum Auferſtehungsleben und zur himmliſchen Gemeinſchaft mit Gott.
μετὰ τ. προσώπου σου: „in Gemeinſchaft mit deinem Angeſicht". Vgl.
Hbr 9 24.

V. 29—31. Beweis, daß David in der Pſalmſtelle nicht von ſich ſelbſt,
ſondern vorausſchauend von dem Meſſias geredet hat. V. 29. Über die

neue Anrede nach dem längeren Zitate f. z. V. 22. ἐξὸν scil. ἐστί = ἔξεστι, vgl. II Kor 12 4. μετὰ παρρησίας: „freimütig". Über die Grabstätte des „Stammvaters" (πατριάρχης wie 7 8f. Hbr 7 4) David in Jeruf. vgl. Neh 3 16. Jof. Ant. 7, 15, 3. 13, 8, 4. Bell. 1, 2, 5. Das Grabmal D.s gilt als hiftorifches Dokument über feinen Tod. V. 30. Aus- den in V. 29 bezeichneten Tatfachen folgt (οὖν), daß D. von einem Anderen, als fich felbft, gefprochen haben muß, und zwar als Prophet und gemäß feinem Wiffen um den Schwur Gottes, daß „er (Gott) aus der Frucht feiner Lende (d. i.) aus der Nachkommenfchaft D.s) einen (τινα zu ergänzen) auf feinen (D.s) Thron fetzen werde (vgl. II Sam 7 12. Pf 132 11)": im Vorausblick (προϊδὼν, vgl. Gal 3 8) auf die Auferftehung des Meffias (V. 31). Bei der Wiedergabe der Worte des Pfalmiften in V. 31 b wird nun ftatt des Fut. der Aor. ge= braucht, weil Petr. von feinem Standpunkte aus die Erfüllung des von David Vorausgefagten bereits als vergangene Tatfache kennt (Köhler).

V. 32. An dem Jefus, von dem in V. 22 — 24 die Rede war, ift die vom Pfalmiften vorausgefagte Auferweckung des Meffias aus dem Tode ver= wirklicht. Von diefer Tatfache (οὗ neutrifch) find die Perfonen, in deren Namen Petrus fpricht, Zeugen, indem fie mit dem auferftandenen Jefus in Verkehr geftanden haben (1 3ff. 22. 10 41). V. 33. „Da er nun durch die Rechte (d. i. die Macht) Gottes erhöht ift (vgl. 5 31. Jef 63 12) und die Verheißung des h. Geiftes (d. h. den verheißenen h. Geift; vgl. Lk 24 49. Gal 3 14), empfangen hat, goß er diefes aus", nämlich die in dem vorliegenden finnenfälligen Tatbeftande (τοῦτο wie V. 16) fich darftellende Geiftesbegabung. Nach A. Seeberg, Katechismus d. Urchriftenheit, 1903, S. 126 f., find die W. τῇ δεξιᾷ τοῦ θεοῦ hier wie 5 31 zu überfetzen: „zur Rechten Gottes" (fo auch Weizf. Überf. d. NT). Aber der einfache Dativ kann diefe Bedeu= tung nicht haben. Der bloße Anklang an die „Glaubensformel" kann nicht entfcheiden. — Der Meffias vermittelt die Geiftesbegabung, die nach dem Prophetenworte V. 17 ff. in der meffianifchen Zeit verwirklicht werden foll. Vgl. Lk 24 49. Joh 15 26. 16 7; auch das Täuferwort Mk 1 8. Lk 3 16. V. 34 f. Die Behauptung V. 33, daß der Meffias Jefus erhöht fei, wird auch noch durch das prophetifche Wort Pf 110 1 begründet. Vgl. die auf der gleichen Vorausfetzung der davidifchen Herkunft und meffianifchen Bedeutung diefes Pf. beruhende Verwertung Mk 12 35—37; ferner Hbr 1 13. V. 36. Aus der offenfichtlichen Verwirklichung der Geiftesverheißung an den anwefenden Jün= gern Jefu (V. 33) „möge nun das ganze Haus Israel (πᾶς οἶκος Ἰσρ. ohne Art., weil wie ein Nom. propr. aufgefaßt) zuverläffig erkennen, daß Gott ihn zum Herrn fowohl als auch zum Meffias gemacht hat". κύριος ift der allgemeinere Ausdruck (vgl. 10 36. Phl 2 11. I Kor 12 3), hier wegen der Beziehung auf das Zitat V. 34 gebraucht. Über die älteste Anwendung diefes Begriffes auf Jefus vgl. Kattenbufch, d. apoft. Symbol II, 1900, S. 596 ff. u. Herner (f. z. 1 24). Neben κύριος wird aber auch noch der fpeziellere Begriff Χριστός geftellt, um den gemeinten himmlifchen Herrn aus= drücklich als den Meffias, den Israel erwartete, zu bezeichnen. Bemerkens= wert ift, daß nach unf. St. Jefus als erft durch feine Auferftehung und himm=

lifche Erhöhung in feine Messiaswürde eingeseßt erscheint (vgl. Wrede, das Messiasgeheimnis Jesu in d. Evv., 1901, S. 214 ff.; Harnack IV S. 75). — Mit der Nennung Jesu, des von den Juden gekreuzigten, mit der die Aus= führung des Petrus nach dem einleitenden Zitate begann (V. 22), schließt auch wieder nachdrucksvoll die Rede. Von dieser geschichtlichen Person gelten alle dazwischen stehenden auf den Messias bezüglichen Aussagen. **V. 37—42. Erfolg der Rede. V. 37¹.** Die Hörer „wurden durch= bohrt im Herzen" d. h. innerlich schmerzlich bewegt. Das bildliche κατα-νύσσειν findet sich nicht in der klaff. Gräzität, wohl aber bei d. LXX, Pf 109₁₆ u. ö. τ. καρδίαν ist Acc. der näheren Bestimmung. Die Rec. hat den Dat. wie Pf 109₁₆. τί ποιήσωμεν; „was sollen wir tun?" Conj. deliberativus, wie immer in solchen Fragen, welche die Entscheidung über einen vorliegenden Fall in das Urteil eines Anderen stellen. Vgl. Mk 12₁₄. 14₁₂. Lk 9₅₄, und die der unfrigen gleiche Frage: Lk 3₁₀.₁₄. Über ἄνδρες ἀδελφοί f. 3. 1₁₆. **V. 38.** Petr. fordert zur Sinnesänderung und Taufe auf. Dieselbe Bedingung der Teilnahme am messian. Heile hatte Johannes der Täufer ge= fordert (Mk 1₄. Lk 3₃). Aber jetzt soll die Taufe nicht mehr, wie bei Joh. im Vorausblick auf einen erst zu erwartenden Messias vorgenommen werden, sondern in Anerkennung Jesu als des erschienenen Messias (vgl. 19₄): „auf dem Namen Jesu Chr."², d. h. unter Nennung des Namens Jesu Chr. Vgl. hierzu Heitmüller, Im Namen Jesu, 1903, S. 88 ff. ἐπί bei βαπτίζειν nur hier; aber vgl. 4₁₇f. 5₂₈.₄₀. Im NT ist nur in Mt 28₁₉ das Taufen auf den dreifachen Namen bezeichnet, wenigstens nach dem gewöhnlich überlieferten Text dieser St., der freilich nicht allem Zweifel entzogen ist (vgl. Conybeare ZNW 1901 S. 275 ff.; gegen ihn Riggenbach, der trinitar. Taufbefehl, 1903, S. 7 ff.). Sonst erscheint überall, bei Paul. wie in d. AG., nur der Name des Messias Jesus bei der Taufe gebraucht (vgl. 8₁₆. 10₄₈. 19₅. I Kor 1₁₃. Röm 6₃. Gal 3₂₇). Dieser christl. Taufe wird dieselbe Zweckbeziehung auf Sündenvergebung (zur Wiederherstellung rechter Gemeinschaft mit Gott) ge= geben, wie der Taufe des Johannes (Mk 1₄. Lk 3₃). In Folge einer solchen Taufe (das καί vor λήμψεσθε ist consecutivum) werden fie „empfangen die Gabe des h. Geistes" d. h. die im h. Geist bestehende Gabe (vgl. 10₄₅. 11₁₇. Hbr 6₄), den durch den Messias vermittelten (vgl. V. 33) gegenwär= tigen Heilsbesiß der messian. Gemeinde. Vgl. 19₂—₆. **V. 39.** Die Gewiß= heit dieses Empfanges wird begründet durch das Bestimmtsein der messian. Verheißung für die Angeredeten: „denn euch gehört die Verheißung und

---

1. Bei D hat V. 37 folgende Fassung: τότε πάντες οἱ συνελθόντες καὶ ἀκούσαν-τες κατενύγησαν τῇ καρδίᾳ καί τινες ἐξ αὐτῶν εἶπαν πρὸς τ. Π. καὶ τοὺς ἀποστόλους· τί οὖν ποιήσομεν, ἄνδρες ἀδ.; ὑποδείξατε ἡμῖν. Der Schlußzusaß ist auch durch E syr. ᴾ·ᵐᵃʳᵍ· tolet. gig. Aug. bezeugt.
2. Durch BCD ist ἐν τῷ ὀνόματι bezeugt (W.=H.). Aber mit T., B. Wß, Blaß wird das durch אAEP Min. bezeugte ἐπὶ τῷ ὀνόματι festzuhalten sein. Es wurde geändert, weil es sonst im NT in Verbindung mit βαπτίζειν nicht vorkommt. βαπ-τίζειν ἐν τῷ ὀνόματι findet sich 10₄₈, wo es den Abschreibern keinen Anlaß zur Ände-rung geboten hat.

euren Kindern und allen denen in der Ferne". Es heißt τοῖς εἰς μακράν (statt ἐν μακράν) weil zugleich an die Bewegung der Übersiedlung in die Ferne gedacht ist, durch welche sie dort seßhaft wurden; vgl. 22₅: ἐκεῖσε. Denn gemeint sind nicht Heiden (so die gewöhnl. Erklärung, auch Overb., Pfleid. S. 554, Nösg., Zöckl., Blaß, Hilgf. ZwTh 1895 S. 104f., welcher letztere V. 39 b für einen Zusatz des Red. zu der judenchristl. Quelle hält), sondern Diasporajuden, und zwar im Unterschiede von den unter den Ange=redeten befindlichen, nach Jer. zurückgezogenen Diasporajuden die jetzt in der Ferne befindlichen (so Mey., Baumg., Sp. S. 45; schwankend Hltzm.). Nach B. Wß u. Jgst S. 37 war wenigstens in der ursprünglichen Rede an Heiden gedacht. Nach J. Wß StKr 1893 S. 488 dachte vielmehr der spätere Red. der Rede an Heiden. Aber die Berücksichtigung der Heiden wäre unmotiviert in einem Satze, welcher die an die Anwesenden gerichtete Zusage V. 38 b begründen soll. Andrerseits ist die Berücksichtigung der fernen Diasporajuden unmittelbar dadurch nahegelegt, daß Petr. Vertreter der jüd. Diaspora aller Länder gerade vor sich hat. Auch das ὁ θεὸς ἡμῶν im zugehörigen Re=lativsatze zeugt für unsere Auffassung. Denn dieses ἡμῶν steht in motivie=render Beziehung dazu, daß für das jüd. Volk, das ursprüngliche Gottesvolk, die Erfüllung der Verheißung bestimmt ist. Blaß schließt aus dem ὅσους ἂν προσκαλέσηται κτέ. (vgl. Jo 3₆), daß Heiden gemeint seien, weil die Juden als solche zu den κλητοί gehörten, während nach 13₄₈ aus den Heiden Gott die Auswahl treffe. Aber auch die Juden werden doch von Gott der Ge=meinde zugeteilt (2₄₇. 17₄), und gerade die entfernten Diasporajuden erlangen die Erfüllung der Verheißung nur, sofern Gott später durch ausgesandte Boten sie dazu beruft. Nach dem Vorgange von Beza faßt Jäg. I S. 14 unsere W. nicht von der Raumferne, sondern von der Zeitferne: „euren fernsten Nachkommen"; vgl. II Sam 7₁₉. Hiergegen spricht, daß die Nachkommenschaft im allgemeinen schon durch die τέκνα bezeichnet ist und daß eine daneben stehende besondere Hervorhebung der fernen Nachkommen durch die Vorstellung von der Nähe der Parusie ausgeschlossen war.

V. 40. Durch die Abwechslung zwischen dem Aor. διεμαρτύρατο und dem Imperf. καὶ παρεκάλει soll wohl ausgedrückt sein, daß die Aufforderung nicht als ein einzelnes Moment der Rede zu den weiteren Bezeugungsworten hinzutrat, sondern das dauernde Thema der Ansprache war. Die Aufforde=rung „lasset euch retten von diesem verkehrten (σκόλιος eigentl.: „krumm"; hier in übertragenem Sinn wie Dtn 32₅. Pf 78₈. Phl 2₁₅) Geschlecht", ist dem Sinne nach identisch mit V. 38, indem sie sowohl die Aufforderung, sich die σωτηρία, das messian. Heil, schenken zu lassen, als auch indirekt die Mahnung zur μετάνοια einschließt. Zum Gedanken vgl. Gal 1₄. V. 41[1]. Das Verhältnis des οἱ μὲν οὖν zum Part. Aor. ἀποδεξάμενοι ist hier ebenso

---

1. Vor ἀποδεξάμενοι liest die Rec. nach EP al. syr. arm. Chr.: ἀσμένως. Vgl. ἀσμένως ἀπεδέξαντο 21₁₇. D hat an derselben St. πιστεύσαντες eingefügt, und so be=zeugen auch syr. p. marg. u. Aug. hinter receperunt sermonem eius die W.: et crediderunt et baptizati sunt. Demgemäß nimmt Blaß als β=Text an: οἱ μὲν οὖν ἀποδεξάμενοι τὸν λόγον αὐτοῦ καὶ πιστεύσαντες ἐβαπτίσθησαν.

fraglich wie in 1₆. Am einfachsten ist die Fassung des οἱ als Artikel: „die nun sein Wort Aufnehmenden". Faßt man οἱ μὲν οὖν selbständig = „sie nun", so ist das Verhältnis des Part. Aor. zu dem Verb. fin. so zu bestimmen, wie in 1₂₄ (s. z. d. St.) u. 2₂₄: „in Befolgung seines Wortes ließen sich taufen". „Hinzugefügt wurden (zur vorhandenen Messiasgemeinde; vgl. V. 47) ungefähr 3000 Personen" (ψυχαί nach d. hebr. נֶפֶשׁ, 7₁₄. 27₃₇. I Pt 3₂₀). Über die Zahl s. z. V. 44.

V. 42 ist noch eng mit dem Vorherigen zu verbinden. Denn es handelt sich hier noch nicht um die Gesamtgemeinde (Mey.), sondern nur um die neu hinzugekommenen Gemeindeglieder (Hltzm., B. Wß, Jäg. u. A.). Diese „hielten fest" an vier für die christliche Gemeinde charakteristischen Punkten, von denen je zwei zu einem Paar verbunden sind. 1) „An der Lehre der Apostel". Die App., d. i. die Zwölf (s. zu 1₂), sind als die nächsten Jünger Jesu und Zeugen seines Wirkens in dieser Anfangszeit die natürlichen autoritativen Träger der Lehre. Von einem Lehramt, das an u. St. in Widerspruch zur urchristl. Sitte den Aposteln reserviert wäre, ist nicht die Rede (gegen J. Wß StKr 1893 S. 490, der die W. τῇ διδαχῇ bis κοινωνίᾳ als Zusatz d. Red. in die Quelle betrachtet). 2) „An der Gemeinschaft", d. i. an der brüderlichen Gemeinschaft der Christen unter einander im Leben und Verkehre. Sp. S. 72 fordert die Beziehung von τῶν ἀποστόλων auch auf τῇ κοινωνίᾳ und die beiden folgenden Begriffe. Aber diese Beziehung hätte anders ausgedrückt sein müssen, etwa τῇ τῶν ἀποστόλων διδαχῇ καὶ κοινωνίᾳ. Das W. κοινωνία ohne Näherbestimmung kann nur auf die christl. Gemeinschaft im allgemeinen gehen. Zöckl. deutet mit älteren Auslegern κοινωνία wie Röm 15₂₆. II Kor 8₄ auf gottesdienstliche Liebesgaben-Sammlung, weil hier von einem Faktor des Kultuslebens die Rede sei. Aber woher weiß man dies Letztere? 3) „An dem Brechen des Brotes"[1]. Auch hierbei ist nicht an einen rein kultischen Akt gedacht, sondern an die gemeinschaftlichen Mahlzeiten, die nach jüdischer Sitte mit einem Segensspruch begannen und schlossen und dadurch einen religiösen Charakter bekamen. Wie bei den Juden so war auch im Urchristentum unter dem „Brotbrechen" die Mahlzeit speziell insofern verstanden, als sie von Segenssprüchen umrahmt war (vgl. nachher die Ausdrucksweise V. 46; dazu Loeschcke ZwTh 1912 S. 199ff.). Bei den Christen hatten aber im Unterschiede von den Juden die gemeinsamen Mahlzeiten ihren besonderen christlichen Charakter noch durch die Erinnerung an den Tod Jesu auf Grund seiner Worte bei seinem letzten Mahl (Mk 14₂₂ff. I Kor 11₂₃ff.). Gewiß hat nicht erst Paul., sondern schon die Urgemeinde in ihren ersten Anfängen den gemeinsamen Mahlzeiten diese Beziehung auf den Herrn und seinen Tod gegeben. Doch bleibt dahingestellt, ob und wie diese Be-

---

1. Das καί der Rec. vor τῇ κλάσει ist jedenfalls zu streichen nach א*ABCD* 61. Dann ist τῇ κλάσει asyndetisch an τῇ κοινωνίᾳ angereiht. Mehrere Verss. (d. vulg. sah. cop.) haben dieses Asyndeton aufgehoben durch die Verbindung: (in) communicatione fractionis panis. Danach stellt Blaß als β=Text fest: τῇ κοιν. τῆς κλάσεως τ. ἄρτου und vermutet, daß das Asyndeton auch in den α=Text erst durch Korruption hineingekommen sei. Aber jene LA der Verss. erscheint doch als eine ebenso sekundäre Auflösung des ungewöhnlichen Asyndetons wie die der Rec.

ziehung einen liturgischen Ausdruck fand und allen Teilnehmern zum Bewußt=
sein kam. Daß noch in der nachapostolischen Zeit die christlichen Gebete bei
der Eucharistie keinen speziellen Bezug auf den Tod Jesu nahmen, zeigt Di=
dache c. 9 u. 10. Von den Katholiken (aber nicht Felt.) wurde u. St. nach
d. LA der Vulg. als Beweis für die communio sub una specie panis
geltend gemacht. Vgl. die Confutatio pont. mit bezug auf Conf. Aug. II, 1.
4) „An den Gebeten" d. i. an den regelmäßigen Gebetsvereinigungen.

V. 43—47. Erste Schilderung des Gemeindelebens[1]. V. 43[2].

1. In diesem Abschnitt scheinen mir die ersten Spuren für das Benutztsein einer
schriftlichen Quelle vorzuliegen. In V. 43 ist von vielen Wundertaten der App. und
dem furchterregenden Eindrucke derselben (über V. 43c f. d. folg. Anm.) die Rede,
während doch in K. 3 u. 4 der Bericht über die Lahmenheilung und die anschließen=
den Verhandlungen so ausgeführt wird, als sei dies das erste (4₁₆) offenkundige Wunder
der Jünger gewesen, die man bisher noch nicht als im Namen Jesu wirkend gekannt
hätte (vgl. zu 4₇). Desgleichen steht die Angabe über das räumliche Zusammensein
aller Gläubiggewordenen V. 44a in Mißverhältnis zu den großen Zahlangaben V. 41
u. 44. So sind V. 43 u. 44a aus einer anderen Anschauung von den Zuständen
heraus geschrieben, als welche in V. 41 und nachher in K. 3 u. 4 vorliegt. Dies er=
klärt sich am einfachsten daraus, daß der Vf. der AG. V. 43 u. 44a nicht selbständig
schrieb, sondern einen Quellenbericht reproduzierte. Wahrscheinlich lag derselbe Quellen=
bericht dann auch der weiteren Schilderung des Gemeindelebens V. 44b—47, welche
mit dem Abschnitte 4₃₂—₃₅ eng verwandt ist, zu Grunde. Da man aber gerade bei
4₃₄f. beobachten kann, daß der Vf. d. AG. dem gewiß nach einer guten Überliefe=
rung berichteten Verhalten des Barnabas 4₃₆f. eine solche Verallgemeinerung gegeben
hat, welche dem Sinne jener Überlieferung nicht entsprach, so ist anzunehmen, daß er
auch in unserm Abschnitte seine Quelle nicht ganz unverändert wiedergegeben hat.
Nur ist es schwerlich möglich, jetzt noch genau festzustellen, welche Worte aus der Quelle
stammen und welche nicht. Nur im allgemeinen kann man vermuten, welchen Inhalt
der Quellenbericht hatte (vgl. zu V. 45). Da später das Stück 6₁ff. offenbar auf einem
älteren Quellenberichte beruht, in dem vorausgesetzt war, daß die jerus. Gemeinde
noch einen verhältnismäßig kleinen Umfang hatte, daß in ihr speziell bei den täg=
lichen Mahlzeiten eine freie Wohltätigkeit gegen Arme geübt wurde und daß die
Zwölfe sich ganz der Predigt widmeten, so darf man vermuten, daß die Quellengrund=
lage von 2₄₃—₄₇ (u. 4₃₂—₃₅) mit der von 6₁ff. zusammenhing und eben jene hier
vorausgesetzten Zustände schilderte. Vgl. p. W. Schmiedel PrM 1898 S. 367ff.,
welcher ebenfalls in den Inkonzinnitäten der Mitteilungen der AG. über die Güter=
gemeinschaft Anzeichen einer Quellenbenutzung findet.
    Diejenigen Kritiker, die in dem Hauptbestande von K. 2—4 Entlehnungen aus
einer judenchristl. Quelle finden, pflegen unsern Abschnitt wegen der von seiner Um=
gebung differierenden Momente ganz oder teilweise dem Red. zuzuweisen. So B. Wß
und Sorof S. 53, welcher Letzterer aber in V. 46 einen Rest der alten Lukasschrift
erkennt. Nach J. Wß StKr 1893 S. 489f. sind nur V. 43b u. 44 Zusätze d. Red.;
nach Hilgf. ZwTh 1895 S. 105ff., Acta p. 261 s. V. 41b. 43. 45. Seine S. 171ff.
dagegen neigt zu der Annahme, daß der ganze Abschnitt aus der judenchristl. Quelle
stammt. Nach Sp. S. 48ff. u. 72ff. schloß sich in der Quelle A an V. 42 gleich V.
45—47 an, aber so, daß in der Quelle für die Aussage V. 45ff. als Subjekt οὗτοι δὲ
in bezug auf die App. V. 42 gesetzt war, während der Red. dieses οὗτοι fälschlich auf
das Subj. von V. 42 bezog. V. 43 bildete ursprünglich in der Quelle B den Ab=
schluß der Erzählung von dem Pfingstsprachenwunder. Um nach dieser Einschaltung
den Faden von A wieder aufzunehmen, schob der Red. „in höchst unglücklicher Weise"
(S. 75) V. 44 ein. Nach Jgst S. 53ff. gehörten der Quelle A V. 41a. 43c. 46. 47a
an, der Quelle B V. 41b—43a u. 45, während dem Red. 43b. 44 u. 47b zuge=
wiesen werden. Über Harnacks Anschauung s. d. Anm. zu 2₁₄.
    2. Am Schlusse von V. 43 hinter διὰ τῶν ἀποστόλων ἐγίνετο liest T. mit NAC
die W.: ἐν ᾽Ιερουσαλήμ (dies auch E), φόβος τε μέγας ἐπὶ πάντας. Dann am Anf.
von V. 44: καὶ πάντες δὲ. Jener Schluß von V. 43 fehlt bei BD syr. arm. aeth.
Chr. und wird danach mit d. Rec. weggelassen von W.=H., B. Wß (S. 52 u. 56), Blaß,
Hilgf. Am Anf. von V. 44 haben dann B al.: πάντες δὲ, D: πάντες τε (so Blaß im

„Es kam aber jedermann Furcht an". Hiermit wird der Eindruck des vorangegangenen Pfingſtereigniſſes mit dem, was ſich daran geſchloſſen hatte,
der Rede des Petr. und ihrem großartigen Erfolge, auf alle diejenigen, die
ſich nicht taufen ließen, bezeichnet. πᾶσα ψυχή = ‏וֹׁ‏כָל־נֶפֶשׁ, vgl. 3 23. Röm
13 1. „Viele Wunder und Zeichen geſchahen durch die Apoſtel". Gott bewirkte die Wunder; die Apoſtel waren die Vermittler (vgl. 2 22. 15 12). Den
Eindruck dieſer Wunder bezeichnen die W.: „und große Furcht kam über alle".
Vgl. 5 5. 11. V. 44. „Und alle Gläubiggewordenen[1] waren beiſammen und
hatten alles gemeinſam". Καὶ — δὲ wie 3 24. 22 29. Mit 10 18 u. ö. Das
dazwiſchen ſtehende πάντες iſt betont. Unter den πιστεύσαντες ſind hier, wie
4 32, nicht die erſt jüngſt gläubig Gewordenen und Getauften, ſondern alle
Jünger Jeſu verſtanden. ἐπὶ τὸ αὐτό wie 1 15. 21 vom räumlichen Zuſammenſein. Wenn die Gemeinde den in V. 41 bezeichneten Umfang hatte,
ſo war freilich ihr ſtetiges Zuſammenſein im Tempel und in Haus- und Tiſchgemeinſchaft (V. 46) nicht wohl möglich. Die Annahme Mey.s, daß nach
dem Pfingſtfeſte viele der 3000 wieder in ihre Heimatländer zurückgezogen
ſeien, entſpricht nicht dem Sinne unſeres Vf.s. Denn die bei dem Pfingſtereignis gewonnenen Ausländer weilten nach V. 5 nicht nur vorübergehend
als Feſtpilger in Jer., ſondern hatten hier ihren Wohnſitz genommen. Der
Vf. d. AG. ſetzt auch in ſeinem weiteren Berichte offenbar voraus, daß die
ganze Jüngergemeinde in Jer. war und daß es vor der ſtephaniſchen Verfolgung in keinen anderen Orten Paläſtinas, geſchweige denn in fremden
Ländern, größere oder kleinere Chriſtengemeinden gab. Wir dürfen aus
unſerer St. und aus 6 2, wonach ſich die ganze Gemeinde in Jer. noch in
einem Raume verſammeln konnte, ſchließen, daß die Gemeinde bis zur Wahl
der Siebenmänner noch nicht nach vielen Tauſenden zählte, daß alſo die Zahlangaben 2 41 u. 4 4 auf ſtark übertreibender Überlieferung beruhen. V. 45[2].

β-Text u. Hilgf.). — Der Zuſatz in V. 43 erſcheint ſehr überflüſſig. Aber gegen die
Vermutung, daß durch eine Verſetzung von V. 43a hinter 43b, um die Furcht als
Effekt der Wunder hinzuſtellen, die Dublierung eingetreten ſei (vgl. Blaß), ſpricht der
Umſtand, daß die Zuſatzworte doch nicht einfach = V. 43a ſind, ſondern an 5 5. 11
anklingen. Auch wird die Zufügung des ἐν Ἱερ. durch dieſe Vermutung nicht erklärt.
Da ein Motiv für die ſpätere Einſchiebung der W. ſchwer einzuſehen, dagegen die
Weglaſſung der überflüſſigen W. leicht erklärlich iſt, ſo iſt die LA von אAC wohl für
die urſprüngliche zu halten (vgl. Sp. S. 49 f.). Das überflüſſige ἐν Ἱερ. ſtammte
wahrſcheinlich aus einem Quellenbericht (ſ. d. vorige Anm.), in dem es nicht überflüſſig war (ſ. zu V. 45).
1. Nach אB mehr. Min. arm. aeth. Orig. iſt zu l.: πιστεύσαντες (T., W.-H., B. Wß).
Blaß hält mit d. Rec. πιστεύοντες feſt, weil es ihm hier, wo von allen, nicht nur den
neuen, Gemeindegliedern die Rede iſt, paſſender ſcheint. Eben dieſer Grund war gewiß auch bei den Abſchreibern für die Einſetzung des Part. Praeſ. ſtatt Aor. maßgebend. — Im weiteren Texte fehlen die W. ἦσαν u. καὶ bei B 57 Orig. (ſo W.-H.
u. B. Wß S. 49). Blaß erklärt dieſe LA für ſprachlich unmöglich. Nach ihm iſt ſie
aus einer LA entſtanden, in der auch ἐπὶ τὸ αὐτό fehlte.
2. Bei D lautete der Text: καὶ ὅσοι κτήματα εἶχον ἢ ὑπάρξεις ἐπίπρασκον καὶ
διεμέριζον αὐτὰ καθ᾽ ἡμέραν πᾶσιν καθότι (Dgr*: τοῖς) ἄν τις χρείαν εἶχεν. Der Anfang ſcheint nach 4 34 gebildet zu ſein gemäß der Erwägung, daß doch nicht πάντες οἱ
πιστεύσ. V. 44, ſondern nur diejenigen unter ihnen, die wirklich Beſitzer von Grund-
ſtücken waren, jenen Verkauf veranſtalten konnten. Ob nicht das καθ᾽ ἡμέραν ſtatt
am Anf. von V. 46 (wo D πάντες τε hat) wirklich urſprünglich in unſerm V. ſeinen Platz

7*

„Jhre Besitzungen ($\varkappa\tau\dot\eta\mu\alpha\tau\alpha$ = Grundbesitz; vgl. 4₃₄: $\varkappa\tau\dot\eta\tau o\varrho\epsilon\varsigma$ $\chi\omega\varrho\iota\omega\nu$ $\dot\eta$ $o\dot\iota\varkappa\iota\tilde\omega\nu$ und 5₁: $\varkappa\tau\tilde\eta\mu\alpha$ = 5₃. ₈: $\chi\omega\varrho\iota o\nu$) und ihr (jonstiges) Eigentum ver-kauften sie und verteilten es (näml. den Erlös; vgl. Lk 18₂₂. Joh 12₅) für alle, je nachdem einer Bedarf hatte". $\ddot\alpha\nu$ mit Jnd. Jmperf. wie I Kor 12₂ zur Bezeichnung einer unbestimmten Wiederholung. Vgl. Blaß, Gr. § 63, 7. Was der Vf. der AG. an u. St. über die Gütergemeinschaft in der Ur-gemeinde sagt[1], wird ergänzt und erklärt durch 4₃₂. ₃₄f. Die Gemeindeglieder all-gemein sollen ihren Privatbesitz verkauft und den Erlös davon zum Gemeinbesitz der Glaubensgenossen hingegeben haben. Die App. sollen dabei die regelmäßigen Ver-mittler der Verteilung gewesen sein. Gegen die Geschichtlichkeit einer Gütergemein-schaft von dieser Allgemeinheit sprechen gewichtige Gründe. Abgesehen von u. St. u. 4₃₂. ₃₄f. wird weder sonst in der AG. noch irgendwo im NT eine Gütergemeinschaft in der jeruf. Gemeinde bezeugt oder vorausgesetzt. Nach 12₁₂ besitzt eine Christin in Jeruf. ein Haus, wo sich viele Gemeindeglieder versammeln. Das Haus kann nicht klein, aber auch die Besitzerin keine laue Christin gewesen sein. Ferner ist die be-sondere Erwähnung des Verfahrens des Barnabas 4₃₆f. nur daraus zu erklären, daß dasselbe nicht ein einfaches Beispiel des allgemeinen Verfahrens war, sondern wegen seines außergewöhnlichen Charakters von der Überlieferung besonders aufbewahrt war. Desgleichen setzt die Geschichte 5₁ff. voraus, daß nicht nur der Verkauf des Besitztums freiwillig war (54), sondern daß Ananias u. Sapph. auch meinen konnten, für ihn als eine außerordentliche Leistung besondere Bewunderung zu finden. Aber wir dürfen aus diesen Tatsachen auch nicht schließen, daß eine Gütergemeinschaft überhaupt nicht, sondern nur, daß sie nicht in der Allgemeinheit stattgefunden hat, wie sie vom Vf. d. AG. dargestellt wird. Wahrscheinlich wurde der geschichtliche Tatbestand durch folgende 3 Momente gebildet. 1) Von den ursprünglichen Jüngern Jesu, die alle, oder wenig-stens fast alle, Galiläer waren (27), verkauften bei der Übersiedlung von Galiläa nach Jer. diejenigen, welche $\varkappa\tau\dot\eta\tau o\varrho\epsilon\varsigma$ $\chi\omega\varrho\iota\omega\nu$ $\dot\eta$ $o\dot\iota\varkappa\iota\tilde\omega\nu$ waren (4₃₄), ihre galiläischen Besitztümer (vgl. 3. B. Mt 1₂₉ das Haus des Simon und Andreas). Dieser definitive Abbruch der Gemeinschaft mit der galiläischen Heimat, vollzogen in Erinnerung an Worte Jesu wie Lk 14₂₆f. Mt 10₂₉f., muß ein höchst bedeutsamer Vorgang bei der Konstituierung der Gemeinde nach dem Tode Jesu gewesen sein. Auffallenderweise nimmt der Vf. d. AG. auf ihn nicht besonderen Bezug. Jn der unserm Stücke zu Grunde liegenden Quelle war er vielleicht erwähnt und das überflüssig scheinende $\dot\epsilon\nu$ $^\prime I\epsilon\varrho.$ V. 43 (f. d. Anm. 3. d. St.) war hier vielleicht dadurch bedingt, daß vorher von dem Verfahren der Zwölfe und ihrer Genossen in Galiläa geredet war. 2) Die aus Galil. gekommenen Jünger werden den Erlös für ihre Besitzungen nicht jeder für sich behalten, sondern in der Begeisterung der ersten Zeit und in Fortsetzung des Gemein-schaftslebens, das sie mit Jesus selbst geführt hatten, als Gemeinbesitz betrachtet und verwertet haben. Aber nicht nur diese Galiläer, sondern mit ihnen zusammen die in Jer. neu hinzugewonnenen Gemeindeglieder lebten in einer freiwilligen, in inniger Bruderliebe wurzelnden Gemeinschaft mit bezug auf den äußeren Besitz, indem sie das, was sie hatten, einander zur Verfügung stellten und indem insbesondere bei den täglichen gemeinsamen Mahlzeiten die Reicheren die Bedürftigen und die Witwen

---

hatte, entsprechend der $\delta\iota\alpha\varkappa o\nu\iota\alpha$ $\varkappa\alpha\vartheta\eta\mu\epsilon\varrho\iota\nu\dot\eta$ 61, ist zu erwägen. Die täglich wieder-holte Verteilung des einmaligen Erlöses der verkauften Besitztümer konnte so wider-spruchvoll erscheinen, daß man deshalb das $\varkappa\alpha\vartheta^\prime$ $\dot\eta\mu\epsilon\varrho\alpha\nu$ versetzen zu müssen meinte. Vielleicht hatte es der Vf. aus seiner Quelle herübergenommen, wo es mit bezug auf die tägliche freie Unterstützung der Armen durch die Besitzenden gesagt war. Blaß konjekturiert für die zweite Hälfte d. V. den β-Text: $\varkappa$. $\delta\iota\epsilon\mu\epsilon\varrho\iota\zeta\epsilon\tau o$ $\varkappa\alpha\vartheta^\prime$ $\dot\eta\mu$. $\pi\tilde\alpha\sigma\iota$ $\tauo\tilde\iota\varsigma$ $\chi\varrho\epsilon\iota\alpha\nu$ $\dot\epsilon\chi o\nu\sigma\iota\nu$.
1. Vgl. hierüber Weizf. S. 44ff.; H. Hltzm., Straßburger Abhandl. 3. Philosophie 1884 S. 25 ff.; O. Hltzm. ZKG 1893 S. 327 ff.; Uhlhorn, Christl. Liebestätigkeit ² S. 45 f.; P. W. Schmiedel PrM 1898 S. 367 ff.; v. Dobschütz, d. urchristl. Gemeinden, 1902, S. 105 ff.; Probleme d. apost. Zeitalters, 1904, S. 39 ff.

mitverſorgten (ſ. 3u 61). In der Quelle kann dieſe Art der liebevollen Beſitzaufopferung durch ſolche Worte wie 2 44 b. 45 b. 4 32. 85 b bezeichnet geweſen ſein. 3) Während die nicht aus Galiläa übergeſiedelten Gemeindeglieder im allgemeinen 3u einem Verkauf ihres Grundbeſitzes keinen Anlaß hatten, taten dies doch Einzelne; ſo beſonders Bar-nabas, der den Erlös dann auch nicht ſelbſt verteilte, ſondern den Zwölfen 3ur Ver-teilung übergab (4 36f.). Dieſes Verfahren, das wegen ſeiner exceptionellen Art be-ſonders überliefert wurde, ſtellt der Vf. der AG. als die .Regel hin.

V. 46 [1]. „Tag für Tag waren ſie einmütig anhaltend am Beſuch des Tempels". Da προσκαρτερεῖν ἐν in der Bedeutung: „emſig ſein im Beſuche eines Ortes" ſich auch Suſ. 6 findet, iſt es nicht nötig mit Sp. S. 74 an3u-nehmen, daß im Texte der Beziehungsbegriff, etwa τῇ διδαχῇ (wie V. 42), ausgefallen ſei. Durch den regelmäßigen Tempelbeſuch erwieſen ſie ſich öffent-lich als treue Anhänger der überlieferten Religion Israels. Ihr „Brotbrechen" aber geſchah „3u Hauſe". Iſt bei dem κατ' οἶκον an ein beſtimmtes Verſamm-lungshaus gedacht, wie es auch in 1 13. 2 1f. 4 23. 6 2 vorausgeſetzt iſt (de W., Men., B. Wß u. A.), oder bedeutet der Ausdruck: domatim, „häuſerweiſe", verteilt in verſchiedene Hausgemeinden (Erasm. u. A., Hltzm., 3öckl.)? κατ' οἶκον iſt jedenfalls nicht einfach ſoviel wie κατὰ τ. οἴκους (8 3) oder κατ' οἴκους (20 20; D an u. St.) und der Sinn kann nicht bloß ſein, daß die Einzelnen je in ihren verſchiedenen Häuſern aßen. Denn die Gemeinſchaft-lichkeit der Mahl3eiten, bei denen die Wohlhabenderen die Ärmeren mit ver-ſorgten (ſ. 3. 61), war gerade ein beſonders charakteriſtiſcher Punkt derſelben. Andrerſeits weiſt der Ausdruck κατ' οἶκον auch nicht beſtimmt auf ein einziges Haus. Er bezeichnet im Gegenſatze 3u dem öffentlichen Aufenthalte im Tempel den privaten 3u Hauſe (vgl. 5 42), läßt aber die Frage offen, ob es nur ein Haus oder ob es mehrere Häuſer waren, wo man das Brot brach (vgl. Weizſ. S. 43). Daß ihr „Brotbrechen" nicht bloß religiös-kultiſche Bedeutung hatte, ſondern 3ugleich dem natürlichen Nahrungsbedürfniſſe diente, wird durch den umſtändlichen Ausdruck: „Brot brechend nahmen ſie Nahrung ein" ange3eigt (vgl. 3u V. 42). Aber der Ton liegt darauf, daß ſie dies „in Jubel und Her3enseinfalt" taten. Der Vf. der AG. betont auch ſonſt gern die Freudig-keit der Chriſten (5 41. 8 8. 39. 11 23. 13 48. 52. 15 3. 16 34; vgl. Harnack III S. 208f.). ἀφελότης (ἅπαξ λεγόμενον, = ἀφέλεια) hat hier denſelben Sinn wie ἁπλότης II Kor 8 2. 9 11. 13. Röm 12 8. Kol 3 22. Eph 6 5. Jak 1 5: Frei-ſein von Selbſtſucht und Neid. **V. 47.** Sie beſaßen „Gunſt (χάρις wie 4 33. 7 10) bei dem ganzen Volk" [2]. Ob als „der Herr", der „die 3um (meſſiani-

---

1. D bietet folgenden Text: πάντες τε (3um Unterſchied von den ὅσοι κτήμ. εἶχ. V. 45) προσεκαρτέρουν ἐν τῷ ἱερῷ καὶ κατ' οἴκους [ἦσ]αν ἐπὶ τὸ αὐτό, κλῶντές τε ἄρτον μετελάμβ. κτέ. So Blaß im β-Text u. Hilgf. Dieſe Abänderung iſt gewiß durch die Reflexion begründet, daß im gewöhnlichen Texte der erſte Parti3ipialſatz: καθ' ἡμ. τε προσκαρτεροῦντες κτέ. nicht in demſelben logiſchen Verhältnis 3um Hauptſatz: μετε-λάμβανον τροφῆς ſteht, wie der 3weite Parti3ipialſatz: κλῶντές τε κτέ.

2. Statt λαόν hat D: κόσμον. Gewiß nur Fehler eines Abſchreibers in Erinne-rung an das im NT 8mal vorkommende ὅλος ὁ κόσμ. Im Anſchluß an Blaß' Hypo-theſe über die Entſtehung des β-Textes vermutet Neſtle StKr 1896 S. 102f., der Vf. der AG. habe bei ſeiner Überſetzung aus einer hebr. oder aram. Quellenſchrift 3wei ähnliche Wörter verwechſelt: ſtatt עָלְמָא od. עָם = κόσμος habe er bei ſeiner Reinſchrift עַמָּא od. עַם = λαός geleſen. Blaß (edit. act. sec. form. rom. p. V) erklärt ſeine 3u-

ſchen) Heile Gelangenden (vgl. V. 21 u. 40) hinzutat (nämlich zur Gemeinde,
was die Rec. ausdrücklich hinzuſetzt)", Chriſtus gedacht iſt, wie V. 21 u. 36,
oder Gott, wie V. 39 (ſo Herner in der bei 1₂₄ zitierten Schrift S. 17),
muß dahingeſtellt bleiben.   Die W.: ἐπὶ τὸ αὐτό, welche in der Rec. zu 3₁
gezogen werden, ſind wie in: 1₂₂. 2₁. ₄₄ räumlich zu faſſen: „zu dem Zu=
ſammenſein", eigentl.: auf denſelben Ort hin, näml. wo die Gemeinde bei=
ſammen war.   Nachdem vorher das ſtete Beiſammenſein der Gemeinde be=
ſonders hervorgehoben war, ſollte jetzt bemerkt werden, daß auch die neu
hinzukommenden nicht nur der Gemeinde überhaupt, ſondern auch dieſem
räumlichen Zuſammenſein ſich anſchloſſen.   Die Ausdrucksweiſe iſt prägnant.

Kap. 3.

V. 1 — 11. Heilung eines Lahmen durch Petrus und Johannes[1].
V. 1. „Petr. aber u. Joh. waren beim Hinaufgehen (Imperf.) in den Tempel
zu der Stunde des Gebets (ἐπί c. acc. wie 4₅. Lk 10₃₅; vgl. Blaß, Gr.
§ 43, 1), der neunten."   Die neunte St., 3 Uhr Nachm., war die zweite
der täglichen Tempel=Gebetſtunden.   Schür. II³ S. 293. O. Hltzm.² S. 167.
V. 2.   Den Lahmgeborenen (vgl. 14₈) ſetzte man täglich „an das ſogenannte
ſchöne Tor des Tempels", d. i. das am öſtlichen Ausgange des inneren Vor=
hofes (des Frauen=Vorhofes, in den auch Frauen kommen durften) gelegene
eherne Tor, deſſen kunſtvolle Arbeit Joſ. Bell. 5, 5, 3 beſchreibt, identiſch
mit dem „Nikanor=Tor" der Miſchna.   Vgl. Schür. II³ S. 285 u. ZNW 1906
S. 51ff.; Buhl S. 147.   Dieſes Tor war der Haupteingang in den inneren
Vorhof.   τοῦ αἰτεῖν: „um zu bitten".   **V. 3.**   Er „bat, daß er ein Almoſen
empfinge".   Zu dem an ſich entbehrlichen λαβεῖν vgl. Mk 1₁₇. Win. § 65, 4.
V. 4f.   Entſprechend der Aufforderung des Petr. ἐπεῖχεν αὐτοῖς scil. τὸν

ſtimmung zu dieſer recht problematiſchen Vermutung.   Gegen ſie: Dalman, d. Worte
Jeſu, 1878, I S. 54f.
    1. Feine S. 174 meint in V. 8b—10, Sp. S. 77f. in V. 8a u. 9f., Jgſt S. 38ff.
in den W. von ἠρώτα V. 3 bis ὁ δὲ V. 5 und von περιπατῶν V. 8 bis zum Schluſſe
von V. 10 Zuſätze des Red. in den Quellenbericht zu erkennen.   Sorof S. 54, J. Wß
StKr 1893 S. 491, Hilgf. ZwTh 1895 S. 188 weiſen das Stück im ganzen der juden=
chriſtl. Quelle zu, ohne redaktionelle Einſchübe darin zu bemerken.   Auch mir ſcheint
kein begründeter Anlaß dazu vorzuliegen, in der etwas umſtändlich detaillierenden
Ausführung des Berichts zweierlei Hände zu unterſcheiden.   Nach Harnack III S. 142
—152 haben wir es in 3₁—5₁₆ mit einem erſten Stücke aus der guten „jeruſalemiſch=
cäſareenſiſchen" oder „petriniſch=philippiniſchen" Tradition zu tun, aus welcher auch die
Stücke 8₅—₄₀. 9₃₁—11₁₈ u. 12₁—₂₃ ſtammen.   Innerhalb der Erzählung v. K. 3 u. 4
findet er in der überflüſſigen und anſcheinend nachträglichen Einführung des Johannes
neben Petrus ein Anzeichen dafür, daß die benutzte Quelle eine ſchriftliche war (S. 184f.).
    Das Detail der Geſchichte V. 1—11 iſt bei D mit mannigfachen kleinen Abände=
rungen gegeben (ſ. d. Text bei Hilgf.), z. B. iſt V. 1 eingeleitet durch die W.: ἐν δὲ
ταῖς ἡμέραις ταύταις Πέτρος, welche auch Blaß nicht in den β=Text aufnimmt, ſondern
wie die ähnlichen Einleitungen 21. 51 für Zuſätze am Anfange der neuen Lektion hält.
Dann iſt in V. 1 vor ἐπὶ τὴν ὥραν eingefügt: τὸ δειλινόν, „nachmittags".   V. 3 beginnt:
οὗτος ἀτενίσας τ. ὀφθαλμοῖς αὐτοῦ καὶ ἰδών.   Die Aufforderung des Petr. V. 4 lautet:
ἀτένιϲον εἰς ἡμᾶς.   V. 11 lautet: ἐκπορευομένου δὲ τοῦ Π. κ. Ἰ. ϲυνεξεπορεύετο κρα=
τῶν αὐτούς· οἱ δὲ θαμβηθέντες ἔϲτηϲαν ἐν τῇ ϲτοᾷ τ. καλ. Σολ. ἔκθαμβοι.   Dieſen
Text von V. 11 bevorzugt auch Belſer S. 19f.   Vgl. dagegen B. Wß, Cod. D S. 60.

νοῦν, „richtete er seine Aufmerksamkeit auf sie". Vgl. Lk 14 7. I Tim 4 16.
V. 6. Die ersten W. des Petr.: „Silber und Gold gehört mir nicht", ent=
sprechen dem 2 44f. Berichteten (vgl. Sp. S. 73). Bei dem Befehl: „im Namen
Jesu Christi des Nazareners: gehe umher!" ist der Name Jesu Chr. als die
Kraft zur Erteilung und zum Wirksamwerden des Befehls gedacht. Vgl. 16 18.
Über das Überraschende und Bedeutsame dieser Verwendung des Namens Jesu
s. nachher 4 7—12. **V. 7.** „Ihn bei der rechten Hand (zum Gen. τ. *δεξιᾶς*
χειρὸς vgl. Mk 1 31. 9 27) ergreifend richtete er ihn auf; plötzlich aber wurden
gefestigt seine Füße und Knöchel." *σφυδρόν* ein selten vorkommender term.
techn. für die Knochenköpfe am Bein (Harnack I S. 133). **V. 8.** „Und
aufspringend stand er." Blaß (ihm folgend Hilgf.) hält das Präs. *ἐξαλλό-*
μενος für ungehörig und liest den Aor. *ἐξαλόμενος.* **V. 10.** Zur Schilderung
des Eindrucks des Wunders vgl. Lk 5 26. **V. 11.** *κρατοῦντος δὲ αὐτοῦ:*
„während er aber festhielt". Die „sogen. Salomo=Halle" (vgl. 5 12. Joh 10 23.
Jos. Ant. 15, 11, 3) war eine große doppelte Säulenhalle längs der Mauer
an der Ostseite des Tempelvorhofs. Vgl. O. Hltzm. ² S. 154. Der Plur.
ἔκθαμβοι ist *κατὰ σύνεσιν* mit dem kollektiven *λαός* verbunden.

V. 12—26. Tempelrede Petri[1]. Indem Petr. im ersten Teile (V. 12—16)
den Glauben an den Namen des Messias Jesus als eigentlichen Grund der Heilung
hinstellen will (V. 16), kennzeichnet er zunächst diesen von den Hörern schmählich ver=
worfenen Jesus als den von Gott verherrlichten Messias (V. 13—15). Im zweiten
Teile (V. 17—26) fordert er dann zu der Sinnesänderung auf, welche die Bedingung
der Teilnahme an dem bevorstehenden messian. Heilszustande ist (V. 17—20) und
nimmt hierbei Anlaß, diesen messian. Heilszustand als Erfüllung der gesamten alt=
testamentlichen Verheißungen Gottes hinzustellen (V. 21—26). **V. 12.** „Was verwundert ihr euch über diesen" d. i. den Geheilten.
Dafür, daß *ἐπὶ τούτῳ* nicht neutrisch: „hierüber" zu verstehen ist (Men.),
sondern maskulinisch, zeugt das auf *τούτῳ* sich zurückbeziehende *αὐτόν* am
Schlusse des V. Denn sonst würde hier *τοῦτον* stehen. Die Leute im Tempel
umdrängten Petr. u. Joh. und den von ihnen nicht loslassenden Geheilten
(das *πρὸς αὐτοὺς* V. 11 bezieht sich auf diese drei) und staunten ebenso
diesen letzteren wegen der an ihm sich darstellenden Heilungstatsache, wie die
App. als die Urheber der Heilung an. Nun sagt ihnen Petr., daß sie weder
über diesen Geheilten (d. i. indirekt über seine Heilung) sich verwundern,
noch auf sie selbst, die App., ihre Blicke richten sollen (*ἀτενίζειν*), „in der
Vorstellung, als (*ὡς*, vgl. Blaß, Gr. § 74, 6) hätten wir durch eigene Kraft
oder Frömmigkeit (die Gott mit diesem Erfolge belohnt hätte) bewirkt, daß
er gehen kann". **V. 13.** Der Hauptton liegt hier auf der Nennung Jesu (vgl. 2 22), auf

---

1. Die Kritiker, die den Grundbestand von V. 1—11 aus einer schriftlichen Quelle
herleiten, weisen diese Rede derselben Quelle zu. Einige von ihnen meinen noch be=
stimmte Einschübe in den Quellenbestand nachweisen zu können. Nach Jgst S. 40 ff.
sind V. 14 a. 18. 21—24. 25 b Einschübe, die ursprünglich zu der Pfingstrede des Petr.
in der zweiten Quelle gehörten (V. 25 b bezogen auf 25—11) und an die sich hier
2 24—31. 34f. anschloß. Nach Hilgf. Acta p. 262 s. sind V. 21 b. 25 b und das *πρῶτον*
in V. 26 eingeschoben. Mir scheinen keine solche Unebenheiten des Gedankenganges
vorhanden zu sein, welche es unmöglich machten, die Rede so, wie sie uns vorliegt,
als einheitliche Komposition des Vf.s der AG. zu verstehen.

den Petr., von dem Geheilten und sich weg, die Aufmerksamkeit der Hörer
lenken will. Denn den Glauben an den Namen dieses Jesus will er als das
eigentlich entscheidende Moment für die Heilung hinstellen (V. 16). Aber
Gott ist es, der Jesu diese messianische Herrlichkeit und Kraft verliehen hat;
und dieses Verhalten Gottes steht in schroffem Gegensatz zu demjenigen der
Angeredeten, die Jesum verworfen haben. Gott wird feierlich als der be=
zeichnet, der mit dem Volke Israel von dessen Urvätern her (zu τ. πατέρων
ἡμῶν vgl. I Kor 10₁. Joh 6₃₁) in besonderem Bundesverhältnisse steht, nach
Ex 3₆; vgl. Lk 20₃₇. AG 7₃₂. Dadurch, daß Gott dem im Namen Jesu
ausgesprochenen Heilungsbefehle Erfolg schenkte, „verherrlichte er seinen Knecht
Jesus". Diese deutero=jesajanische Bezeichnung wird auf Jesum angewandt
wie V. 26 u. 4₂₇. ₃₀; vgl. Mt 12₁₈. Über den Gebrauch dieser ursprünglich
solennen Bezeichnung Jesu in der ersten nachapost. Zeit vgl. Harnack IV S. 74
u. Lehrb. d. Dogmengeschichte I³ S. 176. Dem μέν hinter ὃν ὑμεῖς folgt
kein entsprechendes δέ (vgl. 1₁). Beabsichtigt war der Gegensatz: den ihr
überliefert habt usw., den aber Gott auferweckt hat (V. 15b). Aber durch
den Zusatz zu Πειλάτου: κρίναντος ἐκείνου ἀπολύειν, der dann den Gegensatz
V. 14 bedingt, wird die formelle Durchführung jenes ersteren Gegensatzes
abgebrochen. Zu παρεδώκατε ist zu ergänzen: dem Pilatus. Bei D syr. ᵖ· ᵐᵃʳᵍ·
Iren. ist εἰς κρίσιν, bei E εἰς κριτήριον in den Text aufgenommen. Vgl.
Lk 24₂₀. κατὰ πρόσωπον Πειλάτου: „angesichts des Pilatus". Vgl. Gal 2₁₁.
V. 14. „Ihr verleugnetet[1] den Heiligen (d. h. zu Gott Gehörigen) und Ge=
rechten (d. h. dem Willen Gottes Entsprechenden)". Dieselben Attribute auf
den Täufer angewandt: Mk 6₂₀. Zum geschilderten Sachverhalt vgl. Lk 23₁₋₅.
13—25. Da das W. ἀρχηγός an der der unsrigen verwandten St. 5₃₁ nur
„Anführer" bed. kann, wird es auch an u. St. so zu verstehen sein (vgl.
Hbr 12₂) und nicht als „Urheber" (vgl. Hbr 2₁₀. 5₉). „Anführer des Lebens"
ist Jesus, sofern er zum ewigen Leben, dem Inbegriff der messian. σωτηρία,
hinführt. Die Bezeichnung ist gewählt im Kontrast einerseits zu ἄνδρα φονέα
V. 14, andrerseits zu ἀπεκτείνατε. V. 15b = 2₃₂.
　　　V. 16. „Auf Grund des Glaubens an seinen Namen (πίστις mit d.
Gen. obj. wie Röm 3₂₂ u. ö.) hat diesen sein Name festgemacht." Die
Schwerfälligkeit des Ausdrucks ist dadurch veranlaßt, daß die App. einerseits
nicht irgendwie sich selbst (vgl. V. 12b und beachte das Fehlen des Pron.
der ersten Pers.), sondern nur den Namen Jesu, andrerseits diesen Namen
doch nicht als bloß äußerlich gesprochenen, sondern als im Glauben an die
in ihm bezeichnete Messianität Jesu angewandten als das die Heilung be=

---

1. Statt ἠρνήσασθε hat D die auffallende LA: ἐβαρύνατε, Iren.: aggravastis,
Aug.: inhonorastis et negastis. Nestle StKr 1896 S. 103f., dem Blaß zustimmt,
vermutet, diese LA sei durch einen Fehler des Vf.s der AG. bei der ursprünglichen
Übersetzung einer hebr. Vorlage veranlaßt, indem er nämlich כבדתם „ihr beschwertet"
las statt כחשתם „ihr verleugnetet", während er dann bei seiner Reinschrift den Fehler
korrigierte. Vgl. die Anm. zu 2₄₇. Aber diese Kombination ist doch eine sehr kühne
und unwahrscheinliche, da für כבד, das die LXX allerdings Job 35₁₆ mit βαρύνει
übersetzen, die Bedeutung „beschweren" doch ebensowenig gewöhnlich ist wie für כחש
die Bed. „verleugnen". Vgl. A. Meyer, Jesu Muttersprache, S. 131f.; Dalman, d.
Worte Jesu, 1898, I, S. 55f.

wirkende Moment-hinstellen wollen. Dieser Gedanke wird so ausgedrückt: der
Name Jesu habe auf Grund des Glaubens an diesen Namen die Heilung bewirkt. Denselben Gedanken geben dann in etwas verändertem Ausdruck die
folgenden W.: „und der durch ihn gewirkte Glaube gab ihm diese Gesundheit". Der Glaube hat zwar Jesum den Messias auch zum Gegenstand. An
u. St. wird aber speziell sein Hervorgerufensein durch Jesus bezeichnet, um
auch das Einzige, was die App. bei der Heilung leisteten, die gläubige Anwendung des Namens Jesu Chr., als etwas nicht aus ihnen selbst hervor-
gegangenes, sondern durch Jesus Bewirktes hinzustellen. Dabei braucht nicht
an ein wunderbares, psychologisch unvermitteltes Gewirktsein des Glaubens
gedacht zu sein. Jesus rief durch seine messian. Taten und Erlebnisse, deren
Zeugen die Jünger waren, den Glauben an seine Messianität hervor. Unter
der πίστις ist in unsr. V. beidemale der Glaube der App. gemeint, nicht etwa
zuerst der des Kranken, dann der der App. (so J. Wß StKr 1893 S. 493,
der aus diesem Grunde die Anfangsworte ἐπὶ τῇ πίστει τοῦ ὀνόματος αὐτοῦ
für einen Zusatz d. Red. erklärt). ὁλοκληρία: „Gesundheit, Integrität". Vgl.
Jes 1 6. I Th 5 23.

. **V. 17.** καὶ νῦν macht den Übergang von einer vorbereitenden Erörterung zu der Aufforderung, auf welche dieselbe abzweckt: „und nunmehr",
bei dieser Sachlage. Vgl. 7 34. 10 5. 22 16. Es dient schon zur Einführung
der Ermahnung V. 19 (de W.). Vorher werden aber die Aussagen V. 17 f.
eingeschoben als weitere Voraussetzungen für diese Ermahnung. „Ihr han-
deltet zufolge Unwissenheit." Vgl. 13 27. Lk 23 34. Unwissenheitssünde ist
vergebbar; vgl. Lev 22 14. Num 15 22—31. A. Seeberg, Tod Christi S. 318 f.,
meint, daß die ἄγνοια hier sich nicht auf die Messianität Jesu, sondern auf
den göttlichen Heilsratschluß, den die Juden in ihrem Tun zur Ausführung
brachten, beziehe. Aber diese Beziehung hätte bestimmt ausgedrückt sein
müssen. Die Beziehung auf die Messianität Jesu dagegen ergibt sich aus
dem Vorangehenden. Zur Verblendung der „Oberen" des jüd. Volkes, aus
der allein ihr Verfahren gegen den Messias Jesus zu begreifen ist, vgl.
I Kor 2 8. **V. 18.** Durch die in Verblendung vollbrachte Tötung des Messias
sind nun doch nicht die messian. Verheißungen vereitelt; vielmehr gehörte
diese Tötung gerade mit zu der von Gott veranstalteten Erfüllung dieser
Verheißungen. Vgl. zu 2 23. Die Berufung auf „alle Propheten" (vgl. Lk
24 27. AG 10 43) ist eine Übertreibung, sofern man die Propheten als einzelne
in betracht zieht. Aber für Petr., bezw. den Vf. der AG., kamen sie ge-
wissermaßen als ein einheitliches Ganzes in betracht und die innere Harmonie
der alttest. Prophetie wurde als so selbstverständlich betrachtet, daß das, was
bei einem oder einigen Proph. deutlich bezeugt war, ohne weiteres als Meinung aller hingestellt wurde. Zu τ. Χριστὸν αὐτοῦ vgl. 4 26 (== Ps 2 2).
Lk 2 26. 9 20. οὕτως: in der in V. 13—15 u. 17 beschriebenen Weise.

V. 19. Aus dem in V. 17 f. Gesagten wird gefolgert, daß die Hörer
Sinnesänderung üben sollen (vgl. 2 38), um Vergebung für ihre Sünde der
Verwerfung des Messias und dadurch Teilnahme an der zur Verwirklichung
bevorstehenden messian. Heilszeit zu erlangen. Neben dem μετανοήσατε, „tut

Buße", in welchem das begriffliche Moment der Abkehr von der Sünde vor=
wiegt, wird durch das ἐπιστρέψατε, „bekehret euch", noch besonders die po=
sitive Hinkehr zu dem von Gott gesandten Messias bezeichnet. Vgl. 26 20 u.
zu 9 35. Der nächste Zweck ihrer Umkehr wird bezeichnet durch die W.:
„damit eure Sünden ausgelöscht werden" (Vergebung bildlich als Auslöschung
einer Schuldverschreibung vorgestellt wie Kol 2 14. Pf 51 3. 11. Jef 43 25).
Jhren letzten Zweck aber, für den nur eben in der Sündenvergebung die
Voraussetzung liegt, bezeichnet der Satz: „auf daß Zeiten der Erquickung vom
Angesichte des Herrn her kommen", d. h. die messianische Heilszeit eintrete.
Durch das ἄν bei ὅπως wird der beabsichtigte Erfolg als von der Erfüllung
der bezeichneten Bedingung abhängig hingestellt. Vgl. 15 17. Lk 2 35. Röm 3 4.
Zu der ἀνάψυξις (vgl. Ex 8 15) als Charakteristikum der messian. Zeit vgl.
die ἄνεσις II Th 1 7, die κατάπαυσις und den σαββατισμός Hbr 4 3 — 11 und
die Schilderung Apk 21 3f. ἀπὸ προσώπου τοῦ κυρίου ist hebraisierender
Ausdruck (vgl. II Th 1 9), entspricht aber auch der jüd. Vorstellung, daß die
messian. Heilsgüter im Himmel bei Gott vorhanden sind und von dorther
zur Verwirklichung für die Menschen kommen. Vgl. Apk 21 2. 10. Hebr 12 22.
I Pt 1 4. V. 20. Die hier gemeinte „Sendung" des Messias, mit der die
Heilszeit anbrechen wird, ist seine Parusie. Bei seinem ersten Kommen mußte
der Messias gemäß der prophetischen Verkündigung leiden (V. 18; vgl. 26 23),
bei seinem zweiten Kommen aber wird er die Welterneuerung bringen (V. 21).
Vgl. auch Hbr 9 28. Der von Gott zu Sendende wird bezeichnet als „der
für euch bestimmte Messias Jesus". προχειρίζεσθαι (22 14. 26 16) bed. eigent=
lich: „sich vor die Hand nehmen", dann: „sich etwas vornehmen", und mit
Akk. d. Person: „Jem. bestimmen". Vgl. II Mak 3 7. 8 9. Zu ὑμῖν vgl. 2 39.
Χριστός hat hier durchaus seinen amtlichen Sinn: „Messias". Über die Ver=
wendung dieses Begriffs in der AG. vgl. Harnack IV S. 72 f.
    V. 21. „Den der Himmel aufnehmen muß bis zu Zeiten der Neuord=
nung alles dessen, was usw." οὐρανὸν Acc. subjecti. δεῖ von der durch
den Ratschluß Gottes bedingten Notwendigkeit gesagt (vgl. 1 16). Dieser Rat=
schluß gilt dem Redner als bezeugt durch die h. Schrift (vgl. 2 28. Lk 24 26).
Durch das Präf. δεῖ wird diese Notwendigkeit als eine dauernd gültige hin=
gestellt. Zu dem οὐρανὸν μὲν steht in nicht ausgesprochenem Gegensatze der
Gedanke, daß die Erde den Messias wieder aufnehmen muß, wenn der be=
zeichnete Zielpunkt für sein Wohnen im Himmel erreicht sein wird. Luth. u.
viele ältere Lutheraner, zum Teil im Interesse der Ubiquitätslehre, auch Beng.
u. A., Jäg. I S. 19 f. fassen ὃν als Subjekt. Da δέχεσθαι nicht „einnehmen"
bed. (so Luth.), wäre bei dieser Fassung zu übersetzen: „welcher den Himmel
in Empfang nehmen muß (näml. vom Vater)". Die obige Fassung ist ein=
facher. ἀποκατάστασις bed. Herstellung, Feststellung, und zwar (das liegt in
dem ἀπο) Herstellung in einen neuen Zustand durch Beseitigung eines bis=
herigen schlechten (vgl. ἀποκαθιστάναι = herstellen oder heilen eines kranken
Gliedes od. Menschen: Mk 3 5 u. Parall.; 8 25). Unter den „Zeiten der Neu=
ordnung" an u. St. verstehen Men., B. Wß (vgl. Bibl. Th. d. NT § 42a),
Overb. den der Parusie vorangehenden und ihren Eintritt bedingenden Zeit=

raum der Wiederherstellung aller sittlichen Verhältnisse durch die Bekehrung
(vgl. Mal 4₅. Mk 9₁₂). Der Gedanke würde zu V. 19 u. 22 f. passen.
Dabei denken Mey. u. B. Wß diese ἀποκατάστασις als den zukünftigen Zustand, in dem die sittl. Neuordnung fertig vorhanden sein wird, Overb. aber
als den schon gegenwärtigen, in dem sie sich allmählich vollzieht. Allein
gegen die erstere Auffassung spricht der Plur. χρόνων, der den Zustand der
ἀποκατάστασις nicht als Endpunkt einer vorangehenden Entwicklungszeit,
sondern als lange Zeitdauer hinstellt. Gegen die letztere Auffassung spricht
das ἄχρι, durch das die χρόνοι ἀποκαταστάσεως selbst, d. i. also ihr Eintritt,
nicht, wie Overb. umdeuten muß, ihre Vollendung, als Endtermin für den
himmlischen Aufenthalt des Messias angegeben werden. Und entscheidend
spricht gegen die ganze Erklärung der ἀποκατάστασις von der der Parusie
vorangehenden sittl. Neuordnung, daß bei ihr das folgende ὧν nicht auf
πάντων, sondern auf χρόνων zurückbezogen werden muß. Diese undeutliche
Rückbeziehung des attrahierten ὧν anzunehmen, ist nicht möglich; es müßte
οὓς geschrieben sein (Blaß). Bei der Beziehung des ὧν auf πάντων sind
die „Zeiten der Neuordnung" von der mit der Parusie eintretenden Heilszeit
zu verstehen, in der sich die prophet. Heilsverheißungen erfüllen. Nun wird
freilich der Inhalt dieser Verheißungen in der Heilszeit nicht neugeordnet,
sondern vielmehr zur Erfüllung gebracht. Der Begr. ἀποκατάστασις bed.
nicht einfach diese Erfüllung. Durch ihn wird der zukünftige Heilszustand
insofern bezeichnet, als er seiner Art nach eine Neuordnung, eine Herstellung
aller Dinge und Verhältnisse zu neuer, glücklicher, beseligender Beschaffenheit
sein wird (vgl. 1₆. Jes 65₁₇ff.). Sofern nun aber diese Neuordnung gemäß
der prophetischen Verheißung eintreten wird, kann sie in prägnanter Kürze
bezeichnet werden als „Neuordnung alles dessen, was Gott durch den Mund
seiner heiligen Propheten von Uranfang geredet hat", d. i. als Neuordnung
in dem ganzen Umfange, in welchem eine solche verheißen ist. Mit Unrecht
wendet Overb. gegen diese Auffassung ein, sie habe die Tautologie von
V. 19 f. u. 21 zur Folge. Allerdings fallen die καιροὶ ἀναψύξεως V. 19
mit den χρόνοι ἀποκαταστάσεως zusammen. Aber der Fortschritt des Gedankens liegt darin, daß die mit der Parusie eintretende Periode in V. 19 f.
als eine von Gott kommende, durch seine Sendung des Messias herbeizu-
führende Heilszeit bezeichnet wird, in V. 21 aber als Erfüllung der ganzen
prophet. Verheißung. Dieser letztere Punkt soll in V. 22 ff. weiter ausgeführt
werden. Er hat auch die Abwechslung zwischen den Ausdrücken ἀνάψυξις
und ἀποκατάστασις, die keineswegs Synonyma sind, bedingt. Nur die Anwendung des letzteren Begriffes in V. 21 ermöglichte es, in V. 22 f. ein
Wort des Moses, das sich direkt nur auf das Vernichtungsgericht über die
Verächter des kommenden Propheten bezieht, als Zeugnis für den vom wieder-
kehrenden Messias zu erwartenden neuen Zustand, der eben ein Zustand der
Reorganisation sein wird, anzuführen. Die Wendung: „durch den Mund
seiner heiligen Propheten von uran" wie Lk 1₇₀.

V. 22 f. Zum Belege dafür, daß Gott von Uranfang durch seine Propheten von der messian. Heilszeit geredet hat, wird zuerst auf die Weis-

ſagung des Moſes Dtn 18 15. 18. 19 (frei nach LXX) verwieſen. Während dieſe ihrem urſprünglichen Sinne nach bedeutet, daß Jahve dem Volke Israel ſtets zur rechten Zeit einen Propheten erwecken will (vgl. H. Schultz, altteſt. Theol. [5] S. 626), wird ſie vom Ap. auf den Meſſias als den Propheten κατ' ἐξοχήν bezogen. Der Hauptpunkt im Zitat, um deswillen es in unſerm Zu= ſammenhange angeführt wird, iſt die Verkündigung des Vernichtungsgerichtes für die Ungehorſamen V. 23. Denn dies iſt eine indirekte Verkündigung der ἀποκατάστασις V. 21. Statt der bei LXX nach dem Grundtexte ſtehenden W.: ἐγὼ ἐκδικήσω ἐξ αὐτοῦ iſt die verſchärfte Drohformel: ἐξολεθρευθήσεται ἐκ τ. λαοῦ eingeſetzt nach Gen 17 14 u. ö. Sie iſt von der Ausſchließung vom meſſian. Heile verſtanden. V. 24. Neben Moſes werden auch alle weiteren Propheten als Zeugen hingeſtellt, ohne daß aber beſtimmte Zeugniſſe von ihnen angeführt werden. καί — δὲ wie 2 44. Die W.: πάντες οἱ προ- φῆται ἀπὸ Σαμ. καὶ τῶν καθεξῆς ſind eine ungenaue Zuſammenziehung der zwei Wendungen: „alle Proph., Sam. und die folgenden", und: „alle Proph. von Sam. an". Win. § 67, 2. Samuel wird als erſter der Propheten im engeren Sinne genannt (vgl. Hbr 11 32). Dem Sinne nach gehört die Aus= ſage κατήγγειλαν κτέ. zu dem Subj. πάντες οἱ προφῆται. Dabei iſt aber das καὶ überflüſſig. Entweder iſt (mit Weizſ.) zu überſetzen: „haben auch verkündigt", oder es iſt die Anakoluthie anzunehmen, daß das, was eigent= lich Prädikat des Hauptſatzes ſein ſollte, mit in den relativiſchen Nebenſatz hineingezogen iſt. „Dieſe Tage" ſind diejenigen, von denen in V. 21 geredet iſt und auf die ſich auch das Moſeswort V. 23 bezieht.

V. 25. Abſchließende Applikation des Geſagten an die Hörer: ſie ſind diejenigen, welche die meſſian. Verheißung in erſter Linie angeht. Beachte das nachdrücklich vorangeſtellte ὑμεῖς u. V. 26 ὑμῖν u. vgl. 2 39. „Ihr ſeid die Söhne der Propheten und des Bundes", d. h. ihr gehört ihnen zu und ſie gehören euch zu. Aus dem Zuſatze τῆς διαθήκης iſt erſichtlich, daß die Hörer υἱοὶ τ. προφητῶν nicht heißen als Nachkommen der Proph., ſondern ſofern ſie zu dem, was die Proph. verkündigt haben, in einem gleichen Zu= gehörigkeitsverhältniſſe ſtehen, wie zu dem Bunde. Zu der hebraiſierenden Anwendung von υἱός im übertragenen Sinne vgl. Mt 8 12. 13 38. 23 15 u. ö. Die Zufügung des Begriffes τῆς διαθήκης bahnt den Übergang zu dem in dem Relativſatze noch gegebenen Hinweiſe auf die meſſian. Verheißung der vormoſaiſchen Zeit, ſo daß alle Perioden der altteſt. Weisſagung berührt ſind (Blaß). Die „Väter", d. i. Vorfahren, mit denen Gott den Bund ſchloß, be= zeichnet Petr., obgleich ſie auch ſeine eigenen ſind, als „eure Väter", weil es im Zuſammenhange dem rhetoriſchen Intereſſe entſpricht, ſpeziell die Zu= gehörigkeit der Vorfahren zu den Angeredeten zu betonen. Abraham iſt der Repräſentant dieſer Vorfahren, ſo daß Gott mit dieſen einen Bund ſchloß, indem er jenem die Verheißung Gen 22 18 (vgl. 12 3. 18 18) gab. Sie wird hier frei nach LXX zitiert. Der Begriff σπέρμα hat hier bei der beab= ſichtigten meſſian. Verwertung der St. nicht den kollektiven Sinn „Nachkommen= ſchaft" (ſo Zöckl., B. Wß), ſondern iſt, wie Gal 3 16, auf „den Nachkommen" im ſpeziellen Sinne, den Meſſias, bezogen. ἐνευλογηθήσονται iſt in paſſivem

Sinne zu nehmen, nicht nach dem Urtexte in reflexivem (so Clemen StKr 1895 S. 330). Unter „allen Geschlechtern der Erde" sind nicht die Heiden im Gegensatze zu Israel, sondern alle Völker mit Einschluß Israels gemeint. Das beweisende Moment dafür, daß die angeredeten Israeliten „Söhne des Bundes" sind, liegt natürlich nicht in diesen Schlußworten der angeführten Verheißung, sondern darin, daß der Spender des universalen Segens als Abrahamide, also als einer, der aus dem Volke Isr. hervorgeht, bezeichnet ist. V. 26. In dem den Juden geltenden πρῶτον (vgl. Röm 1 16, auch Mt 7 27) liegt indirekt, daß nachher auch Anderen das messian. Heil bestimmt ist. Dies ist aber nicht ein speziell paulinischer Gedanke [1]. Vielmehr ist es eine echt alttest. u. jüd. Erwartung, daß auch die fremden Völker dereinst an den Segnungen der messian. Zeit teilnehmen werden, nur eben durch Vermittlung Israels und so, daß Israel seine Prärogative behält. Der Begriff ἀναστήσας ist hier, bei seiner Beziehung auf V. 22 und seiner Verbindung mit ἀπέστειλεν, nicht von der Auferweckung aus dem Tode (Luth.), sondern von dem Erstehen= lassen zum Leben und Wirken gemeint, welches sich in der Sendung des Messias vollzogen hat (vgl. 13 32). Über das Verhältnis des Part. Aor. zu ἀπέστειλεν s. zu 1 24. Über τὸν παῖδα αὐτοῦ s. zu V. 13. Mit den Schluß= worten: „indem ihr euch ein Jeglicher abwendet von euren Schlechtigkeiten" [2] wird die Bedingung für den Empfang der Segnung bezeichnet. ἀποστρέφειν ist in intransitivem Sinne zu nehmen, wie oft bei LXX und wie ἐπιστρέφειν V. 19. Nach älteren Ausl. fassen B. Wß u. A. Seeberg, Tod Christi S. 321 es transitiv (wie Lk 23 14 und sonst überall im NT): „indem er einen Jeden abwendet". Aber bei der intrans. Fassung bilden diese W., sofern sie eine indirekte Mahnung zur Leistung der bezeichneten Bedingung enthalten, gerade einen besonders treffenden, auf V. 19 zurückgreifenden Abschluß des paräneti= schen Teiles der Rede. Vgl. auch 2 40.

Kap. 4.

V. 1—22. Verhaftung des Petrus und Johannes und Gerichts= verhandlung [3]. V. 1. „Während sie zum Volke redeten, traten an sie heran

---

1. πρῶτον wird für einen redaktionellen Zusatz erklärt von J. Wß StKr 1893 S. 495, Hilgf. ZwTh 1895 S. 196; Act. p. 262s., Clemen StKr 1895 S. 330. Da= gegen beläßt Jgst S. 42 es dem ursprünglichen Bestande der Rede, gibt ihm aber eine Beziehung nicht bloß auf das ὑμῖν und auf den fremdartigen V. 25b, sondern auf den folgenden Satz ἀναστήσας ὁ θεὸς τὸν παῖδα αὐτοῦ ἀπέστειλεν κτέ., indem hier von der ersten Sendung des Messias im Gegensatze zu einer zweiten geredet sei.
2. Das ὑμῶν hier ist bezeugt durch ℵADEP viele Min. und einige Verss.; C*13 vulg. sah. cop. Iren. haben αὐτῶν bezw. αὐτοῦ; bei B Chrys. Theophyl. fehlt das Pron. ganz (so Blaß). Gewiß war die Ungenauigkeit der Beziehung des ὑμῶν auf das Subj. ἕκαστον die Veranlassung teils zur Änderung in αὐτ., teils zur Weglassung.
3. Diese Erzählung zeigt große Verwandtschaft mit der späteren 5 17ff. Wahr= scheinlich wurde ein und derselbe Vorgang, ein gerichtliches Einschreiten gegen die Häupter der Urgemeinde, mit verschiedenen Zügen im einzelnen überliefert (das eine Mal nur Petr. u. Joh., das andere Mal alle 12 App. die Verhafteten). Der Vf. der AG. meinte deshalb, zwei Vorgänge annehmen zu müssen. Zu dem zweiten zog er die Erzählung von der wunderbaren Befreiung der App. aus dem Gefängnis, eine

(ἐφιστάναι c. dat. wie Lk 2₉. 24₄. AG 23₁₁) die Priester [1] und der Tempel-
hauptmann". Letzterer war selbst Priester, stand an Rang dem Hohenpriester
zunächst und war mit der Aufsicht über die äußere Ordnung im Tempel be-
traut. Vgl. 5₂₄. ₂₆. Lk 22₄. ₅₂. Jos. Ant. 20, 6, 2. Bell. 6, 5, 3 u. Schür.
II³ S. 265. Die „Priester" werden als die von ihm befehligte priesterliche
Tempelwache gedacht sein. Über die Sadducäer, die hauptsächlich in der jüd.
Priester-Aristokratie (vgl. 5₁₇) vertretene Partei, vgl. Schür. II³ S. 406ff.
O. Hltzm.² S. 212ff. Hölscher, der Sadducäismus, 1906 (dazu Schür.s Anzeige ThLz 1907, S. 200ff.). V. 2. „Die verdrossen waren (διαπονεῖσθαι
wie 16₁₈), weil sie — — in Jesu (d. h. an dem Falle Jesu) die Auferstehung
aus Todten verkündigten." Die Predigt von dem auferstandenen Jesus war
ihnen ärgerlich, nicht weil sie sich auf Jesus, sondern weil sie sich bei Jesus
auf die Auferstehung bezog. Es beruht gewiß auf guter Überlieferung, daß
die hierarchische Partei der Sadducäer, zu der die Spitzen des Synedriums
gehörten, wie sie entscheidend zur Verurteilung Jesu gewirkt hatte, so auch
nachher die Anhänger Jesu in Jer., die den Gekreuzigten nun doch als Messias
verkündigten und seine Verurteilung als ein großes Unrecht hinstellten, verfolgt und zu unterdrücken gesucht hat. Die dogmatische Abneigung gegen
die Auferstehungslehre hatte dabei doch wohl nur eine sekundäre Bedeutung.
Der Vf. der AG. aber scheint aus der Notiz Mk 12₁₈ (= Lk 20₂₇) geschlossen
zu haben, daß sich das ganze Interesse der Sadducäer auf die Leugnung der
Totenauferstehung konzentrierte und daß in diesem dogmatischen Interesse das
maßgebende Motiv für ihr Verhalten gegen die Jünger Jesu lag (vgl. 23₇ff.)².

Parallel-Überlieferung zu der Geschichte von der Befreiung des Petrus 12₅ff., und
hier berichtete er das Eingreifen des Gamaliel. Trotz dieser verschiedenen Ausführung
blickt die ursprüngliche Identität der beiden Vorgänge deutlich durch. Vgl. im Lk.ev.
den doppelten Bericht über die Aussendung der Zwölfe: 9₃ff. nach Mt 6₆ff. u. 10₁ff.
nach der Logia-Quelle; ferner die zwei ähnlichen, aber denselben Vorgang zurück-
gehenden Speisungsgeschichten Mk 6₃₄ff. u. 8₁ff. Vgl. Ewald, Gesch. d. ap. 3.³ S. 202;
Hltzm. hinter 5₄₂; Harnack III S. 142ff. (vgl. oben d. Anm. zu 3₁ff.). — B. Wß, dem
Feine S. 175ff. und J. Wß StKr 1893 S. 491 im wesentlichen folgen, nimmt an, daß
der Vf. der AG. bei der Bearbeitung seiner älteren Quelle in die Erzählung von
K. 4 diejenigen Züge eintrug, auf denen noch die Analogie mit der Erzählung von K. 5
beruht, nämlich die Verhaftung der App. und die Synedriumssitzung. Nach der Quelle
habe, wie aus der Anwesenheit des Geheilten V. 10 u. 14 erhellt, eine öffentliche Verhandlung auf dem Tempelplatze stattgefunden. V. 2—3. 4b—7. 15—17. 19. 20. 23
seien als redaktionelle Zutaten zu betrachten. Umgekehrt weist Sorof S. 57ff. den
ganzen Bericht in K. 4 (ausg. V. 4) der Petrus-Quelle zu, während er in 5₁₇ff. eine
frei umgestaltende Parallel-Erzählung des Überarbeiters erblickt. Sp. S. 80ff. u. Jgst
S. 47ff. leiten die Erzählungen in Kap. 4 u. 5 aus zwei parallelen schriftlichen Quellen
her, deren Berichte sie aber im einzelnen noch durch den Red. modifiziert sein lassen.
  1. Statt ἱερεῖς lesen W.=H. nach BC 4 arm. aeth.: ἀρχιερεῖς. Die Möglichkeit,
daß dies die ursprüngliche LA ist, ist vorzubehalten. Aber da bei der Aufzählung der
gegen Jesus und seine Jünger feindseligen Spitzen der Judenschaft in den Evgg. u.
d. AG. überaus häufig die ἀρχιερεῖς genannt werden, aber nirgends die ἱερεῖς (ausgen.
Lk 20₁, wo die LA schwankend ist), muß es doch als überwiegend wahrscheinlich gelten,
daß Abschreiber an u. St. statt ἱερεῖς das ihnen geläufigere ἀρχιερεῖς einsetzten.
  2. Die meisten Kritiker, die unsern Abschnitt mit einem schriftlichen Quellenberichte
beruhend denken, nehmen die innere Unwahrscheinlichkeit der an u. St. gegebenen
Motivierung zum Anlasse, um V. 2 für einen Zusatz des Red. zur Quelle zu erklären.
So auch Hilgf., Acta p. 263, der in V. 1 die W.: καὶ ὁ στρατηγὸς τοῦ ἱεροῦ nach
D d streicht und die Schlußworte καὶ οἱ Σαδδ. zusammen mit V. 2 dem Red. zuweist.

D. 3. εἰς τήρησιν: „in Gewahrſam, haft". Vgl. 5₁₈. **D. 4.** Die Mitteilung über den Erfolg der Predigt von K. 3 wird erſt hier gegeben, weil es dem Vf. der AG. daran lag, den unmittelbaren Anſchluß der Verhaftung an die Rede auch ſchriftſtelleriſch hervorzuheben. Unpaſſend iſt der Ort zur Einfügung dieſer Angabe durchaus nicht gewählt[1]. Es heißt: „die Zahl der Männer" wahrſcheinlich a parte potiori, d. h. Frauen ſind eingeſchloſſen, wie Mt 14₃₅. Mk 6₄₄. ἄνδρεις alſo hier gleichbed. mit ὀνόματα 1₁₅ u. ψυχαί 2₄₁ (de W.). Über die Zahl 5000[2] vgl. zu 2₄₄. Nach Harnack III S. 143 u. 146 iſt wahrſcheinlich eine Null zuviel geſetzt, ſo daß die urſprünglich über- lieferte Zahl mit der von I Kor 15₆ übereinſtimmte. **D. 5.** „Es begab ſich aber, daß (umſtändliche Ausdrucksweiſe wie 9₃. Lk 3₂₁. 16₂₂) ſich zum folgenden Tage von ihnen (d. i. nach dem Zuſammen- hange: von den Juden) die Oberſten u. die Älteſten u. die Schriftgelehrten in Jer. verſammelten." Die Mitglieder des Synedriums ſind nach ihren ver- ſchiedenen Kategorien aufgezählt. Die ἄρχοντες ſind identiſch mit den ſonſt ſehr häufig ἀρχιερεῖς genannten Angehörigen der (vorwiegend ſadducäiſchen) Prieſter-Adelsgeſchlechter (vgl. V. 23. 22₃₀ u. ö.); πρεσβύτεροι heißen die Mitglieder des Synedriums im allgemeinen; γραμματεῖς ſind ſpeziell die zum Synedr. gehörigen (vorwiegend phariſäiſchen) Schriftgelehrten. Über die Zu- ſammenſetzung des Synedr. vgl. Schür. II³ S. 199 ff.; O. Hltzm.² S. 224 ff.; Wellhauſ. S. 269 ff. — Der Zuſatz „in Jer."[3] iſt bedeutungslos, wenn man ihn nicht mit B. Wß ſpeziell mit τοὺς γραμματεῖς verbindet, ſo daß er die jeruſalemiſchen Schriftgelehrten (vgl. Mk 3₂₂. 7₁) von den galiläiſchen unter- ſcheidet. Bei der LA εἰς Ἱερ. wäre an eine Berufung auch auswärts, etwa auf Landſitzen (ſo Men.), befindlicher Mitglieder des Synedr. nach Jer. ge- dacht. **D. 6.** Die durch die beſten Codd. bezeugten Nominative bilden einen Anakoluth[4]. Es iſt doch wohl nicht auffallender, wenn der Vf. der AG. als urſprünglicher Erzähler, als wenn er bei Einfügung eines redaktionellen Zu- ſatzes in einen Quellenbericht ſich dieſes Anakoluths ſchuldig machte. — Hannas war abgeſetzter, ſein Schwiegerſohn Kaiaphas fungierender Hoherprieſter. Da aber die Hoheprieſterwürde prinzipiell eine lebenslängliche war, behielten auch die abgeſetzten Hohenprieſter nicht nur dieſen Titel, ſondern auch einen

---

1. Nach Sorof S. 55, Jgſt S. 48, Clemen StKr 1895 S. 331, Hilgf. ZwTh 1895 S. 198f., Acta p. 263 iſt V. 4 eine den Zuſammenhang ſtörende redaktionelle Zutat. Aber der Grund, der einen Red. dazu beſtimmen konnte, den Zuſatz an dieſer Stelle, und nicht gleich nach 3₂₆ zu geben, konnte doch gerade ſo gut auch für den urſprüng- lichen Erzähler maßgebend ſein.
2. T. lieſt bloß χιλιάδες πέντε nach אA 61 einig. Verſſ. (ſo auch Blaß im α-Text); W.-H. u. B. Wß (S. 50): ὡς χιλ. π. nach B D ſyr. arm. (ſo Blaß im β-Text); Rec.: ὡσεὶ χιλ. π. Wahrſcheinlich iſt ὡς oder ὡσεί nach 241 eingefügt.
3. Durch ABDE 61 al. iſt ἐν Ἱερ. bezeugt (ſo W.-H., B. Wß). T. lieſt εἰς Ἱ. nach אP viel. Min. (ſo auch Blaß im α-Text). Da εἰς die ſchwierigere LA iſt, ſo liegt es nahe, ἐν für erleichternde Korrektur zu halten. Aber es iſt doch auch möglich, daß das überflüſſig erſcheinende ἐν Ἱ., welches ſyr. ꜱᶜʰ u. flor. ganz weglaſſen (Blaß ſetzt es im β-Text in Klammern), in das bedeutungsvollere, aber freilich für die geſchicht- liche Situation wenig paſſende εἰς Ἱ. geändert wurde.
4. Derſelbe iſt aufgelöſt einerſeits in d. Rec., welche Akkuſative lieſt, andrerſeits bei D, wo in V. 5 die Akkuſ. in Nominative umgeſetzt ſind: συνήχθησαν οἱ ἄρχοντες κτέ.

Teil der hohenpriesterlichen Rechte. Speziell Hannas scheint nach seinem Rück=
tritte leitenden Einfluß im Synedrium behalten zu haben. Deshalb ist die
Stellung und Titulierung des H. an u. St. u. Lk 3₂ nicht mit Mey. als eine
ganz irrtümliche zu betrachten. Vgl. Schür. II³ S. 221; Belser ThQ 1896
S. 38ff. Nur kann H. nicht den Vorsitz im Synedr. geführt haben; denn
diesen hatte der fungierende Hohepriester. Vgl. Schür. II³ S. 202ff. Die
hier genannten Johannes und Alexander sind uns sonst nicht bekannt[1]. Zu
diesen kamen noch: „alle, die aus hohepriesterlichem Geschlechte waren", d. h.
die Mitglieder der Familien des Priesteradels, aus denen die Hohenpriester
gewählt zu werden pflegten. Vgl. Schür. II³ S. 221ff. u. StKr 1872 S. 368ff.
Derselbe Ausdruck auch Corp. Insc. Graec. n. 4363.

V. 7. Man „stellte sie (d. h. die Verhafteten) in die Mitte", d. h. ließ
sie vortreten (vgl. Mt 3₈) und richtete an sie die Untersuchungsfrage: „in
welcherlei Kraft oder in welcherlei Namen habt ihr dies getan?" Die Frage
wird nicht bloß formell gestellt, um den den Untersuchenden schon bekannten
Tatbestand von den Angeklagten ausdrücklich eingestehen zu lassen (Jäg. I
S. 21f.). Nach der Auffassung unseres Vf.s hatten vielmehr die Mitglieder
des Synedriums bis dahin die Gefragten noch nicht als Anhänger Jesu er=
kannt (V. 13b), wußten sie noch nicht, in wessen Namen die App. geheilt
und gepredigt hatten und wollten sie jetzt erst durch Verhör klarstellen; ob
dieser Name ein berechtigter war, oder ein unzulässiger, etwa ein teuflischer.
Nur so erklärt sich ihre vollständige Ratlosigkeit, als sie in der Antwort den
überraschenden Hinweis auf den Namen Jesu bekommen (V. 14). Die Er=
wägung, daß diese Darstellung an Unwahrscheinlichkeiten leidet, kann nicht
beweisen, daß der Vf. der AG. sie nicht doch in diesem Sinne gemeint hat.
— Weil der Vorgang, um den es sich bei der Untersuchung handelt, den
Lesern bekannt ist, läßt der Schriftsteller nur mit dem kurzen τοῦτο auf ihn
Bezug nehmen. Vgl. das αὐτούς 15₅. Das an den Schluß gestellte ὑμεῖς
hat den Nachdruck des Befremdlichen. Eben weil es auffallend ist, daß diese
gewöhnlichen Menschen so etwas vollbracht haben, wird nach der fremden
Kraft, in der sie gehandelt haben, gefragt.

V. 8. Petrus, „erfüllt mit heiligem Geiste" (für den jetzigen Verteidi=
gungsakt, gemäß Lk 12₁₁f.; vgl. 13₉), sprach V. 9: „wenn wir heute verhört
werden wegen einer Wohltat an einem kranken Menschen, wodurch dieser
geheilt sei." Durch die Einführung des Vordersatzes mit εἰ (statt ἐπεί) wird
das Auffallende der Tatsache angedeutet. Das ἡμεῖς entspricht dem ὑμεῖς
am Schlusse von V. 7. σήμερον ist eingefügt wie 24₂₁. 26₂. ἐπ᾽ εὐεργεσίᾳ
ἀνθρώπου ἀσθενοῦς steht im Kontrast zu ἀνακρινόμεθα: eine Wohltat
Gegenstand richterlichen Verhörs! ἐν τίνι ist neutrisch (Mt 5₁₃) wegen der
Beziehung auf die Frage V. 7, in der keine Person genannt ist. Mit οὗτος

---

1. Statt Ἰωάννης haben D gig.: Ἰωνάθας (von Blaß auch in den α=Text auf=
genommen). Nach Jos. Ant. 18, 4, 3 hieß ein Sohn des Hannas, der dem Kaiaphas
im Hohepriesteramt folgte, Jonathas. Die Annahme liegt nahe, daß in diesem Falle
D allein den ursprünglichen, durch Jos. bestätigten Text bewahrt hat. Aber möglich
ist auch, daß die Stelle des Jos. den Anlaß zur Emendierung des Namens Johannes
gab (vgl. B. Wß, Cod. D S. 108).

wird auf den anwesenden Geheilten verwiesen (vgl. V. 10. 14). Daß er zu der Gerichtsverhandlung, die seine Heilung betraf, zitiert war, ist so natür=lich, daß der Schriftsteller es nicht besonders zu erwähnen brauchte. Die von σαόω abzuleitende Wortform σέσωται statt σέσωσται haben T. u. Blaß nach אA aufgenommen. Vielleicht ist sie mit B. Wß S. 30 für einen Schreibfehler zu halten. V. 10. Nachdrücklicher Hinweis auf den Namen Jesu als das heilkräftige Moment, wie 3,16. Das ἐν τούτῳ wird von Mey., Hltzm., Zöckl. maskulinisch auf Ἰησοῦ Χριστοῦ bezogen, zu dem die beiden vorangehenden Relativsätze gehören. Aber es ist grammatisch genauer und entspricht dem Gewichte, welches in der ganzen Erzählung K. 3 u. 4 auf den Namen Jesu gelegt wird, ἐν τούτῳ neutrisch als ἐν τῷ ὀνόματι Ἰ. Χρ. wiederaufnehmend zu fassen. παρέστηκεν ἐνώπιον ὑμῶν ὑγιής: „steht vor euch gesund da“.

V. 11 [1]. Die Beziehung des οὗτος hier nicht auf den zuletzt genannten οὗτος, sondern auf die Hauptperson, von der in V. 10 die Rede war, ist nach dem Zusammenhang so unmißverständlich, daß man nicht wohl mit Sp. S. 80 den undeutlichen Ausdruck dieser Beziehung als Anzeichen dafür be=trachten kann, daß die Schlußworte von V. 10 (ἐν τούτῳ κτέ.) ein redaktio=neller Zusatz sind. — Die St. Pf 118,22 wird im Anschluß an das Wort Jesu Lk 20,17 unmittelbar auf die Oberen des jüd. Volks angewandt (ὑφ᾽ ὑμῶν). Vgl. I Pt 2,4. 7. V. 12. Die Aussage V. 10, daß in dem Namen Jesu Chr. dem Lahmen die Heilung gebracht sei, steigert Petr. zu der Behauptung, daß überhaupt „in garkeinem Anderen das Heil ist“, d. h. kein Anderer die Mög=lichkeit der Heilserlangung bietet. Der Begriff σωτηρία steht offenbar in Beziehung zu dem σέσωσται V. 9, bedeutet aber etwas Größeres: nicht körperliche Heilung, sondern das Heil κατ᾽ ἐξοχήν, die messianische Heilsrettung. Vgl. 2,21. 13,26 u. ö. Jene körperliche Heilung erscheint dem Ap. aber als Anzeichen auch dieses höheren Heilsvermögens des Messias. Die Behauptung, daß es keinen anderen Heilsvermittler gibt, wird dann dadurch bekräftigt (γάρ), daß „auch kein anderer Name da ist unter dem Himmel (d. h. in der ganzen Welt), der gegeben wäre unter Menschen (d. h. in der Menschheit), in welchem ihr das Heil erlangen sollt“. Dieser auf den Namen bezügliche Zusatz ist dem Petrus wichtig, weil er gemäß dem Vorgange 3,6 in V. 10 gerade den Namen Jesu als das heilkräftige Moment hingestellt hatte. Das Partiz. mit Art. τὸ δεδόμενον neben dem artikellosen Substant. ist von uns in einen Relativsatz aufzulösen, wie Lk 7,32. Joh 12,12 (vgl. Blaß, Gr. § 73, 2). Am Schlusse ist nach B zu l.: ὑμᾶς. Dadurch wird der Aussage über den einzigen Heilsweg eine nachdrückliche Applikation an die Hörer gegeben (B. Wß). Bei der LA ἡμᾶς würde sich Petr. mit den Hörern und allen Menschen überhaupt zusammenschließen. Vgl. die analoge Vertauschung in 3,25.

V. 13 [2]. „Indem sie aber den Freimut des Petr. u. Joh. wahrnahmen

---

1. Am Schlusse von V. 10 haben E flor. syr. p. marg. Cypr. nach ὑγιής die W.: ἐν ἄλλῳ δὲ οὐδενί. Dagegen fehlen am Anf. von V. 12 die W. καὶ οὐκ ἔστιν — σω-τηρία bei flor. Iren. Cypr. Aug. (ἡ σωτ. auch bei D). Dann geht es bei D syr. sch. Cypr. weiter: οὐ γάρ ἐστιν ἕτερον ὄνομα κτλ. So Blaß im β=Text. Vgl. dagegen B. Wß Cod. D S. 61 f.

2. Blaß rekonstruiert hier den β=Text wesentlich nach flor. folgendermaßen: V. 13

(Part. Praeſ.) und da ſie erfaßten (Part. Aor.), daß es ungelehrte Menſchen und Laien ſind, verwunderten ſie ſich." Vgl. Joh 7 15. ἀγράμματος: ohne gelehrte, d. i. hier ohne ſchriftgelehrte, rabbiniſche, Bildung. ἰδιώτης: „Laie" im Gegenſatz zum Fachmann. Vgl. II Kor 11 6. „Und ſie erkannten ſie, daß ſie (früher) mit Jeſu waren." Dieſes Erkennen trat eben jetzt ein. Will-kürlich lieſt Blaß im α=Text das nur durch D bezeugte δὲ ſtatt τε, um den Satz ἐπεγίνωσκον δὲ κτἑ. als Parentheſe auffaſſen und das Erkennen als ein ſchon früher erfolgtes betrachten zu können. V. 14. Sie wußten nichts zu erwidern, weil der Geheilte als tatſächlicher Beweis für das, was die App. vermocht hatten (V. 16), zugleich ein Beweis für die von den App. behauptete heilbringende Kraft des Namens Jeſu war, in dem ſie dies vermocht hatten. V. 15. συνέβαλλον πρὸς ἀλλήλους: „ſie beredeten mit einander". συμβάλ-λειν scil. λόγους wie 17 18. V. 16. τί ποιήσωμεν: „was ſollen wir tun?" wie 2 37. Dem μὲν in ὅτι μὲν γὰρ hier entſpricht am Anfang von V. 17 das ἀλλ'. „Aber damit die Sache nicht weiter (auch über Jer. hinaus) aus=gebreitet werde im Volk (eigentlich: ins Volk), laßt uns ſie bedrohen[1] (d. h. ihnen unter Drohungen einſchärfen), daß ſie zu keinem Menſchen mehr auf Grund dieſes Namens (zu ἐπὶ τῷ ὀνόματι vgl. Lk 24 47) reden." Zu διανε-μηϑῇ gehört als Subj. formell noch der Begriff σημεῖον von V. 16. Dem Sinne nach iſt es freilich, wie aus dem beſchloſſenen Verbote hervorgeht, das Reden im Namen Jeſu, was ſich nicht weiter ausbreiten ſoll (B. Wß). Inſofern wäre die LA von E syr. ᵖ·ᵐᵃʳᵍ· gig. Lucif., wo hinter λαὸν das Subj. τὰ ῥήματα ταῦτα folgt, ſehr bequem. V. 18. Das Redeverbot wird verſtärkt bezeichnet als Befehl: „ſchlechterdings nichts verlauten zu laſſen oder zu lehren auf Grund dieſes Namens".

V. 19. Die App. antworten: „urteilt ſelbſt, ob es recht iſt vor Gott (d. i. nach dem Urteil Gottes), auf euch eher (μᾶλλον = potius) zu hören als auf Gott". Zu dieſem Grundſatze vgl. 5 29. Analogieen aus Klaſſikern und Rabbinen ſ. bei Wetſt., beſ. Plato Apol. 29 D. V. 20. Es iſt den App. un=möglich, nämlich moraliſch unmöglich, nicht wahrheitsgemäß von dem zu reden, was ſie als Wirklichkeit erlebt haben. V. 21. „Sie aber, nachdem ſie Drohungen hinzugefügt hatten (zu der Verwarnung V. 18), entließen ſie (aus der Haft), indem ſie nichts fanden, wie ſie ſie beſtrafen ſollten", d. h. indem ſie keine Möglichkeit ſie zu beſtrafen fanden. Der Art. vor dem Satze πῶς κτἑ. wie

beginnt: ἀκούοντες δὲ πάντες τὴν τ. Π. παρρησίαν κτἑ. Am Schluſſe des V. hinter ἐθαύμαζον fehlen die W. ἐπεγίνωσκον κτἑ. Dann lautet V. 14f.: βλέποντες δὲ καὶ τὸν ἀσθενῆ σὺν αὐτοῖς ἑστῶτα τεθεραπευμένον οὐδὲν εἶχον ποιῆσαι ἢ (dieſe 2 W. auch bei D) ἀντειπεῖν. τίνες δὲ ἐξ αὐτῶν ἐπεγίνωσκον αὐτούς, ὅτι σὺν τῷ Ἰησοῦ ἦσαν. V. 15. τότε συλλαλήσαντες ἐκέλευσαν ἔξω τοῦ συνεδρίου ἀπαχθῆναι (auch D) τὸν Πέτρ. κ. Ἰωάνην, καὶ συνέβαλλον πρὸς ἀλλήλους. Sowohl in dem ἀκούοντες V. 13 ſtatt ϑεω-ροῦντες in der Beziehung auf τὴν παρρησίαν, als auch in der Bemerkung, daß nur einige der Synedriums=Mitglieder die App. erkannten, zeigt ſich deutlich die reflektierte nachträgliche Beſſerung.

8. Das ἀπειλῇ der Rec. vor ἀπειλησώμεθα iſt nach אABD einig. Min. und den meiſten Verſſ. wegzulaſſen. Es kann freilich leicht vor dem gleichlautenden Anfange des folgenden W. ausgefallen ſein und wird deshalb von B. Wß u. Blaß bewahrt. Es kann aber auch nach Analogie der auf u. St. bezug nehmenden παραγγελίᾳ παρηγ-γείλαμεν 5 28 zugeſetzt ſein.

---
[1] (footnote marker in text)

22 30. Lt 1 62. 9 46. 19 48. 22 2. 23f. V. 22. Je größer das Alter des Ge=
heilten, desto wunderbarer und preiswürdiger erschien seine Heilung. „Mehr
als vierzig Jahre (πλειόνων ohne ἤ wie 23 13. 21 u. ö.) war der Mensch, dem
dieses Heilungswunder widerfahren war." Zu γίνεσθαι ἐπί τινα vgl. 5 5. 11.
8 1. γεγόνει Plusquamperf. ohne Augment, wie gewöhnlich im NT. Vgl.
Win.=Schmied. § 12, 4; Blaß, Gr. § 15, 1; Raderm. S. 68f.
　　V. 23—31. Gebet der Gemeindeglieder¹. V. 23. Aus der Haft
„entlassen kamen sie zu den Ihrigen", d. i. zu den Mitgenossen der christl.
Gemeinde, wobei unbestimmt bleibt, ob ein größerer oder kleinerer Kreis der=
selben gemeint ist. Vgl. 12 12. Nach Mey., B. Wß, Blaß sind die Mitapostel
gemeint, was jedoch aus V. 31 nicht sicher zu erschließen ist (Overb.). V. 24.
Wie sich der Vf. der AG. das „einmütige" Sprechen des Gebets gedacht, ob
er überhaupt sich eine anschauliche Vorstellung davon gebildet hat, muß da=
hingestellt bleiben. Jedenfalls kann man nicht mit Mey. aus diesem ein=
mütigen Sprechen erschließen, daß das Gebet schon ein solennes der apostol.
Gem. in Jer. war und, weil es inhaltlich gerade passend war, von den App.
in einmütiger Begeisterung laut gesprochen wurde. Es macht durchaus nicht
den Eindruck einer fest ausgeprägten Formel, sondern steht in direktem Bezug
zu der Situation, unter der es gesprochen sein soll. Es ist inhaltlich den
Reden des Petrus in der AG. nächstverwandt. Die Kritiker, die diese Reden
und den Grundbestand des ganzen Berichts 3 1—4 22 aus einer schriftlichen
Quelle herleiten, beurteilen dieses Gebet natürlich ebenso. Mir scheint es
eine Komposition des Vf.s der AG. zur weiteren Charakterisierung der frommen
Anschauung und Stimmung der Urgem. zu sein. In der Anlage ist es analog
dem Gebete Jes 37 16—20. Gott wird angeredet als „Herrscher". So im
NT nur noch Lt 2 29, aber häufig in LXX. Die Anrede ist nicht mit Mey.
bis zum Ende von V. 26 auszudehnen; sondern nach σύ ist εἶ zu ergänzen.
Dafür spricht sowohl die Analogie von Jes 37 16 als auch das γάρ V. 27.
Sowohl in der Anrede δέσπ. als auch in der einleitenden Aussage über die
Schöpferallmacht Gottes drückt sich schon das Vertrauen aus, daß der Wider=
stand der irdischen Machthaber gegen seine Absichten ohnmächtig bleiben muß.
V. 25². Das Gotteswort, das als ein „durch heiligen Geist (vgl. 1 2) durch
den Mund unseres Vaters David, deines Knechtes", gesprochenes bezeichnet
zu sein scheint, ist Pf 2 1f. nach LXX. Daß der Pf., der keine besondere
Überschrift trägt, davidisch ist, wird als selbstverständlich angenommen.

---

1. Vgl. E. v. d. Goltz, das Gebet in der ältesten Christenheit, 1901, S. 235f.
2. Der Text der ersten Vershälfte ist unsicher. T. hat nach אABE und ein.
Min. die sinnlose LA: ὁ τοῦ πατρὸς ἡμῶν διὰ πνεύματος ἁγίου στόματος Δαυ. παιδός
σου εἰπών. Einige Verss. und lat. Väter lassen auf folgenden Text schließen: ὁ διὰ
πν. ἁγ. διὰ στόμ. τ. πατρ. ἡμ. Δ. παιδ. σου εἰπ. Dies ist wohl die annehmbarste Ge=
stalt. Ihre umständliche Breite kann Auslassungen und Umstellungen veranlaßt haben.
D syr. ˢᶜʰ. cop. Didym. lassen fort: τ. πατρὸς ἡμ. (so Hilgf.), dagegen Hil. u. Aug.:
διὰ πνεύμ. ἁγ.; beides fehlt in d. Rec. nach P. u. d. meist. Min. B. Wß (vgl. S. 39)
liest: ὁ τοῦ πατρὸς ἡμ. διὰ στόμ. Δ. παιδ. σου εἰπ. und erklärt, τ. πατρ. ἡμ. sei des
Nachdrucks halber vorangestellt. Ist eine Voranstellung dieser Art sprachlich möglich?
Nach Sp. S. 89 ist διὰ πν. ἁγ., nach Jgst S. 49 στόματος Zusatz des Red. zum Wort=
laut der Quelle.

V. 27. Der geſchichtliche Sachverhalt wird als Grund dafür hingeſtellt, daß Gott das auf ihn vorausweiſende Wort des Pſalmiſten geſprochen hat (nach B. Wß als Grund für die Verweiſung auf dieſen Gottesausſpruch). Durch ἐπ᾽ ἀληϑείας, „in Wahrheit", wird die Übereinſtimmung der Wirklich= keit mit dem geſprochenen Worte beſonders hervorgehoben. Vgl. 10₃₄. Lk 4₂₅. 22₅₉. Jeſ 37₁₈. Der wirkliche Sachverhalt wird nun mit ſolchen Ausdrücken bezeichnet, welche das Erfülltſein des Pſalmworts möglichſt deutlich erkennbar machen. Die Bezeichnung Jeſu als „Knecht Gottes" (ſ. zu 3₁₃) iſt an u. St. um ſo auffallender, als man bei der Bezugnahme auf Pſ 2 und bei der An= ſpielung an die Taufe Jeſu (in ὃν ἔχρισας) gerade υἱός erwarten ſollte, nach Pſ 2₇. Der Relativſatz ὃν ἔχρισας umſchreibt den Begriff Χριστός im Zitate, um die urſprüngliche Bedeutung dieſes zum Nom. appell. gewordenen Be= griffs hervortreten zu laſſen. Vgl. 10₃₈. Wahrſcheinlich iſt ſpeziell an die Taufe Jeſu gedacht, bei der ſeine Ausrüſtung mit dem h. Geiſte gleichzeitig mit ſeiner Erklärung zum Meſſias erfolgte, Lk 3₂₂. Herodes wird als βασι- λεύς (Mt 6₁₄. ₂₂ff. Mt 14₉; ſonſt iſt ſein Titel τετράρχης, vgl. AG 13₁) entſprechend den βασιλεῖς im Zitate vorangeſtellt. Nach Lk 23₇—₁₁ war er bei der Verurteilung Jeſu beteiligt; nach dem Ev. Petri V. 2 erſcheint er ſogar als der eigentlich Verurteilende. Unter ἔϑνη ſind die röm. Krieger (2₂₃) verſtanden. Das Volk Israel aber wird wegen V. 25 pluraliſch als λαοὶ Ἰσρ. bezeichnet, mit bezug auf die verſchiedenen Stämme Iſr.s[1]. **V. 28.** ποιῆσαι bezeichnet den Zweck des συνήχϑησαν. Das von den Feinden des Meſſias Bezweckte, ſeine Tötung, wurde tatſächlich eine Ausführung der Vorherbe= ſtimmung Gottes. Vgl. 2₂₃. 3₁₈. „Deine Hand" iſt bildliche Bezeichnung für die verfügende Macht Gottes. προώρισεν, genau nur zu dem Begriffe βουλή paſſend, iſt zeugmatiſch auch mit von der χείρ geſagt.

V. 29. καὶ τὰ νῦν: „und nunmehr". Im NT nur in der AG., vgl. 5₃₈. 17₃₀. 20₃₂. 27₂₂. Vgl. den Übergang νῦν δὲ Jeſ 37₂₀. Die Auffor= derung an Gott: „gib Acht auf ihre Drohungen" iſt im Gedanken = Jeſ 37₁₇. Wenn Gott die Drohungen beachtet, wird er ſie ſich nicht verwirk= lichen laſſen. αὐτῶν bezieht ſich auf die Feinde des Meſſias V. 27, zu denen die jetzigen Feinde ſeiner Jünger zugehörig gedacht ſind. Der Anrede δέσποτα V. 24 entſpricht die Selbſtbezeichnung der Betenden als „Knechte" Gottes. Sie bitten um „vollen Freimut" zu ihrer Verkündigung. Vgl. V. 31. Über den Begriff παρρησία vgl. Harnack III S. 210. Über den Begriff λόγος τοῦ ϑεοῦ in d. AG. vgl. Harnack, Entſtehung u. Entwicklung der Kirchenver= faſſung in d. 2 erſten Jahrh., 1910, S. 242 ff. **V. 30.** „Indem du die Hand[2] ausſtreckſt zur Heilung und dazu, daß Zeichen und Wunder geſchehen durch den Namen uſw." Die von Gott gewirkten Wunder ſollen die Ver= kündigung des Wortes (V. 29) begleiten und beglaubigen. Vgl. 14₃. Mt

---

1. Nach Sp. S. 89 f. u. Jgſt S. 49 f. iſt die Deutung der Pſalmworte in V. 27 b: Ἡρώδης κτέ. ein Zuſatz des Red. zur Quelle. Hilgf. ZwTh 1895 S. 205 f. erklärt V. 27 u. 28 im ganzen für eine ſtörende Unterbrechung des Gebets durch den Red.
2. Wahrſcheinlich iſt nach AB das σου hinter χεῖρα ebenſo zu ſtreichen wie das hinter βουλή V. 28 (W.=H., B. Wß, Blaß).

16 20. Hbr 2 4. εἰς ἴασιν ist gesagt, weil dieser Begriff den Schluß des Ge=
bets noch in Gedankenbeziehung zu dem besonderen Anlaß der Verfolgung
der App. setzt. Hinzugefügt wird aber der dem εἰς ἴασιν parallele, zweck=
angebende Infinitivsatz καὶ σημεῖα καὶ τέρατα γίνεσθαι, weil in dem wunder=
baren Charakter der Wirkungen Gottes die beglaubigende Bedeutung derselben
für die christl. Predigt liegen soll[1].

V. 31. Das wunderbare Erdbeben soll den Jüngern ein Anzeichen der
Gottesnähe und Gebetserhörung sein. Wie in 2 2. 4 folgt auf dieses äußere
Zeichen die Erfüllung mit dem h. Geiste. In dieser und in der durch sie
bewirkten freimütigen Verkündigung des Evangeliums vollzieht sich die tat=
sächliche Erhörung der Bitte V. 29. Über das Verhältnis der hier erzählten
Geistesausgießung zu derjenigen von K. 2 vgl. den Schluß des Exkurses hinter
2 13. Die Schlußworte: „sie redeten das Wort G.s mit Freimut" sind auf
die fortdauernde öffentliche Predigt zu beziehen. Dies wird durch den Zusatz
bei DE Iren. Aug.: παντὶ τῷ θέλοντι πιστεύειν (Aug. ohne πιστ.) ausdrück=
lich hervorgehoben. Als Redende sind die App. gedacht (vgl. V. 33. 5 42).
Dadurch ist nicht ausgeschlossen, daß die ἴδιοι V. 23 als weiterer Kreis von
Gläubigen gemeint waren.

V. 4, 32 — 5, 16. Zweite Schilderung des Gemeindelebens.

Im Sinne des Vf.s der AG. ist dieses Stück ein einheitlicher Zusammenhang.
Den Kern bilden die auf die Gütergemeinschaft bezüglichen Erzählungen von dem Ver=
halten des Barnabas 4 36f. und dem des Ananias und der Sapphira 5 1—11. Zur
Einleitung dient die Schilderung der allgemeinen Liebesgemeinschaft und Besitzauf=
opferung 4 32—35. Den Abschluß bildet die Erzählung von dem öffentlichen Wunder=
wirken der App. 5 12—16, welche sich ebenso passend an die Erzählung von dem Petrus=
wunder an Anan. und Sapph. anreiht, wie sie den motivierenden Übergang zu der
Erzählung von dem neuen Einschreiten der jüd. Obrigkeit gegen die App. 5 17ff.
macht[2].

---

1. Nach B. Wß sind die W. καὶ σημεῖα καὶ τέρατα γίνεσθαι, nach Sp. S. 90 der
ganze V. 30, nach Jgst S. 50 V. 30a (bis γίν.) redaktioneller Zusatz. B. Wß u. Jgst
halten auch V. 31 für solchen Zusatz.
2. In diesem Stücke ist zuerst die Gedankenfolge in V. 32—34 auffallend, näm=
lich daß auf die Schilderung der Liebesgemeinschaft V. 32 zunächst die auf etwas
anderes bezügliche Angabe V. 33 folgt, während dann in V. 34 die Schilderung der
aufopfernden Liebe der Gemeindeglieder unter einander fortgesetzt wird. Zweitens
steht die Behauptung V. 34f. von dem allgemeinen Verlaufe der Besitztümer und Ver=
teilen des Erlöses durch die App. nicht in rechtem Einklang mit den einzelnen Fällen
4 36f. u. 5 1ff., welche gegen die Allgemeinheit jenes Verfahrens zeugen (vgl. zu 2 45).
Diese Schwierigkeiten werden von den verschiedenen neueren Kritikern je nach ihren
übrigen Vorstellungen über die Quellenbenutzung erklärt. Fast alle (B. Wß, Sp. S.
69f., J. Wß StKr 1893 S. 491, Jgst S. 52, Hilgf. ZwTh 1895 S. 207, Harnack III
S. 167) betrachten 4 34f. als Einschub des Red. Nach B. Wß ist auch V. 32 Einschub
(so auch Sorof S. 49 f., J. Wß, Harnack), während V. 33 den ursprünglichen Abschluß
des Gebets bildete. Nach Sorof S. 48ff. sind V. 33—37 ein Stück aus der alten
Lukasschrift. Nach Sp. u. Jgst reicht der Bericht der einen Quelle bis 4 33, während
in 4 36—5 12a ein Stück aus einer zweiten Quelle vorliegt.
Meines Erachtens ist 4 32f. auf dieselbe Quelle zurückzuführen wie 2 43ff. (s. d.
Anm. zu d. St.). Daß der Vf. der AG. den V. 33 gibt, trotzdem er in V. 34f. das
Thema von V. 32 fortsetzt, ist daraus zu erklären, daß er V. 33 in seiner Quelle in
festem Zusammenhang mit V. 32 vorfand. In der Quelle kann dann V. 34f. nicht
auf V. 33 gefolgt sein. Ausgeschlossen ist aber nicht, daß der Vf. der AG., indem er
den in V. 32 geschilderten Zustand in V. 34f. weiter ausführte, hierbei gewisse Ele=

V. 32[1]. Das δὲ am Anfang leitet von dem in V. 23—31 berichteten einzelnen Vorgange zur Schilderung des allgemeinen Zustandes und Verhaltens der Gemeinde über. Unter der „Gesamtheit der Gläubiggewordenen" sind nicht nur die πολλοί von V. 4 zu verstehen, sondern sämtliche Christen. Vgl. 2 44: πάντες οἱ πιστεύσαντες, und 6 2: τὸ πλῆθος τῶν μαθητῶν. Bei dieser Gesamtheit war „Herz und Seele eins", d. h. bestand volle Einmütigkeit. Vgl. I Chr 12 38. Phl 1 27. 2 2. 20. „Auch nicht Einer (vgl. Röm 3 10. Joh 1 3) nannte etwas von dem ihm Gehörigen (vgl. Lk 8 3. 12 15) sein Eigentum", d. h. betrachtete und behandelte es als sein Privateigentum. Im Sinne der Quelle war hiermit gewiß nur die liebevolle Bereitwilligkeit gemeint, den eigenen Besitz den Anderen zu Diensten zu stellen und von dem Eigentums= rechte ihnen gegenüber keinen Gebrauch zu machen. Ebenso waren die W.: „sondern alles war ihnen gemeinsam" im Sinne der Quelle gewiß von Gebrauchsgemeinschaft gesagt. Der Vf. der AG. aber versteht sie so, wie er es in V. 34 f. (u. 2 45) ausführt. V. 33. Wahrscheinlich ist mit W.=H. u. B. Wß zu l.: κ. δυνάμει μεγάλῃ ἀπεδίδουν τὸ μαρτύριον οἱ ἀπόστολοι τοῦ κυρίου Ἰησοῦ τῆς ἀναστάσεως, „und mit großer Kraft legten Zeugnis ab die Apostel des Herrn Jesus von seiner Auferstehung". Die gesperrt ge= stellten Begriffe μαρτύριον u. ἀναστάσεως haben den Ton. Die genitivische Näherbestimmung bei ἀπόστολοι kommt sonst in der AG. nicht vor (aber vgl. I Kor 1 1. I Th 2 6 u. ö.); sie stammt wohl aus der Quelle. Da unter der Auferstehung natürlich speziell die des genannten Herrn Jesus gemeint ist, so lag die Versetzung des Gen. hinter ἀναστάσεως (so die meisten Handschr.) sehr nahe. ἀποδιδόναι hat die Nebenbedeutung des Pflichtmäßigen. „Und große Gunst richtete sich auf sie alle". Wahrscheinlich ist χάρις nach 2 47 (vgl. 5 13) von der Gunst des Volkes zu verstehen (so Overb., Nösg., Hltzm., B. Wß), nicht von der Gnade Gottes (so Men., Sp. S. 68, Zöckl., Blaß). Denn der zur Begründung angeführte Zustand V. 34 a begründet eher die Volksgunst als die Gottesgnade. V. 34 f. Verallgemeinerung des nachher von Barnabas erzählten Verhaltens. Das fortdauernde Vorkommen des Ver= haltens wird durch die Imperfekta bezeichnet. Zum Begr. κτήτωρ vgl. Krum= bacher in: Indogerman. Forschungen XXV, 1909, S. 393 ff.; bes. S. 402.

mente aus der Quelle verwendete. Daß ferner die Mitteilungen über Barnabas 4 36 f. und über Ananias und Sapph. 5 1—11, denen dieselbe Vorstellung von der Freiwillig= keit und dem außerordentlichen Charakter des Güterverkaufs zu Grunde liegt, dem Vf. der AG. durch eine feste Überlieferung zugegangen sind (vgl. Weizs. S. 46), ist daraus zu erschließen, daß dieser Vf. selbst nach 2 45. 34 f. eine viel weitergehende Art der Gütergemeinschaft annahm. Aber es ist wohl zu fragen, ob dieses Stück 4 36—5 11 aus derselben Quelle stammt wie 2 43 ff. u. 4 32 f. Wahrscheinlich liegt in 4 36—5 11 ein vereinzeltes, vom Vf. der AG. stark überarbeitetes Überlieferungsstück vor, über dessen anderweitige Zusammenhänge sich nichts sagen läßt. Die Einfügung desselben in den übrigen Erzählungsgang vermittelte der Vf. durch die Einleitung 4 32—35, bei der er seine andere Quelle verwertete. Dieselbe Quelle lag wahrscheinlich auch dem Schlusse 5 12—16 zugrunde. S. darüber die Anm. zu 5 14.
    1. Hinter den W. ψυχὴ μία haben DE Cypr. Ambr. Zeno den Zusatz: καὶ οὐκ ἦν διάκρισις (E: χωρισμός) ἐν αὐτοῖς οὐδεμία (E: τις). Cypr. und Zeno fahren dann fort: nec quicquam suum iudicabant ex bonis etc. Danach liest Blaß im β=Text: καὶ οὐδὲ ἓν ἴδιον ἔκρινον τῶν ὑπαρχόντων αὐτοῖς.

Den Erlös des Verkauften legte man „zu den Füßen der Apostel". Diese sind als Lehrer sitzend gedacht, vgl. Lk 2₄₆. V. 35b wesentlich = 2₄₅. Über die Geschichtlichkeit der Schilderung f. den Exkurs zu 2₄₅ u. zu 6₁. **V. 36.** Der Name Βαρνάβας ist wahrscheinlich = בַּר נְבוּאָה, d. i. eigentlich: Sohn prophetischer Rede (vgl. Esr 6₁₄. Neh 6₁₂. II Chr 15₈). Diese Bezeichnung ist für den Mann, der auch 13₁ unter den Propheten erscheint, ganz passend. Auffallend ist freilich die an u. St. ausdrücklich hinzugefügte Übersetzung υἱὸς παρακλήσεως, „Sohn des Zuspruches", statt υἱὸς προφητείας, da zwar die προφητεία im Besonderen auch παράκλησις sein kann (I Kor 14₃), aber nicht jede παράκλησις auch προφητεία ist[1]. Über die Herkunft der Namensnotiz f. z. 13₁. **V. 37.** ὑπάρχοντος αὐτῷ ἀγροῦ ist Gen. abs. Das Stück Land ist in Palästina zu denken, wo Leviten Grundstücke besitzen durften (vgl. Jer 32₇), und zwar wahrscheinlich in der Nähe Jer.s. Denn gerade daraus, daß dem Barn. der Verkauf nicht durch die örtliche Trennung so nahe gelegt war, wie den ersten galiläischen Jüngern, erklärt es sich, daß sein Verkauf und sein Hinbringen des χρῆμα d. i. des dabei erlösten Geldes als ein besonders hochherziges Liebesopfer bewundert und überliefert wurde.

Kap. 5.

V. 1. Ἀνανίας entw. = חֲנַנְיָה, Gott erbarmt sich, Jer 28₁. Dan 1₆, oder = עֲנַנְיָה, Gott tritt entgegen, Neh 3₂₃. Σάπφειρα wahrscheinlich = aram. שַׁפִּירָא, die schöne. **V. 2.** Das Vorgehen des Ananias wird hier (und am Schlusse von V. 3) nach Jos 7₁ als νοσφίζεσθαι charakterisiert: „er schaffte (etwas) für sich auf die Seite von dem Erlös weg (ἀπὸ τ. τιμῆς)". Wenn nach den Grundsätzen der Gemeinde der ganze Erlös des Ackers den Gemeindegliedern gemeinsam gehörte (4₃₂. ₃₄f.), so bedeutete es eine „Unterschlagung", daß Ananias nur „einen Teil" den Aposteln überbrachte. Aber nach der Aussage des Petr. V. 4 hatte Ananias volles Recht darauf, den Acker oder den Erlös dafür ganz für sich zu behalten. Zur ursprünglichen Überlieferung gehört deshalb gewiß nur der Vorwurf der Täuschung, den in V. 3 Petr. gegen Ananias erhebt. Lügnerisch hat dieser sein Opfer für die Gemeinde größer dargestellt, als es wirklich war, um größeren Ruhm davonzutragen. Bei der vorwurfsvollen Frage: „warum erfüllte der Satan dein Herz?" ist vorausgesetzt, daß dies nicht hätte zu geschehen brauchen. Ihr Sinn ist also: warum hast du dem Versucher in deinem Innern Raum ge-

---

1. Klostermann, Probleme im Apostelterte, 1883 S. 8ff. erklärt um der im Terte gegebenen Übersetzung willen den Namen aus dem aram. נְיָחָא = Beruhigung, Tröstung. Dabei erklärt sich aber nicht leicht die Transcription in Βαρνάβας. Deißm., Bibelstud. S. 175ff., neue Bibelstud. S. 15ff., ZNW 1906 S. 91f. identifiziert den Namen mit den inschriftlich bezeugten Βαρνεβοῦς = Sohn des Nebo und hält die in der AG. gegebene Deutung für eine religiöse Volksetymologie. Nach Schwartz NGW 1907 S. 283 Anm. weist die Übersetzung υἱὸς παρακλήσεως auf den aram. und hebr. Namen מְנַחֵם (= Μαναήν 13₁) zurück. Als „Sohn des Trostes" bezeichne man einen später geborenen Sohn, der für einen gestorbenen älteren Bruder tröstet. Die Mitteilung der AG. über Barn. an u. St. sei „nicht in Ordnung".

geben, haſt du in die Derſuchung eingewilligt? Dgl. Lk 22₃. Joh 13₂.₂₇.
„Den h. Geiſt" hat Ananias belogen, ſofern die Menſchen, die er belog,
Träger des h. Geiſtes ſind. Dgl. Lk 12₁₀. Nicht nur die App., ſondern alle
Glieder der Gemeinde ſind nach 2₄.₁₆ff. 4₃₁ als Geiſtesträger gedacht. In
D. 4 wird die Freiwilligkeit des Derzichtes auf das Eigentum zu gunſten der
Gemeinde ſtark betont: „verblieb es dir nicht, wenn es (unverändert, d. i.
unverkauft) blieb, und war es nicht, als es verkauft war, zu deiner Der=
fügung? Was iſt es, warum du dieſe Handlung beſchloſſen haſt?" τί ὅτι
(vgl. Lk 2₄₉) iſt aufzulöſen in: τί γέγονεν ὅτι, wobei ὅτι = δι' ὅ, τι (Blaß),
ſtärker als das einfache διὰ τί. Zu τίϑεσϑαι ἐν τῇ καρδίᾳ vgl. Lk 21₁₄.
Mal 2₂. Dan 1₈; auch AG 19₂₁. „Du logſt nicht gegen Menſchen, ſondern gegen
Gott." In der Gemeinde iſt der h. Geiſt, in dem h. Geiſte Gott ſelbſt be=
logen. Dgl. I Th 4₈. ψεύδεσϑαι in D. 3 mit dem Akkuſ., ſteht hier mit
dem Dat. der Perſ., gegen die ſich die betrügeriſche Abſicht richtet. So
mehrmals bei LXX: Joſ 24₂₇. II Sam 22₄₅. Pſ 18₄₅. 78₃₆.
D. 5. „Beim Hören (Part. Praeſ.)[1] dieſer Worte hauchte Ananias die
Seele aus". ἐκψύχειν im NT nur hier, D. 10 u. 12₂₃. „Große Furcht
kam über alle Hörenden", d. i. über alle anweſenden Gemeindeglieder. Denn
nach D. 6 war bei dem Dorgang ein größerer Gemeindekreis zugegen. Aus
ihm erheben ſich „die Jüngeren". Sind dieſe Träger eines beſtimmten
Dieneramtes in der Gem.? So Mey. u. beſ. Zöckl., Diakonen u. Evange=
liſten, 1893 S. 8ff., der ſie den jüd. Synagogendienern gleichſtellt und auch
die den νεώτεροι begrifflich korreſpondierenden πρεσβύτεροι ſchon in der da=
maligen jeruſ. Gem. als Träger eines Amts der Gemeindeleitung auffaßt
(S. 14ff.). Aber an das Dorhandenſein von πρεσβ. in anderem Sinne als
dem der an Jahren Älteren, die als ſolche die Honoratioren in der Gem.
ſind, iſt wohl damals nicht zu denken. So werden auch die νεώτεροι die
an Jahren Jüngeren ſein, die als ſolche, aufgefordert oder unaufgefordert,
eine praktiſche Dienſtleiſtung wie die vorliegende, beſorgen. Dgl. I Pt 5₅.
I Tim 5₁f. Tit 2₆. συνέστειλαν αὐτὸν bed. wahrſcheinlich: „ſie wickelten ihn
ein" (vgl. Eurip. Troad. 378; ſo auch de W., B. Wß, Blaß). Minder paſſend
faßt Mey. συστέλλειν = contrahere (I Kor 7₂₉): „ſie zogen ihn (ſeine Glieder)
zuſammen". Dgl. Hobart, The medical language of St. Luke, 1882, p. 37.
D. 7. „Es begab ſich aber, nach etwa drei Stunden Zwiſchenzeit, daß
uſw." Die Zeitangabe iſt von der Satzſtruktur unabhängig eingeſchaltet. Dgl.
Lk 9₂₈. Mt 15₃₂; Blaß, Gr. § 33, 2. Zu ἐγένετο — καί vgl. Lk 5₁.₁₂.
D. 8. Petr. nahm an dem Hereinkommen der Frau Anlaß dazu, ihr zu ſagen
(ἀπεκρίϑη, vgl. 3₁₂): „habt ihr um ſo viel das Land verkauft?" τοσούτου
iſt hinweiſend auf das daliegende Geld. D. 9. „Warum (über τί ὅτι ſ. 3.
D. 4) wurde Übereinkunft getroffen unter euch (ὑμῖν Dat. der Gemeinſchaft,
wie oft bei den mit συν zuſammengeſetzten Derbis; vgl. Blaß, Gr. § 37, 6),

---

1. Bei D, wo ἀκούσας ſteht, iſt der im Part. Praeſ. liegende Gedanke, daß der
Tod unmittelbar eintrat, durch Zufügung von παραχρῆμα vor πεσὼν, vgl. D. 10, aus=
gedrückt. Blaß ſchiebt im β=Terte nach par. noch ein ausmalendes ἐπὶ τὴν γῆν hinter
πεσὼν ein.

zu versuchen den Geist des Herrn", d. h. ihn herauszufordern, auf die Probe zu stellen, ob er euer Verhalten nicht durchschauen und nicht strafen werde. Vgl. 15 10. Lk 4 12. I Kor 10 9. Den Gedanken, daß der Tod ihren Mann bereits getroffen hat, umschreibt Petr. mit den W.: „die Füße der deinen Mann Bestattenden sind an der Tür", d. h. diese Leute kommen gerade von der Bestattung zurück. Nun werden sie ihr Bestattungsgeschäft an ihr selbst fortsetzen. V. 11. Vgl. V. 5 b. Aber hier ist nun von dem furchterregenden Eindrucke nicht nur auf die Gemeindeglieder, sondern auch auf außerhalb der Gem. Stehende die Rede. Hier zum ersten Mal tritt in der AG. der Begr. ἐκκλησία auf. Vgl. zu ihm: Kattenbusch, d. apost. Symbol, 1900, II, S. 691 ff. u. Harnack, Mission² S. 342 ff.

Dem Vf. d. AG. ist die Geschichte von Ananias u. Sapphira wichtig als eindrucksvoller Beweis (vgl. die Hervorhebung des Eindrucks V. 5 u. 11) für die fleckenlose Reinheit der Urgemeinde, in der ein solches betrügerisches Verfahren sonst nicht vorkam und in diesem Falle, wo es versucht wurde, nicht zur Ausführung kommen konnte, ferner für die göttliche Würde der Gemeinde, deren Verletzung eine furchtbare Gottesstrafe fand, und für das wunderbare Wissen und Vermögen des Ap.s, der das Gottesurteil aussprach. Gewiß war das Verfahren des Ananias und der Sapphira, die eine gesteigerte Ehre vor der Gem. durch eine Täuschung derselben über die Größe des ihr gebrachten Opfers zu erlangen wünschten, eine Sünde, die von der Gem. ferngehalten werden mußte und vor ihr gebrandmarkt zu werden verdiente. Aber so, wie die Geschichte erzählt wird, gibt sie doch gerade vom christlich-sittlichen Standpunkte aus zu schweren Bedenken Anlaß. Verdiente die erste grobe Sünde in der christl. Gem. blos deshalb, weil sie die erste war, eine abschreckende Strafe, als welche die gleiche Sünde weiterhin verdient und findet? Verdiente sie eine sofortige Todesstrafe, bei der kein Raum zur Buße gegeben war? War sie nicht nur objektiv, sondern auch nach dem Bewußtsein der Schuldigen eine Sünde nicht gegen Menschen, sondern gegen den h. Geist und Gott gewesen? Durften Petr. und die übrigen Gemeindeglieder ihr gegenüber die Forderungen Jesu Mt 18 15—17. Lk 17 3f. außer Betracht lassen? Die alttestamentlichen Analogieen Lev 10 1—5 u. Jos 7, an die unsere Geschichte in manchen Zügen erinnert, können diese Fragen für unser christliches Bewußtsein nicht lösen. Der Fall I Kor 5 5 aber ist deshalb unvergleichlich, weil es sich da nicht um die Strafe eines sofortigen Todes handelt und weil der Anheimgabe des Fleisches des Frevlers an den Satan ausdrücklich eine Zweckbeziehung auf die Rettung seines Geistes am Gerichtstage gegeben wird. Wenn man an der einfachen Geschichtlichkeit des erzählten Vorganges festhält, sollte man wenigstens die für unser christliches Urteil unbegreifliche Härte desselben offen anerkennen. Es ist aber vielmehr diese einfache Geschichtlichkeit zu beanstanden. Freilich ist die Geschichte nicht blos „allegorische Fabel" (Pfleid. S. 559). Der Vf. d. AG. muß sie aus bestimmter Überlieferung übernommen haben (vgl. die Anm. 3. 4 32ff.). Aber schon in dieser Überlieferung kann der geschichtliche Sachverhalt erheblich verschoben gewesen sein und ebenso kann wieder der Vf. d. AG., vielleicht unter Einwirkung jener alttest. Analogieen, die ihm gewordene Überlieferung aus- und umgestaltet haben. Genaueres können wir hierüber nicht sagen. Wir können nur vermuten, daß die Urgemeinde in dem plötzlichen Tode der beiden Gemeindeglieder ein wunderbares göttliches Strafgericht über das Unrecht sahen, daß sie durch ihre Täuschung der Gemeinde begangen hatten. Aber die Frage, durch welche besonderen Umstände diese unmittelbare Strafbeziehung ihres Todes auf jenes Unrecht dem Urteil der Urgemeinde nahegelegt war, müssen wir offen lassen.

V. 12. Vgl. 2 43 u. 46 a. Die ἅπαντες, die einmütig in der Halle Salomos (s. z. 3 11) versammelt waren, sind nach 2 46 nicht alle App., sondern alle Christen. Im Unterschiede von diesen müssen in V. 13 die λοιποί Nicht-

Chriften fein. Sie find aber nicht einfach identisch mit dem λαός V. 13 b. Diefer letztere Begriff bezeichnet hier speziell die große Masse des Volks im Unterschied von den politischen und geistigen Oberen und Leitern (vgl. 4 1f. 17. 21. 5 26. Lf 7 29f. 19 47f. 20 19. 22 2). λοιποί aber ift ein allgemeinerer Begriff. Während von dem λαός gilt, daß er die Christen hochhielt, ge- hörten zu den λοιποί auch die den Christen mißgünstigen, feindseligen Ele- mente. Hilgf., Acta p. 234, macht die Konjektur: λευϊτῶν statt λοιπῶν. — „Von den Übrigen wagte keiner sich an sie heranzumachen". Da κολλᾶσθαι fonft in der AG. (8 29. 9 26. 10 28. 17 34) nirgends die Nebenbedeutung des Feindseligen hat, ift sie auch hier nicht direkt anzunehmen (Blaß: = inter- pellare, vexare). Gemeint ift, daß man sich in die Gemeinschaft der Christen nicht irgendwie störend eindrängte. Man ließ sie aus Respekt (ἐτόλμα) für sich. V. 14 ift eine Parenthese, um zu bemerken, daß die in V. 13 be- zeichnete Zurückhaltung doch nicht einen Stillstand des Wachstums der Gem. bedeutete[1]. „Noch mehr aber (als bisher; vgl. 9 22. 22 2) wurden Glaubende hinzugetan dem Herrn". Es ift kaum zu entscheiden, ob man προσετίθεντο wie 2 41 absolut fassen und τῷ κυρίῳ wie 16 15. 34. 18 8 mit πιστεύοντες verbinden (B. Wß, Blaß), oder τῷ κυρίῳ wie 11 24 zu προσετίθεντο ziehen und πιστεύοντες absolut fassen soll (Mey.). Ich ziehe letztere Fassung vor. V. 15. Der Folgerungssatz findet seinen Anschluß über V. 14 weg an V. 13b. Der λαός dort ift Subj. für das ἐκφέρειν hier. Man legte die

---

1. Der Inhalt des Folgerungssatzes V. 15 läßt sich aus V. 14 nicht als einfache Folge herleiten. Nach dem Vorgange von Ziegler, in Gablers Journal f. theol. Lit. 1801, S. 155, Laurent, neut. Stud. 1866 S. 138f. u. A. hat Sp. S. 62ff. die ursprüng- liche Beziehung von V. 15 auf V. 12a behauptet; V. 12b—14 betrachtet er als aus einer anderen Quelle (A) stammend, wo diese Sätze die Fortsetzung von 4 32f. gebildet hätten (so auch J. Wß StKr 1893 S. 491). Allerdings schließt sich V. 15 dem Sinne nach sehr hübsch an V. 12a und die Analogie von 19 11f. scheint auch für diese Verbindung zu sprechen. Andrerseits ift es schwer begreiflich, daß ein Schriftsteller, selbst wenn er blos ein zusammenflickender Redaktor war, nach einem so langen Ein- schube wie V. 12b—14 noch mit einem zum Vorangehenden gehörigen Folgerungs- satze fortgefahren wäre. Da sich nun V. 15 ganz passend auch an V. 13b anschließt, so wird man mit Overb., Hltzm., B. Wß, Blaß u. A. nur V. 14 als Parenthese auf- zufassen haben. Diese Parenthese können wir nun aber mit großer Wahrscheinlichkeit als Einschub des Vf.s der AG. in ein Stück aus derselben Quelle betrachten, die er in 2 43—47. 4 32f. und dann in 6 1ff. bearbeitet hat. Denn V. 12a u. b sind nur eine Wiederaufnahme der aus dieser Quelle stammenden Bemerkungen 2 43 u. 46a; V. 13 aber weist in seinem Zusammenhange mit V. 12b sehr anschaulich auf die auch in 6 1ff. vorausgesetzte Tatsache hin, daß die Christengemeinde noch eine verhältnismäßig kleine Gruppe war, die auch räumlich stets zusammensein konnte. Gerade hierzu meinte der Vf. der AG. den Zusatz V. 14, der seine Vorstellung von dem schnellen, bedeutenden Wachstum der Gem. ausdrückte, machen zu müssen. In einem an V. 13b angeschlossenen Folgerungssatze war dann gewiß in der Quelle geschildert, wie sich die Hochhaltung der Christen auch in den Straßen, insbesondere im Hinzutragen von Kranken zu den App., zeigte. Daß der Vf. der AG. hier aber den Quellenbericht er- weitert und die Vorstellung von den Heilwirkungen des Petr. gesteigert hat, ift aus der Analogie von V. 16 zu Lf 6 17—19 und aus der Art, wie der Vf. auch im Ev. die Heiltätigkeit Jesu über das in den Quellenberichten Gesagte hinaus gesteigert hat (vgl. Lf 4 40 mit Mt 1 34; Lf 9 11 mit Mt 6 34; Lf 7 21 mit Mt 11 8f.), ersichtlich. — Auch B. Wß sieht in V. 14 u. 16, Harnack III S. 184 in V. 14, dagegen Jgst S. 56 in V. 12b u. 13, Hilgf. ZwTh 1895 S. 210 in V. 14—16 redaktionelle Zutat. Nach Sorof S. 56f. gehörten V. 13. 15. 16 ursprünglich zu der Erzählung 3 1—11 oder einer ihr ähnlichen.

Kranken „auf Betten u. Bahren, damit, wenn Petr. käme, wenigstens sein Schatten auf einen von ihnen fiele". κλινάριον ist das kleine, leicht trag= bare Bett. κράβαττος (vgl. 9 33) = grabatus. In dem κἄν (= καὶ ἐάν, wenn auch nur, vgl. Mk 5 28. 6 56) liegt indirekt, daß eigentlich eine noch andere Berührung mit Petr. gewünscht war. Daß die Beschattung wirkliche Heilung gebracht habe, sagt unser Vf. nicht ausdrücklich, hat er aber gewiß ebenso angenommen, wie bei der analogen Schilderung 19 11 f., wo er aus= drücklich den Heilungserfolg hervorhebt. Bei D wird der Heilungserfolg auch an u. St. angegeben durch den Zusatz: ἀπηλλάσσοντο γὰρ ἀπὸ πάσης ἀσθε= νείας, ἧς εἶχεν ἕκαστος αὐτῶν. V. 16. Vgl. Lk 6 17 — 19. τὸ πλῆθος τῶν πέριξ πόλεων Ἱερ.: „die Volksmenge der Jer. umgebenden Städte". Das W. πέριξ im NT nur hier. Bei Jos. kommt es mehrmals gerade in Ver= bindung mit πόλεις vor (3. B. c. Ap. 2, 11; Bell. 4, 4, 3; vgl. Krenkel, Jos. u. Lk. S. 160 f.). Weil es in der näheren Umgebung von Jer. keine „Städte" gibt, liest Hilgf., Acta p. 235 statt τ. πέριξ πόλεων unter Berufung auf d (finium) u. D (περὶ πόλεων): τῶν περιπολιῶν d. i. „der Vororte" (vgl. I Chr 6 71. I Makk 11 61). Aber der Begriff πόλεις konnte wohl in weiterem Sinne auch auf die kleineren Ortschaften Judäas angewandt werden.

V. 17—42. Verhaftung aller Apostel und Gerichtsverhand= lung[1]. V. 17. Veranschaulichend heißt es, der Hohepriester sei „aufge= standen"[2]. ἀνιστάναι wird gern vom gegnerischen Auftreten gesagt: vgl. 6 9. 23 9. Mk 3 26. Blaß StKr 1896 S. 459 bemerkt mit Recht, daß es logisch richtiger heißen würde: πλησθεὶς ζήλου ἀνέστη. Als Hohenpriester denkt unser Vf. Hannas. S. 3. 4 6. Mit ihm erheben sich „alle seine Genossen, welche die Partei der Sadducäer bildeten". Das Part. ἡ οὖσα, statt οἱ ὄντες, ist attrahiert vom Prädikat; vgl. Kühner=Gerth, Gramm. d. griech. Spr. [3] II § 369, 3. Zum Begriffe αἵρεσις vgl. 15 5. 24 5. 14. 26 5. 28 22.

1. Über das Verhältnis dieser Erzählung zu der ähnlichen 41—22 s. d. Anm. 3. 4 1 ff. Auffallend ist, daß die wunderbare Befreiung der App. aus dem Gefängnis V. 19 ff. nicht nur ohne praktische Folge bleibt, da die App. trotzdem vors Gericht gestellt werden, sondern bei der Gerichtsverhandlung V. 27 ff. überhaupt nicht berück= sichtigt wird. Hierin liegt ein Anzeichen dafür, daß verschiedene, ursprünglich nicht zusammengehörige Überlieferungselemente vom Vf. d. AG. zusammengefügt sind. Ich halte es aber nicht für möglich, eine genaue Scheidung derselben vorzunehmen, und nicht für wahrscheinlich, daß ein Teil unserer Erzählung aus derselben Quelle geflossen ist, aus der ich den Grundbestand von 2 43—47. 4 32 f. 5 12—15 herleite. Nach B. Wß und Feine S. 181 ff. gehörte zur älteren Quelle im wesentlichen die Gerichtsverhand= lung mit der Gamalielrede von V. 25 an, während der Vf. d. AG. den Anfang V. 17—24 und Schluß V. 42 (Feine: 41 f.) und kleine Einschiebungen hinzugetan hat. Dagegen betrachten Sp. S. 85 ff. u. Jgst S. 58, welche unser Stück einer anderen Quelle zu= weisen als 41—22, in unserm Stücke alles das als redaktionelle Zutat, was in Be= ziehung und Analogie zu 41 ff. steht, nämlich V. 24 b. 26—33, auch die letzten Worte von V. 34 und den Abschluß V. 40—42. In der Quelle habe 6 7 den Abschluß un= seres Stückes gebildet. Nach Harnack III S. 142 ff. 182 f. stammt unsere Erzählung aus derselben minderwertigen, nicht schriftlichen, von Lk. stilisierten Überlieferung wie K. 2.

2. Blaß hat in den β=Text nach par. statt ἀναστὰς aufgenommen: Ἅννας (die Vers. prov. und eine Handschr. bei Berger, Un ancien texte latin des Actes p. 32, be= zeugen ἀναστὰς δὲ Ἅννας) und verteidigt diese LA in StKr 1896 S. 459. Sie wäre an sich ganz passend und gewiß konnte αννας leicht in αναστας korrumpiert werden. Aber das umgekehrte Versehen war natürlich ebenso leicht möglich und ist in Anbe= tracht der übrigen Texteszeugen anzunehmen.

Auch Joſ. Ant. 13, 5, 9 u. ö. bezeichnet die jüd. Parteien der Phariſäer, Sadducäer u. Eſſäer als αἱρέσεις (vgl. Krenkel, Joſ. u. Lk. S. 161 f.). Nach Joſ. Ant. 20, 9, 1 gehörte der Sohn des Hannas zur Sadducäerpartei. Sie „wurden von Eiferſucht erfüllt". Vgl. 13 45. Die Gunſt der App. bei der großen Menge (V. 13 ff.) erregte die Mißgunſt der Oberen. Zu V. 18¹ vgl. 4 3; zu V. 19 vgl. 12 7. διὰ νυκτὸς ſcheint hier, wie 16 9, im Sinne von νυκτός, „zur Nachtzeit", gebraucht zu ſein. Vgl. Win. § 47 zu διά; Blaß, Gr. § 42, 1. Eigentlich bed. es: „die Nacht hindurch", Lk 5 5. So beziehen es Mey. u. B. Wß darauf, daß das Hinausführen und die Zuſprache des Engels den Verlauf der Nacht in Anſpruch genommen hätten. V. 20. „Auftretend (σταθέντες wie 2 14) redet — — alle Worte dieſes Lebens", d. h. alle auf dieſes Leben bezüglichen Worte. „Dieſes Leben" iſt das den App. bewußte meſſianiſche Heilsleben, die σωτηρία. Vgl. 13 26. Joh 6 68. V. 21. ὑπὸ τὸν ὄρθρον: „gegen die Morgendämmerung hin".

Παραγενόμενος dient wie das ἀναστὰς V. 17 zur Veranſchaulichung. Der Ort, wohin der Hoheprieſter kommt, iſt unbeſtimmt zu laſſen. Nach Mey.: das Sitzungszimmer des Synedrium. Aber die Zuſammenberufung dieſes erfolgt jetzt erſt. Dem Synedrium ſcheint an u. St. „die ganze Älte= ſtenſchaft der Söhne Israels" als eine andere, und zwar umfaſſendere Kor= poration zur Seite geſtellt zu werden. Das wäre eine irrige Auffaſſung. Denn das Synedrium, wie es zur Zeit Jeſu und der App. beſtand, hatte ſich aus der älteren γερουσία, einer Notabelnverſammlung, entwickelt. Vgl. Schür. II ³ S. 189 ff., O. Hltzm. ² S. 224 f., Wellhauſ. S. 269 ff. Aber man kann das καὶ an u. St. in explikativem Sinne faſſen: „und zwar". V. 24. Über den στρατηγὸς τοῦ ἱεροῦ ſ. z. 4 1; über die ἀρχιερεῖς ſ. z. 4 5 f. διη= πόρουν περὶ αὐτῶν, τί ἂν γένοιτο τοῦτο: „ſie waren über dieſelben (αὐτῶν scil. τῶν λόγων) in Verlegenheit, was das wohl werden möchte". Vgl. 2 12. 10 17.

V. 26. Die W. μὴ λιθασθῶσιν ſind abhängig von ἐφοβοῦντο: „ſie möchten geſteinigt werden". Das perſönliche Objekt τὸν λαὸν ſteht neben dieſem folgenden Objektsſatze bei ἐφοβοῦντο vermöge einer einfachen Attraktion. Vgl. Gal 4 11. Win. § 65, 5 a. B. Wß faßt die W. ἐφοβοῦντο γὰρ τὸν λαόν als Parentheſe und zieht μὴ λιθασθῶσιν zum voranſtehenden ἦγεν. V. 28. Die ganze Ausſage iſt affirmativ zu faſſen², ſo daß die durch ἐπη= ρώτησεν V. 27 angekündigte Frage nur indirekt durch das Vorhalten des Tatbeſtandes ausgeſprochen wird und etwa ſo zu ergänzen wäre: „wie könnt ihr euch dies zu tun unterſtehen?" παραγγελίᾳ παρηγγείλαμεν: „nachdrück= lich haben wir befohlen". Zur Sache vgl. 4 17 f. 21; zum Ausdruck 23 14. Lk 22 15. Win. § 54, 3. Blaß, Gr. § 38, 3. ἐπὶ τ. ὀνόματι τούτῳ wie 4 17. Das ἰδού (vgl. 2 7) macht lebhaft auf den Kontraſt zwiſchen dem Verbote

---

1. D hat am Schluſſe dieſes V. den Zuſatz: καὶ ἐπορεύθη εἰς ἕκαστος εἰς τὰ ἴδια.
2. Das οὐ der Rec. vor παραγγελίᾳ, durch das der Satz zu einem Frageſatz wird, fehlt bei א*AB d. vulg. cop. Äth. Chr. Lucif. Gleichwohl hat Blaß es ſogar in den α=Text aufgenommen. Es iſt offenbar um des ἐπηρώτησεν willen zugefügt. Vgl. oben S. 53.

und der ihm zuwiderlaufenden Handlungsweise der App. aufmerkſam. Der Hoheprieſter ſchreibt den gefürchteten Erfolg der Predigt der App. dieſen als beabſichtigten Zweck zu: „ihr wollt über uns das Blut dieſes Menſchen bringen", d. h. veranlaſſen, daß ſein gewaltſamer Tod an uns gerächt werde (vgl. Mt 23 35. 27 25). Derächtlich ſpricht er von „dieſem Menſchen" ohne Namens‑ nennung.

V. 29. „Petr. und die (übrigen) App. antworteten"; der Wortführer iſt Petr. Über den vorangeſtellten Grundſatz: „gehorchen muß man Gott eher als Menſchen" ſ. z. 4 19. Zu 30—32 vgl. 3 13—15. Das ἤγειρεν iſt wie 3 15. 4 10 auf die Auferweckung aus dem Tode zu beziehen (vgl. 3 13: ἐδόξασεν), nicht mit Calv. u. And. nach 3 22. 26. 13 23 auf die Bewirkung des irdiſchen Auftretens Jeſu. Die jüd. Oberen werden wie 4 10 als die eigent‑ lichen Mörder Jeſu hingeſtellt: „den ihr umgebracht habt (eigentlich: an den ihr Hand angelegt habt, vgl. 26 21) dadurch, daß ihr ihn an einen Pfahl hängtet". Vgl. 10 39. Durch die Bezeichnung als ξύλον wird das Kreuz nach Dtn 21 22f. als Schandpfahl für die Fluchwürdigen hingeſtellt; vgl. Gal 3 13. I Pt 2 24. **V. 31.** „Den hat Gott erhöht zum Anführer und Erretter". Der zweite Begriff dient zur Näherbeſtimmung des erſteren: er iſt Anführer, ſofern er zur meſſian. Heilsrettung führt (B. Wß). Dem Sinne nach iſt alſo das Begriffspaar hier gleich dem ἀρχηγὸς τῆς ζωῆς 3 15. Vgl. auch 7 35: κ. ἄρχοντα κ. λυτρωτήν. Über τῇ δεξιᾷ αὐτοῦ ſ. z. 2 33. Die Erhöhung Jeſu hat den Zweck: „um Israel Sinnesänderung und Sündenvergebung mit‑ zuteilen" nicht inſofern, als Chriſtus erſt als erhöhter durch ſeinen Geiſt zur Verleihung dieſer Gaben wirkſam werden ſollte (ſo Mey. mit Beziehung auf Joh 7 39. 16 7), ſondern inſofern, als die an ſeine Auferweckung ſich an‑ ſchließende Predigt ſeiner Jünger das Volk zur Sinnesänderung und dadurch zur Sündenvergebung bringen ſollte. Vgl. 2 38. Lk 24 46f. **V. 32.** Der Text der Anfangsworte iſt unſicher[1]. Lieſt man: καὶ ἡμεῖς ἐν αὐτῷ μάρτυρες, ſo fehlt die Kopula wie 10 39. Lk 24 48; ἐν αὐτῷ iſt dann auf das vorangehende τῷ Ἰσραήλ zu beziehen und nach Analogie von ἔν τε Ἱερουσ. κτέ. 1 8 auf den Ort zu deuten, wo die App. Zeugen ſind: im Volke Isr. Bei der LA: καὶ ἡμεῖς ἐσμὲν αὐτῷ μάρτυρες bezieht B. Wß das αὐτῷ auf τῷ Ἰσρ. Doch bezeichnet der Dat. bei μάρτυς oder

---

1. Die meiſten Handſchr. haben ein ἐσμέν, aber teils vor, teils (A d. am. flor. gig. ſyr. ſch.) hinter μάρτυρες. Weder αὐτῷ noch αὐτοῦ vor μάρτ. haben אAD* mehr. Min. u. Verſſ. (ſo T.); B hat: ἐν αὐτῷ μάρτ. ohne ἐσμ.; einige Min. u. Jren.: ἐν αὐτῷ ἐσμ. μάρτ. (ſo Lach.); 31: ἐσμ. αὐτῷ μάρτ. (ſo B. Wß); EHP die meiſt. Min. ſyr.p. aeth.: ἐσμ. αὐτοῦ μάρτ. (ſo Rec.). Daß das ἐσμέν urſprünglich fehlte, iſt wahr‑ ſcheinlich, nicht nur wegen des Fehlens bei B, ſondern auch wegen der ſchwankenden Stellung. Es lag ſehr nahe, die fehlende Kopula zu ergänzen. Sicher iſt das αὐτοῦ ſekundär. Aber da man neben dem zu μάρτ. gehörigen Gen. τῶν ῥημάτων τούτων ſchwerlich ohne dringenden Anlaß den zweiten Gen. αὐτοῦ eingefügt hätte, ſo iſt zu ſchließen, daß ein αὐτῷ, das Schwierigkeiten bereitete und deshalb von vielen Ab‑ ſchreibern ganz weggelaſſen wurde, dieſen Anlaß darbot. So wird man vor die Wahl geſtellt, entweder die LA von B Jren.: ἐν αὐτῷ μάρτυρες anzunehmen, oder, wenn man ihr keinen paſſenden Sinn abzugewinnen zu können meint, mit B. Weiß (S. 48) dieſes ἐν αὐτῷ für Schreibfehler ſtatt ἐσμὲν αὐτῷ zu halten. Ich neige mich der erſteren Möglichkeit zu, ohne die zweite ausſchließen zu wollen.

μαρτυρεῖν in der Regel die Person oder Sache, für die, d. h. zu deren
Empfehlung oder Beſtätigung gezeugt wird (vgl. 1 8. 10 43. 15 8. 22 5. 15).
Das αὐτῷ wäre alſo wie 22 15 auf den auferſtandenen Jeſus zu beziehen,
zu deſſen Gunſten die App. zeugen. Unmöglich iſt freilich die Deutung von
B. Wß nicht (vgl. den Dat. bei μαρτύρεσθαι 20 26. 26 22). „Wir ſind Zeugen
dieſer Worte", d. i. der Tatſachen, von denen wir eben geſprochen haben,
d. i. der Erweckung und Erhöhung Jeſu. Vgl. V. 19: πάντα τὰ ῥήματα
τῆς ζωῆς ταύτης. Den App. wird der h. Geiſt als Zeuge formell koordiniert (vgl. 15 28. Joh 15 26f.), während natürlich gemeint iſt, daß die App.
kraft des ihnen verliehenen Geiſtes Zeugen ſind (vgl. 4 31). Die Bedingung,
unter der Gott den h. Geiſt gegeben hat (vgl. 2 38. 11 17), wird hier als
Gehorſam gegen Gott bezeichnet, um dieſen Gehorſam, der in V. 29 als die
erſte Pflicht hingeſtellt iſt, nun zugleich als das den Menſchen das höchſte
Heil bringende Verhalten zu charakteriſieren.

V. 33. διεπρίοντο bed. eigentlich: „ſie wurden zerſägt" d. h. bis ins
Innerſte empört. Vgl. 7 54. I Chr 20 3, auch den ähnlichen bildlichen Aus-
druck 2 37. ἐβούλοντο[1] ἀνελεῖν αὐτούς: „ſie waren entſchloſſen, ſie zu töten".
V. 34. Gamaliel = בַּן־לִיאֵל אֵל (d. h. Gottesvergeltung; vgl. Num 1 10. 2 20),
iſt der im Talmud gefeierte „Gamaliel der Ältere", nach ſpäterer, fragwür-
diger Tradition Enkel Hillels, nach 22 3 Lehrer des Paulus. Vgl. über ihn
Schür. II ³ S. 364 f. O. Hltzm. ² S. 199 f. Nach der chriſtlichen, aus unſ.
St. gefloſſenen Sage war er geheimer Chriſt (Clement. Recogn. I, 65 ff.).
Der Vf. d. AG. ſtellt ihn durch die ihm beigelegte Rede als einen unpar-
teiiſchen, leidenſchaftsloſen Weiſen dar, der ſein Urteil durch Erfahrung und
religiöſe Rückſichten beſtimmen läßt. Daß dieſe Rede in der uns mitgeteilten
Geſtalt nicht den Anſpruch auf geſchichtliche Authentie machen kann, erhellt
aus dem offenbaren Anachronismus in ihr (ſ. z. V. 36), ganz abgeſehen von
der Unwahrſcheinlichkeit, daß die genaue Kunde von der nicht im Beiſein der
App. gehaltenen Rede zu den Chriſten gelangt und von ihnen wiederum
ſorgfältig aufbewahrt worden ſein ſollte. Andrerſeits haben wir auch keinen
beſtimmten Grund zu der Annahme, die Perſon des Gamaliel ſei hier ganz
willkürlich ohne geſchichtlichen Anhaltspunkt in die Erzählung hineingezogen.
Die ſeinem Ratſchlag zu Grunde liegende allgemeine Sentenz trägt durchaus
das Gepräge eines rabbiniſchen Weisheitsſpruches. Vielleicht wurde ſie als
ein bekannter Spruch des Gamaliel überliefert und der Vf. der AG., der die
weitere Überlieferung hatte, daß dieſer Gamaliel bei dem Prozeſſe des Synedriums gegen die App. mit ſeinem Rate entſcheidend eingegriffen habe, war
hierdurch veranlaßt, ihn eine Rede halten zu laſſen, welche jene Sentenz auf

---

1. So leſen W.-H., B. Wß, Blaß nach ABE mehr. Min. u. Verſſ., während T.
mit d. Rec. nach אDHP d. meiſt. Min. vulg. ſyr. ἐβουλεύοντο aufnimmt. Eine
ſichere Entſcheidung läßt ſich nicht treffen. Die Vertauſchung der beiden ähnlichen
Worte in den Handſchriften findet ſich auch 15 37. 27 39 (ebenſo in Profanhandſchr.;
ſ. Blaß zu 15 37). Für den Sinn iſt an u. St. ἐβούλοντο paſſender. Aus der tiefen
Empörung entſpringt ſogleich der Entſchluß zur Tötung. Gamaliel veranlaßt dann
erſt eine Beratung, deren Erfolg iſt, daß jener Entſchluß nicht feſtgehalten, nicht zum
Beſchluß erhoben wird.

diesen besonderen Fall anwandte. Er wird charakterisiert als „ein dem ganzen Volke werter (τίμιος wie 20 24) Gesetzeslehrer". νομοδιδάσκαλος (vgl. Lk 5 17) = νόμικος (Lk 11 45 f. u. ö.) und γραμματεύς. Über die Rolle der phari=säischen Gesetzeslehrer im Synedrium vgl. Schür. II³ S. 201. Er „befahl, auf kurze Zeit (βραχύ wie Hbr 2 7. 9) hinauszuschaffen die Menschen", d. i. die App., die im Sinne des Gamaliel so bezeichnet werden (vgl. V. 35. 38).

V. 35². Gamaliel sprach: „nehmt euch in Acht (vgl. Lk 17 3. 21 34), was ihr hinsichtlich dieser Menschen tun wollt". Die W. ἐπὶ τοῖς ἀνθρώ=ποις τούτοις könnten auch mit προσέχετε ἑαυτοῖς verbunden werden (Luth.). Aber noch passender scheint ihre Verbindung mit den folgenden W., wobei sie durch die Voranstellung vor τί einen besonderen Nachdruck haben (vgl. 19 4). **V. 36.** Die Mahnung zur vorsichtigen Zurückhaltung beim vorliegen=den Fall begründet (γάρ) Gamaliel durch Erinnerung an geschichtliche Tat=sachen. „Vor unserer Zeit (genau: vor diesen d. i. den gegenwärtigen Tagen; vgl. 21 38) erhob sich Theudas mit der Behauptung, er sei etwas (d. i. etwas Besonderes), an welchen sich eine Anzahl von ungefähr 400 Mann anhing (d. h. als Anhang anschloß; vgl. II Mak 14 24); der wurde getötet und alle, die sich ihm angeschlossen hatten, wurden versprengt und vernichtet". Nach Jos. Ant. 20, 5, 1 trat ein Theudas zur Zeit des Prokurators Cuspius Fadus (44 – ca. 46 n. Chr.) auf. Er gab sich für einen Propheten aus, sammelte einen großen Anhang und zog mit diesem an den Jordan, unter dem Vor=geben, daß er durch sein Geheiß den Fluß teilen und einen leichten Durch=gang durch ihn gewähren werde. Er wurde aber von der Reiterei des Fadus überfallen; ihm selbst wurde der Kopf abgehauen und von seinen Anhängern wurden viele getötet oder gefangen genommen. Mit diesem Berichte des Jos. stimmt das an u. St. über Theudas und seinen Anhang Erzählte in allem Wesentlichen überein. Aber freilich soll nach V. 37 Theudas noch vor Judas Gal., d. h. vor dem J. 7 n. Chr., aufgetreten sein. Der Theudas des Jos. dagegen ist erst ca. 10 Jahre nach unserer Synedriums=Verhand=lung aufgetreten, kann also auch nicht wirklich von Gamaliel als Beispiel angeführt sein. Deshalb haben viele Ausleger geurteilt, der Theudas an u. St. sei ein anderer, älterer, als der des Jos. (so nach Orig. c. Cels. 1, 6 und vielen Älteren Nösg., Zöckl., Jäg. I S. 26 f., Felt., Belser ThQ 1896 S. 66 ff.). Aber daß zu verschiedener Zeit zwei Leute desselben Namens eine Bewegung derselben Art und desselben Verlaufes hervorgerufen haben, ist absolut unwahrscheinlich und wird nur um des guten Vorurteils willen an=genommen, daß der Vf. der AG. nicht etwas Irriges berichtet haben könne. Es ist vielmehr anzuerkennen, daß der Vf. hier in irrtümlicher, anachronisti=scher Weise dem Gamaliel die Bezugnahme auf den erst später aufgetretenen Theudas in den Mund gelegt hat (so Br., Zell., Overb., Weizs. S. 21,

---

1. Über die Variante τ. ἀποστόλους f. oben S. 53.
2. Statt πρὸς αὐτούς haben D sah.: πρὸς τοὺς ἄρχοντας καὶ τοὺς συνεδρίους. So Blaß im β=Texte (aber mit der Form: συνέδρους). Offenbar ist dies eine nach=trägliche Besserung, die den richtigen, aber freilich sehr selbstverständlichen Punkt klar=stellen sollte, daß die Angeredeten nicht die zuletzt genannten ἄνθρωποι waren.

hltzm., p. W. Schmiedel Art. „Theudas" in Enc. Bibl., Seine Art. „Theudas"
in R. E. [3] u. And.)[1]. Wahrscheinlich war er zu dieser irrigen Ansetzung des
Theudas vor Judas Gal. verleitet durch eine ungenaue Reminiscenz an Jos.
Ant. 20, 5, 1 f. (vgl. oben S. 43 f.). Dem Vf. d. AG. kommt es im Zu=
sammenhang unf. St. nur auf die Analogie zwischen dem Geschick der An=
hänger des Theudas und dem zu erwartenden Geschicke der Jünger Jesu an.
Deshalb bezeichnet er die Geschichte des Theudas und seines Anhangs mit solchen
allgemeinen Ausdrücken, welche diese Analogie erkennen lassen, während er
die von Jos. berichteten Einzelheiten, in denen sich eine Differenz zeigt, über=
geht[2]. Auch die allgemeine Charakteristik des Anspruches des Theudas an
u. St.: λέγων εἶναί τινα ἑαυτόν, während Jos. bestimmter sagt: προφήτης
ἔλεγεν εἶναι, ist gewiß zu Gunsten der Analogisierung mit Jesus gewählt.
Die Bezeichnung des Subj.s des Infinitivsatzes durch den Akk. des Pron.
reflex. wäre nach klassischem Sprachgebrauch nicht richtig, hat aber im NT
einige Analogieen. Vgl. 25 21 und dazu Blaß, Gr. § 72, 2; Raderm. S. 147 f.
Die weiteren W.: ὅσοι ἐπείθοντο αὐτῷ entsprechen dem Wortlaut bei Jos.:
Θευδᾶς — πείθει τὸν πλεῖστον ὄχλον. Der Ausdruck διελύθησαν ist im
Vorausblick auf das καταλυθήσεται V. 38 gewählt. V. 37. Judas der
Galiläer, der „zur Zeit des Census" d. i. des bekannten, von Augustus im
J. 7 n. Chr. verfügten, durch Quirinius ausgeführten Census (Lk 2 1f.) auf=
stand, ist derselbe, über den Jos. Ant. 18, 1, 1 berichtet. Nach Jos. l. l.
stammte er aus Gamala in Gaulanitis. Aber auch Jos. Ant. 18, 1, 6. 20,
5, 2. Bell. 2, 8, 1 nennt ihn ὁ Γαλιλαῖος. Vgl. Schür. I [3] S. 486. Die
W.: ἀπέστησεν λαὸν ὀπίσω αὐτοῦ sind eine prägnante Zusammenziehung der
beiden Gedanken: „er machte einen Volkshaufen abtrünnig" (von Rom), und:
„er zog einen Volkshaufen als Anhang an sich". Vgl. 20 30. Von dem Um=
kommen des Judas Gal. erzählt Jos. nichts. Wahrscheinlich liegt an u. St.
eine Verwechslung mit seinen Söhnen vor (s. z. V. 36). Judas war der
Begründer der weiterbestehenden Zelotenpartei. Doch ist die Angabe an u. St.,
alle seine Anhänger seien versprengt worden, insofern richtig, als der Auf=
stand des J. 7 niedergeschlagen wurde.

---

1. B. Wß u. Hilgf. ZwTh 1895 S. 214, Acta p. 264 halten den im Munde
des Gam. unmöglichen V. 36 nebst den Anfangsworten von V. 37 für einen Einschub
des Red. in die Quelle.
2. Blaß StKr 1896 S. 459 f. und ed. Act. sec. form. rom. p. XVI vermutet,
daß der Name Theudas erst durch christliche Interpolation in den Text des Jos. ge=
kommen sei, wegen fälschlicher Annahme der Identität beider Personen; hinwiederum
sei in den Text der AG. das ἀνῃρέθη V. 36 und ἀπώλετο V. 37 erst nachträglich nach
Jos. eingetragen anstatt des von Euseb. h. c. 2, 11 bezeugten κατελύθη (D* hat in
V. 36: διελύθη αὐτὸς δι᾽ αὐτοῦ, par. hier und in V. 37: dissolutus est). Entschei=
dend soll der Grund sein, daß die Argumentation des Gam. keinen Sinn habe, wenn
Th. u. Judas gewaltsam umkamen und infolge davon ihre Anhänger sich zerstreuten.
Denn so hätte die Konsequenz für Gam. sein müssen: also töten wir die App., dann
wird die Sekte sich auflösen. Aber dieser Grund ist hinfällig, wenn man bedenkt, daß
im Sinne des Gam. Th. u. Judas nicht zu den App., sondern zu Jesus in Analogie
stehen. Jesus ist gewaltsam umgekommen; nun wird sich sein Anhang wohl ebenso
auflösen, wie der jener Aufwiegler. Die verkehrte Vorstellung von Blaß, daß Th. u.
Jud. den App. verglichen wären, war natürlich auch das Motiv für die (auch von
Belser, Beitr. S. 27 verteidigte) sekundäre LA v. D* par. u. Euf.

V. 38 [1]. „Und nunmehr, sage ich euch, nehmt Abstand von diesen
Menschen und laßt sie (d. h. bekümmert euch nicht um sie; vgl. Mt 15 14.
Mt 14 16)." καὶ τὰ νῦν (vgl. 4 29) ist mit ἀπόστητε zu verbinden (Blaß),
so daß λέγω ὑμῖν eingeschoben ist, wie Lk 12 51. 13 3. 5. 24 u. ö. „Falls von
Menschen stammt (vgl. Lk 20 4; Gegensatz V. 39: εἶναι ἐκ θεοῦ) dieses Vor-
haben oder dieses Werk (d. i. die Sache der Jünger Jesu hinsichtlich ihrer
Idee oder ihrer Ausführung; vgl. Lk 23 51), wird es zu nichte werden",
nämlich, wie sich aus der vorangestellten Forderung ergibt, ohne euer Zutun.
V. 39. „Wenn es aber wirklich aus Gott ist, werdet ihr sie (d. i. die
Menschen, welche die Träger dieses Vorhabens und Werkes sind) nicht zu
nichte machen können." Anstatt ἐὰν — ᾖ V. 38 tritt hier εἰ — ἐστίν ein, nicht
weil dieser zweite Fall dem Gam. der wahrscheinlichere ist (Mey.), auch nicht,
weil er dem Vf. der AG. als der zutreffende erscheint (Raderm. S. 144),
sondern weil er der von den App. als wirklich behauptete ist (B. Wß; Blaß,
Gr. § 65, 4). Der Schlußsatz: „damit ihr nicht gar als Gottbekämpfende
erfunden werdet" hängt ab von der Ermahnung, zu deren Begründung die
Sentenz V. 38b u. 39a dient, d. i. von einem aus V. 38a in Gedanken
wiederaufzunehmenden ἄφετε αὐτούς. Vgl. den Text von D (s. d. Anm. 3.
V. 38). Die Anknüpfung an das unmittelbar vorangehende οὐ δυνήσεσθε
καταλῦσαι αὐτούς (Overb., Nösg.) ist nicht möglich, weil οὐ δυνήσεσθε nicht
den Sinn „ihr dürft nicht" oder „ihr könnt nicht wollen" haben kann. Die
Sentenz V. 38b u. 39a ist aber auch nicht in Parenthese zu setzen (so z. B.
W.-H.), da sie für den Gedanken nicht nebensächlich ist, sondern die wichtige
Regel ausspricht, zu deren Veranschaulichung die Beispiele V. 36f. dienten.
θεομάχος: bei Symm. Job 26 5. Pro 9 18. 21 16.
V. 40. Bei dem Verzichte auf anderweitiges Einschreiten wurde wenigstens die von der jüd. Obrigkeit oft verhängte Prügelstrafe (δείραντες) vollzogen. Vgl. 22 19. Mt 13 9. II Kor. 11 24. **V. 41.** Sie „freuten sich, weil
sie gewürdigt waren um des Namens willen Unehre zu erleiden". Oxymoron;
vgl. Mt 5 11f. Phl 1 29. II Kor 11 23 − 30. I Pt 2 19. Der Name, der nach dem
Zusammenhang keiner genaueren Bezeichnung bedarf, ist der des Messias Jesus.
Vgl. III Joh 7. **V. 42.** πᾶσάν τε ἡμέραν: „und jeden Tag über". Akk.
der Zeitdauer, wie Lk 21 37. Vgl. Blaß, Gr. § 34, 8. Zu ἐν τῷ ἱερῷ κ.
κατ᾽ οἶκον vgl. 2 46. Die W.: καὶ εὐαγγελιζόμενοι κτέ., formell dem διδάσκοντες koordiniert, sind dem Sinne nach eine inhaltliche Näherbestimmung
dafür (vgl. 15 35. Lk 20 1). Über den Gebrauch von εὐαγγελίζεσθαι bei Lk
u. in der AG. vgl. Harnack, Entstehung u. Entwicklung der Kirchenverfassung
in d. 2 ersten Jahrh., 1910, S. 209f.

---

1. Hinter ἄφετε αὐτούς haben DE flor. den Zusatz: μὴ μιάναντες (E: μολύνοντες)
τὰς χεῖρας (E flor.: τ. χ. ὑμῶν); ferner in V. 39 hinter καταλ. αὐτ. D syr. ᵖ· flor.:
οὔτε ὑμεῖς οὔτε βασιλεῖς οὔτε τύραννοι· ἀπέχεσθε οὖν ἀπὸ τῶν ἀνθρώπων τούτων. Anstatt der dazwischen stehenden W. ἐὰν ᾖ − ἐκ θεοῦ ἐστίν bietet flor. den Text: [si]
haec potestas humanae voluntatis est, dissolvetur virtus eius; si autem haec
potestas ex dei voluntate est. Danach Blaß β-Text.

Kap. 6.

V. 1—7. Wahl der Siebenmänner. Einleitung zur Geschichte des Stephanus[1]. **V. 1.** Die Zeitangabe: „in diesen Tagen", die durch den Zusatz: „als die Jünger sich mehrten" näher bestimmt wird, weist nicht speziell auf die Zeit der zuletzt vorangehenden Erzählung, sondern auf die durch den ganzen Bericht von K. 3—5 charakterisierte Periode der Anfangsentwicklung der Gem. hin. Das δὲ stellt nicht den Zwiespalt im Innern dem Siege nach außen gegenüber (Mey.), sondern ist überleitend. πληθύνειν nur hier im NT intransitiv; anders V. 7 u. ö. οἱ μαθηταί (ohne den Zusatz τοῦ κυρίου) hier zuerst und weiterhin oft in der AG. Bezeichnung der Christen im allgemeinen, bemerkenswert deshalb, weil nirgends in den neutest. Briefen und auch nicht in der nachapost. Literatur. Vgl. dazu: Harnack IV S. 77 u. Mission[2] S. 334ff. — „Es entstand ein Gemurre der Hellenisten gegen die Hebräer, weil bei der täglichen Versorgung ihre Witwen übersehen (d. i. vernachläſſigt) wurden". Beide Gruppen sind geborene Juden: die Ἑλληνισταί (abzuleiten von ἑλληνίζειν, griechisch sein und reden) griechisch, die Ἑβραῖοι hebräisch (d. i. aramäisch) redende; jene von außerhalb Paläſtinas nach Jer. zugezogene, diese in Paläſt. gebürtige. Zu Ἑλλ. vgl. 9₂₉ und (zweifelhaft) 11₂₀. Der Begriff διακονία (διακονεῖν), der jede Art einer zu Dienſten Anderer geleisteten Tätigkeit bezeichnen kann (vgl. V. 4 διακονία τοῦ λόγου und 1₁₇. ₂₅. 20₂₄. 21₁₉), wird im NT oft von wohltätiger Almoſenspende (11₂₉. Röm 15₂₅. ₃₁. I Kor 16₁₅ u. ö.) und oft von der Dienſtleiſtung bei Mahlzeiten gebraucht (Lk 4₃₉. 10₄₀. 12₃₇. 17₈. 22₂₆f.). An u. St. ſcheinen diese beiden ſpeziellen Bedeutungen kombiniert zu ſein. Aus der Vernach=

---

1. Aus manchen Anzeichen iſt zu erſchließen, daß der Vf. der AG. bei der Stephanus=Geschichte 61—8₃ eine ſchriftliche Quelle benutzt hat. In der Einleitung 61—7 liegt ein ſolches Anzeichen darin, daß die hier vorausgeſetzten Gemeindeverhältniſſe andere ſind, als die vorher in der AG. geſchilderten. Vorausgeſetzt iſt hier, daß die Gemeinde in Jer. trotz des Wachstums V. 1 ſich noch in ihrer Geſamtheit einheitlich verſammeln konnte (V. 2 u. 5), nicht aber ſchon den großen Umfang von 4₄ hatte; ferner, daß es in der Gem. Arme gab, die auf die tägliche freiwillige Verſorgung durch die Reicheren angewieſen waren, nicht aber eine ſo vollſtändige Gütergemeinſchaft und durch die App. vollzogene Verteilung der veräußerten Güter beſtand, wie ſie 2₄₅ u. 4₃₄f. angegeben iſt. Über frühere Elemente aus derſelben Quelle, die hier verwertet iſt, ſ. d. Anm. zu 2₄₃ff. 4₃₂ff. 5₁₄. — Diejenigen neueren Kritiker, welche den Hauptbeſtand von K. 1—5 aus einer zuſammenhängenden Quelle, oder aus zwei Quellen, herleiten, halten entweder 61—6 für eine Fortſetzung aus der früheren Quelle (B. Wß, Einl. § 50, 2: aus der judenchriſtl. Petrus=Quelle; Sorof S. 62f.: aus der urſprünglichen Lukas=Schrift; Sp. S. 97f.: aus der Quelle A; Jgſt S. 64ff.: aus ſeiner Quelle B), oder laſſen hier die Benutzung einer neuen, helleniſtiſchen Quelle einſetzen (Feine S. 184ff. 192f.; J. Wß StKr 1893 S. 482f.; Hilgf. ZwTh 1895 S. 388. 406; Harnack III S. 136ff. 186ff.: antiocheniſche Quelle; Pahncke StKr 1912 S. 20ff.). Mehrere dieſer Kritiker ſcheiden V. 7 von V. 1—6 ab als Zuſatz des Red. (B. Wß, Feine, Hilgf.), oder als aus einer anderen Quelle ſtammend (Sp., J. Wß). Ich ſehe dazu keinen entſcheidenden Grund ein, ſetze aber natürlich hier, wie bei V. 1—6, eine redaktionelle Formgebung durch den Vf. der AG. voraus.

2. Hinter dieſen W. hat D den Zuſatz: ἐν τῇ διακονίᾳ τῶν Ἑβραίων (ſo Hilgf.), flor.: ὑπὸ τῶν διακόνων τῶν Ἑβραίων (ſo Blaß im β=Text). Die Abſicht dieſer Zuſätze iſt, den Gedanken auszuſchließen, daß die App. die Überſehenden geweſen wären. Es ſoll angenommen werden, daß es ſchon ein Diakonenamt gab, das aber nur von Hebräern verſehen war. Vgl. die Verteidigung dieſes Textes und Sinnes bei Belſer S. 29ff.

läſſigung der helleniſtiſchen Witwen iſt erſichtlich, daß bei der hier gemeinten διακονία eine Unterſtützung von Armen ſtattfand, bezw. ſtattfinden ſollte, und daß dieſelbe eine freiwillige, noch nicht feſt organiſierte war. Sie wird durch den Zuſatz ἡ καθημερινή als die bekannte tägliche im Unterſchiede von außerordentlichen Spenden (wie die 4 37) charakteriſiert. Daß ſie ſich ſpeziell auf Mahlzeiten bezog, zeigt das διακονεῖν τραπέζαις V. 2. Da nun aber die Mahlzeiten der Chriſten damals gemeinſchaftliche waren (ſ. 3. 2 42. 46), ſo iſt höchſt wahrſcheinlich an die Verſorgung mit Nahrungsmitteln bei dieſen täglichen gemeinſchaftlichen Mahlzeiten gedacht. Vgl. Zöckler, Diakonen u. Evangeliſten, 1893, S. 11. Vorausgeſetzt iſt, daß es Reiche und Arme in der Gemeinde gab. Die Reicheren verſorgten bei den Mahlzeiten die Armen. Da dieſe Fürſorge aber der freien Wohltätigkeit überlaſſen war, ſo konnte leicht eine ſolche Ungleichheit eintreten, daß die helleniſtiſchen Witwen, die dem paläſtinenſiſchen Grundbeſtande der Gemeinde minder bekannt waren, vernachläſſigt wurden. Vgl. die Zuſtände I Kor 11 21f.

V. 2. „Als die Zwölf die Geſamtheit der Jünger berufen hatten, ſprachen ſie: es gefällt (uns) nicht (ἀρεστόν ἐστιν wie 12 3), mit Beiſeitſetzung des Wortes Gottes Tiſche zu verſorgen." Bemerkenswert iſt die in der AG. nur hier vorkommende (doch 1 26. 2 14: οἱ ἕνδεκα), gewiß aus der Quelle übernommene Bezeichnung οἱ δώδεκα anſtatt der ſonſt durchgängigen οἱ ἀπόστολοι. Vgl. I Kor 15 5. τὸ πλῆθος iſt die verſammelte Gemeinde; vgl. V. 5. 15 12. 30. 19 9 u. Deißm., Neue Bibelſtud. S. 59f. Die Erklärung der Zwölf wird gewöhnlich ſo aufgefaßt, daß ſie, die bisher nach 4 34—37 die ganze Verteilung der Gaben an die Bedürftigen in Händen gehabt hätten, ſich jetzt von dieſem Amte zurückziehen wollten, dem ſie ſich nicht mehr gewachſen fühlten. Aber die tägliche Verſorgung bei Tiſche, um die es ſich an u. St. handelt, war etwas ganz anderes, als jenes Verteilen des Erlöſes der verkauften Beſitztümer, das der Vf. der AG. allerdings 4 34f. als einen ſich immer wiederholenden Vorgang hingeſtellt hat. Die Verſorgung bei Tiſche war bisher noch nicht Sache eines beſtimmten Amtes geweſen. Wo jetzt zuerſt das Bedürfnis nach Regelung und Beaufſichtigung dieſer Verſorgung hervortritt, erwägen die Zwölfe, ob ſie dieſes Amt übernehmen ſollen, erklären aber es nicht zu wollen, weil ſie ſonſt ihr Predigtamt verſäumen müßten. Daß dies auch die Auffaſſung des Vf. der AG. iſt, geht daraus hervor, daß er 5 42, offenbar zur Vorbereitung auf unſere St., ſagt, die App. hätten ſich unaufhörlich der Predigt gewidmet, nicht aber daneben ihre Armenpflege hervorhebt. Der Ausdruck διακονεῖν τραπέζαις iſt beſonders charakteriſtiſch dann, wenn es ſich um die Verteilung der Speiſen bei gemeinſamen Mahlzeiten handelt.

V. 3. „Erſehet euch aber aus eurer Mitte ſieben anerkannte Männer voll Geiſt und Weisheit, die wir einſetzen werden für dieſes Bedürfnis." ἐπισκέπτειν in dieſer ſpeziellen Bedeutung nur hier im NT. Doch vgl. 15 14. Das δέ [1] ſetzt der Weigerung der Zwölfe zur Übernahme der Funktion die

---

1. δέ iſt zu l. nach אB (T., B. Wß). A hat δή (Lachm., Blaß im α-Text), CEHP uſw.: οὖν (Rec.). Bei der Vorausſetzung, daß die App. bisher ſchon den betreffenden Dienſt

Aufforderung gegenüber, andere Perſonen dazu zu wählen. ἐξ ὑμῶν ſteht betont dem ἡμᾶς V. 2 gegenüber. Zu μαρτυρουμένους vgl. Lk 4₂₂. Hebr 11₂. Warum gerade ſieben gewählt werden ſollen, ob deshalb, weil dieſe Zahl als bedeutſame und heilige galt (z. B. Gen 21₂₈. Ex 37₂₃. Apk 1₄. 12. 16 u. ö.), oder ob nach Analogie des gewöhnlichen Beſtehens der damaligen jüdiſchen Ortsbehörden aus 7 Mitgliedern (Joſ. Ant. 4, 8, 14; vgl. Schür. II ³ S. 178), oder ob deshalb, weil es damals gerade 7 Tiſchgemeinſchaften der Chriſten in Jer. gab (Zöckl., Diak. u. Ev. S. 12ff.), läßt ſich nicht ſicher beantworten. Ich halte den letztgenannten Grund nicht für unwahrſcheinlich. Es können aber auch alle drei Gründe zuſammengewirkt haben. Die zu Wählenden ſollten nicht nur gut beleumundet ſein (μαρτυρούμενοι), ſondern auch die zu ihrem Amte nötigen Gaben beſitzen: πνεῦμα d. i. heiligen Geiſt (vgl. V. 5) und σοφία, d. i. hier wahrſcheinlich Klugheit mit bezug auf praktiſches Verhalten (vgl. I Kor 6₅. Kol 4₅). καθιστάναι bed. das Einſetzen oder Beſtellen zu einem Amte; vgl. 7₁₀. ₂₇. Lk 12₁₄. Die Wahl wird der ganzen Gemeinde anheimgegeben; aber die eigentliche Amtsübertragung be= halten die Zwölfe ſich ſelbſt als den geſchichtlich gegebenen und anerkannten Leitern der Gemeinde vor. Vgl. V. 6. Die χρεία αὕτη iſt das in V. 1 bezeichnete Bedürfnis. Aber gemeint iſt gewiß nicht, daß die zu Wählenden nur für die helleniſt. Witwen ſorgen, ſondern die „tägliche Verſorgung" im allgemeinen leiten und dabei jenem beſonderen gegenwärtigen Bedürfniſſe ab= helfen ſollten. V. 4. „Wir aber wollen uns dem Gebete und dem Amte der Verkündigung weiterwidmen." Das Gebet iſt das gemeinſame bei den Zu= ſammenkünften der Chriſten, in dem ſich das kultiſche Bedürfnis der Gemeinde= glieder als ein ſpeziell chriſtliches noch neben der Teilnahme an dem jüdiſchen Kultus äußerte (vgl. 1₁₄. 2₄₂). Das Predigtamt daneben iſt aber nicht bloß eine innergemeindliche Funktion, ſondern richtet ſich auch an die noch nicht zur Gemeinde Gehörigen (vgl. 4₂₉. ₃₁. ₃₃. 5₂₀. ₃₂. ₄₂).

V. 5. Bei der Aufzählung der Sieben ſteht Stephanus voran als der= jenige, deſſen bedeutſame Geſchichte im folgenden erzählt werden ſoll. Seine beſondere Bedeutung wird dadurch hervorgehoben, daß die nach V. 3 bei allen zu Wählenden erforderliche Geiſtesbegabung bei ihm ſpeziell als vor= handen bezeichnet wird. Die πίστις neben dem πνεῦμα ἅγιον iſt nicht mit älteren Erklärern als Redlichkeit, Verläſſigkeit zu faſſen, ſondern als chriſt= licher Glaube (vgl. 11₂₄). Als zweiter wird Philippus genannt, weil auch über ihn weiterhin 8₅ff. 21₈ berichtet wird. Von den übrigen Männern wiſſen wir nichts. Auf Prochoros werden apokryphe Johannes=Akten zurück= geführt. Vgl. Zahn, Acta Joannis 1880 und Bonnet, Acta apost. apocr. II, 1, 1898 p. 151ss. Der an letzter Stelle genannte Nikolaus wird von der chriſtl. Überlieferung ſeit Iren. adv. haer. I 26, 3, III 11, 1 für identiſch gehalten mit dem Stifter der Sekte der Nikolaiten Apk 2₆. ₁₅. Vgl. Bouſſet z. d. St., Seeſemann StKr. 1893 S. 47ff. Seine Stellung am Schluſſe, in

---

verſehen hätten und jetzt nur andere Perſonen für das beſtehende Amt gewählt werden ſollten, erſchien δή oder οὖν paſſender als δέ. D flor. par. haben: τί οὖν ἐστιν, ἀδελ= φοί; ἐπισκ. ἐξ ὑμῶν αὐτῶν ἄνδρας. So Blaß im β=Text u. Hilgf.

der er dem Judas Jſchariotḧ als letztem der Zwölfe analog ſein ſoll, kann
natürlich nichts beweiſen. Sie kann auch dadurch veranlaßt ſein, daß er dem
jeruſalemiſchen Gemeindekreiſe der fremdeſte war. Der Zuſatz προσήλυτον
Ἀντιοχέα hebt das bedeutſame und für die Wahl des Mannes gewiß maß=
gebende Moment hervor, daß er nicht nur ein Helleniſt aus dem ſyriſchen
Antiochia, ſondern auch ein erſt ins Judentum übergetretener Proſelyt war.
Daß auch alle übrigen Gewählten Helleniſten waren, kann man aus ihren
helleniſchen Namen, die damals auch bei paläſt. Juden gebräuchlich waren,
nicht ſicher erſchließen. V. 6 ¹. Die Handauflegung iſt ein aus dem AT
(Num 8 10. 27 18. Dtn 34 9) übernommener Amtsweihe=Ritus; vgl. 13 3. I Tim
4 14. 5 22. II Tim 1 6. Sie ſymboliſiert die Übertragung der zum Amte er=
forderlichen Begabung, die im begleitenden Gebete von Gott erfleht wird.
Vgl. über den Ritus: Hltzm., Paſtoralbr. S. 227ff.; Knopf, Art. „Handauf=
legung" in RGG; Behm, Handauflegung im Urchriſtent. 1911.
Die altkirchliche Überlieferung (ſchon bei Jren. adv. haer. I 26, 3 u. ö. Cypr.
ep. 3, 3) ſieht in den gewählten Sieben die erſten Träger des ſpäteren kirchlichen
Diakonenamtes. So auch Mey., Zöckl., Diak. u. Ev. S. 10ff. 18ff., Felt. Aber weder
an u. St. noch 21 8 wird den Sieben der Titel διάκονοι beigelegt. Vielmehr heißt V. 4
die Funktion der Zwölfe ebenſo διακονία τ. λόγου, wie V. 2 die der Sieben διακονεῖν
τραπέζαις. Die Sieben ſollen nach u. St. auch nicht bloß dienende, ausführende Or=
gane der App. ſein, ſo wie ſich ſpäter die Diakonen zu den Biſchöfen verhielten. Viel=
mehr erſcheint die ihnen anvertraute Funktion als eine ſelbſtändige neben der anders=
artigen der App. J. h. Böhmer, diss. jur. eccl. antiq. 1729 p. 349f., A. Ritſchl,
Altkath. K. ² S. 353ff. u. And. haben deshalb in den Sieben die Anfänger oder Vor=
gänger der Presbyter geſehen, die zuerſt 11 30 ohne beſondere Einführung als Vor=
ſteher der jeruſ. Gem., und zwar gerade als Verwalter des Geldes und des Ver=
pflegungsdienſtes erſcheinen. Allein es iſt doch fraglich, ob man die πρεσβύτεροι in
der älteſten Zeit der chriſtlichen Kirche, auch die 11 30. 15 4. 6. 22f. 16 4. 21 18 in Jer.
auftretenden, für Träger eines feſten Amtes, oder nicht vielmehr für ältere Honora=
tioren der Gem. im allgemeinen zu halten hat (vgl. zu 5 6). Am richtigſten urteilt
man wohl, daß das Amt der Sieben, das zunächſt nur auf ein konkretes Bedürfnis in
dem noch kleinen jeruſ. Gemeindekreiſe zugeſchnitten war und ſich infolge der ſtephani=
ſchen Verfolgung aufgelöſt zu haben ſcheint, keine direkte Fortſetzung in einem ſpäteren
Gemeindeamte hatte (vgl. Vitringa, de synagoga vet. ² 1726 p. 920ss., Weizſ. S. 46,
Sohm, Kirchenrecht I S. 73. 122ff., v. Dobſchütz, Probleme d. apoſt. Zeitalt. S. 43f.),
wohl aber als erſtes Beiſpiel eines kirchlichen Verwaltungsamtes ſpeziell für ökonomiſche
Angelegenheiten in nächſter Analogie ſteht zu dem Amte der ἐπίσκοποι und διάκονοι,
das zuerſt auch ſpeziell ein kirchliches Verwaltungsamt geweſen zu ſein ſcheint (vgl.
Hatch=Harnack, Geſellſchaftsverfaſſung d. chriſtl. K. 1883 S. 43. ʾ229ff.). Daß die Sieben
neben ihrem Verwaltungsamte bei vorhandener Begabung auch Lehrwirkſamkeit übten,
zeigt das Beiſpiel des Stephanus V. 8—10.

V. 7. Übergang von der Wahl der Sieben zur Geſchichte des Aus=
gangs des Stephanus. Der Zweck des Zwiſchenſatzes iſt, hervorzuheben, daß
dieſe Vorgänge nicht ſchnell auf einander folgten, ſondern daß nach dem
erſteren zunächſt eine Periode ſtarker Weiterentwicklung der Gem. eintrat.
In der Quelle war nicht ſchon der frühere große Zuwachs 2 41. 4 4 berichtet

---

1. Bei D lautet dieſer V.: οὗτοι ἐστάθησαν ἐνώπιον τῶν ἀποστόλων, οἵτινες προσ=
ευξάμενοι κτέ. Durch Einſetzung des οἷτ. ſtatt καί iſt die Schwierigkeit beſeitigt, daß
für die einfach aneinander gereihten Verba ἔστησαν und ἐπέθηκαν verſchiedene Sub=
jekte anzunehmen ſind.

gewesen. „Das Wort Gottes wuchs", d. h. gewann ausgebreiteten Erfolg. Vgl. 12 24. 19 20. — Die Ortsbestimmung „in Jerusalem", die hier ebenso überflüssig erscheint wie 2 43, kann ebenso wie dort in der Quelle in ausge= sprochenem oder unausgesprochenem Gegensatz zu der Landschaft Judäa, bezw. Galiläa, gemeint gewesen sein[1]. J. Wß S. 8 sieht in diesem ἐν Ἱερ. ein Anzeichen dafür, daß für den Vf. der AG. hier mit 6 7 die jerusalemische Epoche endet und nun die Periode der Ausbreitung des Evang.s beginnt. ὑπήκουον τῇ πίστει gleichbedeutend mit ἐπίστευον oder ὑπήκουον τῷ εὐαγ- γελίῳ (Röm 10 16. II Th 1 8; vgl. auch Röm 1 5). Das Imperf. bezeichnet das Gehorchen nicht als dauernden Zustand (waren gehorsam), sondern als während eines längeren Zeitraums eintretend. Vgl. 18 8.

V. 8—15. Wirken des Stephanus und Anklage gegen ihn[2].
V. 8. „Steph., voll Begabung (χάρις: die durch Gottes Gnade empfangene Begabung, vgl. 18 27) u. Kraft (d. i. göttliche Geisteskraft) tat große Wunder u. Zeichen im Volke." Dieses Wundertun erscheint als bedeutungslos für die folgende Entwicklung der Geschichte des Steph.; andrerseits setzt das Auftreten der hellenistischen Synagogenmitglieder zum Disputieren mit Steph. V. 9f. voraus, daß dieser als erfolgreicher Verkündiger des Evangeliums von Jesu als dem Messias aufgetreten war, ähnlich wie später Apollos in Korinth 18 27f. So darf man vermuten, daß in der Quelle eben diese Art des Auftretens des Steph. bezeichnet war, und zwar im Zusammenhang mit V. 7: Steph. habe durch sein mit besonderer Gottesbegabung und =kraft vollzogenes Lehren in den Synagogen besonders viel zu jenem Wachstum der Gem. beigetragen.

---

1. Wir würden diesen Gegensatz auch in unserem Texte ausgesprochen finden, wenn wir im folgenden statt ἱερέων nach ℵ* syr. sch. mehr. Min. Theophyl. Ἰουδαίων läsen und dies mit Klostermann, Probl. im Aposteltexte S. 13f. auf die Einwohner der Landschaft Judäa deuteten. Aber sowohl jene LA, als auch diese Deutung muß als mindestens sehr zweifelhaft gelten.
2. Da für den Abschnitt 6 1—7 und weiterhin für die Rede des Steph. die Her= leitung aus einer schriftlichen Quelle anzunehmen ist, so auch für diese geschichtliche Einleitung der Rede 6 8—15 und für ihren geschichtlichen Abschluß 7 54—8 3. Aber fraglich ist, ob hier nicht fremdartige Elemente mit den aus der Quelle stammenden vermischt sind. Mit Recht hat man darauf hingewiesen, daß die Aufstellung der falschen Zeugen V. 13f. eine eigentümliche Wiederholung der Anstiftung zu verleumderischer Aussage V. 11 ist, sowie daß „die Darstellung des Stephanus=Mordes selbst zwischen der einer reinen Volksjustiz und einer gerichtlichen Verhandlung schwankt" (B. Wß, Einl. § 50, 2 Anm. 5). Ich stimme B. Wß in der Annahme bei, daß das erst der Bearbeiter der Quelle die Verhandlung vor das Synedrium verlegt hat und daß hiermit die Verdoppelung der Anklage V. 11 u. 13f. zusammenhängt (B. Wß zu V. 13). So werden in V. 11. 12. 15 wesentliche Zutaten des Vf.s der AG. zur Quelle anzuerkennen sein, wodurch aber nicht ausgeschlossen ist, daß auch hier gewisse Elemente der Quelle verwertet sind. — Einige der neueren Kritiker nehmen in Zusammenhang mit ihren sonstigen Quellen= hypothesen auch in unserm Abschnitte eine Zusammenarbeitung aus zwei Quellen an. Nach Feine S. 186f. 190ff. bildet V. 13f. die Fortsetzung von V. 1—6, während V. 9—11 u. 15 aus der jerusalemischen Quelle stammen. Nach Sp. S. 96ff., dem J. Wß StKr 1893 S. 498f. folgt, gehören V. 9—12a zusammen mit V. 1—6 zur Quelle A, V. 12b—15 zusammen mit V. 7f. zur Quelle B. Jgst S. 67ff. scheidet zwischen V. 7. 8. 11. 15 als Fortsetzung von V. 1—6 aus seiner Quelle B und V. 9. 10. 12b—14 aus A. Nach Hilgf. ZwTh 1895 S. 390ff., Acta p. 265s. stammen V. 8—12a aus derselben Quelle wie V. 1—6, während die Schlußworte von V. 12 (κ. ἤγαγ. κτέ.) u. V. 13—15 Zutaten des Red. sind.

V. 9¹. „Es traten auf einige von der sogenannten Synagoge der Libertiner u. Kyrenäer u. Alexandriner u. von denen aus Cilicien u. Asien". *Λιβερτῖνοι* sind „Freigelaffene", d. h. geborene Juden, die aus römischer Sklaverei, in die sie, bezw. ihre Vorfahren, als Kriegsgefangene geraten waren, frei geworden und nach Jer. zurückgezogen waren. Nach ihnen und Kyrenäern und Alexandrinern, die mit ihnen verbunden waren, war eine der sehr vielen Synagogen Jer.s (vgl. Schür. II³ S. 449) benannt. Denn so ist die Aus= drucksweise an u. St. am korrektesten zu deuten: die W. *καὶ Κυρηναίων καὶ Ἀλεξανδρέων* sind zusammen mit *Λιβερτίνων* abhängig von *ἐκ τῆς συναγω= γῆς τῆς λεγομένης*, während dann durch das neue, dem *τῶν* hinter *τινες* parallel stehende *τῶν* vor *ἀπὸ Κιλικίας καὶ Ἀσίας* eine zweite Gruppe ein= geführt wird. Daß die Leute aus Cilicien und Asien (d. h. wie 2₉ dem Küstenlande Kleinasiens) auch eine Synagogen=Gemeinschaft bildeten, ist nicht ausdrücklich gesagt, aber wohl gemeint. Nach manchen Erklärern sind nicht 2 Synagogen=Gemeinschaften, sondern 5 gemeint (Mey., B. Wß, Schür. II³ S. 431), bezw. eine Synagogen=Gemeinde der Libertiner und 4 andere, nicht speziell als Synagogen=Angehörige bezeichnete Gruppen (Blaß). Dann wären die Gen. *κ. Κυρηναίων κτέ.* direkt von *τινες* abhängig. Unmöglich ist diese Auffassung nicht. Ich sehe aber auch keinen entscheidenden Grund dazu ein, sie vor der durch den Wortlaut zunächst dargebotenen zu bevorzugen. Warum ist es undenkbar, daß Kyrenäer und Alexandriner sich mit Freigelassenen zu einer Synagogen=Gemeinde verbunden haben (B. Wß)? Ältere Erklärer (Calv., Beza, Beng. u. A., auch Wiesel. S. 63) nehmen an, daß nur ein einziger Synagogen=Verband bezeichnet sei. Zu *συνζητοῦντες*: „disputierend" vgl. 9₂₉. **V. 10².** *ἀνθιστάναι* bed. hier nicht einfach widerstehen, opponieren, wie 13₈, sondern erfolgreichen Widerstand leisten, wie Lk 21₁₅. Röm 9₁₉. Eph 6₁₃. Also: „sie vermochten sich nicht zu behaupten gegenüber der Weisheit u. dem Geiste, mit dem er redete". *σοφία* ist hier nicht, wie V. 3, Weisheit des praktischen Verhaltens, sondern der religiösen Erkenntnis und Rede (vgl. Lk 21₁₅), aber ebenso wie V. 3 mit dem h. Geiste verbunden (B. Wß). **V. 11.** Die Männer, die man „anstiftete" (*ὑπέβαλον*), behaupten „lästernde Worte gegen Moses und Gott" von Steph. gehört zu haben. Ge= nauer werden diese Worte in V. 13f. angegeben. Hier wird zunächst nur ihre allgemeine antinomistische und antireligiöse Tendenz bezeichnet. **V. 12.** Als Subj. von *συνεκίνησαν* („sie brachten mit in Aufregung" d. h. zogen in ihre eigene Aufregung hinein) brauchen hier nicht die angestifteten Verleumder (Sp. S. 99), sondern können noch die Anstiftenden selbst gemeint sein, die mittelst jener Verleumder erreichen, daß sowohl die Volksmenge als auch die Synedriums=Mitglieder und Schriftgelehrten aufgeregt werden. Dieselben Leute

---

1. T. liest nach אA einigen Min. sah. cop.: *τῶν λεγομένων Λιβ.*; aber die Rec. *τῆς λεγομένης Λιβ.* ist nach BCDEHP den meist. Min. u. Verss. beizubehalten (W.=H., B. Wß, Blaß).

2. D flor. geben hier den Text in folgender erweiterter Gestalt: *οἵτινες οὐκ ἴσχυον ἀντιστῆναι τῇ σοφίᾳ τῇ οὔσῃ ἐν αὐτῷ καὶ τῷ πνεύματι τῷ ἁγίῳ ᾧ ἐλάλει, διὰ τὸ ἐλέγχεσθαι αὐτοὺς ὑπ᾽ αὐτοῦ μετὰ πάσης παρρησίας. μὴ δυνάμενοι οὖν ἀντοφθαλμεῖν τῇ ἀληθείᾳ τότε κτέ.* (ähnlich E syr. ᵖ·ᵐᵃʳᵍ·). So Blaß im β=Text.

ſind es dann auch noch, welche „hinzutretend ihn mit ſich fortriſſen". Hier
einen Subjektswechſel anzunehmen, d. h. die Älteſten und Schriftgelehrten für
die hinzutretenden zu halten (Sp., B. Wß), iſt nicht nötig.
V. 13. Daß die in V. 14 angeführten Worte, die man dem Steph.
vorwarf, nicht ganz frei erdichtet waren, erhellt daraus, daß die folgende
Verteidigungsrede nicht auf ihre Zurückweiſung, ſondern gerade auf ihre Recht=
fertigung hinausläuft. Steph. wird wirklich im Anſchluß an Ausſprüche Jeſu
den abſoluten Wert und dauernden Fortbeſtand der jüd. Kultus= und Sitten=
ordnung beſtritten haben. Daß gleichwohl die Zeugen als „falſche" bezeichnet
werden, wird alſo darin begründet ſein, daß ſeinen aus dem Zuſammenhang
geriſſenen Äußerungen eine ſolche gegen den Tempel und das Geſetz feind=
ſelige und blasphemiſche Tendenz untergeſchoben wurde, welche ſie in Wirk=
lichkeit nicht gehabt hatten (vgl. de W., Weizſ. S. 52). Das Auftreten der
falſchen Zeugen gegen Steph. vor dem Synedrium und die Art ihrer Anklage
iſt ähnlich dem Vorgange beim Prozeſſe Jeſu Mk 14₅₇f. Mt 26₅₉—₆₁. Aber
dürfen wir aus dieſer Analogie ſchließen, daß der Vf. der AG. die falſchen
Zeugen nur zum Zweck der Paralleliſierung mit dem Prozeſſe Jeſu eingeführt
habe (ſo Br. I S. 65f., Overb., der aber auch eine Paralleliſierung mit dem
Prozeſſe des Paulus annimmt)? Im Berichte Lk 22₆₆ff. iſt die falſche Zeugen=
anklage gegen Jeſus vor dem Synedrium gerade nicht angeführt. Daß unſer
Vf. ſie bei dem Prozeſſe Jeſu übergangen habe, weil ſie ihm gegen den
Jünger Jeſu beſſer am Platze zu ſein ſchien (Hltzm. ZwTh 1885 S. 434),
iſt nicht glaublich. Unſerm Vf. kann die Analogie des Prozeſſes Jeſu mit
dem des Steph. jedenfalls hinſichtlich dieſes Punktes, der uns nach Mt. u. Mk.
auffällt, nicht bewußt geweſen ſein. Sp. S. 101. 114 nimmt an, daß in der
einen von unſerm Vf. benutzten Quelle B die Geſchichte von dem Ausgange
des Steph. in bewußter Analogie zu dem Tode Jeſu ausgeſtaltet war. Wie=
weit dieſe Analogie in dem Abſchnitte 7₅₄ff. vorliegt, iſt ſpäter zu unterſuchen
(ſ. d. Anm. zu 7₆₀). Mit bezug auf u. St. iſt es wahrſcheinlich, daß in der
Quelle von einer Verhandlung vor dem Synedrium nicht geredet war. Wohl
aber können in ihr die von den Synagogen=Gegnern des Steph. angeſtifteten
Aufwiegler V. 11 als falſche Zeugen bezeichnet geweſen ſein und es kann
eben hierin für den Vf. der AG. der Anlaß gelegen haben, an förmliche Ge=
richtszeugen zu denken und die Anklage vor das Synedrium zu verlegen (B. Wß),
wodurch dann erſt jene Analogie mit dem Prozeſſe Jeſu entſtand. Das
Pron. demonſtr. τούτου¹ neben τ. τόπου τ. ἁγίου (d. i. Tempel, vgl.
III Mtt 2₁₄) hier u. V. 14 iſt auffallend, aber doch wohl nicht ganz un=
möglich, wenn die Szene im Synedriums=Gebäude ſtattfand, da dieſes an der
weſtlichen Grenze des Tempelberges lag (Schür. II³ S. 211). Aber freilich
wird das τούτου in der Quelle deshalb recht am Platze geweſen ſein, weil
hier der Vorgang im Freien auf dem Tempelplatze angeſichts des Tempels
gedacht war (B. Wß). V. 14. Das οὗτος neben Ἰησοῦς ὁ Ναζ. (1₃. 2₂₂)

----

1. Das von T. weggelaſſene τούτου iſt mit W.=H., B. Wß nach BC viel. Min.
ſah. cop. ſyr. beizubehalten. Man ließ es fort, weil es zur Situation im Synedrium
nicht recht paßte.

hat wohl verächtlichen Nebensinn wie 7 40. 19 26. Dann ist es im Sinne nicht
des Steph. sondern der Zeugen gegen ihn zugesetzt. τὰ ἔϑη: „die Sitten",
d. i. die gesetzlichen Bräuche und Ordnungen; vgl. 15 1. 21 21. 26 3. 28 17.
V. 15. Dadurch daß alle Beisitzer des Synedriums, als sie gespannt auf
Steph. blickten (ἀτενίσαντες), sein engelgleiches Aussehen schauten, wird im
Sinne des Vf.s die Objektivität der Veränderung seines Aussehens beglaubigt.

Kap. 7.

V. 1—53. Rede des Stephanus[1]. Diese Rede bietet äußerlich betrachtet
einen Überblick über die Geschichte Israels von Abraham bis Salomo. Es fragt sich,
worin ihr leitender Gesichtspunkt liegt und in welchem Verhältnis sie zu der Anklage
6 13f. steht.

Die älteren Erklärer begnügten sich meist mit der Annahme, daß Steph. gegen=
über der Anklage durch seine Geschichtserzählung im allgemeinen seine Pietät für die
alttest. Geschichte und die gesetzlichen Institutionen bezeugt habe, dabei von dieser Ver=
teidigung je länger desto mehr zum Angriffe übergegangen sei, vor dem eigentlich be=
absichtigten Schlusse aber habe abbrechen müssen. So auch Nösg., Zöckl., Blaß. Allein
diese Auffassung erklärt nicht die Auswahl und Ausführlichkeit des gegebenen geschicht=
lichen Stoffes. Straffer suchte Br. den Zusammenhang der Rede zu erfassen: Steph.
entwickele in ihr eine solche allgemeinere Beurteilung, aus der sich dann die Anwen=
dung auf ihn und seine Sache von selbst ergebe. Er stelle das stets undankbare und
den göttlichen Absichten widerstrebende Verhalten des Volkes Isr. dar im Kontraste
zu den Wohltaten, die Gott von Anfang an dem Volke zu teil werden ließ. So im
wesentlichen auch Zell., Overb., Mey., Nitzsch, Pfleid., Kranichfeld. Aber auch so wird
die eigentümliche Auswahl des Geschichtsstoffes nicht gehörig erklärt. Denn der wider=
spenstige Ungehorsam gegen die göttliche Offenbarung wird doch nur bei der Geschichte
des Moses deutlich hervorgehoben. In der einleitenden Patriarchen=Geschichte aber
wird nicht etwa nur die Heilserweisung Gottes als Folie für diesen Ungehorsam dar=
gelegt, sondern zugleich vieles Detail gegeben, was sich jenem Gesichtspunkte nicht
unterordnet. Wie die durch den Zweck der Rede nicht bedingte Breite dieser Ein=
leitung, so bliebe andrerseits auch das zweckwidrige Abbrechen des Geschichtsberichtes
bei Salomo rätselhaft, weil für die Aufweisung der Widerspenstigkeit des Volks gerade
die folgende Prophetenzeit wichtigen Stoff geboten hätte. Die summarische Hindeutung
hierauf in V. 51 stände in keinem Verhältnis zu der Ausführlichkeit der übrigen ge=
schichtlichen Darstellung. — Analoge Einwendungen gelten gegen die Auffassung, welche
im Anschlusse an Gfrörer, die h. Sage I S. 408ff. neuerdings Sp. vertreten hat. Mittel=
punkt der Rede sei V. 37 und ihr eigentliches Thema: Moses als Typus des Messias.
Nach der Einleitung V. 2—16 werde im ersten Teile V. 17—36 erzählt, wie Moses
durch wunderbare göttliche Führungen zum Erretter Isr.s herangewachsen, aber von
seinen Volksgenossen verworfen sei; dann, nach dem zentralen V. 37, im zweiten Teile
V. 38—50, wie Moses ein geistig gefaßtes Gesetz und einen dem entsprechenden Kultus
vergeblich einem Volke vermittelt habe, das sich zum sinnlichen Götzendienst und
Tempeldienst neigte. Diese Ausführung solle ein Beweis für die Messianität Jesu

---

1. Vgl. Krause, Comm. in hist. et orat. St., Gott. 1786. Baur, de orat.
hab. a St. consilio, Tub 1829 und Paulus I S. 50ff. Luger, Zweck, Inh. u. Eigen=
tümlichkeit d. Rede d. St., Lüb. 1838. Thiersch, de St. protomart. orat., Marb. 1849.
Rauch StKr 1857 S. 352ff. H. Nitzsch ibid. 1860 S. 479ff. Senn ZPK 1859 S. 311ff.
Witz JdTh 1875 S. 588ff. W. Schmidt, Bericht der AG. über St., Progr. Leipz. 1882.
K. Schmidt BG 1892 S. 69ff. Weizs. S. 55ff. Pfleid. S. 561f. Sp. S. 105ff. Nösg.
NKZ 1898 S. 661ff. Kranichfeld StKr 1900 S. 541ff. Soltau ZNW 1903 S. 138ff.
Pahncke StKr 1912 S. 1ff.

ſolchen gegenüber ſein, die ſich auf die Autorität des Moſes beriefen und an Jeſus den doppelten Anſtoß nahmen, daß er von ſeinem Volke verworfen ſei und Geſetz und Tempel frivol behandelt habe. In der Tat wird das typiſche Verhältnis des Moſes zu Jeſus in den Abſchnitten V. 23—29 u. V. 35—43 hervorgehoben. Aber auch nur hier. Was ſonſt von Moſes und vorher von den Patriarchen erzählt iſt, kann natür- lich alles unter den Geſichtspunkt gebracht werden, daß die Vorbereitung der Zeit des Moſes und die des Moſes ſelbſt zu ſeinem Erlöſerberuf dargeſtellt werde. Aber inwie- fern die detaillierende Ausführung dieſer Vorbereitungsgeſchichte durch den Zweck be- dingt iſt, jene typiſche Bedeutung des Moſes hervorzuheben, iſt nicht einzuſehen. Dieſes Detail trug nicht nur nichts für den Vergleich zwiſchen Moſes und Jeſus bei, ſondern verdunkelte denſelben. Ebenſowenig iſt bei dem, was aus der nachmoſaiſchen Zeit erzählt wird (V. 44—50), der Geſichtspunkt erkennbar, daß der Tempelbau als Abfall von dem geiſtigeren Kultus, wie ihn Moſes gelehrt habe, hingeſtellt werden ſoll. Zwar wird der Tempelbau als dem Weſen Gottes nicht adäquat beurteilt (V. 48ff.). Aber in eine gegenſätzliche Beziehung zu Moſes wird er nicht gebracht, aus dem guten Grunde, weil das von Moſes nach dem himmliſchen Vorbilde (V. 44) gebaute ſinnen- fällige Stiftszelt natürlich ebenſowenig ein adäquates Haus für den Gott iſt, der im Himmel thront, wie der Tempel. Auch bei dem von Sp. angenommenen Thema wäre ein Hinweis auf den Abfall von der moſaiſchen Jahve-Verehrung in der Königszeit, nicht aber das Abbrechen des Geſchichtsberichtes mit dem Tempelbau natürlich geweſen.

Die eigentümliche Auswahl des Geſchichtsſtoffes erklärt ſich befriedigend nur dann, wenn man den Hauptgedanken und -zweck der Rede darin findet, zu zeigen, daß die Heilsgegenwart Gottes nicht an die Tempelſtätte gebunden iſt, ſondern daß Gott vielmehr, lange bevor der Tempel exiſtierte und bevor das Volk auch nur in dem heiligen Lande ſeßhaft geworden war, den Vorvätern ſeine Offenbarungen und Heilserweiſungen zu Teil werden ließ, und zwar vorzugsweiſe in fremden Ländern. Dies iſt ein Grundgedanke, welcher in innerlicher Beziehung zu der Anklage 6 13f. ſteht. Dieſe lautete dahin, daß Steph. gegen den Tempel geredet und die bevorſtehende Auf- löſung des Tempelkults durch Jeſus Chriſtus verkündigt habe: die Verteidigung zeigt jetzt an der Hand der Geſchichte, daß dieſe Behauptung keine Blasphemie ſei, weil ja Gottes Heilsgegenwart gerade in der grundlegenden Heilsperiode der israelitiſchen Geſchichte bis auf Salomo nicht mit dem Tempel oder deſſen Stätte verknüpft geweſen ſei. So erhellt, welche weſentliche Bedeutung für den Zweck der Rede die Patriarchen- zeit hat gerade mit ihren vielen, ſonſt unverſtändlichen Angaben über die Umſied- lungen der Patriarchen. So erhellt auch, weshalb die Geſchichtsdarſtellung mit dem Tempelbau abbricht: die Geſchichte kam für jenen Zweck eben nur bis hierher in be- tracht. Vgl. für dieſe Auffaſſung ſchon Grot., ferner Witz, B. Wß, Hltzm. ZwTh 1885 S. 435 ff.

Allein noch zwei Momente ſind für die Beurteilung der Rede wichtig. Erſtens wird die Beziehung des bezeichneten Hauptgedankens auf die Anklage nirgends direkt hervorgehoben. Man kann ſeine maßgebende Bedeutung nur indirekt aus der Aus- wahl des Geſchichtsſtoffes, aus dieſer freilich mit großer Deutlichkeit, erſchließen. Zweitens wird in dem Abſchnitt V. 35—43, aber auch vorher ſchon in V. 25 u. 27, die Widerſpenſtigkeit der Israeliten gegen den ihnen zum Herrſcher und Erlöſer geſandten Moſes offenbar in Analogie zu der Widerſpenſtigkeit Israels gegen den Meſſias Jeſus geſchildert; ſo wird auch am Schluſſe der Rede V. 51—53 die Tötung Jeſu als eine neue Probe des allzeit bewährten Widerſtandes des Volkes gegen die Gottesoffenbarung beurteilt. Hier liegt alſo ein Geſichtspunkt, der bei der Kompoſition der uns vorliegenden Rede jedenfalls auch mitgewirkt hat. Er erklärt nur eben nicht die ganze Rede, nicht die ganze Auswahl des Geſchichtsſtoffes.

Die richtige Deutung dieſer Momente ſcheint mir in der Annahme zu liegen, daß der Vf. der AG. die Rede auf Grund eines ſchriftlichen Quellenberichtes gegeben hat. Denn nur hieraus, nicht aber, wenn der Vf. der AG. ſelbſt der Konzipient war, wird es verſtändlich, daß der Geſichtspunkt, welcher bei dem Geſchichtsberichte in der Rede tatſächlich der in erſter Linie leitende war, ſo wenig direkt hervortritt. In der Quelle wird der Gedankengang der wirklichen Rede des Steph. wesentlich treu reproduziert, aber die inhaltliche Beziehung dieses Gedankenganges auf die Anklage nicht in der Schärfe hervorgehoben gewesen sein, wie es in der originalen Rede natürlich der Fall war. Daher wurde dem Vf. der AG. diese Beziehung nicht deutlich bewußt. Ihm scheint jener zweite, in V. 35—43 bemerkbare Gesichtspunkt der wichtigste gewesen zu sein. Vielleicht war ja auch dieser schon in der Rede der Quelle nebenher zur Geltung gekommen. Wahrscheinlicher ist es freilich, daß der Vf. der AG. erst seinerseits, veranlaßt vielleicht durch die Schlußworte der Rede, diesen Gesichtspunkt in die Darstellung der mosaischen Zeit eingetragen hat. Gerade da, wo dieser zweite Gesichtspunkt vorwaltet, trägt die Ausdrucksweise ein deutlich lukanisches Gepräge[1]).

Wie genau die in der Quelle aufgezeichnete Rede der wirklich gehaltenen Rede des Steph. entsprach, läßt sich nicht sagen. Gewiß war sie keine wörtliche Nachschrift. Die Grundgedanken der wirklichen Rede des Steph. wird sie wesentlich treu bewahrt haben. Sp. S. 116f. meint mit Recht, daß diese Grundgedanken von Steph. nicht erst in seiner letzten Rede neu ausgeführt wurden, sondern dieselben waren, die er schon in seinen Synagogen-Disputationen vertreten hatte und die den Anlaß zu der verleumderischen Anklage gegen ihn geboten hatten. Eben deshalb konnte sich ihre Zusammenfassung in der Todesrede des Steph. so fest dem Gedächtnis einprägen.

V. 1. „Der Hohepriester sprach: verhält sich dieses so?" Über das εἰ f. zu 1 6.

a) V. 2—16. Patriarchenzeit. — V. 2. Zu der gewöhnlichen freundlichen Anrede als „Brüder" tritt der respektvolle Zusatz: „und Väter", wohl mit Rücksicht auf die Mitglieder des Synedriums. Doch vgl. dieselbe Anrede auch an die Volksmenge 22 1. Gott wird als „der Gott der Herrlichkeit (Gen. qualitatis wie Pf 24 7ff. 29 3. I Kor 2 8) bezeichnet, weil von seiner Offenbarung geredet werden soll. Die δόξα Gottes ist eigentlich der Lichtglanz, der von ihm ausstrahlt und in dem er sich offenbart; vgl. Ex 24 16f. 33 18. 22. 40 34f. Lk 2 9. Die in V. 3 inhaltlich näher bestimmte Offenbarung Gottes an Abraham hat stattgefunden, „bevor er in Haran (der von den Griechen Κάρραι genannten uralten Stadt Mesopotamiens) wohnte". Nach Gen 12 1 geschah diese Offenbarung erst nach der Übersiedlung Abrahams nach Haran. Diese Abweichung von dem Genesis-Berichte und die ähnlichen weiterhin in unserer Rede (vgl. V. 4. 16) sind daraus zu erklären, daß Steph. (bezw. der Aufzeichner der Rede in der Quelle) einer damals

---

1. Wesentlich übereinstimmend urteilen B. Wß, Hltzm., Baljon S. 84ff. — B. Wß betrachtet als Zutaten des Red. V. 4a. 10—16. 19b—23. 26—29. 36. 37. Harnack III S. 136ff. 186ff. leitet die Rede zusammen mit K. 6 aus einer antiochenischen Quelle her und nimmt redaktionelle Bearbeitung an („wenn auch nicht in dem Umfang, wie B. Wß") sowie Verkürzung am Schlusse. — In Anerkennung der Tatsache, daß in der uns vorliegenden Rede zweierlei Themata behandelt zu sein scheinen, haben Feine S. 186ff. und ihm folgend Jgst S. 68ff. angenommen, unsere Rede sei eine Komposition von zwei Reden aus zwei Quellen. Zur einen gehöre V. 2—21. 29—34. 44—50, Bezug nehmend auf 6 13f., zur anderen (nach Feine zur jeruf. Quelle, nach Jgst zur Quelle B) V. 22—28. 35—43. 51—53, als Fortsetzung von 6 11. 15. — Sp. leitet die ganze Rede aus seiner Quelle A her, betrachtet sie also als Fortsetzung von 6 1—6. 9—12a. J. Wß StKr 1893 S. 498f. dagegen leitet sie im Zusammenhang mit 6 13f. aus der Quelle B her. Nach Sorof S. 62f. stammt sie zusammen mit K. 6 aus der ursprünglichen Lukas-Schrift; nach Hilgf. 3wTh 1895 S. 393ff. ebenfalls aus der hellenistischen Quelle. Die beiden Letzteren betrachten den V. 37, in dem Sp. Mittelpunkt und Thema der ganzen Rede sieht, vielmehr als redaktionellen Einschub. In der Tat hebt sich dieser V. besonders deutlich als Zutat aus dem Zusammenhange heraus.

gangbaren jüdiſchen Schultradition mit bezug auf die altteſt. Geſchichte folgt.
Vgl. auch zu V. 20. 22. 23. Daher das Zuſammentreffen dieſer Abweichungen
mit Angaben des Philo oder Joſephus. Zu u. St. vgl. Philo de Abrah. 14;
Joſ. Ant. 1, 7, 1. Die jüd. Schultradition ſchloß aus Gen 15₇, daß Abraham
ſchon in Ur eine mit Gen 12₁ übereinſtimmende Offenbarung erfahren habe.
V. 4. Auch die Angabe, daß Abraham „nach dem Tode ſeines Vaters"
in das Land Kanaan übergeſiedelt ſei, ſtimmt nicht zu den Daten der Geneſis.
Nach Gen 12₂₆ ward Abr. geboren, als Tharah 70 Jahre alt war; nach
Gen 12₄ war Abr. 75 J. alt, als er aus Haran zog; und nach Gen 11₃₂
wurde Tharah 205 J. alt. So hätte Tharah den Wegzug Abr.s noch 60 J.
überlebt. Die abweichende Tradition an u. St. (auch bei Philo de migr.
Abr. 32) iſt wahrſcheinlich dadurch veranlaßt, daß der Bericht über den Tod
Tharahs Gen 11₃₂ dem Berichte über den Fortzug Abr.s von Haran 12₄
voranſteht und daß man annahm, Abr. werde gemäß kindlicher Pietät nicht
vor dem Tode ſeines Vaters ausgewandert ſein[1]. „Er (d. i. Gott; vgl. den
Subjektswechſel 6₈) verſetzte ihn in das Land, in dem ihr jetzt wohnt." In
dem prägnanten εἰς ἥν iſt der Gedanke an das Hineinkommen in das Land
mitausgedrückt. S. zu 2₅. V. 5. „Er gab ihm als Eigenbeſitz (κληρονομία
hier nicht Kindes= und Erbbeſitz, ſondern allgemeiner; vgl. Hebr 11₈) auch
nicht einen Fuß breit (vgl. Dtn 2₅)." Der nach Gen 23 von Abr. zur Be=
gräbnisſtätte erworbene Acker wird nicht berückſichtigt, nicht aus Verſehen
(vgl. V. 16), wahrſcheinlich auch nicht, weil an u. St. nur von der Anfangs=
zeit des Aufenthalts Abr.s in Paläſtina die Rede iſt (Men., de W.), ſondern
weil Abr. dieſen Acker eben kaufen mußte (beachte die Hervorhebung dieſes
Moments in V. 16), und nicht als Geſchenk Gottes (οὐκ ἔδωκεν) erhielt
(Br., Overb.). Im Anſchluß an Gen 13₁₅ heißt es, daß Gott das Land
„ihm (dem Abr.) und ſeinem Samen nach ihm zum Beſitz zu geben" ver=
heißen habe, obgleich nach V. 5a u. V. 6f. nicht Abr. ſelbſt, ſondern erſt
nach langer Zwiſchenzeit ſeine Nachkommen das Land beſitzen ſollten. Durch
die Verheißung wird das Land dem Abr. ideell zugehörig. Durch den Zuſatz:
„wo er kein Kind hatte" wird die Paradoxie der Verheißung eines Beſitzes
für die ſpätere Nachkommenſchaft hervorgehoben.
V. 6. „Und zwar ſprach Gott folgendermaßen." δὲ führt die genauere
Beſtimmung des ſchon Geſagten ein, wie Gal 2₂. I Kor 10₂₉. Angeführt
wird Gen 15₁₃f. in freiem Anſchluß an LXX. „Sein Same werde Beiſaſſe
(πάροικος wie 7₂₉. 13₁₇; vgl. dazu Harnack III S. 59) ſein in fremdem Lande

---

1) Einen Verſuch, die Anſtöße in dem Geſchichtsberichte V. 2 u. 4 überhaupt
aus dem Texte zu beſeitigen, macht Blaß StKr 1896 S. 460ff.; ed. Act. sec. form.
rom. p. XIV s. Er tilgt nach par. aus V. 2 die W.: πρὶν ἢ κατοικῆσαι αὐτὸν, und
fügt hinter ἐν Χαρρ. aus V. 4 die W. hinzu: μετὰ τὸ ἀποθανεῖν τ. πατ. αὐτοῦ. V. 4
lautet dann bloß: καὶ μετῴκισεν αὐτὸν κτἑ. Um des Iren. willen freilich hält Blaß
doch auch in dem ſo gewonnenen Texte von V. 2 alle W. hinter 'Αβραὰμ für wahr=
ſcheinlich unecht. Aus dieſem von Blaß angenommenen Grundbeſtande des Textes
läßt ſich die Entſtehung des uns überlieferten Textes nur erklären, wenn man eine
Reihe der unverſtändigſten Interpolationen, die gleichwohl überall Aufnahme gefunden
hätten, vorausſetzt. Dagegen iſt die Entſtehung des Textes des Iren. u. par. aus der
Abſicht, die Anſtöße des überlieferten Textes zu entfernen, ohne weiteres verſtändlich.

und sie (die Einwohner des fremden Landes) würden ihn knechten und miß=
handeln 400 Jahre lang". Diese Zahl abgerundet statt 430 in Ex 12 40.
V. 7. Durch den Einschub: ὁ θεὸς εἶπεν wird der Übergang in die direkte
Rede hervorgehoben. Die Schlußworte: „und sie werden mich (kultisch) ver=
ehren an dieser Stätte" sind zugefügt in Anklang an Ex 3 12, wo sie sich auf
den Horeb beziehen. Der Zusatz ist für den Grundgedanken der Rede des
Steph. insofern wichtig, als es sich in ihr um die rechte Stätte der Gottes=
verehrung handelt. Kanaan wird von Gott schon dem Abr. als Stätte des
Kultus bezeichnet, aber doch eben erst eines zukünftigen, nach 400 Jahren
stattfindenden. **V. 8.** „Er gab ihm einen Beschneidungsbund" d. i. in Be=
schneidung vollzogenen Bund. Vgl. Gen 17 10. Daß Gott dem Abr. den
Beschneidungsbund gab, der durch das folgende οὕτως als Voraussetzung für
die Zeugung des Isaak und damit für die Erfüllung aller auf den Samen
des Abr. bezüglichen Verheißungen hingestellt wird, scheint von Steph. inso=
fern als bedeutsam hervorgehoben zu sein, als es eben nicht eine Kultus=
verordnung mit bezug auf eine bestimmte Stätte des h. Landes war, an
welche Gott die Erfüllung seiner Verheißungen knüpfte.

V. 9. Vgl. Gen 37 11. 28. Daß Gott in dem fremden Lande „mit ihm
war" (Gen 39 2), ist das für unsere Rede wichtige Moment. **V. 10.** Gott
gab ihm „Gunst und Weisheit vor Pharao". Χάρις ist hier nach Gen 39 21
Gunst vor Menschen (vgl. 2 47. 4 33), und zwar, da das ἐναντίον Φαραὼ zu
beiden vorangehenden Subst. zu ziehen ist, speziell vor dem König. σοφία
bewährte Joseph speziell durch seine Traumdeutungen (Gen 41 39). Bei καὶ
κατέστησεν αὐτὸν wechselt das Subj.: der König setzte ihn ein. Vgl. Gen
41 40—43. **V. 11.** Vgl. Gen 41 54 ff. χορτάσματα: „Nahrungsmittel"; bei
d. LXX Gen 24 25. 42 27 u. ö. speziell Viehfutter. **V. 12.** „Als aber Jakob
vernahm, daß Weizenspeise vorhanden sei, entsandte er unsere Väter zum
ersten Mal nach Ägypten". σιτίον ist das aus σῖτος Hergestellte[1]. Zu dem
Part. in Verbindung mit ἀκούειν vgl. Win. § 45, 4. Blaß, Gr. § 73, 5.
εἰς Αἴγυπτον ist nicht mit den vorangehenden W. (Blaß), sondern mit ἐξαπέ=
στειλεν zu verbinden, ist aber vorangestellt, weil in ihm doch indirekt die
Angabe des Ortes der ὄντα σιτία gegeben ist. Das πρῶτον steht im Gegen=
satz zu ἐν τῷ δευτέρῳ V. 13. **V. 13[2].** „Bei dem zweiten Male wurde
Joseph seinen Brüdern kund". Der Dat. ist nicht einfach statt ὑπό beim
Passiv gesetzt, sondern entspricht der Wendung γνωρίζειν τινί τι. Vgl. 2 28;
Blaß, Gr. § 37, 4. **V. 14.** „Joseph ließ kommen seinen Vater Jakob und
die ganze Verwandtschaft im Bestande von 75 Seelen (d. h. Personen; vgl.

---

1. σιτία ist bezeugt durch אABCDE mehr. Min. Trotzdem liest Bl. σῖτα (Rec.),
weil σιτία für den Sinn nicht passend sei (Blaß, Gr. § 9, 1). Allerdings heißt es Gen
42 2: ἀκήκοα ὅτι ἐστὶ σῖτος ἐν Αἰγ. Aber es folgt: πρίασθε ἡμῖν μικρὰ βρώματα.
Diesen βρώματα entsprechen die σιτία an u. St.
2. ἐγνωρίσθη ist zu l. nach AB (W.=H., B. Wß). T. u. Blaß: ἀνεγνωρίσθη,
was aber Änderung nach Gen 45 1 zu sein scheint. Am Schlusse des V. ist wahr=
scheinlich nach BC 47 zu l.: τὸ γένος Ἰωσήφ (W.=H., B. Wß). DHP Min. haben:
τ. γ. τοῦ Ἰ. (Rec.); אAE 40. vulg. arm.: τ. γ. αὐτοῦ (T., Blaß). Vgl. darüber
B. Wß S. 14.

2 41)". Zu dem ἐν vgl. Lk 14 31. Dtn 10 22. Die Zahl 75 nach LXX
Gen 46 27. Ex 1 5, während der hebr. Text und in Dtn 10 22 auch LXX
(ausgen. Cod. A) 70 haben. Die Differenz beruht darauf, daß in Gen 46 27
der hebr. Text 2, LXX aber 9 Söhne Josephs angeben. Zu den 66 Per=
sonen Gen 46 26 sind nach dem hebr. Texte noch Joseph mit 2 Söhnen und
Jakob, nach LXX nur die 9 Söhne Josephs hinzugezählt. Vielleicht sind die
W.: ἐν ψυχαῖς ἑβδομήκοντα πέντε mit den Anfangsworten von V. 15:
κατέβη Ἰακὼβ εἰς Αἴγ.[1] zu verbinden, gemäß Dtn 10 22: ἐν ἑβδομήκοντα
ψυχαῖς κατέβησαν οἱ πατέρες σου εἰς Αἴγ. (Blaß). V. 16. „Sie (b. i.
ihre Leichname) wurden überführt nach Sichem". Nach Jos 24 32 wurde
Joseph in Sichem beigesetzt. Von der Bestattung seiner Brüder daselbst ist
im AT nicht die Rede. Nach Gen 49 30. 50 13 wurde Jakob in der Grotte
bei Hebron bestattet, die nach Gen 23 Abraham von Ephron gekauft hatte.
Nach u. St. dagegen sind Jakob, Joseph und seine Brüder alle in Sichem
bestattet. Mit bezug auf die Brüder Josephs sagen dies auch rabbinische
Stellen (vgl. Lightfoot, hor. hebr. et talmud., und Wetstein 3. St.), wäh=
rend nach Jos. Ant. 2, 8, 2 alle Patriarchen in Hebron begraben sind. Die
Grabstätte bei Sichem hat nach u. St. Abraham gekauft. Aber nach Gen 23
kaufte Abr. die Grabstätte bei Hebron. Die Grabstätte bei Sichem dagegen
wurde nach Gen 33 19 von Jakob den Kindern Hemors, des Vaters Sichems,
abgekauft. An u. St. liegt ᾿also eine Verwechslung der beiden Grabstätten
vor, gewiß dadurch veranlaßt, daß Jakob in derselben Grabstätte beigesetzt
gedacht ist, wie Joseph. Ob für diese Identifizierung der Grabstätten etwa
auch eine Tradition vorlag, läßt sich nicht sagen. Die allgemeine Angabe
an u. St., Abr. habe die Grabstätte „um Geldes Wert" gekauft, ist bezeich=
nender, als es die Angabe der bestimmten Summe nach Gen 33 19 gewesen
wäre, weil es dem Redner nur darauf ankommt, daß überhaupt ein Preis
gezahlt ist. S. zu V. 5. παρὰ τ. υἱῶν Ἐμμὼρ τοῦ Συχέμ[2] bed. „von
den Söhnen Hemors, des Vaters Sichems". Durch den Gen. der Verwandt=
schaft ist hier das Vatersein bezeichnet, wie Mk 15 47. 16 1. Lk 24 10 das
Muttersein. Vgl. LXX Gen 33 19: παρὰ Ἐμμὼρ πατρὸς Συχ. Die Ver=
bindung: „von den Söhnen H., des Vaters S." darf man nicht (mit Blaß)

---

1. So, ohne Verbindungspartikel am Anfang von V. 15, bieten den Text D 40.
73. 96 syr.ᵖ· gig., während ΝΑCEP ein. Min. vulg. syr.ˢᶜʰ· aeth. haben: καὶ κατέβη (T., B. Wß), BH die meist. Min. sah. cop. arm.: κατέβη δὲ (W.=H.). Eben
dieses Schwanken zwischen καὶ u. δὲ spricht dafür, daß ursprünglich eine Verbindungs=
partikel fehlte, wie sie dann notwendig erschien, wenn ἐν ψυχαῖς ἑβδομήκοντα πέντε
zum Vorangehenden gezogen wurde.   •
2. τοῦ Σ. ist bezeugt durch DHP b. meist. Min., vulg. (filii Sych.), aeth. Chrys.
Dagegen haben Ν*BC einige Min. u. Verss.: ἐν Σ. (so T., W.=W., B. Wß, Blaß in
beiden Texten); ΝᶜAE tol. syr.ᵖ·: τοῦ ἐν Σ. (so Lachm.). Trotz der minder guten
Bezeugung wird man die LA τοῦ Σ. anzunehmen haben, weil sie in sachlichem Ein=
klang steht mit der St. Gen 33 19, die für den Konzipienten der Rede maßgebend war.
Es ist leicht begreiflich, daß die Abschreiber dieses Σ. ebenso wie das am Anfange des
V. stehende als Ortsnamen faßten und deshalb ἐν Σ. schrieben. Hätten sie das ur=
sprüngliche ἐν nach Gen 33 19 abgeändert, so hätten sie gewiß wie dort πατρὸς Σ.
eingesetzt.

für unerträglich erklären, weil sie genau dem hebräischen Texte von Gen 33 19 entspricht.

b) **V. 17—43. Mosaische Zeit. — V. 17 f.** Vgl. Ex 1 7 f. „Dem entsprechend aber, wie (καϑὼς = prout, wie Mt 4 33) sich näherte die Zeit der Verheißung, welche Gott zugesagt hatte (ὁμολογεῖν wie Mt 14 7), wuchs das Volk". **V. 19.** Vgl. Ex 1 10—22. „Dieser arglistig unser Geschlecht be= handelnd (Part. Aor. wie 1 24) mißhandelte die Vorväter, um zu bewirken, daß ihre Kinder ausgesetzt würden, damit sie nicht am Leben blieben". Durch den Inf. mit τοῦ wird Zweck und Erfolg der Mißhandlung bezeichnet (vgl. I Reg 17 20; Blaß, Gr. § 71, 3). **V. 20.** Moses war ἀστεῖος τῷ ϑεῷ „schön für Gott", d. h. nach Gottes Urteil, das den höchsten Maßstab dar= bietet. Vgl. zum Ausdruck Gen 10 9. Jon 3 3; zur Sache Ex 2 2. Hbr 11 23; Philo vit. Mos. 1, 3. 4; Jos. Ant. 2, 9, 7 (παῖς μορφῇ ϑεῖος). **V. 21.** Vgl. Ex 2 3—10. Stilistisch besser als der Gen. abs. ἐκτεϑέντος δὲ αὐτοῦ[1] wäre der Akk., den die späteren Abschreiber auch, wie Mt 9 28, eingesetzt haben. „Die Tochter Pharaos nahm ihn auf (ἀναιρεῖσϑαι auch sonst zuweilen vom Annehmen ausgesetzter Kinder gebraucht, vgl. Grimm Lex.) und erzog ihn für sich selbst (im Gegensatz zur eigentlichen Mutter) zum Sohne". Das εἰς υἱόν statt des einfachen Akk. (vgl. 13 22) ist nicht Hebraismus, sondern Sprach= gebrauch der Koine (vgl. Raderm. S. 100). **V. 22.** „Moses wurde unter= richtet mit aller Weisheit der Ägypter"[2]. Berichtet ist dies nicht im AT, wohl aber bei Philo Vit. Mos. 1, 5 und sonst in der jüdischen Überliefe= rung; vgl. Schür. II[3] S. 343. „Er war aber mächtig in seinen Worten und Werken". Vgl. die Aussage über Jesus Lk 24 19. Daß Moses „mächtig in Worten" war, steht in Widerspruch zu Ex 4 10ff., wird aber auch von Jos. Ant. 2, 12, 2; 3, 1, 4 überliefert. Richtig de W.: „die Bewunderung für den gefeierten Gesetzgeber ließ vergessen, daß er sich Aarons als Redners be= diente". Gewiß meint Steph. nicht sowohl die Schönheit der Form, als viel= mehr die Macht des Inhaltes der Rede.

V. 23. Vgl. Ex 2 11. „Als ihm aber eine 40jährige Zeit voll wurde" d. h. als er volle 40 Jahre alt war. Auch diese genaue Altersangabe, anstatt der allgemeinen Ex 2 11, ist traditionell (Lightfoot, hor. hebr. 3. St.). Vgl. die 40 Jahre V. 30 u. 36. „Es stieg ihm auf in sein Herz" d. h. es kam ihm in den Sinn. Hebraisierende Wendung wie Jer 3 16. 32 35; vgl. I Kor 2 9. Lk 24 38. **V. 24.** Vgl. Ex 2 12. „Als er aber einen sah, der Unbill erfuhr, wehrte er es ab und schaffte Vergeltung dem Mißhandelten dadurch, daß er den Ägypter erschlug". Wahrscheinlich hat das Med. ἀμύνεσϑαι hier die Bedeutung „abwehren" wie Jos 10 13. Ps 118 10—12. Est 6 13. II Mak 10 17, vielleicht jedoch die Bedeutung des Akt. „Beistand leisten", wie Jes 59 16 (so Blaß, Gr. § 55, 1). **V. 25.** Dieser Zusatz zu der nach Ex 2 erzählten

---

1. DE syr. p. haben nach diesen W. den Zusatz: παρὰ (E: εἰς) τὸν ποταμόν.
2. Der bloße Dat. πάσῃ σοφίᾳ, bezeugt durch BD²HP vulg. o. meist. Min., ist mit d. Rec., W.=H., B. Wß beizubehalten. Die LA ἐν π. σ. (NACE; so T.) u. πᾶσαν τ. σοφίαν (D*; so Blaß im β=Texte) erscheinen als Abänderungen des in dieser Ver= bindung minder deutlichen Dat. instr.

Geschichte hebt die Unempfänglichkeit des Volkes Isr. gegen das durch Moses vermittelte (διὰ χειρὸς αὐτ.) Gottesheil hervor, als typisch für die Wider=spenstigkeit des Volkes gegen die durch Jesus vermittelte messianische σωτηρία (4 12). Vgl. V. 27. 35. 39 f. V. 26. Vgl. Ex 2 13. „Am folgenden Tage kam er ihnen, als sie stritten, zu Gesichte (ὤφϑη wie I Reg 3 16) und wollte sie versöhnen zum Frieden". συνήλλασσεν ist Imperf. de conatu. Vgl. Mt 3 14. Lk 1 59 (Win. § 40, 3 c. Blaß, Gr. § 57, 2 b). „Brüder seid ihr": dies soll für sie entscheidendes Motiv zum Frieden sein. V. 27 f. Vgl. Ex 2 14. Die Angabe, daß der, der dem Nächsten Unbill zufügte, den Moses „fort=stieß", ist Zusatz zum alttest. Berichte gemäß der bei V. 25 bezeichneten Tendenz. Vgl. ἀπώσαντο V. 39. V. 29. ἐν τῷ λόγῳ τούτῳ: „auf dieses Wort hin". ἐν vom Anlaß od. Grund gesagt. Vgl. Win. § 48 a, 3; Blaß, Gr. § 41, 1. Nach Ex 2 14 f. flieht Mose aus Furcht vor Pharao und die Antwort des Hebräers ist ihm nur ein Besorgnis erregendes Zeichen des Be=kanntseins seiner Tat. Nach u. St. dagegen ist die Antwort als Ausdruck der Widerspenstigkeit des Volkes (V. 35) das Motiv zur Flucht (Oberb.). Moses wurde „Beisasse (πάροικος wie V. 6; vgl. Ex 2 22) im Lande Midian", einer Landschaft in Arabia Petraea.

V. 30—34 freie Wiedergabe von Ex 3 2—10. Dieser Abschnitt läßt den Hauptgedanken unserer Rede, daß sich Gott einst im fremden Lande offenbart und dort eine Stätte zur heiligen gemacht hat (V. 33), wieder deutlich her=vortreten. „Als 40 Jahre vollgeworden waren (vgl. V. 23 u. Ex 7 7), er=schien ihm in der Wüste des Berges Sinai (vgl. Ex 19 1. Lev 7 38) ein Engel in der Feuerflamme eines Dornbusches". Nach Ex 3 1 hatte Moses die Vision am Horeb. Über das Verhältnis dieser beiden Namen zu einander und über die Schwierigkeit, die Lage des Berges der Gesetzgebung genau zu bestimmen, s. Guthe, Art. „Sinai" in R. E.³. V. 31 ¹. Moses wunderte sich über das ὅραμα d. i. „die Erscheinung, das Schauspiel". „Als er aber hinzutrat zum betrachten, erging eine Stimme des Herrn". Der Engel (V. 30) vertritt Jahve und sein Wort ist Stimme Jahves. V. 33. Das Ausziehen der Schuhe entspricht nach alter und verbreiteter orientalischer Sitte der Heiligkeit des Ortes, weil die Schuhe mit Staub und Unreinigkeit behaftet sind, die den Ort entweihen würden. Vgl. Jos 5 15. Nach jüd. Tradition verrichteten auch die jüd. Priester den Dienst im Tempel unbeschuht. Vgl. Art. „Schuhe" in Win. RW. V. 34. ἰδὼν εἶδον: Hebraismus. δεῦρο ἀποστείλω σε: „komm, laß mich dich senden". Conj. adhortativus. Vgl. Kühner=Gerth, Gramm. d. griech. Sprache ³ II § 394, 4. Nach Win.=Schmied. § 5 Anm. 27 soll mit Lachm. ἀποστειλῶ akzentuiert und dies als Fut. = ἀποστελῶ (so Rec.) verstanden werden. Aber der Conj. adh. im Munde Gottes ist nicht so un=passend, daß solche abnorme Wortform anzunehmen wäre.

V. 35. Hier tritt wieder die Absicht hervor, Moses und das wider=spenstige Verhalten der Israeliten gegen ihn in Parallele zu Jesus und dem

---

1. Ob nach ABC d. meist. Min. u. Verss. die Rec. ἐθαύμασεν beizubehalten (W.=H.) oder nach אDEHP viel. Min. ἐθαύμαζεν aufzunehmen ist (T., B. Wß, Blaß), läßt sich kaum entscheiden.

Verhalten der Juden gegen ihn zu stellen. Jenen „verläugneten" seine Volks=
genossen ebenso wie Jesum die seinigen (vgl. 3₁₃f.). Das Wort des Einen
V. 27 gilt als aus dem Sinne des ganzen Volkes gesprochen. Das voran=
gestellte τοῦτον τὸν M., das zunächst durch den Relativsatz näherbestimmt ist,
wird durch das zweite τοῦτον nachdrucksvoll wiederaufgenommen. Vgl. 2₂₃.
„Diesen hat Gott sowohl als Herrscher als auch als Erlöser gesandt". Gott
hat ihm nicht nur diejenige Würde verliehen, die ihm seine Volksgenossen
ausdrücklich versagten, sondern noch darüber hinaus die Würde eines λυτρω-
τής (Pf 19₁₅. 78₃₅), als Typus des die · messianische λύτρωσις des Volks
bringenden Jesus. Vgl. Lk 1₆₈. 2₃₈. σὺν χειρὶ ἀγγέλου: „in Begleitung
der Hand (d. i. mit der Hülfe) eines Engels". Der Sinn ist nicht derselbe,
als wenn ἐν χειρὶ stände (so Rec.). Dabei wäre die Engelshand als die
Aussendung vermittelnd gedacht, während durch σὺν χ. bezeichnet ist, daß die
Hand eines Engels, und zwar desselben, der als Vertreter Jahves dem Moses
im Busch erschienen war (τοῦ ὀφθέντος κτέ.), ihn bei der Ausführung seines
Heilswerkes (V. 36) begleitete. Das Genus von βάτος schwankt; hier: ἐν
τῇ β., dagegen Mt 12₂₆: ἐπὶ τοῦ β. V. 37. Hinweis darauf, daß sich
Moses selbst in Dtn 18₁₅ als Typus des zukünftigen Messias hingestellt hat.
Vgl. 3₂₂. Wenn V. 37 auch durch die Anaphora οὗτος rhetorisch in gleiche
Linie gestellt wird mit V. 36 u. 38, so unterscheidet sich doch die in ihm
bezeichnete Tatsache der Art nach durchaus von der Tatsache, daß Moses in
den fremden Ländern mit Engelsbeistand Wunder getan (V. 36) und am
Sinai durch Engelswort Offenbarung empfangen hat (V. 38). V. 37 ist dem
Sinne nach ʼeine parenthetische Zwischenbemerkung (vgl. auch Blaß u. Hilgf.
Acta p. 266), deren Gedanke freilich dem Red. der Rede sehr wichtig war.
    V. 38. „Dieser ist es, der bei der Gemeindeversammlung in der Wüste
(d. i. bei der Versammlung anläßlich der Gesetzgebung Ex 19) mit dem Engel
verkehrte". Auch in LXX Dtn 4₁₀. 9₁₀. 18₁₆ heißt dieser Gesetzgebungstag
ἡ ἡμέρα τῆς ἐκκλησίας im speziellen Sinne. Zu γίνεσθαι μετά vgl. 9₁₉. 20₁₈.
Mt 16₁₀. Nach d. AT hat Gott selbst dem Moses das Gesetz mitgeteilt;
nach jüdischer Tradition aber (schon LXX Dtn 33₂; vgl. Jos. Ant. 15, 5, 3)
waren Engel dabei die Vermittler; vgl. V. 53. Gal 3₁₉. Hbr 2₂. Die
an den beiden letzteren Stellen hervortretende christliche Reflexion, daß die
Engelvermittlung ein Anzeichen des geringeren Wertes des mos. Gesetzes
gegenüber der durch den Sohn Gottes vermittelten neutest. Offenbarung sei,
liegt unserer St. u. V. 53 ganz fern. Die Engelworte sind die Gottesoffen=
barung. Moses empfing „lebendige Worte", d. h. gültige, kräftige, an welche
sich Wirkungen für die Menschen anschließen. Vgl. Dtn 32₄₇. Hbr 4₁₂.
I Pt 1₂₃. Die Beurteilung des Gesetzes hier steht auf gleicher Linie mit den
Aussprüchen des Paul., wo dieser das Gesetz als ein heiliges und pneuma=
tisches bezeichnet, welches den Anspruch erheben konnte, zum Leben zu führen
(Röm 7₁₀. ₁₂. ₁₄. 10₅. Gal 3₁₂). Die bei Paul. daneben stehende Erwägung,
daß das Gesetz doch zum Fluche und Tode führen mußte, sofern die Menschen
außerhalb der Gnadenordnung unvermögend sind, es zu erfüllen (Röm 4₁₅.
7₁₀. Gal 3₁₀), kommt für Steph. nicht in betracht. Mit den W.: δοῦναι

ὑμῖν[1] wird der Gesetzgebung direkte Beziehung auf die Hörer gegeben, in Vorbereitung auf V. 53 (B. Wß).

V. 39. Richtig bemerkt B. Wß, daß diese St. auf Eʒ 20 beruht und hiernach ʒu erklären ist. Zu οὐκ ἠθέλησαν ὑπήκοοι γενέσθαι vgl. Eʒ 20 8: οὐκ ἠθέλησαν εἰσακοῦσαί μοι. Zu ἀπώσαντο vgl. Eʒ 20 13. 24: τὰ δικαιώματά μου ἀπώσαντο, wonach auch an u. St. die λόγια ζῶντα V. 38 als Obj. gedacht sein werden. Zu ἐστράφησαν ἐν τ. καρδίαις αὐτῶν εἰς Αἴγυπτον vgl. Eʒ 20 7f. Gemeint ist nicht eine Sehnsucht, ʒurückʒukehren nach Äg., sondern die Hinwendung des Herʒens ʒum ägyptischen Götzendienst, die in V. 40 näher beʒeichnet wird. **V. 40.** Vgl. Eʒ 32 1. θεούς ist Plur. der Kategorie ohne Rücksicht auf die Zahl, wie Eʒ 32 4 ʒeigt. Vgl. Mt 2 20. Der Satz: ὁ γὰρ M. οὗτος — οὐκ οἴδαμεν τί ἐγένετο αὐτῷ ist Anakoluth wie Joh 7 38. 17 2. Vgl. Blaß, Gr. § 79, 8. **V. 41.** Vgl. Eʒ 32 6. ἐμοσχοποίησαν: „sie machten einen Stier". Das W. sonst weder im bibl., noch im profanen Sprachgebrauch. Eʒ 32 4: ἐποίησεν μόσχον. „Sie brachten Opfer dar dem Götzenbild und freuten sich an den Werken ihrer Hände". ἀνάγειν hier vom Hinaufbringen des Opfers auf den Altar für die Gottheit wie I Reg 3 15. Die in Opfermahl und Spiel (Eʒ 32 6) sich ʒeigende Freude beʒog sich auf das Götzenbild, das in ironischem Kontraste ʒu der göttlichen Verehrung als Werk (der Plur. ἔργοις ist wie θεούς V. 40 Plur. der Kategorie) ihrer eigenen Hände beʒeichnet wird (vgl. B. Wß).

V. 42. „Es wandte sich aber Gott ab". Das Akt. στρέφειν ist hier in reflexivem Sinne ʒu nehmen, in dem es freilich sonst nicht vorkommt (vgl. aber ἀναστρέφειν 5 22. 15 16; ἐπιστρέφειν 9 35 u. ö.; ἀποστρέφειν 3 26). Heinrichs, B. Wß, Hilgf. ZwTh 1895 S. 400 (Blaß ʒweifelhaft) nehmen transitiven Sinn an: Gott habe die Israeliten umgewandt, nämlich vom Bilderdienst ʒum Sterndienst. Aber in diesem Sinne ist das ἔστρεψεν neben dem folgenden παρέδωκεν überflüssig. Dagegen ist es in jenem reflexivem Sinne sehr bedeutsam, indem es die Dahingabe an den Sterndienst ausdrücklich als eine Folge der ʒürnenden Abwendung Gottes (vgl. Jes 63 10) hinstellt. So entspricht dieses στρέφειν Gottes dem στρέφεσθαι der Israeliten V. 39. „Und er gab sie dahin (vgl. Röm 1 24. 26) ʒu dienen dem Himmelsheer", d. i. den als belebten Mächten vorgestellten Gestirnen. Vgl. Dtn 4 19. 17 3. Als Beweis für diesen weiteren Götzendienst Israels während der Wüstenwanderung wird Am 5 25 — 27 (fast genau nach LXX) angeführt. „Doch nicht Schlachtopfer und (andere) Opfer habt ihr mir dargebracht 40 Jahre lang in der Wüste?" Die Frage mit μή setzt verneinende Antwort voraus. Die im Pentateuch berichteten Opfer Eʒ 24. 29. Lev 8. 9. Num 7 werden als Ausnahme betrachtet, das regelmäßige Nichtopfern in der Wüste aber als Anʒeichen des von Jahve abtrünnigen Götzendienstes. Nach ihrem ursprünglichen Sinne freilich war die Aussage des Propheten nicht als Vorwurf, sondern, wie der Zusammenhang von Am·5 21 an ʒeigt, als Beweis dafür ge-

---

1. Die meisten Handschr. haben ἡμῖν, aber אB 36. 43 ὑμῖν (so W.-H.). Wahrscheinlich ist ἡμῖν dem vorangehenden τῶν πατέρων ἡμῶν konformiert, wo א ʒum Zwecke der Konformierung ὑμῶν hat. Vgl. B. Wß S. 15.

meint, wie wenig notwendig Opfer zu dem frommen, gottgefälligen Ver=
halten gehören. Die Vermutung liegt nahe, daß auch Steph. dem Haupt=
zwecke seiner Rede entsprechend die St. in diesem ursprünglichen Sinne an=
geführt und erst der Vf. d. AG. sie bei seiner Redaktion der Rede als Vor=
wurf aufgefaßt und in einen diesem Sinne entsprechenden Zusammenhang ge=
stellt hat. V. 43. Im Urtexte bezieht sich Am 5₂₆ nicht weiter auf die
mosaische Vergangenheit, sondern auf die Zeitgenossen des Propheten, entweder
in futurischem Sinne als Strafandrohung (sie würden ihr Götzengeräte auf=
packen müssen, um es als Fliehende fortzutragen) oder in perfektischem Sinne
als Bezeichnung ihres bis jetzt schuldvoll geübten götzendienerischen Verhaltens.
Vgl. Baudissin, Art. „Remphan" in R. E. ³. Aber im Anschluß an LXX ist
an u. St. die Aussage noch mit auf die mosaische Zeit bezogen. Dabei sind
nun nicht etwa die W. bis προσκυνεῖν αὐτοῖς mit dem Vorangehenden zu=
sammen als Frage aufzufassen (so T., B. Wß). Denn es könnte auf diese
Fortsetzung der Frage nicht auch eine verneinende Antwort gegeben werden,
wie sie auf die Frage mit μὴ V. 42b erwartet wird. Diese letztere vertritt
eine Verneinung der Opferdarbringungen an Gott während der Wüsten=
wanderung. An diese gedachte Verneinung schließt sich nun mit καὶ die Be=
hauptung an, daß damals fremden Göttern ein Kult gewidmet sei. Also ist
καὶ ἀνελάβετε zu umschreiben: „nein; vielmehr trugt ihr das Zelt des Mo=
loch und das Sternbild des Gottes Rompha, die Bildwerke (τύποι von Götzen=
bildern wie Jos. Ant. 1, 19, 11. 15, 9, 5), die ihr hergestellt hattet".
Anstatt des Stiftszeltes (V. 44) haben sie ein dem Moloch als Kultstätte
geweihtes Zelt aufgehoben und bei ihrer Wanderung mit sich geführt. Der
Urtext bed.: „ihr trugt (bezw. sollt tragen) Sikkut, euren König". Die LXX
aber übersetzten סֻכַּת mit σκηνή und faßten das danebenstehende מלככם
als Nom. propr. des Gottes auf. Moloch oder Molek war Name einer
kanaanitischen Gottheit, und zwar der Himmels= und Sonnengottheit (gleich
dem phönizischen Melqarth), deren Kult besonders seit der Zeit des Ahas in
Isr. Eingang fand. Namentlich wurden ihr Kinder zum Opfer gebracht
(Lev 18₂₁. 20₂ff. I Reg 11₇. II Reg 23₁₀. Jer 7₃₁. 32₂₅). Vgl. Bau=
dissin, Jahve et Moloch 1874, und desselben Art. „Moloch" in R. E. ³. Bei
dem „Sternbild des Gottes Rompha"[1] ist wahrscheinlich im Urtext wie in
LXX an ein Bild des göttlich verehrten Planeten Saturn gedacht. Aber
wie die St. im allgemeinen sehr dunkel ist, so ist auch die Erklärung speziell
jenes Namens unsicher. Der überlieferte hebr. Text hat כִּיּוּן, was als Nom.
appell. von כֵּן abzuleiten wäre („das Gerüst"). Die LXX setzen dafür aber
das Nom. propr. Ῥαιφάν ein. Vielleicht lasen sie im hebr. Texte כֵּיָון als Nom.
propr., was einer uns auch sonst überlieferten assyrischen Bezeichnung des

---

1. Die Schreibung des Namens schwankt. B Orig. haben Ῥομφά (W.=H., B. Wß);
ᵒACE einige Min. syr. sah. cop. wie LXX: Ῥαιφάν oder Ῥεφάν (Lachm.); א*:
ομφάν (T.); D Iren. vulg.: Ῥεμφάμ (Bl.); die meist. Min.: Ῥεμφάν (Rec.). B. Wß
S. 9 hat wohl Recht darin, daß er die LA von B für die ursprüngliche hält und die
Varianten teils aus LXX genommen, teils aus Vermischung mit der LA der LXX
entstanden sein läßt. Freilich ist auch die LA von B eine Korruption aus der d. LXX.
— Das ὑμῶν vor Ῥ. ist nach BD einig. Verss. u. Vät. wahrscheinlich zu tilgen. Zu=
satz nach LXX.

Planeten Saturn entſprechen würde. Das ʽΡαιφάν der LXX würde dann
als Verſchreibung von Καιφάν zu betrachten ſein. Vgl. Baudiſſin, Art.
„Remphan" in R. E. [3]. Im Pentateuch wird vom Moloch= und Saturndienſte
in der Wüſte nichts erzählt. Vielleicht entſtand die Tradition darüber, welche
in LXX vorliegt, aus den Verboten Lev 18 21. 20 2. Dtn 4 19. 18 10. — „Und
ich werde euch verſetzen über Babylon hinaus". Das ἐπέκεινα Δαμασκοῦ[1]
der Amosſtelle iſt auf Grund der geſchichtlichen Erfahrung zu ἐπέκεινα Βα-
βυλῶνος geſteigert[1].

c) V. 44—50. Zeit des Stiftszeltes und des Tempelbaus. Ein
neuer Abſchnitt der Rede, in dem ihr Hauptgeſichtspunkt klar hervortritt.
Die unvermittelte Art, wie ſich dieſer Abſchnitt an den vorangehenden an=
reiht, kann als beſtätigendes Anzeichen dafür gelten, daß die Schilderung des
Ungehorſams der Israeliten gegen Moſes, ſo wie ſie jetzt vorliegt, nicht zum
urſprünglichen Zuſammenhange der Rede gehörte. V. 44. „Das Zelt des
Zeugniſſes war da für unſere Väter in der Wüſte", alſo ſchon damals hatten
die Väter ein von Gott verordnetes Heiligtum. Mit ἡ σκηνὴ τοῦ μαρτυρίου
(d. i. des Zeugniſſes Gottes ſeinem Volke gegenüber) haben die LXX den
Begriff מוֹעֵד אֹהֶל wiedergegeben, der eigentlich „Zelt der Verſammlung"
(zum Zwecke der Offenbarung Gottes) bedeutet (vgl. Ex 29 42ff.). Sie leiteten
מוֹעֵד von עוּד, bezeugen, ab und faßten es als gleichbed. mit עֵדוּת Num 9 15
u. ö. Moſes ſollte dieſes Zelt herſtellen „nach dem Bilde, das er geſehen
hatte". Vgl. Ex 25 9. 40. Hbr 8 5. Das Zelt war alſo einem himmliſchen
Original nachgebildet, während der Tempel in Jer. erſt wieder Nachbildung
dieſes Nachbildes iſt. V. 45. „Und dieſes führten unſere Väter in Gemein=
ſchaft mit Joſua, nachdem ſie es übernommen hatten, auch herein (nach
Kanaan) bei der Beſitznahme der Heiden (Gen. obj., d. h. bei der Beſitz=
nahme des von den Heiden bewohnten Landes), welche Gott austrieb vor
unſern Vätern weg". Vgl. Ex 34 24. Dtn 11 23. Das Zelt war alſo nicht
etwa nur proviſoriſch für die Zeit des Wüſtenzuges beſtimmt, ſondern wurde
auch nach der Beſitzergreifung Kanaans bis zur Zeit Davids beibehalten.
Darin, daß dies unter leitender Mitwirkung Joſuas geſchah, liegt die Gewähr
dafür, daß es dem Willen Gottes entſprach. διαδέχεσθαι bed. übernehmen
von einem früheren Inhaber. Sonſt nicht im NT; vgl. IV Mak 4 15. Im
Aor. ἐξῶσεν von ἐξωθεῖν fehlt das Augm. syllabicum; vgl. Win.=Schmied.
§ 12, 2. Blaß, Gr. § 15, 2; Raderm. S. 70, Anm. 1 (T. hat nach א*E
einig. Min. die Form ἐξέωσεν aufgenommen). Die Zeitbeſtimmung ἕως τ.
ἡμερῶν Δαυείδ iſt mit dem Hauptſatze zu verbinden, nicht mit dem Relativ=
ſatze (ſo Zöckl.).

V. 46. Die Gunſt, die David vor Gott fand (vgl. Lk 1 30), motiviert
ſein Bitten: „daß er eine Behauſung finden dürfte für den Gott Jakobs"[2].

---

1. Statt ἐπέκεινα lieſt Bl. (auch im a=Texte) nach D gig.: ἐπὶ τὰ μέρη. ἐπέκεινα
ſei Abänderung nach LXX. Aber es kann doch auch gerade ἐπὶ τὰ μέρη von einem
Abſchreiber um der LXX willen eingeſetzt ſein, nämlich um trotz des Geändertſeins
von Δαμασκοῦ in Βαβ. doch die ſachliche Übereinſtimmung mit Amos zu wahren.
2. Statt der durch א°ACEP alle Min. u. Verſſ. bezeugten Rec.: τ. θεῷ ᾽Ιακώβ
haben T. u. B. Wß (vgl. auch Sp. S. 108) nach א*BDH aufgenommen: τ. οἴκῳ ᾽Ια-

Vgl. II Sam 7 1ff. I Chr 17 1ff. und Pf 132 5, welche letztere St. maßgebend für den Ausdruck unserer St. ist. σκήνωμα bed. eigentlich: Zeltung, dann allgemeiner: Behausung, auch vom Tempel; vgl. Pf 15 1. 26 8. 43 3. Im Munde Davids mit bezug auf den beabsichtigten Tempel ein Bescheidenheits= ausdruck. V. 48. „Aber nicht wohnt der Höchste in Händewerk". Zu der Be= zeichnung Gottes als ὁ ὕψιστος vgl. Dalman, Worte Jesu I S. 162f. Das Jnadäquate, Widerspruchsvolle des Wohnens Gottes in einem menschlichen Machwerke wird durch die gewählten Ausdrücke lebhaft hervorgehoben und dann durch das Zitat V. 49f. = Jef 66 1f. (fast genau nach LXX) ausge= führt. Mit Unrecht nehmen Br., Zell., Schneckenb. StKr 1855 S. 528 ff., Overb., Pfleid. S. 502, Sp. S. 118 f., Hilgf. ZwTh 1895 S. 401 f. an, daß Steph. hier den falom. Tempelbau überhaupt verwerfe. Er will nicht den Un= wert, wohl aber den nur relativen Wert des Tempelbaues nachweisen. Nachdem er bemerkt hat, daß derselbe nicht auf Grund einer Forderung Gottes, sondern auf Grund einer Konzession der göttlichen Gnade an den Wunsch Davids entstanden ist, und zwar einer Konzession, die nicht einmal dem Bittenden selbst, sondern erst seinem Sohne gewährt wurde, zeigt er, in welchem Sinne diese Konzession aufzufassen ist. Das Prophetenwort bezeugt, daß ihr Sinn nicht sein kann, es sei nun nach eingetretenem Tempelbau die Heilsgegenwart Gottes ausschließlich an dieses Gebäude geknüpft. Diejenigen, welche das Zitat im Sinne einer Verwerfung des Tempelbaues überhaupt angewandt sein lassen, müssen annehmen, daß Steph. bezw. der Schriftsteller, vergessen habe, daß I Reg 8 27 u. II Chr 6 18 dem Salomo selbst gerade bei der Tempelweihe der Ausdruck desselben Gedankens in den Mund gelegt wird.

d) V. 51—53. Schluß der Rede. Nachdem Steph. an der Hand der Geschichte seine Anschauung von der vorübergehenden Geltung des Tem= pels gegen den Vorwurf blasphemischer Unfrömmigkeit verteidigt hat, geht er zur Offensive gegen seine Ankläger über, indem er ihnen den Vorwurf unaufhörlicher Widerspenstigkeit gegen den göttlichen Willen ins Gesicht schleudert. V. 51. Er redet sie an als „Halsstarrige (vgl. Ex 33 3. 5 u. ö.) und Unbeschnittene an Herzen[1] und Ohren", d. i. als Menschen, die trotz

κωβ. Der Sinn bei dieser LA wäre, daß der Tempel dem Volke Jsr. dienen sollte, nämlich für seinen Verkehr mit Gott. Aber diese Abwandlung der Aussage Pf 132 5 wäre im Zusammenhang unserer Rede auffallend und unpassend, weil es hier nur auf den Gedanken ankommt, daß der Tempel eine Stätte sein sollte, zu der Gott in be= sonderer Beziehung stände. So würde diese LA auch eine sehr seltsame Beziehung für das αὐτῷ V. 47 darbieten (Σ. ᾠκοδ. αὐτῷ, scil. τῷ οἴκῳ 'I., οἶκον. Vgl. dagegen I Reg 6 6: ὁ οἶκος, ὃν ᾠκοδ. ὁ βασιλεὺς τῷ κυρίῳ). So bietet die LA τ. θεῷ 'I. jeden= falls dem Sinne nach das Richtige. Aber es ist freilich schwer zu erklären, wie ihre Abwandlung in τ. οἴκῳ 'I. entstanden wäre. Daß man wegen V. 48 die Änderung vorgenommen hätte (Mey.), ist nicht wahrscheinlich. Man muß wohl mit W.=H. eine ursprüngliche Textverderbnis annehmen. Die Konjektur Horts, daß ursprünglich τῷ κυρίῳ gestanden habe, wie in dem ersten Gliede von Pf 132 5 (vgl. I Reg 6 6), und daß ΤΩΚΩ irrtümlich als ΤΩΟΙΚΩ gelesen sei, ist recht plausibel.
1. καρδίαις 3. I. nach ℵACD mehr. Min. u. Verff. (T., B. Wß). Rec. mit EHP flor. Gig. mehr. Vät.: τ. καρδίᾳ (so, aber ohne Art., auch Blaß in beiden Texten), nach Ez 44 7. 9. B hat καρδίας nach Jer 9 26, wo dieses W. Akk. ist. Das paßt aber an u. St. nicht wegen des folgenden κ. τοῖς ὠσίν.

äußerer Beschneidung in ihrer Gesinnung den unbeschnittenen Heiden gleichen. Vgl. Lev 26₄₁. Jer 4₄. 6₁₀. 9₂₆; auch Röm 2₂₉. Barn 9. Nachdrücklich steht dann ὑμεῖς voran: ihr seid die Gottesfeinde, nicht ich bins. ἀντιπίπτετε: „ihr leistet Widerstand". Vgl. Num 27₁₄. V. 52. Vgl. Mt 5₁₂. Lk 11₄₇—₅₁. Die umschreibende Bezeichnung der Propheten als „Vorherverkündiger vom Kommen des Gerechten" dient dazu, den inneren Zusammenhang zwischen dem Verhalten der Väter und dem der jetzigen Generation hervorzuheben. Der Haß Jener bei ihrer Tötung der Propheten richtete sich indirekt schon gegen den Messias, den nun die Gegenwärtigen direkt getötet haben. „Der Gerechte" κατ᾽ ἐξοχήν ist Jesus. Vgl. 3₁₄. 22₁₄. Der Ausdruck ist hier gewählt, um den an dieser Person begangenen Mord als Justizmord zu kennzeichnen. Zu προδόται κ. φονεῖς vgl. 2₂₃. 3₁₃—₁₅. V. 53. οἵτινες = quippe qui, motivierend: „die ihr das Gesetz empfangen habt auf Engelanordnungen hin und es nicht beobachtet habt". Ihr Frevel gegen den Messias ist erklärlich aus ihrer allgemeinen Mißachtung des göttlichen Gesetzes. Dieser Vorwurf, mit dem die Rede schließt, ist eine schroffe Zurückgabe der Anklage gegen Steph., daß er blasphemisch gegen das Gesetz lehre (6₁₁. ₁₃). „Auf Engelanordnungen hin" empfingen die Juden das Gesetz, sofern Engel nach jüdischer Vorstellung die Vermittler der Gesetzgebung Gottes waren (s. z. V. 38). Zu dem die Richtung des Sinnes bezeichnenden εἰς, „in Rücksicht auf", vgl. Mt 12₄₁. Röm 4₂₀. Zeugnisse für den Gebrauch des Wortes διαταγή in der Koine bietet Deißm., Licht v. Osten S. 56 f. — In dem Vorwurfe: „ihr habt das Gesetz nicht beobachtet" findet Weizs. S. 57 f. mit Unrecht den nachapostolischen Gedanken ausgedrückt, die Juden hätten nicht den wahren Sinn des Gesetzes angenommen, nämlich seine lebendigen Sprüche (V. 38) nicht in ihrem geistigen Sinne gedeutet und ausgeführt. Das Gesetz nicht beobachten ist etwas anderes, als es nicht in rechtem Sinne auffassen. Die gemeinte Gesetzesübertretung besteht aber auch nicht blos in dem Verraten und Morden des Gerechten (B. Wß), sondern in etwas Allgemeinerem, zu dem auch dieser besondere Frevel gehört. Der Vorwurf ist im Sinne der Vorwürfe Jesu Mt 7₆—₁₃. Mt 23₃. ₁₆—₂₈ zu verstehen.

V. 54—8, 3. Tod des Stephanus[1]. V. 54. „Als sie dies (die

---

1. Aus dem Zusammenhange dieses Abschnittes heben sich die auf Saulus bezüglichen Sätze 7₅₈b. 81a. ₃ deutlich als Zutaten zu dem Quellenberichte heraus. So urteilen auch Bleek Einl. § 127; B. Wß; Sorof S. 62f.; Hilgf. ZwTh 1895 S. 403; Clemen, Paulus I S. 188f.; Harnack III S. 171. 176; Wellhauf. NGW 1907 S. 12. Auch sonst mag der Vf. der AG. manche Züge zu der Darstellung seiner Quelle hinzugetan haben. Ich kann jedoch nicht mit der Bestimmtheit von B. Wß und Hilgf. in dem ganzen V. 55 (nach H. auch) V. 56) und in dem Ausspruche V. 59 b solche redaktionelle Zutaten sehen. • Vgl. die Anm. zu V. 60. Den Schluß der Erzählung vom Tode des Steph. bildete in der Quelle gewiß 8₂. Aber auch ein Grundbestand von 81b, an den 11₁₉ wieder anknüpft, wird aus der Quelle stammen. Nur hat der Vf. der AG denselben offenbar mit Rücksicht auf seinen in K. 8 folgenden Bericht ausgestaltet. Auch er hat dieser Notiz wohl erst die Stellung vor 8₂ statt dahinter gegeben. — Von den Kritikern, welche in unserer ganzen Stephanusrede zwei Quellen zusammengearbeitet sein lassen, hält Feine S. 190f. 757f. 81a. ₃ für Fortsetzung der auf 6₁₃f., dagegen 7₅₄—₅₆. 59f. 81b. ₂ für Fortsetzung der auf 6₉—₁₁. ₁₅ bezug nehmenden Rede. Sp. S. 101 ff. leitet 7₅₄. 57. 58a. 81b. ₂ aus der Quelle A, dagegen 7₅₅f. 58b—60. 81a. ₃ aus B her. J. Wß StKr 1893 S. 498f. nimmt an, daß sich in

Vorwürfe V. 51—53) hörten, wurden sie empört (vgl. 5₃₃) und knirschten die Zähne gegen ihn". Vgl. Job 16₉. Pf 35₁₆. 37₁₂. 112₁₀. V. 55. Der h. Geist, mit dem Steph. erfüllt ist (vgl. 6₃. ₅), gibt ihm die Fähigkeit zur ekstatischen Schauung (vgl. Jo 3₁. Apk 1₁₀). „Seine Augen zum Himmel richtend (vgl. 1₁₀) sah er Herrlichkeit Gottes (s. zu V. 2) und Jesum stehend zur Rechten Gottes". Der himmlische Jesus ist hier nicht sitzend gedacht, wie Lk 22₆₉ und sonst überall im NT im Anschluß an Pf 110₁, sondern als den Steph. erwartend (Beng.: quasi obvium Stephano). Vgl. das vom wartend Stehenden gebrauchte ἑστηκώς Joh 3₂₉. 6₂₂. V. 56. „Ich schaue die Himmel geöffnet (vgl. Lk 3₂₁; der Plur. wie Mt 3₁₆) und den Sohn des Menschen zur Rechten Gottes stehend". Die nach allen 4 Evangelien so häufige Selbst= bezeichnung Jesu als „Menschensohn" wird außerhalb der Evangelien im NT nur an u. St. (und indirekt Hbr 2₆) auf Jesum angewandt. Auch ein Symptom des Alters unserer Erzählung.

V. 57f. „Sie drängten einmütig auf ihn ein (vgl. 14₅. 19₂₉) und nachdem sie ihn aus der Stadt hinausgetrieben hatten (nach der Regel Lev 24₁₄), steinigten sie (ihn)". Das Obj. ist aus dem vorangehenden ἐπ' αὐτὸν zu entnehmen (vgl. die Verbindung von λιθοβολεῖν mit ἐπί Ez 23₄₇). Stei= nigung war nach Lev 24₁₆ die Strafe für Gotteslästerung. Aber das jüd. Synedrium hatte damals nicht das Recht der selbständigen Vollziehung der Todesstrafe (vgl. Joh 18₃₁. Jos. Ant. 20, 9, 1). Auch unser Vf. läßt die Steinigung nicht auf einen formellen Beschluß des Synedriums hin geschehen, sondern denkt sie als ein tumultuarisches, gesetzloses Vorgehen der Mitglieder des Synedriums. Vollends wird nach der Quelle, in der eine Verhandlung vor dem Synedrium überhaupt nicht berichtet gewesen zu sein scheint (s. d. Anm. 3. 6₈ff.), der Vorgang ein Akt der Lynchjustiz gewesen sein. Trotz der tumultuarischen Art des Vorganges denkt unser Vf. die gesetzlichen Formen in dem Punkte gewahrt, daß „die Zeugen", nämlich die anklagenden 6₁₃, die Steinigung beginnen. Vgl. Dtn 17₇. In V. 59 sind als Subj. des ἐλιθοβόλουν wohl nicht die auf Steph. Einstürmenden (V. 57 u. 58 a) im allgemeinen (Mey.), sondern die Zeugen gedacht, von denen die unmittelbar vorangehende Aussage gilt. Auf die allgemeine Bezeichnung des Steinigens V. 58a folgt also hier die Angabe, daß speziell diese Zeugen die Steinigung ausführten. Aber auch so ist die doppelte Bezeichnung des Steinigens auf= fallend. Sie findet ihre rechte Erklärung durch die Annahme, daß V. 58b ein Einschub in den Quellenbericht ist, dessen Faden der Vf. der AG. bei dem ersten ἐλιθοβόλουν verlassen hat und nun mit dem wiederholenden κ. ἐλιθ. wieder aufnimmt. Doch ist V. 58b nicht eine einfache Parenthese; sondern die Fortsetzung des Quellenberichtes ist formell eng an den Einschub V. 58b angeknüpft. Den ihn erwartenden „Herrn Jesus" (V. 55 f.) bittet Steph.: „nimm meinen Geist auf". Vgl. Lk 23₄₆. V. 60. Das Zusammenbrechen unter den Steinwürfen gestaltet sich zum Kniebeugen des Beters. Vgl. 9₄₀

A 7₅₇f. unmittelbar an 6₁₂a anschloß, während in B 7₅₄—₅₆ den Abschluß der Rede bildete. Jgst S. 73ff. endlich rechnet 7₅₄—₅₈a u. 81a. 2f. zu seiner Quelle B, da= gegen 7₅₈b—₆₀ u. 81b zu A.

u. ö. „Er rief mit lauter Stimme (vgl. Lf 23 46): Herr, rechne ihnen diese Sünde nicht zu". Es liegt nahe, den Ausdruck μὴ στήσῃς αὐτοῖς τὴν ἁμαρτίαν ταύτην zu erklären nach Mt 26 15. I Reg 20 39. II Esr 8 25ff. Jes 46 6 u. ö., wo ἱστάναι = שָׁקַל bed.: „zuwägen", d. i. „bezahlen" (so nach Aelt. Weizs., B. Wß, Baljon). Aber bei dieser Bedeutung ist das Obj. des ἱστάναι sonst immer die bezahlte Summe, nicht, wie es an u. St. sein müßte, das, wofür bezahlt wird. Deshalb ist es wohl richtiger, ἱστάναι hier als: „feststellen" d. i. „gültig setzen" zu fassen, wie Röm 10 3. Hbr 10 9. I Mak 13 38. 15 5 (Mey., Overb., Blaß). Jedenfalls ist der Sinn der Bitte: vergib ihnen diese Sünde. Vgl. Lf 23 34. Das Sterben des Steph. bekommt die christliche Bezeichnung als „Entschlafen" (vgl. I Th 4 13ff. u. ö.), in paradoxem Kontrast zu den Umständen dieses Todes[1].

Kap. 8.

V. 1. Fortführung der auf Saulus bezüglichen Bemerkungen 7 58. Vgl. 22 20. „Saulus stimmte beifällig zu (vgl. Lf 11 48) seiner Tödtung". ἀναίρεσις wie Num 11 15. Jdt 15 4. II Mak 5 13. „Es kam an jenem Tage (also in unmittelbarem Anschluß an die Tödtung des Steph.) eine große Verfolgung über die Gemeinde in Jer." Diese letztere Ortsbestimmung erscheint überflüssig, kann aber, wie in 6 7, in der Quelle durch die Voraussetzung be-

---

1. Die Erzählung von dem Tode des Steph. enthält Anklänge an die Darstellung des Todes Jesu bei Lf. Doch liegt kein genügender Grund zu dem Urteil vor, daß die berichteten Worte des Steph. blos eine ungeschichtliche Nachbildung der Kreuzesworte Jesu seien (Br., Overb., Hltzm. ZwTh 1885 S. 434, Sp. S. 114f.). Das Wort V. 60 ist dem Sinne nach gleich dem Gebete Jesu Lf 23 34. Nun ist gerade dieser Ausspruch Jesu textkritisch zweifelhaft; er fehlt bei אᵃBD it. sah. cop. Hält man ihn mit Lachm. u. W.-H. für einen späteren Zusatz zum Lf.-Texte, so wird man eher die Abhängigkeit dieses Zusatzes von unserm Stephanusworte als die umgekehrte Abhängigkeit annehmen. Gilt aber die Echtheit von Lf 23 34 (verteidigt von Harnack, Sitzungsber. d. Berl. Akademie 1901 S. 255 ff.), so muß man zwar eine Abhängigkeit unseres Stephanuswortes von dem Jesusworte anerkennen. Aber eine solche ist auch nicht geschichtlich unmöglich. Steph. kann in bewußtem Anschluß an das schon damals in mündlicher Überlieferung kursierende Herrnwort in ähnlicher Situation einen ähnlichen Ausspruch getan haben. Die formelle Anreihung von V. 60 an V. 59 ist doch nicht so ungeschickt und die Analogie des Gedankens von V. 59 b u. V. 60 nicht so groß, daß man mit Harnack III S. 171 sagen kann, V. 59 b u. 60 erscheinen „als echte Dubletten". — Das Wort des Steph. V. 59 ist seinem allgemeinen Sinne nach ähnlich dem Todesworte Jesu Lf 23 46. Aber es hat in seiner Richtung nicht an Gott, sondern an Jesus, die wieder in Beziehung steht zu der in V. 55 f. ausgedrückten Vorstellung, daß Jesus im Himmel schon wartend bereitsteht, doch auch seine charakteristische Besonderheit. In V. 55 f. liegt das originelle Moment eben in dieser, nicht aus Lf 22 69 stammenden Vorstellung von dem wartend stehenden Jesus. Daß Steph. Jesum so zu schauen erklärt hat, wird in der Quelle überliefert gewesen sein, während die weitere Ausgestaltung der Aussage nach Lf 22 69 vom Vf. der AG. hinzugetan sein mag. Gegenüber der Frage, wie solche Worte des Steph. von Christen gehört werden konnten (Sp. a. a. O.), darf man wohl an die Szene 14 19f. erinnern, wo die Juden den Gesteinigten als tot liegen lassen und die Christen ihn dann umringen und noch Leben in ihm finden. Liegt nicht bei unserer Geschichte etwa in dem ἐκοιμήθη V. 60 noch eine Spur davon vor, daß nach der Anschauung des Quellenberichtes Steph. nicht unmittelbar unter den Steinwürfen, sondern erst hinterher verschied, umringt von den Frommen, die ihn dann zur Bestattung forttrugen (82)?

dingt gewesen sein, daß es damals auch schon außerhalb Jer.s Christenge=
meinden gab (B. Wß). „Alle aber[1] wurden versprengt — — ausgenommen
die Apostel." Der Vf. versteht das πάντες absolut, wie die ausdrückliche
Ausnahme πλὴν τῶν ἀποστόλων zeigt (Overb., B. Wß), nicht hyperbolisch
(Men., Zöckl., Blaß). War aber auch in der Quelle eine Versprengung aller
jerus. Christen bezeichnet? Man beachte, daß die Aussage 11 19 von den Ver=
sprengten im allgemeinen gilt und daß eine Rückkehr der Mehrzahl derselben
nach Jer. nicht berichtet wird. Die besondere Hervorhebung der Ausnahme
der Apostel erschien unserm Vf. im Vorausblick auf V. 14 notwendig. Schwer=
lich aber hätten die App. allein in Jer. zu bleiben die Möglichkeit gehabt
und den Beruf gefühlt, wenn alle anderen Christen aus Jer. fliehen mußten.
Die χῶραι Judäas und Samariens, in welche die Christen versprengt wurden,
sind die „Landgebiete" im Unterschiede von den Städten, fast gleichbedeutend
mit κῶμαι (vgl. V. 25; Blaß u. Harnack III S. 59). V. 2. „Es bestatteten
aber den Steph. fromme Männer." Waren dies Juden (Men., Zöckl., Hltzm.,
Sp.) oder heidnische Proselyten (J. Wß S. 14) oder Christen (Overb.)? Im
Sinne des Vf.s der AG. müssen es wegen der in V. 1 berichteten Verspren=
gung Aller Juden, im Sinne der Quelle aber werden es Christen gewesen
sein. Ob nun der Ausdruck ἄνδρες εὐλαβεῖς in der Quelle Bezeichnung für
die Christen war, oder ob der Vf. der AG. ihn (der im NT nur noch Lk 2 25.
AG 2 5. 22 12 vorkommt) an Stelle eines anderen der Quelle eingesetzt hat,
gerade um die Betreffenden im allgemeineren Sinne als Fromme, nicht als
speziell christlich Fromme zu kennzeichnen, muß dahingestellt bleiben. „Sie
verrichteten eine große Totenklage über ihn." Zu ποιεῖν κοπετόν vgl. Jer
6 26. Mch 1 8. Häufiger ist κόπτεσθαι κοπ.: Gen 50 10. Sach 12 10. I Mak 2 70
u. ö. V. 3. Vgl. 9 1f. 22 4. 26 10f. „Saulus drangsalierte die Gemeinde
(im Sinne uns. Vf.s: die aus Jer. geflohenen Christen) in die einzelnen Häuser
eindringend". κατά hat hier distributiven Sinn; vgl. V. 1. Lk 6 6.

V. 4—25. Philippus in Samarien[2]. V. 4. „Die Versprengten

1. πάντες δὲ ist zu l. nach BCDEHP d. meist. Min. (W.=H., B. Wß). Die Rec.
hat πάντες τε nach A Min.; T. bloß πάντες nach א' 13. 47.
2. Nach 11 19 haben die bei der stephanischen Verfolgung Versprengten zunächst,
bis zu der in Antiochia eintretenden Wendung, nur Juden das Evang. verkündigt.
Der ursprüngliche Schreiber dieser Worte kann nicht vorher selbst erzählt haben, daß
Philippus als einer dieser Versprengten die Samariter und den Aethiopen zu Christen
gemacht habe. So erweist sich 11 19, wo der an 8 1b anknüpfende Satz 8 4 fast wörtlich
wieder aufgenommen wird, als Fortsetzung eines Quellenberichtes, zu dem die Phi=
lippus=Geschichten 8 5—40 nicht gehört haben können (vgl. Sorof S. 64; Sp. S. 124f.;
Harnack III S. 137f.). Woher aber stammen diese Philippus=Geschichten? In der Er=
zählung von Philippus in Samarien 8 5—25 ist zweierlei auffallend: 1) daß die in
V. 5—8 geschilderte freudige Aufnahme des Evang.s bei den Samaritern nachträglich
durch die Mitteilung über die früheren Erfolge des Simon Mag. in Sam. (V. 9—11)
die Bedeutung einer Abwendung der Samariter von einem sie betörenden Pseudo=
Propheten oder =Messias bekommt; 2) daß die Missionstätigkeit des Philippus durch
die nachkommenden Urapp. eine solche Ergänzung erfährt, durch welche sie als eine
nicht vollkräftige, für sich allein nicht die ganzen Segnungen der christl. Gem. mit=
teilende hingestellt wird. Diese auffallenden Punkte legen die Vermutung nahe, daß
der Vf. der AG. Material verschiedener Herkunft aneinander geschoben hat, nämlich
1) einen Bericht über die Mission des Phil. in Sam., V. 5—8, der ursprünglich mit
der zweiten Philippus=Geschichte V. 26ff. zusammenhing; 2) einen Bericht über die

nun zogen durchs Land, das Wort verkündigend[1]." Für das absolute διῆλϑον (vgl. D. 40. 10 38. 20 25) ist die Näherbestimmung aus D. 1 b zu entnehmen (vgl. auch 11 19). Neben εὐαγγελιζόμενοι ist das Obj. τ. λόγον pleonastisch. Denn der λόγος ist identisch mit dem εὐαγγέλιον. Vgl. D. 40 das bloße εὐαγγελίζεσϑαι und 11 19 λαλεῖν τ. λόγον. D. 5. Aus D. 1 u. 14 ergibt sich, daß dieser Philippus nicht der zu den Zwölfen (1 13), sondern der zu den Sieben (6 5, vgl. 21 8) gehörige ist. Mit dem Apostel Phil. identifizierte ihn schon Polykrates nach Euseb. h. e. 3, 31, 2 f.; 5, 24, 2. Vgl. über ihn Zahn, Forschungen zur Gesch. des neutest. Kanons VI, S. 158 ff. Von dem hochgelegenen Jer. kam Phil. hinab (κατελϑὼν, vgl. καταβάντες D. 15 und das regelmäßige ἀναβαίνειν vom Hinaufziehen nach Jer.) „in die Stadt Samariens". Dies kann nur die Hauptstadt des Landes sein, das alte Samaria, von Herodes Sebaste genannt. Vgl. Schür. II³ S. 149 ff.; Buhl S. 207.

Zurückweisung des Simon, der die Gabe der Geistesmitteilung mit Geld erkaufen wollte, durch Petrus, eine Erzählung, welche der Ananias-Geschichte 5 1—11 inhaltlich nahe verwandt ist und vielleicht mit ihr zusammen überliefert wurde; 3) eine Notiz über den samaritan. Goëten und Religionsstifter Simon. Indem der Vf. der AG., vielleicht mit Recht, den von Petr. abgewiesenen Sim. mit dem Sim. Mag. identifizierte und deshalb jenes Zusammentreffen des Petr. mit Sim. nach Sam. verlegte, und indem er ferner voraussetzte, daß Sim. Mag. die Magie und die pseudomessian. Ansprüche, um derentwillen er später eine bekannte Persönlichkeit war, auch schon vor seinem Zusammentreffen mit Petr. betrieben haben werde, kam die uns vorliegende Kombination der Tatsachen heraus. Die weitere Frage, wie jene verschiedenen Materialien unserm Vf. zugegangen waren, ob durch mündliche oder schriftliche Überlieferung, läßt sich m. E. nicht beantworten.

Diejenigen neueren Kritiker, die im ersten Teile der AG. eine größere Quellenschrift benutzt sein lassen, leiten die Philippus-Geschichten aus ihr ab und suchen die Schwierigkeiten in dem auf Sim. Mag. bezüglichen Abschnitt durch die Annahme zu lösen, daß der Red. hier den Quellenbericht erweitert oder umgestaltet habe. Nach B. Wß war der Sinn der Quelle, daß erst die Urapp. die Samariter getauft hätten. Aber weil nicht diese Taufe, sondern nur die Geistesmitteilung durch die Urapp. ausdrücklich bezeichnet gewesen sei, so habe der Bearbeiter irriger Weise angenommen, daß schon Phil. die Taufe, und zwar ohne Geistesmitteilung, vollzogen habe. Demgemäß habe er den Quellenbericht in D. 12 f. umgestaltet und D. 16 f. eingefügt. Nach Sp. S. 145 ff. stammt der Abschnitt 8 5—40 a aus der Quelle B, folgte hier aber erst hinter der Geschichte von der Bekehrung des Paulus (so auch J. Wß StKr 1893 S. 502) und bezog sich in diesem Zusammenhange nicht auf den Diakon, sondern auf den Apostel Phil. Die zu 21 8 in Beziehung stehende Notiz 8 40 b sei Zusatz des Red. Feine S. 195 ff. leitet aus der judenchristl. Quelle D. 4—13 (ausg. D. 10) her, aber nicht den auf einer der Urgemeinde fremden Anschauung beruhenden Abschnitt D. 14—24 und auch nicht die Geschichte D. 25—40. Auch Jgst S. 78 ff. hält D. 14—17 für eine Zutat des Red., den dann auch in D. 18—24 den Quellenbericht entsprechend umgestaltet habe. Hilgf. ZwTh 1895 S. 412 ff. sieht in 8 4—8 u. 25—40 Stücke aus der zweiten, hellenistischen Quelle und hält D. 9—24 für redaktionelle Zutat. Nach Waitz ZNW 1906 S. 340 ff. stammt der Abschnitt 8 5—40 aus alten Petrus-Akten, welche eine Hauptquelle der AG. waren. In dieser Quelle sei nicht Philippus, sondern Petrus selbst als der Bekehrer der Samaritaner (und des Aethiopen) bezeichnet gewesen. Der Red. habe diese Personen vertauscht und D. 10. 14—18 a u. 19 b eingeschoben. Nach Harnack III S. 139—142 stammen die Philippus-Geschichten 8 5—40 aus der jerusalemisch-cäsareensischen (oder petrinisch-philippinischen) Tradition, deren Fortsetzung in 9 31—11 18 und 12 1—24 vorliegt.

1. Blaß rekonstruiert den β-Text von D. 4 u. 5 nach der Übersetzung in par. und wernig. folgendermaßen: οἱ μὲν οὖν διασπαρ. ἐπορεύοντο εὐαγγ. τ. λόγ. κατὰ τ. πόλεις καὶ κώμας τῆς Ἰουδαίας. Φίλ. δὲ κατελϑ. εἰς Σαμάρειαν τὴν πόλιν ἐκήρ. κτέ. Vgl. Blaß StKr 1896 S. 445 u. 462. Dieser Text stellt eine richtige Interpretation des kurzen διῆλϑον und der umschreibenden Stadtbezeichnung dar.

Die umschreibende Bezeichnung ist gewählt, weil es unserm Vf. auf den Fort=
schritt des Evangeliums von Judäa nach dem Lande Sam. ankommt und die
Stadt Sam. eben als der wichtigste Ort dieses Landes in betracht gezogen
werden soll. S. zu V. 14. Philippus „predigte ihnen (d. i. den Bewohnern
der Stadt) den Messias." V. 6. „Die Massen aber waren aufmerksam auf
die Verkündigung." προσέχειν τινί wie 16₁₄ von dem Zuwenden des Inter=
esses. V. 7. Der Satz: πολλοὶ γὰρ τῶν ἐχόντων πν. ἀκ. — ἐξήρχοντο ist
ein Anakoluth: von den besessenen Personen als Subj. hätte ein ähnlicher
Prädikatsbegriff gebraucht sein sollen, wie ἐθεραπεύθησαν am Schlusse d. V.
(vgl. Lk 6₁₈); ἐξήρχοντο ist gesagt, als wenn die unreinen Geister selbst das
Subj. wären[1]. Durch die Verbindung des πολλοὶ mit dem Gen. ist ausge=
drückt, daß die vielen Besessenen, die geheilt wurden, doch nicht die Gesamt=
heit der vorhandenen Besessenen ausmachten. Von den Besessenen werden
die natürlich Kranken unterschieden wie 5₁₆. Lk 4₄₀f.

V. 9. Dieser Simon ist für identisch zu halten nicht mit dem Cyprier
Simon, der nach Jos. Ant. 20, 7, 2 das Organ des Prokurators Felix bei
der Abwendigmachung der Königin Drusilla von ihrem Gatten war (so nach
Älteren de W.; vgl. auch Krenkel, Jos. u. Lk. S. 178ff.), sondern mit dem
aus Gitta in Samarien gebürtigen Simon, von dem Justin Apol. I, 26. 56.
Dial. c. Tr. 120 redet und der den Kirchenvätern seit Iren. adv. haer. I,
23, 1ff. als Urheber aller Häresieen gilt. Weil in der pseudoclementinischen
Literatur unter der Figur des Simon, die hier eine große Rolle spielt, der
Ap. Paul. bekämpft wird, haben Br. und andere Vertreter der Tübinger
Kritik geurteilt, daß Simon überhaupt keine geschichtliche Persönlichkeit sei.
Die Sage von ihm sei eine feindselige Travestie des Paul. Auch unser Be=
richt der AG. stamme aus dieser Simon=Sage. Die antipaulinische Tendenz
sei hier freilich durch die Verlegung des Vorgangs vor die Bekehrung des
Paul. prinzipiell beseitigt, blicke aber doch in der Erzählung, daß Simon
durch Geld, ebenso wie Paul. durch seine Liebesgabe, die Gleichstellung mit
den Urapp. zu erkaufen gesucht habe, noch durch. Allein in Anbetracht der
von der pseudoclem. Literatur unabhängigen Zeugnisse des Justin u. Iren.
läßt sich der Zweifel an der Geschichtlichkeit der Figur des Simon Magus
nicht aufrecht erhalten. Simon muß ein Mann gewesen sein, der mit An=
sprüchen messianischer Art auftrat und mit ausgebreitetem Erfolge eine syn=
kretistische, jüdische und orientalische Elemente in sich schließende Religion zu
begründen suchte. Ein solches Unternehmen entsprach einer weitverbreiteten
Tendenz der damaligen Zeit. Nun sind freilich in der judenchristl. Literatur,
aus der die Clementinen geschöpft haben, offenbar auf diesen Simon in feind=
seliger Absicht Züge des Paul. übertragen worden. Aber zu der Annahme,
daß schon unser Bericht der AG. durch dieses judaistische, antipaulinische
Simon=Bild beeinflußt sei, liegt kein genügender Grund vor. Vgl. über Sim.
Mag.: Lipsius, Apokr. Apostelgesch. II, 1, S. 28ff.; Hilgf., Ketzergesch. d. Ur=

---

1. Beseitigt ist der Anakoluth bei der LA d. Rec.: πολλῶν γὰρ κτέ. Lachm.
praef. p. VIII konjizierte πολλά. Blaß schiebt ἃ vor βοῶντα ein, sodaß sich ἐθεραπ.
nun mit auf πολλοὶ bezieht.

chriſtent. S. 163ff.; Acta p. 212ss.; Waitz, Art. „Simon der Magier" in R. E.[3] und die dort angeführte Literatur. Simon „war vorher in der Stadt als Zauberer aufgetreten und hatte die Bevölkerung Samarias in Staunen verſetzt, indem er behauptete, er ſei eine gewiſſe große Perſönlichkeit". Zu προϋπάρχειν c. part. vgl. Lf. 23₁₂. μαγεύειν nur hier im NT. Über die Verbreitung der Magie in der damaligen Zeit vgl. Zöckl., Art. „Magier" in R. E.[3]; über die Neigung gerade der Samariter zur Magie vgl. Deißm., Bibelſtud. S. 18f. In den W.: εἶναί τινα ἑαυτὸν μέγαν (vgl. 5₃₆) iſt die von Simon beanſpruchte Bedeutung nur ſehr allgemein bezeichnet, wahrſchein=lich im Hinblick auf die in V. 10 wiedergegebene Überlieferung, daß die Samariter der in Simon erſchienenen Gotteskraft das Epitheton μεγάλη bei= legten (V. 10). Willkürlich hält Blaß μέγαν für Interpolation. V. 10. „Ihm hingen alle an (über προσεῖχον ſ. zu V. 6) vom Kleinen bis zum Großen (jung und alt; vgl. Gen 19₁₁ u. ö.), indem ſie ſagten: dieſer iſt die Kraft Gottes, welche die große heißt." Auffallend iſt der Zuſatz καλουμένη, der im Munde der Samariter nicht bedeuten kann, daß die Kraft Gottes eine große nur heiße, aber nicht wirklich ſei. Deshalb haben auch die ſpäteren Handſchriften καλουμένη weggelaſſen. Kloſtermann, Probleme im Apoſtel= texte S. 15ff. hat die anſprechende Vermutung aufgeſtellt, μεγάλη ſei laut= liche Wiedergabe des ſamaritaniſchen Wortes מגלי oder מגלא (Part. Pael von גלי), welches „Offenbarer" oder „offenbarend" bedeute. Die in Sim. vorausgeſetzte göttliche Kraft ſei im Gegenſatze zu dem verborgenen Weſen Gottes ſeine „Offenbarungskraft" genannt worden. Dann hätte der Vf. der AG. den urſprünglichen Sinn des ihm überlieferten Titels nicht erkannt. Not= wendig iſt freilich dieſe Erklärung nicht. Möglich iſt auch, daß man dem Sim. inſofern den Titel der „großen Gotteskraft" beilegte, als man ihn von anderen, kleineren Offenbarungsträgern oder Werkzeugen der Gottheit unter= ſchied. Vgl. über dieſen Titel Deißm., Bibelſtud. S. 19 u. Neſtle, Philo- logica sacra S. 52f.[1].

V. 12. „Als ſie aber gläubig wurden dem Phil., der die Frohbotſchaft verkündigte vom Reiche Gottes und vom Namen Jeſu des Meſſias uſw." εὐαγγελίζεσθαι wird ſonſt nicht mit περί, ſondern mit d. Akk. verbunden, weshalb auch die Rec. ein τὰ vor περί hat. Vgl. das περί Röm 1₃, deſſen Verbindung mit εὐαγγέλιον θεοῦ V. 1 freilich zweifelhaft iſt. Der Name Χριστός neben Ἰησοῦς hat hier ſeine Vollbedeutung als „Meſſias". Auch die Samariter erwarteten einen Meſſias (Joh 4₂₅) oder Taheb d. i. Wieder= kehrenden. Über ein auf dieſen ſamaritan. Meſſias bezügliches intereſſantes Liedfragment vgl. Merx, Actes du 8e Congrès internat. des Orientaliſtes, sect. sémit., Leiden 1893, S. 119ff. Hilgf. ZwTh 1894 S. 233ff. Cowley

---

1. Van Manen I S. 48f. 103, Feine S. 196f., Jgſt S. 81, Waitz ZNW 1906 S. 341 finden, daß in V. 9 u. 11 Sim. anders charakteriſiert ſei als in V. 10: dort als bloßer Goёt nach Art des Sim. bei Joſ. Ant. 20, 7, 2, hier als vorgeblicher Gottesoffenbarer und Meſſias nach Art des Sim. Mag. der Kirchenväter. Deshalb betrachten ſie V. 10 als Einſchub. Ich ſehe zu dieſem Urteil keinen Anlaß. Die An- gaben V. 9—11 über das Treiben und den Erfolg des Sim. widerſprechen nicht, ſon- dern ergänzen einander.

Exp. 1895, I, p. 161 ff. **V. 13.** „Simon aber wurde auch selbst gläubig."
Daß dieser Glaube noch kein rechter war, zeigt der weitere Verlauf. Während
früher Simon durch seine Zaubereien die Samariter in Staunen gesetzt hatte
(V. 9 u. 11), geriet er jetzt selbst in Staunen, „als er Zeichen und große
Machttaten geschehen sah". Auch die Einsetzung des Begriffes δυνάμεις με-
γάλαι statt des sonst in Verbindung mit σημεῖα gewöhnlichen τέρατα (2₄₃.
4₃₀ u. ö.) ist wohl aus der Absicht zu erklären, eine Analogie mit der δύν-
αμις τ. θ. μεγάλη V. 10 herzustellen (B. Wß).
 V. 14. ἡ Σαμαρεία ist hier, wie in V. 5 u. 9, das Land, dessen Ver=
halten durch das der Hauptstadt repräsentiert ist. **V. 15.** Unter dem πνεῦμα
ἅγιον ist hier und im folgenden nicht verstanden der h. Geist im weiteren
dogmatischen Sinne, d. h. der Inbegriff der göttlichen, das religiös=sittliche
Erkennen und Handeln bedingenden Heilskräfte, an denen alle durch die Taufe
Christo zugehörigen Gläubigen teil haben (vgl. z. B. Röm 8₂—₁₆. Gal 3₂. ₅),
sondern, wie V. 18 zeigt, eine äußerlich bemerkbare, wunderbare Begabung,
nämlich die der ekstatischen Rede, der Glossolalie und Prophetie. Vgl. 2₄ff.
10₄₄ff. 19₆. Daß auch sonst in der apost. Zeit πνεῦμα für sich allein speziell
Bezeichnung für die glossolalische Begabung war, ist ersichtlich aus I Th 5₁₉.
I Kor 14₁f. ₁₄f. ₃₇. Das πνεῦμα in diesem Sinne ist nach der Meinung
unseres Vf.s nicht ein regelmäßiger Besitz der Gläubigen, sondern eine außer=
ordentliche, bei bestimmten Gelegenheiten verliehene Begabung. Es ist auch
nicht eine unmittelbare und notwendige Wirkung der Taufe: 2₄ tritt es ohne
Zusammenhang mit ihr auf; 10₄₄ff. geht es ihr voraus und gilt dem Petr.
als Erkenntnisgrund für die Zulässigkeit derselben; 19₆ erscheint es allerdings
in zeitlich naher Verbindung mit ihr, aber doch nicht als ihre Wirkung, son=
dern als die der Handauflegung. — Daß es schon der Zweck der Entsendung
der beiden Urapp. gewesen sei, den Samaritern die ihnen noch fehlende
Geistesgabe mitzuteilen (Mey., Baumg.), ist in V. 14 nicht gesagt. Der Vf.
der AG. kann den Zweck der Reise der App. zunächst darin liegend gedacht
haben, im allgemeinen die Beschaffenheit der neuen, aus nichtjüdischen Ele=
menten bestehenden Gemeinde zu prüfen. Als sich dann das Fehlen der
Glossolalie herausstellt, beten die App. um die Verleihung dieser Gabe. Nach
kathol. Überlieferung handelt es sich bei der Geistesverleihung durch die Hand=
auflegung der App. um das Sakrament der Firmung, welches Philippus als
Nichtapostel nicht spenden konnte (Felt.). **V. 16.** Zu οὐδέπω γὰρ ἐπ' οὐδενὶ
αὐτῶν: „denn noch nicht auf einen einzigen von ihnen" vgl. Lk 23₅₃. **V. 17.**
Die Handauflegung ist Ritus des Segnens und Weihens (s. zu 6₆). Sie ist
hier als vermöge des Gebetes V. 15 wirksam gedacht, aber doch nicht als
ein eigentlich überflüssiger symbolischer Ritus neben dem Gebete, sondern als
das Mittel, durch welches Gott auf das Gebet hin die Gabe der ekstatischen
Rede von den App. auf die Samariter übergehen ließ. Vgl. 19₆. Das
Imperf. ist schildernd.
 V. 18. Simon sieht die Geistesverleihung an den ekstatischen Äußerungen.
Darüber, ob auch er selbst den Geist empfangen habe, sagt unser Vf. nichts.
V. 19. Simon will sich durch Geld das Vermögen der App., Anderen die

Geistesgabe zu verleihen, erkaufen. Dies ist insofern eine frevelhafte Herab=
würdigung des Heiligen, als jenes Vermögen der App. ein Geschenk Gottes
(V. 20: δωρεὰν τ. ϑ.) an die nächsten und würdigsten Jünger des Messias
ist, nicht aber eine magische Kraft und Kunst gleich profanen Zauberkünsten,
die man mit dem profanen Mittel des Geldes erwerben kann. Nach diesem
Frevel des Simon ist „Simonie" Titel für den Erwerb geistlicher Gaben und
Ämter durch Geld geworden. **V. 20.** Petrus sprach: „dein Geld sei mit dir im Verderben", d. h.
sei mit dir verflucht. εἶναι εἰς, wie V. 23, prägnant gesagt im Gedanken
an die Bewegung, durch die der Zustand eintritt. S. zu 2₆. ἀπώλεια Gegen=
satz zur messianischen σωτηρία. **V. 21.** „Nicht gehört dir Anteil oder Los
(Pleonasmus; vgl. Dtn 12₁₂. Jes 57₈) an diesem Gesagten", d. i. an dem
in Rede stehenden (V. 19) Vermögen der Geistesvermittlung. λόγος bed.
auch bei den griech. Klassikern oft die besprochene Sache, z. B. Plutarch Vit.
Themist. c. 11: ἀνῆγεν αὐτὸν ἐπὶ τ. λόγον „er suchte ihn für das, was er
sagte, zu gewinnen". Viele Ausleger, z. B. Grot., Olsh., Nösg., Zöckl., Blaß,
erklären λόγος vom Evangelium, wie V. 14 u. 25. Aber der Zusammen=
hang an u. St., wo vom Evangelium nicht die Rede ist, führt nicht auf diese
Bedeutung. „Denn dein Herz ist nicht gerade (d. i. rechtschaffen, lauter) vor
Gott." Vgl. das häufige εὐθὺς τῇ καρδίᾳ Pf 7₁₁. 11₂ u. ö. Gegensatz ist
σκόλιος 2₄₀. Der Zusatz ἔναντι τ. ϑ. (vgl. Lk 1₆) hebt die Geltung der
Beschaffenheit vor Gott im Gegensatze zum äußeren Schein und Menschenurteil
hervor. **V. 22.** „Wende darum deinen Sinn ab von dieser deiner Bosheit
und bitte den Herrn, ob dir etwa vergeben werden möchte das Vorhaben
deines Herzens." Das sonst absolut stehende μετανοεῖν ist hier prägnant mit
ἀπό verbunden, wie Apk 2₂₁f. u. ö. mit ἐκ. Vgl. μετάνοια ἀπό Hbr 6₁.
Zu εἰ ἄρα vgl. Mk. 11₁₃. Petr. stellt wegen des hohen Grades der Ver=
sündigung die Vergebung auf die Buße als zweifelhaft hin (Men.). Zu
ἐπίνοια vgl. Jer 20₁₀. Sap 6₁₇. „Denn ich sehe dich hineingeraten (zu
εἶναι εἰς vgl. V. 20) in Galle der Bitterkeit und Bande der Ungerechtigkeit."
Das erstere Begriffspaar nach Dtn 29₁₈ (ἐν χολῇ κ. πικρίᾳ), vgl. Hbr 12₁₅,
das zweite nach Jes 58₆. Man kann mit Men. beide Genitive gleichmäßig
als Gen. appos. fassen, so daß die bildlichen Ausdrücke Galle und Bande
durch sie als in Bitterkeit (d. h. nicht feindseliger Verbitterung, sondern ver=
dorbener, abstoßender Beschaffenheit) und Ungerechtigkeit bestehend bezeichnet
werden. Man kann aber auch πικρίας als Gen. qualitatis fassen, so daß
χολὴ πικρίας dem Sinne nach = χολὴ πικρά ist (so die Meisten; auch B. Wß,
Blaß), und wird dann ἀδικίας als Gen. possess. oder autoris nehmen:
Bande, welche die Ungerechtigkeit schlingt. **V. 22¹.** Bezugnehmend auf das
δεήθητι V. 22 sagt Simon: „bittet ihr für mich", weil euer Gebet wirksamer

---

1. Bei D lautet V. 24: ἀποκρ. δὲ ὁ Σ. εἶπ. πρὸς αὐτούς· παρακαλῶ, δεήθητε
ὑμεῖς περὶ ἐμοῦ πρὸς τ. θεόν, ὅπως μηδὲν ἐπέλθῃ μοι τούτων τῶν κακῶν ὧν εἰρήκατέ
μοι. ὃς πολλὰ κλαίων οὐ διελίμπανεν. So Blaß im β=Texte, der aber im Schlußsatze
καί statt ὃς konjekturiert. Dieser Schlußsatz, daß Simon nicht aufgehört habe zu weinen
(vgl. Lk 7₄₅: οὐ διέλειπεν καταφιλοῦσα), hebt die Reue des Simon stark hervor.

fein wird. Daß die Reue des Sim. keine aufrichtige gewesen sei, wird im
Texte nicht angedeutet, ebenso wie über sein weiteres Verhalten und Schicksal
nichts gesagt wird.

D. 25. οἱ μὲν οὖν sind die beiden App., im Unterschied von Phil.
D. 26. Als Obj. der Verkündigung ist hier statt des einfachen λόγος (D. 4)
der λόγος τ. κυρίου bezeichnet, d. i. das Wort Christi, sachlich identisch mit
dem Worte Gottes 4 29. 31 u. ö.: das Evangelium, dessen Veranstalter Gott
durch den Messias ist. „Vielen Dörfern (s. zu D. 1) der Samariter brachten
sie die Heilsbotschaft." εὐαγγελίζεσθαι hier mit dem Akk. der Person (oder
Ortschaft) verbunden, der das Evang. gebracht wird, wie D. 40. 14 21. 16 10.
Lf 3 18. Gal 1 9. Der späteren Gräcität zugehörig.

D. 26—40. Philippus und der Aethiop[1]. D. 26. Durch das δὲ
am Anfang wird der auf Phil. bezügliche Vorgang unterschieden von der
vorangehenden Bemerkung D. 25 über die beiden Urapp. Unser Vf. scheint
den Phil. bei dieser Engelbotschaft noch in Sam. zu denken. Daß er (bezw.
der ursprüngliche Erzähler) ihn in Jer. gedacht habe (Zell. S. 175, B. Wß,
Sp. S. 147), läßt sich aus dem ἀπὸ Ἱερ. bei der folgenden Wegbezeichnung
nicht sicher folgern, da die Angabe dieses Ausgangspunktes der Straße gerade
dann überflüssig war, wenn Phil. selbst in Jer. war. Phil. soll ausziehen
„gegen Mittag auf die Straße, die von Jerusalem nach Gaza hinunterführt".
Das κατὰ μεσημβρίαν wird gewöhnlich von der örtlichen Richtung verstanden:
„gen Süden". Aber Nestle StKr 1892 S. 335f. fordert mit Recht die zeit=
liche Fassung, da μεσημβρία in den LXX immer (Gen 18 1 u. ö.) die Tages=
zeit bedeutet. Die Angabe der örtlichen Richtung wäre auch neben der be=
stimmten Bezeichnung der Straße bedeutungslos, während die Zeitangabe ein
wichtiges Moment ist, um das Zusammentreffen mit dem Reisenden herbei=
zuführen. Zu dem κατὰ vgl. 16 25. Gaza ist die alte philistäische Stadt
(vgl. Jos. 13 3. 15 47. Jud 1 18. 16 1ff. I Sam 6 17. I Reg 4 24. II Reg 18 8.
I Mak 11 61f.), im Südwesten Palästinas ganz nahe der Mittelmeerküste ge=
legen, ein bedeutender Punkt für den Karawanenhandel, in der alten Zeit
häufig in Kriegen erobert und zerstört, das jetzige Gazze. Vgl. Stark, Gaza
u. d. philist. Küste, 1852; M. Meyer, History of the City of Gaza, 1907;
Schür. II[3] S. 84ff.; Buhl S. 190f. Unter „der Straße von Jer. nach G."
muß die gewöhnliche, direkte Straße zwischen beiden Städten verstanden sein,
die von Jer. südwestwärts über Beth Nettif führt (Buhl S. 128), nicht die
über Hebron führende. Der Zusatz: „diese ist öde" bezieht sich nicht auf die
Stadt G., um das nach der Zerstörung durch Alexander Jannäus im J. 96
v. Chr. in Trümmern liegende Alt=Gaza im Unterschiede von dem etwas weiter
südlich erbauten Neu=Gaza zu kennzeichnen (Erasm., Calv., Grot., Stark a. a. O.
S. 510ff.). Denn diese Näherbestimmung des Zieles der Straße wäre für die
Bezeichnung des Weges selbst, auf den allein es in der Geschichte ankommt,
indifferent. Auch ist nicht mit Hug, Schneckenb. S. 230, Lekebusch S. 419f.
anzunehmen, der Vf. der AG. habe in diesem Zusatze zu den Worten des
Engels auf die zu seiner Zeit vorgefallene Verwüstung Gazas während des

---

1. Über die Herkunft dieses Stückes s. d. Anm. zu D. 4ff.

jüd. Krieges im J. 66 (Jof. Bell. 2, 18, 1) hingewiesen. Vielmehr bezieht sich der Zusatz auf die Straße, nicht um im Unterschiede von anderen möglichen Wegen eine besondere, verödete Straße zu bezeichnen (Mey.), sondern um die gewöhnliche Straße nach Gaza zu charakterisieren. Ob diese als eine im allgemeinen einsame, durch wüste Gegenden führende (vgl. II Sam 2₂₄), oder als eine zu der angewiesenen Mittagszeit leere (vgl. Neftle a. a. O.) be= zeichnet werden soll, läßt sich kaum sicher entscheiden. Jedenfalls ist diese Charakteristik der Straße insofern vorbereitend auf die weitere Geschichte, als sie die Ungestörtheit des Lesens des Äthiopen und seiner Unterhaltung mit Phil. erklärt[1].

V. 27. Die äthiopische Legende nennt den „äthiopischen Mann" Judich (vgl. Ludolf, hist. aethiop. 1681, p. 89 s.). Er war „Eunuch". Eunuchen spielten an den orientalischen Höfen eine große Rolle nicht nur als Harems= wächter, sondern überhaupt als vertraute Beamte der Könige. Vgl. Win. RW. Art. „Verschnittene". „Machthaber der Kandace, Königin der Äthiopier". Über Äthiopien herrschten noch zur Zeit des Euseb. (h. e. 2, 1, 13) Köni= ginnen, welche alle den Namen Κανδάκη (analog dem ägyptischen Königs= titel Pharao) führten. S. Strabo 17, 1, 54, p. 820; Dio Cass. 54, 5; Plin. n. h. 6, 35, 7. Vgl. Laurent, neut. Stud. S. 140 ff.; Wiedemann, l'Éthopie au temps de Tibère, 1884; Mommsen, Röm. Gesch. V S. 593. Er „war über ihren ganzen Schatz (gesetzt)". γάζα ein aus dem Persischen übernommenes W. ἐπὶ wie 6₃. Er „war nach Jer. gekommen um anzu= beten"[2], nicht als ein zum Judentum übergetretener Proselyt (Verschnittene durften nach Dtn 23₁ nicht zur Gemeinde Israels gehören; aber vgl. die Verheißung Jes 56₃—₅), sondern als einer der sog. φοβούμενοι od. σεβό= μενοι τὸν θεόν (f. z. 10₂) d. i. der Heiden, die sich in freierer Weise den relig. Anschauungen und dem Kultus der Juden anschlossen. **V. 28.** Er „las den Propheten Jesaja", gewiß in der in Ägypten verbreiteten Über= setzung der LXX. Nach V. 30 las er laut, oder ließ er sich vorlesen (Olsh., Nösg.).

V. 29. Der Geist Gottes wirkt auf Phil. in der Form eines inneren Impulses: „Tritt hinzu und mache dich heran an diesen Wagen". **V. 30.** ἆρά γε γινώσκεις ἃ ἀναγινώσκεις; „verstehst du, was du liesest?" Parono= masie wie II Kor 3₂. Vgl. Win. § 68, 2. Blaß, Gr. § 82, 4. ἆρά γε Verstärkung der Fragepartikel ἄρα (Lk 18₈). Vgl. Blaß, Gr. § 77, 2 u. 4. **V. 31.** πῶς γὰρ ἂν δυναίμην; „wie könnte ich es denn? Das γάρ (vgl. Lk 23₂₂) stellt die Frage als Begründung einer unausgesprochenen Vernei= nung hin. Vgl. Blaß, Gr. § 78, 6. **V. 32.** „Der Inhalt aber des Schrift= wortes, das er las, war dieser". περιοχή bed. nicht den Abschnitt, sondern den Inhalt (vgl. περιέχει · I Pt 2₆) und der Sing. γραφή nicht die h. Schrift

---

1. Die drei W. sind schon von vielen älteren Erklärern für einen glossierenden Zusatz gehalten. So auch neuerdings von Hilgf. ZwTh 1895 S. 421; Acta p. 270 und Schmiedel SchwThZ 1898 S. 50 f.

2. Ob das ὅς vor ἐληλύθει nach ℵ*AC*D* vulg. sah. wegzulassen (T., Blaß), oder nach BEHLP Min. aufzunehmen ist (B. Wß; W.=H. in Klammern), läßt sich kaum entscheiden. Es wurde leicht weggelassen, um die Struktur zu erleichtern.

im ganzen, sondern das Schriftwort, die Schriftstelle (vgl. V. 35. 1 16). Die
zitierte St. ist Jes 53 7f. nach den vom Grundtexte erheblich abweichenden
LXX. V. 33. „In seiner Erniedrigung ward sein Gericht aufgehoben",
d. h. bei seiner Erniedrigung zum Tode (vgl. Phl 2 8) wurde er dem Todes=
gerichte (vgl. κριϑῶσιν I Pt 4 6) entzogen; im Tode gelangte er zur Todes=
überwindung (Phl 2 9). „Wer wird sein Geschlecht beschreiben?" d. h. wer
kann die Größe seiner Nachkommenschaft, die Zahl der sich ihm anschließenden
Genossen, gebührend bezeichnen? Also nach dem Hinweise auf die Aufer=
weckung des Knechtes Jahves aus dem Tode ein Hinweis auf die Ausbrei=
tung seines Reiches (vgl. Phl 2 10f.). de W. u. And. deuten die γενεά auf
die zeitgenössische Generation, deren in der Tötung des Unschuldigen sich er=
weisende Verderbtheit unbeschreiblich sei. Aber diese besondere Beziehung,
hinsichtlich deren das Beschreiben nicht möglich ist, müßte bestimmt ausge=
drückt sein. Auch ist im Zusammenhange eine die Erhöhung des Knechtes
Jahves ausführende Aussage passender, als eine Hervorhebung der Schlech=
tigkeit seiner Feinde. Dem Sinne nach sehr passend wäre die Übersetzung
Luth.s: „wer wird seines Lebens Länge ausreden?" als Hinweis auf die
Ewigkeit seines Auferstehungslebens. Aber γενεά bed. nicht „Lebensdauer".
Ebensowenig bed. es die „Zeugung", von deren unaussprechlicher ewiger Art
die Kirchenväter die Aussage verstanden. Vgl. Suicer., Thes. I p. 744.
„Denn weggenommen wird von der Erde sein Leben". Die Erhebung seines
Lebens von der Erde zum Himmel wird als Grund der Ausbreitung seines
Reiches hingestellt.

V. 34. Auf Anlaß dieses Prophetenwortes (ἀποκριϑείς, vgl. 3 12. 5 8)
stellte der Eunuch nunmehr seine Frage. V. 35. Mit feierlicher Umständ=
lichkeit heißt es, daß Phil. „seinen Mund öffnete"; vgl. 10 34. Mt 5 2. V. 36.
„Als sie die Straße entlang zogen, kamen sie an ein gewisses Wasser". Nach
Euseb. war es Wasser von den Dirwe=Quellen bei Bet=sur nördlich von He=
bron (Buhl S. 92). Dieses Wasser aber kann nicht gemeint sein, wenn die
Straße nach Gaza, auf der der Vorgang stattfand, die direkte, nicht die in=
direkte über Hebron war (s. z. V. 26). Nach Robinson, Palästina II S. 749,
wäre das Wasser Wadi el=hasi nordöstlich von Gaza gemeint. Die Frage:
„was hindert, daß ich getauft werde?" setzt voraus, daß Phil. bei seiner
Verkündigung von Jesus als dem Messias auch von der Taufe als dem Mittel,
Anteil zu erlangen am messian. Heile, geredet hatte (vgl. 2 38f.). Zum Aus=
druck vgl. 10 47. V. 37¹. V. 39. Der „Herrngeist" d. i. Gottesgeist gibt hier
nicht dem Phil. Impuls zu eigenem Tun, sondern „entrückte" ihn wunderbar,

---

1. Der V. 37 der Rec.: εἶπε δὲ ὁ Φίλιππος· εἰ πιστεύεις ἐξ ὅλης τῆς καρδίας
ἔξεστιν [E: σωϑήσει]. ἀποκριϑεὶς δὲ εἶπε· πιστεύω τὸν υἱὸν τοῦ ϑεοῦ εἶναι τὸν Ἰησοῦν
Χριστόν wird mit manchen Abweichungen im einzelnen bezeugt durch E (D hat eine
Lücke von 829b—1044), mehr. Min., syr.ᴾ·, gig., vulg., Iren. adv. haer. 3, 12, Cypr.
ad Quir. 3, 43; er fehlt dagegen bei אABCHLP viel. Min. u. Verss. So streichen
ihn T., W.=H., B. Wß, während Blaß ihn in den β=Text aufnimmt (vgl. Belser,
S. 50f.). Ein Grund zu absichtlicher Fortlassung bei den Abschreibern ist nicht einzu=
sehen. Dagegen ist leicht begreiflich, daß man ein solches Taufbekenntnis als Bedin=
gung des Taufempfanges einfügen zu müssen meinte, weil sonst im Texte das Gläubig=
gewordensein des Eunuchen nirgends ausdrücklich bemerkt ist.

wie I Reg 18 12. II Reg 2 16. Ez 3 14. 8 3; vgl. auch Drac. bab. 36. Nösg.,
Blaß u. And. verstehen πνεῦμα κυρίου von einem Winde Gottes. „Und
garnicht mehr sah ihn der Eunuch". Er sah ihn weder damals weiter, weil
Phil. so wunderbar verschwand, noch sah er ihn später wieder, weil er ihm
eben nicht suchend nachzog, sondern, wie der folgende Begründungssatz sagt,
weiterreisend „seine Straße freudig (über das gewonnene Heil, vgl. 16 34)
zog". Die plötzliche und definitive Trennung des Phil. von dem Äthiopen
gleich nach der Taufe wird deshalb so nachdrücklich bemerkt, weil dadurch
dieser erste Fall einer Heidenbekehrung bedeutsam unterschieden ist von dem
zweiten, in K. 10 berichteten, bei dem Petr. in Haus= und Speisegemeinschaft
mit Unbeschnittenen trat. Der schwierige Punkt bei der Aufnahme von Heiden
in die christliche Gemeinde, zu welcher gesetzesstrenge Judenchristen gehörten,
war der Speiseverkehr. Dieser kam bei dem Falle des Äthiopen nicht in be=
tracht.

        V. 40. „Phil. wurde in Asdod gefunden". Der Begr. εὑρέθη hebt
das Überraschende des Dortseins. des Phil., entsprechend seinem wunderbaren
Versetztsein, hervor. εἰς Ἄζωτον ist prägnant gesagt wie 2 5. Asdod, das
jetzige Esdud, eine alte philistäische Stadt, westlich von Jer., nahe der Meeres=
küste. Vgl. Jos 13 3. 15 47. I Sam 5 1 ff. II Chr 26 6. Jes 20 1. I Mak 5 68
und Schür. II ³ S. 96 f.; Buhl S. 188 f. διερχόμενος: „durchs Land ziehend",
wie V. 4, mit der indirekten Näherbestimmung durch die Schlußworte: „bis
er nach Caesarea kam". Über εὐηγγελίζετο τὰς πόλεις f. 3. V. 25. Cae=
sarea, die von Herodes dem Großen an Stelle des Stratons=Turmes erbaute
prächtige Stadt an der samaritan. Küste des Mittelmeeres, mit dem Hafen
Sebastos, das jetzige El=Kaisarije, war Residenz der röm. Prokuratoren. Vgl.
Schür. II ³ S. 104 ff.; O. Hltzm. ² S. 48. Buhl S. 212. Phil. ist also von
Asdod aus im Küstengebiete nordwärts gezogen. So werden unter den
Städten, denen er das Evangelium brachte, hauptsächlich Jamnia, Lydda,
Joppe und Apollonia gemeint sein. Die Notiz, daß er bis Caes. gekommen
sei, bereitet vor auf die Angabe 21 8, nach welcher er später in Caes. seinen
Wohnsitz hatte.

Kap. 9.

        V. 1 – 19 a. Bekehrung des Saulus. Vgl. 22 4 – 16. 26 9 – 18.
V. 1. „Saul., noch (Bezugnahme auf 8 3) schnaubend von Drohung und
Mord gegen die Jünger". ἐμπνέειν bildliche Bezeichnung des heftigen Zornes=
affektes. Der Gen. dabei wie bei Verbis des Riechens (ὄζειν τινός) zur Be=
zeichnung dessen, wovon das ἐμπνέειν ausgeht. Vgl. Jos 10 40. Win. § 30, 9 c;
Blaß, Gr. § 36, 5. V. 2. Von dem Hohenpriester (Kaiaphas) „erbat er
sich Briefe nach Damaskus an die Synagogen". Über Dam., die große,
reiche Stadt Syriens am Fuße des Antilibanon vgl. Nöldeke, Art. „Dam."
in BL, Schür. II ³ S. 117 ff. Eine zahlreiche Judengemeinde war dort an=
sässig (vgl. die Zahlen Jos. Bell. 2, 20, 2; 7, 8, 7). Das Synedrium in
Jer. übte eine von den röm. Behörden anerkannte (vgl. I Mak 15 21. Jos.

Ant. 14, 10, 2) Strafgewalt auch über die Judenschaft außerhalb Judäas aus. Aber natürlich hing die Möglichkeit der Exekution hier von dem guten Willen der jüd. Synagogen=Vorstände ab. Vgl. Schür. II³ S. 206 f.; O. Holtzm. ² S. 230 f. „Damit er, falls er welche fände, die der Richtung wären, sie gebunden nach Jer. brächte". ὁδός in übertragenem Sinne von der Richtung d. i. Anschauungs= und Lebensweise, und zwar dem Zusammenhange gemäß speziell von der christlichen (vgl. 18 ₂₅f.: τὴν ὁδὸν τοῦ κυρίου und τοῦ θεοῦ), wie 19 ₉. ₂₃. 22₄. 2414. ₂₂¹. Daß sich Christen in Dam. aufhalten — nach der Anschauung des Vf.s der AG.: Versprengte von der stephanischen Verfolgung (vgl. 11 ₁₉) —, setzt Saulus als gewiß voraus; aber zweifelhaft (ἐάν) ist, ob er welche davon auffindet. Die nach Jer. gebrachten sollten dort vor dem Synedrium abgeurteilt und bestraft werden. Vgl. 22₅.

V. 3. „Plötzlich umleuchtete ihn vom Himmel her Licht". ἐκ τοῦ οὐρανοῦ ist mit περιήστραψεν zu verbinden; vgl. 22₆. 2613. Das Licht ist die δόξα des himmlischen Christus (vgl. II Kor 318. Phil 321). Aus dem Ausdruck ist nicht mit Overb. zu schließen, daß nach Auffassung des Vf.s Saul. nicht den verklärten Herrn selbst, sondern eben nur einen Lichtglanz gesehen habe. Der in himmlischem Glanze erscheinende Jesus selbst (V. 17. 27) wird hier nur deshalb zuerst mit dem allgemeinen Begriff des Lichtes bezeichnet, weil er von Saul. nicht gleich als Jesus erkannt wird, sondern sich ihm erst auf seine Frage als solchen zu erkennen gibt. Die Art dieser Erscheinung in himmlischem Lichtglanze ist eine andere als diejenige, in welcher nach unserem Vf. der Auferstandene früher, vor seiner Himmelfahrt, den Jüngern erschien, wo er noch eine gewisse irdische Leiblichkeit an sich trug (1₄. 1041. Lt 24 ₃₉ff.). P. macht solchen Unterschied nicht. Er bezeichnet I Kor 155ff. die früheren Erscheinungen mit demselben ὤφθη wie die selbsterlebte. V. 4. Angeredet wird er mit seinem jüdischen (aramäischen) Namen Σαούλ == שָׁאוּל, d. i. der Ersehnte. Vgl. z. 13₉. Auch die übrigen W. hörte er nach 2614 τῇ Ἑβραΐδι διαλέκτῳ d. i. in aram. Sprache. „Was verfolgst du mich"? In seinen Jüngern wird Jesus selbst verfolgt; vgl. Lt 1016². V. 5. ἐγώ u. σύ stehen nachdrücklich gegenüber. V. 6. Das ἀλλά vor dem Imper. macht lebhaft den Übergang von der Bezeichnung eines Tatbestandes zu einer daran geknüpften Forderung. Vgl. 1020. Mt 918. Mk 167.

V. 7. Die „Mitreisenden" sind nicht als Gefährten des Saul. zu seinem speziellen Zwecke, sondern als Mitglieder einer Karawane (συνοδία Lt 244),

---

1. Die eigentümliche Anwendung dieses Begriffs an u. St., wo im Kontexte direkt keine nähere Bestimmung „des Weges" gegeben ist, erscheint Hilgf. ZwTh 1895 S. 428 ff. als entscheidendes Anzeichen dafür, daß mit 9 1f. die Wiedergabe eines neuen, dritten Quellenberichtes C einsetze, der für die 3 parallelen Berichte der AG über die Bekeh= rung des Saul. (auch schon für 7 58. 81. 3) die Grundlage gebildet habe.

2. Die W.: σκληρόν σοι πρὸς κέντρα λακτίζειν haben E syr. hinter διώκεις V. 4, während flor., gig., par., vulg. sie hinter διώκεις V. 5 haben (so Rec.). Zu= satz nach 2614. Ebenso hat die Rec. mit syr.ᴾ·, aeth., flor., par., vulg. am Anfang von V. 6 statt des durch alle griech. Codd. bezeugten ἀλλά die W.: τρέμων τε καὶ θαμβῶν εἶπε· κύριε, τί με θέλεις ποιῆσαι; καὶ ὁ κύριος πρὸς αὐτόν· ἀνάστ. κτέ. Zusatz nach 2210. Blaß hat nicht jenen ersteren, wohl aber diesen zweiten Zusatz in den β= Text aufgenommen.

der sich Saul. für die Wüstenreise nach Dam. angeschlossen hatte, zu betrachten
(B. Wß). Sie „standen sprachlos", nämlich vor Schrecken über das wunder=
bare Ereignis. In 26₁₄ wird der schreckende Eindruck durch die Angabe ver=
anschaulicht, sie seien alle mit Saul. zu Boden gestürzt. Gleicher Art ist die
Differenz zwischen der Angabe an u. St.: „sie hörten zwar die Stimme, sahen
aber Niemanden" und 22₉: „meine Begleiter schauten zwar das Licht, hörten
aber nicht die Stimme des zu mir Redenden". Der Grundgedanke ist der=
selbe: einerseits sei die Tatsache, daß überhaupt eine himmlische Offenbarung
stattgefunden habe, auch den Reisegenossen bewußt geworden (was als Be=
weis für die Realität und Objektivität der Offenbarung hervorgehoben wird);
andrerseits sei die Offenbarung speziell an Saul. gerichtet gewesen und nur
von diesem in ihrer eigentlichen Bedeutung verstanden worden. Dieser Grund=
gedanke ist nur etwas verschieden ausgedrückt. An u. St. ist das Erscheinen
Jesu, in 22₉ dagegen sind seine Worte als das wichtigere, die eigentliche
Offenbarung für Saul. enthaltende Moment betrachtet. V. 8¹. Entsprechend
dem Befehl V. 6 „erhob sich Saul. von der Erde". Als sich seine vom Licht=
glanz geblendeten und deshalb geschlossenen Augen öffneten, zeigte sich seine
Erblindung infolge des angeschauten Glanzes. Vgl. 22₁₁. Über das Aug=
ment in der Form ἀνεῳγμένων (so bei BHLP; W.=H., B. Wß, Blaß), statt
deren CE ἠνεῳγμ. (Lachm.) u. א*A ἠνοιγμ. (T.) bieten, s. Win.=Schmied.
§ 12, 7; Blaß, Gr. § 15, 7; Raderm. S. 69f. V. 9. In der Speiseent=
haltung, die nicht als absolut gedacht zu sein braucht (vgl. Mt 11₁₈), äußerte
sich seine Buße und Trauer.

V. 10. Ob das ὅραμα, die „Vision", des Ananias in einem nächt=
lichen Traumgesicht (vgl. 12₉. 16₉f. 18₉) oder in ekstatischer Schauung zur
Tageszeit (vgl. 10₃. ₁₇. ₁₉. 11₅) bestand, bleibt dahingestellt. V. 11. „Die
sogen. gerade Straße" ist wahrscheinlich die große Straße, die vom östlichen
bis zum westlichen Tore die Stadt durchzieht. In ihr wird noch heute nahe
dem Westtore ein Haus gezeigt, das das Quartier des Saul. gewesen sein
soll. Vgl. Lewin, St. Paul I p. 53. 69f. (Selt.). Zur Unterscheidung von
anderen Trägern desselben Namens wird Saul. näher bestimmt als Ταρσεύς.
Über seine Herkunft aus Tarsus s. z. 21₃₉. Das Beten des Saul. wird nicht
hingestellt als die Situation, in der die Vision V. 12 stattfand (Overb.),
sondern, wie die Verschiedenheit des Tempus von dem folgenden εἶδεν zeigt,
als sein Verhalten infolge dieser Vision. V. 12. Auffallend ist, daß hier
nicht die Rede ist von der Hauptvision des Saul., in der er auf den Empfang
weiterer Befehle in Dam. vorbereitet ist (V. 6) und auf die nachher V. 17
auch Ananias bezug nimmt, sondern von einer zweiten Vision, in der Saul.

---

1. Blaß rekonstruiert den Schluß von V. 7 und die erste Hälfte von V. 8 nach
flor. (und teilweise gig., par., wernig.) folgendermaßen: μηδένα δὲ θεωροῦντες, μεθ᾽
οὗ ἐλάλει · ἔφη δὲ πρὸς αὐτούς · ἐγείρατέ με ἀπὸ τῆς γῆς. καὶ ἐγειράντων δὲ αὐτόν,
οὐδὲν ἔβλεπεν ἀνεῳγμένων τῶν ὀφθαλμῶν, χειραγωγοῦντές τε κτέ. Die Zutaten sind
der Überlegung entsprungen, daß das absolute μηδένα V. 7 einer Einschränkung be=
dürfe und daß die Erblindung des Saul. sich nicht erst nach seinem Aufstehen heraus=
gestellt, sondern ihn schon für dieses Aufstehen der Hülfe bedürftig gemacht haben
werde.

den Ananias speziell als Dermittler der körperlichen Heilung geschaut hat.
Dgl. den Schluß des Exkurses hinter D. 19a[1]. D. 13. Der bei Paul. sehr
häufige Titel οἱ ἅγιοι für die Christen erscheint in der AG nur hier und
D. 32. 41. 26₁₀. ἅγιοι heißen die Christen, sofern sie Gott geweiht und
zugehörig sind. Ihre Zugehörigkeit zu Christus, an u. St. durch σου be=
zeichnet, begründet diese Gottzugehörigkeit. Dgl. I Kor 1₂, wo mit diesem
Begriffe ebenso wie an u. St. D. 14 der Begriff ἐπικαλούμενοι τὸ ὄνομα τ.
κυρ. abwechselt.

D. 15. „Dieser ist mir ein auserlesenes Gefäß (ö. i. Organ; ἐκλογῆς
Gen. qualitatis), um hinzutragen (ein durch das Bild vom Gefäße bedingter
Ausdruck) meinen Namen vor Heiden und Königen und Söhne Israels". Be=
zeichnung der universalistischen Missionsaufgabe. Dgl. 22₁₅: πρὸς πάντας
ἀνθρ., u. 26₁₇: ἐκ τ. λαοῦ κ. ἐκ τ. ἐθνῶν, εἰς οὓς κτέ. An u. St. sind
die ἔθνη als wichtigstes Missionsobjekt des Saul. vorangestellt. Die βασιλεῖς
sind wahrscheinlich in Reminiszenz an LXX Jer 1₁₀ (wo A βασιλεῖς hat)
hinzugefügt, und zwar im Dorblick besonders auf die Predigt vor dem König
Agrippa[2]. D. 16. „Denn ich selbst werde ihm zeigen, was er um meines
Namens willen leiden muß". Nach Zöckl., B. Wß Begründung für πορεύου,
aber noch bedeutungsvoller Begründung dafür, daß Saul. ein auserlesenes
Missionsorgan werden wird: Christus selbst (ἐγὼ) wird ihm Anweisung geben
zu seinem opfervollen Berufswege. ὑποδείξω ist nicht auf das Zeigen durch
die Leidenserfahrungen selbst zu deuten (Beng., Mey., Hltzm.). Denn wes=
halb wäre das Moment besonders betont, daß Christus selbst diese Leidens=
erfahrungen herbeiführen wird? Das betonte ἐγὼ hat nur dann seinen
vollen Sinn, wenn es sich um ein Anweisen durch besondere Offenbarung, im
Unterschiede von einem Lehren durch Menschen oder auf natürlichem Wege,
handelt (de W., Overb.). Auffallend ist, daß von Weisungen an Saul. über
seine Leiden statt von solchen über sein Wirken für den Namen des Herrn
die Rede ist. Da wir die W. 26₁₆: προχειρίσασθαί σε ὑπηρέτην καὶ μάρτυρα ὧν τε εἶδες ὧν τε ὀφθήσομαί σοι als die Quelle zu betrachten haben,
aus der u. St. abgeleitet ist (s. den Exkurs hinter D. 19a), so ist es wahr=
scheinlich, daß der Ausdruck μάρτυρα dort der Df. der AG veranlaßt hat,
den Gegenstand der zukünftigen Kundgebungen des Herrn (ὧν ὀφθήσομαί
σοι) speziell auf Leiden für den Herrn zu beziehen. Dgl. für die Bedeutung
von μάρτυς 22₂₀ (Apk 2₁₃. 17₆).

D. 17[3]. Dorausgesetzt ist hier, daß dem Ananias bei der Dision noch

1. Blaß läßt nach flor. den ganzen D. 12 im β=Texte weg. Dgl. Corßen, b.
cyprian. Text d. Acta App., S. 21 f. Aber wie jener Texteszeuge allein nicht ent=
scheiden sein kann, so bietet auch weder der oben von mir bemerkte auffallende Um=
stand, noch die „Ungeheuerlichkeit" der Erzählung, daß Anan. in einer Dision Kunde
von der auf ihn selbst bezüglichen Dision des Saul. bekommen haben soll (Hilgf.
ZwTh 1895 S. 437 f.; Acta p. 239), genügenden Grund zu dem Urteil, daß der
Df. der AG. diesen D. nicht geschrieben haben kann.
2. Hilgf. Acta p. 272 hält die W. καὶ βασιλέων für einen späteren Zusatz.
3. Nach flor. rekonstruiert Blaß den β=Text von D. 17a folgendermaßen: τότε
ἐγερθείς (gemäß der Dorstellung, daß die Dision im Schlafe stattgefunden hatte; vgl.
Corßen GGA 1896 S. 437) Ἀν. ἀπῆλθεν κ. εἰσῆλθ. εἰς τ. οἰκ. κ. ἐπέθηκεν αὐτῷ τὴν
χεῖρα ἐν τῷ ὀνόματι Ἰησοῦ Χριστοῦ, λέγων· Σαοὺλ κτέ.

Weiteres mitgeteilt war, als was summarisch in V. 10—16 angegeben ist, nämlich auch etwas über die Hauptvision des Saul. (s. zu V. 12). Die Erfüllung des Saul. mit dem h. Geiste, auf die Ananias als letztes Ziel seines Gesandtseins weist, ist durch die Taufe (V. 18) vermittelt gedacht (vgl. 2₃₈). V. 18. „Es fielen von seinen Augen gleichsam Schuppen." Vgl. Tob 11₁₂. Ob an das Abfallen einer schuppenähnlichen Substanz gedacht ist (Mey.) oder ob das Weichen der Blindheit nur dem Abfallen einer bedeckenden Schicht verglichen werden soll, ist kaum zu entscheiden. Über den medizinischen Gebrauch der Begriffe ἀποπίπτειν und λεπίδες vgl. Hobart, The medical language of St. Luke, 1882, p. 39; Harnack I S. 133f. V. 19. „Er erstarkte" (körperlich). Intransitiver Gebrauch von ἐνισχύειν wie I Mak 7₂₅. III Mak 2₃₂. Vielleicht ist mit BC* zu l. ἐνισχύϑη (W.=H.), gemäß transitivem Gebrauche wie Lk 22₄₃. II Sam 22₄₀. JSir 50₄.

I. Wie verhält es sich mit der Herkunft und dem geschichtlichen Werte dieses Berichtes 9₁—₁₉ₐ? Um hierüber ein Urteil zu gewinnen, muß man das Verhältnis dieses Berichtes zu den beiden parallelen Berichten 22₄—₁₆ u. 26₉—₁₈ und das Verhältnis dieser Berichte der AG. zu den eigenen Aussagen des Paul. in seinen Briefen prüfen.

Sehr weit reicht die Übereinstimmung zwischen den Berichten in K. 9 u. K. 22. Nach den ganz ähnlichen einleitenden Angaben über den Zweck, der den Saul. nach Dam. führte 9₁. ₂ = 22₄. ₅, folgt eine fast wörtlich übereinstimmende Darstellung des Erscheinungsvorganges 9₃—₆ = 22₆—₈. ₁₀. Der Eindruck auf die Mitreisenden wird in 22₉ etwas anders, doch von dem gleichen Grundgedanken aus beschrieben wie 9₇ (s. zu dieser St.). Das Weitere ist in K. 22 etwas kürzer erzählt als in K. 9. Die genaueren Umstände bei der Erblindung des Saul. und ihrer Heilung durch Ananias, die in 9₈f. u. ₁₇—₁₉ angegeben sind, fehlen in 22₁₁—₁₃. An Stelle der Erzählung, wie Ananias durch ein Gesicht angewiesen wird, zu Saul. zu gehen, der seinerseits auch eine Vision über den Ananias gehabt habe 9₁₀—₁₆, wird in 22₁₂—₁₆ nur das tatsächliche Kommen des Ananias zu Saul. erzählt. Aber was Ananias nach 9₁₅f. in dem Gesichte über den weiteren Zeugenberuf des Saul. erfährt, wird in 22₁₅ mit ähnlichen Worten von Ananias dem Saul. gesagt. Alle diese Verschiedenheiten sind nebensächlicher Art. Nach Zimmer ZwTh 1882 S. 471ff. und Sorof S. 65ff. soll die Darstellung in K. 9 eine sekundäre, wunderliebende Ausspinnung des kürzeren Berichtes von K. 22 sein[1]. Aber viel natürlicher ist das Urteil, daß dieser letztere eine in den Nebenpunkten abkürzende Wiedergabe des Berichtes von K. 9 ist. Der Schriftsteller durfte voraussetzen, daß die Leser nach dem früheren Berichte die ausgelassenen Details ergänzen würden. Dabei ist ihm eine solche nebensächliche Differenz, wie die zwischen 9₇ u. 22₉, wahrscheinlich garnicht bewußt geworden.

Mehr als 22₄ff. von 9₁ff. weicht der dritte Bericht 26₉ff. von den beiden frü-

---

1. Sp. S. 270ff. leitet den Bericht in K. 9 aus der Quelle B, den in K. 22 (u. 26) aus A her. Da aber zwei verschiedene Quellen nicht wohl in so großer, zum Teil wörtlicher Übereinstimmung erzählt haben können, muß Sp. annehmen, daß die beiden Berichte, die in den Quellen sehr verschieden lauteten, erst vom Red. einander konformiert seien. In K. 22 seien V. 4. 10. 11b Zutaten des Red. aus B. Umgekehrt sei in K. 9 das Gespräch V. 4 u. 5 Zutat aus A; aber auch V. 3 sei hier nach A umgestaltet. Sp. schließt aus dem ἐν τῇ ὁδῷ 9₁₇ u. ₂₇, daß in B nicht eine Lichterscheinung vom Himmel her berichtet gewesen sei, sondern eine Begegnung auf dem Wege, nach Analogie der in den Evang. erzählten Begegnungen des Auferstandenen mit den Jüngern. Wesentlich ebenso Jgst S. 86ff. — Hat wirklich in dieser Weise der Red. das Verschiedene künstlich konformiert, oder hat nicht vielmehr Sp. das einander Gleichende künstlich verschieden gemacht? Wer nicht im voraus weiß, daß die Berichte in K. 9 u. 22 aus zwei verschiedenen Quellen stammen, wird in seinem Urteil hierüber nicht schwanken.

heren ab. Hier fehlt die ganze Ananias=Episode. Die vorangehende Szene aber wird nicht kürzer, sondern ausführlicher erzählt als in K. 9 u. 22. In der Einleitung 26 9—11 wird der Verfolgungseifer des Saul. mit solchen genaueren Details geschildert, welche weder in 9 1 u. 22 4, noch auch vorher in 8 1 u. 3 angegeben sind. Besonders aber haben die Worte des erscheinenden Jesus an Saul. einen reicheren Inhalt. Erstens haben sie in 26 14 den Zusatz: σκληρόν σοι πρὸς κέντρα λακτίζειν, Worte, die in be= deutsamer Weise auf einen vergeblichen Widerstand des Saul. gegen eine ihn zum Christentum hintreibende Macht hinweisen (s. darüber nachher unter II). Zweitens wird Saul. nicht angewiesen sich in Dam. weiteren Bescheid zu holen, sondern wird ihm in 26 16—18 direkt durch den erscheinenden Jesus seine Bestimmung zum Apostel kundgegeben, mit ähnlichen Worten, wie nach 9 15f. dem Ananias und nach 22 14f. durch Ananias dem Saul. diese Bestimmung mitgeteilt ist. — Sind diese Eigentümlichkeiten des Berichtes von K. 26 ebenso nebensächlicher Art, wie die zwischen K. 9 u. 22 vor= liegenden Abweichungen? Hat sich der Schriftsteller bei seiner dritten Darstellung des= selben Vorganges nur eine noch größere Freiheit in der Detailzeichnung erlaubt, als bei der zweiten? Ist insbesondere die Einfügung der auf den Apostelberuf des Saul. bezüglichen Worte in die Ansprache Jesu selbst ein sekundärer Zug, indem nur der Kürze halber dieses eigentlich der Ananias=Episode zugehörige Moment mit der Christus= Erscheinung selbst zusammengezogen ist?[1].

Diese Fragen finden ihre rechte Beantwortung nur bei Berücksichtigung der eigenen Aussagen des P. in seinen Briefen über den Vorgang. Er bezeichnet ihn als eine durch die Gnade Gottes ihm zu teil gewordene „Offenbarung Jesu Christi", bei welcher er, und zwar er als letzter, den auferstandenen Herrn Jesus geschaut habe (Gal 1 12. 16. I Kor 9 1. 15 5—10). Und er bezeugt mit besonderem Nachdrucke seine Gewißheit, nicht durch Menschenvermittlung, sondern unmittelbar durch diese „Offenbarung Jesu Christi" sowohl „das Evangelium, das er verkündigte", d. i. das Evangelium von der durch Christi Tod begründeten Gnaden= und Glaubensordnung, als auch seinen Apostelberuf zur Verkündigung dieses Evangeliums an die Heiden empfangen zu haben (Gal 1 1. 11f. 16). Diese beiden Momente sind zu unterscheiden. Die Erkenntnis der Wahrheit des christlichen Evangeliums schließt nicht ohne weiteres die Erkenntnis des Berufes zur missionierenden Ausbreitung dieses Evangeliums ein. P. aber war nachmals da= von überzeugt, daß er seinen Heidenapostelberuf unmittelbar durch den Herrn Jesus Christus übertragen bekommen .hatte und ebendeshalb bei der Ausführung seines Apostolates von menschlichen Autoritäten durchaus unabhängig war.

Jene Differenz zwischen den Berichten der AG., daß nach K. 26 P. von dem er= scheinenden Christus selbst seine Berufung zum Apostel hört, während er nach K. 9 u. 22 auf weitere Mitteilungen in Dam. verwiesen wird und hier durch Ananias erfährt, wozu ihn Gott bestimmt hat, betrifft diesen für P. besonders wichtigen Punkt. Offenbar stimmt die Darstellung von K. 26 mit dem eigenen Zeugnis des P. zusammen. Die abweichende Darstellung in K. 9 u. 22 dagegen läßt sich kaum in Einklang bringen mit der bestimmten Äußerung des P., daß er nicht nur nicht von Menschen her (ἀπ' ἀνθρώπων), sondern auch nicht durch Vermittlung eines Menschen (δι' ἀνθρ.) Apostel sei (Gal 1 1). Bei diesem Sachverhalte ist es nun unmöglich, die eigentümliche Gestaltung des Berichtes in K. 26 für eine sekundäre, verkürzende Umgestaltung des originalen Berichtes in K. 9 zu halten. Denn es ist nicht wahrscheinlich, daß der Vf. der AG. durch eine freie, für nebensächlich gehaltene Umgestaltung seines geschichtlich nicht ganz richtigen Berichtes zufällig gerade das geschichtlich Richtige in einem wesentlichen Punkte

---

1. Sp. S. 272f. schwächt die hinsichtlich dieses letzteren Punktes zwischen K. 26 u. 22 bestehende Differenz durch die Annahme ab, daß in der Quelle (A) die Sätze 22 10 u. 11 b gefehlt hätten, also eine Hineinführung des Saul. nach Dam. nicht be= richtet gewesen sei. Der aus der Stadt geholte Ananias habe den Saul. noch an der= selben Stelle gefunden und angeredet, wo dieser die Worte Jesu gehört habe. Des= halb sei die Zusammenziehung der W. des Ananias mit denen Jesu in K. 26 eine leicht verständliche Verkürzung.

getroffen hätte. Vielmehr müssen wir dem Berichte in K. 26 trotz seiner späteren Stellung in der AG. eine Priorität vor den beiden anderen Darstellungen zuschreiben. Er muß aus einer guten Quelle stammen. Daß der Vf. der AG. trotz seiner in K. 9 u. 22 gegebenen Darstellung den Vorgang in K. 26 mit jener bedeutsamen Modifikation erzählt, muß dadurch bedingt gewesen sein, daß er sich gerade an dieser Stelle, in der Rede des P. vor Agrippa, durch eine bestimmte quellenmäßige Darstellung gebunden fühlte. Zur Bestätigung dieses originalen Charakters des Berichtes von K. 26 dienen die übrigen eigentümlichen Züge dieses Berichtes: die ausführlichere Schilderung der Christenverfolgung und das Christuswort vom Stachel.

Die Entstehung der Darstellung in K. 9 u. 22 ist dann daraus zu erklären, daß der Vf. der AG. einerseits den Quellenbericht verwertete, den er nachher in K. 26 wiedergegeben hat, und andrerseits noch eine besondere, wahrscheinlich mündliche Überlieferung kannte, nach der in Dam. zuerst ein Christ Ananias auf göttliches Geheiß dem P. Heilung für seine Erblindung und christlichen Zuspruch gebracht und ihn durch die Taufe in die christliche Gem. aufgenommen hatte. Der Vf. meinte diese Überlieferung mit der Darstellung jenes Quellenberichtes so kombinieren zu dürfen, wie er es in K. 9 u. 22 getan hat. Natürlich war ihm nicht bewußt, daß er dabei einen Punkt veränderte, auf den P. besonderes Gewicht legte. Eine Spur davon, daß in der auf Ananias bezüglichen Überlieferung derselbe ursprüglich nicht als Vermittler des göttlichen Auftrages gedacht war, von dem 9₆ die Rede ist, liegt in unserer Erzählung wohl noch darin vor, daß nach 9₁₂ Ananias dem P. nur als Bringer der Heilung, nicht als Ausrichter der Weisung von 9₆ kundgegeben wird.

II. Wie ist der geschichtliche Vorgang selbst aufzufassen? Wieweit können wir ihn psychologisch verstehen?

Die „Erscheinung" vor Damaskus, die bei P. einen plötzlichen Wandel in seiner Stellung zum Christentum, einen scharfen inneren Bruch mit seiner Vergangenheit bewirkte, war ein Vorgang gleicher Art wie die „Schauungen und Offenbarungen des Herrn", die P. auch später erlebt zu haben bezeugt (II Kor 12 1—7; vgl. AG 16 10f. 18 9. 22 17—21. 23 11. 27 23f.), ferner wie die Erscheinungen des Auferstandenen vor den anderen Jüngern Jesu (I Kor 15 5—8), wie die Erscheinung, die Jesus selbst bei seiner Taufe erfuhr (Mk 1 10f.), und wie andere Schauungen prophetischer Personen (z. B. Jes 6). Von intensiv religiösen Menschen werden bedeutsame neue Erkenntnisse religiöser Art nicht auf dem Wege logischer Reflexion erschlossen, sondern in plötzlicher Intuition „gefunden". Sie werden ihnen „gegeben", „geschenkt", „offenbart". Nicht immer, aber oft vollzieht sich dieser Prozeß, wo ihnen das Neue plötzlich klar bewußt und einleuchtend wird, in Form einer ekstatischen Vision.

P. war — wie alle Visionäre — von der Objektivität des Geschauten überzeugt d. h. davon, daß das Geschaute nicht ein bloßes Produkt seiner eigenen Vorstellung und Einbildung war, sondern eine Wirklichkeit, die von außerhalb seiner her auf ihn wirkte und ihn zum Schauen brachte. Aber ein Vorgang der sinnlichen, für die äußeren Sinnesorgane aller Menschen gleichmäßig wahrnehmbaren Außenwelt war die Erscheinung jedenfalls nicht. Für das Bewußtsein des P. war es ein Vorgang der oberen Welt, den er schaute, eine himmlische Realität, die auf ihn wirkte. Wir können den Vorgang aus diesem Grunde, um ihn von Vorgängen der sinnlichen Außenwelt deutlich zu unterscheiden, als einen innerlichen bezeichnen, bei welchem P. mit seinem Geistesauge schaute. Aber diese Behauptung der Innerlichkeit hat dann nicht ohne weiteres den Sinn, der Vorgang sei als ein bloß subjektiver Prozeß in P. keine wirkliche Offenbarung an ihn gewesen. Sondern die Frage nach dem Offenbarungscharakter des Vorganges bleibt ganz unabgeschwächt bestehen. Sie muß nur so präzisiert werden: war die dem P. in jenem Momente geschenkte Erkenntnis des himmlischen Lebens Jesu in messianischer Glorie ein bloßes Produkt seines eigenen bisherigen psychischen Zustandes? war sie das Produkt solcher, vielleicht ihm selbst unbewußt, schon in ihm vorgegangener eigener psychischer Prozesse und Entwicklungen, welche mit Notwendigkeit auf dieses Ziel, die Anerkennung der Messianität Jesu, hinausführten? oder war sie das Produkt einer höheren, göttlichen Einwirkung auf das Innere des P., durch

welche ihm ein wahrhaft neuer Besitz geschenkt wurde, wie er ihn aus sich allein
heraus, ohne diese göttliche Offenbarung, nicht hätte gewinnen können?

Die Beantwortnng dieser Frage ist Sache einer Überzeugung, die sich immer je
nach der übrigen religiösen oder nichtreligiösen Gesamtanschauung des Urteilenden
richten wird. Wer übrigens an die Realität eines überweltlichen Gottes und seiner
lebendigen Beziehung zum menschlichen Geistesleben glaubt, wird keine Schwierigkeit
finden, dem Urteile des P. selbst beizupflichten, daß sein Erlebnis eine wirkliche „Offen=
barung" war[1]. Aber man kann dieses religiöse Urteil auch nur solchen anderen
Menschen zuführen, welche schon auf demselben Boden christlich=religiöser Überzeugung
stehen.

Aber durch die religiöse Beurteilung des Vorganges als einer wirklichen „Offen=
barung" ist keineswegs ausgeschlossen, daß man doch auch nach seinen psychologischen
Voraussetzungen und Wirkungen fragt. Ohne psychologische Vorbereitung und Ver=
mittlung werden neue religiöse „Offenbarungen" ebenso wenig erlebt, wie Künstlern
oder Erfindern ihre schöpferischen neuen Ideen ohne psychologische Disposition zu teil
werden. Wir müssen in der individuellen psychologischen Disposition des P. die Er=
klärung suchen erstens dafür, daß die Christus=Offenbarung gerade ihm geschenkt wurde
und nicht anderen pharisäischen Zeloten, welche das Christentum ebenso haßten und
verfolgten wie er, und zweitens dafür, daß diese Christus=Offenbarung für ihn eine
Bedeutung gewann und bei ihm Wirkungen auslöste, welche gleichartige Erscheinungen
des auferstandenen Jesus bei anderen nicht hatten. P. selbst und die AG. sagen zwar
direkt nichts über solche positive psychologische Disposition bei ihm. Sie heben nur
den unvermittelt plötzlichen und radikalen Umschwung seiner Stellung zum Christentum
hervor. Dennoch finden wir bei ihnen gewisse indirekte Hinweise auf jene psycho=
logische Disposition[2].

Ob P. Jesum bei dessen Lebzeiten gesehen und von dieser Begegnung einen be=
deutsamen, vielleicht zunächst nur befremdenden und abstoßenden, aber dennoch nach=
wirkenden Eindruck davongetragen hat, ob er etwa speziell Zeuge der Kreuzigung
Jesu gewesen ist, die er nachmals so anschaulich zu schildern wußte (Gal 3₁), muß man
dahingestellt sein lassen. Entscheidendes läßt sich nicht dagegen sagen. Aber man kann
positiv auch nur die ganz unbestimmte Möglichkeit einer solchen Begegnung mit Jesus
behaupten. Weder läßt die Tatsache, daß P. bei der Vision vor Damaskus in dem
ihm vom Himmel her Erscheinenden gleich Jesum erkannte, eine Schlußfolgerung darauf
zu, daß er vorher schon die Züge des Bildes Jesu gekannt haben müße, noch kann
die St. II Kor 5₁₆ als Selbstaussage des P. über sein fleischliches Gekannthaben der
Person Jesu gedeutet werden (gegen J. Wß a. a. O.)[3].

1. Genaueres über den Begriff und das Wesen der Offenbarung s. in meinem
System der christl. Lehre, 1907, S. 263ff.
2. Vgl. zu diesem psychologischen Probleme: Holsten ZwTh 1861 S. 222ff.; Zum
Evang. des Paul. u. Petr. 1868 S. 2ff.; Hilgenfeld ZwTh 1864 S. 155ff.; Beyschlag
StKr 1864 S. 187ff. u. 1870 S. 7ff.; Hausrath II S. 442ff.; Havet, la conversion
de S. Paul (Bibliothèque de l'école des hautes études. Sciences relig. I, Par.
1889, p. 179ff.); Klumker ZwTh 1898 S. 355ff.; Goguel, l'apôtre Paul et Jésus
Christ, 1904, p. 40 ss.; Clemen, Paulus I S. 207ff.; J. Weiß, Paul. u. Jesus, 1909,
S. 15ff.; Weinel, Bibl. Theol. d. NT, S. 278ff.
3. Die Aussage II Kor 5₁₆: „wenn wir auch in fleischlicher Weise Christum ge=
kannt haben, so kennen wir ihn doch jetzt nicht mehr", muß aus ihrem Zusammen=
hange verstanden werden. Es handelt sich für P. von K. 3 an um eine Apologie
seiner Person und seiner apostolischen Amtsführung gegenüber solchen Gegnern, welche
ihm einen sarkischen Wandel mit selbstsüchtigen sarkischen Zwecken zum Vorwurf machen
(vgl. II Kor 10₂f.). Er betont immer aufs neue, daß er bei seiner apostolischen Wirk=
samkeit nichts für seine äußere Person suche, vielmehr alles Äußerliche, Irdische an sich
preisgebe und aufreiben und vernichten lasse, daß er sich aber durch Christus fort=
dauernd mit höheren Lebenskräften erfüllen lasse, die sich in seinem gegenwärtigen
praktischen Wirken bewähren und ihm ein zukünftiges himmlisches Heilsleben verbürgen
(3₁—5₁₀). Sein Streben sei nur, als rechter Verkündiger Christi auch die Korinther=

Aber jedenfalls muß P. schon bei seiner Christenverfolgung eine genauere Kenntnis von dem, was Jesus gelehrt und gewollt hatte, besessen haben. Sein Eifer bei dieser Verfolgung muß darin begründet gewesen sein, daß er an dem christlichen Evangelium die von der pharisäischen Tradition und Tendenz abweichenden Züge in der Gottesanschauung, in der Heilshoffnung, in der Schätzung der Zeremonialgesetzlichkeit, in der Vorstellung von Buße und Sündenvergebung erkannt und sich ihre weittragenden Konsequenzen klar gemacht hatte. Er muß den später so scharf hervorgehobenen prinzipiellen Gegensatz zwischen dem christlichen Evangelium von dem zur Sünden= vergebung bereiten Gnadenwillen Gottes und der pharisäisch=jüdischen Vorstellung von der Gesetzesordnung und der gerechten Vergeltung Gottes schon damals durchschaut haben. Aber er war von dem auf der mosaischen Gottesoffenbarung beruhenden Rechte und ewigen Bestande der Gesetzesordnung im pharisäischen Sinne so durch= drungen, daß ihm das zur Lockerung und Auflösung dieser Gesetzesordnung gereichende Evangelium Jesu als im höchsten Grade gottfeindlich und verderblich erschien. Und was er von dem irdischen Wandel und Geschick Jesu erfuhr, stand in grellem Kontrast zu seinem Messias=Ideale. Der Fluchtod Jesu am Kreuze erschien ihm als entscheidendes Gottesurteil über die Schuld dieses Pseudo=Messias. Daß sich die Christen mit dem Verbrechertode ihres vorgeblichen Messias dadurch abfanden, daß sie ihn nach Jes 53 als stellvertretendes Leiden des unschuldigen Knechtes Gottes für die eigentlich Schul= digen deuteten (I Kor 15 3), auch das wird dem P. aus Disputationen mit den Christen schon bekannt gewesen sein. Aber eine einleuchtende, überzeugende Kraft hatte diese Deutung nicht für ihn.

Mit dieser Kenntnis und Mißbilligung der christlichen Ideen muß dann aber in seinem Innern zusammenbestanden haben jenes starke Gefühl des Unbefriedigtseins in dem pharisäisch=jüdischen Gerechtigkeitsstreben, das er später in Röm 7 7—25 schildert. Gewiß redet P. in diesem Abschnitte nicht von seinem eigenen vorchristlichen Zustande als einer bloß individuellen Erfahrung. Aber er würde von den inneren Kämpfen und Niederlagen der unter der Gesetzesordnung stehenden Menschen im allgemeinen nicht mit solcher Lebendigkeit und nicht so in der Form einer Erzählung von sich selbst, in der ersten Person, haben reden können, wenn nicht auf Grund eigensten früheren Erlebthabens. Er muß damals trotz seines intensiven Trachtens nach praktischer Ge= setzeserfüllung und trotz der Tadellosigkeit seiner Gesetzesgerechtigkeit verglichen mit derjenigen Anderer (Gal 1 14. Phil 3 6) ein niederdrückendes Bewußtsein von der Un= zulänglichkeit seiner Leistungen gemessen am strengen Maßstabe der Gesetzesordnung

Gemeinde zu diesem neuen und reinen Leben in der Gemeinschaft mit Christus hinzu= führen (5 11—7 1). Auch gerade die nächste Umgebung von II Kor 5 16 enthält diese Gedanken. In diesem Zusammenhange wäre nun der Gedanke, daß er, P., Jesum zwar einst äußerlich gesehen habe, aber von der damaligen Bekanntschaft jetzt nichts mehr wissen wolle, höchst befremdlich. Er ließe sich auch nicht begreifen mit Hülfe der Voraussetzung, daß die Gegner in Korinth dem P. gegenüber mit ihrem persön= lichen Gesehenhaben Jesu geprahlt hätten. Denn was P. äußerlich von der Erschei= nung und dem Wandel, von der Niedrigkeit und der Schmach Jesu (vgl. Röm 15 3) gesehen haben konnte, das mochte ihm früher als Pharisäer höchst anstößig gewesen sein; aber es enthielt nichts, was er als Christ um seiner in diesem Abschnitte des II Korinther=Briefes bezeugten christlichen Anschauungsweise willen hätte verleugnen müssen. Im Gegenteil, es hätte dem P. beim Gedanken an die geschichtliche Gestalt Jesu nur ebenso, wie vorher in 4 10, die Analogie zwischen seinem eigenen sarkischen Absterben und pneumatischen Leben und demjenigen Jesu bewußt werden müssen. Da= gegen ist die Aussage II Kor 5 16 durchaus verständlich, wenn P. in ihr bezug nimmt auf das Messias=Ideal, das er in seinem vorchristlichen Zustande hegte, das er aber jetzt von seinem christlichen Standpunkte aus als eine verkehrte, bloß sarkische Messias= Erkenntnis beurteilt. Es war die Erwartung des Messias als eines Davidssohnes, der dem Volke Israel politische Macht und Größe und den einzelnen Israeliten Glück und Heil äußerlicher Art bringen würde. Dem Pharisäer, der dieses Messias=Ideal kannte, bildete der vorgebliche Messias Jesus mit seiner Armut und seinem Leiden ein größtes Ärgernis. Aber von jener sarkischen Messias=Erkenntnis will P. jetzt, als Jünger des pneumatischen Messias Jesus, nichts mehr wissen.

.

in sich getragen haben. Trotz besten Wünschens und Wollens blieb die praktische Ausführung unvollkommen. Mit seinem bloß sarkischen Vermögen oder vielmehr Unver-
mögen fühlte er sich dem heiligen Gottesgesetze nicht gewachsen. Gemäß der phari-
säisch-jüdischen Voraussetzung aber, daß zum verheißenen Leben nur gelange, wer die
Gesetzesgerechtigkeit geleistet habe (Röm 105), während die Gesetzesübertretung das
Gericht nach sich ziehe (Gal 310), führte ihn die Erkenntnis dieses seines Unvermögens
zur Gesetzesgerechtigkeit der Verzweiflung zu. In dieser Tatsache, daß ihn sein ernstes
religiös-sittliches Streben unter der mosaischen Gesetzesordnung doch so gar nicht zu
dem erstrebten Ziele gelangen ließ, lag eine tatsächliche innere Disposition zur Anerkennung der Glaubens- und Gnadenordnung, die er nachmals als das Wesen des
durch den Tod und die Auferweckung Jesu Christi herbeigeführten Heilsstandes pries.
Das Gesetz war tatsächlich auch ihm selbst ein παιδαγωγὸς εἰς Χριστόν (Gal 324). Aber
damals war ihm diese Bedeutung und Abzweckung der Gesetzesordnung und seines
eigenen fruchtlosen Strebens nach der Gesetzesgerechtigkeit noch nicht bewußt. Es mag
sich ihm freilich gelegentlich, vielleicht auch oft, der Gedanke aufgedrängt haben, daß
eine solche Lehre, wie sie die Christen von Jesus her überlieferten: daß Gott voll
Gnade sei, daß er wie ein Vater zum Vergeben bereit sei und daß er auch bußfertige
Zöllner und Sünder zu seinem ewigen Heilsreich rufe, — daß diese Lehre, wenn sie
wahr wäre, seiner tiefen Unseligkeit ein Ende machen würde. Aber sie war eben
nicht wahr. Nicht nur die Offenbarung des Moses zeugte gegen sie, sondern auch
das Gottesurteil des Fluchtodes Jesu. Deshalb wehrte sich P. gegen den Reiz, den
die christlichen Ideen in jener Beziehung auf ihn ausübten, wie gegen eine schlimme
Versuchung. Eben hierauf muß sich das Wort von dem Stachel beziehen, gegen den
auszuschlagen ihm hart sei (AG 2614). Es bedeutet nicht, daß er sich vergeblich gegen
die jetzt in der Vision an ihn herantretende Aufforderung zum Christwerden sträube.
Auf ein solches Sträuben des P. unter dem Erlebnis der Vision deutet sonst nichts
hin. Sondern jenes Wort muß sich beziehen auf den vom Christentum auf ihn wirkenden Reiz, den er bisher schon empfunden und gegen den er sich bisher gesträubt
hatte. Er meinte wohl, ihn schon definitiv unterdrückt zu haben. Ihm war, bevor
er die Vision erlebte, gewiß als unmöglich erschienen, daß dieser Reiz am Christentum
etwas anderes sei als ein böser Trug. Aber im Momente der Vision fühlte er es
deutlich, daß hier eine Macht, eine Wahrheit stand, gegen die er nicht ankommen, der
er nicht ausweichen konnte, der er folgen mußte.

In der Vision wurde dem P. als neues Moment zunächst nur eines gegeben: die
Erkenntnis, daß der gekreuzigte Jesus, dessen Sache und dessen Gemeinde er verfolgt
hatte, im Himmel in messianischer Herrlichkeit lebte. Aber indem dieses neue Moment
zu dem geschilderten bisherigen Bewußtseinsinhalt des P. hinzutrat, konnten unmittelbar
alle die weiteren Erkenntnisse ausgelöst werden, die P. selbst als ihm durch diese Christus-
Offenbarung gegeben bezeichnet. Alles, was er bisher schon hinsichtlich Jesu und des
Christentums gewußt hatte, erschien ihm plötzlich in neuem Lichte. Was ihm bis dahin
als verderblicher Trug erschienen war, das erkannte er nun als eine beseligende Wahrheit. Aus der Tatsache, daß Jesus der von Gott anerkannte und erhöhte Messias war,
ergab sich ihm, daß Jesus den Kreuzestod unschuldig erlitten hatte, daß dieser Tod
also wirklich so, wie die Christen nach Jes 53 behaupteten, eine stellvertretende
Flucherfahrung für fremde Schuld war, um Anderen Segen zu bringen (Gal 313f.).
Es ergab sich ihm die Wahrheit des christlichen Evangeliums mit allen den zur mosaischen Gesetzesordnung und Werkgerechtigkeitsforderung in Widerspruch tretenden
Konsequenzen, die er bisher schon erkannt und um derentwillen er bisher dieses Evangelium verworfen hatte. Diese beiden Gedanken: der stellvertretende Kreuzestod Christi
und die Aufhebung der mosaischen Gesetzesordnung, schlossen sich ihm zu einer einheitlichen Anschauung zusammen: in dem gehorsam erduldeten Kreuzestode des Messias
Jesu zu Gunsten der Sünder sah er eine gnädige Veranstaltung Gottes zu eben diesem
Zwecke, an Stelle der mosaischen Gesetzesordnung für alle an den Messias Jesus Glaubenden eine Gnadenordnung aufzurichten (Röm 321—26. 58). Und der Bestand dieser
Gnadenordnung bedeutete für ihn eine beseligende Befreiung von dem schweren

inneren Drucke, unter dem er bei Geltung der Gesetzesordnung geseufzt hatte; er be=
deutete für ihn den gnadenmäßigen Besitz des heiligen Geistes als einer alles ver=
mögenden Gotteskraft und die Gewißheit vollkommenen Heiles für die Gegenwart und
Zukunft (Gal 3 25—4 7. Röm 5 u. 8). Es ist psychologisch begreiflich, daß dem P. durch
die Christus=Erscheinung mit einem Schlage sein ganzes Gnaden= und Glaubens=Evan=
gelium offenbart wurde.

Zugleich ging ihm auch das Bewußtsein seines Berufes zum Heidenapostel auf.
Die Begnadigung, die er für sich selbst darin erfuhr, daß ihm trotz seiner bisherigen
Christus=Feindschaft die Christus=Erscheinung und in ihr die Erlösung aus dem Knecht=
schaftsstande unter der Gesetzesordnung und die Versetzung in das Reich des Sohnes
der Liebe Gottes zu Teil geworden war, wurde von ihm als eine Verpflichtung dazu
empfunden, nun sich selbst, sein ganzes Leben, in den Dienst des Herrn zu stellen, dem
er diese Gnade verdankte (I Kor 9 16. 15 9f. II Kor 5 14f.). Zum Wesen der Gnaden=
ordnung aber, welche nicht gesetzliche Werkgerechtigkeit, sondern nur Glauben als Be=
dingung der Gottgefälligkeit und Gottesgemeinschaft gelten läßt, gehört der Univer=
salismus, die Zugänglichkeit der Heilspredigt für Heiden ebenso wie für Juden (Röm
3 29f. 10 11—13). Wenn sich P. verpflichtet dazu fühlte, im Dienste Gottes und Christi
ein Organ zur Ausbreitung des Gnaden=Evangeliums zu werden, so bedeutete dies
für ihn unmittelbar auch die Verpflichtung, ein Missionar nicht der Beschneidung, son=
dern für die Heiden zu werden (Gal 1 16. 2 7f.).

Wenn ihm in dieser Weise durch die Christus=Erscheinung unmittelbar sein ganzes
Evangelium und sein Apostelberuf gegeben waren, so ist dadurch natürlich nicht aus=
geschlossen, daß sich seine Erkenntnis des Gnaden=Evangeliums und seiner eigenen
Missionsaufgabe weiterhin noch bedeutsam entwickelt und vertieft hat. Die allgemeine
Gewißheit, daß er zur Verkündigung des Gnaden=Evangeliums an Heiden berufen sei,
brauchte nicht gleich eine deutliche Erkenntnis über das Wann und Wo und Wie der
Ausführung solcher Heidenmission einzuschließen. Erst beim Fortschreiten seines Wirkens
eröffnete sich ihm schrittweise auch die Erkenntnis immer größerer, weiterliegender Ziele
für seine Missionspflicht (II Kor 10 12—16). Und gewiß nur allmählich, unter dem
Einfluß seiner weiteren persönlichen Lebenserfahrungen, unter der Einwirkung anderer
christlicher Persönlichkeiten und besonders bei der Auseinandersetzung mit solchen ihm
entgegenarbeitenden anderen christlichen Missionaren, welche Beschneidung und übrige
jüdische Gesetzesbeobachtung von den Heiden als notwendige Bedingung des Zuganges
zum messianischen Heile forderten, hat er für sein Evangelium die volle Ausgestaltung
und Begründung gefunden, in der es uns in seinen großen Briefen entgegentritt.
Aber diese ganze spätere Entwicklung war nach seinem Bewußtsein doch nur eine
Weiterentwicklung von Keimen, die unmittelbar durch die Offenbarung des Auferstan=
denen in ihn gepflanzt waren.

V. 19 b—30. Auftreten des Saulus in Damaskus und Jer. Über
das Verhältnis dieses Abschnittes zu Gal 1 17—24 s. den Exkurs hinter V. 30.
V. 19 b. „Er verkehrte aber mit ihnen (γίνεσθαι μετά wie 7 38) einige Tage
(d. i. eine kurze Zeit lang; vgl. 15 36. 16 12. 24 24)." **V. 20.** „Dann fing
er sogleich an in den Synagogen Jesum zu predigen, nämlich daß dieser der
Sohn Gottes ist." Das Imperf. ἐκήρυσσεν bezeichnet sein andauerndes Pre=
digen, das sogleich nach der kurzen Zeit des ersten Verkehres mit den Christen
in Dam. einsetzte. Der nach Ps 2 7 (vgl. AG 13 33) gebrauchte Ausdruck
„Sohn Gottes" ist nur hier in der AG. Bezeichnung des Messias. **V. 21.**
Erstaunt fragen die Hörer: „ist dieser es nicht, der in Jer. zugrunde richtete
usw.". Das εἰς bei Ἱερ., bezeugt durch ℵ*A, ist in derselben Prägnanz ge=
braucht wie 2 5, die Vorstellung einschließend, daß er die auswärtigen Christen
nach Jer. brachte. πορθεῖν ist auch der von P. selbst Gal 1 13. 23 mit bezug
auf seine Christenverfolgung gebrauchte Ausdruck. Aber da sonst keine An=

zeichen für eine Bekanntschaft des Vf.s der AG. mit dem Galater=Briefe vor=
liegen, muß man die Berührung in diesem Ausdrucke für zufällig halten.
Vgl. Einl. S. 40 ff. Das Plusquamperf. ἐληλύθει, weil sich die Ansicht ge=
ändert hat. Vgl. Blaß, Gr. § 60, 2. **V. 22.** „Saul. erstarkte noch mehr
(als bisher; vgl. 5 14) und brachte außer Fassung die Juden." ἐνδυναμεῖσθαι
ein nur der bibl. Gräcität (Röm 4 20 u. ö.) angehöriges W. (Blaß). Der
Zusatz (ἐν) τῷ λόγῳ (bei CE flor.; so Blaß im β=Texte) erklärt richtig die
Beziehung, in welcher er erstarkte. Zu συνέχυννεν vgl. 2 6. χύνω ist spät=
griech. Form für χέω. Das doppelte ν wird von T. an u. St. und an
einigen anderen nach den besten Handschr. gesetzt, ist sonst aber nicht bezeugt.
Vgl. Win.=Schmied. § 15; Blaß, Gr. § 17. „Indem er bewies, daß dieser
der Messias ist." συμβιβάζειν bed. in LXX „lehren", vgl. Jes 40 13 (I Kor 2 16)
u. ö., scheint an u. St. aber speziell das Erweisen durch eine Schlußfolgerung
zu bed., wie 16 10 das Ziehen des Schlusses. Saul. tat in Dam. das Gleiche
wie später Apollos in Achaja 18 28.

V. 23. „Als aber viele Tage voll wurden (d. h. abgelaufen waren;
vgl. 7 23), machten die Juden einen Anschlag ihn zu töten." Im Unterschiede
von den ἡμέραι τινές V. 19 sind die ἡμέραι ἱκαναί ein größerer, jedoch auch
nur nach Tagen, nicht nach Jahren zu bemessender Zeitraum. Vgl. V. 43.
18 18. 27 7. Vgl. über die unbestimmten Zeitangaben in der AG.: Harnack III,
S. 35 ff. **V. 24.** „Dem Saul. wurde ihr Anschlag kund." Zu ἐγνώσθη vgl.
Lt 24 35. Phl 4 5. παρετηροῦντο („sie bewachten") ist Med. in aktivem Sinne
wie Lt 6 7. 14 1. Gal 4 10. Subj. sind die Juden, während nach II Kor 11 32
der Ethnarch des arabischen Königs Aretas (über das Verhältnis desselben
zu Dam. vgl. Schür. I³ S. 736 ff. II³ S. 119; O. Hltzm.² S. 89; Hoennicke,
Chronologie d. Lebens d. Ap. P. 1903 S. 39 ff.; Zahn NKZ 1904, S. 34 ff.)
dem P. nachstellte. Diese Differenz löst sich durch die Annahme, entweder
daß die Juden auf Erlaubnis des Ethnarchen handelten (Mey.), oder daß
sie, weil sie die intellektuellen Urheber der Verfolgung waren, vom Vf. der
AG. zum Zwecke kurzer Charakterisierung des Sachverhalts (vgl. zu 2 23. 28 17)
als die Ausführer der Nachstellung bezeichnet werden. **V. 25.** „Seine Schüler
(die er durch sein Predigen in Dam. schon gewonnen hatte)¹ ließen ihn nachts
durch die Mauer (eine Maueröffnung) hinunter, ihn in einem Korbe hinab=
lassend." Die Ähnlichkeit des Ausdrucks an u. St. mit II Kor 11 33 (διὰ θυρίδος ἐν σαργάνῃ ἐχαλάσθην διὰ τ. τείχους) ist so groß, daß sie kaum zu=
fällig sein kann. Vgl. Einl. S. 42. Statt σπυρίδι schreiben W.=H. mit אC
σφυρίδι. Über diese Aspiration vgl. Win.=Schmied. § 5, 27 e; Blaß, Gr.
§ 6, 7. Über die Zeit dieser Flucht aus Dam. s. den Schluß des Exkurses
hinter V. 30.

V. 26. Saul. „machte Versuche (das Imperf. drückt die Andauer des
Versuchens aus) sich an die Jünger (d. i. die Christen) heranzumachen (vgl.

---

1. Weil man dies für unwahrscheinlich hielt und weil der Ausdruck οἱ μαθηταί
ohne genit. Zusatz vorher V. 19 und nachher V. 26 einfach die Christen bezeichnet,
haben die späteren Abschreiber an Stelle des durch אABC 61 Orig. bezeugten οἱ
μαθ. αὐτοῦ geschrieben: οἱ μαθ. αὐτὸν oder αὐτὸν οἱ μαθ. und dann das αὐτὸν hinter
καθῆκαν weggelassen. So auch Blaß und Hilgf.

5₁₃)". *πειράζειν* hier = *πειρᾶν* (oder *πειρᾶσϑαι*: 26₂₁ u. Text. rec. an u. St.); so im NT sonst nur noch AG 16₇. 24₆. **V. 27.** „Barnabas (f. zu 4₃₆) nahm sich seiner an und führte ihn zu den App." Da *ἐπιλαμβάνεσϑαι* immer mit dem Gen. verbunden wird (z. B. 17₁₉), ist das *αὐτὸν* von dem Verb. fin. abhängig, wie 16₁₉. 18₁₇. Lf 14₄. Vgl. Blaß, Gr. § 36, 2. Er erzählte, wie Saul. „freimütig gepredigt hatte im Namen Jesu" (vgl. V. 28). Gemäß V. 20 u. 22 wird der Name Jesu hier nicht sowohl als Grund seines Freimuts zum Predigen (B. Wß), als vielmehr als Grundlage des Predigtinhalts gedacht sein. **V. 28.** „Er verkehrte mit ihnen ein= und ausgehend in Jer." *εἰσπορεύεσϑαι καὶ ἐκπορεύεσϑαι* ist Bezeichnung des freien Verkehrs wie 1₂₁. I Sam 18₁₃. *εἰς Ἱερ.* (statt *ἐν Ἱ.*) ist gesagt, weil sich diese Ortsangabe unmittelbar an den Begriff *ἐκπορεύεσϑαι* anschließt, der das Hinaustreten aus den Häusern in die Öffentlichkeit der Stadt bezeichnet (vgl. 12₁₀: *φέρουσαν εἰς τὴν πόλιν*). Mey. verbindet *εἰς Ἱερ.* mit dem folgenden *παρρησιαζόμενος* (ähnlich wie Mk 1₃₉. Joh 8₂₆. AG 23₁₁). Allein so erhält die voranstehende Ortsangabe einen zu starken Nachdruck. Es entsteht aber auch ein bedeutsamerer Gedankenfortschritt, wenn das Predigen vor Nichtchristen erst in V. 29 dem unter den Christen abgelegten Glaubenszeugnisse angereiht wird. Hofm. und Overb. beziehen *εἰσπορ.* — *Ἱερ.* auf die Verkündigung, die P. nach 26₂₀ in= und außerhalb Jer.s in Judäa gehabt habe. Aber dies hätte wie 26₂₀ ausgedrückt sein müssen durch den Zusatz *καὶ εἰς τὴν χώραν τῆς Ἰουδαίας.* **V. 29.** Über die Hellenisten f. zu 6₁. „Die aber machten Anstalten (beachte das Imperf.) ihn zu töten." Diese Nachstellung denkt der Vf. der AG. wohl als Erfüllung der Weissagung, die nach 22₁₈ dem P. damals bei einer Ekstase im Tempel geworden ist: *οὐ παραδέξονταί σου μαρτυρίαν περὶ ἐμοῦ.* **V. 30.** „Die Brüder führten ihn von Jer. hinunter (ins Küstenland) nach Caesarea und entsandten ihn nach Tarsus." Nach diesem Wortlaut sollte man an eine Reise zu Schiff von Caes. nach Tarsus denken. Aber nach Gal 1₂₁ kam P. damals zuerst nach Syrien, dann erst nach Cilicien.

Der Bericht 9₁₉—₃₀ differiert in verschiedenen Punkten von den eigenen Angaben des P. Gal 1₁₇ff. Nach Gal 1₁₈ ist P. erst 3 Jahre nach seiner Bekehrung zuerst wieder nach Jer. gereist, nachdem er in der Zwischenzeit nach Arabien gegangen und von dort nach Dam. zurückgekehrt war. In dem Berichte der AG. läßt sich nirgends diese arab. Reise unterbringen. Nösg. meint, unser Vf. habe das, was zwischen den berichteten Vorgängen in Dam. liegt, so völlig übergehen können, wenn es für den Zweck seiner Ausführung nichts austrug. Aber wenn der Vf. die dreijährige Zwischenzeit und die Reise nach Arabien gekannt hätte und nur seinem Zwecke gemäß nicht hätte erwähnen wollen, so würde er sich doch so auszudrücken gewußt haben, daß jene Tatsachen nicht durch den Wortlaut ausgeschlossen erschienen. Durch den chronologischen Irrtum in diesem einen Punkte ist nun aber eine Verkehrtheit auch der Darstellung des jerusal. Aufenthaltes des P. bedingt. Denn das Mißtrauen der jerusal. Gemeinde und die dadurch motivierte Einführung durch Barnabas sind nur unter der Voraussetzung erklärlich, daß die Bekehrung unlängst geschehen war und man in Jer. noch keine Kunde über die Vorgänge in Dam. hatte, nicht aber unter Voraussetzung einer schon dreijährigen seither verstrichenen Frist. Dazu kommt eine weitere Unrichtigkeit. P. behauptet Gal 1₁₈ff., er sei nach Jer. gereist, um Petrus kennen zu lernen und habe sich 15 Tage bei ihm aufgehalten; er beteuert aber feierlich, damals keinen anderen Ap., ausgenommen Jakobus, den Bruder des Herrn, gesehen zu haben. Hiermit streitet die Angabe AG 9₂₆ff., daß P. mit den jerusal. Jüngern im allgemeinen in Verbindung zu treten gesucht habe und den App. zugeführt sei. Auch wenn man mit Men., Zimmer, Gal. u. AG. S. 51, Nösg., Blaß annimmt, Petr. sei damals allein von den App. in Jer. anwesend gewesen und aus diesem Grunde habe P. keinen anderen Ap. gesehen, bleibt ein Widerspruch zu der Angabe der AG. bestehen, daß P. zu „den App." geführt sei (V. 27). Denn dieser Plur. war, auch als Plur. der Kategorie, unzulässig, wenn P. von den App. nur den Petr. (Jakobus wird in der AG. nie zu den ἀπόστολοι gerechnet) gesehen hatte. Der Vf. der AG. muß angenommen haben, P. sei damals mit mehreren App. zusammengekommen. Diese Annahme war aber ein Irrtum. Übrigens ist es keineswegs wahrscheinlich, daß P. damals in Jer. nur deshalb keine anderen App. sah, weil diese alle auswärts waren. Vielmehr spricht der Zusammenhang von Gal 1₁₈f. dafür, daß er absichtlich seinen Verkehr auf Petr. und Jak. beschränkte und die übrigen App. deshalb nicht sah, weil er überhaupt nicht zu der eigentlichen Gemeinde in Jer. in Beziehung trat. Er sagt in V. 23, daß er nachmals den christlichen Gemeinden Judäas dem Angesichte nach unbekannt war. Hier nun Judäa von der Provinz mit Ausschluß der Hauptstadt zu verstehen (Zimmer S. 54), wäre eine Willkür, bei welcher die ermöglichte Harmonie mit dem Berichte der AG. durch eine Zerstörung des Sinnes und Zweckes der Erörterung des P. selbst erkauft würde. Denn jene Angabe des P. kann im Zusammenhange nur zur weiteren Bestätigung dafür dienen sollen, daß er nicht irgendwie von den urapostolischen Gemeinden abhängig gewesen oder geworden sei. Diese Bestätigung zu geben durch Hervorhebung seiner weiteren Beziehungslosigkeit zu den Gemeinden der Provinz Judäa, wenn dabei die Gemeinde in Jer., welche für den in Frage stehenden Punkt die allerwichtigste war, ausgenommen war, wäre sinn- und zweckwidrig. Wir müssen also auch die Angaben der AG., daß P. damals mit offener christlicher Verkündigung in Jer. aufgetreten sei, mit Hellenisten disputiert habe und infolge ihrer Nachstellungen, geleitet von christlichen Brüdern, Jer. wieder verlassen habe (V. 28ff.), für ungeschichtlich halten.

Alle diese Abweichungen von Gal 1 haben wir nicht mit den Kritikern der Tüb. Schule aus einer gegen die Darstellung des Gal.briefes gerichteten Tendenz des Vf.s der AG. zu erklären, sondern vielmehr aus seiner Unbekanntschaft mit den geschichtlichen Angaben dieses Paulusbriefes. Unser ganzer Abschnitt ist eine deutliche Probe für das schriftstellerische Verfahren des Vf.s der AG., daß er das Detail seiner Erzählungen frei von sich aus bildet, so wie er es den besonderen Umständen entsprechend findet. Ist seine Auffassung dieser besonderen Umstände eine verkehrte, so wird infolgedessen seine ganze Darstellung des betreffenden Vorganges um so verkehrter, je ausführlicher er sie zu geben unternimmt.

Die Frage, ob das V. 23ff. und II Kor 11₃₂f. erwähnte Ereignis bei der ersten oder der zweiten Anwesenheit in Dam. stattfand, läßt sich nicht sicher beantworten. Die Erwägung, daß P. nach der einmal erfahrenen Verfolgung in Dam. jedenfalls nicht bald dorthin zurückkehren konnte und nach seinem Aufenthalte in Jer. in der Tat nicht mehr nach Dam. zurückgegangen zu sein scheint, begünstigt die Annahme, daß jene Verfolgung am Schlusse des zweiten Aufenthalts in Dam. lag.

V. 31—43. Petrus in Lydda u. Joppe[1]. V. 31. Überleitung

---

1. Kann diese Erzählung von zwei Petruswundern, weil sie für den Pragmatismus der AG. keine selbständige Bedeutung hat, nur aus dem Grunde aufgenommen sein, weil sie in der Quelle die Einleitung zur Korneliusgeschichte bildete (B. Wß; J. Wß S. 18)? Im Zusammenhang mit 10₁—11₁₈ wird das Stück von B. Wß, Sorof S. 75, Feine S. 199f. aus der judenchristl. Quellenschrift, von Sp. S. 157f. aus der Quelle B, von Jgst S. 96 aus seiner Quelle B, von Harnack III S. 139ff. aus der jerusalemisch-cäsareensischen Tradition hergeleitet. Mir scheint der quellenmäßige Zusammenhang mit der Korneliusgeschichte keineswegs sicher. Auch wenn die zwei Wundertaten des Petr. dem Vf. der AG. irgendwie sonst überliefert waren, konnte er meinen, ihnen bei der Korneliusepisode ihren Platz geben zu sollen, weil sie sich

von der an die stephanische Verfolgung anknüpfenden Paulus-Geschichte zu solchen Petrus-Geschichten, die einerseits, als auf Reisen des Petr. bezüglich, in die Zeit nach jener Verfolgung gehörten, andrerseits doch zu dieser Verfolgung nicht mehr in Beziehung standen. So wird die Verfolgung als abgeschlossen bezeichnet. Paul. war ihre Seele gewesen. Nach seiner Bekehrung „hatte nun also (οὖν) die Gemeinde (d. i. die Gesamtheit der Christen) in ganz Judäa und Galiläa und Samaria Frieden, indem sie erbaut wurde und wandelte in Furcht des Herrn". Von einer Ausbreitung des Christentums in Galiläa war bisher nicht die Rede. Aber weder dieser Umstand, noch der, daß an andern Stellen der AG. der Begriff Judäa gelegentlich, im Unterschied von Samaria und den Heidenländern, auch Galiläa mit bezeichnet (1₈. 10₃₇; vgl. dagegen 13₃₁. Lk 2₄. 5₁₇), rechtfertigt die Meinung von Blaß, daß an u. St. die W. καὶ Γαλιλαίας interpoliert seien. Der Vf. benutzt die Gelegenheit unserer Stelle, indirekt eine Angabe über die Verbreitung des Christentums auch in Galiläa zu machen[1]. Der glückliche äußere Friedenszustand war begleitet von innerlicher Entwicklung (οἰκοδομεῖσθαι wie oft bei P., z. B. I Kor 8₁. 10₂₃) und christlichem Lebenswandel. „Und sie wuchs durch Zusprache des h. Geistes." Nach Blaß: sie wuchs an παράκλησις (vgl. Kol 1₁₀). Aber der Grund, daß die παράκλησις τ. ἁγ. πν. nicht das äußere Wachstum der Gem. bewirke, ist nicht stichhaltig. Die äußere Zunahme (vgl. 6₁.₇) hatte den inneren Grund, daß die christliche Predigt auf ermunternder, Kraft gebender Zusprache des h. Geistes beruhte. Vgl. 4₂₉.₃₁.₃₃.

V. 32. Petrus reiste διὰ πάντων scil. τῶν ἁγίων, wie sich aus dem Folgenden ergibt. Er reiste weniger als Missionar, denn als Visitator. Dieser Zug weist in spätere Zeit. Unser Vf. denkt das Vorhandensein von Christen bedingt durch die Predigt des Philippus 8₄₀. Λύδδα ist ein Ort im Küstenlande Judäas an der Straße von Jer. nach Joppe, das alte Lod, in der Kaiserzeit Diospolis, gegenwärtig Ludd genannt. Vgl. I Chr 8₁₂. Esr 2₃₃. Neh 11₃₅. I Mak 11₃₄, u. Schür. II³ S. 183; O. Hlṯm.² S. 81; Buhl S. 197. V. 33. Schilderung des Kranken wie Lk 5₁₈; κράβαττον wie Mk 2₄. Hätte der Vf. den Aeneas als Christen gedacht, so würde er ihn auch wohl als solchen charakterisiert haben (vgl. V. 36). V. 34. „Gesund macht dich Jesus Christus." Der Gedanke, der bei dem Heilen in Jesu Namen (3₆.₁₆. 4₁₀) zugrunde liegt, daß Jesus selbst die Heilung bewirkt, wird hier direkt ausgesprochen. στρῶσον σεαυτῷ scil. τὴν κλίνην. Er soll als Gesunder jetzt sich

ebenso wie diese auf eine Reise des Petr. in Palästina bezogen. Hat aber Petr. nur einmal eine solche Reise unternommen? — Das Detail der Erzählung erinnert sehr an synoptische Berichte von Wundertaten Jesu, speziell an Mk 2₁₁f. = Lk 5₂₄—₂₆ und Mk 5₃₅—₄₃ = Lk 8₄₇—₅₆. Aber man hat die Geschichte deshalb doch nicht mit den Vertretern der Tübinger Schule (vgl. Pfleid. S. 570; Hlṯm.) für freie Legendenbildung zu halten. Sowohl die Namen als auch einzelne besondere Züge weisen auf eine geschichtliche Erinnerung zurück, deren Kern wir nun freilich nicht mehr genau von den Zutaten der mündlichen Überlieferung und unseres Vf.s unterscheiden können. Vgl. Harnack III S. 124f.

1. Hilgf. ZwTh 1895 S. 482—486 findet in dieser Erwähnung Galiläas ein Anzeichen dafür, daß das Stück 9₃₁—₄₃ aus derselben Quelle (A) stammt, nach der 1₁₅—5₄₂ mitgeteilt sei und in der inzwischen die weitere Ausbreitung des Evang.s in Judäa und Galiläa irgendwie erzählt gewesen sein werde.

ſelbſt den Dienſt verrichten, den dem Kranken Andere verrichten mußten. Das
Bett iſt das nächſtliegende Objekt, an dem ſich die Kraft des Geneſenen erproben ſoll. Vgl. Lk 5₂₄f. **V. 35.** Saron heißt der nördliche Teil der frucht-
baren Küſtenebene von Lydda und Joppe an bis zum Karmel. Vgl. Buhl
S. 104. Hyperboliſch wird der Erfolg dieſer Heilungstat für die Chriſtiani-
ſierung der Gegend bezeichnet: „und dieſe (alſo πάντες) bekehrten ſich zum
Herrn". οἵτινες vertritt hier das einfache οἵ, wie 11₂₈. 17₁₀ (Blaß). ἐπιστρέφειν ἐπὶ τ. κύριον wie 11₂₁; vgl. II Kor 3₁₆, I Pt 2₂₅. Mit bezug auf
Heiden heißt es: ἐπὶ τ. ϑεόν, vgl. 14₁₅. 15₁₉. 26₂₀. I Th 1₉ (anders nur
11₂₁ in Beziehung auf V. 20: εὐαγγελιζόμενοι τὸν κύρ. Ἰησ.).
    V. 36. Joppe, das jetzige Jafa, Hafenſtadt am Mittelmeer, ſeit der
Eroberung durch den Makkabäer Jonathan im J. 146 v. Chr. (I Mak 10₇₄ff.),
mit kurzer Unterbrechung zur Zeit des Pompejus, in den Händen der Juden.
Vgl. Schür. II³ S. 99ff.; O. Hltzm.² S. 80; Buhl S. 187. Das W. μαϑήτρια
nur hier im NT. Ob die „Jüngerin" Jungfrau od. Frau od. Witwe, wird
nicht geſagt. Ταβιϑά = aram. טְבִיתָא, hebr. צְבִי = δορκάς, „Gazelle".
Die Gazelle iſt Typus der zierlichen Anmut (vgl. Cnt 2₉) und der Scharf-
ſinnigkeit; auch bei den Griechen Frauenname. Vgl. die von W. Drexler,
Philologus 1899 S. 316ff. geſammelten Stellen. Sie war „voll von guten
Werken und Almoſen, die ſie verrichtete". Vgl. 6₃. ₅. ₈. Anſtatt der Eigen-
ſchaften der Güte und Mildtätigkeit, von denen ſie voll war, werden gleich
die Produkte dieſer Eigenſchaften genannt. **V. 37.** Über die Behandlung der
Leichen bei den Juden ſ. Win. RW Art. „Leichen". **V. 38.** Lydda iſt von
Joppe ca. 3 Stunden entfernt. Über Genus (in V. 32 u. 35 Neutr., hier
Fem.) und Flexion von Λύδδα vgl. Win.-Schmied. § 10, 3. Blaß, Gr. § 10, 5.
Sie baten: „du wolleſt nicht zögern, zu uns zu kommen". Vgl. Num 22₁₆.
διελϑεῖν ἕως wie 11₁₉. Lk 2₁₅. **V. 39.** Die Witwen hatten als Arme (6₁)
von der Verſtorbenen ſelbſtgefertigte Unter- und Oberkleider (χιτῶνας κ.
ἱμάτια) erhalten. **V. 40.** Petr. trieb alle hinaus, wie Jeſus Mk 5₄₀. Mit
Recht verweiſt Hltzm. auch auf das Anklingen des Ταβιϑὰ ἀνάστηϑι an das
ταλιϑὰ κούμ Mk 5₄₁. σῶμα hier: „Leichnam". Sie „ſetzte ſich auf", wie
Lk 7₁₅. Intranſitiver Sinn von ἀνακαϑίζειν wie ſonſt beſonders bei mediziniſchen Schriftſtellern. Vgl. Hobart, The medical language of St. Luke
p. 11f.; Harnack I S. 131. **V. 41.** Die Darreichung der Hand zum Auf-
ſtehenlaſſen wie Mk 1₃₁. Neben den ἅγιοι werden die zu ihnen gehörigen
Witwen als die in dieſem Fall beſonders intereſſierten noch beſonders gerufen.
V. 42. πιστεύειν ἐπί wie 11₁₇. 16₃₁. 22₁₉. **V. 43.** Das Handwerk des
Gerbers galt wegen der Beſchäftigung mit Tierleichen für verunreinigend
(Wetſt.). Erſchien aus dieſem Grunde das Wohnen des Petr. bei einem
Gerber unſerm Vf. als ein bedeutſames Moment?

Kap. 10.

10₁—11₁₈. **Petrus und Kornelius¹.   a) V. 1—48.** Die Bekehrung

_____

1. Der in K. 10 ausführlich erzählte Vorgang wird bei der Rechtfertigung des

des Korn. **V. 1.** Über Cäsarea s. zu 8₄₀. σπεῖρα = cohors (vgl. 21₃₁.
27₁). Die „sogenannte italische Cohorte" ist aus Einwohnern Italiens, die
das röm. Bürgerrecht hatten, gebildet. In Judäa standen Auxiliartruppen,
die in der Regel aus Provinzialen gebildet wurden. Doch ist nicht ausge=
schlossen, daß eine einzelne Cohorte solcher Truppen aus italischen Freiwilligen
bestand. Vgl. Schür. ZwTh 1875 S. 422ff.; Gesch. d. jüd. V. I³ S. 462f.;
Egli ZwTh 1884 S. 10ff.; O. Hltzm.² S. 83; Ramsay Exp. 1896 IV p. 194ff.
(und dazu Schür. ibid. p. 469ff.). **V. 2.** Neben εὐσεβής „fromm", hat der
Begriff φοβούμενος τὸν θεόν, der an sich dasselbe bedeuten kann (vgl. V. 35),
einen spezielleren Sinn. Er bezeichnet wie in 13₁₆. ₂₆ und wie sonst σεβό-
μενος τ. θ. (13₄₃. ₅₀. 16₁₄. 17₄. ₁₇. 18₇) speziell einen dem Judentum ange=
schlossenen Heiden, d. h. einen der halben Proselyten (nicht: „Proselyten des
Tores"; s. Schür. III³ S. 126f.), welche, ohne beschnitten und dadurch zu
rechten Gliedern des jüd. Volks gemacht zu sein, doch die religiösen Anschau=
ungen der Juden teilten und sich innerhalb gewisser Grenzen auch an ihrem
Kultus beteiligten. S. zu 8₂₇ und vgl. Bernays, Ges. Abhandlungen II, S. 71ff.;
Schür. III³ S. 122ff.; O. Hltzm.² S. 254f.; Bertholet, Die Stellung der
Israeliten u. d. Juden zu den Fremden, 1896, S. 37ff.; Harnack, Mission²
I S. 9ff. Für die jüd. Beurteilung war auch ein solcher φοβ. τ. θ. als Un=

Petr. in Jer. 11₁–₁₈ noch einmal umständlich dargestellt. Hat diese auffallende
Wiederholung nur darin ihren Grund, daß der Vf. der AG. die Bedeutung des Vor=
ganges hervorheben wollte? Bemerkenswert ist, daß in der kürzeren zweiten Dar=
stellung deutlicher als in K. 10 hervortritt, daß das eigentlich schwierige und anstößige
Moment bei der Kornelius=Bekehrung die Speisegemeinschaft des sonst gesetzlich
lebenden Petr. mit einem Unbeschnittenen war (11₃) und daß die Vision des Petr.
eben darauf abzielte, ihn diese Speisegemeinschaft als von Gott erlaubt erkennen zu
lassen (11₄–₁₀). In K. 10 werden die Tiere der Vision auf die Menschen gedeutet
(10₂₈) und wird nirgends ausdrücklich gesagt, daß Petr. mit den Unbeschnittenen zu=
sammen gegessen habe. So legt sich die Vermutung nahe, daß die Erzählung von
der nachträglichen Verhandlung über den Korneliusfall in Jer. im großen und ganzen
die ursprüngliche Überlieferung darstellt, auf Grund deren der Vf. der AG. erst seine
vorangeschickte Schilderung des Vorganges in K. 10 gebildet hat, gerade so wie er
auf Grund der Erzählung des Paul. von seiner Bekehrung in der Rede K. 26 die
Darstellung des Bekehrungsvorganges in K. 9 bildete (vgl. den Exkurs bei 9₁₉a unter I
gegen Schluß). Dann erklärt sich die eigentümliche Verdoppelung der Erzählung: der
Vf. wollte zuerst den Vorgang selbst erzählen, auf den sich die nachherige Verhandlung
in Jer. bezog; andrerseits gab er diese Verhandlung wesentlich so wieder, wie sie ihm
überliefert war. Dagegen erklärt sich die Verdoppelung nicht bei Annahme von
B. Wß, daß K. 10 aus der Quelle stamme und 11₁–₁₈ Zusatz des Bearbeiters sei.
In 11₁–₁₈ ist auch die Zahlangabe V. 12b ein ursprünglicher Zug, der in 10₂₂ fehlt.
Desgleichen ist es gewiß ursprünglich, daß in 11₁₇ nicht von der Hinderung der Wasser=
taufe, wie 10₄₇ (vgl. 8₃₆), sondern von der Hinderung Gottes an der Verleihung der
Geistestaufe die Rede ist. Es ist viel leichter erklärlich, daß der Vf. der AG. bei seiner
sekundären Darstellung die Wassertaufe als ein ihm selbstverständlich erscheinendes
Moment ergänzte, als daß er sie übergangen hätte, wenn sie in der ursprünglichen
Überlieferung bestimmt bezeichnet war. Wenn 11₁–₁₈ den Grundstock der Über=
lieferung unseres Stückes bildet, so ist freilich nicht ausgeschlossen, daß der Vf. doch in
K. 10 einzelne ursprüngliche Züge wiedergegeben hat, die jetzt in K. 11 fehlen und
daß er umgekehrt in K. 11 auch sekundäre Zusätze und Abänderungen vorgenommen
hat (bes. V. 16 u. 18). Vgl. Wendt ZThK 1891 S. 250ff.; auch Schwartz NGW 1907
S. 279 Anm. 2. – Über die Auffassung der Herkunft des Stückes bei Sorof, Feine, Sp.,
Jgst, Harnack s. d. Anm. zu 9₃₁ff. Hilgf. ZwTh 1895 S. 486ff., Acta p. 274ss. hält
unser Stück für eine wesentlich selbständige Ausführung des Red. Anknüpfung an
eine Überlieferung sieht er in dem β=Texte von 11₂.

beſchnittener ein unreiner Heide, mit dem der Jude keine Speiſegemeinſchaft haben durfte. Darin, daß Petr. ſich doch in Speiſegemeinſchaft mit ſolchen Heiden zu treten entſchloß, liegt die Bedeutung dieſer Kornelius-Geſchichte und ihre Verſchiedenheit von dem 8 26ff. beſchriebenen Vorgange, bei dem kein für jüd. Begriffe verunreinigender Verkehr ſtattfand (ſ. zu 8 39). „Das Volk", dem Korn. viele Almoſen ſpendete, ſind die Juden in Cäſ. Vgl. Lk 7 5. **V. 3.** Über ὅραμα ſ. zu 9 10. Über die neunte Stunde als Gebets= ſtunde ſ. zu 3 1. **V. 4.** Der Engel ſagt ihm, ſeine Gebete und Almoſen ſeien „aufgeſtiegen zum Gedächtnis(opfer) vor Gott". Da in LXX μνημόσυνον an vielen St. die אַזְכָּרָה bed. (Lev 2 2. 9. 16. 5 12. 6 15. JSir 32 9. 38 11. 45 16, vgl. 50 16) d. i. denjenigen Teil des Speiſopfers, der verbrannt wird, um nach der urſprünglichen naiven Opfervorſtellung durch ſeinen Wohlgeruch eine heilbringende Erinnerung Gottes an die Opfernden zu bewirken, und da auch ſonſt Gebete und Almoſen gern als Opfer gedacht werden (Pſ 141 2. Phl 4 18. Hbr 13 15f.), ſo ſind wahrſcheinlich auch an u. St. die Gebete und Almoſen als ein ſolches zu Gott aufſteigendes Gedächtnisopfer vorgeſtellt (vgl. Ewald, Ev. u. AG. II S. 257f. u. früher Grot. u. And.). Will man in εἰς μνη= μόσυνον nicht dieſen Opferterminus finden, ſo muß man mit Mey., B. Wß u. A. in den Worten die Angabe des Zweckes oder Erfolges von ἀνέβησαν ſehen (vgl. Mt 26 13). Dann iſt der Ausdruck ἀνέβησαν mit bezug auf die Gebete gebraucht (vgl. Gen 18 2. Ex 2 23. I Mak 5 31) und zeugmatiſch auch auf die Almoſen bezogen. Beide Erklärungen kommen auf denſelben Gedanken hinaus, daß Gott den Gebeten und Almoſen des Korn. wohlgefällige Berück= ſichtigung geſchenkt hat und ihn dem entſprechend belohnen will. Vgl. V. 31. **V. 5.** Er ſoll holen laſſen „einen gewiſſen Simon, der den Beinamen Petrus hat". Neben Σίμωνα ſteht τινα (weggelaſſen in א und den meiſten ſpäteren Handſchr.), weil Sim. dem Korn. unbekannt iſt. Der Beiname Petr. dient zur Unterſcheidung von Simon dem Gerber (Nöſg.). **V. 7 [1].** Der Gerber wohnte wegen ſeines Gewerbes am Meer, wahrſcheinlich getrennt von der Stadt. Vgl. Walch, de Simone coriario, Jen. 1757. Den frommen Kriegs= mann nahm Korn. aus der Zahl der προσκαρτερούντων αὐτῷ, d. h. wohl nicht derer, die ihm geiſtig zugetan waren (Mey., Hltzm.). ſondern derer, „die ſtändig bei ihm waren" (de W., Blaß, B. Wß; vgl. 8 13), die ihm alſo zu einem ſolchen privaten Auftrag zur Verfügung ſtanden. **V. 9.** Die Entfernung zwiſchen Caeſ. und Joppe beträgt 30 Millien, d. i. ca. 45 Kilometer. „Petr. ging auf das Dach zum Beten." Das platte, mit einer Bruſtwehr umgebene (Dtn 22 8) Dach wurde gern zum ſtill zurück= gezogenen Aufenthalte benutzt. Vgl. Win. RW. Art. „Dach". **V. 10.** Das W. πρόσπεινος, „hungrig", nur hier, = dem gewöhnlichen πειναλέος. Über Petr. kam eine ἔκστασις, „Verzückung", ein Zuſtand, in dem ſein Bewußtſein der Sinnenwelt entrückt und für die Wahrnehmung überſinnlicher Vorgänge

---

1. Die von einigen Min. vulg. par.³ bezeugten W. der Rec. am Schluſſe d. V.: οὗτος λαλήσει σοι τί σε δεῖ ποιεῖν hat Blaß in den β=Text aufgenommen. Sie ſind Zuſatz nach 9 6 wegen 11 14 (vgl. d. Anm. zu V. 32). Einige Handſchr. haben direkt die W. aus 11 14 aufgenommen.

erſchloſſen ward. Vgl. 22₁₇. In dieſer ἔκστασις erlebte er ein ὅραμα (V. 17. 19. 11₅). V. 11. „Er ſchaut (lebendig ſchilderndes Präſ.) den Himmel ge=
öffnet und herunterkommend ein Gefäß wie ein großes Leinentuch, an vier Enden (ἀρχαί in dieſem Sinne nur hier und 11₅) herabgelaſſen auf die Erde." S. zu 11₅. V. 12. In dieſem nach oben offenen Behälter befanden ſich „alle vierfüßigen Tiere uſw.", d. h. alle Gattungen derſelben. Natürlich iſt das πάντα nicht zu preſſen, da auf die abſolute Vollſtändigkeit nichts ankommt. Es iſt in 11₆ weggelaſſen. Die drei Kategorieen der Vierfüßer, der kriechen= den Tiere und der Vögel wie Gen 6₂₀. Röm 1₂₃. Die Fiſche fehlen wohl deshalb, weil ſie in dem Gefäße ohne Waſſer nicht lebendig ſein könnten, wie die andern Tiere. V. 13. θῦσον: „ſchlachte", wie Lk 15₂₃. Mt 22₄, ohne bezug auf Opfer. V. 14. Petr. hat die W. V. 13 als Aufforderung zum unterſchiedsloſen Eſſen des Dargereichten verſtanden. Dies lehnt er energiſch ab: „keineswegs, Herr, weil ich niemals irgendetwas gemeines und unreines gegeſſen habe". Als geſetzesſtrenger Jude darf er eine große Menge von Tieren als unrein nicht eſſen. Vgl. die Abweiſung des unreinen Eſſens Ez 4₁₄ (Jäg. I. S. 40). Petr. redet den Urheber der Stimme als κύριε an, weil er ihn als höheres Weſen, vielleicht als Chriſtus (Overb., Hltzm.), denkt. οὐδέποτε ἔφαγον πᾶν κτὲ. iſt Hebraismus; vgl. Lk 1₃₇. Mt 24₂₂. Blaß, Gr. § 51, 2. κοινὸν κ. ἀκάθαρτον gleichbedeutende Bezeichnung für das, was levitiſche Unreinheit hat, im Gegenſatz zum ἅγιον und καθαρόν. V. 15. „Was Gott gereinigt (d. h. als rein hingeſtellt) hat, das mache du nicht un= rein (d. h. das ſtelle du nicht als unrein hin)." Die Verba καθαρίζειν und κοινοῦν haben nach hebräiſcher Weiſe deklarativen Sinn; vgl. Lev 13₃. ₈. 11. 13. Jeſ 1 18 und δικαιοῦν im NT; dazu Luthers Diſputationen, herausg. von Drews S. 50. Die wunderbare Darbietung der Tiere zum Eſſen war eine tatſächliche Erklärung ihrer Reinheit durch Gott. — Sollte die Viſion dem Petr. indirekt in ſymboliſcher Form die Aufhebung des Unterſchiedes zwiſchen reinen und unreinen Menſchen, Juden und Heiden (Luth. a. a. O. und die Meiſten; auch Men., Nösg., Zöckl., B. Wß), oder nur direkt die Ungültigkeit des Unterſchiedes zwiſchen reiner und unreiner Speiſe zeigen (Overb.)? Aus der Verlegenheit des Petr. über die Bedeutung der Viſion (V. 17) kann man nicht (mit B. Wß) folgern, daß Petr. gleich gemerkt habe, es handele ſich nicht um Aufhebung der Speiſegeſetze. Denn auch wenn er in der Viſion eine Be= lehrung über Speiſen erkannte, konnte er doch zweifelhaft ſein, was dieſe Belehrung jetzt für ihn bedeutete und von ihm forderte, ſolange er keinen Anlaß ſah, von ihr eine Anwendung zu machen. In V. 28 iſt der Viſion eine Deutung auf das Rein= oder Unreinſein der Menſchen · gegeben. Da= gegen zeugt die Beziehung der Rechtfertigung 11₄ff. auf den Vorwurf 11₃ dafür, daß nach dem urſprünglichen Sinne der Erzählung die Viſion dem Petr. das Recht erweiſen ſollte, ſich über die jüdiſchen Speiſeſchranken hinwegzu= ſetzen. Vgl. die einleitende Anm. zu K. 10. V. 16. ἐπὶ τρίς: „bis zu dreimal".

     V. 17. „Petr. war bei ſich ſelbſt (d. i. in ſeiner eigenen Überlegung im Unterſchiede von der durch die Viſion gewirkten Anſchauung; vgl. 12₁₁)

ratlos, was wohl das Gesicht bedeute." Vgl. 2 12. 5 24. Die Boten des
Korn., „die sich nach dem Hause des Simon durchgefragt hatten (διερωτᾶν
nur hier im NT), standen am Toreingang (vgl. 12 13f. Lf 16 20. Mt 26 71)".
V. 19[1]. διενϑυμεῖσϑαι = „durchdenken, überlegen" nur hier im NT. „Der
Geist" redet zu Petr. wie 8 29. V. 20. ἀλλά wie 9 6. Zu μηδὲν διακρινόμενος: „in keiner Beziehung Bedenken habend" vgl. Jak 1 6. Der Geist
sagt: „ich habe ihn gesandt". Denn derselbe Gott, der hier durch den Geist
zu Petr. redet, hat auch durch den Engel V. 3 zu Korn. geredet. V. 22.
Zu μαρτυρούμενος vgl. 6 3. Zu ἐχρηματίσϑη, „erhielt den Gottesspruch",
vgl. Mt 2 12. 22. Lf 2 26.. Hbr 8 5. 11 7. V. 23. „Einige von den Brüdern"
zogen mit Petr. Nach 11 12: sechs.

V. 25[2]. „Als es aber dazu kam, daß Petr. eintreten wollte (in das
Haus)." Die Verbindung ἐγένετο τοῦ εἰσελϑεῖν ist ungewöhnlich und nicht
einfach = ἐγέν. εἰσελϑεῖν (Rec.). Da der Inf. mit τοῦ in der Regel die
Absicht ausdrückt, so ist der umschreibende Ausdruck an u. St. wohl gewählt,
um nicht den Moment zu bezeichnen, wo Petr. wirklich ins Haus eintrat
(V. 27), sondern den vorangehenden, wo er eintreten wollte (vgl. Jäg. I S. 41 f.).
Für die Behauptung von Blaß StKr 1896 S. 463, die W. könnten nur bed.:
„als es geschah, daß wie gesagt (V. 24) Petr. hereinkam (nach Caes.)", sehe
ich keinen Grund ein. Korn. „fiel dem Petr. zu Füßen und bezeugte ihm
Verehrung", wie man es übermenschlichen Wesen gegenüber tut (vgl. Mt 2 2.
4 9f. 14 33. Lf 5 8; doch auch Mt 18 26). Daher die Abwehr des Petr. V. 26[3]:
„Auch ich selbst (wie du) bin ein Mensch". V. 27. „Sich mit ihm unter-
haltend (συνομιλεῖν nur hier im NT) ging er hinein (ins Haus)."

V. 28. „Ihr wißt, wie ungehörig (ἀϑέμιτον spätere Form für das
klassische ἀϑέμιστον; vgl. II Makk 6 5. 7 1. I Pt 4 3) es für einen jüdischen
Mann ist, einem Menschen andern Stammes sich anzuschließen oder zu ihm

---

1. Das αὐτῷ neben τὸ πνεῦμα ist wahrscheinlich nach B wegzulassen (W.=H.,
B. Wß, Blaß im α=Text). ℵAC einige Min. und Verss. haben es hinter πν. (T.), die
übrigen Zeugen vor τὸ πν. (Rec.). — Wahrscheinlich ist dann ἄνδρες ohne Zahlangabe
zu l. nach DHLP d. meist. Min. syrP. Dät. (T., Blaß). Der Zusatz τρεῖς bei ℵACE
13. 61. al. mehr. Min. stammt aus 11 11. Das δύο aber, das W.=H. und B. Wß
(S. 12) nach B aufgenommen haben (vgl. auch Buttmann StKr 1860 S. 357) ist
wahrscheinlich durch mechanische Bezugnahme auf V. 7 entstanden.
2. D syrP. gig. bieten hier folgenden Text (Blaß β=Text): προσεγγίζοντος δὲ
τοῦ Πέτρου εἰς τὴν Καισάρειαν προδραμὼν εἷς τῶν δούλων διεσάφησεν παραγεγονέναι
αὐτόν. ὁ δὲ Κορν., ἐκπηδήσας καὶ συναντήσας αὐτῷ πεσὼν πρὸς τοὺς πόδας προσεκύ-
νησεν αὐτόν. Veranlaßt ist diese Ausgestaltung des Textes, wie Corßen GGA 1896
S. 437 f. richtig erkannt hat, durch ein Mißverständnis des undeutlichen εἰσελϑεῖν im
α=Texte. Indem dasselbe nicht auf das Eintreten ins Haus, sondern wie V. 24 auf
das Eintreten in die Stadt bezogen wurde, mußte die Begegnung des Korn. mit Petr.
beim Stadteingange durch die besondere Meldung eines voranlaufenden Knechts vermittelt werden. Daß dann doch auch im β=Texte das unmittelbar folgende εἰσῆλϑεν
V. 27 den Eintritt nicht in die Stadt, sondern ins Haus des Korn. bedeutet, zeugt
für die Ursprünglichkeit der Erzählung im α=Texte.
3. Blaß (vgl. StKr 1896 S. 447 u. 463) rekonstruiert den β=Text von V. 26
teils nach D syrP. marg., teils nach par. u. wernig. folgendermaßen: εἶπεν (δὲ) αὐτῷ
ὁ Πέτρος· τί ποιεῖς; τὸν ϑεὸν προσκύνει· ἐγὼ γὰρ ἄνϑρωπός εἰμι ὡς καὶ σύ. Zu dem
Satze: τὸν ϑεὸν προσκύνει, den D nicht hat, vgl. Apt 19 10. Hilgf. liest nach D: ὁ δὲ
Πέτρος ἤγειρεν αὐτὸν λέγων· τί ποιεῖς; κἀγὼ ἄνϑρωπός εἰμι ὡς καὶ σύ.

zu gehen." Zu κολλᾶσθαι wird ἢ προσέρχεσθαι hinzugefügt, damit man nicht nur an intimen und dauernden Verkehr denke. Als verunreinigend galt für die Juden hauptsächlich der Speiseverkehr mit Heiden. Gegen diesen richtet sich auch in unserer Geschichte das jüdische Bedenken (11₃). Aber es ist durchaus der Situation angemessen, daß unser Vf. den Petr. nicht gleich vom Essen reden läßt, wo es sich zunächst nur um den Zutritt ins Haus handelt, freilich um einen solchen Zutritt, bei dem auch Petr. die Teilnahme an der Mahlzeit als selbstverständliche Folge betrachtet. Deshalb ist es un= berechtigt, wenn Zell., Overb., Feine S. 205 an u. St. einen ungeschichtlichen Verstoß gegen die tatsächlichen jüd. Verhältnisse finden. Wenn in andern Fällen Juden, wie es scheint, unbedenklich in ein heidnisches Haus gingen (z. B. Jof. Ant. 20, 2, 3f.; vgl. dagegen Joh 18₂₈), so handelte es sich entweder nicht um die besondere Art des Verkehres, wie in unserm Falle, oder um eine so wichtige Sache, daß man um ihretwillen die Verunreinigung riskierte. Über die Schranken des Verkehrs zwischen Juden und Heiden f. Schür. II³ S. 69ff. Durch das καί in κἀμοί (V. 28 b) wird formell einfach als zweite Tatsache angereiht, was sachlich im Gegensatz zum Vorangehenden steht, wie Mt 6₂₆ u. ö. im NT, bef. bei Joh. Über die Deutung der Vision auf Menschen statt auf Speisen f. zu V. 15 und die Anm. zu V. 1ff. V. 29. ἀναντιρρήτως: „ohne Widerspruch". τίνι λόγῳ: „aus welchem Grunde".

V. 30. Die W.: „vom vierten Tage an bis zu dieser Stunde war ich zur neunten (Stunde) beim Beten", bedeuten nicht, daß sein Beten die vier Tage ausfüllte. Das Gebet lag vielmehr am Anfang der vier Tage und dieser Zeitpunkt wird durch den Zusatz τὴν ἐνάτην (scil. ὥραν, was Rec. zufügt) noch besonders fixiert. Der Sinn muß sein: „vor vier Tagen von der gegenwärtigen Stunde an gerechnet", als wenn geschrieben wäre πρὸ τετάρτης ἡμέρας ταύτης (vgl. Joh 12₁. AG 1₅; Blaß). Die Ausdrucksweise ist wohl dadurch veranlaßt, daß der Vf. nicht nur im allgemeinen sagen wollte, vor vier Tagen, sondern vielmehr genau auf die Stunde vor vier Tagen, von der gegenwärtigen Stunde an gerechnet, sei der Vorfall einge= treten. Zu vgl. ist das ἀπό in Joh 11₁₈. 21₈. Apk 14₂₀. Blaß macht die Konjektur: τετάρτην ἡμέραν ταύτην ἤμην κτέ. V. 31—33. Vgl. V. 5—8¹.

V. 34—43. Petrus=Rede. Nachdem Petr. einleitend in V. 34f. mit Worten, die an Röm 2₁₀f. anklingen, seine Erkenntnis ausgesprochen hat, daß Gott auch Heiden, wenn sie fromm und rechtschaffen sind, zum Heile zuläßt, gibt er eine kurze Predigt von des Messias Jesu Wirksamkeit, Tod und Auferstehung (V. 36—42) mit einem Schlußhinweis auf das prophetische Zeugnis für die Heilsbedeutung dieses Messias (V. 43). Die Rede ist von V. 36 an eine kompendiarische Zusammenfassung von Gedanken der früheren Petrus=Reden in der AG. (vgl. Overb. S. 161)².

1. Blaß im β=Text und Hilgf. geben am Schlusse von V. 32 nach CDEHLP syr. sah. gig. par. die W.: ὃς παραγενόμενος λαλήσει σοι. Zusatz nach Analogie des Zusatzes in V. 6, wegen 11₁₄. In V. 33 geben Blaß und Hilgf. den Text nach D so: ἐξαυτῆς οὖν ἔπεμψα πρός σε, παρακαλῶν ἐλθεῖν (Hilgf. add.: σε) πρὸς ἡμᾶς· σὺ δὲ καλῶς ἐποίησας ἐν τάχει παραγενόμενος. νῦν οὖν ἰδοὺ πάντες ἡμεῖς ἐνώπιόν σου, ἀκοῦσαι βουλόμενοι παρὰ σοῦ τὰ προστεταγμένα σοι ἀπὸ τ. κυρίου.

2. B. Wß sieht in V. 39a, 41 b, 43 b, Feine S. 202f. in V. 34, 35 u. 43b, Sp. S. 130ff. und Jgst S. 97f. in V. 36—43 redaktionelle Zutaten zum Quellenberichte.

V. 34. Zu ἀνοίξας τὸ στόμα vgl. 8₃₅. „In Wahrheit (vgl. 4₂₇) er=
fasse ich (vgl. 4₁₃), daß Gott nicht Personanseher ist", d. h. nicht parteiisch
nach äußeren Rücksichten urteilt und verfährt. Der singuläre Ausdruck προσωπολήμπτης (vgl. aber προσωπολημπτεῖν Jak 2₉ und προσωπολημψία
Röm 2₁₁. Kol 3₂₅. Eph 6₉. Jak 2₉) ist nach der Phrase πρόσωπον λαμβάνειν Lk 20₂₁. Gal 2₆ gebildet. V. 35. „Sondern in jedem Volke ist,
wer ihn fürchtet (φοβούμενος τ. θεόν hier nicht in dem speziellen Sinne von
V. 2, sondern soviel wie εὐσεβής dort) und Gerechtigkeit (d. i. Rechtschaffen=
heit) ausübt (vgl. Pf 15₂). Hbr 11₃₃), ihm genehm (nämlich zur Heilsver=
leihung)". Daß das Genehmsein für Gott nicht absolut gedacht ist und daß
der Sinn unseres Ausspruches nicht ist, es komme für Gott nur auf eine
allgemeine Religiosität und Sittlichkeit an, wie sie auch der Heide leisten
könne, während der speziell christliche Glaube entbehrlich sei, zeigt der Zu=
sammenhang, bes. auch V. 43. Es handelt sich um die Bedingung nicht der
Teilnahme an der ewigen Seligkeit, sondern der Teilnahme an der christlichen
Heilsbotschaft, durch deren gläubige Aufnahme man alles weitere Heil ge=
winnt. Für diese Teilnahme am christl. Evang. liegt nach Gottes Urteil die
Bedingung nicht in dem äußeren Momente der Zugehörigkeit zur jüd. Nation,
sondern ohne Rücksicht auf die Nationalität nur in der inneren Frömmigkeit
und praktischen Rechtschaffenheit.

V. 36. Das am Anfang anscheinend isoliert stehende τὸν λόγον[1] hat
man mit dem Vorangehenden zu verbinden gesucht, entweder als abhängig
von καταλαμβάνομαι, d. h. als Apposition zu dem ganzen voranstehenden
Satze ὅτι οὐκ κτέ. (Buttm., Gr. S. 134, de W., Baumg.), oder als Appo=
sition speziell zu δικαιοσύνην in V. 35 (Nösg., Zöckl.), oder als Akk. der
näheren Bestimmung zu δεκτὸς αὐτῷ ἐστίν (B. Wß). Aber alle diese
Fassungen sind hinsichtlich des Ausdrucks und Gedankens künstlicher, als wenn
man mit Mey. und Win. § 62, 3 τὸν λόγον abhängig sein läßt von dem
in V. 37 folgenden ὑμεῖς οἴδατε und die W. οὗτός ἐστιν πάντων κύριος
parenthesiert. Durch den an τὸν λόγον angeschlossenen längeren Relativsatz
und die zu diesem wieder hinzugefügte Parenthese ist es veranlaßt, daß der
Vf. den begonnenen Satz nicht fortführt, sondern in V. 37 einen neuen an=
fängt, in welchem das schon bei τὸν λόγον gedachte Verb. fin. voransteht
und nun τὸ γενόμενον ῥῆμα als neues Objekt gesetzt wird. Zu diesem τὸ
ῥῆμα tritt dann in V. 38 als Apposition Ἰησοῦν κτέ. Für das Auffallende
der Ausdrucksweise liegt der innere Grund darin, daß das, was bei dem
Hauptsatze: „ihr kennt die den Israeliten zu Teil gewordene Heilsverkün=
digung" als Nebenaussage steht, d. i. die Aussage über die messianische Be=
deutung Jesu, für das Bewußtsein des Schriftstellers die Hauptsache war und

---

1. Das ὅν hinter λόγον, bezeugt durch א*CDEHLP Min. syr. Chrys., fehlt bei
אᵃAB 61 u. meist. Verss. (W.-H.). Da die Weglassung zur Erleichterung der Struktur
sehr nahe lag, muß man sie trotz jener guten Zeugen wohl für sekundär halten (T.,
B. Wß). Blaß sucht die Schwierigkeit der St. durch Streichung des κύριος am Schlusse
des V. zu heben. Er erklärt dabei den Akk. τ. λόγ. nach Analogie von Mt 21₄₂.
Lk 20₁₇. I Kor 10₁₆ als assimiliert dem folgenden Relativum, und deutet οὗτός ἐστι
πάντων gemäß dem εἶναί τινος in 27₂₃. Lk 4₇.

ſich deshalb auch formell auf Koſten jenes Hauptſahes vordrängte. Zu ἀπο-
στέλλειν τ. λόγον vgl. 13₂₆. εἰρήνη hier: „Heil", wie Jeſ 52₇. Lt 2₁₄.
Eph 6₁₅. διὰ Ἰησοῦ Χρ. gehört zu εὐαγγελιζόμενος. Der Zweck des paren=
thetiſchen Zuſahes οὗτός ἐστιν πάντων κύριος iſt, gleich bei der erſten Be=
zugnahme auf die den Hörern ſchon bekannte meſſianiſche Heilsbotſchaft, die
den Israeliten zu Teil geworden iſt, hervorzuheben, daß dieſer Meſſias eine
univerſale Beſtimmung hat. πάντων iſt Mask. V. 37. „Ihr ſelbſt wißt
die Geſchichte, die ſich durch ganz Judäa hin zugetragen hat". Der Aus=
druck τὸ γενόμενον ῥῆμα nimmt formell τὸν λόγον V. 36 wieder auf, bed.
aber etwas Anderes, näml. nicht die Verkündigung, die der Meſſias Jeſus
gebracht hat, ſondern die Tatſache, daß er als ſolcher Meſſias aufgetreten iſt.
ῥῆμα iſt hier: „Geſchichte", beſprochener Sachverhalt; vgl. Lt 2₁₅. ЯG 5₃₂.
So ſchließt ſich die Appoſ. Ἰησοῦν κτἑ. V. 38 leicht an dieſen Begriff an.
Zu ἀρξάμενον ἀπὸ κτἑ.[1] vgl. 1₂₂. Lt 23₅. V. 38. Die Salbung Jeſu
durch Gott mit h. Geiſte und Kraft (zu dieſem Begriffspaar vgl. Lt 1₁₇.
I Kor 2₄) iſt bei ſeiner Taufe erfolgt gedacht. S. z. 4₂₇ und vgl. J. Borne=
mann, die Taufe Chr. durch Joh. 1896, S. 18. Jeſus „zog durchs Land
(διῆλθεν wie 8₄) wohltuend und alle vom Teufel überwältigten (καταδυ-
ναστεύειν auch Jak 2₆. Sap 2₁₀. 15₁₄. JSir 48₁₂) heilend". Vgl. 2₂₂.
V. 39. „Wir (die Apoſtel) ſind Zeugen (vgl. 1₂₂) von allem, was er getan
hat ſowohl im Lande der Juden als auch in Jeruſ."[2]. Das „Land der Juden"
iſt das platte Land im Unterſchied von der Hauptſtadt (Harnack III S. 60).
Es umfaßt aber, wie ὅλη ἡ Ἰουδαία V. 37, auch Galiläa. S. z. 9₃₁. Der
Relativſah ὃν καὶ ἀνεῖλαν κτἑ. iſt dem Sinne nach parallel dem Relativſahe
in V. 38, den geſchichtlichen Bericht über Jeſus fortſehend. Doch braucht
man deshalb nicht mit Blaß V. 39a für eine Parentheſe zu halten (nach
B. Wß: Zuſah des Bearbeiters), da das ὃν formell ſeine Beziehung in dem
Subj. des ἐποίησεν V. 39a findet. In dem καὶ liegt ein indirekter Hinweis
auf anderweitige Verfolgung, die Jeſus ſeitens des Volkes Isr. fand. Я. See=
berg, Tod Chriſti S. 324 f. erklärt, durch das καὶ („denn auch") werde das
Geſchick Jeſu als entſprechend ſeinem meſſian. Verhalten hingeſtellt. Zu
ἀνεῖλαν κρεμάσαντες ἐπὶ ξύλου vgl. 2₂₃. 5₃₀.

V. 40 f. Dieſen hat Gott auferweckt am dritten Tage (vgl. 2₃₂. 3₁₅.
5₃₀f.) und hat gegeben (διδόναι c. inf. wie 4₂₉. 14₃), daß er offenbar werde
(durch Erſcheinungen; vgl. 1₃) nicht dem ganzen Volk, wohl aber den von
Gott vorher erwählten Zeugen (vgl. 1₂₂. 2₃₂. 3₁₅. 4₃₃. 5₃₂. Lt 24₄₈), uns,
die wir mit ihm zuſammen gegeſſen und getrunken haben nach ſeiner Aufer=
ſtehung von den Toten". προχειροτονεῖν nur hier im NT; doch vgl. das
Simplex 14₂₃. II Kor 8₁₉. Die Erwählung durch Gott und ihr Vorange=
gangenſein vor dem zu bezeugenden Ereigniſſe wird beſonders betont, um die

---

1. Die LA ἀρξάμενος iſt zwar durch ℵABCDEH 40 bezeugt (ἀρξάμενον nur
durch LP Min.) und wird deshalb von T., W.=H. aufgenommen. Aber ſie iſt gram=
matiſch unmöglich und deshalb für ein altes Schreiberſehen in Reminiszenz an Lt 23₅
zu halten (B. Wß S. 26). Blaß hält die W. ἀρξ. — Γαλ. für interpoliert nach Lt 23₅.
2. Das ἐν vor Ἱερ. iſt vielleicht nach BD 26 vulg. auszulaſſen (W.=H., B. Wß
S. 50 f.).

Zeugenschaft nicht als eine zufällige erscheinen zu lassen. Zu dem Essen der Jünger mit dem Auferstandenen vgl. 14. Lk 24₄₁.₄₃. Ignat. ad Smyrn. 3. V. 42. Nach 1₈ hat der Auferstandene den Zwölfen gesagt, sie würden „bis ans Ende der Erde" seine Zeugen sein. Nach u. St. hat er sie beauf= tragt, „dem Volke" d. i. dem Volke Israel zu predigen. Aus dieser Diffe= renz kann man doch nicht schließen, daß der Vf. hier aus einer Quelle schöpft, die von jener früheren Beauftragung mit der Heidenmission nichts wußte (B. Wß). Man sieht nur, daß der Vf., obwohl er den Auferstandenen jene prophetischen Worte über die Ausbreitung des Zeugnisses der Zwölfe sagen läßt, doch nicht meint, die Zwölfe hätten von da an gleich ein deutliches Bewußtsein von dem ganzen Umfange ihrer Missionsaufgabe gehabt. Die geschichtlichen Tatsachen, die er überliefert, zeugten dafür, daß sich dieses Bewußtsein bei ihnen nur allmählich entwickelt hatte. Wo er nun in unserer Erzählung gerade berichtet, welcher besonderen Umstände und Antriebe es bedurfte, um den Petr. dem Korn. zuzuführen, ist es durchaus angemessen, daß er den Petr. an u. St. von der Predigtaufgabe der App. nur in dem Sinne sprechen läßt, in welchem die Zwölfe sie bis dahin verstanden und ausgeführt hatten. — Die App. sollten bezeugen, daß „dieser¹ ist der von Gott zum Richter von Lebenden und Toten Eingesetzte". Vgl. 17₃₁. II Tim 4₁. I Pt 4₅; auch Röm 14₉. οὗτός ἐστιν wie 9₂₀.₂₂. 17₃. V. 43. Über das Zeugnis der Propheten vgl. 2₂₅—₃₁. 3₁₈—₂₄. Die Predigt von der Sünden= vergebung durch Christi Namen für jeden an ihn Glaubenden klingt paulinisch (vgl. Röm 3₂₂ff.).

V. 44. Die Geistesausgießung erfolgte, „während Petr. noch diese Worte sprach". B. Wß u. Blaß bemerken mit Recht, daß die gleiche Wen= dung in Lk 8₄₉. 22₄₇. Mt 12₄₆. 17₅ nicht eine Unterbrechung der Rede bezeichnet. Das unmittelbare Einsetzen des neuen Vorganges beim Aufhören der Rede ist gemeint. Die Rede ist inhaltlich ein abgerundetes Ganzes, bei dem der Schluß V. 43b wieder auf den Anfang zurückblickt. Nach 11₁₅ freilich erfolgte die Geistesmitteilung gleich beim Anfang des Redens des Petr. „Der h. Geist", der auf alle Zuhörer, also auf Korn. und die in V. 24 be= zeichneten Verwandten und Freunde desselben, aber auch auf die Begleiter des Petr. fällt, ist die glossolalische Begabung (s. z. 8₁₅). Nur hier tritt diese Geistesgabe vor der Taufe ein, als göttlicher Hinweis auf die Zulässig= keit der Taufe (V. 47). — V. 45. „Die Gläubigen aus der Beschneidung" d. i. die Christen jüdischer Herkunft (vgl. 11₂. Röm 4₁₂. Gal 2₁₂. Kol 4₁₁. Tit 1₁₀) gerieten in ein Erstaunen höchsten Grades (ἐξέστησαν), als sie die Verleihung der Geistesgabe, dieses Sonderbesitzes der messianischen Ge= meinde, „auch an die Heiden" wahrnahmen. Der vorliegende Einzelfall zeigt etwas mit bezug auf die Heiden überhaupt. V. 46. Zum Ausdruck und zur Sache vgl. 2₄.₆.₁₁. Die Gleichartigkeit mit dem Pfingstvorgange wird

---

1. οὗτος ist z. l. nach BCDE mehr. Min. u. Verss. (W.=h., B. Wß, Blaß). NAHP viele Min. vulg. aeth. Iren. Chrys. haben αὐτός (T.), welches eingesetzt wurde, weil bei der Angabe dessen, was Jesus selbst aufgetragen hatte, die Beziehung auf ihn mit dem Pron. demonstr. unpassend schien.

in V. 47 (11₁₅) ausdrücklich hervorgehoben. An u. St. ist aber offenbar nicht ein Reden in verschiedenen Landessprachen gemeint. S. d. Exkurs hinter 2₁₃. V. 47. „Es kann doch nicht etwa (vgl. Lk 6₃₉) Jemand das Wasser verwehren, so daß diese nicht getauft werden?" Zu dem τοῦ μὴ vgl. 14₁₈. 20₂₀.₂₇. Lk 4₄₂. 24₁₆ (Blaß, Gr. § 71, 3). V. 48. Petr. läßt die Taufe von seinen Gefährten verrichten. Vgl. I Kor 1₁₄.₁₇. Durch den Aorist ἠρώτησαν wird zugleich die Erfüllung der Bitte angedeutet (Blaß, Gr. § 57, 4).

Kap. 11.

b) V. 1—18. Die Rechtfertigung des Petrus. V. 1¹. Es hörten von dem für die Heiden bedeutsamen Vorgang „die App. und die durch Judäa hin wohnenden Brüder", also auch diejenigen außerhalb Jer.s. V. 2. Gegen Petr. „stritten (διακρίνεσθαι vom Wortwechsel wie Jud 9) die aus der Beschneidung (wie 10₄₅, hier in formellen Gegensatz gegen die ἄνδρες ἀκροβυστίαν ἔχοντες V. 3)". V. 3. Die mit ὅτι recitativum eingeführte vorwurfsvolle Frage: „du bist zu Leuten mit Vorhaut ins Haus gegangen und hast mit ihnen zusammen gegessen?" zeigt, daß die Schwierigkeit und Wichtigkeit des Falles in der Speisegemeinschaft lag, sofern diese eine Ver- letzung der jüd. Gesetzlichkeit bedeutete.

V. 4. ἀρξάμενος hebt, wie ἤρξατο 1₄, das Einsetzen der neuen Hand- lung hervor. καθεξῆς: „der Reihe nach" (vgl. 18₂₃. Lk 1₃). V. 5. Der Zusatz: „an vier Enden herabgelassen", der in 10₁₁ zu σκεῦος gehört, ist hier passender mit dem verglichenen Begriffe ὀθόνην verbunden. Denn das Leinentuch wird erst dadurch, daß es oben an vier Enden gehalten ist, einem Gefäße vergleichbar. V. 6. „Auf dieses mein Auge richtend betrachtete ich (die Sache) und sah." κατανοεῖν ohne Obj. wie 7₃₁. Beachte den Wechsel zwischen dem Imperf. κατενόουν und dem Aor. εἶδον, der das Ergebnis des Betrachtens bezeichnet. Neben den Vierfüßern werden hier (abweichend von 10₁₂) „die wilden Tiere" wegen ihres besonders unreinen Charakters beson- ders hervorgehoben. V. 11. Petr. spricht von dem Haus, „in dem wir waren"², weil er nach V. 12 die Gefährten, die mit ihm von Joppe nach Caes. gezogen waren, jetzt in Jer. bei sich hat. V. 12. μηδὲν διακρίναντα³:

---

1. V. 1 u. 2 haben bei D syr. par. wernig. eine wesentlich erweiterte Fassung. Blaß (vgl. StKr 1896 S. 448 u. 464) stellt nach diesen Zeugen, die im einzelnen etwas differieren, den β=Text folgendermaßen fest: Ἀκουστὸν δὲ ἐγένετο τοῖς ἀπο. κ. τ. ἀδελφ. τοῖς ἐν τ. Ἰουδ. ὅτι καὶ τὰ ἔθνη ἐδέξαντο τὸν λόγ. τ. ϑ. ὁ μὲν οὖν Πέτρ. διὰ ἱκανοῦ χρόνου ἠθέλησεν πορευθῆναι εἰς Ἱερ. καὶ προσφωνήσας τοὺς ἀδελφ. καὶ ἐπιστη- ρίξας [αὐτοὺς] ἐξῆλθεν, πολύν τε λόγον ποιούμενος (ἐπορεύετο) διὰ τῶν χωρῶν διδάσ- κων αὐτούς. ὅτε δὲ κατήντησεν εἰς Ἱερ. καὶ ἀπήγγειλεν αὐτοῖς τὴν χάριν τοῦ θεοῦ, οἱ ἐκ περιτομῆς ἀδελφοὶ διεκρίνοντο πρὸς αὐτόν, λέγοντες κτέ. Wesentlich ebenso Hilgf., Acta p. 46 u. 240. Das Motiv zu dieser Erweiterung lag darin, daß die Vorstellung abgewehrt werden sollte, Petr. habe wegen des Aufsehens, das die Bekehrung des Korn. erregte, sein Missionswerk abgebrochen und sich gleich zur Verantwortung nach Jer. begeben. Er hat sein Missionswerk in Ruhe fortgesetzt und ist erst viel später auf eigenen Antrieb und sich volle Zeit lassend nach Jer. gegangen.

2. ἦμεν ist bezeugt durch אABD 40. Die Änderung in die auch von Blaß bei- behaltene Rec. ἤμην (vgl. V. 5) lag sehr nahe.

3. So (bezw. διακρίνοντα) אABE ein. Min. (T., W.=H., B. Wß, Blaß im α=Text).

„in keiner Beziehung einen Unterſchied machend" (vgl. 15 9) iſt nicht ganz gleichbedeutend mit dem μηδὲν διακρινόμενος 10 20. Die Sechszahl der Be= gleiter nur hier, nicht 10 23, angegeben. Das οὗτος weiſt auf die anweſenden. V. 13. Der Begr. ἄγγελος hat den Art. in ſchriftſtelleriſcher Bezugnahme auf den aus K. 10 bekannten Engel. V. 14. Zuſatz, der weder bei 10 6 noch bei 10 32 (im urſprünglichen Texte) ſeine Parallele hat, aber dem Sinne nach ſehr angemeſſen iſt. V. 15. Über ἐν δὲ τῷ ἄρξασθαί με ſ. z. 10 44. Das ἐν ἀρχῇ bezieht ſich auf den Pfingſttag als den Anfang der apoſtoliſchen Geſchichte. V. 16. Bezugnahme auf 1 5. Da von dem auferſtandenen Jeſus die Geiſtestaufe ſeinen Jüngern verheißen iſt, bildet die Geiſtesverleihung an die Unbeſchnittenen ein Anzeichen dafür, daß dieſe von Gott zur Jüngerge= meinde Jeſu gerechnet werden. V. 17. Der begründende Zuſatz πιστεύσασιν ἐπὶ τ. κύριον Ἰησ. Χρ. iſt nicht mit αὐτοῖς zu verbinden, wie B. Wß u. Blaß des Sinnes wegen annehmen, ſondern mit dem ἡμῖν, neben dem er ſteht: „uns, die wir gläubig geworden waren an u. ſ. w." Das Part. Aor. iſt nicht unpaſſend mit bezug auf die App. (B. Wß), weil nicht von dem Glauben die Rede iſt, den ſie gegenwärtig haben, ſondern von dem, der einſt die Bedingung ihres Geiſtesempfangs war (vgl. ἐπιστεύσαμεν Gal 2 16). An u. St. iſt auch nicht etwa nur eine Ausſage über die Bedingung, unter der die Heiden die Geiſtesgabe erlangen, am Platze (Blaß). Petr. will viel= mehr hervorheben, daß auch bei ihnen, den geborenen Juden, die Bedingung des Geiſtesempfanges nur im Glauben an Chriſtum gelegen hatte (vgl. 15 11). Der Begr. κωλῦσαι iſt gebraucht wie 10 47, hat aber zum Obj. hier nicht das Taufwaſſer, ſondern Gott, den Petr. nicht an der Spendung ſeiner Heils= gabe an die Heiden und an der darin ſich ausdrückenden Aufnahme derſelben in die Jüngergemeinde Jeſu hindern kann[1]. Von der an Korn. vollzogenen Waſſertaufe iſt hier keine Rede.

V. 18. „Sie wurden ſtill (vgl. 21 14) und prieſen Gott (vgl. 4 21)." Aoriſtiſch wird das Einſtellen der Gegenrede gegen Petr. (V. 2), imperfektiſch das dann einſetzende anhaltende Lobpreiſen bezeichnet[2]. „Alſo (ἄρα wie Lk 11 48) auch den Heiden hat Gott die Buße (artikuliert, weil von der be= ſtimmten, den Eintritt in die chriſtl. Gemeinde bedingenden Buße geſagt, vgl. 2 38. 3 19. 17 30) zum Leben (d. i. zum meſſianiſchen Heilsleben, vgl. 3 15. 5 20) gegeben." Daß Gott dieſe Buße gibt (vgl. 5 31), bed. nicht daß er ſie durch ſeine Gnadenwirkungen im Innern der Heiden hervorruft, ſondern daß er den Heiden durch die Predigt des Evang.s, die er bei ihnen zuläßt, die Möglichkeit zur Buße eröffnet (vgl. 17 30).

Zur Beurteilung der Korneliuserzählung 10 1—11 18 vgl. Wendt ZThK 1891 S. 230ff. — Die Geſchichtlichkeit dieſes Stückes iſt von Br. und ſeinen Schülern be=

Die Rec. hat διακρινόμενον nach 10 20. Bei D syr. P. fehlen die W. μηδὲν διακρίν. (danach Bl. im β=Text und Hilgf.).

1. Bei D syr. P. iſt dieſe Beziehung des κωλ. τ. ϑ. beſonders ausgedrückt durch die angefügten W.: τοῦ μὴ δοῦναι αὐτοῖς πνεῦμα ἅγιον πιστεύσασιν ἐπ' αὐτῷ. So Blaß im β=Text, aber mit Einklammerung der 3 letzten W. (nach Aug.).

2. אBD[2] ein. Min. u. Verſſ. haben ἐδόξασαν (T., W.=H.). Aber das Imperf. ἐδόξαζον iſt mit Meh., B. Wß S. 21, Blaß beizubehalten. Die Umſetzung in den Aor. gemäß dem ἡσύχασαν lag ſehr nahe.

sonders nachdrücklich bestritten worden. Daß Petr. in der hier geschilderten Weise
schon vor Paul. Heiden bekehrt und sich über die jüd. Speisegesetze hinweggesetzt habe,
soll in ausschließendem Widerspruch zu den Mitteilungen des Paul. Gal. 2 über Petr.
als Vertreter der Judenmission und der jüd. Gesetzlichkeit gerade mit Bezug auf den
Speiseverkehr stehen. Die Erzählung sei im ganzen ein künstliches Gebilde des Vf.s
der AG., der gemäß seiner Tendenz, die Gegensätze der apostol. Zeit zu verdecken und
den Petr. mit Paul. zu parallelisieren, vor den Anfängen der Heidenmission des Paul.
(11₂₅f. 13₁ff.) die prinzipielle Begründung der Heidenmission durch Petr. darzustellen
gewünscht habe. Geschichtlicher Anknüpfungspunkt für die Erzählung sei vielleicht eben
jener Vorgang in Antiochia Gal 2₁₁ff. gewesen, den der Vf. umgebildet und zurück-
datiert habe. Vgl. Br. I S. 91ff., Zell. S. 179ff., Overb. S. 150f., Weizs. S. 86. 175.
178, Pfleid. S. 572, Jacobsen S. 14, Hltzm.; auch v. Dobschütz, Probleme d. ap. Zeitalters S. 86.

Daß der Vf. hier, wie sonst, das Detail seiner Erzählung frei ausgestaltet und
insbesondere die Rede des Pt 10₃₄—₄₃ selbst komponiert hat, ist m. Er. nicht zu be-
zweifeln¹. Aber dadurch ist nicht ausgeschlossen, daß die Erzählung einen guten geschichtlichen Kern hat. Man wird zur Anerkennung solchen geführt, wenn man
folgende Punkte berücksichtigt. 1) Petr. war als Hauptjünger Jesu Zeuge der freien
Äußerungen Jesu über den Wert des jüd. Zeremonialgesetzes und besonders der gesetzlichen Reinheitsvorschriften gewesen (Mt 2₁₈—₂₈. 7₁—₂₃), Zeuge auch seiner Anerkennung des frommen Vertrauens einzelner Heiden (Mk 7₂₉. Mt 8₁₀.₁₃) und seiner
Aussagen über ein zukünftiges Hineinkommen auch von Heiden in das Reich Gottes
(Mt 8₁₁f. Lk 13₂₈—₃₀). Er war hinterher ein wichtigster Träger der mündlichen
Überlieferung von diesen Aussagen Jesu. Durch den erfahrenen Einfluß Jesu und die
Erinnerung an seine Worte war er innerlich dazu vorbereitet, eine Vision, wie die
10₁₀ff. beschriebene, zu erleben und unter Umständen, die ihm als göttliche Weisung
erschienen, sich über die jüd. Reinheitsgesetze hinwegzusetzen, um einem Heiden, der
großes Vertrauen zeigte, die messianische Heilsbotschaft zu bringen. 2) Wie Jesus
trotz seines prinzipiellen Freiheitsbewußtseins sich mit seinen Jüngern doch praktisch im
großen und ganzen innerhalb der Schranken des jüd. Zeremonialgesetzes bewegt und
trotz seiner prinzipiellen Erkenntnis der Zugänglichkeit des Reiches Gottes auch für
Heiden seine eigene praktische Berufsaufgabe darin gefunden hatte, sich dem Volke
Isr. zu widmen (Mt 7₂₇ff.), so ist es durchaus verständlich, daß auch Petr. den einzelnen Fall, in dem er durch besondere Fügungen Gottes sich zur Beiseitsetzung der
jüd. Speisegesetze und zur Predigt an die Heiden berufen fühlte, einen vereinzelten
bleiben ließ. In unserm Berichte der AG. werden zwar in 10₃₅.₄₃ und 11₁₈ dem
Petr. und den Christen in Jer. Aussagen zugeschrieben, in denen allgemeingültige
Konsequenzen aus dem vorliegenden einzelnen Falle gezogen werden. Andrerseits
jedoch ist nicht von irgendwelchen praktischen Folgen die Rede, die dieser Fall gehabt
hätte. Er bleibt ein vereinzelter, auf den Petr. später als auf einen längst vergangenen bezug nimmt (15₇—₉). In jenen verallgemeinernden Aussagen haben wir die
Zutat des Schriftstellers, in diesem tatsächlichen Vereinzeltbleiben die geschichtliche Erinnerung zu sehen. 3) Wenn der Korneliusfall ein solcher vereinzelter Fall blieb, so
ist auch die Haltung, die Petr. nach Gal 2 auf dem Apostelkonvent einnahm, durchaus
verständlich. Sein Beruf, in Fortsetzung des Wirkens Jesu den Israeliten das Evang.
zu bringen, war durch jenen Fall nicht aufgehoben. Und die Fragen, ob eine Mission
an die Heiden, d. i. ein Ausziehen von christlichen Sendboten zur Verbreitung des
Christentums in der Heidenwelt, von Gott gewollt sei, wann die rechte Zeit zu ihr
sei, wer zu ihr berufen sei, unter welchen Bedingungen man die Heiden in die christliche Gem. aufzunehmen habe, waren durch jenen einen Fall der Aufnahme eines
heilsbegierigen Heiden innerhalb Palästinas noch nicht zur vollen, deutlichen, allgemein
anerkannten Beantwortung geführt. Für Petr. und die anderen Urapp. hatte in der

---

1. Krenkel, Jos. u. Lk S. 193ff. weist auf die vielen sprachlichen Berührungen
zwischen dieser Geschichte und der von Bileam Num. 22 bei den LXX hin.

erſten Folgezeit kein konkreter Anlaß vorgelegen, zu einer außerhalb Paläſtinas zu betreibenden Heidenmiſſion, für welche doch noch andere Bedenken in betracht kommen konnten, als für jenen einen Fall, Stellung zu nehmen. Als dann durch die Reiſe des Paul. nach Jer. Gal 2₁ff. dieſe prinzipielle Stellungnahme gefordert wurde, hat Petr. nicht nur nach AG 15₇ff., ſondern auch nach Gal 2₆ff. die richtige Konſequenz gezogen, die ſich aus dem Korneliusfalle ergab. Er hat im Unterſchiede von den ψευδάδελφοι Gal 2₄f. das Recht der paulin. Heidenmiſſion anerkannt, ebenſo wie um= gekehrt Paul. den von Gott gegebenen Beruf des Petr. zum Apoſtolate der Beſchnei= dung anerkannte (V. 7f.). Dieſe wechſelſeitige Anerkennung wäre nicht möglich ge= weſen, wenn nicht Petr. und die anderen Säulenapoſtel den nur relativen Wert der jüd. zeremonialen Geſetzlichkeit für Gott und deshalb die Unnötigkeit derſelben für die geborenen Heiden eingeſehen hätten. 4) Endlich iſt auch das Verhalten des Petr. in Antiochia Gal 2₁₁ff. keineswegs unvereinbar mit der Geſchichtlichkeit des Kernes der Korneliuserzählung. Petr. hat in Ant. zuerſt mit den Heidenchriſten zuſammen ge= geſſen und hierin dieſelbe innere Freiheit gegenüber den jüd. Speiſegeſetzen bewährt, wie früher bei Korn. Daß er ſich hinterher um der Jakobusleute willen von der Tiſchgemeinſchaft mit den Unbeſchnittenen zurückzog, war nach dem Urteil des Paul. V. 12f. eine heuchleriſche Verleugnung ſeiner Überzeugung. Hier iſt nicht der Ort, dieſes Verhalten des Petr. pſychologiſch zu erklären oder moraliſch zu rechtfertigen. Jedenfalls zeigt die Tatſache, daß Barnabas, der bisherige Gefährte des Paul. in der Heidenmiſſion, ſich damals ebenſo verhielt wie Petr. (V. 13), wie verkehrt es wäre, wenn man aus dieſem Verhalten des Petr. ſchließen wollte, er könne nicht früher dem Korn. gegenüber ſo verfahren ſein, wie es die AG. ſchildert.

V. 19—30. Die heidenchriſtl. Gemeinde in Antiochia[1]. V. 19.
Wörtlich wird angeknüpft an 8₄: „Die anläßlich der wegen Stephanus ein= getretenen Bedrängnis Verſprengten nun durchzogen das Land bis Phönizien und Cypern und Antiochia". Antiochia am Orontes, Hauptſtadt der Prov. Syrien, war damals eine der größten und blühendſten Städte des röm. Reichs

---

1. In 11₁₉ wird der mit 8₄ abgebrochene Quellenbericht, aus dem die Stephanus= Geſchichte im weſentlichen ſtammte, wieder aufgenommen (ſ. d. Anm. zu 8₄ff.). In der Quelle bildete die Mitteilung über die Begründung der heidenchriſtlichen Gem. in Ant. 11₁₉—₂₁ die Vorausſetzung für die urſprünglich zuſammengehörige Erzählung von dem Auftreten der auswärtigen und der einheimiſchen chriſtl. Propheten in Ant. 11₂₇f. 13₁—₃ (ſ. d. Anm. 3. 13₁ff.). In 13₁ werden nun Barn. und Saul. neben den anderen Propheten und Lehrern ſo aufgeführt, als ſei bisher noch nicht (geſchweige denn unmittelbar vorher in 12₂₅) von ihnen die Rede geweſen. In der Quelle wurden dieſe beiden Männer offenbar hier zum erſten Male genannt. So können alſo die Mitteilungen in betreff ihrer 11₂₂—₂₆a u. 30. 12₂₅ nicht aus dieſer Quelle ſtammen. Der Vf. der AG., der früher nach anderweitigen Mitteilungen über Barn. als ange= ſehenes Mitglied der Gem. in Jer. (4₃₆f.) und über die Reiſe des Saul. nach Tarſus (9₃₀) berichtet hatte, meinte die in 13₁ zu erzählende Anweſenheit der beiden Männer in Antioch. ſo erklären zu müſſen, wie er es in 11₂₂—₂₆a getan hat. Im Sinne der Quelle freilich war der Cyprier Barn. (vgl. 4₃₆) gewiß einer der ἄνδρες Κύπριοι 11₂₀ geweſen (vgl. Sp. S. 128). Die Notiz 11₂₆b, die nicht ſpeziell mit der Wirkſamkeit des Barn. und Saul., ſondern nur damit zuſammenhängt, daß ſich eine von der jüd. Synagoge getrennte Chriſtengem. gebildet hatte, kann mit zur Quelle gehört haben. Über V. 28b u. 29 ſ. d. Anm. 3. V. 28. — Auch Sp. S. 124ff., der das Stück 11₁₉—₃₀ im ganzen ſeiner Quelle A zuweiſt, betrachtet V. 22—26 als fremdartigen Einſchub (aus B, urſprünglich anſchließend an 11₁₈, mit einigen redaktionellen Zuſätzen). Feine S. 207ff. leitet V. 19—23 aus der jeruſ. Quellenſchrift her, dagegen V. 25—30 aus einer von Paul. handelnden zweiten Quelle; V. 24 ſei redakt. Zutat. Jgſt S. 100 ſieht in V. 24 eine Zutat des Red., die urſprünglich in der Quelle B mit 4₃₇b ver= bunden geweſen ſei. Hilgf. ZwTh 1895 S. 500ff. weiſt unſern Abſchnitt im ganzen dem Red. zu, nur V. 27—29 ſollen aus der Quelle C ſtammen, welche die Paulus= bekehrung berichtete. Nach Harnack III S. 137ff. ſtammt V. 19—30 aus der antio= cheniſch=jeruſalem. Quelle als Fortſetzung von 61—84.

und wurde eines der bedeutendſten Zentren des alten Chriſtentums. Die vom
Vf. der AG. nach ſeiner Hauptquelle gegebenen Mitteilungen über die Be=
gründung und Anfangsentwicklung der Chriſtengemeinde dort in 11 19 — 30.
13 1 — 4. 14 26 — 15 3. 15 30 — 39 ſind für uns um ſo wertvoller, als Paul. in
ſeinen Briefen nur einmal, Gal 2 11ff., auf dieſe wichtige Gemeinde bezug
nimmt (vgl. Harnack III S. 80ff.). λαλοῦντες τ. λόγον = εὐαγγελιζόμενοι
τ. λόγ. 8 4. V. 20. Die „Hellenen" [1] in Ant., denen einige der Verſprengten
predigten, ſind im Unterſchied von den Diaſpora=Juden V. 19 Heiden. Auch
die LA Ἑλληνιστάς müßte dieſen Sinn haben (anders Ranke, Weltgeſch. III
S. 175). Ausgeſchloſſen iſt aber nicht, daß ſie ſolche φοβούμενοι oder σεβόμενοι τὸν θεόν waren, die ſich ſchon zur jüd. Synagoge gehalten hatten
(vgl. 14 1. 17 4. 18 4). Der Zweifel Overb.s an der Geſchichtlichkeit dieſer
Heidenbekehrung in Ant., weil das Bewußtſein des Paul. von der Urſprüng=
lichkeit ſeines Heidenapoſtolats gegen ſie zeuge, iſt unberechtigt. Denn P.
beanſprucht nirgends, der zeitlich erſte Verkündiger des Evang.s an die Heiden
geweſen zu ſein. Die beſondere Bedeutung des Heidenmiſſionswerkes, zu dem
er ſich durch die Gnade Gottes berufen und befähigt wußte (vgl. beſ. I Kor
15 10. II Kor 10 13ff. Röm 15 17ff.), konnte auch für das Bewußtſein des P.
ſelbſt dadurch nicht beeinträchtigt werden, daß er an ein früheres, im Prinzip
gleichartiges, aber im Umfang noch ganz beſchränktes Wirken Anderer an=
knüpfte. V. 21. „Die Hand des Herrn" muß hier, abweichend von 13 11.
Lk 1 66, die des unmittelbar vorher genannten Herrn Jeſus ſein. Auch bei
ἐπέστρεψεν ἐπὶ τ. κύριον iſt dieſer Herr gemeint (ſ. zu 9 35 und vgl. die bei
1 24 zitierte Schrift von Herner).

V. 22. ἠκούσθη — εἰς τὰ ὦτα iſt Pleonasmus wie Jeſ 5 9. Mt 10 27.
ὁ λόγος: „die Kunde" (vgl. Lk 5 15). Über Barnabas ſ. zu 4 36. Er ſoll
prüfen, ob wirklich ſo, wie das Gerücht es meldet, Heiden in Ant. an Chriſtum
gläubig geworden ſind. V. 23. Er „ſah die Gnade Gottes", die ſich ihm
nicht nur in der großen Zahl und dem Eifer der Bekehrten (Blaß), ſondern
hauptſächlich in der Tatſache, daß überhaupt Heiden zum meſſian. Heile ge=
führt waren, darſtellte (vgl. V. 18). „Er ermahnte alle, mit Vorſatz ihres
Herzens beim Herrn zu verbleiben (vgl. 13 43)." Als υἱὸς παρακλήσεως 4 36
iſt ſeine charakteriſtiſche Funktion das παρακαλεῖν. Innerlichen Herzensentſchluß
fordert er als Mittel des Bleibens beim Herrn in unausgeſprochenem Gegen=
ſaße zu zeremonialgeſetzlichen Leiſtungen (B. Wß). V. 24. Der Grund für
die freudige Anerkennung der heidenchriſtl. Gem. und das Mitwirken zu ihrem
Fortbeſtande lag in der perſönlichen Beſchaffenheit des Barn., der ein ἀνὴρ

---

1. Es iſt zweifelhaft, ob nach אᶜAD* arm. Euſ. Chrhſ. Ἕλληνας zu l. iſt (T.,
B. Wß, Blaß) oder nach BEHLP Min.: Ἑλληνιστάς (W.=H.). א* hat εὐαγγελιστάς,
welcher Schreibfehler offenbar die Vorlage Ἑλληνιστάς vorausſetzt. Die Verſſ. kommen
nicht in betracht, da ſie, wie bei 6 1. 9 29 erhellt, keine beſondere Bezeichnung für
Ἑλληνισταί im Unterſchiede von Ἕλληνες haben. Die handſchriftl. Bezeugung ſpricht
mehr für Ἑλληνιστάς. Der Zuſammenhang dagegen ſcheint Ἕλληνας zu fordern, —
wenn nämlich Ἑλληνισταί nur griechiſch redende Juden, wie 6 1 u. 9 29, und nicht grie=
chiſch Redende im Gegenſaße zu Juden bedeuten kann (doch vgl. den verſchiedenen
Sinn von Ἑβραῖοι einerſeits 6 1, andrerſeits II Kor 11 22. Phl 3 5). Wenn Ἕλληνας die
urſprüngliche LA war, ſo iſt Ἑλληνιστάς durch Reminiszenz an 9 29 entſtanden.

ἀγαθός, „ein trefflicher Mann (vgl. Lk 23₅₀) und voll h. Geiftes und Glaubens"
war, alfo ausgerüftet mit denfelben chriftlichen Dorzügen, die 6₅ an Stephanus
hervorgehoben find. Zu προσετέθη τῷ κυρίῳ vgl. 5₁₄. Zu D. 25 ¹ vgl. 9₃₀.
D. 26. „Es widerfuhr ihnen aber, daß fie fogar ein ganzes Jahr lang
bei der Gem. aufgenommen waren." Blaß hält das durch ℵABE 13 al.
bezeugte αὐτοῖς bei ἐγένετο (vgl. 7₄₀. 20₁₆) nicht für paffend und lieft mit
der Rec.: αὐτούς. Aber der Ausdruck ift gewählt, um das längere Derweilen
der Beiden in Ant. als ohne ihre Vorausficht und Abficht eingetreten zu
charakterifieren. Nach der Meinung unferes Df.s hatte Barn. eigentlich mit
Saul. nach kurzem Befuche in Ant. weiterreifen wollen. συνάγεσθαι bed. hier
nicht das Derfammeltfein, wie 4₅. 26 u. ö. (Hltzm., Baljon), fondern das gaft=
liche Aufgenommenfein, wie Mt 25₃₅. ₃₈. ₄₃. Dtn 22₂. Jof 2₁₈. Jud 19₁₈ u. ö.
(Mösg., B. Wß). Nur fo hat das fteigernde καὶ ἐνιαυτὸν ὅλον feine volle
Bedeutung. De W., Overb., Hltzm. faffen καὶ — καὶ korrefpondierend: teils
hätten fie an den Gemeindeverfammlungen teilgenommen, teils (nach außen
hin) lehrend gewirkt. Aber dann mußte das erfte καὶ nicht vor, fondern
hinter der Zeitbeftimmung ftehen. Blaß hält diefes καὶ, das von den beften
Handfchriften bezeugt, von den fpäteren weggelaffen ift, für unecht. „Zuerft
(πρώτως, durch ℵBD² bezeugt ftatt πρῶτον, nur hier im NT) in Ant. hießen
(χρηματίζειν wie Röm 7₃) die Jünger Chriften." Die urfprüngliche Selbft=
bezeichnung der Anhänger Jefu war nach dem NT: μαθηταί, ἀδελφοί, ἅγιοι.
Die Juden aber haben den Namen Χριστιανοί gewiß nicht für fie geprägt,
da fie Jefum nicht als den Χριστός anerkannten und feine Jünger vielmehr
als Ναζωραῖοι bezeichneten (24₅). So werden zuerft Heideu jenen Namen
gebraucht haben. Daß dies fchon frühzeitig in Antiochia gefchah, ift nicht
unglaubwürdig. Sobald fich eine Gem. von Anhängern des Meffias Jefus
konftituierte, die hauptfächlich aus Unbefchnittenen beftand und demgemäß nicht
mehr bloß als Judenfekte aufgefaßt werden konnte, drängte fich das Bedürfnis
nach befonderer Benennung derfelben auf.

Man hat wegen der anfcheinend latein. Form des Namens die Richtigkeit unferer
Angabe der AG. bezweifelt und mit bezug auf das Zeugnis des Tacitus Ann. 15, 44,
wonach zu Neros Zeit der Name Chriftianer in Rom verbreitet war, die Entftehung
des Namens in Rom für wahrfcheinlich erklärt (Br. I S. 103f., Haufr. II S. 360f.,
Overb. S. 174f.). Aber Lipfius, über d. Urfpr. u. ält. Gebr. d. Chriftennamens, Progr.
Jena 1873, hat nachgewiefen, daß zwar die latein. Art und Herkunft des Namens
nicht unmöglich, viel wahrfcheinlicher aber feine Entftehung auf griech. Sprachgebiete
nach dem von den Grammatikern fogen. τύπος Ἀσιανός ift, d. h. nach Analogie der
zahlreichen abgeleiteten Namensformen auf -ηνός, oder (bei vorangehendem ϱ oder
Dokale) auf -ανός, oder (und zwar fpeziell bei Partei= und Sektennamen) auf -ιανός,
die bei den afiatifchen Griechen gangbar waren. Aus fprachlichen Rückfichten läßt fich
alfo gegen den an u. St. angegebenen Ort der Entftehung des Namens nichts ein=
wenden. Lipfius will gleichwohl aus dem Fehlen einer fonftigen frühzeitigen Bezeu=
gung fchließen, daß die Angabe unfr. St. nicht richtig fei. Er vermutet, daß der Name

---

1. Blaß rekonftruiert nach D gig. par. syr. ᵖ·ᵐᵃʳᵍ· den β=Text von D. 25f. fol=
gendermaßen: ἀκούσας δὲ ὅτι Σαῦλός ἐστιν εἰς Ταρσόν, ἐξῆλθεν ἀναζητῶν αὐτὸν καὶ
συντυχὼν παρεκάλεσεν ἐλθεῖν εἰς Ἀντ.· οἵτινες παραγενόμενοι ἐνιαυτὸν ὅλον συνήχθησαν
τῇ ἐκκλ. κ. ἐδίδαξαν ὄχλον ἱκανόν (D: ἐνι. ὄλ. συνεχύθησαν ὄχλ. ἱκ.), καὶ τότε πρῶτον
ἐχρημάτισαν (D: -σεν) ἐν Ἀντ. οἱ μαθηταὶ Χρηστιανοί (D: Χρειστ.).

erſt in den letzten Dezennien des erſten Jahrh. bei der heidniſchen Bevölkerung Klein=
aſiens aufgekommen ſei. Aber daß der Name im NT nicht öfter vorkommt (nur noch
AG 26 28 im Munde des Agrippa und I Pt 4 16 als heidniſche Bezeichnung), beweiſt
doch nur, daß er nicht ſchnell in allgemeinen Gebrauch kam und daß, wenn er etwa
ſchon bei den Heiden eine gewiſſe Verbreitung hatte, ſo doch die Chriſten unter ein=
ander ihre älteren Selbſtbezeichnungen weiter anwandten. Die ausdrückliche Angabe
des Tacitus a. a. O., daß das Volk in Rom zur Zeit Neros die Bezeichnung Christiani ge=
braucht habe (vgl. Sueton. Nero 16), kann nicht ohne gewichtigere Argumente, als die
von Lipſius S. 17 gegebenen, zu einem Zeugniſſe abgeſchwächt werden, welches nur
für den Gebrauch des Namens zur Zeit des Tacit. ſelbſt gültig wäre. War aber in
Rom zur Zeit Neros der Name ſchon beim Volke im allgemeinerem Gebrauche, ſo muß
ſeine Entſtehung einer noch früheren Zeit zugehören. Vgl. K. Schmidt I S. 164 ff.;
Blaß, Hermes 1895, S. 465 ff.; A. Carr, Exp. 1898 I p. 456 ff.; Kattenbuſch, d. apoſt.
Symbol II, 1900, S. 557 ff.; Harnack, Miſſion I² S. 345 ff. — Blaß nimmt aus ℵ* 61
die Form Χρηστιανοί auf (B*D*: Χρειστ.), indem er aus Tert. Apol. 3, Lactant. Inst.
div. 1, 4, Sueton. Claud. 25 ſchließt, die Griechen hätten gleich von vornherein anſtatt
des ihnen unverſtändlichen Χριστός den bekannten Begriff Χρηστός eingeſetzt und da=
nach jenen Namen gebildet. Aber ein entſcheidender Grund dafür, die auf Mißver=
ſtand beruhende Namensform für die primäre, und nicht vielmehr auch zeitlich für die
ſekundäre zu halten, iſt nicht einzuſehen; geſchweige denn wäre zu begreifen, daß der
Vf. der AG. dieſe Form wiedergegeben hätte.

V. 27. „Propheten" ſind Männer der inſpirierten Rede, Verkündiger
einer vom Geiſte Gottes empfangenen ἀποκάλυψις. Die Prophetie, eine der
mannigfachen Geiſtesgaben in der älteſten Chriſtenheit (I Th 5 20. I Kor 12 10.
28 f. Röm 12 6), iſt als eine Art wunderbaren Redens der Gloſſolalie ver=
wandt (vgl. die Zuſammenſtellung I Kor 12 10. 13 1 f. 8. 14 1 ff. AG 19 6), wird
aber von Paul. höher gewertet, als dieſe, weil ſie durch ihre Verſtändlichkeit
auch Anderen zur Erbauung und Belehrung dient (I Kor 14). Während die
Propheten an u. St. aus Jer. nach Antiochia kommen (vgl. 15 32), zählt die
antiochen. Gem. ſolche Propheten auch zu ihrem eigenen Beſtande (13 1).
Über die Propheten in der nachapoſt. Zeit vgl. beſ. Did. c. 11. 13. 15 und
dazu Harnack, Proleg. z. Did. (TU II, 2) S. 119 ff. Miſſion ² S. 277 f. 280 ff.

V. 28. Der occidental. Text [1] bed.: „Es war aber ein großer Jubel (ἀγαλ-

---

1. Der Text. rec. v. V. 28 lautet: ἀναστὰς δὲ εἷς ἐξ αὐτῶν ὀνόματι Ἄγαβος
ἐσήμανεν (B vulg.: ἐσήμαινεν) κτέ. Aber D Aug., par., wernig., auch das Fragment
der altlat. überſ. in den Miscell. Cassinese (Harnack ThLz 1898 S. 172) bieten folgende
bedeutſame Erweiterung: ἦν δὲ πολλὴ ἀγαλλίασις. συνεστραμμένων δὲ ἡμῶν ἔφη εἷς ἐξ
αὐτῶν ὀν. Ἀγ. σημαίνων κτέ. (Blaß β=Text). Höchſt wahrſcheinlich iſt dieſer occidentaliſche
Text der urſprüngliche. Ein Motiv für die ſekundäre Zufügung jener W. iſt ſchwer
einzuſehen. Dagegen iſt es leicht verſtändlich, daß man das erſte ſo ganz vereinzelte
Auftreten des Perſonalpron. der erſten Perſ. auffällig und den großen Jubel, der zu
der gleich folgenden Weisſagung einer großen Kalamität in ſeltſamem Kontraſt zu
ſtehen ſchien, anſtößig fand. Auch B. Wß, Cod. D S. 111 f. hält es für möglich, daß
hier D eine gute LA bietet. Gegen die Urſprünglichkeit dieſer occident. LA: Harnack,
Sitzungsber. d. Berl. Akad. 1899 S. 316 f.; für die: Hilgf. 3wTh 1899 S. 384 ff. Acta
p. 277 s.; Blaß StKr 1900 S. 23 ff.; Pott, d. abendländ. Text der AG. 1900 S. 69 f.
Der gewichtigſte Gegengrund gegen die Urſprünglichkeit der 1. Perſ. Plur. in V. 28
beſteht darin, daß in der unmittelbaren Fortſetzung der Erzählung V. 29 von „den
Jüngern" in 3. Perſ. geſprochen wird (Harnack a. a. O. S. 4 f.). Aber dieſes Argu=
ment iſt hinfällig, wenn man aus anderweitigen Anzeichen erkennt, daß V. 29 f. zu=
ſammen mit den 4 Schlußworten von V. 28 nicht die urſprüngliche Fortſetzung von
V. 27 f. bilden, ſondern vom Bearbeiter hinzugefügt ſind zu einem Quellenbeſtande in
V. 27 f., welcher ſeine urſprüngliche Fortſetzung in 13 1 ff. hatte (ſ. den folgenden Exkurs).

λίασις wie 2₄₆). Als wir aber verſammelt waren (vgl. συστρέφειν 28₃; συστροφή 19₄₀. 23₁₂), ſagte einer von ihnen namens Agabus andeutend durch den Geiſt (d. h. vermöge ſeiner prophetiſchen Begabung): eine große Hungersnot werde eintreten (μέλλειν ἔσεσθαι wie 24₁₅. 27₁₀) über die ganze Welt". Sehr bemerkenswert iſt hier das erſte Auftreten des „Wir" in der AG.; unerklärlich iſt es nicht, da auch andere Anzeichen darauf hinweiſen (ſ. d. Anm. zu V. 19ff. u. 13₁ff.), daß der Grundbeſtand dieſes Stückes der= ſelben Quelle entſtammt, wie nachher der Bericht über die Reiſen des Paul. K. 13. 14 u. 16ff. — Der „große Jubel" iſt wohl als beiderſeitiger ge= dacht: auf Seiten der Gem. wegen des Beſuches von Männern aus der Ur= gemeinde, auf Seiten dieſer wegen ihres Antreffens einer blühenden Gem. von Chriſtgläubigen aus der Heidenwelt. Über Agabus vgl. 21₁₀. Der Name kommt vielleicht von צָבַע lieben, vielleicht von חָגָב Heuſchrecke, vielleicht auch iſt er urſprünglich griechiſch = Ἀγανός herrlich (ſo Kloſtermann, Probl. im Apoſtelterte S. 10)[1]. σημαίνειν (vgl. 25₂₇) wird vorzugsweiſe vom bildlichen Anzeigen gebraucht (vgl. Joh 12₃₃. 18₃₂. 21₁₉. Apk 1₁); ſo wahrſcheinlich auch an u. St. (ſ. den folgenden Erkurs). λιμός iſt hier nach אAB Femin., wie Lk 15₁₄. I Reg 18₂. Jeſ 8₂₁. „Dieſe (Hungersnot) trat ein unter Claudius." Joſ. Ant. 20, 5, 2 (vgl. 3, 15, 3; 20, 2, 6) berichtet von „der großen Hungersnot" in Judäa unter dem Prokurator Tiberius Alexander (ca. 45−48 p. Chr.). Dieſelbe war freilich keine über die ganze Welt verbreitete, wie die von Agabus vorausgeſagte. Daß unter der Regierung des Claudius in verſchiedenen Teilen des Reiches Hungersnöte waren, bezeugen Sueton. Claud. 18, Tacit. Ann. 12, 43 (vgl. Schür. I³ S. 567f.). Aber auch dieſe betrafen nicht das ganze Reich. Der Vf. der AG. erzählt das Folgende (V. 29f.) ſo, als handele es ſich um eine Hungersnot nur in Judäa. Er hat offenbar die Verwirklichung des Agabus=Wortes von der univerſalen Hungersnot in jener paläſtinenſiſchen Hungersnot, von der Joſ. berichtet, ge= ſehen.

Eine andere Frage iſt es, ob auch im Sinne der Quelle die Weisſagung ſich auf dieſe Hungersnot bezog. Die Differenz zwiſchen der der ganzen οἰκουμένη geltenden Weisſagung und der in V. 29f. nur für Judäa erwarteten und eingetretenen Erfüllung iſt ein Anzeichen dafür, daß der Vf. der AG. jene Weisſagung nicht ſelbſt formuliert, ſondern nach ſeiner Quelle reproduziert hat. Da nun jedenfalls die Notiz über Saul. V. 30 nicht in der Quelle ſtand (ſ. d. Anm. zu V. 19ff.), andrerſeits das Stück 13₁−₃ in ſeinen Anfangsworten auch formell auf unſere Erzählung von den nach Ant. ge= kommenen auswärtigen Propheten bezug nimmt und in der Quelle unmittelbar ſie gefolgt ſein wird (ſ. zu 13₁), ſo ſcheint mir die Vermutung wohl berechtigt zu ſein, daß der λιμὸς ἐφ' ὅλην τὴν οἰκουμένην im Sinne der Quelle gleich dem λιμὸς ἐπὶ τὴν γῆν Am 8₁₁ nicht ein Hunger nach Brot war, ſondern ein λιμὸς τοῦ ἀκοῦσαι τὸν λόγον τοῦ κυρίου. Die Quelle berichtete über die Geneſis des Heidenmiſſions=Gedankens in der antiochen. Gem. Der Beſtand dieſer Gem. erregte bei den Propheten aus Jer. jubelnde Freude und veranlaßte einen derſelben zu dem Weisſagungswort von dem

---

[1]. Wegen 21₁₀ iſt anzunehmen, daß an u. St. die W. ὀνόματι Ἄγαβος ein re= daktioneller Zuſatz zum Quellenberichte ſind (ſ. zu 21₁₀). Der Vf. der AG. wird aus dem ſpäteren Auftreten des Agabus geſchloſſen haben, daß derſelbe auch zu dieſen früheren, aus Jer. gekommenen Propheten gehört habe und ihr Sprecher geweſen ſei. So auch Hilgf. Acta p. 278.

bevorstehenden Hunger der ganzen Welt nach dem Evang. Hieran schloß sich dann das durch die Propheten der antioch. Gem. selbst ergehende Geisteswort, welches gleich zur Aussendung zweier Missionare aufforderte (13 1 f.). In der Beziehung auf den bildlichen Sinn des λιμός hat auch der Begriff σημαίνειν seine prägnante Bedeutung. Der die Quelle bearbeitende Vf. der AG. hat diesen bildlichen Sinn verkannt (vgl. das Mißverständnis Joh 4 10 ff.). Von ihm stammt die in den Schlußworten von V. 28 gegebene Deutung auf die ihm aus Jos. Ant. 20, 5, 2 bekannte „große Hungersnot" und die Mitteilung V. 29 f. über das Verhalten, welches die antioch. Gem. im Vorausblick auf diese Hungersnot in Judäa geübt habe. Wahrscheinlich bot ihm die Quelle insofern einen Anlaß zu dieser Mitteilung, als in ihr nachher in Fortsetzung der Bildrede berichtet war, Barn. und Saul. seien ausgesandt worden, um den unter der bezeichneten Hungersnot Leidenden Dienstleistung zu bringen. Vgl. Wendt StKr 1892 S. 271 ff.

V. 29. „Von den Jüngern aber beschloß jeder, je nachdem einer vermögend war, zur Unterstützung den in Judäa wohnhaften Brüdern (etwas) zu senden." Als Subj. zu ὥρισαν sind οἱ μαθηταί gedacht. Dieser Begriff ist aber formell in die Struktur des Zwischensatzes καθὼς εὐπορεῖτό τις hineingezogen und so zu einem von τις abhängigen Gen. geworden. ἕκαστος αὐτῶν ist dann, wie 2 6. 8, zu dem gedachten Subj. von ὥρισαν appositionell hinzugesetzt, um die ausnahmslose Geltung der von den Jüngern im allgemeinen gemachten Aussage hervorzuheben. Zur Sache vgl. I Kor 16 2. Über διακονία s. zu 6 1. V. 30. Die hier zuerst genannten πρεσβύτεροι, „Ältesten", der jerus. Gem. (vgl. 15 2 ff. 21 18) sind gemäß der Bedeutung, welche das Wort übrigens in den christl. Gemeinden der ältesten Zeit hatte, nicht ein festes Kollegium von Gemeindebeamten, sondern allgemeiner die geehrten älteren Gemeindemitglieder, die Honoratioren (s. zu 5 6). Die App. und etwaige andere, mit besonderen Funktionen betraute Amtsträger der Gem. sind mit in die πρεσβ. eingerechnet. Die Meinung, daß in den ältesten christl. Zeit die πρεσβ. mit den ἐπίσκοποι identisch gewesen seien (Mey., Zöckl. u. A.), läßt sich nicht aufrecht erhalten; ebensowenig die Meinung, daß in Jer. die πρεσβ. die nur unter einem anderen Titel auftretenden Nachfolger der Siebenmänner 6 3 ff. gewesen seien (s. zu 6 6). Vgl. Hatch-Harnack, Gesellschaftsverfassung d. chr. K. S. 51 ff. 229 ff., Harnack, Proleg. z. Did. (TU II, 2) S. 142 ff., Sohm, Kirchenrecht I S. 92 ff., Réville, orig. de l'épiscopat, 1894, I p. 57 ss. Die Einwendungen von Weizs. S. 603 ff. gegen das Vorhandensein von Presbytern in der älteren jerus. Gem. treffen nur die Vorstellung eines Kollegiums von bestimmten Beamten. — Die Angabe unserer St., daß die Kollekte „durch die Hand von Barnabas und Saulus" überbracht sei, ist jedenfalls mit bezug auf Saul. unrichtig. Denn eine damalige Reise des P. nach Jer. ist durch die Nichterwähnung am Schlusse von Gal 1 ausgeschlossen. P. hätte hier, dem Zwecke der ganzen Erörterung von Gal 1 u. 2 entsprechend, durchaus auch auf diese Reise bezug nehmen müssen, um der Vorstellung zu begegnen, daß er eben damals irgendwie von den Urapp. abhängig geworden sei. Die Meinung Mey.s (z. Gal 2 1), daß P. zwar mit Barn. von Antioch. abgereist, aber aus unbekannten Gründen nicht bis nach Jer. gekommen sei, entspricht offenbar nicht dem Sinne des Vf.s der AG. (vgl. 12 25). Die gewöhnliche Auskunft aber, daß P. diese Reise nach Jer.

wegen ihrer Kürze und Unwichtigkeit und weil er damals mit den Urapp.
in keine Berührung gekommen sei, am Schlusse von Gal 1 nicht erwähnt
habe (Baumg., Nösg., Zöckl., Blaß u. A.), ist deshalb unzureichend, weil P.
sie gerade aus diesen Gründen dort hätte besprechen müssen, um eben ihre
Unwichtigkeit für sein Verhältnis zu den Urapp. klarzulegen. Es liegt an
u. St. ein Irrtum vor, analog der irrigen Darstellung der früheren Reise des
P. nach Jer. 9 26ff. (s. d. Exkurs hinter 9 30). Über den wahrscheinlichen
Anlaß zu diesem Irrtum s. den Schluß des Exkurses hinter V. 28.

Kap. 12.

V. 1 — 25. Verfolgung in Jer. unter Herodes Agrippa[1]. V. 1.
„Um jene Zeit aber (vgl. 19 23. I Mak 11 14. II Mak 3 5) legte der König
Herodes die Hände an, um einige der (Leute) von der Gem. zu mißhandeln."
Ob bei der auf das vorher Berichtete bezug nehmenden Zeitangabe speziell
die Zeit des Vorganges 11 27f. oder die Zeit der Reise des Barn. u. Saul.
11 30 gemeint ist, läßt sich nicht entscheiden (Overb.); jedenfalls ein Zeitpunkt
vor ihrer Rückreise (12 25). Herodes Agrippa I, Enkel Herodes d. Gr., Sohn
des Aristobul und der Berenice, geb. im J. 10 v. Chr., war nach abenteuer=
lichem Vorleben von Caligula zum König über die nördlichen und nordöst=
lichen Gebiete Palästinas, die ehemaligen Tetrarchieen des Philippus, Lysanias
und Herodes Antipas, gemacht, und später von Claudius auch mit Judäa und
Samaria beschenkt, so daß er noch einmal, vom J. 41 — 44, das ganze Reich
Herodes d. Gr. beherrschte. Durch sein zur Schau getragenes Interesse für

---

1. Die Erzählung V. 1—23 oder 24, die durch die einleitenden W. in V. 1 und
durch V. 25 in chronologische Beziehung zu 11 30 gesetzt ist, wird von denjenigen Kri=
tikern, die eine zusammenhängende urgemeindliche Quelle für den ersten Teil der AG.
annehmen, aus dieser hergeleitet: von B. Wß (der in V. 3. 5. 12b. 18—22. 24f. Zu=
sätze des Bearbeiters sieht), Sorof S. 44ff., Feine S. 209f., Sp. S. 127 u. 158f. (aus
B), Jgst S. 105ff. (aus B, mit manchen kleinen Zusätzen des Red., in der Quelle vor
9 32—11 17 stehend), Hilgf. ZwTh 1895 S. 513ff., Acta p. 278s. (aus A). Nach
Harnack III S. 144ff. stammt sie aus derselben jerusalemisch=cäsareensischen Quelle, wie
vorher 3 1—5 16. 8 5—40. 9 31—11 18. Meines Erachtens ist der episodische Charakter des
Stückes zwischen den ursprünglich zusammengehörigen Quellenstücken 11 27f. u. 13 1ff.
klar, läßt sich aber über seine Herkunft und seinen quellenmäßigen Zusammenhang mit
anderen Stücken der AG. nichts Bestimmtes sagen. Die Erzählung von der wunder=
baren Befreiung des Petr. ist eine Parallelüberlieferung zu 5 18—23 (s. d. Anm. zu
4 1ff.). Sie bietet von V. 12 an manche konkrete Detailzüge, die schwerlich frei erfunden
sind, sondern wahrscheinlich auf die mündliche Überlieferung des Markus (V. 12) zurück=
gehen. Aber man darf hieraus nicht die Historizität auch des ganzen wunderbaren
Details in V. 6—11 folgern. Vielleicht lag in einer solchen Äußerung des Petr., wie
V. 11, der Anlaß zur Ausgestaltung der Befreiungsgeschichte (vgl. Ewald S. 202, Hltzm.).
Vgl. auch die in den Wirbericht eingeschobene wunderbare Befreiungsgeschichte 16 25—34
(s. zu d. St.). — Die Kürze der Mitteilung über den Märtyrertod des Zebedaiden
Jakobus V. 2, die von der breiten Ausführlichkeit der folgenden Petrus=Geschichte sehr
absticht, ist nicht aus dem schriftstellerischen Plan des Vf.s der AG. (Mey., Lekebusch
S. 219, Nösg.), sondern nur daraus zu erklären, daß der Vf. über diesen Vorgang
nichts Genaueres wußte (so auch Harnack III S. 106). Mit bezug auf die Erzählung
vom Ende des Königs Agrippa V. 20—23 bemerkt B. Wß mit Recht, daß der Vf. der
AG. sie gemäß seiner Vorliebe für Anknüpfung an profangeschichtliche Data einge=
fügt hat.

jüd. Gesetzlichkeit gewann er die Pharisäerpartei für sich. Daß er aus Ge=
fälligkeit gegen die Juden die Häupter der Christengemeinde zu beseitigen
suchte, ist bei seinem Charakter verständlich. Vgl. Hausrath II S. 195ff.
245ff., Schür. I³ S. 550ff., O. Hltzm.² S. 57ff., Wellhauf. S. 337ff. Die
W. ἐπέβαλεν τ. χεῖρας mit folgendem Infin. deutet Blaß = ἐπεχείρησεν,
„er versuchte". Aber diesen Sinn hat ἐπιβάλλειν τ. χεῖρας sonst nirgends
im NT. Es wird auch hier, wie sonst, bedeuten: „ergreifen" (oder „ergreifen
lassen"). Auf wen er „die Hände legen ließ", ist nicht direkt gesagt (vgl.
4₃: Dativ; 5₁₈. 21₂₇: ἐπί), wird aber aus dem folgenden Infinitivsatz klar.
In der Wendung τινας τῶν ἀπὸ τῆς ἐκκλησίας ist das ἀπὸ statt ἐκ (15₅)
nicht=attisch (Blaß, Gr. § 40, 2). V. 2. „Er tötete durchs Schwert (d. i.
ließ enthaupten) Jakobus den Bruder des Joh." Vgl. die Voraussage Jesu
Mk 10₃₈f. ¹. Eine christliche Sage über die Umstände bei dieser Hinrichtung
berichtet Clem. Alex. bei Euf. h. e. 2, 9. Apokryphes über diesen Jak. bei
Lipsius, Apokr. Apostelgesch. II, 2, S. 201ff.

V. 3. Der König „ging dazu weiter (in Fortsetzung seines in V. 1
bezeichneten Verhaltens), auch Petrus zu verhaften". Zum Ausdruck vgl.
Lk 20₁₁f. Gen 4₂. Die W.: ἦσαν — ἀζύμων sind Parenthese. V. 4. „Vier
Vierschaften von Soldaten" hatten die Wache, d. h. je ein τετράδιον =
quaternio, Abteilung von 4 Mann, für jede der 4 Nachtwachen. Um die
Ruhe des Festes nicht zu stören, wollte der König ihn erst „nach dem Passah
(d. i. nach der Passahfestwoche vom 15.—21. Nisan) dem Volke vorführen"
bei der auf erhöhtem Platze stattfindenden öffentlichen Gerichtsverhandlung
(vgl. Joh 19₁₃). V. 5. „Gebet aber wurde intensiv verrichtet." Zu ἐκτενῶς
vgl. Lk 22₄₄. I Pt 1₂₂.

V. 6. προσάγειν ² hier vom „vorführen" vor die Richter wie Mt 18₂₄
(wo mit W.=H. nach BD Orig. προσήχθη zu l. ist). προάγειν hätte denselben
Sinn. Petr. war „mit zwei Ketten gefesselt". Vgl. 21₃₃. Da nach röm.
Sitte die Gefangenen in der custodia militaris unmittelbar an den be=
wachenden Soldaten gefesselt wurden (z. B. Jos. Ant. 18, 6, 7; Seneca ep.
5, 7), so ist wahrscheinlich auch an u. St., obgleich es nicht ausdrücklich ge=
sagt ist, gemeint, daß Petr. mit den 2 Ketten an die 2 Soldaten, zwischen
denen er schlief, gefesselt war. Zur Verschärfung der Bewachung war die

---

1. E. Schwartz, über d. Tod d. Söhne Zebedäi, 1904, schließt aus der St. Mk
10₃₈f., die als vaticinium ex eventu den gleichzeitigen Märtyrertod der beiden
Zebedaiden voraussetze, sowie aus der (sehr problematischen) überlieferung des Phi=
lippus Sidetes, nach Aussage des Papias seien Johannes und sein Bruder Jakobus
von Juden getötet (de Boor, TU V, 2, S. 167ff.), daß bei der Verfolgung durch He=
rodes AG 12₁ff. auch der Zebedaide Johannes umgekommen ist; im Berichte der AG.
aber sei sein Tod zu Gunsten der ephesinischen Johannes=Legende weggelassen (vom
Red.?). Zustimmend Bousset ThR 1905 S. 225ff. 295, H. Hltzm. Einl.³ S. 470f.; da=
gegen Spitta ZNW 1910 S. 39ff.; ihm erwidernd Schwartz ebendaf. S. 89ff. Die
Kombination von Schwartz hat sehr unsichere Stützen.
2. ℵ hat προσάγειν; B προσαγαγεῖν (W.=H.); A mehr. Min.: προαγαγεῖν (T.,
B. Wß); DEHLP Min.: προάγειν (Rec., Blaß). Die LA von B hat am meisten Wahr=
scheinlichkeit für sich, da das προσ auch durch ℵ, der Aor. auch durch A bezeugt ist.
In den Codd. werden die Komposita mit προ und προσ oft verwechselt (vgl. B. Wß
S. 20).

gewöhnlich einfache Fesselung verdoppelt. Die zwei anderen Soldaten der Vierschaft hielten draußen, nach V. 10 in einigem Abstand von einander, Wache. **V. 7.** Vgl. Lk 2₉. οἴκημα: „Behausung", auch im Attischen oft Euphemismus für Gefängnis (vgl. Grimm Lex.). **V. 8.** Bemerkenswert ist, wie das Anlegen der einzelnen Kleidungsstücke nach einander befohlen wird. Petr. braucht sich bei seiner Flucht nicht zu überstürzen. **V. 9.** Im Gegensatze zu ἀληθές, „Wirklichkeit", muß ὅραμα hier ein unwirkliches Traumgebilde bedeuten. **V. 10.** Sie kamen „an das eiserne Tor, das in die Stadt führt", d. h. aus dem abgeschlossenen Hause oder Hofe in den öffentlichen Raum der Stadt. Dieses Tor „öffnete sich von selbst" (αὐτομάτη, vgl. Mk 4₂₈). „Hinausgekommen[1] gingen sie eine Straße vorwärts, und gleich verließ ihn der Engel" (vgl. Lk 4₁₃). **V. 11.** Während Petr. in seinem Erstaunen bisher nicht gewußt hatte, wie der Vorgang zu beurteilen sei (V. 9), erkennt er jetzt „zu sich selbst kommend" in Wahrheit (ἀληθῶς), daß der Vorgang eine wirkliche von Gott durch einen Engel bewirkte Errettung „aus der Hand des Herodes und aus der ganzen (auf seine Verurteilung und Hinrichtung gespannten) Erwartung des Volkes der Juden" war. **V. 12.** „Als er es erkannt hatte (nämlich daß es sich so verhielt, wie nach V. 11 sagte; vgl. 14₆), kam er an das Haus der Maria, der Mutter des Johannes mit dem Beinamen Markus." Vgl. über diesen V. 25. 13₅. 13. 15₃₇f. Kol 4₁₀. Phm 24. II Tim 4₁₁. Auch nach I Pt 5₁₃ stand er in enger Beziehung zu Petr. Wenn er identisch ist mit dem Jüngling Mk 14₅₁f., so ist das Haus seiner Mutter, wo Petr. jetzt viele Gemeindeglieder versammelt trifft, wahrscheinlich auch schon die Stätte der letzten Mahlzeit Jesu mit seinen Jüngern gewesen. **V. 13.** „Als er aber klopfte (vgl. Lk 13₂₅) an der Tür des Toreinganges (vgl. 10₁₇), kam eine Magd, um zu hören (wer da sei)." **V. 14.** ἀπὸ τῆς χαρᾶς: „vor Freude hierüber". Vgl. Lk 24₄₁. **V. 15.** Sie sagten: „du bist verrückt (vgl. 26₂₄); sie aber versicherte (vgl. Lk 22₅₉), es verhalte sich so (vgl. 7₁)". „Sein Engel" ist der ihn nach jüd. Vorstellung begleitende Schutzengel (vgl. Mt 18₁₀), der nach Meinung der Versammelten die Stimme des Petr. angenommen haben konnte. **V. 16.** ἐπέμενεν κρούων: „klopfte weiter". Vgl. Joh 8₇.

V. 17. „Petr. winkte ihnen mit der Hand (vgl. 13₁₆. 19₃₃. 21₄₀), daß sie schweigen sollten", nämlich um nicht durch laute Äußerungen ihres Erstaunens (V. 16) die Aufmerksamkeit Anderer auf seine Befreiung zu lenken. Der Jakobus, dem sie die Sache melden sollen, ist ohne Zweifel derselbe, der nach 15₁₃. 21₁₈. Gal 1₁₉. 2₉ eine hervorragende Autoritätsstellung in der jerus. Gem. einnahm, d. i. „der Bruder des Herrn" (Gal 1₁₉; vgl. Mk 6₃).

---

1. D hat hinter ἐξελθόντες den Zusatz: κατέβησαν τοὺς ἑπτὰ βαθμοὺς καὶ (Blaß im β-Text; Hilgf.). Ich halte es für möglich, daß D in diesem Falle den richtigen Text bewahrt hat. Die Weglassung der Notiz vom Herabsteigen der 7 Stufen konnte dann notwendig scheinen, wenn man das in die Stadt führende Tor nicht vom Gefängnistor, sondern vom Stadttor verstand. Freilich kann der Zusatz auch eine spätere Ausmalung der Situation sein, vielleicht im Hinblick auf die Stufen 21₃₅. 40 (vgl. B. Wß, Cod. D S. 110; v. Dobschütz ThL3 1897 S. 604).

Vgl. über ihn noch Joh 7₅. AG 1₁₄. I Kor 15₇. 9₅. Gal 2₁₂; Jof. Ant.
20, 9, 1 u. Hegesipp bei Euf. h. e. 2, 23; dazu Schür. I³ S. 581f.; Zahn,
Forschungen zur Gesch. d. neut. Kanons VI, S. 225ff.; v. Dobschütz, urchriftl.
Gemeinden S. 112f. u. 272ff. Nach kathol. Tradition (vgl. auch Nösg. zu
1₁₃; Jäg. I S. 49) wäre diefer Jak. identisch mit dem Jak., des Alphäus
Sohn, unter den Zwölfen (1₁₃), der nach Mk 15₄₀. Joh 19₂₅ ein Vetter
Jefu gewefen zu fein scheint. Aber wenn man nicht aus dogmatischem Vorurteil die Existenz leiblicher Geschwifter Jefu ausschließt, muß man den an
der Spitze der jeruf. Gem. ftehenden „Bruder des Herrn" von dem zweiten
Jak. unter den Zwölfen unterscheiden. Auffallend ift freilich, daß an u. St.
diefer Unterschied nicht beftimmt hervorgehoben und die befondere Nennung
des gemeinten Jak. nicht irgendwie motiviert wird. Mey. und Blaß finden
die Erklärung darin, daß damals keiner der Zwölfe in Jer. anwefend war.
Richtiger ift es wohl, mit B. Wß hier ein Anzeichen dafür zu finden, daß der
Vf. der AG. einen fremden Bericht wiedergibt, bei dem das Bekanntfein diefes
Jak. vorausgefetzt war. — Außer dem Jak. foll man „den Brüdern" Nachricht geben. Die im Haufe der Maria Verfammelten waren, wenngleich
ἱκανοί (V. 12), doch nur ein verhältnismäßig kleiner Teil der Chriftenschaft
Jer.s. — „Hinausgehend (wahrscheinlich wie V. 9: aus dem Haufe, nicht
aus der Stadt) zog er an einen andern Ort", außerhalb Jer.s, wahrscheinlich außerhalb des Gebietes des Königs Agrippa. Auffallend ift die Un-
beftimmtheit der Angabe. Nach Nösg. zeigt sich in ihr die allerurfprünglichfte
Erzählung, die noch veranlaßt war, beftimmtere Angaben zu meiden. B. Wß
vermutet, daß der Ort in der Quelle genannt war, aber vom Bearbeiter
weggelaffen ift, weil er das in der Quelle Folgende schon antizipiert hatte
oder nicht aufnehmen wollte (vgl. Jgft S. 109f.). Wellhaufen NGW 1907
S. 9, dem Schwartz ebendaf. S. 273f. zuftimmt, nimmt an, daß in der Quelle
Antiochia genannt war. Nach alter katholischer Tradition ift Petr. schon
damals nach Rom gekommen (vgl. Felt. S. 240ff.). Harnack, Chronol. I
S. 243f., Beitr. III S. 32f. fieht in unferer Angabe einen Reft der alten
Überlieferung, wonach die Zwölfe auf Grund eines ausdrücklichen Herrnbefehls
nach 12 Jahren nach dem Tode Jefu, d. i. im J. 42, von Jer. fortgezogen
find (Kerygma Petr. bei Clemens Al. Strom. VI, 5, 43; Apollonius bei Euf.
h. e. 5, 18, 14; vgl. v. Dobschütz in TU XI, 1 S. 52ff.). Daß Petr. Miffions-
reifen unternahm, bezeugt auch I Kor 9₅.

V. 18. Bei den Soldaten „war eine nicht geringe Aufregung, was denn
aus Petr. geworden wäre". Die Litotes (οὐκ ὀλίγος) kommt in der AG.
häufig vor; z. B. 14₂₈. 15₂. 19₂₈f. 21₃₉. Vgl. Harnack I S. 39. Zu τί
ἄρα ὁ Π. ἐγένετο vgl. Lk 1₆₆. V. 19. Herodes „befahl sie abzuführen",
d. h. wahrscheinlich zur Hinrichtung (vgl. Lk 23₂₆). D* fetzt ἀποκτανθῆναι
ein. Doch macht Neftle, Philologica sacra S. 53 darauf aufmerkfam, daß
in Gen 39₂₂. 40₃. 42₁₆ ἀπάγεσθαι auch vom Abführen ins Gefängnis gebraucht ift. — Herodes „zog von Judäa hinunter nach Cäsarea und hielt
sich (dort) auf". V. 20. Das nur hier im NT vorkommende θυμομαχεῖν
bed. eigentlich „heftig kämpfen". Ein wirklicher Krieg des Agrippa gegen

Tyrus und Sidon aber ist weder geschichtlich bezeugt, noch war er damals
bei der Zugehörigkeit dieser Städte zur röm. Provinz Syrien möglich. Ge=
meint ist also: „heftige Feindschaft haben". Den Grund dieser Feindschaft
wissen wir nicht. Betätigen konnte sie sich in empfindlicher Schädigung des
Handels und der Verproviantierung (διὰ τὸ τρέφεσθαι κτέ.) der beiden be=
nachbarten phönicischen Städte. Das πρὸς neben παρῆσαν ist prägnant ge=
braucht gemäß der eingeschlossenen Vorstellung von dem Hinkommen zu ihm.
„Indem sie Blastus, den Kammerherrn des Königs (also einen der Person
des Königs nahestehenden obersten Hofbeamten) für sich gewannen, baten sie
um Einstellung der Feindseligkeiten." κοιτών ist hellenistische Bezeichnung für
das Schlafgemach. V. 21. „Am festgesetzten Tage aber (an dem Audienz=
tage, den Blastus ihnen vermittelt hatte; B. Wß) hielt er, angetan mit königs=
lichem Gewande auf dem Thron sitzend, eine öffentliche Ansprache an sie (d. i.
an die phönicischen Abgesandten)." V. 22. ὁ δῆμος: „das versammelte Volk".
Im NT nur noch 17₅. 19₃₀. ₃₃. V. 23. „Plötzlich schlug ihn ein Engel des
Herrn (vgl. II Reg 19₃₅; ein strafendes Schlagen, anders als vorher V. 7)
zur Vergeltung dafür (ἀνθ᾽ ὧν wie Lk 1₂₀. 19₄₄. II Th 2₁₀), daß er nicht
Gott die Ehre gab", wie er durch Abweisung des Zurufes V. 22 hätte tun
müssen. Er wurde „Würmerfraß". Vgl. das Ende des Antiochus Epiphanes
nach II Mak 9₅. ₉. ἐξέψυξεν wie 5₅. ₁₀. Bei der bezeichneten Todesart kann
der Tod doch wohl nur als ein allmählich eingetretener gedacht sein. — Eine
in den Einzelheiten abweichende, in der Hauptsache übereinstimmende Tradition
über das plötzliche Ende des Agrippa gibt Jos. Ant. 19, 8, 2 [1]. Von Streitig=
keiten mit den phönicischen Städten weiß er nichts. Agrippa habe in Cäsarea
einem öffentlichen Schauspiele zu Ehren des Kaisers beigewohnt, und zwar
in einem ganz silbernen Prachtgewande. Als dieses in der Sonne glänzte,
hätten ihn die Schmeichler einen Gott genannt und ihm wie einem Gotte
gehuldigt, was er sich habe gefallen lassen. Kurz hinterher habe er über
seinem Haupte auf einem Seile eine Eule sitzen gesehen und in ihr eine ihm
früher geweissagte Todesbotin erkannt. Sofort sei er von heftigen Leib=
schmerzen befallen worden, in seinen Palast zurückgebracht und nach 5 Tagen
gestorben.

V. 24. Die wachsende Ausbreitung des Wortes Gottes [2], d. h. der Ver=
kündigung und Annahme des christl. Evang.s (vgl. 6₇. 19₂₀), steht im Gegen=
satz zu dem schrecklichen Ende des Verfolgers der Gem. **V. 25.** „Barnabas
und Saul kehrten zurück (nach Antiochia), nachdem sie nach Jer. hin [3] ihre

---

1. Vgl. Krenkel, Jos. u. Lk. S. 203 ff., welcher in diesem Falle die wesentliche
Unabhängigkeit des Vf.s der AG. von Jos. anerkennt und die Vermutung ausspricht,
die besondere Tradition der AG. gehe auf den Evangelisten Philippus in Cäsarea
zurück, von dem sie der Vf. des Wirberichts gehört und in sein Reisetagebuch aufge=
nommen habe.
2. Vielleicht ist statt λόγ. τ. θεοῦ nach B vulg. zu l.: λόγ. τ. κυρίου (W.=H.,
B. Wß).
3. אBHLP 61. al., syr. p· marg·, aeth. ro·, ar. p· haben εἰς Ἱερ. (W.=H.); dagegen
A viel. Min. und mehr. Verss.: ἐξ Ἱ. (T., B. Wß, Blaß); DE mehr. Min. vulg.: ἀπὸ
Ἱ. (Blaß im β=Text). Die LA εἰς Ἱ. ist wahrscheinlich die ursprüngliche. Weil sie bei
Verbindung der W. mit ὑπέστρεψαν keinen passenden Sinn bot, änderte man sie teils

Dienstleistung vollzogen hatten." εἰς steht so prägnant wie 2₆ u. ö., die Vorstellung ihres Hinkommens nach Jer., wo sie dann den Dienst verrichteten, einschließend. Über Markus s. zu V. 12. Gemäß der latein. Vokallänge hält Blaß (vgl. Gr. § 4, 2) die Accentuation *Μᾶρκον* für richtiger.

Kap. 13.

V. 1—12. Missionsreise des Barn. und Paul., zuerst nach Cypern¹. V. 1. „Es waren aber in Antiochia bei der bestehenden Gem. Propheten und Lehrer." Das scheinbar überflüssige Part. οὖσαν (vgl. Röm 13₁), mit dem die Ortsbestimmung nicht direkt verknüpft ist (wie 11₂₂), ist dann motiviert, wenn nicht nur überhaupt das Bestehen der Gem. in Ant. bezeichnet werden soll, sondern in Ant. die dort bestehende Gem. in Gegensatz gedacht ist zu fremden, mit ihr verkehrenden, aber nicht zu ihr gehörenden Elementen. Als solche waren in der Quelle, wo unser Stück sich unmittelbar an 11₂₇f. anschloß, die von Jer. nach Ant. gekommenen Propheten gemeint. Ihnen werden jetzt gegenübergestellt die zum antioch. Gemeindebestande gehörigen Propheten. Über „Propheten und Lehrer" vgl. Harnack, Mission² II S. 280ff. Lehrer werden neben den Propheten genannt auch I Kor 12₂₈f. (vgl. 14₂₆: διδαχὴν — ἀποκάλυψιν), Eph 4₁₁ (Röm 12₆f.); vgl. Did. 15, 1. Alle Propheten sind insofern auch Lehrer, als ihre Verkündigung zur erbau= lichen Unterweisung dient (I Kor 14₃f.); aber nicht alle Lehrer sind auch Propheten und bei koordinierter Stellung der Lehrer neben den Propheten sind unter den ersteren solche Prediger gemeint, die nicht das besondere pro=

in ἐξ, teils in ἀπό. E mehr. Min. syr. ᵇᶜʰ· sah. ar. ᵉ·, haben dann noch den Zusatz εἰς Ἀντιόχειαν (auch von Blaß in den β=Text aufgenommen). Die sekundäre Entstehung der LA εἰς Ἰ. dagegen wäre schwer begreiflich. Aber dieses εἰς Ἰ. ist auch dem Sinne nach möglich, wenn man die W. mit dem folgenden πληρώσαντες κτέ. verbindet. Die Konjektur von W.=H., daß der Text ursprünglich gelautet habe: τὴν εἰς Ἰ. πληρώσαντες διακονίαν scheint mir nicht notwendig zu sein.

1. Der anscheinend neue Anfang der Erzählung in 13₁, wo Barn. und Saul. trotz 12₂₅ wie bisher unbekannte Personen eingeführt werden, hat viele Forscher zu der Annahme geführt, daß von hier an eine neue Quelle verwertet sei. Zum Teil leitet man aus ihr nur K. 13 u. 14 her (Schleiermacher, Einl. S. 353f.; Bleek StKr 1836 S. 1043; Einl. ⁴ S. 446f.; Gfrörer, heil. Sage I S. 422ff.; Schneckenb. S. 60. 155f.; Ewald S. 42ff.; Olsh.; Mey.; de W.; Jacobsen S. 16f.; Weizs. S. 231), zum Teil auch weitere Stücke der AG. (so Clemen, Paulus I S. 218f.; nach Ramsay, Church p. 6f. beginnt das travel-document). Andere finden hier eine frühere Quelle fort= gesetzt: Schwanbeck S. 8f. 60f. 112ff. die schon in 11₁₉—₃₀ verwertete Barnabas=Quelle; Sorof S. 77ff. die echte Lukas=Schrift, in der aber wieder eine besonders für Barn. interessierte schriftl. Quelle verwendet war; v. Manen, S. 50. 97ff. die Handelingen van Paul.; Sp. S. 161ff. u. Jgst S. 115ff. ihre Quelle A; Hilgf. ZwTh 1896 S. 26ff., Acta p. 279 seine Quelle C; Harnack III S. 138. 155 die antiochen. Quelle. In der Tat sprechen verschiedene Anzeichen in K. 13 u. 14 für das Benutztsein einer schriftl. Quelle. Die Neueinführung des Barn. und Saul. in 13₁ aber kann natürlich nicht beweisen, daß die Quelle hier erst überhaupt beginnt, sondern nur, daß in ihr vorher noch nicht von jenen beiden Männern die Rede war. Das Stück 13₁₋₃ steht inhalt= lich und auch formell (s. oben zu οὖσαν) in engem Zusammenhang mit 11₂₇f. (s. d. Anm. zu 11₁₉ u. 11₂₈). So haben wir in K. 13 u. 14 eine Weiterbearbeitung der= selben Quelle anzuerkennen, aus der der Grundbestand von 6₁—8₃ u. 11₁₉—21. 26b. 27f. stammen.

phetische Charisma haben, d. i. nicht vermöge göttlicher ἀποκάλυψις reden. Vielleicht ist durch die Partikelsetzung τε — καὶ — καὶ, τε — καὶ angedeutet, daß von den 5 genannten Männern die 3 ersten die Propheten und die 2 an= deren die Lehrer waren (Mey., Hlhm., B. Wß, Zöckl.; auch Harnack a. a. O. S. 282f.). Notwendig erscheint mir jedoch diese Scheidung nicht (vgl. Sohm, Kirchenrecht S. 49). Nach I Kor 14₆ hatte auch Paul. später das Bewußt= sein, das prophetische Charisma zu besitzen. Jedenfalls sind die 5 Genannten als die Gesamtheit der damaligen Proph. und Lehrer in Ant. gemeint. Da Barnabas in der Quelle hier zuerst genannt war, so ist es in Anbetracht der Zusätze bei den 3 folgenden Namen wahrscheinlich, daß die umständliche Na= mensbezeichnung, die der Vf. der AG. bei seiner ersten Einführung des B. 4₃₆ gibt, in der Quelle ganz oder zum Teil an u. St. ihren Platz hatte. Nach der Quelle gehörten Βαρν. ὁ Κύπριος und Λούκιος ὁ Κυρηναῖος wohl zu den ersten Stiftern der antioch. Gem. (11₂₀). Über Συμεών (= Σίμων) mit dem latein. Namen Niger, Λούκιος aus Kyrene und Μαναήν (= מנחם) wissen wir nichts weiteres [1]. Letzterer wird als σύντροφος des Tetrachen Herodes (d. i. des Herodes Antipas 4₂₇) bezeichnet. Das W. (vgl. II Mak. 9₂₉; in I Mak 1₆ ist nach א συνέκτροφοι zu l.) bed. eigentlich: „Mitauf= erzogener", dann aber allgemeiner: „Vertrauter" eines Fürsten. Vgl. Deißm., Bibelstud. S. 178ff. Über Σαῦλος s. zu V. 9.

V. 2.   „Als sie (die in V. 1 Genannten) aber dem Herrn dienten und fasteten, sprach der h. Geist." λειτουργεῖν ist der vom Tempeldienst der jüd. Priester gebräuchliche Ausdruck (Ex 28₃₅ u. ö.; Lk 1₂₃. Hbr 9₂₁. 10₁₁), der in der ältesten Christenheit auf die verschiedenen christlichen Funktionen über= tragen wird, die an die Stelle jenes jüd. Kultus traten (II Kor 9₁₂. Röm 15₁₆. ₂₇. Phl 2₁₇. ₂₅. ₃₀. Hbr 8₂. ₆. Did. 15, 1 u. vgl. Harnack zu d. St. (TU II, 2 S. 57f.). An u. St. ergibt sich aus dem Zusatz τῷ κυρίῳ, daß nicht, wie in Did. 15, 1, an den der Gem. durch Verkündigung des Wortes geleisteten Dienst, sondern an kultische Verehrung gedacht ist, also wohl speziell an gemeinsames Gebet. Mit diesem ist Fasten verbunden (vgl. V. 3 u. Lk 5₃₃). Bei diesem Kultusakte gibt der h. Geist durch einen (oder einige) der an= wesenden Propheten eine ἀποκάλυψις (vgl. 11₂₈. 21₁₁). Wenn man den quellenmäßigen Zusammenhang unserer Erzählung mit 11₂₇f. annimmt, so erkennt man in dem Geisteswort der antioch. Propheten: „sondert doch aus für mich den Barn. und Saul. zu der Arbeit, zu der ich sie berufen habe", die Antwort auf die prophetische Aussage des Agabus. Jetzt gleich sollen von der antioch. Gem. Männer ausgesandt werden, um dem großen Hunger der οἰκουμένη eine Befriedigung zu schaffen (s. d. Anm. zu 11₂₈). ἀφορίζειν wie Gal 1₁₅. Röm 1₁ von der bevorzugenden Auswahl zum Apostelberufe. δή verstärkt die Aufforderung wie 15₃₂. Lk 2₁₅. μοι: mir zum Dienste. ἔργον hier, wie oft, nicht von einer einzelnen Handlung, sondern von einer zu=

---

1. Die Vermutung Wellhausens NGW 1907 S. 13, daß der hier genannte Ma= naëm identisch sei mit dem essäischen Propheten Manaëm, der nach Jos. Ant. 15, 10, 5 dem Knaben Herodes seine Zukunft ansagte, und daß unser Verf. Herodes den Großen mit Herodes Antipas verwechselt habe, ist sehr willkürlich.

ſammenhängenden Arbeit gebraucht. Vgl. 14₂₆. 15₃₈. I Kor 15₅₈. 16₁₀.
Röm 2₇. Joh 4₃₄. 17₄. Mt 13₃₄. δ attrahiert für εἰς δ. προσκέ-
κλημαι (vgl. 16₁₀) nicht auf die Berufung der Beiden nach Ant. (B. Wß),
ſondern auf ihre Berufung zu der von Gott gewollten Arbeit zu beziehen.
Das Perf. ſteht, weil Gott die Abſicht, dieſe Miſſionare auszuſenden, nicht
erſt jetzt faßt, ſondern immer ſchon gehabt hat. **V. 3.** Veranſtaltung eines
neuen gottesdienſtlichen Aktes zur feierlichen Ausſendung der beiden Miſſionare. Subj. ſind auch hier noch die in V. 1 Genannten. Die Gem. iſt,
wie bei dem Akte V. 2, wohl als gegenwärtig gedacht. Über die Handauflegung ſ. 3. 6₆.

V. 4. „Sie nun (d. i. die bei αὐτοῖς V. 3 gemeinten Barn. u. Saul.),
ausgeſandt vom h. Geiſte (durch die in V. 2 berichtete Offenbarung), kamen
hinüber nach Seleucia (der nahe bei Ant. am Ausfluſſe des Orontes gelegenen Hafenſtadt) und fuhren von da zu Schiff nach Cypern." Für den
Cyprier Barn. (4₃₆) war ſeine Heimat begreiflicherweiſe das erſte Miſſions-
ziel. **V. 5.** „Angelangt in Salamis (einer an der Oſtküſte Cyperns gelegenen Stadt) verkündigten ſie das Wort Gottes in den Synagogen der
Juden." Vgl. 3. V. 14. Der Johannes, den ſie „als Gehülfen" hatten, iſt der
12₁₂. ₂₅ genannte Joh. Markus[1]. **V. 6.** In Paphos, der Reſidenz des Prokonſuls an der Weſtküſte der Inſel, „trafen ſie einen jüdiſchen Magier, einen Pſeudo-
propheten (wie Simon 8₉), namens Barjeſus (= בַּר יְשׁוּעַ d. i. Sohn Jeſu
od. Joſuas)[2]. **V. 7.** Sergius Paulus heißt ἀνθύπατος, „Prokonſul". Cypern,
das urſprünglich zu den imperatoriſchen Provinzen gehört hatte, war von
Auguſtus dem Senate zurückgegeben (Dio Caſſ. 54, 4); die Chefs der ſena-
toriſchen Provinzen aber führten den Titel Prokonſul. Wahrſcheinlich iſt

---

1. Hilgf. Acta p. 279 s. hält dieſe nachhinkende Notiz über den Johannes Markus, ebenſo wie die auf denſelben Joh. bezüglichen Sätze 12₂₅b u. 13₁₃b für redaktionelle Zutat.
2. Die Schreibung des Namens iſt unſicher. BCE d. meiſt. Min. sah. Chrſ.
haben: Βαριησοῦς (Lachm., W.-H., B. Wß); א 40 al. vulg. cop. syr.ᴾ· arm.: Βαρ-
ιησοῦ (T.); AHLP viele Min. syr.ᴾ· ᵐᵃʳᵍ·: Βαριησοῦν; D*: Βαριησουάν [od. -ὰμ]
mit vorangehendem ὀνόματι καλούμενον (Blaß); Lucif.: Bariesuban. In V. 8 haben
dann D Lucif. ſtatt Ἐλύμας: Ἑτοιμᾶς. Kloſtermann, Probleme im Apoſtelterte S. 21 ff.
hat dieſe Lesarten v. D Lucif. verteidigt, weil bei ihnen der zweite Name als griech.
Interpretation des hebräiſchen erſteren aufgefaßt werden könne, wie es nach dem
Zwiſchenſatze οὕτως γὰρ κτἑ. in V. 8 die Meinung des Vf.s ſei. Ebenſo Zahn NKZ
1904, S. 195 ff. Aber dieſer Zwiſchenſatz ſtellt vielmehr den Begriff ὁ μάγος als Überſetzung von Ἐλύμας hin (ſ. oben). Die Namen bei D Lucif. ſcheinen die Folge einer
verkehrten Auffaſſung dieſes Zwiſchenſatzes zu ſein. Zugleich wirkte wohl der Wunſch
mit, dem Namen des Magiers eine Deutung zu geben, die jede Verwandtſchaft mit
dem Namen Jeſu ausſchloß. Der Auffaſſung, daß Ἐλύμας (bezw. Ἑτοιμᾶς) als Überſetzung von Βαριησοῦς gelten ſolle, entſpricht es, daß E Lucif., gig. wernig. den
Zuſatz δ μεθερμηνεύεται Ἐλ. (bezw. Ἑτ.) ſchon in V. 6 gleich hinter Βαριησ. ſtellen
(ſo Blaß im β-Text). Harris Exp. 1902, I p. 189 ff., Zahn a. a. O., Clemen, Paulus
I S. 222 f. (vgl. auch Knopf 3. u. St.) identifizieren den durch D Lucif. bezeugten
Ἑτοιμᾶς = Ἕτοιμος an u. St. mit dem cypriſchen Magier Ἄτομος, den Joſ. Ant.
20, 7, 2 (wo die ſchlechtere handſchriftliche Überlieferung den Namen Simon bietet)
bei der Geſchichte des röm. Prokurators Felix erwähnt. Den genannten Forſchern erſcheint dieſe Namensverwandtſchaft als Stütze für das Recht der occident. LA an u. St.
Dagegen wieder Pieper in: Theologie u. Glaube 1910 S. 568, mit Hinweis darauf,
daß Tert. de anima 57 u. de pudicitia 21 Elymas hat.

dieſer Serg. Paul. identiſch mit dem gleichnamigen Manne, den Plinius in den Autorenverzeichniſſen des 2. u. 18. Buches der hist. nat. aufführt und dem er einige Notizen über Cypern in dieſen beiden Büchern (II, 90. 97. 112. XVIII, 12. 57) zu verdanken ſcheint (vgl. Lightfoot CR 1878 p. 290 f.; Essays on supernat. relig. 1889 p. 295); ferner mit dem auf einer cypri= ſchen Inſchrift bezeugten Παῦλος ἀνθύπατος (vgl. Cesnola, Cyprus, 1877 p. 425; überſ. Jena 1879 S. 379); vielleicht auch mit dem L. Sergius Paullus, der inſchriftlich (Corp. Insc. Lat. VI, 31545) als einer der 5 Curatores riparum et alvei Tiberis in Rom zur Zeit des Claudius bezeugt iſt. Vgl. Zahn NkZ 1904 S. 189 ff. Als „einſichtiger Mann" wird dieſer Prokonſul charakteriſiert wegen ſeiner Zugänglichkeit für das chriſtl. Evang.

V. 8. Da der parenthetiſche Zuſatz: οὕτως γὰρ μεθερμενεύεται τὸ ὄνομα αὐτοῦ nicht bei Ἐλύμας, ſondern bei ὁ μάγος ſteht, wird durch ihn nicht beſagt, daß Ἐλύμας Überſetzung von Βαριησοῦς V. 6, ſondern daß ὁ μάγος Überſetzung von Ἐλύμας iſt. In der Tat bed. das arabiſche W. Ἐλύμας: „der Weiſe" oder κατ᾽ ἐξοχήν: „der Magier". Es iſt alſo nicht Eigenname des Mannes, wie Barjeſ., ſondern Titel zur prahleriſchen Bezeichnung ſeiner Kunſt, ähnlich wie ſich bei uns Zauberkünſtler gern durch den Titel „Pro= feſſor" den Nimbus einer beſonderen Weisheit geben. Auffallend iſt freilich, daß Ἐλύμας ſo ohne vermittelnde Erklärung als Bezeichnung für den vorher anders genannten Mann eintritt. Bei freier, erweiternder Wiedergabe eines ſchriftlichen Quellenberichtes konnte eine ſolche Undeutlichkeit in dem Gebrauche der Namen leicht eintreten[1]. — Der Magier ſuchte den Prokonſul „abwendig zu machen vom Glauben", eigentlich: „zu verdrehen vom Glauben weg" (vgl. Ex 5₄)[2].

V. 9. Nachdem zu Saulus hier der Zuſatz gemacht iſt: „der auch Paulus (heißende)", wird in der AG. ebenſo konſtant, wie bisher der erſtere Name, von jetzt an der zweite gebraucht (ausgen. in den auf die Bekehrung des P. bezüglichen Abſchnitten von K. 22 u. 26). Man hat daraus, daß dieſer

---

1. Sorof S. 78 f. findet in dieſem Namenswechſel ein Anzeichen dafür, daß Lk. mit V. 8 ſeine ſchriftl. Quelle verläßt und einer mündlichen Tradition folgt. Auch v. Manen S. 98 f. meint, daß hier zweierlei Berichte, in denen der Goët ver= ſchieden benannt und charakteriſiert war, verbunden ſind. Ebenſo hält Jgſt S. 119 ff. die Bezeichnungen des Mannes einerſeits als Magier, andrerſeits als jüd. Pſeudo= prophet für unvereinbar und betrachtet V. 8—12 (und in V. 6 das W.' μάγον) als Einſchübe des Red., der eine Parallele zu der Geſchichte von dem Magier Simon in K. 8 und zu dem Strafwunder an Paul. 9₈ ſchaffen wollte. In der Tat iſt eine ge= wiſſe Ähnlichkeit unſerer Geſchichte mit der von Sim. Mag. unverkennbar: hier wie dort wird einem Goëten von einem Ap. die Schlechtigkeit ſeiner Perſon und die gott= widrige Verkehrtheit ſeines Trachtens vorgehalten (vgl. beſ. den Anklang von 13₁₀b an 8₂₁b). Dieſe Ähnlichkeit iſt m. Er. daraus zu erklären, daß der Vf. d. AG. hier wie ſonſt das Detail ſeiner Erzählungen und ſpeziell der Reden frei bildete und bei ähnlichen Situationen zu ähnlichen Formulierungen kam. Die Grenzen zwiſchen dem Berichte der Quelle und den Zutaten des Red. laſſen ſich aber kaum genau beſtimmen. Vielleicht war in der Quelle nur kurz bemerkt, daß P. vor dem Prokonſul dem Goëten mit dem Gerichte Gottes drohte und daß ſeine Worte den Prokonſul in Erſtaunen ſetzten. Nach Sp. S. 165 f. iſt V. 6—12 ein Einſchub aus der Quelle B.

2. DE syr.P· haben hier noch den erklärenden Zuſatz: ἐπειδὴ ἥδιστα (E: ὅτι ἡδέως) ἤκουεν αὐτῶν. So Blaß im β=Texte u. Hilgf.

Wechſel des Namensgebrauchs gerade bei der Geſchichte‘ von der Bekehrung des Sergius Paul. eintritt, ſeit alter Zeit (ſchon ḥieron. in ep. ad Philem.; vgl. de vir. ill. 5) vielfach geſchloſſen, daß Saul. eben wegen dieſer Bekeh= rung den Namen des vornehmen Römers angenommen habe. Daß eine der= artige Namensannahme möglich war, hat neuerdings Deſſau, Ḥermes 1910 S. 347 ff. nachgewieſen. Br. I S. 106, Zell. S. 213, Ḥausrath II S. 525, Overb. meinen, daß dieſe Beziehung auf den Namen des Prokonſuls wenig= ſtens im Sinne unſr. Vf.s gelegen habe. Aber der Vf. hätte ſie, wenn nicht direkt, ſo doch dadurch wenigſtens indirekt andeuten müſſen, daß er den Namen Paul. erſt nach erfolgter Bekehrung, alſo in V. 13, hätte eintreten laſſen. Auch kann das einfache ὁ καί, ohne Zuſatz von ἀπὸ τότε, nicht einen damals geſchehenen Namenswechſel bezeichnen. Es gibt, wie häufige Fälle des damaligen Sprachgebrauchs beweiſen (vgl. Schür. II³ S. 62, Deißm., Bibelſtud. S. 181 ff.), nur einen beſtehenden Doppelnamen an. Schon vorher alſo trug der Ap., wie manche andere Juden jener Zeit (vgl. 1₂₃. 12₂₅. 13₁. Kol 4₁₁), neben ſeinem hebräiſchen Namen einen lateiniſchen. Daß ein ortho= doxer Jude damals nicht den Namen Saul getragen haben könne und daß alſo die Überlieferung der AG. über dieſen Namen des P. unglaubwürdig ſei, hat mit Unrecht Krenkel, Beitr. 3. Geſch. u. Br. d. P. S. 17 ff. be= hauptet. Vgl. dagegen Benrath ThLZ 1891 S. 143 f. u. Schür.s Anm. ebendaſ. Eine bedeutſame Beziehung des Sinnes des Namens Paulus auf die Bekehrung oder den Apoſtelberuf des P. läßt ſich nur künſtlich finden (z. B. nach Auguſt. de spir. et lit. 12; Serm. 315, 5; 279, 5 demütige Selbſtbezeichnung des Ap.s als exiguus; nach Otto ZWL 1882 S. 235 ff. vom hebr. Stamme שׁאל herzuleiten = ἐκλεκτός, ἀφωρισμένος, als Bezeich= nung der apoſtol. Würde). Wahrſcheinlich iſt der latein. Name nur wegen ſeines Anklangs an den hebr. gewählt (vgl. Deißm. a. a. O. S. 183 f.). Der Ap. bezeichnet ſich in ſeinen Briefen ſtets mit dem latein. Namen (vgl. ſeine Vorliebe für die röm. Provinzialnamen bei geographiſchen Bezeich= nungen: z. B. I Kor 16₁. II Kor 8₁. 9₂. Gal 1₂₁f. Röm 15₂₆). Gewiß führte er auf ſeinen Reiſen immer dieſen Namen. So iſt es alſo ganz an= gemeſſen, daß auch in der AG. dieſer Name beim Beginn ſeiner erſten Miſſions= reiſe eintritt. Aber warum nicht ſchon von 13₁ an? Man darf vermuten, daß wirklich in der Quelle gleich in 13₁, bei der erſten Erwähnung des Mannes, der Name Paul. (oder der Doppelname) ſtand[1]. Aber da der Vf. der AG. vorher bei der Bekehrungsgeſchichte den Namen Saul. gebraucht hatte, weil dieſer in der Anrede des erſcheinenden Chriſtus beſtimmt über= liefert war (26₁₄), ſo behielt er dieſen Namen nun bis 13₉ bei, gewiß nicht nur deshalb, weil ihm erſt hier durch den Namen Serg. Paul. die Erinne= rung an den gleichen Namen des Saul. geweckt wurde (Heinrichs), ſondern wahrſcheinlich mit Vorbedacht, um bei dem Zuſammentreffen des Ap.s mit

---

1. Blaß gibt im β=Texte nach syr.ᴾ· u. par. ſchon in 12₂₅ den Zuſatz: ὁ ἐπικα- λούμενος Παῦλος, dann in 13₁.₂: Παῦλ., in V. 7: Σαῦλ. u. in V. 9: Σαῦλ. δὲ ὁ κ. Π. Der Vf. habe in 13₈ zur Unterſcheidung von Serg. Paul. den Namen Saul. wieder eingeführt. Vgl. StKr 1896 S. 465 u. ed. Act. sec. form. rom. p. IX

einem anderen Paul. Die Perſonen zunächſt noch mit verſchiedenen Namen auseinanderzuhalten und ihre Gleichnamigkeit dann ſo zu bemerken, daß ein Mißverſtändnis ausgeſchloſſen war. Ähnlich Jäg. II S. 4 ff. **V. 10.** „O du von jedem Truge und jeder Spitzbüberei (ῥᾳδιούργημα wie 18₁₄) Voller, Teufelsſohn (wahrſcheinlich beabſichtigter Kontraſt zu dem Namen Βαριησοῦς; vgl. für den Sinn Joh 8₄₁—₄₄. Mt 23₁₅; für den Sprachgebrauch: Deißm., Bibelſtud. S. 161 ff.), Feind jeder Rechtſchaffenheit (δικαιοσύνη wie 10₃₅), wirſt du nicht aufhören, die geraden (d. i. richtig auf ihr Ziel führenden) Wege des Herrn (Gottes, nach V. 11) zu verkehren (d. i. von ihrem Ziele abzulenken)?" Gottes Abſicht, den Prokonſul zum chriſtlichen Heile zu führen, wollte der Magier vereiteln. Zu διαστρέφειν τὰς ὁδοὺς vgl. Prv 10₉. Mch 3₉. **V. 11.** Bei ἐπὶ σέ iſt zu ergänzen ἐστί oder ἔσται: „ſiehe des Herrn Hand (d. i. Gottes Hand wie Lk 1₆₆, und zwar die ſtrafende wie Hbr 10₃₁) iſt (oder kommt) über dich, und du wirſt blind ſein, die Sonne nicht ſehend, eine Zeit lang (ἄχρι καιροῦ wie Lk 4₁₃; vgl. 1₂₀)". Iſt das Aufhören der Strafe abhängig von dem Aufhören ihrer Ur-ſache, des Widerſtandes V. 8, gedacht (Mey.)? „Plötzlich fiel auf ihn Dunkel und Finſternis." Über den ſpeziellen mediziniſchen Sinn von ἀχλύς vgl. Hobart, The medical language of St. Luke, p. 44 f.; Harnack I S. 134. περιάγων intranſ.: „umhergehend" (vgl. Mt 4₂₃ u. ö., wo aber mit Akk. d. Ortes). **V. 12.** Die W. ἐπὶ τῇ διδαχῇ τοῦ τ. κυρίου ſind nicht mit ἐπίσ-τευσεν zu verbinden (Blaß), ſondern wie Lk 4₃₂. Mt 1₂₂ mit ἐκπλησσό-μενος. Der Prokonſul ſtaunt über die göttliche Autorität der Lehre, die ſich in der wunderbaren Beſtrafung ihres Bekämpfers zeigt. Dieſes Staunen be-gleitet (Part. praes.) ſein Gläubigwerden.

V. 13—52. Weiterreiſe und Aufenthalt im piſidiſchen An-tiochia. V. 13. Ἀνάγεσθαι wie 16₁₁ u. ö. (auch im klaſſ. Sprachgebrauch) vom Auslaufen in See. οἱ περὶ Παῦλον: „die Reiſegeſellſchaft des P.", dieſen ſelbſt einſchließend. Vgl. Joh 11₁₉. P., nicht mehr Barn., erſcheint von hier an als Hauptperſon (doch vgl. 14₁₂ und die Voranſtellung des Barn. 14₁₄. 15₁₂. ₂₅). Daß bisher auf Cypern wirklich Barn. der eigentliche Leiter des Miſſionswerkes geweſen war, findet Hausrath II S. 526 mit Recht dadurch beſtätigt, daß ſpäter bei der Trennung des P. u. Barn. 15₃₉ff. der letztere ſich nach Cypern wendet, während P. nach Kleinaſien geht und, wie es ſcheint, Cypern nie wieder aufgeſucht hat. Über den Hafenplatz Attalia (14₂₅) an der Südküſte Kleinaſiens gelangen ſie nach Perge, einer alten Stadt Pamphyliens. Für Johannes Markus lag wahrſcheinlich in der Scheu vor den großen Strapazen und Gefahren der beabſichtigten Weiterreiſe durch das unwirtliche Gebirgsland Piſidiens das Motiv zur Rückkehr. Auf keine Reiſe des P. treffen ſeine Worte II Kor 11₂₆f. wohl mehr zu als gerade auf dieſe (vgl. Ramſay, Church p. 23 f.). Daß P. u. Barn. dieſe beſchwerliche Weiter-reiſe ins Innere Kleinaſiens unternahmen, iſt wohl nicht nur daraus zu er-klären, daß ſie von dem Vorhandenſein vieler Juden und Proſelyten dort wußten (Blaß). Denn größere Judengemeinden konnten ſie auch in den be-quemer zu erreichenden Städten des Küſtengebietes Kleinaſiens finden. Maß-

gebend wird für sie vielmehr der Gedanke gewesen sein, daß ihr Missions=
beruf nicht an die eigentlichen Hellenen bei ihrer entarteten Kultur und
Weisheit (Röm 1 24ff. I Kor 1 20f.), sondern an die βάρβαροι (Röm 1 14)
ginge. Es bedurfte später besonderer Gottesweisungen, um den P. zu ver=
anlassen, zu den eigentlichen Hellenen zu gehen (16 6 — 10). Nachdem er diese
Weisungen verstanden hatte, suchte er dann die Zentren der hellenischen
Kultur auf.

V. 14. Sie kamen „nach dem pisidischen Antiochia"[1]. Die genauere
Bezeichnung der Stadt ist Ἀντιόχεια ἡ πρὸς τῇ Πισιδίᾳ (Strabo 12, 577).
Die Stadt, im südl., pisidischen Phrygien gelegen, war von Seleucus Nicanor
erbaut und durch Augustus zur röm. Kolonie erhoben. Vgl. Kiepert, Lehrb.
d. alten Geographie 1877 S. 104; Ramsay, Church p. 25f.; J. Wß Art.
„Kleinasien" in R. E.³ (S. 560)[2]. Am Sabbat gingen hier P. u. Barn. in
die Synagoge.

Die AG. berichtet hier und weiterhin (13 5. 14 1. 16 13. 17 2. 10. 17. 18 4. 19 8), daß
P. auf seinen Missionsreisen regelmäßig, wenn er in eine neue Stadt kam, zuerst am
Sabbat in die Synagoge gegangen sei und dort die Juden für das Evang. zu ge=
winnen gesucht habe. Die Widerspenstigkeit der Juden habe ihn dann immer wieder
veranlaßt, sich von ihnen zu trennen und seine Predigt weiterhin ganz den Heiden
zu widmen. Von den Kritikern der Tübinger Schule ist diese Darstellung der Missions=
methode des P. als besonders ungeschichtlich und tendenziös beurteilt worden (vgl.
Br. I S. 356 ff.; Zell. S. 308ff.; Overb. zu 13 46; Weizs. S. 92 f. 231; Hltzm., Hand=
Komm. Einl. 3. AG. II, 4). In der Tat kann P. nicht immer von neuem in der Ab=
lehnung des Evang.s seitens der Juden die Begründung seines Rechtes gefunden haben,
sich den Heiden zuzuwenden, wie es nach 13 46. 18 6. 28 25 — 28 erscheint. Denn er hatte,
wie wir aus seinen Briefen ersehen, das klare Bewußtsein, speziell zum Heidenapostel
von Gott berufen und begabt zu sein (vgl. Röm 1 5. 11 13. 15 15f. Gal 1 16. 27 — 9).
Die Darbietung des Evang.s an die Heiden muß ihm immer als der eigentliche Zweck
seiner Missionsreisen gegenwärtig gewesen sein. Dies ist zur Ergänzung der Dar=
stellung der AG. nachdrücklich hervorzuheben. Aber ausgeschlossen ist hierdurch nicht,
daß P. auch so, wie es die AG. berichtet, an neuen Orten in die Synagogen ge=
gangen ist und den Juden gepredigt hat. Vielmehr ist ein solches Verfahren des P.
aus verschiedenen Gründen durchaus verständlich und wahrscheinlich. 1) P. äußert
nicht nur seinen tiefen Schmerz über das Fernbleiben der Mehrzahl seiner jüd. Volks=
genossen vom messian. Heile (Röm 9 1ff.), sondern sagt auch, daß er, um die Juden zu
gewinnen, trotz seines Freiseins vom Gesetze den Juden wie ein Jude und unter dem
Gesetze Stehender geworden sei (I Kor 9 20). 2) Er sagt nicht nur, daß das Kommen
der Heiden zum Heile schließlich ein Mittel werde, um die eifersüchtig gemachten
Juden zum Heile zu führen (Röm 11 11f. 25 — 32), sondern er gibt auch seinem eigenen
Heidenapostolat eine Zweckbeziehung auf die Erregung der Eifersucht der Juden und
die Heranziehung einiger derselben zum Heile (Röm 11 13f.). Daß dies nicht etwa nur
bedeutet, seine Heidenmission im ganzen trage dazu bei, die endliche Bekehrung Ge=
samtisraels herbeizuführen, ergibt sich aus dem W.: καὶ σώσω τινὰς ἐξ αὐτῶν (V. 14),
die in dieser Beschränkung nur verständlich sind, wenn P. auf eine direkte Heran=
ziehung einzelner Juden durch seine heidenapostolische Wirksamkeit rechnete. 3) P.

---

1. Durch אABC ist τὴν Πισιδίαν bezeugt, was man als Adjekt. = τ. Πισιδικήν
verstehen muß (s. Grimm Lex. u. vgl. das Adjekt. Φρυγίαν 16 6). Wenn diese adjek=
tivische Fassung nicht möglich ist, wie Blaß behauptet, so muß man mit D und den
übrigen Handschr. τῆς Πισιδίας lesen.
2. Über die Frage, wie sich dieses Antiochia und das weitere Missionsgebiet des
P. auf dieser Reise (13 51 — 14 23) zu den Adressaten des Galaterbriefs verhalten, s. z. 16 6.

betrachtet aber auch nicht das Vorankommen der Heiden zum Heile und das dadurch
erst anzuregende Nachfolgen der Juden als die selbstverständliche und prinzipiell gültige Ordnung, so daß er deshalb auch bei seiner Mission diese Reihenfolge immer
hätte voraussetzen und selbst beobachten müssen. Er urteilt vielmehr, daß prinzipiell
den Juden in erster Linie vor den Hellenen das Heil bestimmt sei (Röm 1₁₆); er
findet den Fortbestand des heilsgeschichtlichen Vorzuges des Volkes Isr. darin bewährt,
daß doch ein Teil desselben, zu welchem er selbst gehört, nämlich alle, welche auf die
Gnadenordnung eingehen wollen, wirklich zum Heile gelangt sind (Röm 11₁—₆), und
er sieht den Grund dafür, daß die große Masse Isr.s zunächst vom Heile ausgeschlossen
ist, in ihrem Ungehorsam und Unglauben gegenüber dem Evang. (Röm 9₃₂f. 10₁₆ff.
11₃₀ff.). Bei dieser Anschauungsweise des P. ist es undenkbar, daß er bei seinen
Missionsreisen die Juden unberücksichtigt gelassen hätte. Obgleich ihm sein spezieller
Beruf zur Heidenmission sicher stand, war es durch seine dogmatische Anschauung über
den prinzipiellen Vorrang der Juden mit bezug auf die Berufung zum Heile bedingt,
daß er es als eine Schuldigkeit gegen das auserwählte Volk betrachtete, diesem zuerst
das Evang. zu bringen, eine Schuldigkeit, die gegenüber den Juden in der Diaspora
nicht dadurch erledigt sein konnte, daß die Mehrzahl der Juden in Palästina das Heil
zurückgewiesen hatte. Es galt auch bei diesen fernen Juden zu erproben, inwieweit
etwa ein λεῖμμα κατ᾽ ἐκλογὴν χάριτος (Röm 11₅) unter ihnen sei, und andrerseits
festzustellen, daß die Verkündigung des messian. Heiles an die Heiden unter Ausschließung der Mehrheit der Juden nicht in einem verheißungswidrigen Übergehen
Israels, sondern in dem Nichtwollen desselben begründet sei. 4) Gerade die Synagoge
bot dem P. insofern auch eine sehr wichtige Anknüpfung für seine Heidenmission, als
er hier die vielen φοβούμενοι oder σεβόμενοι τ. θ. fand, welche durch ihr allgemeines
relig. Interesse und durch ihren speziellen Anschluß an die relig. Anschauungen und
Hoffnungen der Juden, von deren Gesetzlichkeit sie doch frei waren, den vorbereitetsten
Boden für die Aufnahme des christl. Evang.s bildeten. Vgl. Réville, les orig. de
l'épiscopat, I, p. 88 ss. Die Angabe der AG. (s. bes. auch 16₁₄), daß die Predigt
des P. bei diesen halben Proselyten leichten Eingang gefunden habe, ist durchaus
wahrscheinlich. Dabei ist aber wohl zu beachten, daß eben diese φοβούμενοι oder
σεβόμενοι τ. θ. nicht Juden, sondern trotz ihrer Hinneigung zum Judentume vom jüd.
Standpunkte aus betrachtet reine Heiden waren (s. z. 10₂). Daß P. auch in anderer
Weise den Heiden mit seiner Lehre nahe zu treten gesucht habe, wird auch in AG 17₁₇
bezeugt. Aber es entspricht durchaus den geschichtlichen Verhältnissen, daß P. die
Hauptanknüpfung eben bei jenen der Synagoge sich anschließenden Heiden fand. So
erhellt aber auch, inwiefern für sein Bewußtsein seine immer wiederholten Versuche,
zuerst in den Synagogen den Juden das Evang. zu verkündigen, nicht zu einer Verkürzung seiner Berufsleistung als Heidenapostel gereichten. Denn die Predigt an die
Juden, welche um der Aufrechterhaltung der Verheißungstreue Gottes willen notwendig
war, bildete praktisch immer zugleich schon ein Mittel zur Begründung der Gnaden-
verkündigung auch an die Heiden (vgl. Röm 15₈f.). Vgl. auch Lekebusch S. 322ff.,
K. Schmidt I S. 443ff., Pfleid. S. 608f., Deißm., Paulus S. 141.

V. 15. „Die Verlesung des Gesetzes und der Propheten" bestand aus
der Verlesung des auf den Sabbat fallenden Thoraabschnittes (Parasche) und
eines frei gewählten Abschnittes aus den Propheten (Haphthare). Die jetzigen
jüd. Pentateuchlektionen sind erst später festgestellt. Vgl. Lk 4₁₆—₂₀; Schür.
II³ S. 454ff. Den „Synagogenvorstehern" lag nicht die Gemeindeleitung
im allgemeinen ob, sondern speziell die Sorge für die Ordnung des Gottes-
dienstes. Gewöhnlich scheint es für jede Synagoge nur einen gegeben zu
haben (Lk 13₁₄); hier aber wird ein Kollegium derselben ˙genannt. Vgl.
Schür. II³ S. 437ff. λόγος παρακλήσεως: „eine erbauliche Mitteilung" d. i.
eine Predigt, die an die verlesenen Schriftabschnitte anzuknüpfen hatte. Daß

man sich zu einer Ansprache melden konnte, zeigt das häufige Lehren Jesu in den Synagogen, bes. Lk 4 16ff. In unserm Falle werden die Zugereisten dazu aufgefordert, wahrscheinlich weil es schon vorher bekannt geworden war, daß sie Lehrer seien und eine wichtige, auf den Messias bezügliche Mitteilung zu bringen hätten.

V. 16—41. Synagogenrede des P.[1]. Der erste Haupteinschnitt in der Rede liegt nicht erst hinter V. 31 (Overb.), sondern hinter V. 25 (de W.; beachte die neue Anrede V. 26). In V. 16—25 werden die von Gott dem Volke Isr. dauernd erwiesenen Wohltaten, die in der Sendung des durch den Täufer bezeugten Messias gipfeln, summarisch dargestellt. Dann wird in V. 26—37 gezeigt, inwiefern Jesus, trotzdem ihn die Jerusalemiten und Volksoberen verwarfen, doch der Messias ist. Hieran schließt sich in V. 38—41 die Aufforderung zur gläubigen Annahme des verkündigten messianischen Heiles. **V. 16.** Über die φοβούμενοι τ. θ. s. z. 102. **V. 17.** „Der Gott dieses Volkes Isr. (τούτου zurückweisend auf die Anrede ἄνδρες Ἰσραηλεῖται V. 16; nach B. Wß andeutend, daß P. hauptsächlich zu den Proselyten rede, denen gegenüber er die Mehrzahl der Anwesenden mit dem deiktischen τούτου bezeichnen konnte) erwählte unsere Väter (die Patriarchen vgl. 7 2ff.) und machte das Volk groß (dem Sinne nach = 7 17) während seiner Bei-

---

1. Der erste Teil dieser Rede ist dem Geschichtsbericht der Stephanus-Rede ähnlich; ihre Fortsetzung enthält deutliche Reminiscenzen an die Petrus-Reden in K. 2 u. 3. Schon hieraus ergibt sich die Vermutung, daß diese Rede in ihrer vorliegenden ausführlichen Gestalt nicht in der Quelle stand, sondern wie die früheren Petrus-Reden im wesentlichen eine freie Komposition des Vf.s d. AG. ist, durch die derselbe die Art, wie P. auf seinen Missionsreisen das messian. Heil vor Juden verkündigte, zu veranschaulichen suchte. Aber die Veranlassung dazu, die Rede eben hier einzuschalten, war dem Vf. sicher durch seine Quelle gegeben, in der nicht nur V. 13—15, sondern auch eine Antwort des P. auf die Aufforderung V. 15 gestanden haben wird. Daß diese Antwort jedoch nur in einem kurzen Satze, nicht in einer längeren Rede bestand, scheint mir aus 13 42 hervorzugehen. Hier heißt es nicht, man habe gewünscht, am folgenden Sabbat die geredeten Worte wieder zu hören (vgl. 17 32) oder Genaueres darüber zu hören, sondern einfach, man habe gewünscht, „daß am nächsten Sabbat ihnen diese Worte geredet würden". Diese Ausdrucksweise ist nur dann passend, wenn mit τὰ ῥήματα ταῦτα nicht auf eine ausführliche Rede, sondern auf ein aufgestelltes Thema zurückgewiesen wird. In der Quelle wird also blos gestanden haben, P. habe auf die Aufforderung V. 15 hin gesagt: Gott habe dem Volke Isr. den Messias erweckt und es kämen jetzt, um auch den auswärtigen Israeliten die Erfüllung der den Vätern gegebenen Verheißungen zu verkündigen (also etwa ein Grundbestand von V. 23. 26. 32). Daraufhin hätten die Synagogenvorsteher (diese sind das aus dem jetzt so entfernt stehenden V. 15 zu ergänzende Subj. des παρεκάλουν bezw. ἠξίουν in V. 42) gewünscht, daß ihnen diese Worte am nächsten Sabbat geredet würden. Sie schieben also die Predigt, die ein so bedeutsames Thema behandelt, hinaus. Von den neueren Kritikern leiten diejenigen, die für K. 13 u. 14 im ganzen eine schriftliche Quelle annehmen, auch diese Rede aus ihr her. Doch sind nach Sorof S. 79ff. V. 27—31 u. 34—37, nach Jgst S. 123ff. V. 24. 25. 27b (außer κριν). 29. 34—37. 39—41, nach Hilgf. 3wTh 1896 S. 34ff. Acta p. 280 V. 38 u. 39 Zutaten des Red. B. Wß (vgl. Einl. § 50, 3), der K. 13 u. 14 im ganzen nicht aus einer schriftlichen Quelle, wohl aber einige Elemente in ihnen aus der urgemeindlichen Quelle herleitet, findet in der Rede freie, aber im wesentlichen zutreffende Reminiscenzen an die Art, wie P. predigte. Nur in V. 35—37 sieht er eine Reminiscenz an die frühere Petrusrede. Die paulinische Authentie der Rede (vorbehaltlich unwesentlicher formeller Redaktion) wird unter den Neueren vertreten von Mey., K. Schmidt I S. 454ff., Nösg., Bethge, die paulin. Reden in d. AG. S. 12ff., Blaß, Zöckl. (der für sie eine vorlukan. Aufzeichnung annimmt).

fäffigkeit (vgl. 7 6) im Lande Ägypten, und mit erhobenem Arm führte er es aus ihm fort (vgl. 7 35 f.)". Statt ἐν βραχίονι ὑψηλῷ in LXX Ex 61. 6. 32 11. Dtn 4 34 u. ö. fteht hier μετὰ βραχίονος ὑψηλοῦ. Dadurch erfcheint der erhobene Arm nicht fowohl als ausführendes Organ, denn als begleitende Gefte (B. Wß). V. 18. ὡς: „ungefähr", wie 5 7. 36. Das Verbum fin. ift unficher: ἐτροποφόρησεν oder ἐτροφοφόρησεν[1]. Erfteres bed.: „er ertrug fie" b. i. ihre Sitten, ihre Sinnesart (vgl. Cic. ad Att. 13, 29; Schol. Arist. Ran. 1432); letzteres: „er ernährte fie" (vgl. II Mak 7 27). Der unfichere Ausdruck ftammt aus Dtn 1 31, wo ἐτροποφ. die urfprünglichere LA gewefen zu fein fcheint (B* Orig.), an Stelle deren aber früh die Variante ἐτροφοφ. trat, die in ihrer Beziehung auf die wunderbare Ernährung durch die Manna- fpeife bedeutfamer erfchien. An u. St. würde fich ἐτροποφ. auf das gedul- dige Ertragen des Ungehorfams der Israeliten während der Wüftenwande- rung (7 39 — 42) beziehen. Im Zufammenhange aber wäre der Sinn von ἐτροφοφ. paffender, da vorher und nachher von dem Wirken Gottes für die äußere Entwicklung des Volkes die Rede ift. V. 19[2]. „Unter Niederwer- fung von 7 Völkern im Lande Kanaan (vgl. Dtn 7 1, wo aber ftatt καθαι- ρεῖν ἐξαίρειν gebraucht ift) gab er (ihnen) ihr Land zum Befitz." Das W. κατακληρονομεῖν häufig bei LXX: Dtn 1 38. 3 28 u. ö., von den Abfchreibern an vielen Stellen (auch Rec. an u. St.) vertaufcht mit κατακληροδοτεῖν, weil an anderen Stellen (3. B. Num 1́ 31. Dtn 2 21) im Sinne von „in Befitz nehmen" gebraucht. V. 20[3]. Wenn die Zeitangabe ὡς ἔτεσιν τετρακοσίοις καὶ πεντήκοντα „während ungefähr 450 Jahren" vor καὶ μετὰ ταῦτα fteht, fo ift fie zur vorangehenden Periode von V. 17 an zu ziehen. Es find dann die 400 Jahre der Fremdlingfchaft (7 6) mit den 40 Jahren der Wüften- wanderung (V. 18) und ca. 10 Jahren der Eroberung Kanaans zufammen- gezählt (B. Wß, Jäg. II S. 8 f.). Wenn die Zeitbeftimmung dagegen hinter καὶ μετὰ ταῦτα fteht, alfo die Dauer der Richterzeit bezeichnet, fo ift diefe abweichend von I Reg 6 1 (480 J. vom Auszug aus Äg. bis zum Tempelbau im vierten Regierungsjahr Salomos, wobei für die Richterzeit ca. 300 J. gerechnet find), aber in Einklang mit Jof. Ant. 8, 3, 1. 10, 8, 5 (592 J. vom Auszug aus Äg. bis zum Tempelbau) berechnet (Men., de W., Nösg., Hltzm., Blaß). Die traditionelle Rechnung fummierte alle Zahlangaben (auch die fynchroniftifchen) des Richterbuches (3 8. 11. 14. 30. 4 3. 5 31. 6 1. 8 28. 9 22. 10 2. 3. 8. 12 7. 9. 11. 14. 13 1. 15 20), im ganzen 410 J., und fügte die 40 J. Elis (I Sam 4 18) dazu. Vgl. Bertheau, Buch d. Richter[2] S. XI f. V. 21.

---

1. אBC²DHLP 61 d. meift. Min. vulg. syr.p. marg. haben ἐτροποφόρησεν (Rec., W.-H., B. Wß, Blaß), AC*E mehr. Min. u. d. meift. Verff. ἐτροφοφόρησεν (T.). Eine fichere Entfcheidung läßt fich kaum treffen.

2. B 61 fah. laffen das καὶ am Anf. d. V. weg (W.-H.). Wahrfcheinlich ift dies eine Korrektur, weil man das ὡς = circiter in V. 18 unpaffend fand und es lieber als das den Vorderfatz einleitende „als" verftehen wollte.

3. Bei אABC einig. Min. vulg. sah. cop. arm. ftehen die W.: ὡς ἔτ. τετρ. κ. πεντ. vor καὶ μετὰ ταῦτα (T., W.-H., B. Wß), bei D u. d. übrigen Zeugen hinter κ. μ. τ. (Blaß). Es ift wohl möglich, daß man fie wegen des chronologifchen An- ftoßes, den man an ihrer Beziehung auf die Richterzeit nahm, voranftellte (Men., Hltzm.).

κἀκεῖθεν: „und von da an" nur hier im NT in zeitlicher Bedeutung. K. Schmidt I S. 457 und B. Wß suchen, etwas künstlich, den räumlichen Sinn festzuhalten: Samuel als Prophet sei die Stelle, von der her sie sich einen König erbaten. Die Dauer der Regierung Sauls wird im AT nirgends genau bezeichnet, von Joс. Ant. 6, 14, 9 auf 20 J. angegeben. Hier ist die runde Zahl 40, wohl nach Analogie der Regierungsdauer Davids (I Reg 2 11), ange= nommen. D. 22. μεταστήσας αὐτὸν: „ihn absetzend", vgl. Lk 16 4. Dan 2 21. I Mak 8 13. Die Beziehung auf den Tod Sauls wie III Mak 6 12 (de W.; Grimm Lex.), oder auf die Entfernung von dem Angesichte Gottes wie II Reg 17 23 (Bethge) hätte durch einen Zusatz bezeichnet sein müssen. „Welchem Aner= kennung zollend (ᾧ gehört zu μαρτυρήσας) er auch gesagt hat: ich habe David, den Sohn des Jesse, gefunden, einen Mann nach meinem Sinne, der alle meine Forderungen erfüllen wird." Das Zitat, das den Gehorsam Davids gegen Gott im Gegensatz zu dem Ungehorsam Sauls betont, ist eine freie Kombination von Pf 89 21 und I Sam 13 14. Über seine auffallende Überein= stimmung mit I Clem 18, 1 s. oben S. 47. Zu τὰ θελήματα vgl. Jes 44 28. Pf 103 7. II Mak 1 3.

D. 23. Mit Nachdruck gesperrt steht τούτου voran: „aus dieses Mannes Samen hat Gott verheißungsgemäß für Israel als Erretter herbeigeführt Jesum". Vgl. 4 12. 5 31. Zu ἤγαγεν vgl. Zch 3 8. D. 24. Vgl. 10 37. πρὸ προσώπου τῆς εἰσόδου αὐτ.: „vor seinem Auftreten". εἴσοδος wie I Th 1 9. 21. D. 25. „Als aber Johannes daran war seinen Lauf zu vollenden." Das Imp. ἐπλήρου bezeichnet die Vollendung als noch nicht abgeschlossen, sondern bevorstehend. Über die Bedeutung des bildlichen Begriffes s. zu 20 24. τί ἐμὲ ὑπονοεῖτε εἶναι; οὐκ εἰμὶ ἐγώ[1]: „was vermutet ihr, daß ich sei? nicht bin ich es". Grammatisch möglich ist es, die W. τί κτέ. von οὐκ εἰμὶ ἐγώ abhängig zu fassen: „wofür ihr mich haltet, das bin ich nicht", da im dialek= tischen Sprachgebrauch das Interrogativum statt des Relat. eintreten kann (so Luth. u. A., Bethge, B. Wß; vgl. Blaß, Gr. § 50, 5). Aber für wahrschein= licher halte ich es (mit Erasm., Calv., Beza u. A.; auch Mey.), daß die ersten W. als selbständige Frage gedacht sind, indem der Vf. sie nach Analogie der Frage Jesu Lk 9 18. 20 bildete. Der Umstand, daß nach Joh 1 19ff. nicht Joh., sondern die Juden fragen, kann nicht, wie Bethge meint, gegen die fragende Fassung unserer St. entscheiden. Zur Sache vgl. Lk 3 15. Joh 1 19ff. Justin Dial. c. Tryph. 88.

D. 26. Der Beginn eines neuen Teiles der Rede wird durch eine neue Anrede, analog der von D. 16, hervorgehoben. „Uns wurde das Wort dieses Heiles gesandt." Im ἡμῖν[2] faßt P. sich mit den Angeredeten zusammen. Wenn eine Grundlage von D. 26 zur Quelle gehörte (s. d. Anm. zu D. 16ff.), so ist es wohl möglich, daß dort dieses ἡμῖν und das weitere ἡμεῖς in D. 32

---

1. NAB 61 sah. aeth. haben τί ἐμὲ (T., W.=H., B. Wß), die übrigen Zeugen τίνα με. Blaß urteilt, daß das Neutr. nicht erträglich sei. Allerdings steht im NT in analogen Fällen das Mask.: Joh 1 19. 22. Mt 4 41. 8 27 u. ö.

2. Statt der Rec. ὑμῖν, die durch die Anrede und die Erinnerung an 2 39. 3 26 nahegelegt war, ist ἡμῖν bezeugt durch NABD syr.p. marg., sah. (T., W.=H., B. Wß). Blaß behält ohne Motivierung ὑμῖν bei.

von den Juden in Palästina gesagt war (Sorof S. 80 f.). Bei ἐξαπεστάλη ist nicht an die Aussendung des Wortes von seinem Anfangsschauplatze her an die Diaspora-Juden (B. Wß), sondern an seine Aussendung von Gott her an die Israeliten im allgemeinen gedacht. Hierfür zeugt die Analogie von 10 36. Über λόγος τῆς σωτηρίας ταύτης s. zu 5 20. **V. 27.** Wenn man in V. 26 ὑμῖν liest oder auch bei der LA ἡμῖν speziell an die Diaspora-Juden denkt, so erklärt man das γάρ am Anfang von V. 27 daraus, daß die Ent-sendung der Heilsverkündigung an die Diaspora-Juden irgendwie durch die Verwerfung des Messias seitens der Juden in Jer. motiviert werde (Mey., K. Schmidt I S. 461, B. Wß). Richtiger ist die Begründung darauf zu be-ziehen, daß die in V. 26 behauptete göttliche Sendung einer Heilsverkündigung als wirklich vorhanden erwiesen werden soll. Dies geschieht durch Wegräumung eines scheinbaren Widerspruchs gegen die Richtigkeit jener Behauptung. Daß Jesus der σωτήρ ist (V. 23), auf den sich ein λόγος τῆς σωτηρίας gründet, scheint durch seine Verwerfung seitens der Jerusalemiten und der jüd. Volks-oberen ausgeschlossen zu sein. Zur Erweisung der Unrichtigkeit dieses Scheines aber wird nun gesagt, daß jene verblendete Verwerfung gerade zur Erfüllung der Schriftweissagungen über den Messias geführt (V. 27—29) und daß andrerseits Gott Jesum aus dem Tode erweckt und diese Erweckung zur augen-zeugenschaftlichen Evidenz gebracht hat (V. 30 f.). „Die Bewohner von Jer. und ihre Oberen haben darin, daß sie diesen und die allsabbatlich vorge-lesenen Aussagen der Propheten verkannten, mit ihrem Richturteil (jene) zur Erfüllung gebracht." Wahrscheinlich ist καὶ τὰς φωνὰς κτέ. noch mit von ἀγνοήσαντες abhängig und hieraus dann das Obj. zu ἐπλήρωσαν zu ergänzen (Luth. u. A.; B. Wß). Künstlicher ist es, mit Mey. das καί als „auch" zu fassen, um τὰς φωνὰς κτέ. direkt als Obj. zu ἐπλήρωσαν ziehen zu können. Blaß findet das absolut stehende, eingeschobene κρίναντες unpassend und schlägt deshalb die Konjektur vor: μὴ ἀνακρίναντες, wozu τὰς φωνὰς κτέ. als Obj. gehören würde. Aber das κρίναντες ist für den Gedanken ein wichtiges Moment, da nicht die Verkennung Jesu und der Propheten-Worte als solche, sondern sofern sie sich in dem Verdammungsurteil über Jesus praktisch be-tätigte, zur Erfüllung der Schriftweissagungen führte. Das ἀγνοεῖν wie die ἄγνοια 3 17, obgleich nicht so entschuldigend wie dort (B. Wß, Blaß). Zu κατὰ πᾶν σάββατον ἀναγινωσκομένας vgl. 15 21. Zu ἐπλήρωσαν vgl. 2 23. 3 18. **V. 28.** Vgl. Lk 23 13—25. **V. 29.** Vgl. Lk 23 53. Als Jesum ins Grab Bringende erscheinen an u. St. noch die messiasfeindlichen Jerusalemiten und Volksoberen von V. 27. Das Begräbnis kommt hier nur in betracht als Ab-schluß der Tötung (vgl. Lk 11 47 f.) und insofern als Werk der Feinde Jesu, wenn auch ihre Ausführung unmittelbar durch seine Freunde besorgt wurde. Vgl. zu 2 23. **V. 30.** Die Auferweckung Jesu durch Gott steht in Gegensatz zu seiner Verkennung seitens der Menschen. **V. 31.** „Er erschien auf mehrere Tage (vgl. 1 3 und zum ἐπί c. acc. Lk 4 25) denen, die mit ihm von Galiläa nach Jer. gezogen waren, welche jetzt seine Zeugen vor dem Volke sind." Das νῦν[1] bezeichnet hier nicht die christl. Heilszeit im allgemeinen (Bethge) oder

---

1. Das νῦν, bezeugt durch ℵAC mehr. Min. u. Verss. (T., W.-H.), fehlt bei

die Gegenwart im Gegensatz zu der abgeschlossenen Geschichte Jesu (de W.), sondern die Gegenwart, in der P. predigt. Es soll hervorheben, daß die Verkündigung von dem erschienenen Messias jetzt nicht etwa zuerst oder allein den fernen Diaspora=Juden gebracht wird, sondern daß gleichzeitig die ur= sprünglichen Zeugen seiner Auferweckung dem λαός, d. i. dem Volke Isr. in Palästina, seine Messianität bezeugen.

V. 32. Der Verkündigung der Augenzeugen πρὸς τὸν λαόν tritt zur Seite die Verkündigung, die P. und Barn. (ἡμεῖς) den Angeredeten (ὑμᾶς) bringen. Nachdem in V. 27 — 31 begründet ist, daß Jesus trotz gegenteiligen Scheines doch als der wirkliche Bringer der messian. σωτηρία betrachtet werden kann, wird nun der Hauptgedanke von V. 26 wiederaufgenommen. Dabei wird die Verkündigung, die in V. 26 im allgem. als eine „uns" von Gott gesandte bezeichnet war, jetzt speziell als eine von P. und Barn. den ange= redeten Diaspora=Juden gebrachte bezeichnet. Der weitere Fortschritt des Ge= dankens liegt darin, daß nun besonders ausgeführt wird, wie sich in Jesu, dem Davididen (V. 23), gerade die dem David gegebenen Gottesworte erfüllt zeigen (V. 33 — 37). „Wir bringen euch die Frohbotschaft, daß die Ver= heißung, die an die Väter ergangen war, — daß diese Gott erfüllt hat für die Kinder (d. i. die Nachkommen), dadurch daß er uns Jesum erstehen ließ"[1]. εὐαγγελίζεσθαι wird zwar sowohl mit dem Akk. der Person (s. zu 8₂₅), als auch mit dem Akk. der Sache (z. B. 8₄; dabei dann Dat. der Pers., z. B. Lk 1₁₉. 2₁₀) verbunden, aber nicht mit doppeltem Akk. Deshalb ist τὴν ἐπαγγελίαν zum folgenden Satze ὅτι κτέ. zu ziehen. Es ist betont vorangestellt und wird durch das ταύτην wiederaufgenommen, wie 15₃₈ (vgl. Blaß, Gr. § 34, 2. 80, 4). τοῖς τέκνοις ist ebenso absolut gesagt, wie vorher πρὸς τοὺς πατέρας. Durch den Zusammenhang ist klar, daß die Nachkommen eben jener Vorfahren gemeint sind. Fraglich ist der Sinn des Begriffes ἀναστήσας. Wenn man berücksichtigt: 1) die Analogie von 3₂₆, wo wegen der Beziehung auf 3₂₂ die Deutung des ἀναστήσας auf das Auftreten Jesu unzweifelhaft ist; 2) die wiederaufnehmende Beziehung unserer W. auf V. 26; 3) den Unter= schied des einfachen ἀναστήσας an u. St. von dem ἀνέστησεν ἐκ νεκρῶν V. 34; 4) den Inhalt des in V. 33 zum Beleg angeführten Ausspruches Ps 2₇, an den das Wort bei der Taufe Jesu (Lk 3₂₂) anknüpfte und der nach der altchristlichen Tradition bei dieser Taufe vollständig gesprochen war[2]: so

---

BEHLP d. meist. Min. (B. Wß). Wahrscheinlich ist es weggelassen, weil die App. nicht erst jetzt, sondern schon längst Zeugen waren. Daher auch die LA bei D vulg. syr.ᴾˑ: ἄχρι νῦν (Blaß im β=Text).
1. Durch אABC*D vulg. aeth. ist bezeugt: τοῖς τέκνοις ἡμῶν (T.). Aber diese LA ist unverständlich. Sie kann nicht nach 2₃₉ erklärt werden, da dort eben nicht blos die Kinder der Angeredeten, sondern zuerst diese Angeredeten selbst als Inhaber der Verheißung bezeichnet werden. B. Wß nimmt die Rec. αὐτῶν ἡμῖν auf; Blaß liest nur αὐτῶν; Baljon nur ἡμῖν. Große Wahrscheinlichkeit aber hat die von W.=H. gebilligte Vermutung Bornemanns, daß blos ἡμῖν (ohne αὐτῶν) die ursprüngliche LA war. Das absolut stehende τοῖς τέκνοις schien einer genit. Näherbestimmung zu be= dürfen. So wurde teils das folgende ἡμῖν in den Gen. verändert, teils vor ihm ein αὐτῶν eingeschoben. — Sorof S. 82 macht die Konjektur: τ. χρόνοις (statt τέκνοις) ἡμῶν; Jgst S. 126: ἡμῖν κ. τοῖς τέκνοις ἡμῶν (nach 2₃₉).
2. Nach D it. im Texte von Lk 3₂₂; im Hebräerevang. (nach Epiph. haer. 30):

muß man urteilen, daß sich das ἀναστήσας an u. St. wahrscheinlich nicht auf die Auferweckung aus dem Tode (so Luth. u. A.; Mey., de W., Baumg., Nösg., Bethge, Hlkm., B. Wß, Knopf, Harnack IV S. 75), sondern auf das Erstehenlassen zur messian. Wirksamkeit auf Erden bezieht (so mit vielen älteren auch Overb., Weizs. Übers., K. Schmidt S. 464, Sorof S. 80, Blaß). Allerdings ist auffallend, daß unser Vf. dieses Erstehenlassen des Messias mit demselben Ausdruck bezeichnet, den er gleich hinterher auch zur Bezeichnung der Erweckung Jesu aus dem Tode anwendet. Aber einerseits gibt er in V. 34 doch den Zusatz ἐκ νεκρ., andrerseits war ihm die Anwendung von ἀνιστάναι zur Bezeichnung der messian. Sendung Jesu durch Dtn 18₁₅ geläufig (vgl. 3₂₂. ₂₆. 7₃₇). Der Ausdruck ἐκπεπλήρωκεν kann nicht die Beziehung auf die Auferstehung beweisen. Denn die abschließende Erfüllung der Verheißungen ist in dem Ganzen der messian. Geschichte Jesu, welches durch seine Sendung hergestellt ist, gegeben. V. 33¹. Pf 2₇, schon von den Juden auf den Messias gedeutet.

V. 34 f. Nach Anführung der Pfalmstelle, die von der Hervorbringung des Messias redet, wird nun auf solche Weissagungen verwiesen, welche auch die Auferstehung des Messias von den Toten bezeugen: „daß er ihn aber von den Toten auferweckt hat als einen, der nicht weiter zur Verwesung zurückkehren soll, hat er so gesagt". Das μηκέτι μέλλοντα κτέ. ist hinzugefügt, um den Auferstehungszustand als definitiven zu bezeichnen, dem nicht über kurz oder lang wieder ein Tod folgt (vgl. Röm 6₉). Solchen Tod bezeichnet P. im Vorblick auf das in V. 35 anzuführende Wort Pf 16₁₀ als διαφθορά. Zuerst zitiert er in freier Wiedergabe Jef 55₃: „geben werde ich euch das heilige Davids, das Zuverlässige". Statt διαθήσομαι ὑμῖν διαθήκην αἰώνιον (LXX) ist δώσω ὑμῖν eingesetzt, offenbar um des in V. 35 folgenden Zitats willen, zu dem unser Zitat in möglichst genaue Korrelation gestellt werden soll. Hauptbegriff, auf dem die Beweiskraft des Zitats beruht, ist das appositionelle τὰ πιστά, wodurch der Gegenstand des göttlichen Gebens als fest, d. i. unvergänglich dauernd, bezeichnet wird. So zuverlässig, unvergänglich sind τὰ ὅσια Δαυείδ. In der Regel wird dieser Begriff von den dem David verheißenen heiligen Heilsgütern verstanden. Aber inwiefern bezeugt der auf diese Güter bezügliche Ausspruch die Auferweckung des Messias aus dem Tode?

---

bei Justin .Dial. 88, 103. Vgl. dazu Usener, Religionsgesch. Untersuchungen I (1889) S. 40 ff. Auch in Hbr 1₅ ist die Beziehung auf die Taufoffenbarung m. Er. dadurch gefordert, daß nach V. 1 Jesus schon während seines messian. Wirkens auf Erden der Sohn war und daß die W. V. 6: „wenn er aber wiederum den Erstgeborenen in die Welt eingeführt haben wird" auf eine in V. 5 berücksichtigte erstmalige Einführung des Sohnes in die Welt bezug nehmen.

₃₅ 1. Die meisten Zeugen haben: ἐν τῷ ψαλμῷ γέγραπται τῷ δευτέρῳ, nur zum Teil mit der Verstellung: ἐν τ. ψ. τ. δευτ. γέγρ. Aber D Orig. Hil. haben: ἐν τ. πρώτῳ ψ. γέγρ. (Lach., T., Blaß). Diese LA ist dadurch bedingt, daß, wie Orig. bezeugt, die Juden vielfach Pf 1 und 2 zu einem einzigen zusammenzogen (vgl. auch Juft. Ap. I, 40; Apoll. in Ps. 2; Tert. adv. Marc. 4, 22; Cypr. testim. 1, 13). Die Möglichkeit, daß der Vf. der AG. dieser altjüd. Zählung folgte und also D den ursprünglichen Text bewahrt hat, ist nicht ausgeschlossen. Ebenso möglich aber ist es, daß der Text von D auf frühzeitiger Korrektur beruht. — Bei D syr.ᴾ·ᵐᵃʳᵍ· umfaßt das Zitat auch Pf 2₈.

Man pflegt zu sagen, durch die Dauer des messian. Heiles werde auch das unvergängliche Leben des Messias als Heilsmittlers verbürgt. Aber eine solche blos indirekt auf die Person des Messias beziehbare Beweisstelle wäre neben und vor dem direkt auf den Messias bezüglichen Schriftworte V. 35 sehr auf= fallend. Blaß bemerkt mit Recht, der Gedankenzusammenhang würde erst recht passend, wenn das Zitat von V. 35 als erstes, das von V. 34 als zweites gesetzt würde. Aber noch einfacher löst sich die Schwierigkeit, wenn man den Begriff τὰ ὅσια Δαυείδ anders auffaßt. Berücksichtigt man, wie dieser Begriff dem τὸν ὅσιον V. 35 entspricht, wie ferner das δώσω entsprechend dem δώσεις V. 35 eingesetzt ist und wie sich die Anfangsworte von V. 36 wieder auf unser Zitat zurückbeziehen (s. zu V. 36), so muß man schließen, daß τὰ ὅσια Δ. im Sinne uns. Vf.s die Heiligkeit oder Frömmigkeit Davids als seine persönliche Eigenschaft bezeichnet. Die Behauptung des dauernden Bestandes der ὅσια d. i. der ὁσιότης Davids ist dem Sinne nach identisch mit dem Ur= teile: der davidische ὅσιος werde beständig sein. So entsprechen sich die beiden Zitate V. 34 und 35 als positiver und negativer Ausdruck derselben Sache. Unser Vf. hat die Berechtigung zu dieser Auffassung von τὰ ὅσια eben in Pf 16₁₀ gefunden, sofern der bedeutsame Gebrauch desselben Begriffes an beiden St. auf die Deutung der einen St. durch die andere hinwies. Dieses Verhältnis der beiden St. zu einander wird auch am Anf. von V. 35 ange= deutet durch das begründende διότι. Die Aussage, welche das Nichtvergehen des ὅσιος bezeugt, begründet die Richtigkeit der anderen Aussage, welche die zuverlässige Dauer der ὅσια Δ. bezeichnet. Subj. von λέγει ist das von εἴρηκεν V. 34, also nicht David (Bethge u. A.), sondern Gott als Autor der h. Schrift, der in diesem Falle durch David ἐν ἑτέρῳ scil. ψαλμῷ spricht. Über die Verwertung der St. Pf 16₁₀ s. zu 2₂₇.

V. 36 f. gibt nun den Beweis (γάρ), daß die beiden angeführten Schrift= worte nicht sowohl in David selbst, als vielmehr in dem von Gott aufer= weckten Jesus ihre Erfüllung gefunden haben. Die W.: ἰδίᾳ γενεᾷ ὑπηρετήσας τῇ τοῦ θεοῦ βουλῇ ἐκοιμήθη werden von Mey., de W., K. Schmidt S. 469, Bethge übersetzt: „nachdem er für seine Generation dem Ratschlusse Gottes gedient hatte". Aber diese Verbindung von ὑπηρετήσας mit zwei Dativen, die in verschiedener Beziehung angeben, wem der Dienst gegolten habe, ist sehr hart. Wenn ἰδίᾳ γενεᾷ als Dat. commodi mit ὑπηρετήσας zu verbinden wäre, so würde man den zweiten Dat. zu ἐκοιμήθη ziehen müssen: „entschlief durch den Ratschluß Gottes" (so nach Ält. Overb., Nösg., B. Wß). Aber noch einfacher und im Zusammenhang passender ist es, mit Vulg., Luth. u. A. ἰδίᾳ γενεᾷ als Zeitbestimmung zu fassen (vgl. V. 20; Eph 3₅) und dann den zweiten Dat. mit ὑπηρετήσας zu verbinden: „nachdem er in seinem Zeitalter dem Willen Gottes gedient hatte, entschlief" (so auch Zöckl., Blaß). Durch ὑπηρετήσας τῇ τοῦ θεοῦ βουλῇ wird der Begriff ὅσιος von V. 34 und 35 umschrieben. David war wirklich ein gottesfürchtiger Mann. Gleichwohl sind die beiden Schriftaussagen, die von der ὁσιότης Davids reden, nicht in dem geschichtlichen David erfüllt. Denn in der ersten St. werden τὰ ὅσια Δ. als πιστά, unverbrüchlich fest, bezeichnet, während Davids Frömmigkeit nur in

der Vergangenheit, zur Zeit seiner Generation, bestand. Und in der zweiten
St. wird die Unverweslichkeit des ὅσιος behauptet, während David „entschlief
und seinen Vätern zugesellt wurde (vgl. Jdc 2 10) und die Verwesung sah".
V. 38. Aus dem in V. 26 — 37 gegebenen Nachweise, daß Jesus wirk=
lich der von Gott gesandte σωτήρ (V. 23) ist, wird nun der nachdrückliche Hin=
weis auf die Bedeutung des durch ihn vermittelten Heiles gefolgert (V. 38 f.)
und hieraus wieder die Warnung vor dem Verschmähen dieses Heiles (V. 40 f.).
„Durch diesen wird euch Sündenvergebung verkündigt." διὰ τούτου gehört
grammatisch zu καταγγέλλεται, bed. aber doch nicht, daß Jesus (durch die
App.) der Vermittler des Verkündigens (Bethge), sondern, daß er der Ver=
mittler des verkündigten Heiles ist. Insofern gehört es dem Sinne nach zu
ἄφεσις ἁμαρτ. **V. 39.** „Und zwar[1] wird von allem, wovon ihr im Gesetze
Moses nicht gerechtfertigt werden konntet, in diesem jeder Glaubende gerecht=
fertigt." Wenn man das καί am Anfang annimmt, so kann man diesen Satz
noch von dem ὅτι V. 38 abhängen lassen (Mey., B. Wß). Aber sein Inhalt
kommt gewichtiger zur Geltung, wenn man ihn als formell selbständig und
καί als epexegetisch auffaßt. Dem Begriffe ἄφεσις ἁμαρτιῶν, mit dem in
V. 38, wie früher 2 38. 5 31. 10 43, die messianische Heilsgabe bezeichnet ist,
wird eine Näherbestimmung gegeben, und zwar in spezifisch paulinischer Aus=
drucksweise. Der Begriff δικαιοῦν, der überall im NT deklarativen Sinn hat,
wird hier, wie in den Briefen des P., speziell von dem gnadenmäßigen Ge=
rechtsprechen, das sich im Vergeben der Sünde vollzieht (vgl. Röm 4 5 — 8),
gebraucht (prägnant mit ἀπό „frei von" verbunden, wie Röm 6 7). Der Fort=
schritt des Gedankens gegenüber V. 38 aber liegt nicht in der Einführung
dieses paulin. Begriffes, sondern in dem betonten ἀπὸ πάντων und πᾶς ὁ
πιστεύων. Die Sündenvergebung oder Rechtfertigung, die der Messias ver=
mittelt, wird als eine universelle hingestellt, sowohl mit bezug auf die Sünden,
als auch mit bezug auf die Menschen. Bedingung ist nur der Glaube. Beachte
den Wechsel zwischen der zweiten Pers. in der nur von Juden geltenden
negativen Aussage des Relativsatzes, und der dritten Pers. in der universell
gültigen positiven Aussage des Hauptsatzes. Daß unsere St. insofern un=
paulinisch gedacht sei, als in ihr die Möglichkeit einer teilweisen Rechtfertigung
auch auf Grund des Gesetzes vorbehalten ist (Schwegl. II S. 96 f., Zell. S. 299,
Pfleid. S. 577 f., Hltzm., B. Wß, Hilgf. Acta p. 282, Harnack IV S. 48),
scheint mir nicht richtig. Denn nirgends bestreitet P., daß auf dem Boden
der Gesetzesordnung ein Maß von realer Werkgerechtigkeit möglich und mit
den im Gesetze vorgeschriebenen Mitteln ein Maß von Reinigung und Sünden=
vergebung zu erlangen gewesen sei. Er bestreitet nur, daß irgend ein Mensch
mit solchen Gesetzeswerken die vollkommene Gerechtigkeit zu erlangen vermöge,

---

1. καί fehlt bei אAC* vulg. aeth. (T., Blaß). Es kann leicht zur Anknüpfung
des sonst asyndetischen Satzes eingeschoben sein. Aber es kann freilich auch leicht aus=
gelassen sein, sei es aus Schreibversehen nach dem vorangehenden ται (B. Wß S. 54),
sei es, weil man die W. ἐν τούτῳ πᾶς κτέ. am Schlusse der V. als selbständigen Satz
faßte und deshalb mit W. ἀπὸ πάντων κτέ. eng mit dem Vorangehenden verbinden
wollte. D hat diese letztere Verbindung hergestellt durch Einschiebung von μετάνοια
hinter καί.

deren es auf dem Boden der Gesetzesordnung bedarf, um das Heil zu ver=
dienen. **V. 40.** ἐν τ. προφήταις: „im Prophetenbuche". Vgl. Lt 24₄₄.
Joh 6₄₅. **V. 41.** Hab 1₅, wesentlich nach LXX: Androhung eines Straf=
gerichtes Gottes über die Verächter seines Heiles. ἀφανίσθητε: „werdet zu
nichte", nämlich vor Schrecken. Das unerhörte ἔργον, das Gott in Aussicht
stellt, kann nicht eine Gnadentat (B.Wß), sondern wie nach dem Urtext, so
auch nach dem Zusammenhang unsr. St. (V. 40) nur eine strafende Gerichts=
tat sein (vgl. 3₂₃).

    V. 42¹. „Als sie aber hinausgingen (aus der Synagoge, nach V. 43
vor der eigentlichen Auflösung der Versammlung), baten² sie (Subj. sind im
Sinne der Quelle die Synagogenvorsteher V. 15), es möchten ihnen auf den
folgenden Sabbat diese Worte geredet werden." μεταξύ ist hier Adverb, und
zwar nach spätgriech. Sprachgebrauch im Sinne von „hinterher". Vgl. Barn
13, 5; 1 Clem 44, 2; oft bei Jos. (vgl. Hltzm. ZwTh 1877 S. 547 f.; Krenkel,
Jos. u. Lt. S. 216); im NT wahrscheinlich auch Röm 2₁₅ (wo Weizs. übersetzt:
„indem nachher die Gedanken sich unter einander verklagen"). D hat dem
Sinne nach richtig ἑξῆς eingesetzt. **V. 43.** Die Bezeichnung σεβόμενοι
προσήλυτοι nur hier. Sonst werden die der jüd. Synagoge sich anschließenden
(unbeschnittenen) Heiden blos als σεβόμενοι (τ. θεόν) oder φοβούμενοι τ. θ.
bezeichnet (s. zu 10₂) und προσήλυτοι heißen nur die aus dem Heidentum
(mit Beschneidung) ins Judentum Übergetretenen (2₁₀. 6₅. Mt 23₁₅). Doch
vgl. Bertholet, d. Stellung der Israeliten und der Juden zu den Fremden,
1896, S. 328 ff. — P. und Barn. „zu ihnen sprechend (vgl. 28₂₀) redeten
ihnen eindringlich zu, bei der Gnade Gottes zu verbleiben (in Fortsetzung des
jetzt sich zeigenden Anfangs ihrer gläubigen Zuwendung zum Heile; vgl. 11₂₃)".
Das Imperf. ἔπειθον ist gewählt, weil nicht der Überredungserfolg bezeichnet
werden soll, sondern das Zureden, durch welches P. und Barn. diesen Erfolg
herbeizuführen bestrebt waren. Vgl. Blaß, Gr. § 57, 4. Der Sinn von
πείθειν wie 19₈. 28₂₃.

---

    1. Sp. S. 166 ff. hebt richtig hervor, daß V. 42 u. 43 sich nicht passend er=
gänzen, sondern Parallelen sind. Er sieht in V. 43 den ursprünglichen Abschluß der
Rede in der Quelle A (wozu als Fortsetzuug V. 50 f. gehört habe), in V. 44—49 u.
52 eine Einschaltung aus B und hält V. 42 für einen Zusatz des Red. zur Verbindung
der zwei Quellenstücke. In ähnlicher Weise scheiden Jgst S. 128 f., der in V. 42.
44—49. 52, Hilgf. ZwTh 1896 S. 48 ff., Acta p. 282 s., der in V. 42. 45—47. 50 f.,
Clemen, Paul. I S. 227 f., der in V. 42. 44—50 Zutaten des Red. findet. Anders
stellt sich das Urteil, wenn man erkennt, daß V. 42 seinem Wortlaute nach nicht auf
eine ausführliche Predigt, sondern auf ein Predigtthema zurückweist (s. d. Anm. zu
V. 16 f.). V. 42 muß zur Quelle gehört haben, V. 43 Zusatz des Red. sein. Zu
V. 42 gehört nun als Fortsetzung der Bericht über die Synagogenversammlung am
folgenden Sabbat V. 44 ff. Hier wird jedoch V. 46 f. eine Zutat des Vf.s der AG.
sein. Das ist wahrscheinlich wegen der Analogie der St. 18₆, die sich deutlich als
Einschub in den Quellenbericht darstellt (s. d. Anm. zu 18₆ und vgl. zu 13₁₄). Ge=
wiß ist auch V. 51a und vielleicht V. 52 vom Vf. der AG. dem Quellenberichte
hinzugefügt.
    2. Statt παρεκάλουν hat B ἠξίουν (hinter σάββατον). Vielleicht ist dies die ur=
sprüngliche LA. Das kühle ἠξίουν, „sie erachteten", das der Vf. aus der Quelle über=
nommen haben kann, mag den Abschreibern wegen V. 43 nicht freundlich genug er=
schienen sein.

V. 44. „Am kommenden Sabbat (für den nach V. 42 die eingehendere Verkündigung gewünscht war) war fast die ganze Stadt versammelt, um das Wort des Herrn zu hören." In der Quelle war dieser gewaltige Zudrang wohl als Wirkung einer im Laufe der Woche entfalteten, besonders den Heiden zugewandten Missionstätigkeit des P. u. Barn. gedacht. **V. 45.** Unter- schieden werden die Juden und die ὄχλοι d. i. die Mengen der heidnischen Stadtbevölkerung (vgl. V. 48: τὰ ἔϑνη). Als die Juden merkten, daß nach der Absicht der Missionare das Heil auch den Heiden galt, wurden sie „von (feindseliger) Eifersucht erfüllt (vgl. 5₁₇)", da sie das messian. Heil für sich allein in Anspruch nahmen. Wenn am Schluß d. V. der Text lautet: ἀντι- λέγοντες καὶ βλασφημοῦντες[1], so ist der Begriff ἀντέλεγον in ἀντιλέγοντες wiederholt, um desto nachdrücklicher das βλασφημ. anzuknüpfen. Bei dem feindseligen Widerspruch gegen die Verkündigung des P. widersprach man nicht nur, sondern lästerte man auch. Vgl. Joc 4₂₄. **V. 46.** „Euch mußte (nach den Verheißungen) zuerst das Wort Gottes (über den Messias) ver- kündigt werden (s. zu 13₁₄); da ihr es aber wegstoßt und euch selbst nicht für wert erachtet des ewigen Lebens, siehe so wenden wir uns zu den Heiden." Sie meinen, daß das von P. verkündigte Heil nicht wert sei, von ihnen an- genommen zu werden. Tatsächlich zeigen sie in dieser Verwerfung des Heiles, daß sie selbst nicht wert sind, es zu erlangen. ἰδού dient zur starken Be- tonung der weiteren Aussage: στρεφόμεϑα εἰς τὰ ἔϑνη. **V. 47.** Das vom Knechte Jahves geltende W. Jes 49₆ (nach LXX) wird von P. und Barn. auf den Messias bezogen. Denn auf diesen (vgl. Lt 2₃₂), nicht direkt auf die App. (Bethge, B. Wß), ist das σε zu deuten. τοῦ εἶναί σε: „damit du seiest". **V. 48.** Die Heiden „priesen das Wort des Herrn" d. i. wohl speziell das prophetische Gotteswort, aus welchem die App. ihr Recht, sich zu den Heiden zu wenden, begründet haben. „Gläubig wurden alle zum ewigen Leben Verordneten." Ihr Heilsstand wird als Gnadenstand gekennzeichnet. Vgl. Röm 8₂₈ff. Eph 1₄ff. 11. I Pt 1₁f. Darin, daß hier bei den Heiden die Bedingtheit des Glaubens durch die göttl. Gnadenbestimmung, vorher (V. 46) aber bei den Juden der Unglaube als schuldvolle Selbstbestimmung beurteilt wird, drückt sich nicht ein Antijudaismus des Vf.s der AG. aus (Overb.). An anderen St. erscheint auch das Gläubigwerden von Juden als von Gott gewirkt (2₃₉. 17₄). Eine dogmatische Theorie über das Verhältnis der menschlichen Freiheit zur göttlichen Gnade läßt sich auf diese St. nicht gründen. **V. 49.** „Verbreitet wurde das Wort des Herrn in der ganzen Landschaft." Χώρα auch hier das Landgebiet, das die Stadt umgibt.

V. 50. „Die Juden reizten die gottesfürchtigen (d. h. sich zur Syna- goge haltenden, halbproselytischen) Frauen, die vornehm waren, auf." Diese Frauen erschienen in ihrem Proselyteneifer als geeignete Werkzeuge, um durch

---

1. Die W. ἀντιλέγοντες καὶ sind nur durch DIP d. meist. Min., syr. ᵖ·, Chrys., Theophyl. bezeugt. W.₌H., B. Wß lassen sie fort, während T. sie bewahrt hat. Ihre Weglassung wegen der stilistischen Härte ist leichter verständlich, als ihre spätere Ein- fügung. Die LA von E 14: ἐναντιούμενοι καὶ scheint einen anderen Versuch zur Be- seitigung jener Härte darzustellen. Blaß nimmt in den β-Text nach gig. (resistentes et) die W.: ἀντιτασσόμενοι καὶ auf (vgl. 18₆).

Beeinfluſſung ihrer heidniſchen Gatten die Vertreibung · der App. herbeizu=
führen. V. 51. Das „Abſchütteln des Staubes von den Füßen gegen ſie"
iſt ſymboliſcher Ausdruck der vollſtändigen Aufhebung der Gemeinſchaft, gemäß
dem Worte Jeſu Lk 9₅. 10₁₁ (ἐκτινάσσεσθαι wie Mt 10₁₄), hier aber des=
halb auffallend, weil doch Jünger in der Stadt zurückblieben (V. 52) und
auch die App. ſpäter in die Stadt zurückkehrten (14₂₁). Gewiß ein Zuſatz
des Vf.s der AG. zur Quelle (vgl. Jacobſen S. 18). Jkonium, ſüdöſtl. von
Antiochia, gehörte früher zu Phrygien, damals offiziell zu Lykaonien. In 14₆
wird es freilich von den Städten Lykaoniens unterſchieden, ebenſo wie es von
Firmilian in Cypr. ep. 75, 7 und von Hierax in den Acta Justini c. 3
noch zu Phrygien gerechnet wird. Vgl. Ramſay, Church p. 36 ff. Über das
jetzige Konjeh vgl. Moltke, Briefe über die Türkei aus d. J. 1835 — 39, ⁴
S. 318 f. V. 52. „Die Jünger (d. i. die in Ant. zurückbleibenden Bekehrten)
wurden mit Freude und h. Geiſte erfüllt." Die Vertreibung der App. ent=
mutigte ſie nicht, ſondern ſtärkte ihre Begeiſterung. Sehr paradox (ſ. d. Anm.
zu V. 42 am Schluſſe); doch vgl. I Th 1₆.

Kap. 14.

V. 1 — 7. Aufenthalt in Jkonium, Lyſtra und Derbe. V. 1.
κατὰ τὸ αὐτό iſt wahrſcheinlich nicht von der Zeit zu verſtehen (Vulg.: simul),
ſondern, wie κατὰ τὰ αὐτά Lk 6₂₃. ₂₆. 17₃₀, von der Art: „in gleicher Weiſe"
(K. Schmidt I S. 495, Blaß, B. Wß). Der Verlauf in Jkonium war ein
ähnlicher wie der in Antiochia. Die „Griechen" hier (vgl. 17₄. 18₄) ſind
nach dem Zuſammenhange ſolche Heiden, welche als σεβόμενοι od. φοβούμενοι
τ. θ. der Synagoge angeſchloſſen waren. — An den Aufenthalt des P. in
Jkonium knüpft ſich die Legende von der Thekla in den Acta Pauli et Theclae
(vgl. Lipſius, Apokr. Apoſtelgeſch. II, 1 424 ff.; Henneke, Neuteſt. Apokryphen
1904 S. 369 ff.). V. 2¹. „Die nicht gehorſam (d. i. gläubig, vgl. Röm 11₃₁)
gewordenen Juden regten auf und machten böſe (κακοῦν wie Pſ 106₃₂, in
anderem Sinne als 7₆. ₁₉. 12₁. 18₁₀) die Seelen der Heiden (d. i. der heid=
niſchen Stadtbevölkerung) gegen die Brüder (d. i. nicht nur gegen P. und
Barn., ſondern gegen die Chriſten überhaupt)." V. 3. Das durch οὖν be=
zeichnete Folgerungsverhältnis iſt nicht deutlich. Das Ergebnis der jüd. Auf=
reizung V. 2 wird erſt in V. 4 bezeichnet². Die zwiſchengeſchobene Angabe

---

1. D syr. ᵖ· ᵐᵃʳᵍ· haben folgenden Text: οἱ δὲ ἀρχισυνάγωγοι τῶν Ἰουδαίων καὶ
οἱ ἄρχοντες τῆς συναγωγῆς (τ. συν. fehlt in syr. ᵖ·) ἐπήγαγον αὐτοῖς (αὐτ. fehlt in syr. ᵖ·)
διωγμὸν κατὰ τῶν δικαίων καὶ ἐκάκωσαν τὰς ψυχὰς τῶν ἐθνῶν κατὰ τῶν ἀδελφῶν·
ὁ δὲ κύριος ἔδωκεν ταχὺ εἰρήνην. So Blaß im β=Text u. Hilgf. Die Veränderung am
Anfang iſt vorgenommen, weil die W. οἱ ἀπειθήσαντες Ἰουδαῖοι von den Juden im
allgemeinen verſtanden werden konnten und dann in Widerſpruch zu V. 1 ſtanden.
Im Unterſchiede von dem πλῆθος Ἰουδ. ſchienen die ungläubig Gebliebenen ſpeziell
die Vorſteher der Judenſchaft zu ſein. Der Schlußſatz ſoll den Übergang zu V. 3 ver=
mitteln (vgl. Pott, abendl. Text der AG. S. 5 f.). Dann konnte freilich V. 4 f. nicht
mehr als Konſequenz von V. 2 verſtanden werden und bedurfte es hier einer weiteren
Veränderung (ſ. d. Anm. zu V. 5).
2. Liegt hier eine Spur des Bearbeitetſeins der Quelle vor? Nach Sorof S. 85

V. 3 ſoll hervorheben, daß dieſes Ergebnis nicht ſchnell eintrat, ſondern nachdem P. und Barn. längere Zeit dort geweilt hatten „freimütig predigend in
dem Herrn (eigentlich: auf Grund des Herrn)". Vgl. 9₂₇f.: παρρησιάζεσθαι
ἐν τῷ ὀνόματι Ἰησοῦ und 4₁₇f.: λαλεῖν ἐπὶ τῷ ὀνόματι. Daß unter dem
κύριος hier nicht Jeſus, ſondern Gott verſtanden iſt, iſt wahrſcheinlich wegen
der hinzugefügten partizipialen Näherbeſtimmung, die in 4₂₉f. 20₂₄. ₃₂ ihre
Parallelen hat: „der Zeugnis ablegte für das Wort von ſeiner Gnade (zu
μαρτυρεῖν ἐπὶ vgl. Hbr 11₄)[1], indem er verlieh, daß Zeichen und Wunder
geſchahen[2]." Der zweite Partizipialſatz iſt dem erſten nicht koordiniert, ſondern gibt an, in welcher Form Gott das μαρτυρεῖν vollzog. Vgl. 15₈:
ἐμαρτύρησεν δούς. Zu dem Gedanken, daß die apoſtoliſche Verkündigung
von Gott durch Wunder beglaubigt wird, vgl. 4₂₉f. Hbr 2₄. Mk 16₂₀.
V. 4. Bemerkenswert iſt die nur hier und V. 14 vorliegende Anwendung
des Titels ἀπόστολοι, „Miſſionare", auf P. und Barn. (ſ. zu 1₂), gewiß aus
der Quelle ſtammend[3].

V. 5[4]. Es entſtand eine ὁρμή, ein „Anlauf", d. i. ein feindſeliges
Eindrängen (vgl. ὁρμᾶν 7₅₇), deſſen Zweck: ὑβρίσαι κ. λιθοβολῆσαι αὐτούς
aber durch die rechtzeitige Flucht der die Abſicht merkenden (συνιδόντες, vgl.
12₁₂) Miſſionare vereitelt ward. **V. 6.** Über „die Städte Lykaoniens" ſ. zu
13₅₁ und vgl. Ramſay, Church p. 47ff., J. Wß Art. „Kleinaſien" (unter 9
am Schluſſe) in R. E.[3]. Die Lage von Lyſtra, die von Hamilton, Reiſen in
Kleinaſien II S. 301f. 307f. ſüdöſtlich von Jkonium vermutet war, iſt von
Sterrett, the Wolfe expedition to Asia minor, Boston 1888, no. 242,
auf Grund einer Jnſchrift feſtgeſtellt worden ca. 6 Stunden ſüd-ſüdweſtlich
von Jkonium, nahe bei dem jetzigen Dorfe Khatyn Serai. Aus der Jnſchrift
hat ſich zugleich ergeben, daß Lyſtra ſeit Auguſtus röm. Kolonie war. Vgl.
Kornemann, Art. „Coloniae" in Pauly-Wiſſowa Real-Enc. IV, S. 551; Ditten-
berger, Orientis graeci inscr. sel. n. 536. Die Lage von Derbe läßt ſich
nicht ebenſo ſicher feſtſtellen. Sterrett a. a. O. S. 23 ſucht ſie bei den in
ſüdöſtl. Richtung von Lyſtra gelegenen Dörfern Boſſola und Zoſta, Ramſay

---

iſt V. 3 Zuſatz des Red., nach Sp. S. 169 Einſchub aus der Quelle B; nach Jgſt S. 129 ſind
V. 3—5 (erkl. der zwei letzten W.), nach Clemen, Paul. I S. 230f. V. 2 u. 4—6a Zutaten des Red. Mir ſcheint noch einfacher die Annahme, daß V. 3 (bezw. ein Grundbeſtand von V. 3, vielleicht ἱκανὸν — κυρίῳ) in der Quelle vor V. 2 ſtand. Dann
iſt die Gedankenfolge eine ganz einfache.
1. Wahrſcheinlich iſt nach ℵ*A ἐπὶ τ. λόγ. zu l. (T., B. Wß). Die anderen
Handſchr. laſſen das ungewöhnliche ἐπὶ fort.
2. Nach ABDEP viel. Min. u. Verſſ. iſt διδόντι ohne vorangehendes καί zu l.
(W.-H., B. Wß, Blaß). Sowohl die Rec. καὶ διδ., als auch die LA bei ℵ 4. 21. 133:
διδόντος (T.) ſind entſtanden, weil man l. vdt die Unterordnung dieſes Part. unter das voran-
ſtehende τῷ μαρτυροῦντι nicht erkannte.
3. Hinter ἀποστόλοις haben D syr. p. marg. den Zuſatz: κολλώμενοι διὰ τὸν λόγον
τοῦ θεοῦ. So Blaß im β-Text.
4. V. 5 u. 6 lauten bei syr. p. marg. folgendermaßen: et iterum (vgl. d. Anm.
zu V. 2) excitaverunt persecutionem secundo Judaei cum gentibus et lapi-
dantes eos eduxerunt eos ex civitate; et fugientes pervenerunt in Lycaoniam,
in civitatem quandam, quae vocatur Lystra et Derben. Hiernach hat Blaß den
β-Text rekonſtruiert.

a. a. O. p. 54f., Exp. 1906 I p. 544ff. bei dem etwas westlicher gelegenen Gudelissin. D. 7[1].

D. 8—20. Ereignisse in Lystra[2]. D. 8. Während der Name Λύστρα in 146. 21. 161 als Femin. gebraucht ist, ist er an u. St. und 162 Neutr. (vgl. Λύδδα 932. 35. 38). Wahrscheinlich war bei den verschiedenen Kasus das verschiedene Genus üblich. Vgl. Harnack III S. 86. In umständlicher Wieder= holung wird die Lahmheit des Kranken bezeichnet. Er war ἀδύνατος τοῖς ποσὶν d. h. eigentlich: „unvermögend mit den Füßen" (Dat. instrum.; vgl. Raderm. S. 99). Und zwar war er „lahm von Mutterleibe an"; vgl. 32[3]. Der weitere Zusatz: „der noch niemals gegangen war", hebt den Grad dieser angeborenen Lahmheit hervor, daß sie jedes Gehen ausschloß. D. 9. Das Imperf. ἤκουεν[4] bezeichnet das wiederholte Zuhören. P. erkannte seinen „Glauben, geheilt zu werden", d. i. den zum Geheiltwerden erforderlichen Glauben. Vgl. Blaß, Gr. § 71, 3.

D. 11. Durch die Bemerkung, daß die Menge λυκαονιστί, „auf lykao= nisch" sprach, soll nicht der Inhalt des Gesprochenen als auf volkstümlichem Aberglauben beruhend hingestellt (B. Wß), sondern, wie schon Chrys. bemerkt, erklärt werden, daß P. u. Barn. nicht gleich gegen den Anfang der Opfer= vorbereitungen einschreiten. Über die lykaon. Sprache wissen wir nichts Ge= naueres. Vgl. Lassen, Zeitschr. d. deutsch. morgenl. Gesellsch. 1856 S. 329ff.; Conder, Palestine Exploration Fund, 1888 II p. 250f. Die Vorstellung von Erscheinungen der Götter in Menschengestalt lag dem heidnischen Volks= glauben nahe. Die Verehrung des Barn. u. P. als Zeus und Hermes scheint nicht in rechtem Verhältnis zu der vorangegangenen Wundertat zu stehen,

---

1. D (ähnlich E) und flor. haben zu D. 7 den Zusatz: καὶ ἐκινήθη ὅλον τὸ πλῆθος ἐπὶ τῇ διδαχῇ. Dann zur Überleitung zur folgenden Geschichte: ὁ δὲ Παῦλος κ. Βαρν. διέτριβον ἐν Λύστροις.

2. Dieser Abschnitt trägt auch formell den Charakter einer Episode, wie Jacobsen S. 18, Sp. S. 170f. u. And. mit Recht betonen. Nachdem in D. 6 schon die Weiter= reise nach Derbe berichtet ist, kehrt die Erzählung nach Lystra zurück und in D. 20 (Schluß) und 21 wird dann nach beendeter Episode die Mitteilung von D. 6b u. 7 über die Reise nach Derbe und das Predigen dort wieder aufgenommen. S. zu D. 21. B. Wß, der den Grundbestand von K. 13 u. 14 nicht aus einer schriftlichen Quelle her= leitet, vermutet für diesen Abschnitt ihre Herkunft aus der urgemeindlichen Quelle. Nach Sorof S. 83ff. sind D. 8—11a Zusatz des Red. (Timotheus), während der Vf. der Grundschrift (Luk.) in D. 11b—20 ein Stück der Barnabas=Quelle benutzt habe. Nach Sp. S. 169f. stammen D. 8—20 (ausgen. die redaktionelle Zutat D. 15b—17) aus der Quelle. Jgst S. 131f. betrachtet D. 8—21a, Hilgf., Acta p. 283s. und Clemen, Paul. I S. 231f. D. 8—20 als Zusatz des Red. — Woher der Vf. der AG. diese Lystra= Geschichte, durch die er den kurzen Reisebericht seiner Quelle ergänzte, bekommen hat, müssen wir dahingestellt sein lassen. Ohne Anknüpfung an eine bestimmte Überliefe= rung, etwa nur in der Absicht, ein Seitenstück zu dem Petrus=Wunder 32ff. zu geben (Br. I S. 108f., Zell. S. 213ff., Overb.), hätte er sie gewiß nicht gebildet. Aber freilich ist aus der Ähnlichkeit der Schilderung von D. 8—10 mit 32—8 und ebenso aus der Verwandtschaft von D. 15—17 mit der Rede 1722—31 (s. d. Anm. zu 1716ff.) zu er= sehen, daß der Vf. der AG. das Detail frei gestaltet hat.

3. Blaß hält diese W. für eine Interpolation im α=Texte, während B. Wß in ihnen einen Zusatz des Vf.s zur bearbeiteten Quelle sieht. Bei D gig. fehlt χωλός.

4. Wahrscheinlich ist nach BCP d. meist. Min. ἤκουσεν zu l. (Rec., W.=H., B. Wß, Blaß). T. hat nach אADEHL viel. Min. u. Verss. ἤκουσεν aufgenommen. — Hinter λαλοῦντος hat D die W.: ὑπάρχων ἐν φόβῳ, die Blaß im β=Texte mit dem Zusatze τοῦ θεοῦ schon hinter περιεπάτησεν D. 8 anfügt (nach flor.).

aus welcher das Volk wohl eher auf Magier und dämonische Wesen, als auf Götter der höchsten Ordnung geschlossen hätte (vgl. Br., Zell., Overb.). Doch kann die Vermutung der Bevölkerung, daß es sich gerade um diese beiden Götter in Verbindung mit einander handele, auch durch lokale Kulturüber= lieferungen bedingt gewesen sein. Vgl. hierzu Calder, Exp. 1910, II, p. 1 ff. **V. 12.** Als Grund dafür, daß P., und nicht etwa Barn., für Hermes ge= halten wurde, wird angegeben, daß er das Wort führte. Vgl. wie Jam= blichus de myster. Aeg. 1 den Hermes als *θεὸς ὁ τῶν λόγων ἡγεμών* bezeichnet. Hinzu kam gewiß, daß er der jüngere war und auf dieser Reise zu Barn. in einem gewissen äußeren Unterordnungsverhältnisse stand. Die körperliche Unansehnlichkeit des P. (II Kor 10₁₀; vgl. die drastische Schilde= rung in den Acta Pauli et Theclae 3: *μικρὸς τῷ μεγέθει, ψιλὸς τὴν κε= φαλήν, ἀγκύλος ταῖς κνήμαις κτέ.*) kann nicht entscheidend gewesen sein, da Hermes vielmehr als wohlgestalteter Jüngling vorgestellt wurde. **V. 13**[1]. „Der Priester des Zeus vor der Stadt" ist Priester des Zeus, der vor der Stadt seinen Tempel hat. Die abkürzende Bezeichnung könnte auch so lauten, wie D sie gibt: *τοῦ ὄντος Διὸς πρὸ πόλεως* (vgl. Ramsay, Church p. 52). Zu vgl. ist die Inschrift in Claudiopolis in Jsaurien (südöstl. von Lystra): *Διὰ Προαστίῳ* (Ramsay a. a. O. p. 51), auch die bekannte Bezeichnung der Kirche in Rom: S. Paolo fuori le mura (Zöckl.). Der Priester brachte „Stiere und Kränze (letztere zum Schmücken der zu opfernden Tiere) an die Tore" d. i. entweder an die Tempeltore (Overb., B. Wß), oder an das Stadttor (Plur. von den Torflügeln; so Mey., Jäg. II S. 11 f., Blaß). Letzteres ist wahrscheinlicher: der zum außerhalb der Stadt liegenden Zeustempel ge= hörige Priester kommt an die Stadt heran, um dem vermeintlich in ihr be= findlichen Gotte zu opfern.

V. 14. „Als die Apostel (s. zu V. 4) davon Kunde bekommen hatten (auf welchem Wege ist nicht gesagt), zerrissen sie ihre Kleider (Ausdruck des Entsetzens vgl. Gen 37₂₉. ₃₄. Mt 26₆₅) und sprangen hinaus", nämlich von ihrem Aufenthalte innerhalb der Stadt unter die außerhalb des Tores ver= sammelte Menge. **V. 15—17.** Vgl. 17₂₂—₃₁. *τί ταῦτα ποιεῖτε;* „was tut ihr dies?" *τί* als Prädikat zu *ταῦτα* gezogen; vgl. Lk 16₂ und Blaß, Gr. § 50, 7. „Auch wir sind Menschen von gleicher leidensfähiger Beschaffenheit wie ihr (im Gegensatze zur *ἀπάθεια* der Götter, vgl. Jak 5₁₇. Sap 7₃), euch die Heilsbotschaft bringend, daß ihr euch bekehren sollt von diesen nichtigen (Göttern) zum lebendigen Gott." Das Pron. demonstr. weist auf die von der Menge vorgestellten Götter Zeus und Hermes. Bei *θεὸν ζῶντα* kann der Art. fehlen, weil dieser lebendige Gott ein in seiner Art einziges Wesen ist (vgl. Blaß, Gr. § 46, 6). Zum Gedanken vgl. 4₂₄. 17₂₄. I Th 1₉. **V. 16.**

---

1. Bei D d lautet der Text pluralisch: *οἱ δὲ ἱερεῖς τοῦ ὄντος Διὸς πρὸ πόλεως ταύρους αὐτοῖς καὶ στέμματα ἐπὶ τοὺς πυλῶνας ἐνέγκαντες σὺν τοῖς ὄχλοις ἤθελον ἐπι= θύειν.* So Hilgf., aber nicht Blaß im β=Text. Die Ursprünglichkeit dieses Textes von D vertritt Calder, Exp. 1910, II, p. 148 ff.
2. D flor. Iren. bieten für den etwas schwerfälligen Ausdruck folgende erleich= ternde Umschreibung: *εὐαγγ. ὑμῖν τὸν θεόν, ὅπως ἀπὸ τούτ. τ. ματ. ἐπιστρέψητε ἐπὶ τὸν ποιήσαντα τὸν οὐρ. κτέ.* So Blaß im β=Texte.

Die jetzt an die Heiden ergehende Predigt, durch die sie dem lebendigen Gott
zugewendet werden sollen, steht im Gegensatz dazu, daß Gott sie „in den
vergangenen Zeitaltern auf ihren eigenen Wegen gehen ließ", d. h. ihnen
noch keine für ihr Denken und Verhalten maßgebende Offenbarung gegeben
hat. Vgl. 17₃₀ und dagegen Röm 1₁₈ff., wo das Schuldvolle des gottlosen
Wandels der Heiden und zugleich das Strafverhängnis Gottes über ihn hervorgehoben wird. V. 17. Doch hat den Heiden nicht jede Kundgebung
Gottes, nämlich nicht die in den wohltätigen Naturwirkungen liegende, gefehlt. Vgl. Röm 1₂₀. Von den drei Partizipien ist das zweite dem ersten,
das dritte dem zweiten logisch untergeordnet: „obwohl er sich nicht unbezeugt
gelassen hat als Wohltäter, sofern er euch vom Himmel her Regengüsse und
fruchtbare Zeiten gibt, (hierdurch) mit Nahrung und Freude eure Herzen er-
füllend". Vgl. Pf. 145₁₅f. Die Erfüllung mit Nahrung bezieht sich insofern
auf die Herzen, als in diesen das freudige Gefühl der Sättigung empfunden
wird. Vgl. Jak 5₅; auch Lk 12₁₉. V. 18. „Kaum beschwichtigten sie die
Menge, daß sie ihnen nicht opferte." Über τοῦ μή f. zu 10₄₇.

V. 19f. Daß sich dieser Vorgang zeitlich unmittelbar an den in V.
11—18 berichteten angeschlossen habe (Men.), ist, auch wenn man von dem
möglichen Wankelmute einer Volksmenge große Vorstellungen hat, nicht denkbar
und wird weder durch das Fehlen einer ausdrücklichen Zeitangabe, noch durch
den Begriff ἐπῆλθαν gefordert. Dieser besagt, daß zu dem bisherigen Bestande der Menschen und Verhältnisse in Lystra die Juden aus Ant. und
Ikon. hinzukamen, wodurch nun die Situation für P. u. Barn. verändert
wurde[1]. — Es liegt kein Grund vor, zu bezweifeln, daß die hier berichtete
Steinigung des P. identisch ist mit der von ihm selbst II Kor 11₂₅ erwähnten
(vgl. Clemens ad Cor. I, 5, 6).

V. 21—28. Rückkehr der Missionare. V. 21. Wiederanknüpfung
an V. 7 (f. d. Anm. zu V. 8ff.). Sp. S. 170f. hat wohl Recht mit der
Vermutung, daß die Verschiedenheit des Tempus der Partiz. εὐαγγελιζόμενοι
und μαθητεύσαντες[2] durch den Anschluß an die Quelle bedingt ist, deren
Wortlaut folgender gewesen sein wird: κἀκεῖ εὐαγγελιζόμενοι ἦσαν (V. 7).
καὶ μαθητεύσαντες κτέ. Zu μαθητεύειν τινά, „Jem. zum Jünger machen",
vgl. Mt 28₁₉. Die ungehinderte Rückkehr nach Lystra steht zu dem in V. 19f.
erzählten Anlasse des Wegganges von dort in auffallendem Kontrast: auch
ein Anzeichen dafür, daß V. 19f. nicht in der Quelle stand, aus der V. 21

---

1. Das Fehlen einer gehörigen Vermittlung zwischen den beiden Vorgängen
forderte natürlich zum Interpolieren solcher Vermittlung auf. C viele Min. syr. ᵖ·ᵐᵃʳᵍ·
fügen an V. 18 zum Abschlusse des ersten Vorganges die W.: ἀλλὰ πορεύεσθαι ἕκαστον
εἰς τὰ ἴδια (vgl. 5₁₈ bei D u. Joh 7₅₃). Der neue Vorgang V. 19 wird dann in
CDE viel. Min. syr. ᵖ·ᵐᵃʳᵍ· flor. so eingeleitet: διατριβόντων δὲ αὐτῶν καὶ διδασκόν-
των, ἐπῆλθαν. Hierauf folgen bei D syr. ᵖ·ᵐᵃʳᵍ· flor. die W.: τινες Ἰουδαῖοι ἀπὸ Ἰκ.
κ. Ἀντ., und weiter bei C syr. ᵖ·ᵐᵃʳᵍ· flor.: καὶ διαλεγομένων αὐτῶν παρρησίᾳ ἔπεισαν
τοὺς ὄχλους ἀποστῆναι ἀπ᾽ αὐτῶν (flor.: ne credent eis docentibus), λέγοντες ὅτι
οὐδὲν ἀληθὲς λέγουσιν, ἀλλὰ πάντα ψεύδονται. So Blaß im β=Text, der dann auch noch
die weitere Fortsetzung auf Grund des flor. eigentümlich zu rekonstruieren sucht.
2. Die LA εὐαγγελιζόμενοι ist durch ADEHP bezeugt (T., B. Wß), während
ℵᵉBCL Min. εὐαγγελισάμενοι bieten (W.=h., Blaß). Die Wahrscheinlichkeit spricht dafür,
daß der Aor. der sekundäre, dem folgenden Part. Aor. konformierte LA ist.

ſtammt (vgl. Hilgf. ZwTh 1896 S. 58). Über die Rückkehr nach Antiochia im Verhältnis zu 13₅₁ ſ. zu dieſer St. **V. 22.** Das zweite Part. (παρα-καλοῦντες) iſt auch hier, wie in V. 3 u. 17, dem vorangehenden unterge-ordnet. Zu ἐμμένειν τῇ πίστει vgl. 11₂₃. 13₄₃. Der Satz καὶ ὅτι κτἑ. iſt zeugmatiſch an παρακαλοῦντες angeknüpft, aus welchem Begriffe ein λέγοντες zu entnehmen iſt. Zum Gedanken vgl. I Th 3₃f. I Pt 1₆f. 4₁₂f.

V. 23. „Nachdem ſie ihnen für jede einzelne Gemeinde Älteſte gewählt hatten, befahlen ſie ſie unter Beten mit Faſten dem Herrn." χειροτονεῖν bed. eigentlich: „wählen durch Handaufhebung", dann aber allgemein: „wählen" (vgl. 10₄₁). Die Bedeutung: durch Abſtimmung wählen laſſen oder: eine Abſtimmungswahl leiten, die man an u. St. gern haben möchte, um die Mitwirkung der Gemeinden bei den Wahlen feſtzuhalten (Mey., Rothe, Anf. d. chriſtl. K. S. 150, u. A.), läßt ſich nur künſtlich eintragen und wird an u. St. durch das zugeſetzte αὐτοῖς ausgeſchloſſen (de W., Overb.). Daß P. u. Barn. die Perſönlichkeiten ausſuchten, welche ihnen zur Leitung der Ge-meinden tauglich erſchienen, war in Anbetracht des Neubegründetſeins der Gemeinden nur natürlich. In dem Falle II Kor 8₁₉ lagen andere Verhält-niſſe vor. Die Gewählten werden als πρεσβύτεροι bezeichnet. Dieſer Titel kann hier, wo es ſich um beſonders Gewählte handelt, nicht im allgemeinen die Älteren, die Honoratioren (ſ. zu 5₆. 11₃₀) bedeuten, ſondern iſt Amts-bezeichnung. P. ſelbſt freilich redet in ſeinen Briefen nie von πρεσβύτεροι, ſondern bezeichnet die mit der Leitung der Gemeinden Betrauten teils als προϊστάμενοι (I Th 5₁₂), teils als διάκονοι (I Kor 16₁₅f. Röm 12₇. 16₁. Kol 4₁₇. Phl 1₁) und ἐπίσκοποι (Phl 1₁). Doch darf man deshalb nicht in der Mitteilung unſerer St. nur eine ungeſchichtliche Hineintragung der ſpäteren presbyterialen Verfaſſung in die frühere Zeit ſehen. Vielleicht war ſpeziell in den kleinaſiatiſchen Gemeinden (vgl. 20₁₇) der Titel πρεσβύτεροι für die verwaltenden Organe von Anfang an üblich, weſentlich im Sinne der προϊστάμενοι (vgl. Réville, orig. de l'épiscopat I p. 172ss.). Der Titel iſt auch nicht als ein aus dem Judentum ſtammender zu betrachten. Deißm., Bibelſtud. S. 153ff., Neue Bibelſt. S. 60ff. hat nachgewieſen, daß in Ägypten πρεσβύτεροι techniſcher Ausdruck für die Träger ſowohl bürgerlicher als auch heidniſch-ſakraler Ämter war und daß ein analoger Gebrauch auch in Klein-aſien bezeugt iſt. κατ᾽ ἐκκλησίαν iſt diſtributiv. προσευξάμενοι μετὰ νησ-τειῶν zu παρέθεντο gehörig. Vgl. 13₃. Zu παρατιθέναι τῷ κυρίῳ vgl. 20₃₂. Der κύριος iſt hier Chriſtus.

V. 25. Das εἰς vor Πέργην iſt, wie oft (ſ. zu 2₅), prägnant gebraucht, den Gedanken an das Hinkommen nach Perge einſchließend. Attalia iſt die Küſtenſtadt, zu der ſie „hinunterzogen". **V. 26.** An Stelle der profanen Ausſage: von wo aus ſie ausgeſandt waren uſw., tritt die religiöſe Wendung: „von wo aus ſie der Gnade Gottes übergeben waren zu dem Werke". Der Gedanke bezieht ſich nicht auf 13₄ (ἐκπεμφθέντες ὑπὸ τ. ἁγ. πν.), ſondern auf 13₃ zurück. Vgl. 15₄₀. Über ἔργον ſ. zu 13₂. **V. 27¹.** „Sie be-

---

1. V. 27 wird von Sp. S. 171f. dem Red. zugewieſen.

richteten, was alles Gott mit ihnen getan hätte (d. i. was sie unter dem Beistande Gottes getan hatten, vgl. 10₃₈. 11₂₁. 15₄. I Kor 15₁₀) und (in-sonderheit) daß er den Heiden die Glaubenstür geöffnet (d. i. Gelegenheit zum Glauben gegeben) hätte." Vgl. I Kor 16₉. II Kor 2₁₂. Kol 4₃.

In welchem zeitlichen Verhältnis steht die in K. 13 u. 14 berichtete Reise des P. u. Barn. zu dem sog. Apostel-Konvente AG 15 = Gal 2₁₋₁₀? Weizs. S. 91 nimmt wegen des Nichtberücksichtigtseins dieser Reise in Gal 1₂₁ an, daß dieselbe erst nach dem Apostel-Konvente stattgefunden habe. Zum gleichen Resultate kommt Sp. S. 179ff., nach welchem der aus der Quelle B stammende Bericht 15₁₋₃₃ sich auf den-selben Aufenthalt des P. in Jer. beziehen soll, wie der aus A stammende 11₂₉f. (und Gal 2), während der Red. irrig zwei verschiedene Aufenthalte angenommen und so das Stück 15₁₋₃₃ an verkehrter Stelle eingeschoben habe. Vgl. auch Völter, d. Kompos. d. paul. Hauptbriefe 1890, I, S. 130ff.; Franke StKr 1890 S. 659ff.; O. Hltzm. 3NW 1905, S. 102ff. — Wenn man anerkennt, daß der Abschnitt 15₁₋₃₃ nicht aus der-selben Quelle stammt, welche die Grundlage für K. 13 u. 14 und dann für 15₃₅ff. 16₁ff. bildet (s. Anm. 2 auf S. 225), so ist es in der Tat eine naheliegende Frage, ob der Vf. der AG. diesen episodischen Abschnitt an rechter Stelle eingefügt hat. Diese Frage ist aber m. E. zu bejahen. Entscheidend dafür scheint mir das zu sein, was wir über das Verhältnis des P. zu Barn. wissen. Die Tatsache, daß diese beiden Männer zusammen auf dem Apostel-Konvente als Vertreter der Heidenmission auftraten und anerkannt wurden (Gal 2₁. ₉), beweist, daß sie vorher in einer speziellen Gemein-schaft des Heidenmissionswerkes gestanden hatten. Nachher hatte P. bei dem, wie es scheint, bald dem Apostel-Konvente folgenden Vorfalle in Antiochia Gal 2₁₁ff. eine un-berechtigte Konnivenz auch des Barn. gegenüber der judenchristl. Gesetzlichkeit zu rügen. Kann nun das durch die Quelle von AG 13 u. 14 bezeugte gemeinsame Missionswerk des P. u. Barn. im Innern Kleinasiens zwischen dem Apostel-Konvent und diesem Konflikte in Ant. oder nach diesem Konflikte gelegen haben? Spricht nicht alle Wahr-scheinlichkeit dafür, daß es ihr vor dem Apostel-Konvente zu postulierendes gemein-sames Werk war? Die St. Gal 1₂₁ kann nicht dagegen zeugen. Denn durch den Zweck der Erörterung von Gal 1 ist es zwar bedingt, daß P. seine Reisen nach Jer. vollständig aufzählen, aber nicht, daß er auch seine Missionsreisen außerhalb Judäas vollständig erwähnen mußte. Da es sich nur um die Feststellung seiner dauernden Abwesenheit von Jer. während des 14jährigen Zeitraumes handelte, konnte er die Reise ins Innere Kleinasiens übergehen, wenn sie im Verhältnis zu der längeren Wirksamkeit in Syrien und Cilicien nur wie eine kurze Episode erschien. Über die St. 15₂₃, die Sp. als besonders wichtig geltend macht, s. den Exkurs hinter 15₂₁ am Schlusse.

Kap. 15.

V. 1—33. Der Apostel-Konvent[1]. Über dasselbe Ereignis berichtet P.

---

1. Vgl. von neuerer Literatur bes.: Ritschl, Entstehung d. altkath. Kirche, ²1857, S. 127ff.; Lipsius in BL I S. 194ff.; Weizs. JbdTh 1873 S. 191ff. und Ap. 3. ²S. 146ff.; K. Schmidt, de apost. decreti sententia et consilio, Erl. 1874; Keim, Urchristent. 1878 S. 64ff.; Grimm StKr 1880 S. 405ff.; Zimmer, Gal. und AG. 1882 S. 87ff.; Hltzm. 3wTh 1882 S. 436ff. (daselbst Verzeichnis der gesamten vorgängigen neueren Literatur) und 1883 S. 128ff.; Pfleid. JprTh 1883 S. 78ff. und Urchristent. S. 578ff.; Prins ThT 1883 S. 440ff.; Klostermann, Probl. im Apostel-Texte 1883 S. 121ff.; Volkmar, P. von Damask. bis zu Gal. 1887; Sommer, Th. Stud. u. Skizz. aus Ost-preußen 1887 I S. 175ff. u. 1889 II S. 141ff.; Steck, Gal.br. 1888 S. 95ff.; Voelter, Kompos. d. paul. Hauptbriefe 1890 I S. 128ff.; Hilgf. 3wTh 1891 S. 205ff.; 1896 S. 59ff.; 1899 S. 138ff.; Acta p. 284ss.; J. Wß StKr 1893 S. 504ff. u. 1895 S. 252ff.; Absicht der AG. S. 25ff.; Jäg. II S. 13ff.; Ramsay, St. Paul the trav. p. 152ff.; McGiffert, history of christ. in the apost. age p. 192ff.; Ewald, Art.

Gal 2₁—₁₀. Das Verhältnis der·beiden Berichte zu einander ist seit der Tübinger Kritik (f. oben S. 8ff.) Gegenstand besonders lebhafter Diskussion gewesen. Beide Berichte stimmen darin überein, daß bei der Zusammenkunft in Jer. zwischen P. u. Barn. einerseits und den Urapp. und der jeruf. Gem. andrerseits die Frage verhandelt sei, ob die Beschneidung und übrige jüd. Gesetzlichkeit als Bedingung der Teilnahme der Heiden am christl. Heile und ihrer Aufnahme in die christl. Gem. gelten müßten[1]. (Über das Offensein dieser Frage trotz des Kornelius=Falles f. d. Exkurs hinter 11₁₈ ad 3.) Aber über den Verlauf und das Ergebnis dieser Verhandlungen berichtet die AG. Anderes als P. Es fragt sich, ob diese Verschiedenheit einen Widerspruch be= deutet, oder ob die besonderen Mitteilungen der AG. in ergänzendem Verhältnis zu denen des P. stehen. P. gibt seine geschichtlichen Mitteilungen in Gal 1 u. 2 mit dem speziellen Zwecke, sein Verhältnis zu den urapostolischen „Autoritäten“, die Un= abhängigkeit seines Apostolates von ihnen, darzutun. Es liegt nichts Unwahrschein= liches in der Annahme, daß der Df. der AG. nach anderweitiger Überlieferung etwas Besonderes erzählen konnte, was P. unter seinem speziellen Gesichtspunkte nicht mit= zuteilen veranlaßt war[2].

„Apostel=Konvent“ in R. E.[3]; P. W. Schmiedel, Art. „Council of Jerus.“ in Encycl. Bibl. I; Harnack, Sitzungsber. der Berl. Akad. 1899 S. 150ff.; Beiträge III S. 188ff., IV S. 22ff.; Clemen, Paul. I S. 235ff.; v. Dobschütz, Probleme d. ap. Zeitalters 1904 S. 81ff.; Achelis, d. Christentum in d. ersten 3 Jahrh., 1912, I, S. 45ff.; Wendland, Urchristl. Literaturformen, ²S. 319ff.; außerdem die in dem Exkurs nach D. 21 ange= führten Schriften.

1. Wegen dieser offenbaren Übereinstimmung in der allgemeinen Zeichnung der Situation und des Problems sind die vielfachen Versuche, den Vorgang Gal 2₁—₁₀ chronologisch nicht dem Vorgange AG 15, sondern dem Besuche des P. in Jer. AG 11₃₀ (12₂₅) oder dem 18₂₂ gleichzusetzen, künstlich und nicht überzeugend. Über die älteren Vertreter jener Kombinationen vgl. Men.=Sieffert zu Gal 2₁; auch Zimmer a. a. O. S. 8ff. Für die Kombination von Gal 2₁ff. mit AG 11₃₀ kann man insbesondere den Umstand anführen, daß P. die Reise nach Jer. Gal 2₁ als zweite nach seiner Be= kehrung hinstellt und daß nach der AG. die Reise 11₃₀ die zweite, die Reise 15₁ff. die dritte ist. Diese Kombination, früher bes. von Fritzsche, Opusc. acad. 1838 p. 201ss. ausgeführt, ist neuerdings vertreten von Ramsay, S. Paul p. 55ff. 152ff. (über die Auseinandersetzung zwischen ihm und W. Sanday, Exp. 1896 III p. 81ff. 174ff. 253ff.; IV p. 43ff. 56ff. vgl. M. Jacobus PrRR 1897 July p. 506ff.) und von D. Weber, die Abfassung des Galaterbriefs vor dem Apostelkonzil 1900 (vgl. dazu die Anzeige von Jülicher ThLz 1901 S. 469ff.); auch BiblZ 1912 S. 155ff. Die Kombination von Gal 2₁ff. mit AG 18₂₂, früher bes. von Wieseler S. 201ff., Gal.br. S. 553ff. vertreten, ist von Volkmar a. a. O. in dem Sinne ausgebildet, daß AG 15 eine bloße Phantasie= darstellung sei, während in 18₂₂ noch eine Hindeutung auf den Vorgang Gal 2 vor= liege. — Über Sp.s Meinung, daß die aus verschiedenen Quellen stammenden Stücke AG 11₂₉f. u. 15₁ff. sich auf denselben Vorgang Gal 2₁ff. beziehen, f. d. Anm. am Schlusse von K. 14. McGiffert p. 170ff. teilt diese Meinung Sp.s, setzt aber ab= weichend von Sp. die Reise des P. nach Jer. AG 11₂₉f. = 15₁ff. = Gal 2₁ff. nicht vor, sondern nach der Missionsreise AG 13. 14 an. Nach Jgst S. 145ff. stand in der Quelle A der Apostel=Konvent 15₁ff. (= Gal 2₁ff.) vor der Kollektenreise 11₂₇—₃₀. 12₂₅ und erst der Red. hat die Chronologie verschoben.

2. Der Wortlaut von 15₃₅ knüpft in analoger Weise an 14₂₈ an, wie 11₁₉ an 8₄ und wie 14₂₀b u. 21a an 14₆b u. 7. Schon hierdurch wird die Vermutung nahe= gelegt, daß das Stück 15₁—₃₃ eine episodische Zutat zu dem Quellenberichte ist, der die Grundlage von K. 13 u. 14 und dann wieder von dem durch 15₃₅ff. eingeleiteten Reiseberichte K. 16ff. bildet. Diese Vermutung wird dadurch bestätigt, daß auch die späteren Bezugnahmen auf das Apostel=Dekret 16₄ u. 21₂₅ sich deutlich als Zusätze aus dem sie umgebenden Zusammenhange herausheben; ferner dadurch, daß die An= gabe 15₄₀ über die Mitreise des Silas mit P. von Antiochia aus nicht vermittelt ist mit der Angabe 15₃₃ über die Rückkehr des Silas von Ant. nach Jer. Dieser letzte Punkt zeugt nun zugleich dafür, daß der Df. der AG. die Notiz 15₃₃ nicht frei ge= bildet, sondern nach einer ihm gewordenen Überlieferung gegeben hat. Denn sonst würde er eben zur Vorbereitung auf 15₄₀ etwas Anderes geschrieben haben. Ebenso ist aus der Differenz zwischen der Adressierung des Dekrets nur an die Heidenchristen

D. 1. Die von Judäa nach Antiochia kommenden Christen werden ebenso pharisäischer Herkunft gewesen sein, wie die V. 5 in Jer. auftretenden[1]. **D. 2.** „Da aber ein nicht geringer Aufruhr und Streit bei P. u. Barn. gegen sie entstand, beschlossen sie usw." Die στάσις (vgl. 23₇. 10) erhob sich in der Gem.; die ζήτησις (vgl. 25₂₀. Joh 3₂₅) ergab sich speziell für P. u. Barn. Subj. für ἔταξαν sind die antioch. Christen; vgl. D. 3². Mit P. u. Barn. sollen „einige andere" von der antiochen. Gemeinde reisen. Nach Gal 2₁ waren P. u. Barn. von Titus begleitet, der in der AG. nirgends erwähnt wird. Sie sollen „zu den Aposteln und Ältesten nach Jer." ziehen. Hier und weiterhin in K. 15 werden die App. als die wichtigsten Honoratioren der jerus. Gem. besonders neben den übrigen πρεσβύτεροι genannt. Sie könnten auch unter diesen Titel subsumiert sein, wie 11₃₀ (s. zu d. St). 21₁₈.

---

in Antiochia, Syrien und Cilicien (15₂₃) und der späteren Voraussetzung des Vf.s der AG., daß das Dekret für die Heidenchristen überall bestimmt gewesen sei (16₄. 21₂₅), zu erschließen, daß der Vf. der AG. dieses Dekret nicht selbständig, sondern im Anschluß an eine feste Überlieferung formuliert hat. Gewiß hat er bei der Bearbeitung dieser Überlieferung das Detail frei ausgestaltet und dabei insbesondere, dem erbaulichen Zwecke seines Buches entsprechend, die Harmonie zwischen P. und den Urapp. in möglichst helles Licht zu setzen gesucht. So werden speziell die Reden des Petr. u. Jak. wesentlich seine Komposition sein. Aber genau die Zutaten des Vf.s der AG. von jener Überlieferung zu unterscheiden, scheint mir nicht möglich.

Von den neueren Kritikern nehmen die meisten das Verwertetsein eines Quellenstückes in unserm Abschnitte an (vgl. schon Schwanbeck S. 118ff., Bleek Einl.⁴ S. 448f.). Dabei pflegt ihnen besonders der Umstand, daß in D. 6 nur von einer Versammlung der App. und Presbyter, in D. 12 u. 22 dagegen von einer Gemeindeversammlung die Rede ist, als Indizium für das Zusammengefügtsein verschiedener Bestandteile zu gelten. Nach B. Wß stammt der Hauptbestand der Darstellung von D. 5 an aus einer Quelle; D. 1—4. 9. 12. 22. 31 sind Zusätze des Bearbeiters. Nach Sorof S. 95ff. sind D. 7—18 und in D. 22 die W. σὺν ὅλῃ τ. ἐκκλ. Zusätze des Red. zu dem ursprünglichen Berichte der Lukas-Schrift. Sp. S. 179ff. betrachtet den Abschnitt 15₁—₃₃ im ganzen als Stück aus der Quelle B (vgl. d. Anm. am Schlusse von K. 14). Dann aber sei D. 5—12 Zusatz des Red. Die W. des Jak. D. 14 bezögen sich im Sinne der Quelle auf die Petrus-Rede 11₅—17. J. Wß StKr 1893 S. 519ff. scheidet D. 1—4 u. 12 als einen auf P. bezüglichen Reisebericht von den aus der Quelle B stammenden Abschnitten D. 5—11 u. 13—33, die sich ursprünglich nicht auf den Apostel-Konvent Gal 2₁—10, sondern auf eine spätere, hinter dem Vorgang Gal 2₁₁ff. liegende Verhandlung beziehen sollen, an der P. u. Barn. unbeteiligt waren (deren Namen also auch in D. 22 u. 25 erst später zugesetzt seien). Nach Jgst S. 134ff. stammen D. 1—4. 30a. 32f. aus der Quelle A, das übrige vom Red., der aber die Jakobus-Rede D. 13—20 (exkl. D. 19: μὴ παρενοχλ. bis ἀλλὰ) aus der Quelle B, wo sie auf 11₁—17 folgte (vgl. Sp.), entnommen haben soll. Hilgf. Acta p. 284 ss. leitet nur D. 1—6, die Anfangsworte von D. 7 und am Schluß die Notiz von der Entsendung des Judas und Silas aus seiner Quelle C her, während er alles übrige dem Red. zuweist. Pott, d. abendländ. Text der AG. S. 44ff. weist D. 1—4. 22—27. 30—33 einer Quelle A zu, D. 5—11. 13—21. 28f. einer Quelle B, D. 12 und in D. 22 die W.: τ. ἀποστόλοις — σὺν ὅλῃ dem Red. Nach Harnack III S. 138. 155ff. stammen 15₁—₃₅ zusammen mit K. 13 u. 14 aus der antiochen. Quelle.

1. In syr. ᵖ·ᵐᵃʳᵍ· 8. 137 ist schon hier hinter Ἰουδαίας aus D. 5 der Zusatz gemacht: τῶν πεπιστευκότων ἀπὸ τῆς αἱρέσεως τῶν Φαρισαίων. Ferner lautet in D syr. ᵖ·ᵐᵃʳᵍ· hinter περιτμηθῆτε der Text: καὶ τῷ ἔθει Μ. περιπατῆτε; in den Const. ap. 6, 12, 1: περιτμ. τῷ ἔθει τ. Μ. καὶ τοῖς ἄλλοις ἔθεσιν (od. ἅπασιν) οἷς διετάξατο περιπατῆτε. So Blaß im β-Text.

2. Über die Erweiterung des Textes dieser St. bei D d. syr. ᵖ·ᵐᵃʳᵍ· s. oben S. 54. Zu dem dort ausgesprochenen Grundsatze des P. vgl. I Kor 7₁₇. 20. 24. — Am Schlusse unseres D., hinter εἰς Ἱερ., haben D 137 syr. ᵖ·ᵐᵃʳᵍ· die W.: ὅπως κριθῶσιν ἐπ' αὐτοῖς (137: αὐτῶν) περὶ τοῦ ζητήματος τούτου.

Nach Gal 2₂ reiste P. nach Jer. κατὰ ἀποκάλυψιν, nach u. St. im Auftrage der antioch. Gem. Diese beiden Angaben schließen sich nicht aus. P. macht die Angabe Gal 2₂ in stillschweigendem Gegensatz gegen die Annahme, daß er damals von den Urapp. zur Verantwortung vorgefordert sei. Dabei spricht er aber am Schlusse von V. 2 aus, daß er durch die Befürchtung geleitet war, es möchten seiner Missionsarbeit vereitelnde Hindernisse bereitet werden. Es ist durchaus glaubwürdig, daß der Anlaß zu dieser Befürchtung in einem solchen Auftreten jerusalemischer Christen in Ant. lag, wie es an u. St. berichtet ist, und daß dann der eigene, gottgewirkte Impuls des P., nach Jer. zu gehen, zusammentraf mit dem Wunsche und Auftrage der durch die aufgeworfene Streitfrage (ζήτημα) beunruhigten Gem.

V. 3f. Die Abgesandten wurden feierlich von der antiochen. Gem. „fortgeleitet" (zu προπέμπειν vgl. 20₃₈. 21₅) und ebenfalls feierlich von[1] der jerus. Gem. „empfangen". In V. 3 ist die Beziehung des οἱ μὲν οὖν zum Partiz. ebenso zweifelhaft wie in 1₆. Zu V. 4b vgl. 14₂₇. **V. 5.** Daß die Vertreter der streng gesetzlichen Ansprüche in der damaligen Urgemeinde aus der Pharisäerpartei hervorgegangen waren, der Jesus und seine ersten Jünger nicht zugehört hatten, ist eine gewiß richtige Überlieferung der AG. P. charakterisiert Gal 2₄ diese Leute als παρείσακτοι ψευδάδελφοι. — Vielfach hat man es auffallend gefunden, daß hier das selbständige Auftreten der pharisäischen Christen in Jer. als Anlaß zu der weiteren prinzipiellen Verhandlung V. 6ff. hingestellt wird, während man nach V. 1 erwarten sollte, daß die in Antiochia aufgeworfene Streitfrage, um derentwillen P. und Barn. nach Jer. reisten, auch als eigentlicher Anlaß zu der Hauptverhandlung in Jer. erschiene. In der Textüberlieferung von D d. syr.^{p. marg.} ist diese Schwierigkeit dadurch beseitigt, daß die in Ant. den Streit anregenden jerus. Christen identifiziert werden mit den jetzt in Jer. gegen P. und Barn. auftretenden[2]. Ältere Erklärer (Beza, Piscator, Heinrichs) haben V. 5 als Rede der Abgesandten V. 4 verstanden: von der oratio obliqua sei zur directa übergegangen und hinter ἐξανέστησαν δέ sei ἔλεγον zu ergänzen. Neuere Erklärer (B. Wß, Völter a. a. O. S. 133ff., Sp. u. A.; vgl. die Anm. S. 226) finden hier das Anzeichen eines Zusammengefügtseins zweier Berichte. Die richtigere Lösung der Schwierigkeit gibt Men.: die in Jer. auftretenden pharisäischen Christen behaupteten das Nämliche, was von den Judäern in Ant. vorgebracht war und den Anlaß der Gesandtschaft gebildet hatte. Der Vf. der AG. hatte die nach Gal 2₄f. ganz richtige Überlieferung, daß der Widerspruch gegen das Evang. des P. in Jer. mit besonderer Schärfe zum Ausdruck kam. Dadurch war die Richtigkeit der anderen Überlieferung, daß schon in Ant. dieser Widerspruch erhoben war und den P. und Barn. zur Reise veranlaßt hatte, nicht ausgeschlossen. — Die Forderung der Pharisäerchristen lautete: „man muß sie (die Heiden) beschneiden und anhalten das Gesetz Mosis zu halten". Das αὐτούς hat keine formelle Beziehung auf V. 4, sondern ist κατὰ σύνεσιν auf die ἔθνη zu beziehen, von denen in V. 3 und indirekt in V. 4b die Rede war. Vgl. das τοῦτο 4₇. Nach Lekebusch S. 114, Jäg. II S. 15 wäre αὐτούς auf die τινας ἄλλους V. 2, d. h. auf die unbeschnittenen Gefährten des P.

---

1. Vielleicht ist in V. 4 nach BC einig. Min. statt ὑπό 3. l. ἀπό (W.H., B. Wß): „seitens" (vgl. 2₂₂. 9₁₃).
2. S. oben S. 54f. und vgl. die Anm. zu V. 1.

und Barn., zu beziehen. Geschichtlich ist dies insofern richtig, als nach Gal 2₃₋₅ die Beschneidung des Titus, des Gefährten des P., als Erweis der Notwendigkeit der Beschneidung für die Heidenchristen überhaupt gefordert wurde. Aber der Vf. der AG. hat dies nicht gemeint. Die Beschneidungs= forderung hatte prinzipielle Bedeutung: das ganze mosaische Gesetz sollte ver= bindlich sein (vgl. Gal 5₃). Diese allgemeine Forderung wird an u. St. (anders V. 1) ausdrücklich hinzugefügt.

V. 6. Daß bei der nun stattfindenden Versammlung der Apostel und Ältesten auch die weitere Gem. anwesend war, wird hier nicht bemerkt[1], aber in V. 12 und 22 vorausgesetzt. Man hat hierin die Spur verschiedener Quellenberichte gefunden (vgl. d. Anm. S. 225 f.). Aber viel natürlicher ist die Erklärung, daß der Vf. der AG. das Zusammentreten der Honoratioren V. 6 als sich unmittelbar an den Auftritt V. 5 anschließend gedacht hat. Die Pharisäerchristen erhoben ihre Forderung V. 5 in einer öffentlichen Gemeindeversammlung, wo P. und Barn. von ihrer gottgesegneten Heiden= mission berichtet haben (V. 4 b). Beim Lautwerden dieser Einrede treten nun die Honoratioren zu einer Beratung über diesen Punkt zusammen. Bei dieser Beratung bleiben aber sowohl die übrigen Gemeindeglieder als auch P. und Barn. (V. 12) anwesend. Der Vf. der AG. hat das von V. 4 — 23 Ge= schilderte als einen zeitlich zusammenhängenden Vorgang gedacht.

P. nimmt in Gal 2₂ auf eine Besprechung sowohl mit der jerus. Gem. im all= gemeinen (ἀνεθέμην αὐτοῖς τὸ εὐαγγέλιον κτέ.) als auch mit den Autoritäten privatim (κατ᾽ ἰδίαν δὲ τοῖς δοκοῦσιν) bezug. Bei seiner Auseinandersetzung mit den παρείσακτοι ψευδάδ. V. 3 — 5 ist eine Gemeindeversammlung vorausgesetzt; bei seiner Vereinbarung mit den „Säulen" V. 6 — 10 ist eine solche nicht ausgeschlossen. Vgl. Keim a. a. O. S. 65 ff.

V. 7 — 11. Petr. führt zuerst den Korneliusfall als Beweis dafür an, daß Gott den Heiden das Heil ebenso zuzuwenden gewillt sei, wie den Juden, ohne auf etwas anderes als den Glauben bei ihnen Wert zu legen (V. 7 — 9); dann fordert er, daß man nicht in Widerspruch zu diesem Willen Gottes den Heiden eine Bedingung auferlege, die man selbst nicht zu erfüllen vermöge und brauche (V. 10 f.). **V. 7.** „Ihr wißt, daß vor langer Zeit Gott unter euch die Auswahl traf, daß durch meinen Mund die Heiden das Wort des Evangeliums hören und gläubig werden sollten." Das lange Zurückliegen des Korneliusfalles wird betont, um der Heidenbekehrung den Charakter einer Neuerung zu nehmen, welche als solche besonderen Bedenken unterläge. Be= merkenswert ist aber, daß sich Petr. eben nur auf diesen einen lange ver= gangenen Fall beruft, nicht auf eine weitere analoge Missionspraxis. Daß Petr. in der AG. im Gegensatze zu Gal 2₇f. als Vertreter nicht der Juden=, sondern der Heidenmission hingestellt werde (Weizs. S. 171 f.; Pfleid. S. 580 f.), ist nicht richtig. Das ἐν ὑμῖν steht im Gegensatz zu der antioch. Gem., von der die weiteren Heidenbekehrungen ausgegangen sind. Zu ἐξελέξατο sind nicht die Heiden Obj. (Zimmer a. a. O. S. 149 f., B. Wß), ist aber auch nicht einfach ἐμὲ zu ergänzen (Olsh.); sondern die Ausdrucksweise ist prägnant: für

---

1. 137. syr. ᵖ· haben hinter πρεσβύτεροι den Zusatz: σὺν τῷ πλήθει. So Blaß im β=Text und Hilgf.

den Begriff des Beſchließens (etwa εὐδόκησεν), von dem der Infinitivſatz dem Sinne nach abhängt, wird der Begriff ἐξελέξατο inſofern geſetzt, als Gott das Organ zur Ausführung des gewollten Zweckes durch eine Auswahl feſtſtellte. Petr. drückt ſich beſcheiden ſo aus, als hätte Gott zum Zwecke jener früheren Heidenbekehrung auch einen der anderen (in der gegenwärtigen Verſammlung befindlichen) Apoſtel als Organ wählen können. εὐαγγέλιον in der AG. nur hier und 20 24; nirgends im Lk.-ev. Großen Nachdruck hat am Schluß das καὶ πιστεῦσαι: Gott forderte von den Heiden Glauben, nicht aber Beſchneidung und Geſetzeswerke. V. 8. „Der Herzenskenner Gott erwies ihnen Anerkennung dadurch, daß er ihnen den h. Geiſt ebenſo gab wie uns (vgl. 10 44ff. 11 15ff.)." Gott wird aus demſelben Grunde als καρδιογνώστης (ſ. zu 1 24) bezeichnet, wie es 10 34 negativ heißt: οὐκ ἔστιν προσωπολήμπτης. Die Tatſache, daß er auf die Geſinnung und nicht auf das Äußere (Nationalität, Beſchneidung) ſieht, motiviert ſein Verhalten in dem Korneliusfalle. V. 9. Die am Schluſſe von V. 8 bemerkte Gleichſtellung der Unbeſchnittenen mit den Beſchnittenen durch die Behandlung Gottes wird jetzt noch beſonders betont: „und er machte keinerlei Unterſchied zwiſchen uns und ihnen, da er durch den Glauben ihre Herzen reinigte". Betont iſt das vorangeſtellte τῇ πίστει. Die durch den Glauben bewirkte Reinigung der καρδία durch Gott, den καρδιογνώστης (V. 8), ſteht im Gegenſatz zu der durch die Beſchneidung äußerlich am Menſchen vollzogenen Reinigung (vgl. Röm 2 20f.), welche den Judaiſten als entſcheidende Bedingung des Heilsempfanges erſchien. Gott ſelbſt wird als Urheber dieſer inneren Reinigung hingeſtellt, in Anſpielung an 10 15.

V. 10. „Nun denn (νῦν οὖν = καὶ νῦν 3 17 u. ö.), was verſucht ihr Gott, aufzulegen ein Joch auf den Hals der Jünger." Zu πειράζειν τ. θεὸν vgl. 5 9. Durch Nichtbeachtung des kundgegebenen Willens Gottes ſtellt man ſeine Strafmacht auf die Probe. Der Inf. iſt in ähnlicher Prägnanz an πειράζετε τ. θ. angeſchloſſen, wie in V. 7 ἀκοῦσαι κτέ. an ἐξελέξατο. Er iſt dem Sinne nach abhängig von einem Begriffe des Vorhabens (etwa θέλετε), ſtatt deſſen aber πειράζετε τ. θ. geſagt iſt, um die verſucheriſche Art des Vorhabens hervorzuheben. Alſo dem Sinne nach: „was wollt ihr in gottverſucheriſcher Weiſe auflegen uſw." Mit Blaß πειράζειν = πειρᾶσθαι zu faſſen und die W. τὸν θεὸν für interpoliert zu halten, iſt unnötig. Zu ἐπιθεῖναι ζυγὸν vgl. Gal 5 1. V. 11. Auch für die an der Geſetzesbeobachtung feſthaltenden Judenchriſten liegt der entſcheidende Grund des Seligwerdens nicht in der Geſetzlichkeit, ſondern ebenſo wie für die Heidenchriſten in der „Gnade des Herrn Jeſus" (vgl. Röm 1 7. 5 15. I Kor 1 3 u. ö.), welche im Glauben ergriffen wird. Der pauliniſche Charakter dieſer Petrusworte iſt unverkennbar. Doch ſtellt in Gal 2 15 auch P. die Erkenntnis, daß für die Juden, wie für die Heiden, der Glaube an Chriſtum die alleinige Heilsbedingung ſei, als eine ihm mit Petr. gemeinſame Überzeugung hin, welche Petr. nur in ſeinem praktiſchen Verhalten in Antiochia verleugnet habe. Dieſe Erkenntnis muß auch die Vorausſetzung der Anerkennung geweſen ſein, welche Petr. nach Gal 2 7ff. dem Heiden-Evangelium des P. als einem von Gott dem P. anvertrauten zollte. Vgl. Keim a. a. O. S. 84f.

B. 12. In der Versammlung (über πλῆϑος s. zu 6₂) verstummte die vorher gegen P. und die Antiochener laut gewordene Opposition (V. 5) und „man hörte zu (Imperf. vom längeren Zuhören), als Barn. und P. erzählten, was für Zeichen und Wunder Gott bei den Heiden durch sie getan hatte". Barn. wird wahrscheinlich wegen seines älteren und näheren Verhältnisses zur jerus. Gem. zuerst genannt (vgl. V. 25). Daß Barn. und P. ihre Sache nur durch Darstellung ihrer bisherigen Wirksamkeit vertreten und die eigentliche Begründung des Rechtes dieser Wirksamkeit dem Petr. und Jak. überlassen hätten, ist freilich nicht glaublich (vgl. Zell. S. 231 u. Oberb.). Über das Bewußtsein des P., bei seinem Missionswerke apostol. Zeichen und Wunder getan zu haben, vgl. II Kor 12₁₂. Röm 15₁₉. V. 13. Jakobus (s. zu 12₁₇) „nahm Anlaß zum reden". ἀποκρίνεσϑαι wie 3₁₂. 5₈. 8₃₄. V. 14. Petr. wird mit seinem ursprünglichen, den ihm Nahestehenden geläufigen Namen bezeichnet: Συμεὼν = Σίμων. Vgl. Mt 17₂₅. Mk 14₃₇. Lk 22₃₁. 24₃₄. Joh 21₁₅₋₁₇. „S. hat erzählt, wie zuerst Gott Vorsorge traf, aus Heiden ein Volk für seinen Namen zu bekommen", d. h. wie Gott die Initiative zur Heidenbekehrung ergriff. Ein Volk für Gottes Namen ist ein solches, welches Gottes Namen führt, Gott gehört. Vgl. 18₁₀. Röm 9₂₄₋₂₆. V. 15—18. Der Einklang dieses Verfahrens Gottes mit den weissagenden Prophetenworten wird erwiesen aus Am 9₁₁f. (nach LXX, erst frei, dann (V. 17) wörtlich): „hinterher (in der messian. Zeit) will ich umkehren (d. i. mich dem Volke Isr. wieder gnädig zuwenden) und wieder aufbauen die zerfallene Hütte Davids (d. i. die zerfallene david. Dynastie wiederherstellen) und ihre Trümmer wieder aufbauen und sie aufrichten, auf daß die übrigen Menschen den Herrn suchen mögen, und alle Heiden, über die mein Name genannt ist (d. i. die mir als Eigentum zugehören; vgl. V. 14; Jak 2₇. Dtn 28₁₀. Jes 63₁₉ u. ö.), sagt der Herr, der dieses tut, von uran Bekanntes". Die W.: καὶ πάντα τὰ ἔϑνη κτἕ. sind Epexegese zu οἱ κατάλοιποι τῶν ἀνϑρώπων. Der wiedergegebene Text der LXX in V. 17 weicht wesentlich ab vom Urtexte („auf daß sie in Besitz nehmen den Rest der Edomiter und alle Völker, über die mein Name genannt ward", d. h. auf daß die david. Dynastie ihr ganzes früheres Herrschaftsgebiet wieder erlange). Diese Benutzung der LXX an u. St. ist ein Anzeichen dafür, daß wir nicht die genaue Wiedergabe einer aramäischen Rede des Jak. vor uns haben. Ob die Schlußworte V. 18: γνωστὰ ἀπ' αἰῶνος[1], die weder zum hebr., noch zum LXX-Texte der Amosstelle gehören, von Jak., bezw. dem Vf. der AG., doch als Bestandteil des Zitats betrachtet sind, sei es irrtümlich, sei es auf Grund eines abweichenden Textes (Men.), oder ob sie als eigener Zusatz des Jak. zu dem Prophetenworte gedacht sind (de W., Oberb. u. A.), läßt sich kaum entscheiden. Im ersteren Falle wären die W. mit Men. auf das ewige Vorher-

---

[1]. Diesen Text bieten אBC mehr. Min. sah. cop. arm. (T., W.-H., B. Wß). Dagegen findet sich bei EHLP d. meist. Min. noch der Zusatz ἐστι τῷ ϑεῷ πάντα τὰ ἔργα αὐτοῦ (Rec.), und bei AD syr.ᵖˑ ᵐᵃʳᵍ· vulg. Iren. lautet der Text: γνωστὸν ἀπ' αἰῶνός ἐστιν τῷ κυρίῳ τὸ ἔργον αὐτοῦ (so Blaß in beiden Texten). Da man die W. γνωστὰ ἀπ' αἰῶνος bei Amos nicht fand, meinte man sie von V. 17 lösen und zu einem selbständigen Satze ergänzen zu sollen.

erkanntsein des im Schriftworte Gesagten durch Gott, im letzteren mit de W. auf die uralte Kundmachung desselben durch die Propheten zu beziehen. Zu ἀπ᾽ αἰῶνος bei letzterer Fassung vgl. 3 21. Lk 1 70.

V. 19. „Deshalb erachte ich meinerseits, man solle keine Beschwerung dabei (bei dem Bekehren) auferlegen", d. i. nicht die Last der Beobachtung des ganzen mosaischen Gesetzes auflegen (V. 10). παρενοχλεῖν wird bei d. LXX teils mit d. Dat. (3. B. Jdc 14 17), teils mit d. Akk. verbunden (3. B. Jer 46 27). **V. 20.** „Sondern man solle ihnen vorschreiben sich zu enthalten der Befleckungen durch die Götzen und der Unzucht und des Erstickten und des Blutes." Der Ausdruck ἐπιστεῖλαι ist hier (und 21 25) gewiß mit Rücksicht auf die ἐπιστολή V. 32 ff. gewählt (vgl. Hbr 13 22). ἀλίσγημα ist ἅπαξ λεγό-μενον, abzuleiten von dem in LXX mehrmals vorkommenden ἀλισγεῖν (JSir 40 29. Mal 1 7. 12. Dan 1 8), welches die Bedeutung „beflecken" zu haben scheint (Klostermann, Probl. S. 141 ff. verteidigt die Bedeutung „lecker oder üppig einrichten, im Genusse ausschweifen"). ἀλισγήματα τῶν εἰδώλων ist als e in Begriff zu fassen, koordiniert den folgenden Begriffen πορνεία usw.; nicht aber ist τῶν ἀλισγημάτων der übergeordnete Begriff, von dem die vier folgenden Gen. abhängig wären. Über den Text und Sinn der weiteren Worte s. den Exkurs hinter V. 21.

V. 21. „Denn Moses hat von alten Generationen her in den ver-schiedenen Städten (zu κατὰ πόλιν vgl. κατ᾽ ἐκκλησίαν 14 23) seine Verkün-diger, indem er in den Synagogen allsabbatlich vorgelesen wird." Die Be-deutung und begründende Beziehung dieser W. auf das Vorangehende ist ver-schieden erklärt: teils, es solle die Aufstellung der Vorschriften nur für die Heidenchristen durch den Hinweis darauf begründet werden, daß es für die geborenen Juden wegen ihrer Gesetzeskenntnis solcher Vorschriften nicht be-dürfe (so nach älteren Blaß; Harnack III S. 156); teils, es solle die Nicht-verpflichtung der Heidenchristen zum mos. Gesetze dadurch begründet werden, daß der Mosaismus doch bei den Judenchristen fortbestehe (so nach Grot. und And. Hilgf. ZwTh 1860 S. 128 f., 1896 S. 69; Acta p. 285 s.); teils, es solle die prinzipielle Geltung des mos. Gesetzes und demgemäß das Recht zur Aufstellung wenigstens der Forderungen von V. 20 durch die universale Ver-breitung dieses Gesetzes begründet werden (Br. I S. 137; Overb.; Weizs. S. 172); teils, es solle trotz der prinzipiellen Aufhebung des mos. Gesetzes für die Heidenchristen (V. 19) doch die Notwendigkeit der Forderungen V. 20 durch die Rücksicht auf die Missionare (κηρύσσοντες) der jüd., von den Synagogen ausgehenden Propaganda begründet werden, hinter deren ernsten sittlichen Anforderungen die Christen nicht zurückstehen dürften (J. Wß S. 27 f.); teils, es solle die Notwendigkeit dieser Forderungen V. 20 durch die Rücksicht auf die geborenen Juden in der Christengemeinde motiviert werden, sofern näm-lich diese überall in den Synagogen zur Beobachtung des mos. Gesetzes ange-halten würden und auf die in V. 20 bezeichneten Punkte bei ihrem Verkehre mit unbeschnittenen Christen Gewicht legen müßten (Ritschl S. 129, B. Wß u. A.). Diese letzte Auffassung halte ich für richtig, weil zum rechten Ver-ständnis der Forderungen von V. 20 am besten passend (vgl. d. folgd. Exkurs unter II). Unnötig scheint mir die begründende Beziehung von V. 21 auf das Zitat V. 16—18 (Ropes JBL 1896 p. 75 ff.).

Die von Jakobus vorgeschlagene, nachher in dem Apostelderet ausgesprochene Forderung, daß die Heidenchristen bei prinzipieller Freilassung von der Gesetzesver= pflichtung doch gewisse Enthaltungen beobachten sollen (V. 20. 29; vgl. 21 25), bildet den eigentümlichsten und wichtigsten Punkt in dem Berichte der AG. über den Apostel= konvent. Alles übrige gruppiert sich um diese Jakobus=Klauseln. Aber eben diese Klauseln bieten in mehreren Beziehungen, hinsichtlich ihres Textes, ihres Sinnes und Zweckes, ihrer geschichtlichen Möglichkeit, ihres Verhältnisses zu den Äußerungen des Paulus in seinen Briefen, ein großes Problem[1].

I. Die alexandrinisch=orientalische und die occidentalische Textüberlieferung weichen so von einander ab, daß sich bei ihnen ein wesentlich verschiedener Grundsinn der Klauseln ergibt.

Nach der alex.=orient. Überlieferung (אABCE) lautet der Text in V. 20: ἀπέχεσθαι τῶν ἀλισγημάτων τῶν εἰδώλων καὶ τῆς πορνείας καὶ [τοῦ] πνικτοῦ καὶ τοῦ αἵματος, in V. 29: ἀπέχεσθαι εἰδωλοθύτων καὶ αἵματος καὶ πνικτῶν καὶ πορνείας (analog 21 25). Entscheidend für den Sinn der hier geforderten Enthaltungen ist der Begriff πνικτόν. Er muß bedeuten das Fleisch von Tieren, welche durch Erstickung, ohne Auslassung des Blutes, getötet sind. Das Verbot des πνικτόν ist ein Speiseverbot nach Maßgabe von Lev 17 13 f. Im Anschluß an dieses Verbot muß das Verbot des „Blutes" ebenfalls als Speiseverbot gefaßt werden, d. h. als Verbot des Blutgenusses gemäß Lev 17 10 ff. (vgl. Lev 3 17. 7 26. 19 26. Dtn 12 16. 23 ff. 15 23; Lib. Jubil. 6 7—14. 7 28—33. 21 18). Dann wird aber auch unter der voranstehenden πορνεία nicht Unzucht im allgemeinen verstanden sein, sondern nach Lev 18 die Unzuchtsehe, d. h. die Ge= schlechtsgemeinschaft und Eheschließung unter nahen Verwandten, die den Juden als Blutschande galt. Unter der „Götzenbefleckung" endlich, welche in V. 29 durch den spezielleren Begriff εἰδωλόθυτα ersetzt ist, wird Verunreinigung durch Opferfleischgenuß, d. i. durch Teilnahme an heidnischen Opfermahlzeiten oder durch Genuß von dem zu Markte gebrachten Opferfleisch, verstanden sein (vgl. I Kor 8 1ff. 10 14ff.). Alle diese Verbote sind zeremonialgesetzlicher Art.

In der occidental. Textüberlieferung, vertreten durch D d. Jren. und mehrere abendl. Väter (vgl. Hilgf. Acta p. 66 s. im Appar. crit. und Zahn Einl. II § 59, Anm. 11) fehlen die W. καὶ [τοῦ] πνικτοῦ bezw. κ. πνικτῶν oder κ. πνικτόν und sind angefügt (an 15 21 u. 29, nicht an 21 25) die W.: καὶ ὅσα μὴ θέλουσιν (V. 29: θέλετε) ἑαυτοῖς γίνεσθαι ἑτέροις (V. 29: ἑτέρῳ) μὴ ποιεῖν (vgl. Mt 7 12. Lk 6 31. Did. 1, 2. Const. Apost. 1, 1; 3, 15; 7, 1). Durch jene Weglassung und den Zusatz dieser sog. „goldenen Regel" treten die übrigen Worte in eine veränderte Beleuchtung. Das Verbot des „Blutes" ohne Verbindung mit dem des „Erstickten" wird sich nicht auf Blutgenuß, sondern auf Blutvergießen beziehen, d. h. ein Verbot der Menschentötung sein (vgl. Tertull. De pudic. 12). Dann aber wird unter πορνεία die Unzucht im allgemeinen und unter „Götzenbefleckung" die Verunreinigung durch heidnischen Götzen= dienst im allgemeinen verstanden sein. Die Vorschrift im ganzen ist dann nicht zeremonialgesetzlicher, sondern moralgesetzlicher Art. Für die Ursprünglichkeit dieses occidentalischen Textes sind in neuerer Zeit außer Hilgf. auch Resch a. a. O., Wellhausen a. a. O. und Harnack (dieser früher anders; aber Beitr. III S. 188 ff., IV S. 22 f.) eingetreten.

Auch wenn man sonst in der Regel die occidental. Textrecension für sekundär hält, muß man die Möglichkeit zugeben, daß sie in einem solchen Einzelfalle die ur= sprüngliche Textgestalt bewahrt hat. Bei dem occidental. Text und Sinn ist ohne

---

1. Vgl. außer der beim Beginn von K. 15 angeführten Literatur noch: Zahn, Einl. II § 59; Holtzm. u. Knopf in den Exkursen zu d. St.; G. Resch, Das Apostel= dekret nach seiner außerkanon. Textgestalt untersucht (TU, N. F. XIII) 1905; A. Seeberg, Die beiden Wege u. das Aposteldekret, 1906; Wellhausen NGW 1907, S. 19 ff.; Diehl, ZNW 1909, S. 277 ff.; p. W. Schmidt, De Wette=Overbecks Werk zur AG.; Festschrift d. Univ. Basel, 1910, S. 18 ff.; K. Six, Das Aposteldekret, 1912.

Zweifel der Bericht der AG. von der einmütigen Annahme des Jakobus=Vorschlages in Jeruſ. (V. 25) leichter verſtändlich als bei dem alexandr.=orientaliſchen. Denn der Forderung, daß die Heidenchriſten die elementaren Geſetze des jüdiſch=chriſtlichen Moral= katechismus beobachten ſollten, mußte Paul. ſelbſtverſtändlich zuſtimmen. Die Geltung dieſer moraliſchen Grundgeſetze für die Heidenchriſtenheit hat immer außer Frage ge= ſtanden. Aber gerade dieſe größere Leichtigkeit macht den occidental. Text verdächtig. Es iſt ſehr viel wahrſcheinlicher, daß nachträglich der oriental. Text zum occidental., als daß umgekehrt der occidental. zum oriental. abgewandelt wurde. Man begreift ohne weiteres, daß die zeremonialgeſetzlichen Forderungen des oriental. Textes da, wo ſie keinem Gewohnheitsrecht in den heidenchriſtlichen Gemeinden entſprachen, in einem der gemeinchriſtlichen Auffaſſung entſprechenden moralgeſetzlichen Sinne umgedeutet und modifiziert wurden. Der umgekehrte Prozeß wäre unbegreiflich. Harnack (III S. 197) nimmt an, daß in den chriſtlichen Gemeinden des Orients der jüd. Widerwille gegen den Blutgenuß unabhängig von dem Apoſteldekret durchgedrungen und infolge hiervon der eigentlich auf Mord bezügliche Begriff αἷμα mißverſtanden und mit dem Rand= zuſatz πνικτόν verſehen worden ſei. Aber alle Wahrſcheinlichkeit ſpricht vielmehr dafür, daß die Enthaltung vom Blutgenuß ſich in der oriental. Chriſtenheit einbürgerte, ſeit im Kanon der h. Schriften die AG. ſtand, in welcher man an u. St. die Enthaltung vom Blutgenuß nachdrücklich gefordert fand.

Dieſen Erwägungen gegenüber kann nicht das Argument von Wellhauſen und Harnack (III S. 190 f.) durchſchlagend ſein, das πνικτόν könne nicht zum urſprünglichen Text gehört haben, weil das Verbot des Blutes gerade, wenn es auf den Blutgenuß bezogen werde, ſchon das Verbot des πνικτόν einſchließe. In dem Verbot des „Blutes" = Blutgenuſſes kann n das Verbot des Genießens vom Fleiſche ſolcher Tiere, die ohne Blutablaſſung getötet ſind, eingeſchloſſen ſein. Aber der Begriff „Blut" kann auch ſpeziell vom eigentlichen Blutgenuß geſagt ſein, ſodaß der Begriff des Fleiſches von Tieren, deren Blut nicht abgelaſſen iſt, ſehr wohl noch neben ihm Platz hat. Praktiſch kam nun der Genuß ſolches Fleiſches ſehr viel mehr in betracht als der direkte Blutgenuß. Deshalb iſt es durchaus begreiflich, daß das πνικτόν ausdrücklich genannt wurde, während andererſeits der Begriff αἷμα wegen der ſtarken Betonung, die ihm in Lev. 17 und ſonſt gegeben iſt, nicht fehlen durfte.

II. Wenn wir alſo den alexandrin.=oriental. Text für urſprünglich halten müſſen, ſo fragt ſich, ob eine Vorſchrift dieſer zeremonialgeſetzlichen Art in der Situation des Apoſtelkonvents geſchichtlich begreiflich iſt.

Nicht unerklärlich iſt, trotz des gegenteiligen Urteils von Harnack III S. 193 f., die beſtimmte Auswahl der zeremonialgeſetzlichen Vorſchriften. Denn gleichartige Vor= ſchriften: das Verbot irgendwelcher anderen Opfer als vor dem Stiftszelte Jahves, das Verbot des Blutgenuſſes und das Verbot der Unzuchtſehen, ſind verbunden in Lev 17 u. 18. Sie ſind hier als ein Grundgeſetz hingeſtellt, das nicht nur für die Israeliten, ſondern auch für die in ihrer Mitte lebenden Fremdlinge (LXX: προσή- λυτοι) gelten ſoll (Lev 17 8. 10. 12. 13. 15. 18 26; bei LXX auch 17 8). Es iſt durchaus begreiflich, daß eben dieſe Vorſchriften für das jüdiſch=geſetzliche Bewußtſein maßgebende Bedeutung hatten, wo immer es ſich um die Frage handelte, unter welchen Bedin= gungen Unbeſchnittene im Kreiſe frommer Juden zu dulden ſeien. Dieſe Frage aber ſpielte im Judentum zur Zeit Jeſu und der Apoſtel eine große Rolle. Zwar das Wohnen von Heiden im heiligen Lande ließ ſich damals nicht mehr unter moſaiſch= geſetzliche Bedingungen ſtellen. Wohl aber konnten ſolche Bedingungen gelten für die vielen Heiden, die als φοβούμενοι oder σεβόμενοι τὸν θεόν (ſ. z. 10 2) ſowohl in der Diaſpora wie in Paläſtina Teilnahme an den gottesdienſtlichen Verſammlungen der Juden begehrten (vgl. AG 13 16. 43. 14 1. 16 14. 17 4. 17. 18 7). Sicher wurde die Zu= laſſung dieſer Leute zur Synagoge nicht ohne Vorbehalte gewährt. Es läßt ſich zwar nicht beſtimmt beweiſen, iſt aber durchaus wahrſcheinlich, daß dieſe Zulaſſung an Be= dingungen geknüpft war, die nach Maßgabe der Vorſchriften von Lev 17 u. 18 für die „Fremdlinge" im Lande Israel gebildet und den ſog. „noachiſchen Geboten" im Talmud (vgl. Schür. III³ S. 127 ff.) analog waren. Das Verbot, anderswo als im

Tempel zu Jeruf. Opfer darzubringen, wurde dabei den praktischen Verhältnissen ent=
sprechend abgewandelt zu einem Verbote der Teilnahme an heidnischen Opfern und
des Genusses vom heidnischen Opferfleisch, der eine indirekte Teilnahme am heidnischen
Opferkult bedeutete (I Kor 10 18—21). Der Jakobusvorschlag ist zu verstehen
als eine Übertragung der nach Lev 17 u. 18 gebildeten traditionellen
Vorschriften für die σεβόμενοι τ. θ. auf die Heidenchristen, damit diese
mit den geborenen Juden in der christlichen Gemeinde Kultgemeinschaft
haben könnten[1].

Wenn die Zumutung dieser zeremonialgesetzlichen Vorschriften an die Heiden=
christen den Sinn gehabt hätte, daß von den Heidenchristen wenigstens ein Mi=
nimum der Beobachtung des mosaischen Gesetzes gefordert werden müsse, damit sie in
der messianischen Gemeinde als Glieder zweiter Ordnung neben den vollgesetzlichen
und vollberechtigten gelten könnten, so wäre in dem Jakobusvorschlage das Prinzip,
daß die Erfüllung des ganzen mosaischen Gesetzes zur rechten Teilnahme an der
messianischen Gemeinde und am messianischen Heile notwendig sei, aufrecht erhalten
geblieben und charakteristisch zum Ausdruck gekommen. Weil sie diesen Sinn des
Jakobusvorschlages annahmen, haben die Kritiker der Tübinger Schule die Geschicht=
lichkeit des Berichtes der AG., daß ein solcher Vorschlag unter Zustimmung des Paulus
auf dem Apostelkonvent angenommen worden sei, bestritten. Aber der Jakobusvor=
schlag könnte auch einen ganz anderen Sinn haben. Diesen erkennt man, wenn man
die große praktische Schwierigkeit berücksichtigt, mit der das von Paul. Gal 27—9 be=
zeugte Übereinkommen auf dem Apostelkonvent behaftet war. Einerseits sollte den
Heiden keine Beschneidung und mosaische Gesetzesverpflichtung auferlegt werden; an=
drerseits wurde auch von Paul. für die geborenen Juden ein „Evangelium der Be=
schneidung" als von Gott geordnet und fortbestehend anerkannt. Wegen dieser eigenen
Gesetzesverpflichtung mußten sich in gemischten christlichen Gemeinden die geborenen
Juden von den heidenchristlichen Glaubensgenossen so getrennt halten, wie es das
Gesetz mit bezug auf Unbeschnittene vorschrieb. Der Jakobusvorschlag war ein Ver=
such, diese Trennung wenigstens in einer wichtigen Beziehung zu beseitigen. Denn
wenn die Heidenchristen die traditionell gemäß Lev. 17 u. 18 für die σεβόμενοι τ. θ.
gültigen Vorschriften beobachteten, konnten die geborenen Juden wenigstens bis
zu einem gewissen Grade, bei gewissen gottesdienstlichen Versamm=
lungen, wenn auch nicht bei den Mahlzeiten — obgleich bei den Christen gerade
auch die Mahlzeiten kultische Bedeutung hatten! — mit ihnen Gemeinschaft haben,
ohne ihre eigene gesetzliche Reinheitspflicht zu verletzen. Weil der Jakobus=Vorschlag
diesen Sinn hatte, wird er in V. 21 begründet durch den Hinweis auf die überall
vorhandene mosaische Gesetzespredigt. Wenn das judenchristliche und das heidenchrist=
liche Missionsgebiet äußerlich ganz von einander gesondert wären, würde es einer
solchen Maßregel, wie sie Jakobus vorschlug, nicht bedürfen. Weil es aber eine weit=
verbreitete jüd. Diaspora gibt und weil deshalb da, wo Heiden das Evang. gepredigt
wird, voraussichtlich auch gesetzestreue Christen jüdischer Herkunft vorhanden sein
werden, sollen sich die Heidenchristen so halten, daß den Judenchristen die gottesdienst=
liche Gemeinschaft mit ihnen möglich ist.

Diese Erklärung, daß der Jakobus=Vorschlag eine gewisse Verkehrsmöglichkeit
zwischen Judenchristen und Heidenchristen sicherzustellen bezweckte, kann nicht widerlegt
werden durch den Einwand Harnacks (III S. 193 f., IV S. 23), daß ein solcher Zweck
hätte ausdrücklich bezeichnet sein müssen, während im Texte der AG. von Gemeinschaft
und Lebensverkehr überhaupt nicht die Rede sei. Dieser Einwand hätte nur Geltung
bei der Voraussetzung, daß der Vf. der AG., wie es die Vertreter der Tübinger Schule
annahmen, die Jakobus=Klauseln seinerseits in konziliatorischer Tendenz erdacht hätte.

---

1. A. Seeberg a. a. O. betont die Vermittlung durch den ursprünglich jüdischen
und dann christlichen Moralkatechismus der „zwei Wege". Mir scheinen die „zwei
Wege" nicht sowohl auf die ursprüngliche Gestalt, als vielmehr nur auf die abend=
ländische Auffassung und Modifikation der Jakobus=Klauseln von Einfluß gewesen
zu sein.

Denn dann würde er das Ziel seines Vorschlages wohl auch deutlich erkennbar ge=
macht haben. Aber wenn der Vf. seine Mitteilung über den Jakobus=Vorschlag und
das Aposteldekret auf Grund einer ihm gewordenen Überlieferung gegeben hat, so kann
ihm ganz wohl die Tatsache des Beschlossenseins der Jakobus=Klauseln überliefert ge=
wesen sein, ohne daß ihm die besondere Absicht dieser Klauseln mitüberliefert war.
Wir aber können dieselbe erschließen aus den Umständen des Vorganges, die uns
anderweitig bekannt sind: nämlich einesteils aus der Übereinkunft Gal 2 7—9, anderen=
teils aus der in AG 11 3 u. Gal 2 11ff. so stark hervortretenden Schwierigkeit für die
gesetzestreuen Judenchristen, mit Unbeschnittenen, auch wenn sie desselben Messias=
glaubens waren, in Gemeinschaft zu treten. Vgl. die treffenden Bemerkungen Harnacks,
Sitzungsber. d. Berl. Akad. 1910, S. 566 Anm. 1, über die großen Schwierigkeiten der
Verschmelzung von Juden= u. Heidenchristen zu einer einheitlichen kultischen und sozialen
Gemeinde.

III. Aber ist die Mitteilung der AG., daß der Jakobus=Vorschlag unter Zu=
stimmung des Paul. angenommen und daß jene Klauseln für die Heidenchristen dekre=
tiert worden seien (V. 28 f.), mit den Äußerungen des P. in seinen Briefen vereinbar?
Wenn der Jakobus=Vorschlag den vorher bezeichneten Sinn und Zweck hatte, so kann
P. keine grundsätzliche Schwierigkeit gefunden haben, ihm zuzustimmen. Denn die
prinzipielle Freiheit der Heidenchristen vom mosaischen Gesetze blieb bei ihm anerkannt.
Die geforderten gesetzlichen Enthaltungen sollten nicht Mittel dazu sein, die Heiden=
christen erst zu rechten Teilnehmern am messianischen Heile zu machen. Ihre Befol=
gung aus Rücksicht auf die Judenchristen, die sich noch weiter zur mosaischen Gesetz=
lichkeit verpflichtet fühlten, fiel unter die Pflicht der liebevollen Rücksichtnahme, zu der
P. seine heidenchristl. Gemeinden nicht nur im allgemeinen, sondern auch gerade mit
bezug auf die Anstöße, die ein jüd.=gesetzliches Gewissen an heidnischen Gebräuchen
nahm, mahnte (I Kor 8 9ff. 9 19—22. 10 24ff. Röm 14).

Aber P. sagt mit bezug auf den Apostelkonvent Gal 2 6: ἐμοὶ γὰρ οἱ δοκοῦντες
οὐδὲν προσανέθεντο u. V. 10: μόνον τῶν πτωχῶν ἵνα μνημονεύωμεν. Diese Aus=
sagen scheinen es ausdrücklich auszuschließen, daß seitens der Urapp. damals dem P.
für seine heidenchristl. Gemeinden eine solche Auflage gemacht ist, wie die in der AG.
bezeichnete (vgl. bes. Weizs. S. 174). Allein dieser Schein schwindet, wenn man in
betracht zieht, welche tatsächliche Geltung die von Jakobus vorgeschlagene Vorschrift
schon vor dem Apostelkonvente in den paulin. Gemeinden gehabt haben muß. Den
vielen σεβόμενοι τ. θ. an den Orten der jüd. Diaspora war die Beobachtung dieser
jüdisch=gesetzlichen Enthaltungen zu dem Zwecke, mit der Synagoge in Verkehr treten
zu dürfen, eine geläufige Sache. So war sie auch denjenigen σεβόμενοι τ. θ., die den
Kern der paulin. Gemeinden bildeten, etwas Gewohntes. Wenn sich in diesen Ge=
meinden nun auch Juden, welche das Gesetz beobachteten, der messian. Predigt des
P. anschlossen, so muß es sich von Anfang an herausgestellt haben, daß diese zum
Verkehre mit den bisherigen σεβόμενοι τ. θ., die sich zur Beobachtung jener Enthal=
tungen verpflichtet hatten, ein Maß von Freiheit hatten, wie es ihnen anderen Un=
beschnittenen gegenüber fehlte. Alle Wahrscheinlichkeit spricht dafür, daß in Gemeinden
von gemischt juden= und heidenchristlichem Bestande die unbeschnittenen Christen regel=
mäßig jene Enthaltungen beobachteten, um den geborenen Juden den Verkehr mit
ihnen ohne Gesetzesübertretung zu ermöglichen. Dann stellte also der Jakobus=Vor=
schlag nicht eine wirklich neue Maßregel dar. Es ist zwar sehr verständlich, daß die
Urapp. bei ihrer damaligen Anerkennung des Rechtes der paulin. Heidenmission von der
Notwendigkeit der Jakobus=Klauseln betonten, weil dies dem Vorbehalte der unge=
störten Fortdauer ihrer eigenen gesetzlichen Haltung entsprach. Aber ebenso verständ=
lich ist es, daß P. diese Forderung, die·in gemischten Gemeinden überall beobachtet
wurde, schlechterdings nicht als etwas Neues oder als eine Einschränkung der zuge=
standenen prinzipiellen Gesetzesfreiheit der Heidenchristen auffaßte und daher auch bei
Gal 2 6 nicht auf den Gedanken kam, diese Forderung als eine Ausnahme des οὐδὲν
προσανέθεντο zu betrachten (vgl. Lipsius a. a. O. S. 205 f.; Pfleid. JprTh 1883
S. 258 ff.). Die W. Gal 2 10: μόνον τῶν πτωχῶν κτέ. aber dienen nur zur Einschrän=

tung der unmittelbar vorher bezeichneten Verabredung des P. u. Barn. mit den Urapp. hinsichtlich ihrer Missionsgebiete. Bei der Trennung dieser Gebiete sollte nur das Gemeinschaftsband bleiben, daß die zu den Heiden Ziehenden der Armen der Urgem. gedächten. Die Hervorhebung der Einzigkeit dieses verabredeten Gemeinschaftsbandes schließt nicht aus, daß damals auch eine solche andere Verabredung getroffen ist, welche sich nicht auf das Verhältnis der Heiden= und der Beschneidungsapostel und ihrer beider= seitigen Missionsgebiete zu einander, sondern allein auf den Verkehr der Heidenchristen mit den Judenchristen innerhalb der auswärtigen Gemeinden bezog.

Auch aus dem Vorfalle in Antiochia Gal 2₁₁ff. läßt sich nicht schließen, daß der Jakobus=Vorschlag nicht vorher auf dem Apostelkonvente angenommen sein kann. Durch die Befolgung dieses Vorschlags war ja keineswegs jedwede Schranke des Verkehrs zwischen Juden= und Heidenchristen beseitigt. Wenn die Heidenchristen sich so hielten, wie die σεβόμενοι τ. ϑ., so war den gesetzesstrengen Judenchristen der Verkehr mit ihnen doch nur gerade soweit geöffnet, wie den Juden der Verkehr mit diesen σεβό= μενοι τ. ϑ. Gerade für den Speiseverkehr blieb die Schranke zwischen den Beschnittenen und Unbeschnittenen bestehen, wie die Geschichte von Kornelius, der auch ein φοβού= μενος τ. ϑ. war, beweist (vgl. bes. 11₃). So konnte also auch dann, wenn sich die antioch. Heidenchristen in jenen Beziehungen als Proselyten hielten, doch der Konflikt Gal 2₁₁ff. eintreten. Daß die gesetzesstrengen Jakobus=Leute die Heidenchristen nicht als vollgültige Gemeindeglieder betrachtet oder ihnen die kultische Gemeinschaft versagt hätten, wird von P. nicht gesagt. Wohl aber hielten sie sich von der Speisegemein= schaft mit ihnen zurück, weil sie dadurch die für sie selbst noch gültige Gesetzespflicht verletzt hätten. Einen Vorwurf macht nun auch P. nicht den Jakobus=Leuten, sondern nur dem Petrus, weil dieser seine zuerst bewiesene freiere Überzeugung, daß er seine jüd. Gesetzlichkeit zu gunsten vollerer Gemeinschaft mit den unbeschnittenen Genossen des messian. Heiles hintansetzen dürfe, hinterher wieder aus Rücksicht auf die Jakobus= Leute verleugnet hatte, und zwar in einer Weise, welche den Heidenchristen als ein Druck, ihrerseits die jüd. Gesetzlichkeit anzunehmen, erscheinen mußte (Gal 2₁₄).

Das Aposteldekret scheint mir nicht in eine wesentlich verständlichere Situation gerückt zu werden durch die neuerdings viel vertretene Annahme, daß es in Wirklich= keit nicht auf dem Apostelkonvent, sondern erst später, und zwar wahrscheinlich in= folge des Vorfalles in Ant., von der Urgemeinde ohne Vorwissen des P. erlassen worden sei (vgl. Grimm StKr 1880 S. 423; Weizs. S. 180f.; Sp. S. 212; J. Wß StKr 1893 S. 525f.; Absicht d. AG. S. 37; McGiffert p. 215f; v. Dobschütz a. a. O. S. 86; Knopf S. 65f.; Diehl ZNW 1909 S. 295f.; Weinel, Bibl. Theol. d. NT. S. 430; Achelis a. a. O. S. 57f.). Denn an brachte auch dann keine solche Regelung des Ver= hältnisses zwischen Heidenchristen und gesetzesstrengen Judenchristen, bei welcher Kon= flikte, wie der des Petrus in Ant., ausgeschlossen waren. Andrerseits darf man nicht meinen, daß die Urapp. erst durch den Konflikt in Ant. auf das ganze Problem hin= gedrängt sein konnten. Geborenen Juden, die es gewohnt waren, unaufhörlich an die Beobachtung der levitischen Reinheitsforderungen zu denken, mußte bei der Auf= nahme von Unbeschnittenen in die Christengem. sofort die Schwierigkeit des Verkehrs und insbesondere des Speiseverkehrs mit diesen Gemeindegenossen bewußt werden. Es ist nicht denkbar, daß nicht auch der Aufenthalt des Titus in Jer. (Gal 2₃) diese Schwierigkeit praktisch gezeigt hätte.

Einer besonderen Erklärung bedarf es aber noch dafür, daß sich P. bei seinen Ermahnungen I Kor 8 u. 10, die doch in tatsächlichem Einklange mit der Jakobus= Forderung stehen, nicht ausdrücklich auf jene Vereinbarung mit den Urapp. in Jer. beruft. Man hat mit Recht hervorgehoben, daß die Zustände, wie sie in der korinth. Gem. mit bezug auf die εἰδωλόϑυτα bestanden und die Anfrage, die man über diesen Punkt an P. gerichtet hatte, undenkbar seien, wenn P. nach dem Konvente in Jer. überall in seinen heidenchristl. Gemeinden das dem Jakobus=Vorschlage entsprechende Dekret verbreitet und zur Geltung gebracht hätte (vgl. Hltzm. ZwTh 1883 S. 140). Hier ist nun aber die Tatsache zu würdigen, daß das dem Jakobus=Vorschlage ent= sprechende Aposteldekret gemäß der Adresse V. 23 nicht für die Heidenchristen ganz im allgemeinen bestimmt war, sondern speziell für die Heidenchristen in Antiochia, Syrien und Cilicien. Diese beschränkte Adresse ist um so auffallender, als dem Jakobus=Vorschlage V. 19 f. eine solche Beschränkung fehlt und als der Vf. der AG. auch weiterhin offenbar die Vorstellung von einer universalen Bestimmung des Dekretes für die Heidenchristen hat (16 4. 21 25). Er kann also nicht seinerseits diese beschränkte Adresse V. 23 gebildet haben; sie muß ihm in fester Überlieferung gegeben gewesen sein. Diese Überlieferung trifft bedeutsam zusammen mit der Angabe des P. Gal 1 21, daß er vor dem Apostelkonvent Syriens u. Ciliciens die Gebiete gewesen seien, wo er das Evangelium verkündigt habe (Gal 1 23). Die AG. berichtet nichts direkt über eine Missionswirksamkeit des P. in Syrien (außerhalb des in 15 23 besonders genannten Antiochia) und in Cilicien. Tarsus erscheint in 9 30 u. 11 25 nur als Aufenthaltsort, nicht als Missionsgebiet für ihn. Aber in 15 41 ist doch auch in der AG. vorausgesetzt, daß es schon vor dem Apostelkonvent in Syrien u. Cilicien Christengemeinden gab, zu denen P. in besonderer Beziehung stand (vgl. zu 21 4). Diese beiden Provinzen werden nun bei der starken jüd. Bevölkerung, die sie einschlossen, Objekt auch einer von der Urgem. aus betriebenen judenchristl. Mission gewesen sein. Weil in diesen Gebieten judenchristliche und heidenchristliche Mission neben einander bestanden, konnte es den Häuptern der Urgemeinde notwendig scheinen, daß speziell hier die Heidenchristen aus Rücksicht auf die Judenchristen, die doch an streng jüdischer Gesetzlichkeit festhalten sollten, jene Proselytengebote beobachteten. Dagegen stellte man keine solche Forderung für die Heidenchristen in denjenigen Gegenden, die ausschließliches Missionsgebiet des P. waren. Wenn aber das Dekret offizielle Geltung nur für die Heidenchristen in Syrien und Cilicien hatte, so ist es verständlich, daß P. seinen späteren hellenischen Gemeinden gegenüber, auch wo er sachlich mit dem Apostoldekrete zusammentraf, sich nicht auf die Autorität dieses Dekretes zu beziehen Anlaß hatte. (Sp. S. 181 f. findet die Erklärung für die beschränkte Adresse des Dekrets in seiner Hypothese, daß der Apostelkonvent chronologisch nicht hinter, sondern vor den Missionsreise AG 13 u. 14 gelegen habe. Vgl. die Anm. am Schlusse von K. 14.)

Wir dürfen also über den Bericht der AG. folgendes zusammenfassende Urteil fällen. Dem Vf. der AG. war überliefert, daß bei Gelegenheit des Apostelkonvents seitens der Urgem. in Jer. ein durch Judas und Silas überbrachtes Schreiben an die Heidenchristen in Antiochia, Syrien und Cilicien erlassen war, in dem diese zur Beobachtung der Proselytengebote aufgefordert wurden. Es liegen keine entscheidenden Gründe dazu vor, die Geschichtlichkeit dieser Überlieferung zu beanstanden. Der Vf. der AG. hat nun aber nicht nur die Verhandlungen, die zu diesem Erlasse führten, frei ausgestaltet, sondern insbesondere auch diesem Erlasse eine größere Bedeutung zugewiesen, als welche er in Wirklichkeit hatte. Denn er läßt ihn als das Hauptresultat der ganzen damaligen Verhandlungen erscheinen, während wir aus Gal 2 schließen müssen, daß er keine solche wichtige Rolle gespielt hat; und er hat die in der Adresse des Erlasses bezeichnete begrenzte Bestimmung desselben verallgemeinert. Hierin liegt das Ungeschichtliche seiner Darstellung.

V. 22. „Da beschlossen die App. und die Ältesten mitsamt der ganzen Gemeinde (s. z. V. 6), Männer auszuwählen aus ihrer Mitte und nach Antiochia zu entsenden". ἐκλεξαμένους ist nicht passivisch zu fassen = ἐκλεχθέντας, sondern in medialem Sinne (vgl. V. 40) als Subjektsakk. mit dem Inf. zu verbinden. Judas mit dem Beinamen Barsabbas kann ein Bruder des Joseph 1 23 mit demselben patronymischen Beinamen sein. Silas wurde bald Begleiter des P. bei seiner Mission (V. 40). In den Briefen des P. kommt nur die latein. Namensform Silvanus vor (I Th 1 1. II Th 1 1. II Kor 1 19 vgl. I Pt 5 12), in der AG. nur die Form Σίλας (Blaß: Σιλᾶς), die vielleicht nicht blos Abkürzung der latein. Form ist (vgl. Blaß, Gr. § 29), sondern ein ähnlich lautender Name hebräischer Herkunft (vgl. Zimmer JprTh 1881

S. 721 ff.; Jülicher ibid. 1882 S. 538 ff.; Zahn Einl. I § 1, Anm. 16;
Dessau, Hermes 1910 S. 367 f.). Die Vermutung Weizſ.s S. 247, daß in
der AG. fälſchlich der Jeruſalemit Silas an die Stelle des Pauliners Silvanus
geſetzt ſei, um auch hierin einen Zuſammenhang des P. mit der Urgem. auf-
zuweiſen, iſt unbegründet. So gut ſich der aus der Urgem. ſtammende Barn.
dem P. als Gefährte anſchließen konnte, ſo gut auch Silas. Auch die von
Märker, über Tit. Silv. uſw., Meining. Progr. 1864, Graf in Heidenheims
Deutſch. Vierteljahrsſchr. für engl. theol. Forſchung 1865 S. 373 ff., Zimmer
ZWL 1881 S. 169 ff., Seufert ZwTh 1885 S. 360 ff. vertretene Kombination, der Silas der AG. ſei identiſch mit dem in der AG. nie erwähnten
Titus, der nach Gal 2₁ff. Begleiter des P. bei dem Apoſtelkonvente war,
iſt durchaus nicht überzeugend (vgl. Jülicher a. a. O.). Judas und Silas
werden als „geehrte unter den Brüdern" bezeichnet. Dadurch ſcheinen ſie
indirekt als Lehrer (vgl. V. 32: προφῆται) charakteriſiert zu ſein, da in der
älteſten Chriſtenheit ſpeziell die Lehrer jenes Prädikat führten (vgl. Hbr 13₇. ₁₇.
Clem. Rom. I, 1, 3. 21, 6. Did. 4, 1 u. Harnack, Prolog. 3. Did., TU II, 2,
S. 94 f.).

V. 23. Der Nom. γράψαντες iſt anakoluthiſch geſetzt gemäß dem logiſchen Subj. von ἔδοξε τοῖς ἀποστόλοις; auch im Klaſſiſchen nicht ungewöhnlich (vgl. Win. § 63 I, 1; Blaß, Gr. § 79, 10). Man ſchrieb „durch Vermittlung" der beiden Abgeſandten, ſofern ſie die Überbringer ſein ſollten.
Über die Formalien der antiken Briefe vgl. Wendland ² S. 411 ff. In unſerm
Briefe bezeichnen ſich die App. u. Älteſten durch das appoſitionelle ἀδελφοί¹
als Mitchriſten der Adreſſaten. Über die Begrenzung der Adreſſe auf „die
Brüder in Antiochia und Syrien und Cilicien" ſ. d. Exkurs bei V. 21 gegen
Schluß. Syrien und Cilicien bezeichnet P. Gal 1₂₁ als Gebiete ſeiner Wirk-
ſamkeit vor dem Apoſtelkonvente. χαίρειν: Briefgruß (vgl. 23₂₆. Jak 1₁).
V. 24—26. Satzbau (vgl. Lk 1₁—₃) und Wortſchatz zeugen dafür, daß der
Vf. der AG. dem Schreiben an u. St. das formelle Gepräge gegeben hat
(vgl. Harnack I S. 153 ff.). „Da wir gehört haben, daß einige von uns
Gekommene ² euch beunruhigt haben (ταράσσειν wie Gal 1₇. 5₁₀) mit Worten
(unentſcheidbar iſt, ob λόγοις zu ἐτάραξαν oder zum folgenden ἀνασκευά-
ζοντες gehört) eure Seelen zu Grunde richtend (ἀνασκευάζειν ſonſt weder
im NT, noch in LXX, aber klaſſiſch), denen wir keinen Auftrag (dazu) gegeben hatten, ſo haben wir beſchloſſen, nachdem wir einmütig geworden
waren, Männer auszuwählen (ſ. z. V. 22) und zu euch zu ſenden zuſammen
mit unſeren geliebten Barn. u. P. (Stellung der Namen wie V. 12), Menſchen, die ihr Leben hingegeben (d. h. aufopfernd eingeſetzt) haben uſw."
V. 27. Judas und Silas werden „auch ſelbſt durch mündliche Mitteilung

---

1. Die Rec. hat: καὶ οἱ ἀδελφ.; aber ℵ*ABCD 13. 61. vulg. arm. Ir. Ath.
laſſen die W. καὶ οἱ fort (T., W.-H.). Nach Men. ſind ſie aus hierarchiſchem Grunde,
nach B. Wß S. 57 aus Nachläſſigkeit ausgelaſſen. In Anbetracht der Bezeugung iſt
aber anzunehmen, daß ſie ein ſpäterer Zuſatz in Rückſicht auf die W.: σὺν ὅλῃ τῇ ἐκκλ.
V. 22 ſind. Blaß lieſt (in beiden Texten) nach Orig. sah.: ἀδελφοῖς und parentheſiert
dann das ἀδελφοῖς hinter Κιλ.
2. ἐξελθόντες fehlt bei ℵ*B arm. aeth. ro. Conſt. Ath. Chryſ. (W.-H., B. Wß).
T. u. Blaß behalten das W. bei.

(neben der schriftlich überbrachten der App. u. Ältesten) dasselbe mitteilen".
Das Präs. ἀπαγγέλλοντας ist vom Standpunkte der Briefempfänger aus ge=
sagt, ebenso wie vorher das Perf. ἀπεστάλκαμεν. V. 28. Der h. Geist und
die schreibenden ἡμεῖς werden formell koordiniert wie 5₃₂. V. 29. Das
„Notwendige", was als Ausnahme auferlegt werden muß, wird durch den
appositionell hinzugefügten Infinitivsatz ἀπέχεσθαι κτἐ. näher bestimmt. Zur
Sache vgl. z. V. 20 und den Exkurs bei V. 21[1]. Die drei auf Speisen bezüg=
lichen Enthaltungen sind an u. St. zusammen der auf die πορνεία bezüg=
lichen vorangestellt. „Hiervor euch wahrend, werdet ihr euch wohl befinden."
Zu εὖ πράσσειν vgl. II Maf 9₁₉ u. s. Grimm Lex. s. v. εὖ. ἔρρωσθε: „lebt
wohl!" Vgl. II Maf 11₂₁. ₃₃. III Maf 7₉.

V. 30. Über τὸ πλῆθος s. z. 6₂. V. 31. „Sie freuten sich über den
(tröstlichen) Zuspruch", den das Schreiben insofern brachte, als es die vorher
in die Gem. hineingebrachte Beunruhigung (V. 24) aufhob. V. 32. Die
W. καὶ αὐτοί werden gewöhnlich mit προφῆται ὄντες verbunden: „die auch
selbst (wie die 11₂₇. 13₁ Genannten) Propheten waren" (so auch Hlzm.,
B. Wß). Sie sind aber nach V. 27, dessen Wortlaut wieder aufgenommen
wird, besser darauf zu beziehen, daß Judas und Silas neben dem tröstlichen
Schreiben, das sie überbrachten, auch selbst durch viele mündliche Mitteilung
den Brüdern Zuspruch und Stärkung brachten (Men.). Also nur die W.
προφῆται ὄντες sind in Kommata zu setzen; sie erklären die Befähigung der
Beiden zu solcher selbständigen Zusprache. V. 33. „Nachdem sie aber eine
Zeit zugebracht hatten (vgl. 18₂₃. 20₃. II Kor 11₂₅. Jaf 4₁₃), wurden sie
entlassen mit Heilswunsch." Der Ausdruck μετ᾽ εἰρήνης entspricht der Ab=
schiedsgrußformel; vgl. 16₃₆. Lf 7₅₀. 8₄₈. Mf 5₃₄. Jaf 2₁₆. V. 34[2].

V. 35—16, 5. Neue Reise des P., zunächst zum Besuche der
Iηkaon. Gemeinden[3]. V. 35. διδάσκοντες κ. εὐαγγελιζόμενοι wie 5₄₂.
Die Bemerkung, daß auch viele andere christl. Lehrer in Antiochia waren
(vgl. 13₁), zeigt, daß P. u. Barn. nicht dauernd dort zu bleiben Anlaß hatten
(B. Wß). Zu dem καὶ hinter μετὰ vgl. Phl 4₃. II Kor 10₁₃f. (Jäg. II
S. 19). In diesen antiochen. Aufenthalt des P. ist der Vorgang Gal 2₁₁ff.
zu setzen. V. 36. „Nach einigen Tagen": unbestimmte Bezeichnung eines
verhältnismäßig kurzen Zeitraums, wie 9₁₉. 16₁₂. 24₂₄. δὴ wie 13₂. Der
Plur. ἐν αἷς ist κατὰ σύνεσιν an κατὰ πόλιν πᾶσαν angeschlossen. V. 37.
Über Johannes Markus s. z. 12₁₂. ₂₅. Er war nach Kol 4₁₀ ἀνέψιος d. i.
Vetter des Barn. V. 38. „P. erachtete als recht (vgl. 28₂₂), den, der sich
von ihnen getrennt hatte von Pamphylien ab (vgl. 13₁₃) — —, den nicht
mitzunehmen." Daß Markus später doch wieder ein befreundeter Arbeits=

---

1. Zum Texte vgl. den Exkurs hinter V. 21 unter I. — D Iren. Text. haben
am Schlusse des V., hinter πράξετε, noch den Zusatz: φερόμενοι ἐν τῷ ἁγίῳ πνεύματι.
2. Über den durch CD viel. Min. u. Verss. bezeugten, aber in den ältesten Ma=
jusfeln fehlenden V. 34 des text. rec.: ἔδοξε δὲ τῷ Σίλᾳ ἐπιμεῖναι αὐτοῦ, wozu bei
D noch die W. gefügt sind: μόνος δὲ Ἰούδας ἐπορεύθη, s. oben S. 53.
3. Hier wird der Bericht der in K. 13 u. 14 verwerteten Quelle wieder aufge=
nommen. Vgl. d. Anm. auf S. 225f. — Nach Sorof S. 18 stammt das Stück 15₃₅—₄₁
aus der echten Luk.schrift; nach Sp. S. 214 (u. Jgst) aus der Quelle A; nach Hilgf.
Acta p. 287 im wesentlichen vom Red.

genoſſe des P. wurde, iſt aus Kol 4 10. Phm 24. II Tim 4 11 erſichtlich.
D. 39. „Es entſtand eine Erbitterung." Gewiß wirkte bei dieſer Entzweiung
der Umſtand mit, daß ſich nach Gal 2 13 Barn. beim Beſuche der Jakobus=
leute in Ant. zu einer Verleugnung ſeiner geſetzesfreien Stellung hatte fort=
reißen laſſen. Darum kann aber doch auch die Differenz in betreff des Mark.
geſchichtlich geweſen und für die Beobachtung anderer allein ſo hervorgetreten
ſein, daß ſie dem Vf. der Quelle als maßgebendes Motiv der Trennung er=
ſcheinen konnte. — Barn. fuhr nach ſeiner Heimat (4 36) Cypern, die er wohl
als ſein beſonderes Arbeitsgebiet betrachten durfte (ſ. z. 13 13). D. 40. P.
wählte ſich den Silas zum Gefährten, deſſen Anweſenheit in Ant. trotz D. 33
vorausgeſetzt wird. In der Quelle wurde Silas gewiß hier zuerſt genannt.
Seine jeruſalemiſche Herkunft war in ihr ebenſowenig berückſichtigt, wie in
13 1 die des Barn. Zu παραδοϑείς τῇ χάριτι τ. κυρ. vgl. 14 26. D. 41.
Ziel der Reiſe des P. waren ſeine lykaon. Gemeinden. Aber er reiſte auf
dem Landwege durch Syrien und Cilicien, wo er früher von Ant. und Tarſus
(9 30. 11 25) aus Miſſion getrieben hatte (vgl. Gal 1 21. 23). In der AG. war
von der Miſſion in dieſen Gebieten nicht direkt die Rede; doch iſt ſie in 15 23
vorausgeſetzt[1].

Kap. 16.

D. 1. P. „gelangte aber auch nach Derbe und Lyſtra"[2]. Über die
beiden Orte ſ. z. 14 6. „Dort", d. h. in Lyſtra, „war ein Jünger namens
Timotheus". Mit Unrecht hat man aus dem Zuſatz Δερβαῖος 20 4, der nur
zu Γάϊος gehört, vielfach geſchloſſen, daß Tim. aus Derbe ſtammte. Tim.
wurde nicht, ſondern „war" μαϑητής, Chriſt, als P. ihn jetzt traf. Wahr=
ſcheinlich war er von P. ſelbſt auf ſeiner früheren Miſſionsreiſe zum Chriſten=
tume gewonnen (vgl. I Kor 4 17). Er war „Sohn einer jüdiſchen gläubigen
(d. h. chriſtgläubigen; vgl. 10 45) Frau". Ihr Name nach II Tim 1 5: Eunike.
Ἰουδαίας iſt Adjekt. (vgl. Joh 3 22). Sein Vater aber war „Grieche", alſo
Nichtjude, vielleicht ein ſεβόμενος τ. ϑ. (ſ. z. 11 20), jedenfalls unbeſchnitten.
D. 2. Tim. „war anerkannt (d. i. wurde empfohlen; vgl. 6 3) von den
Brüdern in Lyſtra u. Ikonium". Über Ikon. ſ. z. 13 51. D. 3. „Von dieſem
wünſchte P., daß er mit ihm auszöge, und nahm und beſchnitt ihn um der
Juden willen, die ſich in jenen Ortſchaften befanden; denn alle wußten, daß
ein Grieche ſein Vater war"[3].

---

1. Gemäß D. 23 (vgl. 16 4) haben D syr.[p. marg.] vulg. gig. am Schluſſe des
V. den Zuſatz: παραδιδοὺς τὰς ἐντολὰς τῶν ἀποστόλων καὶ (ἀπ. κ. om. D) πρεσβυτέρων.
D syr.[p. marg.] fahren dann ſo fort: διελϑὼν δὲ τὰ ἔϑνη ταῦτα κατήντ. εἰς κτέ. So
Blaß im β=Text und Hilgf.
2. Wahrſcheinlich iſt ein καὶ auch vor εἰς Δερβην zu l. nach AB ein. Min. cop.
syr.[p.] (W.=H., B. Wß).
3. Der durch אABC mehr. Min. u. Verſſ. beſtbezeugte Text lautet: ᾔδεισαν γὰρ
ἅπαντες, ὅτι Ἕλλην ὁ πατὴρ αὐτοῦ ὑπῆρχεν (W.=H., B. Wß). T., Blaß (auch im α=
Text), Hilgf. haben den durch DE etc. syr. bezeugten text. rec. beibehalten: ᾔδεισαν
γὰρ ἅπαντες τὸν πατέρα αὐτοῦ, ὅτι Ἕλλην ὑπῆρχεν, eine Umwandlung in die gewöhn=
lichere attraktionsmäßige Konſtruktion.

Diese Beschneidung des Timotheus durch P., zumal aus dem angegebenen Mo=
tive, erscheint mit Rücksicht auf das Verhalten des P. Gal 2₃f. und auf seine sonstigen
Grundsätze über den Unwert der Beschneidung unter der Gnadenordnung (vgl. bes.
Gal 5₂f.) zunächst sehr befremdlich. Von Br. I S. 147f., Zell. S. 239f., Overb., Weizs.
S. 179, Hltzm. wird die Angabe u. St. als ungeschichtliches Gegenstück zu Gal 2₃f. be=
trachtet. In der Tat ist es unglaublich, daß P. um der unbekehrten Juden in jenen
Gegenden willen, denen er keinen Anstoß zurücklassen wollte, die Beschneidung vorge=
nommen habe. Denn nicht nur hätte er durch eine solche Akkomodation die Reinheit
seines Evang.s, die er aufrecht erhalten mußte, auch wenn er den Juden damit Ärgernis
gab, beeinträchtigt, sondern er hätte diesen Anstoß auch nur dann gehoben, wenn er
außer dem Tim. alle übrigen Heidenchristen der dortigen Gemeinden beschnitten hätte.
Aber durch dieses berechtigte Bedenken gegen die angegebene Motivierung der Be=
schneidung ist nicht die Richtigkeit der Tatsache selbst ausgeschlossen. Für die Beschnei=
dung des Tim. konnte auch ein anderes Motiv maßgebend sein. Ein solches deutet
der Text (wohl im Anschluß an die Quelle) dadurch an, daß er die Mitteilung über
diese Beschneidung gleich an den Wunsch des P. anschließt, den Tim. mit sich auf die
Reise zu nehmen. Denn so erscheint diese Beschneidung als ein Mittel, um jenen Wunsch
zu verwirklichen[1]. Da P. bei seiner Mission überall in den Synagogen Anknüpfung
suchte, nicht nur um die auswärtigen Juden, sondern insbesondere auch um die vielen
σεβόμενοι τ. ϑ. für das Evang. zu gewinnen (s. zu 13₁₄), so mußte ihm ein beschnittener
Reisegefährte viel zweckdienlicher sein, als ein unbeschnittener, dessen Zutritt zu den
Synagogen und den Häusern der Juden beschränkt war. Wenn P. in diesem Sinne
„um der Juden willen“, nämlich um der Juden in den neu zu bereisenden Städten
willen, den Tim. beschnitt, so war eine solche Beschneidung ganz anders zu beurteilen,
als diejenige, die dem Titus in Jer. aufgedrungen werden sollte, oder überhaupt als
eine Beschneidung, die irgendwie als Heilsbedingung oder als Konzession an die Grund=
sätze der Juden oder Judenchristen gefordert wurde. Sie fiel unter den Grundsatz
I Kor 9₁₉f. Nach Jacobsen S. 20 hätte P. nur vor, aber nicht mehr nach dem Apostel=
Konvente die Beschneidung des Tim. vornehmen können. Aber die prinzipielle An=
schauung des P. von dem Werte der Beschneidung stand doch schon vor dem Apostel=
Konvente fest und andrerseits blieb der praktische Grundsatz I Kor 9₁₉ für ihn auch
nach demselben in Geltung.

V. 4. „Als sie (P. und seine Gefährten) aber die Städte (die in V. 1
u. 2 genannten) durchzogen, überbrachten sie ihnen (d. i. den Heidenchristen
daselbst) zur Beobachtung die Verordnungen (zu δόγματα vgl. 17₇. Lk 2₁),
die von den Aposteln und Ältesten in Jer. beschlossen waren.“ Der Vf. der
AG. setzt hier und 21₂₅ voraus, daß die Verordnungen des Apostel=Konvents
eine über die begrenzte Adresse des Dekrets 15₂₃ hinausgehende universale
Geltung für die Heidenchristen überall hatten[2]. Zu V. 5 vgl. 6₇. 9₃₁.

V. 6—10. Weiterreise durch Kleinasien[3]. V. 6. „Sie durch=

___

1. Ich halte es für wahrscheinlich, daß unser Vf. in V. 3b die Quelle ungenau
wiedergegeben bezw. erweitert hat, so daß das in V. 3a angedeutete Motiv der Be=
schneidung undeutlich gemacht ist. — Als redaktionelle Zutat betrachtet Jgst S. 154:
V. 2 u. 3b u. c, Hilgf. ZwTh 1896 S. 184f., Acta p. 228: V. 3b (von κ. λαβ. an).
Nach Sorof S. 18f. sind V. 1—5 ein Zusatz des Überarbeiters (Timoth.) zur Lukas=
Schrift.

2. V. 4 ist ebenso wie später 21₂₅ offenbar ein Einschub des Vf.s der AG. in
seinen Quellenbericht, um diesen in Beziehung zu der auch nicht aus diesem Quellen=
berichte stammenden Erzählung von dem Apostel=Konvente zu bringen. S. Anm. 2
auf S. 225 und den Exkurs bei 15₂₁ gegen Schluß. Auch die früheren Aussagen ana=
loge allgemeine Bemerkung V. 5 ist redaktionelle Zutat. — Ebenso urteilen über V. 4f.
Sp. S. 214f., Clemen Paul. I 256, Jgst S. 154, Hilgf. ZwTh 1896 S. 185, Schwartz
NGW 1907 S. 271.

3. Fortsetzung des Quellenberichtes, der sich durch das Auftreten der ersten Pers.

zogen aber das phrygiſche und galatiſche Land, da ſie vom h. Geiſte gehindert waren, das Wort in Aſien zu verkündigen." Da nach den beſten Handſchr. der Art. vor Γαλατικὴν χώραν nicht wiederholt iſt, muß man Φρυγίαν wohl als Adjekt. faſſen (vgl. B. Wß, der mit Recht auf das Adj. Πισιδίαν 13₁₄ verweiſt; Ramſay, Church p. 77 f.). Das galat. Land iſt die nördl. von Lykaonien gelegene, von den keltiſchen Galatern bewohnte Landſchaft. Der umſtändliche Ausdruck Γαλατικὴ χώρα iſt gebraucht, um dieſe Landſchaft von der röm. Provinz Γαλατία, die damals auch Lykaonien mitumfaßte, zu unter-ſcheiden. Daß nun P. in der Landſchaft Gal. Gemeinden geſtiftet habe, wird zwar nicht ausdrücklich geſagt, aber auch durch das διῆλθον nicht ausge-ſchloſſen und ſpäter in 18₂₃ vorausgeſetzt. Die Flüchtigkeit des Berichtes an u. St. muß durch die Quelle bedingt geweſen ſein, die erſt von dem Mo-mente an zu einer detaillierteren Beſchreibung der Reiſe und des Wirkens des P. überging, wo ihr Vf. in die Begleitung des P. eintrat (V. 10). In den damals geſtifteten galat. Gemeinden ſind die Adreſſaten des Galater-Briefes zu ſuchen, denen P. nach Gal 4₁₃ das erſte Mal „wegen Schwäche des Fleiſches", alſo bei einem unfreiwilligen, durch Krankheit veranlaßten Auf-enthalte, das Evang. verkündigte.

Die Meinung, daß die Adreſſaten des Gal.-briefes nicht Gemeinden in der Land-ſchaft Galatia geweſen ſeien, ſondern die nach AG 13 u. 14 geſtifteten Gemeinden Lykaoniens, ſofern dieſelben zur röm. Provinz Galatia gehörten, iſt nach dem Vor-gange von Mynſter, kl. theol. Schr., Kopenh. 1825 S. 49 ff. u. andr. Älteren neuer-dings beſ. von Perrot, de Gal. prov. Rom., Par. 1876 p. 43 ss., Renan, S. Paul p. 48 ss., Hauſrath II S. 328 ff., Weizſ. S. 227 ff., Jacobſen S. 17, Sorof S. 20, O. Hltzm. 3KG 1893 S. 336 ff., Clemen, 3wTh 1894 S. 396 ff., Paul. I S. 24 ff., Ramſay, Church p. 9. 13 ff. 75 ff. 105 ff. u. Stud. bibl. et eccles., Oxford 1896, p. 15 ff., McGiffert p. 177 ff., Val. Weber, d. Adreſſaten d. Gal.br., 1900; Zahn, Einl. I § 11; Komm. zum Galaterbr., 1905, Einl. § 2; J. Wß, Art. „Kleinaſien" in R.E.³ unter 9, vertreten worden. Vgl. dagegen Men.-Sieffert, Gal.br. Einl. § 1, Holſten, Ev. d. P. I S. 35 ff., Lipſius, Hand-Comm. zum Gal.br. Einl. 1, 2 u. beſ. Schürer JprTh 1892 S. 460 ff., ThLz 1893 S. 507, ibid. 1896 S. 345 f.; Zöckl. StKr 1895 S. 51 ff.; Mommſen 3NW 1901 S. 86; Steinmann, d. Leſerkreis d. Gal.br. 1908; Brandis, Art. „Galatia" in Pauly-Wiſſowa Real-Enc. Der Umſtand, daß P. bei geograph. Bezeichnungen die röm. Provinzialnamen anzuwenden liebt, begründet zwar die Möglichkeit, daß er unter den ἐκκλησίαι τῆς Γαλατίας Gal 1₂ jene Lykaon. Gemeinden verſtand, beweiſt aber natürlich nichts gegen die Möglichkeit, daß er die Gemeinden der eigentlichen Land-ſchaft Galatia meinte, die doch auch mit zur röm. Provinz Galatia gehörten. Als ent-ſcheidend gegen jene Hypotheſe erſcheinen mir folgende 2 Punkte. 1) Daß die der Nationalität nach nichtgalatiſchen Bewohner Lykaoniens bloß wegen ihrer Zugehörig-keit zum röm. Provinzialverbande Galatia einfach als Γαλάται angeredet werden konnten (Gal 3₁), iſt nicht anderweitig belegbar und durchaus unwahrſcheinlich. 2) Wenn die Adreſſaten des Gal.briefes mit den vor dem Apoſtel-Konvente beſuchten Lykaoniern identiſch geweſen wären, ſo hätte P. in Gal 1₂₁ bei Angabe ſeines Auf-enthaltes während der 14 Jahre zwiſchen ſeiner erſten und zweiten Reiſe nach Jer. neben Syrien und Cilicien auch Galatien erwähnen müſſen. Wenn dieſe Identität nicht vorlag, ſo brauchte er auf die Reiſe nach Lykaonien nicht bezug zu nehmen, da es ihm im Zuſammenhange ja nur daran lag feſtzuſtellen, daß er damals nicht in Jer. geweſen ſei, nicht aber daran, vollſtändig aufzuzählen, wo überall er geweſen

---

Plur. in V. 10 als Bericht eines von Troas an mit P. zuſammen Reiſenden kenn-zeichnet. Vgl. oben S. 31 ff.

fei. Daß er aber die Bezugnahme auf die Reiſe nach Lykaonien (Galatien) unterlaſſen hätte, wenn er gerade zu den Adreſſaten ſeines Briefes damals hingekommen wäre, ſcheint mir pſychologiſch unmöglich. Dieſer letzteren Schwierigkeit entgeht Weizſ. bei ſeiner Annahme, die Reiſe des P. nach Lykaon. AG. 13 u. 14 habe in Wirklichkeit nicht vor, ſondern nach dem Apoſtel-Konvente ſtattgefunden (ſ. d. Anm. am Schluſſe von K. 14). Ramſay entgeht ihr mit Hilfe ſeiner Hypotheſe, daß der Beſuch des P. in Jer. Gal 2 1ff. mit demjenigen AG 11 30 identiſch ſei (ſ. Anm. 1 auf S. 225).

Unter „Aſien", das in V. 6 b indirekt als eigentliches Ziel der Reiſe-abſicht des P. bezeichnet wird, iſt hier nicht die röm. Provinz Aſia im ganzen verſtanden, die den größten Teil der Landſchaft Phrygien einſchloß, ſondern im Unterſchiede von dem phryg. Lande das weſtl. Küſtenland dieſer Provinz, Myſien, Lydien, Karien umfaſſend. Da ſich P. und ſeine Begleiter gehindert fühlten, von Lykaonien aus weſtwärts ins Küſtengebiet zu ziehen, wandten ſie ſich zu den nördlich von Lykaonien gelegenen Gebieten. Die „Hinderung des h. Geiſtes" zeigte ſich vielleicht in prophetiſchen Kundgebungen, wie 20 23. 21 11 (Nösg., Hltzm.), vielleicht auch in anderen treibenden Umſtänden, die von P. nachträglich, nachdem ihm das Ziel des Triebes klar geworden war, nicht als Produkt natürlicher Bedingungen, ſondern als unmittelbar göttliche Wirkung beurteilt wurden. Nach B. Wß lag die Hinderung darin, daß es in Aſien bereits judenchriſtl. Gemeinden gab, während ſich P. nach Röm 15 20. II Kor 10 15f. dazu begabt und berufen wußte, nur neugründende Miſſion zu treiben. Aber dieſer Grund würde den Ap. auch ſpäter abgehalten haben, in Aſien zu miſſionieren. V. 7. „Als ſie aber gegen Myſien hin gekommen waren (κατά wie 2 10. 27 7), verſuchten ſie nach Bithynien zu reiſen; doch ließ (es) ſie nicht (ausführen) der Geiſt Jeſu." Da ſie ſich gehindert wußten, in dem Küſtengebiet „Aſien", zu dem auch Myſien gehört, zu predigen, ſo wollten ſie, als ſie auf Myſien zu kamen, dieſes liegen laſſen und nördlich nach der Provinz Bithynien ziehen. Der „Geiſt Jeſu", der ſie auch hier wieder nicht zur Ausführung ihrer Abſicht kommen ließ, iſt der h. Geiſt, durch den der himmliſche Jeſus wirkt (vgl. Lk 24 49. Röm 8 9). V. 8. „Vorbei-ziehend aber an Myſien kamen ſie hinunter (an die Küſte) nach Troas." Die Hinderung, nach Bithynien zu ziehen, war ihnen nun ein Zeichen dafür, daß ſie Myſien zwar durchziehen ſollten, aber ohne dort zu predigen. Dieſes bloße Durchreiſen ohne Miſſion muß mit dem παρελθόντες gemeint ſein (vgl. Ramſay, S. Paul p. 196f.)[1]. So gelangten ſie direkt an die Weſtküſte. V. 9f. „Ein Geſicht (hier ein Traumgeſicht, aber als Vermittlung einer Offenbarung; ſ. zu 9 10) erſchien zur Nachtzeit (ſ. zu 5 19) dem P.: ein mace-doniſcher Mann ſtand da und redete ihm zu: fahre hinüber nach Macedonien und hilf uns. Als er aber das Geſicht geſehen hatte, ſuchten wir ſogleich nach Macedonien abzufahren, indem wir erſchloſſen, daß Gott uns berufen hatte, ihnen (den Macedoniern) das Evang. zu predigen[2]." Unvermittelt

---

1. In Verkennung dieſes Sinnes von παρελθόντες lieſt Blaß nicht nur im β-Texte (nach D gig. vulg.) διελθόντες, ſondern nimmt dieſe LA ohne Zeugen auch in den α-Text auf.

2. Bei D lautet V. 10: διεγερθεὶς οὖν διηγήσατο τὸ ὅραμα ἡμῖν, καὶ ἐνοήσαμεν ὅτι προσκέκληται ἡμᾶς ὁ κύριος εὐαγγελίσασθαι τοὺς ἐν τῇ Μακεδονίᾳ. So Blaß im β-Text u. Hilgf. Über dieſe LA mit ihrer gefliſſentlichen (vielleicht montaniſtiſchen) Betonung des Traumcharakters der Viſion vgl. Corßen GGA 1896 S. 436f.

tritt hier die erſte Perſ. Plur. ein (oder wieder ein; ſ. zu 11₂₈). Der Autor des Wirberichtes muß ſich damals in Troas dem P. als Begleiter angeſchloſſen haben. Aus dem ἡμᾶς in den Schlußworten von D. 10 folgert Harnack I S. 14 mit Recht, daß dieſer Wirberichterſtatter ſich auch ſelbſt als Miſſionar fühlte (vgl. auch D. 13: ἐλαλοῦμεν). Über die Bedeutung der Erkenntnis des P., wohin jetzt ſein weiterer Miſſionsberuf gehe, ſ. zu 13₁₃.

Ramſay, S. Paul p. 200ff. hat die geiſtvolle Kombination gemacht, der den P. nach Macedonien rufende „macedon. Mann" D. 9 ſei Lukas, der Wirberichterſtatter, geweſen, der damals von Macedonien kommend mit P. zuſammengetroffen ſei. Daher in D. 10 das Einſetzen des Wirberichts. Lukas wird zwar von Geburt nicht Mace-donier geweſen ſein, wie Ramſay annimmt (vgl. auch a. a. O. p. 389f.), ſondern Antiochener (vgl. oben S. 45). Aber daß er eine beſondere Beziehung zu Philippi hatte, vielleicht jetzt dort anſäſſig war, iſt daraus zu erſchließen, daß das „Wir" in der Erzählung nur bis zum Schluſſe des Aufenthalts des P. in Philippi reicht und ſpäter (205f.) in Philippi wieder einſetzt. Deshalb konnte er wohl, wenn er jetzt aus Macedonien kam, als „macedoniſcher Mann" auftreten. Er mußte dem P. ſchon von Antiochia her bekannt geweſen ſein, wo er einſt Zeuge der unter prophetiſchen Im-pulſen erfolgten erſten Ausſendung des Barn. u. P. zur Heidenmiſſion in der Ferne geweſen war (ſ. d. Anmerkung zu 11₂₈). Wenn dieſer Mann jetzt ſcheinbar zufällig dem P. in Troas begegnete und ihn aufforderte nach Macedonien zu kommen, um auch dort für die „große Hungersnot" Hilfe zu bringen, ſo konnte gewiß P. dieſes Zuſammentreffen als eine beſondere Führung durch den Geiſt Chriſti und die Bitte des Macedoniers als einen Ruf Gottes auffaſſen. Aber aus dem Text, wie er uns vorliegt, kann man dieſen Sachverhalt doch nicht herausleſen. Im Sinne des Vf.s der AG. hatte der „macedoniſche Mann" ebenſo wenig eine irdiſche Realität, wie das dem Petrus erſcheinende Gefäß 10₁₁ff. Will man mit Ramſay den „macedoniſchen Mann" mit Lukas identifizieren, ſo muß man abweichend von Ramſay den Wirberichterſtatter Lukas von dem Vf. der AG. unterſcheiden und annehmen, daß dieſer letztere den Wortlaut ſeiner die Wirſtücke einſchließenden Quelle an u. St. verändert hat. In der Quelle könnten etwa das Traumgeſicht des P. und die Aufforderung des macedoniſchen Mannes als zwei verſchiedene, aber zu einander in Beziehung ſtehende Akte bezeichnet geweſen ſein, während der Vf. der AG. daraus einen einzigen Akt gemacht hat. Jene zwei Akte könnten ſich ſo zu einander verhalten haben, wie ſich der durch die Streitig-keiten in Antiochia 15₁f. dem P. gegebene Anlaß, nach Jer. zu reiſen, zu der „Offen-barung" verhielt, von der P. ſelbſt Gal 2₂ ſpricht. Man darf höchſtens von einer gewiſſen Möglichkeit ſprechen, daß unſerem Berichte D. 9 u. 10 geſchichtlich der von Ramſay vermutete Sachverhalt zugrunde gelegen hat.

D. 11—40. P. in Philippi[1]. D. 11f. „Nachdem wir aber von Troas ausgelaufen waren (ἀναχθέντες wie 13₁₃), fuhren wir geraden Weges (εὐθυδρομεῖν auch 21₁) nach Samothrake (Inſel im Aegäiſchen Meere, halb-wegs zwiſchen Troas und Philippi), am folgenden Tage aber (τῇ ἐπιούσῃ scil. ἡμέρᾳ, vgl. 7₂₆; ohne ἡμ. auch 20₁₅. 21₁₈) nach Neapolis (Hafenſtadt am Strymoniſchen Buſen, nahe dem etwas landeinwärts gelegenen Philippi), und von da nach Philippi, welches die erſte Kolonieſtadt des betreffenden

---

1. Fortſetzung des Quellenberichts. Der Gebrauch der 1. Perſ. Plur. hört mit D. 17 auf, offenbar weil der Schreiber der Quelle bei der Szene D. 18ff. nicht per-ſönlich beteiligt war. Aber die durch D. 16f. eingeleitete Erzählung muß doch in dieſer Quelle fortgeſetzt geweſen ſein. Nur die Epiſode D. 25 (oder 24) —34 iſt als Zutat zur Quelle zu betrachten. S. d. Anm. zu D. 25. Eine ſehr genaue Darlegung des „lukaniſchen" Sprachcharakters dieſes Wirſtückes D. 10—17 gibt Harnack I S. 28—38. Doch vgl. das oben S. 21ff. Bemerkte.

Bezirkes Macedoniens ist [1]." Die Stadt Philippi hieß nach Philipp v. Mac., der sie an Stelle der früheren Ortschaft Krenides erbaut und befestigt hatte; sie war von Augustus zur röm. Kolonie gemacht. Vgl. Zahn, Einl. I § 30 Anm. 1. μέρις ist nicht = ἐπαρχία, „Provinz" (23 34. 25 1; so Ewald S. 485, Overb.), sondern bed. „Bezirk", also hier wohl einen der 4 Distrikte, in die Maced. durch Aemilius Paullus geteilt war (Liv. 45, 29). Durch den Art. vor μερίδος wird kurz der betreffende Bezirk, in dem Phil. lag, bezeichnet. Fraglich ist die Bedeutung von πρώτη. Viele (z. B. Nösg., Felt.) haben es von der örtlichen Lage verstanden: die erste Stadt Mac.s, auf die P. in seiner Reiserichtung stieß; diese Lage begründe (ἥτις κτέ.), daß P. eben hier Aufenthalt nahm. Aber hiergegen entscheidet der Zusatz τῆς μερίδος vor Μακ., der dann ganz überflüssig wäre. Deshalb muß πρώτη vom Range verstanden werden. Aber nicht Philippi, sondern Amphipolis war in dem betr. Bezirke Mac.s die Hauptstadt. So muß man πρώτη entweder in dem allgemeinen Sinne „hervorragend" fassen (B. Wß), oder πόλις eng mit κολωνία verbinden, so daß Philippi als ansehnlichste Koloniestadt des Bezirkes bezeichnet wird (Mey.). Nach Ramsay, S. Paul p. 206 ff. ist der übertreibende Ausdruck πρώτη πόλις von dem aus Philippi stammenden Luk. gesagt, um seine Vaterstadt herauszustreichen. Der Satz ἥτις κτέ. ist insofern begründend, als die Ansehnlichkeit der Stadt dem P. Anlaß zu der Erwartung gab, er könne hier seine maced. Mission ersprießlich beginnen.

V. 13. „Am Sabbattage gingen wir hinaus vor das Tor an einen Fluß (d. i. nicht an den über eine Tagereise entfernten Strymon, sondern wahrscheinlich an den kleinen Gangas oder Gangites; vgl. Appian. bell. civ. 4, 106), wo herkömmlicher Weise ein Betort war [2]." νομίζεσθαι hat hier, wie oft im klass. Sprachgebr., z. B. Herod. VI, 138; Thuc. VI, 32, 1, den Sinn: „in Gebrauch, Sitte sein" (vgl. II Mak 14 4). προσευχή ist „Betstätte", wie III Mak 7 20. Philo in Flacc. 6 u. ö., Jos. Vita 54. Ein fester Unterschied zwischen συναγωγή und προσευχή läßt sich nicht machen. Vgl. Schür. II³ S. 447 f.; O. Hltzm.² S. 179. An u. St. mag die Kleinheit des Versammlungsraumes der Grund gewesen sein, weshalb unser Vf. (bezw. seine Quelle) den Ausdruck προσευχή statt συναγωγή (17 1) wählte. Die Lage am Wasser war auch sonst für die Synagogen beliebt, um bequeme Gelegenheit zu den levitischen Waschungen zu geben (Schür. II³ S. 444). P. und seine Begleiter „redeten zu den versammelten Frauen". Vielleicht waren überhaupt

---

1. Nach אAC mehr. Min. lautet der Text: ἥτις ἐστὶν πρώτη τῆς μερίδος Μακεδονίας πόλις κολωνία (T.); B hat den Art. vor Μακ. statt vor μερ., HLP viele Min. haben ihn an beiden Stellen (Rec., B. Wß); D hat: κεφαλὴ τῆς Μακ. (Hilgf.). W.=H. vermuten eine ursprüngliche Textverderbnis. Blaß findet seine Konjektur: πρώτης μερίδος τ. Μακ. (in beiden Texten) bestätigt durch prov. (vgl. StKr 1896 S. 452 u. 467). 2. Zu I. ist: οὗ ἐνομίζετο προσευχὴ εἶναι. So ist der Text freilich nur durch EHLP d. meist. Min. und ein. Vät. bezeugt. T., W.=H., B. Wß bevorzugen die LA: ἐνομίζομεν προσευχὴν nach אC 13. 40. 61 cop. aeth. [ro.] (א aber: ἐνόμιζεν). Allein AB, welche die sinnlose Verbindung ἐνομίζομεν προσευχή haben, zeugen doch auch für die Ursprünglichkeit des Nom.; ebenso D mit der LA: ἐδόκει προσευχή (Blaß im β-Text; Hilgf.) und vulg.: videbatur oratio. Blaß macht für den α-Text von der LA in B aus die Konjektur: οὗ ἐνόμιζον ἐν προσευχῇ εἶναι.

nur Frauen da. Es mögen teils an Heiden verheiratete Jüdinnen gewesen sein, teils Proselytinnen. Heidnischen Frauen war der völlige Übertritt zum Judentum leichter als Männern, weil die Beschneidung fortfiel. **V. 14.** Lydia war zwar ein auch sonst gebräuchlicher Frauenname, in diesem Falle aber wahrscheinlich Bezeichnung nach der Herkunft, da Thyatira, die Heimat der Frau, eine lydische Stadt war. Vgl. zu dem Namen Zahn, Einl. I § 30 Anm. 1. Die Frau war „Purpurhändlerin aus der Stadt Th." Die Purpurfärbung wurde außer in Phönizien gerade in Lydien besonders betrieben, und speziell erwähnt eine zu Thyatira gefundene Inschrift die dortige Färberzunft. Vgl. Spohn, miscell. erud. ant. p. 113, u. f. Winer RW Art. „Purpur". Über σεβομένη τ. ϑ. f. zu 10₂. „Deren Herz öffnete der Herr zum Aufmerken auf das von P. Geredete." Religiöse Beurteilung des Gläubigwerdens als einer Gotteswirkung wie 13₄₈. **V. 15.** Sie und „ihr Haus" d. h. ihre Hausgenossen wurden getauft. Daß der Schluß aus dem Gläubig- und Getauftwerden ganzer Hausgenossenschaften (vgl. V. 32 f. 18₈. I Kor 1₁₆) auf den Gebrauch auch der Kindertaufe ein Fehlschluß wäre, zeigt entscheidend I Kor 7₁₄. In der Bitte: „wenn ihr erachtet habt, daß ich dem Herrn gläubig bin", ist das εἰ (statt ἐπεί, wie 4₉) Ausdruck der Bescheidenheit (Mey.). Das Perf. κεκρίκατε ist insofern am Platze, als es sich um das Urteil handelt, welches in dem Taufen schon zum praktischen Ausdruck gekommen war. Durch den Ausdruck παρεβιάσατο ἡμᾶς: „sie nötigte uns" (vgl. Lk 24₂₉) wird sowohl die Dringlichkeit, als auch der Erfolg der Aufforderung angezeigt. Wie P. bei diesem Eintritt in Philippi die ihm dargebotene Gastfreundschaft annahm, so ließ er sich auch in der Folgezeit, abweichend von seinen sonstigen Grundsätzen, die Unterstützungen der Philipper gefallen (Phl 4₁₀—₂₀. II Kor 11₉). **V. 16.** Mit dem lukanischen ἐγένετο δὲ wird Übergang zu einem anderen Ereignisse gemacht, das sich an einem späteren Tage auf einem Gange zu derselben jüd. Betstätte vollzog. Vgl. zu 17₅. Ihnen begegnete eine Magd, die „einen Geist Python", d. i. einen bauchrednerischen Geist hatte. Da der Name des delphischen Drachen, wie Plutarch de def. orac. c. 9 bezeugt, speziell als Nom. appell. für den ἐγγαστρίμυϑος d. i. Bauchredner gebraucht wurde, so ist auch an u. St. anzunehmen, daß das mit diesem Namen bezeichnete πνεῦμα als bauchredendes gemeint ist. Weil das Bauchreden auf einen aus dem Menschen sprechenden Dämon zurückgeführt wurde, schrieb man dem so begabten Bauchredner Wahrsagefähigkeit zu. Die Magd in unserer Geschichte, eine mehreren Herren gemeinschaftlich gehörende Sklavin, war von ihrer wirklichen dämonischen Besessenheit offenbar selbst überzeugt, und auch P. nahm dieselbe an (V. 18; vgl. I Kor 10₂₀). **V. 17.** Kraft ihrer dämonischen Begabung erkennt und bezeugt die Wahrsagerin die höhere Bedeutung des P. und seiner Genossen, ebenso wie Jesus zuerst seitens der Dämonischen Huldigung fand (Mk 1₂₄. 3₁₁. 5₇). **V. 18.** P. war „verdrossen" (διαπονηϑείς, vgl. 4₂) über das Rufen der Wahrsagerin, weil die heilige Sache, der er diente, nicht durch einen unreinen Geist bezeugt werden sollte. **V. 19.** Das ἐξῆλϑεν von V. 18 wird hier wiederholt: das Entschwinden

des dämonischen Geistes bedeutete für die Herren ein Entschwinden der „Hoff=
nung auf ihren Gewinn". Sie „schleppten den P. und Silas auf den Markt=
platz (die Gerichtsstätte) zu den Obrigkeitspersonen". Zu ἄρχοντες vgl. 23 5.
Lk 12 58. Röm 13 3. V. 20 f. Die στρατηγοί hier sind die „Prätoren",
duumviri (Cic. de leg. agr. II, 34), welche in den Koloniestädten als oberste
röm. Beamten fungierten. Von den ἄρχοντες V. 19 sind sie nicht verschieden
(so Men.: die ἄρχοντες als die Stadtrichter hätten die Kläger an die στρατηγοί verwiesen); sondern ἄρχοντες ist der allgemeinere Ausdruck, στρατηγοί
der speziellere. Vgl. J. Wß Art. „Macedonien" in R. E. ³. Die Anklage
lautet: „diese Leute bringen unsere Stadt in Unruhe (das Kompos. ἐκταράσ-
σειν sonst nicht im NT, aber Ps 18 5. Sap 17 3. 18 17), sie, die Juden sind,
und verkündigen Bräuche, welche wir, die wir Römer sind, nicht annehmen
noch ausführen dürfen". Das vor τὴν πόλιν vorangestellte ἡμῶν ist betont
gegenüber dem von οὗτοι οἱ ἄνθρωποι gesperrt gestellten appositionellen
Ἰουδαῖοι ὑπάρχοντες, und zu diesem steht dann wieder in scharfem Gegensatz
das Ῥωμαίοις οὖσιν. Man will nicht die fremden Unruhstifter und nun gar
als Römer nicht die jüdischen Unruhstifter. Bei den Römern war Einführung
fremder religiöser Sitten und Kulte im allgemeinen untersagt (vgl. z. B. Cic.
de leg. II, 8). Aber wie viele andere religiöse collegia im röm. Reiche be=
standen und geduldet waren, so war auch das Judentum eine religio licita
(vgl. Schür. III ³ S. 67 ff.). Die Anklage an u. St. muß also von der Er=
kenntnis getragen sein, daß diese „Juden" doch nicht das gewöhnliche Juden=
tum, sondern eine Neuerung bringen.

V. 22. Da die Volksmenge sich gleichfalls gegen die Angeklagten wandte
(συνεπέστη, mit den eigentlichen Anklägern zusammen), übergaben die Prä=
toren ohne ordnungsmäßiges Verhör (vgl. V. 37) die Fremden gleich als
Schuldige der Bestrafung: „nachdem sie ihnen die Kleider heruntergerissen
hatten (d. h. durch die Lictoren, die ῥαβδοῦχοι V. 35, hatten herunterreißen
lassen; vgl. den Ausdruck V. 23 a), befahlen sie ihnen Stockschläge zu geben".
Durch das Imperf. ἐκέλευον in Verbindung mit dem Inf. praes. ῥαβδίζειν
wird das Andauern des Vorgangs bezeichnet (Blaß, Gr. § 57, 4. Anm. 2;
58, 3). Über die strafrechtliche Seite des Vorgangs vgl. Mommsen ZNW
1901, S. 89 f., der aber mit Unrecht die Geschichtlichkeit des Vorgangs wegen
der Ähnlichkeit mit AG 22 24 ff. beanstandet. Die Motive, aus denen P. und
Silas hier darauf verzichten, sich durch Berufung auf das röm. Bürgerrecht
(V. 37) vor der Mißhandlung zu schützen, entziehen sich unserer Kenntnis.
Vielleicht war bei dem tumultuarischen Charakter des Vorgangs garnicht die
Möglichkeit zur wirksamen Berufung auf jenes Recht gegeben (B. Wß, Zöckl.).
Daß P. sich auch sonst in gleicher Lage nicht auf dieses Recht berief, bezeugt
II Kor 11 25. Es ist aber auch verständlich, daß es den beiden App. hinterher
doch noch richtig und notwendig erscheinen konnte, ihr röm. Bürgerrecht gel=
tend zu machen (ebenso wie 22 25). Insbesondere mag die Rücksicht auf die
Ehre und den sicheren Fortbestand der jungen Gem., von der sie plötzlich und
unter äußerlich verdächtigen Umständen scheiden mußten, dafür maßgebend
gewesen sein. V. 23. Mit der Prügelstrafe war Fesselung und Einkerkerung

von Rechtswegen verknüpft (Mommsen a. a. O. S. 90). **V. 24.** Der Ge=
fängniswärter „legte sie in den inneren Teil des Gefängnisses und verwahrte
ihre Füße im Block" — Maßregeln gemäß dem Auftrage V. 23, um ihr
Entweichen zu verhindern. **V. 25**[1]. **P.** und Silas „sangen betend Hymnen (Loblieder) zu Gott",
als Ausdruck ihrer Freude, um Christi willen zu leiden. Das Verb. ὑμνεῖν
auch Mt 26 30. Mk 14 26. Hebr 2 12; vgl. die ὕμνοι Kol 3 16. Eph 5 19. Daß
die (übrigen) Gefangenen „auf sie horchten", wird wohl hervorgehoben, um
zu erklären, daß dieselben dann auch das Erdbeben mit seinen Folgen nicht
zur Flucht benutzen, sondern als ein Gotteszeichen würdigen, welches speziell
dem P. und Silas gilt. **V. 26.** Als Zweck des Erdbebens ist nicht die Be=
freiung des P. und Silas gedacht, sondern ihre Beglaubigung als von Gott
gesandte und geschützte Personen, die dann auch den Glauben des Gefangen=
wärters hervorruft. Über die Form ἠνεῴχϑησαν oder ἠνοίχϑ. (so T. nach
אAE) s. zu 9 8. **V. 29.** Der Schrecken des Gefängniswärters, als er vor
P. und Silas niederfällt, ist dadurch begründet, daß er sich, wenn auch nur
als ausführendes Organ, an der Mißhandlung dieser Gottesmänner beteiligt
hat. **V. 30.** Aus dem, vielleicht unterirdischen, eigentlichen Kerker „führte
er sie ins Freie hinaus", d. i. wahrscheinlich in den Hof des Gefängnisses,
wo die Vorgänge V. 32 sich abspielten. Er fragte: „Herren, was muß ich
tun, um gerettet zu werden?" d. h. um an der σωτηρία teilzunehmen, als
deren Verkündiger er den P. und Silas weiß. **V. 33.** Mit dem wahrschein=

---

1. Die Erzählung von den nächtlichen Ereignissen im Kerker V. 25—34 enthält
eine Häufung von Unwahrscheinlichkeiten: die durch das Erdbeben bewirkte Lösung
der Fesseln nicht nur des P. u. S., sondern auch aller Gefangenen; das ruhige Da=
bleiben dieser letzteren; der Entschluß des Gefängniswärters sich zu töten trotz seiner
Unschuld an dem Ereignisse und vor Kenntnis der wirklichen Folgen desselben; seine
sofortige Erkenntnis auf den Zuruf des P., daß dieser und S. zu dem Ereignisse in
Beziehung stehen und die Bringer einer Heilsverkündigung sind; die schnell bis zur
Taufe führende christliche Belehrung des Gefängniswärters und seiner Hausgenossen
trotz der durch das Erdbeben geschaffenen Situation, die schwerlich zu ruhiger Samm=
lung Zeit ließ. Wir haben es hier offenbar nicht mit dem Berichte eines den Tat=
sachen und beteiligten Personen Nahestehenden, wie es der in Philippi anwesende Vf.
der Quelle gewesen sein müßte, sondern mit einer sagenhaft ausgeschmückten Erzählung
zu tun (vgl. Hltzm. ZwTh 1881 S. 415 f.; dagegen Gieseke StKr 1898 S. 348 ff., der
die Glaubwürdigkeit des Berichtes darzutun sucht). Diese Erzählung erweist sich
nun aber auch dadurch als sekundäre Zutat, daß die Geschichte von V. 35 an so weiter
verläuft, als hätten jene nächtlichen Ereignisse garnicht stattgefunden: P. u. S. sind
in der Kerkerhaft; das Erdbeben kommt als Motiv für ihre Freilassung nicht in Be=
tracht; von einer Verabschiedung von dem bekehrten Gefängniswärter ist keine Rede.
So haben wir mit B. Wß (vgl. Einl. § 50, 5), Sp. S. 217 ff., Jgst S. 156 f., Clemen,
Paul. I S. 7 diese Episode V. 25—34 (vielleicht auch V. 23 b u. 24; nach Hilgf. Acta
p. 289 s. nur V. 33 b u. 34) als eine Einschaltung in den Quellenbericht zu betrachten
(gegen diese Annahme: Harnack I S. 80 f., III S. 179). Worin für den Vf. der AG.
der Anlaß für die Einschaltung lag, ob in einer mündlichen Überlieferung oder etwa
in einer auf den Gefängniswärter bezüglichen Notiz der Quelle, die er als Hindeutung
auf wunderbare Ereignisse im Kerker auffaßte und ausgestaltete, muß dahingestellt
bleiben. Nach Sp. ist die Episode eine Zutat aus der Quelle B; die Nähte des Red.
sollen sich in V. 22 f. u. 35 f. zeigen. — Auf die Ähnlichkeit von Zügen unserer Er=
zählung mit Zügen in Lucians Toxaris c. 27—34 hat Zeller ZwTh 1864 S. 103 ff.
verwiesen; auf ähnliche Züge in Euripides Bacchen V. 436—441. 502 f. 602—628
Schmiedel SchwThz 1898 S. 47.

lich im Hofe befindlichen Waſſer „wuſch er ſie von den Schlägen" d. i. rei=
nigte er ſie von den Folgen der Schläge, und eben dort „wurde er mit allen
den Seinen ſofort getauft". **V. 34.** Dann „führte er ſie hinauf" in den
obern Teil des Hauſes, wo ſeine Wohnräume waren. Sein Gläubigwerden
an den Herrn Jeſus (V. 31) wird hier am Schluſſe der Epiſode als ein
Gläubigwerden an den einen wahren Gott charakteriſiert.

V. 35. Daß der Freilaſſungsbefehl, den die ῥαβδοῦχοι, „Lictoren",
überbringen, durch das nächtliche Erdbeben veranlaßt worden ſei, wird nicht
angedeutet[1]. Wahrſcheinlich hatten die Prätoren inzwiſchen über die Per=
ſönlichkeit und Tätigkeit der Gefangenen genauere Kunde erlangt und waren
dadurch über ihre willkürliche Mißhandlung und Gefangenſetzung derſelben
bedenklich geworden. **V. 37.** P. ſagte „zu ihnen", d. h. durch den Ge=
fängniswärter zu den Lictoren: „ohne ordentliches richterliches Verfahren
(ἀκατακρίτους; das W. nur noch 22₂₅) haben ſie uns, die wir doch Römer
ſind, öffentlich ſchlagen laſſen und ins Gefängnis geworfen und jetzt treiben
ſie uns heimlich hinaus?" Durch die lex Valeria (v. J. 254 u. c.) und
die lex Porcia (v. J. 506 u. c.) war den röm. Bürgern die Freiheit von
der entehrenden Geißelungsſtrafe zugeſichert. Vgl. Liv. II, 8. X, 9. Cic. in
Verr. V, 57. 62. 66; dazu O. Hltzm.[2] S. 91. P. beſaß nach 22₂₈ das
röm. Bürgerrecht von Geburt an. Wie der Vater des P. dazu gekommen
war, wiſſen wir nicht. Die Einwohner von Tarſus als ſolche hatten das
Recht nicht. Aber es gab damals gerade in Kleinaſien viele Juden, die röm.
Bürger waren, ſo daß die von Zell. S. 374, Renan, S. Paul p. 256, Overb.,
Straatmann erhobenen Zweifel gegen die Geſchichtlichkeit des röm. Bürger=
rechts des P. unbegründet ſind. Vgl. Schür. III³ S. 84ff.; Mommſen 3NW
1901 S. 82f.; Zahn NKZ 1904 S. 23ff.; Ramſay, Expos. Times 1904,
16 p. 18ff. Auch Silas erſcheint an u. St. u. V. 38 als röm. Bürger.
Doch iſt es vielleicht nur eine um der Kürze willen gewählte Ungenauigkeit
des Ausdrucks, daß er mit P. im plural. Ausdruck zuſammengeſchloſſen wird.
Die Frage nach dem gegenwärtigen heimlichen Wegbefördern der Verhafteten,
nachdem jenes rechtswidrige Verhalten vorangegangen iſt, drückt lebhaft das
Befremden über dieſes neue Verhalten aus. Nach jenem Unrechte wäre jetzt
ein anderes Verhalten am Platze: „nicht doch, ſondern ſie ſelbſt mögen kommen
und uns hinausführen". **V. 39²** παρεκάλεσαν αὐτούς: „ſie redeten ihnen
zu, gaben ihnen gute Worte". **V. 40.** „Aus dem Gefängnis herausgekommen
gingen ſie zur Lydia" d. i. nach V. 15 in ihr gaſtliches Quartier, wo nun
aber zum Abſchied auch die übrigen in Philippi gewonnenen Chriſten, von
denen vorher nicht die Rede war, verſammelt waren. Dieſen „Brüdern" gaben

---

1. Bei D syr. ᵖ· ᵐᵃʳᵍ· aber iſt dieſes Motiv in den Text eingeſetzt: ἡμέρας δὲ
γεν. συνῆλθον οἱ στρατηγοὶ ἐπὶ τὸ αὐτὸ εἰς ἀγοράν, καὶ ἀναμνησθέντες τὸν σεισμὸν τὸν
γεγονότα ἐφοβήθησαν καὶ ἀπέστειλαν τ. ῥαβδ. κτέ.
2. D (größtenteils auch 137 u. syr. ᵖ· ᶜ*) gibt folgenden erweiterten Text: καὶ
παραγενόμενοι μετὰ φίλων πολλῶν εἰς τὴν φυλακὴν παρεκάλεσαν αὐτοὺς ἐξελθεῖν, εἰ-
πόντες· ἠγνοήσαμεν τὰ καθ᾽ ὑμᾶς, ὅτι ἐστὲ ἄνδρες δίκαιοι. καὶ ἐξαγαγόντες παρεκάλεσαν
αὐτοὺς λέγοντες· ἐκ τῆς πόλεως ταύτης ἐξέλθατε, μήποτε πάλιν συστραφῶσιν ἡμῖν ἐπι-
κράζοντες καθ᾽ ὑμῶν.

fie Ermahnungen (ſolchen Inhalts wie 14 22)[1]. Das abſchließende ἐξῆλθαν ſtatt ἐξήλθομεν läßt erkennen, daß der Schreiber des Reiſeberichts damals nicht ſo mit P. und Silas zuſammen Philippi verließ, wie er mit ihnen hin= gekommen war. Daß Timoth. damals mit P. und Silas nach Theſſalonich weiterzog, iſt wegen I Th 1 1 (vgl. 3 1) u. II Th 1 1 wahrſcheinlich, wo Timoth. doch wohl deshalb neben Silv. mitgenannt wird, weil auch er bei der Be= gründung der Gem. beteiligt geweſen war. Die Art, wie P. I Th 3 2 von Tim. ſpricht, kann natürlich nicht beweiſen, daß dieſer zuvor den Theſſa= lonichern noch nicht vertraut war (Mösg. S. 321); ſonſt würde auch aus I Kor 4 17 folgen, daß Tim. nicht zuvor mit P. zuſammen in Korinth ge= weſen ſein könne.

Kap. 17.

V. 1—15. P. in Theſſalonich und Beröa[2]. V. 1. „Auf der Straße über Amphipolis und Apollonia ziehend kamen ſie nach Theſſalonich.“ Das W. διοδεύειν (im NT nur noch Lk 8 1) iſt wohl mit bezug auf die große röm. ὁδός, via Egnatia, gebraucht, die an den genannten Städten vorbei weſtwärts durch Macedonien bis Dyrrachium führte. Amphipolis war Haupt= ſtadt des erſten Bezirks Macedoniens, atheniſche Kolonie, am Strymon ge= legen, eine Tagereiſe von Philippi entfernt; Apollonia lag eine Tagereiſe weiter ſüdweſtlich. Theſſalonich war Hauptſtadt des zweiten Bezirks Mace= doniens, am Thermaiſchen Meerbuſen gelegen, an Stelle des alten Therme von Kaſſander, dem Schwiegerſohne Philipps v. Mac., gegründet (ca. 315 a. Chr.) und nach ſeiner Gattin, der Schweſter Alexanders d. Gr., benannt, das heutige Saloniki. Vgl. Zahn, Einl. I § 13 Anm. 4; J. Wß, Art. „Mace= donien“ in R. E.[3]; v. Dobſchütz, Komm. z. I Th. S. 9f. Die zu Theſſalonich hinzugefügte Bemerkung: „wo ſich eine Synagoge der Juden befand“, zeigt, daß der Vf. der AG. in dem Vorhandenſein einer Synagoge einen für P. wichtigen Vorzug von Theſſ. vor anderen Städten jener Gegend ſah. Der Artikel, den die ſpäteren Handſchr. vor συναγωγή leſen, um dadurch dieſe Synagoge als die einzige der dortigen weiteren Umgebung zu kennzeichnen, iſt alſo eine ſachlich richtige Erklärung. V. 2f. „Gemäß ſeiner Gewohnheit ging P. zu ihnen (zur Sache vgl. zu 13 14; zum Ausdruck Lk 4 16) und führte Wechſelgeſpräche mit ihnen (διαλέγεσθαι von hier an häufig: V. 17. 18 4. 19 u. ö.), von der Schrift aus Aufſchluß gebend und darlegend, daß der Meſſias

---

1. Bei D wird noch beſonders geſagt, daß P. u. S. auch von ihren Erlebniſſen berichteten: ἰδόντες τοὺς ἀδελφοὺς διηγήσαντο ὅσα ἐποίησεν κύριος αὐτοῖς, παρακαλέσαντές [τε] αὐτοὺς ἐξῆλθαν.
2. Fortſetzung des Quellenberichts. Wieweit der Vf. der AG. ihn im einzelnen modifiziert hat, läßt ſich nicht genauer feſtſtellen. Das unvermittelte Eintreten des Namens Jaſon V. 5 legt die Vermutung nahe, daß in der Quelle vorher von der Be= ziehung dieſes Mannes zu P. u. S. die Rede geweſen war (vgl. O. Hltzm. ZwTh 1889 S. 404). Gegen die Annahme Sp.s S. 222f., daß Stücke zweier Quellen gemiſcht ſeien (V. 5b—9 aus der Quelle B), vgl. Bornemann, Komm. z. I Th S. 12f. Jgſt S. 158ff. meint in V. 5 die W. πονηρούς bis πόλιν, V. 6 (v. ἔσυρον an) u. 7 als redaktionelle Zutat nachweiſen zu können.

leiden und von Toten auferstehen mußte und daß dieser der Messias ist: Jesus, den ich euch verkündige." Wahrscheinlich sind die W. ἀπὸ τῶν γραφῶν mit Mey., Overb., B. Wß zum Folgenden zu ziehen. Denn dann sind sie besonders nachdrucksvoll. ἡ γραφή ist die einzelne Schriftstelle (s. zu 8₃₂); αἱ γραφαί die Schrift im ganzen (vgl. D. 11. 18₂₄. ₂₈). P. nahm die Schrift zum Ausgangspunkt für seine Aufschlüsse und Darlegungen (vgl. 28₂₃). Der Begriff διανοίγειν hebt die Neuheit, παρατιθέναι die beweisende Ausführlich= keit der Mitteilungen hervor. Die Notwendigkeit des Todesleidens des Messias wird von P. besonders erörtert, weil sie für Juden den Hauptanstoß bei der Behauptung der Messianität Jesu bildet. Vgl. 26₂₂f. Lt 24₂₅f. ₄₅. In den Schlußworten: καὶ ὅτι οὗτός ἐστιν ὁ Χριστός, ὁ Ἰησοῦς, ὃν ἐγὼ καταγγέλλω ὑμῖν [1] ist ὁ Χρ. Prädikat, οὗτος Subj., vorausweisend auf das appositionell hinzugefügte ὁ Ἰησ., ὃν κτἑ. (vgl. 9₂₀. ₂₂). Übergang in die oratio directa wie 1₄. **D. 4.** „Und einige von ihnen wurden gewonnen und (von Gott) dem P. u. Silas (als Jünger) zuerteilt." Vgl. 2₄₇. προσκληροῦσθαι nur hier·im NT. In den Theff.briefen wird auf geborene Juden in der Gem. nicht bezug genommen, es sei denn, daß der zweite Brief im ganzen an die judenchristl. Minorität der Gem. gerichtet wäre, wie Harnack, Sitzungsber. d. Berl. Akad., phil.=hist. Kl., 1910 S. 560ff., zu begründen gesucht hat. Aber auch wenn beide Briefe an die Gem. in ihrer Gesamtheit gerichtet waren, liegt in dem Fehlen einer ausdrücklichen Berücksichtigung judenchristlicher Ele= mente kein Anzeichen für die Unglaubwürdigkeit der Angabe unserer St. Auch im Römerbr. behandelt P. die Leser einfach als Heidenchristen, obwohl die röm. Gem. ohne Zweifel auch judenchristl. Elemente einschloß. Außer einigen Juden wurden gewonnen „von den gottesfürchtigen Hellenen [2] eine große Menge und von den vornehmen Frauen nicht wenige". Die σεβόμενοι Ἕλ= ληνες sind solche Hellenen, welche sich als σεβόμενοι τ. ϑ. (s. zu 10₂) zur Synagoge hielten. Die W. τῶν πρώτων könnten auch maskulinisch gefaßt werden wie 13₅₀: „von den Frauen der Vornehmen" (B. Wß, Jäg. II S. 24); aber sie werden wohl besser als adjekt. Attribut zu γυναικῶν gezogen, gleich dem τῶν εὐσχημόνων D. 12; vgl. 13₅₀. Die formelle Anreihung dieser Frauen an die Kategorie der σεβόμενοι Ἕλληνες ist nicht zu pressen. Na= türlich können auch unter diesen Frauen solche gewesen sein, die sich schon der Synagoge angeschlossen hatten. **D. 5.** Dieser Vorgang braucht nicht zeitlich den 3 Sabbaten D. 2 gleich gefolgt zu sein. Die Erzählung von dem zum Fortgang von Theff. zwingen= den Ereignisse wird, ebenso wie in dem Berichte über Philippi 16₁₆ff., gleich an die Erzählung von dem erfolgreichen Beginne der Mission angeschlossen,

---

1. So ist nach B zu I. (W.=H., B. Wß, Blaß im α=Text). א u. ein.Verff. haben: Ἰ. Χρ.; AD: Χρ. Ἰ. (T.); HLP d. meist. Min.: ὁ Χρ. Ἰ. (Rec.).
2. Nach אBE etc. ist zu I.: τῶν τε σεβομένων Ἑλλήνων πλῆθος πολύ. AD 13. 40. 61 vulg. gig. cop. haben zwischen σεβομ. u. Ἑλλ. ein καί. Diese LA ist aufge= nommen von Lachm. und wird verteidigt von Ramsay, St. Paul p. 235f. u. Hilgf. ZwTh 1896 S. 198, während Blaß sie auch nicht in den β=Text genommen hat. Der Wunsch, ausgedrückt zu finden, daß P. neben den schon vorher der Synagoge ange= schlossenen Hellenen auch andere Heiden gewonnen habe, bedingte gewiß schon die Herstellung dieser LA.

ohne daß von der dazwiſchenliegenden, wohl nicht ganz kurzen Periode der
ruhigen Weiterarbeit des P., die keine auffallenden Ereigniſſe einſchloß, be=
ſonders geredet wird. P. ſelbſt charakteriſiert ſein Leben und Wirken in
Theſſ. I Th 2₁—₁₂. Eine Bezugnahme auf die in unſerm Abſchnitt der AG.
berichtete Judenverfolgung gegen ihn iſt in I Th 2₁₅f. zu erkennen. Die
Juden „gerieten in Eiferſucht (nicht ſowohl auf die meſſian. Heilserlangung
der Nicht=Israeliten, wie 13₄₅, als vielmehr auf die Erfolge des P., wie 5₁₇)
und nahmen (als Helfershelfer) zu ſich ſchlechte Leute von dem Straßengeſindel
(ἀγοραῖοι: die auf dem Markt herumſtehenden Leute) und einen Auflauf
machend (ὀχλοποιεῖν iſt ἅπαξ λεγόμ.) ſetzten ſie die Stadt .in Aufregung und
ſtellten ſich vor Jaſons Haus und ſuchten ſie (d. i. P. u. Silas) vorzuführen
(προαγαγεῖν d. i. aus dem Hauſe hervor) vor das verſammelte Volk (δῆμος
wie 12₂₂)". Das Haus Jaſons war als Quartier des P. u. Silas bekannt
(vgl. V. 7). P. betrieb in ihm wohl auch ſeine Handwerksarbeit (I Th 2₉.
II Th 3₈). Über Jaſon erfahren wir ſonſt nichts. So wiſſen wir auch nicht,
ob er Hellene oder Jude war. Im letzteren Falle könnte ſein Name hellени=
ſierende Umbildung des jüd. Jeſus ſein (vgl. Joſ. Ant. 12, 5, 1). V. 6.
Statt der nicht gefundenen Apoſtel „ſchleppten ſie Jaſon und einige Brüder
(wahrſcheinlich ſolche, welche man im Hauſe Jaſons vorgefunden hatte) vor
die Stadtoberen". Der Titel πολιτάρχαι (auch in der Partizipialform πολι-
ταρχοῦντες oder πολειταρχ.) von Magiſtratsperſonen helleniſcher Städte iſt
durch viele Inſchriften bezeugt, ſpeziell gerade für Theſſal. und andere maced.
Städte. Theſſal. hat den Inſchriften zufolge in der damaligen Zeit 5 oder
6 Politarchen. Vgl. Burton, Amer. Journ. of Theol., July 1898 p. 598ff.
Die Anklage betrifft zuerſt nur den P. u. Silas: „dieſe Leute, die das Reich
aufgewiegelt haben, ſind jetzt auch hierher gekommen (um auch hier aufzu=
wiegeln)". Das W. οἰκουμένη iſt hier, bei der Tendenz der Anklage, den
P. u. Silas politiſch zu verdächtigen (V. 7), in dem politiſchen Sinne des
röm. Reichs zu faſſen (vgl. 24₅. Lk 2₁). Der übertreibende Ausdruck ent=
ſpricht der Leidenſchaft der Ankläger. V. 7. Nun erweitert ſich die Anklage
auf die Anhänger des P. u. Silas in Theſſ., zuerſt auf Jaſon, der ſie gaſt=
lich aufgenommen hat (ὑποδέχεσθαι wie Lk 10₃₈. 19₆), dann auch auf die
übrigen Chriſten: „dieſe alle handeln den Verordnungen des Kaiſers zuwider,
indem ſie behaupten, ein anderer (d. i. neuer, den rechtmäßig vorhandenen
erſetzender) König ſei Jeſus". Aus dem Meſſiasnamen Jeſu gefolgerte po=
litiſche Anklage, wie Lk 23₂. Joh 19₁₂. βασιλεύς iſt griech. Bezeichnung
auch für den röm. Kaiſer (vgl. z. B. Joh 19₁₅). Ἰησοῦν wird am beſten
als nachdrücklich an den Schluß geſtellter Subjektsakk. aufgefaßt. Andere (z. B.
Weizſ. Überſ., Zöckl., Knopf) faſſen ἕτερον als Subj., Ἰησ. als Appoſ.: „ein
Anderer ſei König, nämlich Jeſus". V. 8. Durch Erregung der Furcht vor
einer Revolution und deren Folgen (vgl. 19₄₀) wurde die ſchon vorher (V. 5)
begonnene Aufwieglung der Volksmenge bei der lärmenden Erhebung der
Anklage vor den Politarchen fortgeſetzt. V. 9. „Nachdem ſie Genüge (d. i.
Kaution) empfangen hatten ſeitens Jaſons und der übrigen, entließen ſie ſie."
Subj. ſind hier die Politarchen. Der Ausdruck τὸ ἱκανὸν λαμβάνειν (vgl.

Mt 15₁₅: τὸ ἱκανὸν ποιεῖν τινι) ist ein Latinismus: satis oder satisfactionem accipere. Worin die Kaution bestand, bleibt dahingestellt. Sie wurde von den Einheimischen genommen, als Gewähr dafür, daß die von ihnen beherbergten Fremden nichts gefährliches unternähmen, oder auch dafür, daß dieselben baldigst die Stadt verließen. V. 10. Zur Nachtzeit (διὰ νυκτὸς wie 5₁₉. 16₉) sorgten die Christen in Thess. für das Wegkommen (ἐξέπεμψαν) des P. u. Silas nach Beröa, einer Stadt im dritten Bezirk Macedoniens, westl. von Thess., dem heutigen Veria. Hier angekommen „gingen sie weg in die Synagoge der Juden“. Der Ausdruck ἀπῄεσαν ist wohl nicht gebraucht, weil sie sich erst hier von ihren Begleitern aus Thess. trennten (Men.), sondern weil die Synagoge außerhalb der Stadt gelegen war (Zöckl.). Über den Gebrauch der Komposita von ἰέναι s. Blaß zu u. St. u. Proleg. p. 17s. V. 11. εὐγενέστεροι ist hier von der Vornehmheit der Gesinnung gesagt. „Täglich (τὸ καθ’ ἡμέραν wie Lt 11₃. 19₄₇, gleichbed. mit καθ’ ἡμ.)¹ prüften sie die Schrift, ob sich dieses (das von P. u. Silas Verkündigte) so verhielte.“ Sie kontrolierten also selbständig den von P. beigebrachten Schriftbeweis (vgl. V. 2f.). Die rühmende Hervorhebung der Glaubensbereitschaft der beröischen Juden an u. St. zeugt dafür, daß man dem Vf. der AG. nicht eine bewußte Tendenz, den Unglauben der Juden hervorzukehren, zuschreiben darf. V. 12. Die „vornehmen griech. Frauen und Männer“, die gläubig wurden, waren gewiß hauptsächlich σεβόμενοι τ. θ. (wie V. 4); aber andere Heiden sind nicht ausgeschlossen. Der Begr. Ἑλληνίδων bezieht sich κατὰ σύνεσιν auch auf ἀνδρῶν. V. 13. Die aus Thess. gekommenen Juden brachten „auch dort“ (in Beröa), wie vorher in Thess., die Volkshaufen in Unruhe. Das κἀκεῖ gehört nicht zu ἦλθον (= κἀκεῖσε), sondern zu σαλεύοντες καὶ ταράσσοντες V. 14. Man brachte den P. ἕως ἐπὶ τὴν θάλασσαν „bis ans Meer“. Bei der LA ὡς ἐπὶ τ. θ. (HLP Min.; so Rec., Blaß) würde durch ὡς die Absicht (nicht das Vorgeben), in der Richtung nach dem Meere zu ziehen, ausgedrückt sein (vgl. Win. § 65, 9). Silas und Timotheus blieben „dort“, d. i. in Beröa. V. 15. „Die den P. Geleitenden (καθιστάναι eigentlich: zur Stelle bringen; vgl. II Chr 28₁₅), brachten ihn bis Athen² und kehrten zurück mit einem Auftrag an Silas und Timotheus, daß sie möglichst schnell zu ihm kämen.“ Nach 18₅ sind sie in Korinth zu P. gekommen. Aber aus I Th 3₁ möchte man schließen, daß Tim. schon in Athen bei P. (u. Silas) gewesen und von dort aus von ihm nach Thessal. gesandt sei. Um diese Differenz zu lösen, muß man annehmen, daß das ὡς τάχιστα an u. St. von einem den Umständen nach möglichst schnellen Kommen gemeint sei, wobei die vorangehende Ausführung der dringend notwendigen (vgl. I Th 2₁₇f.) und von P. jetzt gleich bei seinem Fortgang von Beröa oder auch nachträglich

---

1. Vielleicht ist der Art. zu L, den BHLP d. meist. Min. bezeugen (W.-H., B. Wß, Blaß), während ihn אADE mehr. Min. (T., Blaß im β-Text) weglassen.
2. D hat hinter Ἀθην. den Zusatz: παρῆλθεν δὲ τὴν Θεσσαλίαν· ἐκωλύθη γὰρ εἰς αὐτοὺς κηρύξαι τὸν λόγον. Die den Späteren auffallende Übergehung des thessalischen Gebiets wird durch eine Hinderung nach Analogie von 16₆f. erklärt.

dem Tim. aufgetragenen Reiſe nach Theſſ. vorbehalten blieb, und daß andrer=
ſeits die W. ηὐδοκήσαμεν καταλειφϑῆναι ἐν Ἀθήναις μόνοι I Th 3₁ den
Verzicht[,]nicht auf ein ſchon verwirklichtes, ſondern auf ein ſonſt mögliches
Zuſammenſein mit Tim. in Athen ausdrücken. Oder man muß annehmen,
daß Tim. ſchon in Athen wirklich bei P. war, der Vf. der AG. aber von
dieſem früheren Zuſammentreffen des P. mit ſeinem Gefährten nichts wußte.
V. 16—34. P. in Athen[1]. Über das damalige Athen vgl. J. Wß,
Art. „Griechenland in d. apoſt. Zeit" in R. E.[3] **V. 16.** „Aufgebracht wurde
(παροξύνεσϑαι wie I Kor 13₅) ſein Geiſt in ihm (ἐν αὐτῷ wie I Kor 2₁₁),
als er die Stadt voll von Götzenbildern ſchaute." Das W. κατείδωλος nur
hier, nach Analogie von κατάδενδρος, κατάλιϑος uſw. gebildet. Über Athen
als Sammelplatz aller möglichen Kulte vgl. z. B. Pauſan. 1, 24, 3; ſ. Wetſt.
z. St. u. Curtius a. a. O. S. 927. **V. 17.** Die Diskuſſionen des P. mit
den Juden in der Synagoge fanden natürlich nur am Sabbat ſtatt. Dem
gegenüber wird betont, daß er ſich „auf dem Markt an jedem Tag mit den
gerade Anweſenden" unterredete. Der „Markt" iſt der nahe der Akropolis
gelegene, von Hallengebäuden und Tempeln eingeſchloſſene Hauptmarkt des
Kerameikos, Mittelpunkt des atheniſchen Lebens und Verkehrs. **V. 18.** „Es

---

1. Vgl. J. R. Macduff, S. Paul in Athens, Lond. 1887; E. Curtius, P. in
Athen, Sitzungsber. d. Berl. Akad. 1893, S. 925ff.; Belſer ThQ 1899 S. 63ff.; E.
Norden, Agnoſtos Theos, 1913 (ſ. über dieſes Werk oben im Vorwort). Den un=
hiſtoriſchen Charakter des hier geſchilderten Auftretens des P. in Athen und beſond.
ſeiner Rede vor dem Areopag behaupten Br. I S. 191ff.; Zell. S. 259ff.; Overb.;
Weizſ. S. 255; Pfleid. S. 588ff.; Hltzm. Sie ſehen in dieſem Stücke eine freie Kom=
poſition des Vf. der AG., der die Miſſionspredigt des P. habe charakteriſieren wollen
und die Szene nach A. verlegt habe, um der Predigt ein beſonders würdiges Relief
zu geben. Vielleicht habe die Nachricht, daß ein Areopagite ſich dem P. angeſchloſſen
habe (V. 34), den Anlaß dazu gegeben, vor dem Areopag die Rede ſtattfinden zu
laſſen. Allein der Umſtand, daß in V. 32ff. nur von einem unerheblichen Erfolge der
Rede erzählt wird, iſt ein wichtiges Anzeichen dafür, daß der Vf. der AG. hier nicht
freie Erdichtung gibt. Sonſt würde er die Rede entweder an eine Stätte verlegt
haben, wo P. eine umfaſſende Wirkſamkeit entfaltete und bedeutenden Erfolg habe,
etwa nach Korinth, oder er würde, wenn er einmal Athen als würdigen Schauplatz
fingierte, hier auch einen ſolchen Erfolg hinzugedichtet haben, wie er der typiſchen
Bedeutung der Rede entſprach. Da dies nicht der Fall iſt, muß es als wahrſcheinlich
gelten, daß der Vf. der AG. durch eine beſtimmte Überlieferung gebunden war, die
einerſeits von dem unter bedeutſamen Umſtänden erfolgten Auftreten des P. in Athen
berichtete, andrerſeits zugleich die weſentliche Erfolgloſigkeit dieſes Auftretens hervor=
hob. Es ſind auch ſowohl in der Schilderung V. 16—21, als auch in der Rede
V. 22—31 mehrere charakteriſtiſche Züge, deren Geſchichtlichkeit und gute Überlieferung
zu beanſtanden kein Grund vorliegt (vgl. Harnack, Miſſion[2] S. 321). Wir werden
alſo dieſes Stück einſchließlich des Hauptgedankens der Rede aus derſelben Quelle her=
leiten dürfen, welcher das Weſentliche des vorangehenden Berichtes in K. 16 u. 17
entſtammt. Freilich erinnert die Rede in vielen Einzelheiten an andere Reden der
AG., beſ. an 14₁₅ff. Allein die zu der Epiſode 14₈₋₂₀ (ſ. d. Anm. z. 14₈ff.) gehörige
Rede 14₁₅ff. iſt vielmehr als eine Nachbildung von Gedanken unſerer Rede zu beur=
teilen. Übrigens aber gilt natürlich für unſer Stück, wie im allgemeinen für die AG.,
daß der Vf. ſeine Quelle frei redigiert und ſpeziell die Redeſtücke derſelben weiter aus=
geſtaltet hat. — Auch O. Hltzm. ZwTh 1889 S. 404 führt unſer Stück auf die Wir=
quelle zurück. Sorof S. 26 weiſt es der urſprünglichen Lukasſchrift, Sp. S. 223 der
Quelle A zu. Weil zwiſchen V. 16b u. 17a kein richtiges Folgeverhältnis beſtehe,
wird von Hilgf. ZwTh 1896 S. 201f. Acta p. 290 V. 17 a, dagegen von Jgſt S. 161
u. Clemen, Paul. I S. 267 V. 16b als redaktioneller Einſchub in den Quellenbericht
betrachtet. Jgſt (nach v. Manen S. 22. 52) führt V. 19—33 auf den Red. zurück.
Hilgf. dagegen ſieht nur noch in V. 34 eine Zutat des Red. zur Quelle C.

gerieten aber auch einige von den ſtoiſchen und epikureiſchen Philoſophen mit ihm zuſammen." Über die damalige Popularphiloſophie vgl. Wendland ² S. 75 ff. συμβάλλειν braucht nicht von feindſeligem Konflikt (wie Lk 14 31) geſagt zu ſein; vgl. 20 14. „Einige ſagten: was möchte wohl (über τί ἄν θέλοι ſ. 3. 2 12) dieſer Schwätzer ſagen?" σπερμολόγος verächtlich, eigentl.: der die Saat aufleſende Vogel, die Saatkrähe, dann der Schmarotzer und Schwätzer, der unſelbſtändig von fremdem Gut, bezw. von fremden Gedanken lebt. Vgl. Ramſay, S. Paul. p. 242 f. „Andere: er ſcheint Verkündiger (über καταγγελεύς vgl. Deißm., Licht v. Oſten S. 63) fremder göttlicher Weſen zu ſein." Vgl. die gegen Sokrates erhobene ähnliche Anklage Xen. Mem. 1, 1, 1. Der Plur. ξένων δαιμονίων kann als Plur. der Kategorie gefaßt werden wie Mt 2 20, indem die Redenden von ihrem polytheiſtiſchen Standpunkte aus über den von P. verkündigten Jeſus ſprechen (Mey., Zöckl. u. a.). Aber in Anbetracht des doppelten Artikels vor Ἰησοῦν u. Ἀνάστασιν und der nackten Hinſtellung dieſes letzteren Begriffs iſt es wahrſcheinlich, daß der Vf. andeuten will, die Leute hätten Jeſum und die Ἀνάστασις als zwei göttliche Weſen aufgefaßt (ſo nach Chryſ. u. Ält. Br. I S. 192, Overb. u. a.). Daß der Satz ὅτι τὸν Ἰησοῦν κτέ. nicht mit zur angeführten Rede gehört, ſondern eine erklärende Bemerkung des Vf.s iſt, kann nicht (wie B. Wß meint) gegen dieſe Auffaſſung entſcheiden.

V. 19. „Sie ergriffen ihn (wohl freundſchaftlich wie 9 27. 23 19, nicht gewaltſam wie 21 30. 33) und führten ihn auf den Areopag", den collis Martius, den weſtl. von der Akropolis gelegenen Felshügel, auf dem die oberſte Gerichtsbehörde Athens an beſtimmten Monatstagen ihre Sitzungen abhielt. Der Zweck dieſes Hinführens zum Areopag war nicht, den P. vor dieſen höchſten Gerichtshof zu ſtellen (ſo Br. I S. 194 f., Zell. S. 259 f., die dieſe Szene aber für erdichtet halten), ſondern nur, ihn aus dem Marktgewühle heraus an einen ruhigeren Platz zu bringen. Denn von einer Gerichtsver= handlung iſt weiter keine Rede. Da als Ἄρειος πάγος auch die oberſte Gerichtsbehörde ſelbſt benannt wurde, ſo vertritt Curtius a. a. O. S. 926 die Meinung, an u. St. ſei nicht jener Felshügel, ſondern vielmehr dieſe Be= hörde gemeint, die ihr Geſchäftslokal am Marktplatze in der στόα βασίλειος hatte und von hier aus auch den Marktverkehr beaufſichtigte. Die Hörluſtigen hätten den P. vor dieſe Halle geführt. Wenn P. dort, umgeben von den im Halbkreis ſitzenden Areopagiten (dem in der Halle verſammelten Aus= ſchuſſe dieſer Behörde) ſeine Rede zu der vor der Halle verſammelten Menge gehalten habe, ſo könne es wohl heißen V. 22, daß er ἐν μέσῳ Ἀρείου πάγου geſtanden habe. Vgl. auch Ramſay, S. Paul. p. 243 ff. Höflich lautet die Frage: „können wir erfahren, was das für eine neue Lehre iſt, die von dir verkündigt wird?" V. 20. Über τίνα θέλει ταῦτα εἶναι; ſ. 3. 2 12. Der Plur. an u. St. entſpricht dem ξενίζοντά τινα: „befremdende Dinge". V. 21. Erläuternde Zwiſchenbemerkung: „Alle Athener aber und die (dort) anſäſſigen Fremden (vgl. 2 10) waren zu nichts anderem aufgelegt (das Imperf. ηὐκαί- ρουν ſchließt die Fortdauer des Verhaltens in der Gegenwart nicht aus) als etwas Neueſtes zu ſagen oder zu hören." Der Komp. καινότερον hat hier,

wie oft im neutest. Sprachgebr., superlative Bedeutung (vgl. Blaß, Gramm.
§ 11, 3. 44, 3). Über die Neuigkeitsjucht der Athener vgl. Thuc. III, 38, 4
u. j. Wetst. z. St.

Die Rede des p. v. 22—31 wird eingeleitet durch die Erklärung, daß er den
von den Athenern schon verehrten „unbekannten Gott" verkündige (V. 22 f.). Er führt
dann aus, daß dieser Gott der Schöpfer der ganzen Welt ist (V. 24 f.), daß er auch
speziell der Leiter der Menschen ist, der von diesen erkannt sein will und erkannt
werden könnte (V. 26—29), und daß er jetzt, beim Bevorstehen des Endgerichts, an
die gesamte Menschheit die Aufforderung richtet, sich zu ihm zu bekehren (V. 30 f.).

V. 22. „In jeder Hinsicht (κατὰ πάντα wie Kol 3₂₀. ₂₂) erblicke ich
euch als besonders religiös." Das W. δεισιδαίμων, für das wir kein ge-
naues Äquivalent haben, kann sowohl die rechte Frömmigkeit, als auch den
Aberglauben bezeichnen (vgl. die in Grimms Lex. angef. Stellen). Mit Feinheit ist es an u. St. gewählt, wo P. einerseits keinen Tadel aussprechen,
andrerseits doch einen solchen Ausdruck brauchen wollte, der die heidnische
Art der Frömmigkeit im Unterschiede von der rechten jüd. und christlichen
charakterisierte. Der Komp. bezeichnet, daß die Gottesfurcht der Athener über
das gewöhnliche Maß bei anderen Heiden hinausgeht. Das vorangestellte
ὡς ist gebraucht wie sonst nach Verbis des Erklärens oder Haltens für etwas,
wo ausgedrückt werden soll, daß etwas oder jemand als in eine bestimmte
Art oder Kategorie gehörig betrachtet wird, z. B. Mt 14₅. Röm 8₃₆.
II Kor 10₂. Phl 2₈. II Th 3₁₅. Über die besonders große Religiosität der
Athener vgl. Pausan. in Attic. 24; Jos. c. Ap. 2, 11. **V. 23.** „Denn
durchwandernd (die Stadt) und genau betrachtend (ἀναθεωρεῖν im NT nur
noch Hbr 13₇) eure Heiligtümer (σεβάσματα wird von allen Gegenständen
des Kultus gebraucht; vgl. II Th 2₄. Sap 14₂₀. 15₁₇), fand ich auch einen
Altar mit der Aufschrift: unbekanntem Gott." Das Vorhandensein von Altären, die unbekannten Gottheiten gewidmet waren, wird berichtet von Pausan.
1, 1, 4 (βωμοὶ θεῶν τῶν ὀνομαζομένων ἀγνώστων καὶ ἡρώων), vgl.
5, 14, 6, und Philostratus, Vit. Apoll. 6, 2 (ἀγνώστων θεῶν βωμοί).
Dazu kommt jetzt als inschriftliche Bestätigung ein im J. 1909 im heiligen
Bezirk der Demeter in Pergamon gefundener Altarstein, dessen fragmentarisch
erhaltene Aufschrift wahrscheinlich so zu ergänzen ist: θεοῖς ἀγν[ώστοις] Κα-
πίτω[ν] δᾳδοῦχος. Vgl. Deißm., Paulus S. 178 ff. Auf den Sinn solcher
Widmung an „unbekannte Gottheiten" deutet die Erzählung des Diogenes
Laert., Epim. 3: Epimenides habe eine Pest in Athen dadurch zum Aufhören
gebracht, daß er schwarze und weiße Schafe, die er auf dem Areopag losließ,
an den Stellen, wo sie sich legten, habe opfern lassen τῷ προσήκοντι θεῷ,
d. i. dem betreffenden Gotte, den man als Urheber der Pest voraussetzte,
den man aber nicht bestimmt zu bezeichnen wußte, und daher finde man in
Athen βωμοὺς ἀνωνύμους, d. i. Altäre ohne namentliche Bezeichnung eines
Gottes. Aus diesem Falle läßt sich schließen, daß man auch sonst bei Un-
glücksfällen und anderen Anlässen, wenn man nicht wußte, welcher bestimmte
Gott in betracht kam, einen Altar ἀγνώστῳ θεῷ oder ἀγνώστοις θεοῖς
widmete und mit entsprechender Aufschrift versah. Aus der plural. Fassung
in den angef. Stellen des Pausan. u. Philostr. schloß Br. I S. 201 f. (vgl.

Zell., (Overb.), daß die singular. Fassung an u. St. ungeschichtlich sei. Blaß vermutet, unter Berufung auf die plural. Fassung auch bei Tert. ad nat. II, 9; adv. Marc. I, 9 und auf die neutrische Fortsetzung des Textes: ὃ — τοῦτο, daß der Text an u. St. ursprünglich gelautet habe: ἀγνώστων θεῶν. Aber wenn man den durch die Notiz des Diog. Laert. dargebotenen Anlaß und Sinn solcher Altäre und Altaraufschriften annimmt, so konnte ganz wohl eine Altarinschrift dieser Art gelegentlich singularisch gefaßt sein, während in anderen Fällen die plural. Fassung geeigneter erschien. Nach Hieron. ad Tit. 1 12 lautete die Inschrift nicht: ignoto Deo, sondern: Diis Asiae et Europae et Africae, Diis ignotis et peregrinis (vgl. Euthal., ed. Zacagni p. 514). Gewiß wußte hier. von der Existenz eines Altars in Athen mit dieser Aufschrift. Aber der von P. gemeinte kann es nicht wohl gewesen sein, weil P. sich auf eine Aufschrift dieses Wortlauts nicht in der Weise hätte beziehen können, wie er es tut. — „Was ihr hiernach, ohne es zu kennen, verehrt, eben dies verkündige ich euch." Das Neutr. ὃ u. τοῦτο (bezeugt von א*A*BD vulg. Orig. Hier.), anstatt dessen alle späteren Handschr. das Mask. einsetzen, ist wie Joh 4 22 gebraucht: die Gottheit wird nicht als Person, sondern nur als Gegenstand des Kennens und Verehrens in betracht gezogen.

Hatte P. ein Recht, seine Predigt als Kundmachung des auf der Altarinschrift bezeichneten unbekannten Gottes hinzustellen? Daß sich in dieser Inschrift eine monotheistische Ahnung, eine undeutliche Erkenntnis von der Mangelhaftigkeit der polytheistischen Götterverehrung ausgedrückt habe, ist nicht richtig. Die der Inschrift zu Grunde liegende religiöse Anschauung war vielmehr gerade eine „eminent polytheistische" (Overb.). Aber zugleich war doch in der Inschrift ein Nichtwissen, eine Frage mit bezug auf die Gottheit ausgedrückt. Hieran konnte P. anknüpfen; hierfür durfte er die Erklärung darbieten, die ihm von seiner Gotteserkenntnis aus als die allein richtige erschien. Ob ihm der ursprüngliche Sinn jener Inschrift klar war, oder ob er nicht doch in ihr ein auffallendes Zeugnis von der auch den Heiden möglichen Erkenntnis der Verkehrtheit ihres polytheistischen Götterglaubens (vgl. Röm 1 19—23) sehen zu dürfen meinte, müssen wir dahingestellt sein lassen. Jedenfalls vergab er seiner eigenen Überzeugung nichts, wenn er die Inschrift in seinem Sinne deutete; und ebensowenig täuschte er die Athener, da er diesen seinen Sinn mit unmißverständlicher Klarheit gleich hinzufügte. — Zwar hatte auch in Athen der Kult des θεὸς ὕψιστος eine Stätte, wie inschriftlich festeht (Ancient gr. inscr. in the Brit. Mus. I no. LXX). Dieser monotheistische, besonders in Kleinasien verbreitete Kult, auf dessen Entwicklung jeden- falls auch jüdische Einflüsse bedeutend eingewirkt hatten, hätte natürlich an sich eine schöne Anknüpfung für die monotheist. Gottesverkündigung des P. darbieten können, wie er denn in Kleinasien gewiß in vielen Kreisen eine wichtige Vorbereitung auf das Christentum darstellte. Aber die Inschrift unsr. St. hatte doch zu diesem Kulte keine Beziehung und es ist wohl fraglich, ob P. überhaupt von der Existenz eines solchen Kultes etwas wußte. Vgl. über den Kult des θ. ὕψ.: Schür., die Juden im bospor. Reiche und die Genoss. der σεβ. θ. ὕψ. ebendas., Berl. 1897; ThLZ 1897 S. 236ff. u. 505f.; Cumont, Hypsistos, Brux. 1897; Wendland 2 S. 193f.

V. 24 f. „Der Gott, der die Welt und alles in ihr geschaffen hat (vgl. 4 24. 14 15), er, welcher Herr Himmels und der Erde ist, wohnt nicht in Tempeln, von Händen gemacht (vgl. 7 48); auch wird er nicht von mensch- lichen Händen bedient als einer, der etwas bedarf, indem (vielmehr) er selbst Allen Leben u. Odem und (überhaupt) alles gibt." Zum Gedanken vgl. Ps 50 10ff. Der Partizipialsatz: προσδεόμενός τινος bestimmt den Begriff θεραπεύεται näher; der anſyndetiſch angereihte zweite Partizipialſatz aber: αὐτὸς διδοὺς κτἕ. begründet das negative Urteil: οὐ θεραπεύεται προσδεόμενός τινος. Dieſe verſchiedene Beziehung der beiden Partiz. iſt in א* ausgedrückt durch den Zuſatz ὡς vor προσδεόμενος, den Blaß aufgenommen hat. Das τινος bei προσδεόμ. iſt nicht maskuliniſch zu faſſen (Luth.), ſondern neutriſch, weil es ſo noch weiteren Sinn hat. Das πᾶσιν bei διδοὺς aber iſt nicht neutriſch (Bethge), ſondern maskulin. zu faſſen; es entſpricht κατὰ σύνεσιν dem Begriffe ὑπὸ χειρῶν ἀνθρ. Zur Paronomaſie ζωὴν κ. πνοὴν vgl. Win. § 68, 1 u. 2. Der erſtere Begriff iſt der allgemeinere; der zweite bezeichnet die wichtigſte Funktion, in der ſich das Leben zeigt und die zur Erhaltung des Lebens dient.

V. 26. „Und er hat gemacht, daß von Einem her jede Menſchennation wohnt auf der ganzen Oberfläche der Erde." Zu ἑνὸς iſt zu ergänzen ἀν-θρώπου; die ſpäteren Abſchreiber haben αἵματος (vgl. Joh 1 13) in den Text geſetzt. Der einheitliche Urſprung des Menſchengeſchlechts wird hier von P. ſchwerlich im Gegenſatze zu der Vorſtellung der Athener von ihrer Auto-chthonie (vgl. Cic. pr. Flacc. 26) betont (ſo nach Ält. Zöckl.), ſondern viel-mehr im Gegenſatze zu der mit dem Polytheismus und den heidniſchen Mythen eng zuſammenhängenden Vorſtellung von dem verſchiedenen Urſprung der Völker. Die W.: ἐπὶ παντὸς προσώπου τῆς γῆς bed. trotz des Fehlens des Art. (den die ſpäteren Handſchr. zugefügt haben) nicht: „auf jeder Ober-fläche" (ſo B. Wß: jede Gegend ſei als ein beſonderes Angeſicht der Erde gedacht), ſondern „auf der ganzen Oberfläche der Erde". Weil es nur ein einziges πρόσωπον τῆς γῆς gibt, konnte dieſer Begriff nach Art eines Eigen-namens gebraucht werden. Vgl. 2 36 u. Win. § 18, 4; 19, 1. Die Art, wie Gott das Wohnen der Menſchen auf der Erde eingerichtet hat, wird in dem Partizipialſatze ὁρίσας κτἕ. näher bezeichnet (ſ. 3. 1 24): „indem er feſt-geſetzte Friſten und die Grenzbeſtimmungen ihres Wohnens beſtimmte". Mey., de W., Overb., B. Wß ziehen den Gen. τῆς κατοικίας auch mit zu προστε-ταγμένους καιρούς: Gott habe das Wohnen der Völker ſowohl nach zeitlicher Dauer als nach räumlicher Ausdehnung beſtimmt. Aber da der Art. vor προστεταγμένους καιρούς fehlt, während er vor ὁροθεσίας ſteht, iſt es richtiger, den Gen. nur zu dieſem letzteren Begriffe zu ziehen. Die προστετ. καιροί ſind dann aber nicht die bei Daniel beſtimmten Weltepochen (Baumg.), oder die καιροὶ ἐθνῶν Lk 21 24 (Möſg.), oder die Perioden der inneren Staatsentwicklung (Bethge), da alle dieſe beſonderen Arten von καιροί durch einen näherbeſtimmenden Zuſatz bezeichnet ſein müßten. Sondern die richtige Erklärung des Begriffes liegt in 14 17, wo in ganz analogem Gedankenzu-ſammenhange die καιροὶ καρποφόροι als göttliche Gaben und Bezeugungen hingeſtellt ſind, an denen die Heiden Gott hätten erkennen können. Gemeint ſind alſo an u. St. die regelmäßig wechſelnden Jahreszeiten. Auf göttliche Ordnungen nicht des Geſchichts-, ſondern des Naturverlaufs verweiſt P., ebenſo wie dann bei den ὁροθεσίαι τῆς κατοικίας αὐτῶν nicht an geſchicht-lich gewordene politiſche Grenzen der Staaten, ſondern an natürliche geograph. Grenzen der Völker (Gebirge, Flüſſe, Meere) zu denken iſt. Das W. ἧ ὁροϑεσία kommt sonst nicht vor. Blaß möchte dafür τὰ ὁροϑέσια lesen. V. 27. Zweck der in V. 26 bezeichneten Ordnungen Gottes für die Menschen ist: „damit sie Gott suchen sollten, ob sie ihn etwa spüren und finden möchten, der ja doch nicht fern ist von jedem einzelnen von uns". Durch die bildlichen Ausdrücke ψηλαφᾶν u. εὑρίσκειν soll natürlich nicht die sinn= liche Art, sondern die Unmittelbarkeit der möglichen Erkenntnis Gottes als des nicht entfernten, sondern allgegenwärtigen veranschaulicht werden[1]. Über das καί γε vgl. Raderm. S. 29.

V. 28. „Denn in ihm leben und weben und sind wir. Steigerung vom Spezielleren zum Allgemeinsten: Leben, Bewegung, Existenz. Unrichtig ein= tragend Bethge: κινούμεϑα weise auf die seelischen Erregungen, ἐσμέν auf das geistige Sein des Menschen als Vernunftwesen. Bei der begründenden Beziehung auf V. 27 b ist das ἐν αὐτῷ in räumlichem Sinne zu fassen. Vgl. Dio Chrys. Or. 12 (ed. Dindorf I, 221): ἅτε οὐ μακρὰν. οὐδ' ἔξω τοῦ ϑείου διῳκισμένοι καϑ' αὑτούς, ἀλλ' ἐν αὐτῷ μέσῳ πεφυκότες, μᾶλλον δὲ συμπεφυκότες ἐκείνῳ καὶ προσεχόμενοι πάντα τρόπον. S. Deißm., d. nt. Formel „in Chr. Jes." 1892 S. 93 f. Wegen des folgenden Zitates hat man vielfach das ἐν αὐτῷ als die Grundlage angebend gefaßt (Bez., Grot., de W.). So auch B. Wß, der danach V. 27 b nicht vom räumlichen Nahe= sein, sondern von dem durch die ständige Abhängigkeit von Gott vermittelten versteht. Aber richtiger ist es, V. 28 a gemäß dem nächstliegenden und schon durch die Ausdrucksweise von V. 27 a angezeigten räumlichen Sinn von V. 27 b zu verstehen. Dabei wird das Zitat V. 28 b nicht unpassend. Gott ist das Element, in dem die Menschen existieren. Aber dieses Element ist nicht als ein sie nur von außen umgebendes, ihrem eigenen Wesen fremdes, sondern als ein auch sie selbst ganz erfüllendes gedacht (vgl. die Steigerung in der angef. St. des Dio Chrys.). In dem göttlichen Leben, das die Menschen in sich selbst tragen, ist ihnen Gott am allernächsten und erkennbarsten. In= sofern ist das Zitat, welches von der göttlichen Herkunft (und darauf be= ruhenden göttlichen Beschaffenheit) des Menschen redet, wohl am Platze als Beleg für den Gedanken des unmittelbaren Naheseins Gottes bei den Men= schen. Eine pantheistische Deutung u. St. ist durch den Zusammenhang der Rede ausgeschlossen. — „Auch einige von den Dichtern bei euch haben ge= sagt: denn von seinem Geschlecht sind wir auch." Diese W. sind ein Aus= spruch des Aratus (aus Soli in Cilicien, im 3. Jahrh. v. Chr.) Phaenom. 5. Aber in der Tat ist der gleiche Gedanke auch sonst bei hellen. Dichtern aus= gesprochen, bes. ähnlich bei Kleanthes (aus Assos in Mysien, Schüler des Zeno) hymnus in Jov. 5: ἐκ σοῦ γὰρ γένος ἐσμέν. And. St. s. bei Wetst. Auf eine selbständige nähere Bekanntschaft des P. mit der hellenischen poeti= schen Literatur läßt sich aus u. St., auch wenn man sie direkt auf P. zu=

---

1. Aus dem Anstoß, den man daran nahm, daß Gott selbst als Obj. eines ψη= λαφᾶν bezeichnet wurde, erklärt sich die von D d gig. Jren., Clem. Alex. bezeugte LA: τὸ ϑεῖον statt τ. ϑεόν und dann hinter ψηλαφήσειαν: αὐτό. D hat den Text so: μάλιστα ζητεῖν τὸ ϑεῖόν ἐστιν. Daraus macht Blaß im β=Text: μάλ. ζητεῖν τὸ ϑεῖον; Hilgf.: μάλ. ζητεῖν ὃ ϑεῖόν ἐστιν. Vgl. auch Nestle, Philol. sacra S. 42.

rückführt, nicht schließen. Denn das angeführte Wort des Aratus wird aus=
drücklich als ein verschiedentlich geäußerter Gedanke bezeichnet und konnte
dem P. als geflügeltes Wort bekannt sein. Daß P. ein hellenisches und nicht
ein alttest. Zitat gab, war durch die Situation bedingt. Die W.: τοῦ γὰρ
καὶ γένος ἐσμέν sind erste Hälfte eines Hexameters. τοῦ (dichterisch = τούτου) bezieht sich in der St. des Aratus auf Zeus. V. 29. „Da wir nun
Geschlecht Gottes sind, dürfen wir nicht meinen, daß einem Stück Gold oder
Silber oder einem Stein, einem Gebilde der Kunst und Überlegung eines
Menschen das göttliche Wesen ähnlich sei." Vgl. Sap 13 10. 15 15ff. In
dem motivierenden Partizipialsatze: γένος οὖν ὑπάρχοντες τοῦ θεοῦ ist der
dem vorangehenden Zitat entnommene, von dem zugehörigen τοῦ θεοῦ ge=
trennt gestellte Begriff γένος betont. Da die Menschen Geschlecht Gottes,
Produkte seines Schöpferwirkens, sind, so dürfen sie ihn nicht in einer Weise
vorstellen, welche dieser seiner Bedeutung widerspricht. Die W. χρυσός und
ἄργυρος bezeichnen Gold und Silber als Stoff, dagegen χρυσίον und ἀργύ-
ριον das aus Gold und Silber Hergestellte. Da es sich an u. St., wie die
Apposition zeigt, um Götterbildnisse handelt, so scheinen die letzteren Aus=
drücke besser am Platze zu sein. Blaß hat sie nach einigen Handschr. (AE,
χρυσίῳ auch ℵ) in den Text genommen. Aber es kann auch gerade die rein
stoffliche Bezeichnung an u. St., wie Sap 13 10, besonders beabsichtigt sein,
weil bei ihr der Kontrast gegen den lebendigen Gott noch stärker hervortritt.
Die überirdischen Götter werden von den Heiden den Götterbildnissen ähnlich
gedacht (vgl. Röm 1 23). Aber solchen aus toten Stoffen von menschlicher
Kunst geformten Bildnissen kann nicht ähnlich sein das göttliche Wesen (τὸ
θεῖον), das Wesen des allmächtigen Schöpfergottes (V. 24 f.).

V. 30. „Indem Gott nun die Zeiten der Verkennung übersieht, läßt
er gegenwärtig (τὰ νῦν wie 4 29) allen Menschen überall (hyperbolisch wie
Kol 1 6. 23) verkündigen, daß sie Buße tun sollen." Das μὲν οὖν leitet in
Anknüpfung an das bisher Gesagte zu etwas Neuem über (vgl. Blaß, Gr. § 78, 5).
Die Anknüpfung besteht darin, daß zufolge der bisherigen Ausführung die
vergangenen Zeiten als χρόνοι τῆς ἀγνοίας charakterisiert werden. Der Be=
griff ἄγνοια bezeichnet die Verkehrtheit der heidn. Gottesvorstellung und
=verehrung, von der sich die Menschen durch ein μετανοεῖν abwenden müssen;
zugleich enthält er ein entschuldigendes Moment, welches die bisherige Nach=
sicht Gottes motiviert (vgl. 3 17). ὑπερορᾶν bed. bei d. LXX das unfreund=
liche Vernachlässigen oder Mißachten (z. B. Ps 27 9. 55 2), an u. St. aber
das gnädige Unberücksichtiglassen (ὑπεριδὼν = παριδὼν, welches Wort Blaß
nach D* in seine beiden Texte einsetzt). Zum Gedanken vgl. Röm 3 25. Die
gnädige Ignorierung des bisherigen Zustandes bed. nicht, daß Gott die Heiden
überhaupt nicht gestraft hat (wie auch durch Röm 3 25 das Strafverhängnis
Röm 1 24ff. nicht ausgeschlossen ist). Aber Gott hat nicht diejenige Strafe
eintreten lassen, die der Sünde des heidnischen Götzendienstes entsprochen hätte:
die definitive Ausschließung vom Heile, das definitive Gericht. Das jetzt ge=
forderte μετανοεῖν ist derselbe Prozeß, der 14 15 bezeichnet wird als ἐπιστρέφειν ἀπὸ τούτων τῶν ματαίων ἐπὶ θεὸν ζῶντα. V. 31. „Demgemäß daß,

(καθότι wie 2₂₄) er feſtgeſetzt hat einen Tag (den nahe gedachten Tag der Paruſie Chriſti und des Endgerichts), an dem er die Welt richten wird in Gerechtigkeit vermittelſt (ἐν wie I Kor 6₂) eines Mannes, den er (dazu) be= ſtimmt hat, indem er Allen Glauben darbietet dadurch, daß er ihn von Todten erweckt hat." In dem Partizipialſatze: πίστιν παρασχὼν κτἑ., der als Näher= beſtimmung zu ἔστησεν ἡμέραν (oder noch zu ἀπαγγέλλει κτἑ.?) gehört, iſt die Bedingung angegeben, unter der die Menſchen bei dem bevorſtehenden gerechten Gerichte beſtehen, die poſitive Seite des in V. 30 geforderten μετα= νοεῖν. πίστιν παρέχειν iſt, wie μετάνοιαν διδόναι 5₃₁. 11₁₈, von der auf= fordernden Veranlaſſung zum Glauben geſagt. Dieſelbe hat Gott durch die Auferweckung Chriſti inſofern gegeben, als dieſe von den App. bezeugte Tat= ſache den Beweis für die Meſſianität Jeſu darſtellt (vgl. 2₃₂ff. 10₄₀ff. 13₃₀ff.). — Daß der Vf. d. AG. die Rede unvollendet abgebrochen denkt, erhellt nicht nur daraus, daß er den Namen Jeſu zurückhält, um anzudeuten, daß eine genauere Bezeichnung der geſchichtlichen Erſcheinung Jeſu noch ausgeſtanden habe, ſondern auch daraus, daß er den zuletzt gebrauchten Begriff der Auf= erſtehung als den ſpeziellen Anlaß bezeichnet, auf welchen die Hörer die den P. zum Fortgehen beſtimmenden Urteile V. 32 gefällt hätten. Daß die Rede gleichwohl eine Abrundung hat, läßt ſich nicht leugnen; alle die Momente, auf die es (nach Auffaſſung der AG.) in der chriſtl. Verkündigung des P. vor Heiden ankam (Hinweis auf die Auferweckung Chriſti und das Bevor= ſtehen ſeiner Paruſie zum Weltgerichte; Forderung der Sinnesänderung und des Glaubens) ſind in V. 30f. zuſammengeſtellt, wenn auch nur andeutend. V. 32. „Als ſie von Todtenauferſtehung (artikellos, generiſch) hörten, ſpotteten die einen (vgl. 2₁₃); die anderen ſagten: wir wollen dich hierüber noch einmal wieder hören." Letzteres nicht höfliche Abweiſung (Mey., de W.), wohl aber ein nur kühler Ausdruck des Intereſſes. V. 33. „Auf dieſe Weiſe (d. i. unter ſolchen Umſtänden) ging P. aus ihrer Mitte (d. i. verließ er die Verſammlung)." V. 34. Zu den Wenigen, die ſich ihm anſchloſſen (κολλᾶσθαι wie 5₁₃. 9₂₆), gehörte Dionyſius „der Areopagite", d. i. ein Mitglied der Areopagbehörde. Wir erfahren über ihn nichts Weiteres. Die Überlieferung läßt ihn den erſten Biſchof von Athen werden (Dionyſ. v. Kor. bei Euſeb. h. e. 3, 4; 4, 23; Conſtit. ap. 7, 46, 2) und dort als Mär= tyrer ſterben (Niceph. 3, 11). Vom 6. Jahrh. an wurde bekanntlich eine Reihe ſehr bedeutſamer und einflußreicher Schriften neuplatoniſch=chriſtlichen, myſtiſchen, hierarchiſchen Charakters auf dieſen Areopagiten zurückgeführt. — Nach I Kor 16₁₅ war das Haus des Stephanas in Korinth „Erſtling Achajas". Man kann verſchiedene Möglichkeiten denken, wie dieſe Angabe des P. ſich mit der Notiz unſerer St. ausgleicht. Sind etwa die dem P. ſich anſchlie= ßenden Athener erſt ſpäter von Korinth aus von ihm getauft worden? Jedenfalls braucht man nicht mit Hilgf. um der anſcheinenden Differenz mit P. willen unſere Notiz der Quelle abzuſprechen. — Die „Frau namens Da= maris"[1] iſt uns ſonſt unbekannt.

---

1. Bei D d fehlen die W.: καὶ γυνὴ ὀνόματι Δάμαρις, die Blaß trotzdem auch in

Kap. 18.

V. 1—17. P. in Korinth[1]. **V. 1.** Die im J. 146 v. Chr. durch Mummius zerstörte Stadt Korinth war hundert Jahre später von Caesar neu erbaut und seitdem zu großer Blüte gelangt. Sie war Hauptstadt der Prov. Achaja und bedeutender Handelsplatz. Zugleich war sie berüchtigt wegen der in ihr herrschenden Unsittlichkeit. Vgl. J. Wß, Art. „Griechenland in d. apost. Zeit" in R.E.[3] u. Komm. zu I Kor., Einl. I, 1. **V. 2.** Ἀκύλας ist griech. Form für Aquila; Πρίσκιλλα Diminutivform von Πρίσκα (Röm 16 з. I Kor 16 19. II Tim 4 19). Über dieses Ehepaar vgl. Harnack a. a. O. S. 5 ff. Daraus, daß P. Röm 16 з. II Tim 4 19 die Frau vor dem Manne nennt und daß diese auch in der AG. immer ausdrücklich mit dem Manne zusammen genannt wird, ist zu schließen, daß sie die Hauptperson war. Durch die Be= zeichnung des Aquila als Ἰουδαῖος ist nicht ausgeschlossen, daß der Mann, als er mit P. zusammentraf, schon Christ war. Denn auch in diesem Falle konnte jene Bezeichnung bedingt sein durch die Rücksicht auf die folgende Angabe über den Grund seines Weggangs von Rom. Hierbei kam er nur in betracht, sofern er in die allgemeine Kategorie der Ἰουδαῖοι gehörte, einerlei ob Christ oder Nichtchrist. Wenn die Judenvertreibung in Rom mit dem ersten Auftreten des Christentums daselbst zusammenhing (f. u.), so waren Aquila und Priscilla wahrscheinlich schon in Rom mit dem Christentum in Berührung getreten. Und da sie sich in Kor. so schnell mit P. eng ver= banden, hatten sie wahrscheinlich doch schon in Rom zur Partei nicht der Gegner, sondern der Freunde der christlichen Bewegung unter der Judenschaft gehört. Aber freilich sagt unser Text von dem bisherigen Christsein der beiden nichts. Deshalb bleibt es möglich, daß sie erst durch P. mit dem Christentum bekannt gemacht, oder wenigstens fest für dasselbe gewonnen wurden. Aquila, obgleich aus der röm. Provinz Pontus in Kleinasien ge= bürtig, war in Rom ansässig gewesen und jetzt „frisch (προσφάτως bed. eigentl. frischgeschlachtet, dann allgemeiner: jüngst; vgl. Dtn 24 5. Ez 11 з u. ö.) von Italien hergekommen, weil Claudius verordnet hatte, daß alle Juden aus Rom fortziehen sollten".

Sueton, Claud. 25 schreibt: Judaeos impulsore Chresto assidue tumultu= antes Roma expulit. Fast allgemein hält man es gegenwärtig für wahrscheinlich, daß dieser Chrestus eigentlich Christus ist und daß Sueton Unruhen, die damals unter der Judenschaft Roms durch das Eindringen des Christentums veranlaßt waren, irrig auf einen Aufwiegler Chrestus zurückgeführt hat (vgl. z. B. Weizs. S. 406; Schür. III[3] S. 33). Über die auch sonst oft bezeugte Abwandlung des Namens Χρι= στός in Χρηστός f. з. 11 26. Men., Wiesel. S. 122 u. A., auch Mommsen, röm. Gesch. V S. 523, halten an der Annahme fest, daß Chrestus ein wirklicher jüd. Aufwiegler in Rom war, wie denn in der Tat Chrest. ein gangbarer griech. und röm. Name

---

den β=Text aufnimmt. Doch liest er nach flor. Δάμαλις (wie schon Grot. konjizierte). Dies war eine geläufige Namensform.

1. Fortsetzung des Quellenberichtes. S. d. Anm. з. V. 6. — Über die beiden Textrezensionen in diesem Abschnitt vgl. Harnack, Sitzungsber. d. Berl. Akad., phil.=hist. Kl., 1900 S. 1 ff.

war. Zu der Angabe des Sueton über die Judenvertreibung scheint in Widerspruch zu stehen die Mitteilung des Dio Cass. 60, 6: τούς τε Ἰουδαίους πλεονάσαντας αὖθις, ὥστε χαλεπῶς ἂν ἄνευ ταραχῆς ὑπὸ τοῦ ὄχλου σφῶν τῆς πόλεως εἰρχθῆναι, οὐκ ἐξήλασε μέν, τῷ δὲ δὴ πατρίῳ βίῳ χρωμένους ἐκέλευσε μὴ συναθροίζεσθαι. Dieser Widerspruch ist zu lösen entweder durch die Annahme, daß sich der Bericht des Dio Cass. auf einen früheren Vorgang bezieht, als der des Sueton (Mey., Laurent, nt. Stud. S. 89f.), oder durch die noch wahrscheinlichere Annahme, daß er die tatsächliche Ausführung des Ediktes betrifft, welches in seinem ursprünglich beabsichtigten, von Suet. berichteten Umfange sich als praktisch unausführbar gezeigt hatte (Wiesel. S. 123; Schür. III³ S. 32). Jedenfalls hat die Maßregel der Judenvertreibung keinen nachhaltigen Effekt gehabt, weder für den Bestand der Judengemeinde in Rom (vgl. AG 28₁₇ff.), noch für die Entwicklung einer auch Juden einschließenden Christengemeinde daselbst (vgl. d. Römerbrief). Über den Zeitpunkt des Edikts des Claudius sagt Sueton nichts. Nach einer Notiz des Orosius adv. Paganos 7, 6, 15, welche wahrscheinlich aus einem aus Julius Africanus bereicherten Exemplar der Chronik des Hieronymus stammt (vgl. Harnack, Sitzungsber. d. Berl. Akad. 1912 S. 674ff.), ist es im 9. Jahr des Claudius, d. i. 49—50 erlassen. Dieses Datum paßt aufs beste zu unserer oben (S. 59ff.) auf Grund der jetzt ermöglichten Datierung des Prokonsulates des Gallio gewonnenen Chronologie, wonach P. wahrscheinlich im Herbst des J. 50 (frühestens 49) nach Korinth gekommen ist.

V. 3. „Und weil er gleichen Handwerks war, wohnte er bei ihnen und sie arbeiteten (zusammen); denn sie waren Zeltmacher von Handwerk"[1]. Die Imperf. ἔμενεν u. ἠργάζοντο vom dauernden Zustande. Bei den Juden pflegten die Rabbinen neben ihrem Lehrberufe ein Gewerbe zu betreiben, um für ihren Lebensunterhalt zu sorgen (vgl. Schür. II³ S. 318). Da in Cilicien, der Heimat des P., das nach eben dieser Gegend genannte cilicium, ein Filzstoff aus Ziegenhaaren, bereitet wurde, hing wahrscheinlich das Handwerk des P. mit dieser Industrie seiner Heimat zusammen (vgl. Schür. II³ S. 59). Doch bedeutet σκηνοποιός (= σκηνορράφος bei Aelian v. h. 2, 1) den Verfertiger nicht des zu Zelten verwendbaren Stoffes, sondern der Zelte selbst. Vgl. Chrys. zu II Tim 2, Hom. 4, 5, 3. Wie wichtig dem P. bei seinem Apostelwerke die Handwerksarbeit war, die es ihm ermöglichte, das Evangelium ohne Entgelt darzubieten und Niemandem in seinen Gemeinden zur Last zu fallen, ist aus I Th 2₉. II Th 3₇—₉. I Kor 9₁₅—₁₈. AG 20₃₄f. zu ersehen. Deshalb aber wird es für ihn auch bei seinen Missionsreisen eine wichtige Sache gewesen sein, ob er in den verschiedenen Orten für die Ausübung seines Handwerks eine günstige Gelegenheit fand. In Korinth boten ihm Aquila u. Priscilla solche Gelegenheit.

V. 4. „Er führte Disputationen (wie 17₂.₁₇) in der Synagoge an jedem Sabbat und gewann Juden und Hellenen." Unter letzteren sind hier σεβόμενοι τ. θ. zu verstehen (wie 14₁. 17₄), die er in der Synagoge fand. Über eine in Korinth gefundene Türinschrift: [συνα]γωγὴ Ἑβρ[αίων] vgl. Deißm., Licht von Osten S. 8f. **V. 5.** „Als aber Silas und Timotheus von Macedonien herüberkamen (s. z. 17₁₅), war P. durch die Verkündigung ganz in Beschlag genommen, indem er den Juden bezeugte, daß Jesus der

---

1. Nach syr. p. marg. flor. wäre P. schon von früherher mit Aquila u. Priscilla bekannt gewesen: ipse autem P. agnovit Aquilam et quia eiusdem gentis et eiusdem opificii esset, mansit etc. So hat flor. auch schon in V. 2 für προσῆλθεν αὐτοῖς: salutavit eos. Danach Blaß im β-Text.

Meſſias ſei (ſ. 3. 17₃ und vgl. 18₂₈)." Zu συνέχεσθαι vgl. Lt 8₃₇. II Kor 5₁₄. Phl 1₂₃ und beſ. Sap 17₁₉. Das völlige Okkupiertſein des P. durch die Lehrtätigkeit ſteht im Gegenſatz dazu, daß er ſich zunächſt im Hauſe des Aquila der Handwerksarbeit gewidmet hatte. Daß die Ankunft der Gefährten zur Steigerung ſeiner Lehrtätigkeit beitrug (Mey.), wird nicht geſagt. Viel= leicht darf man mit B. Wß angedeutet finden, daß es die urſprüngliche Ab= ſicht des P. geweſen war, mit den erwarteten Gefährten heimzukehren, da der auf Macedonien bezügliche Miſſionsauftrag 16₉f. erledigt war, daß aber jetzt die während des Wartens auf die Gefährten begonnene Predigtwirk= ſamkeit in Kor. ihn zum weiteren Bleiben hierſelbſt veranlaßte. Die neue Viſion V. 9f. befeſtigte dann vollends ſeinen Entſchluß, in Kor. längere Station zu machen. Zu V. 6 vgl. 13₄₅f. ₅₁. Die Ellipſe: τὸ αἷμα ὑμῶν ἐπὶ τὴν κεφαλὴν ὑμῶν (wie Mt 27₂₅) iſt zu ergänzen durch ἐλθέτω (vgl. Mt 23₃₅). Sinn: die Verantwortung für das Todesgericht, das eurem Un= glauben folgen wird, treffe euch ſelbſt. Die W.: καθαρὸς ἐγώ ſind am beſten als ſelbſtändiger (elliptiſcher) Satz zu faſſen: „rein bin ich", d. i. frei von Schuld an eurem Verderben. Vgl. 20₂₆. Mt 27₂₄[1].

V. 7. Der Ort, von dem P. wegging (μεταβὰς ἐκεῖθεν), iſt im Sinne des Vf.s d. AG. die Synagoge, im Sinne der Quelle wahrſcheinlich das Haus des Aquila (ſ. d. Anm. 3. V. 6)[2]. Der „gottesfürchtige" Titius Juſtus iſt ſonſt unbekannt. Das W. συνομοροῦσα, „benachbart", nur hier. **V. 8.** Der Synagogenvorſteher (ſ. 3. 13₁₅) Kriſpus, der mit ſeinem ganzen Hauſe (ſ. 3. 16₁₅) an den Herrn gläubig wurde (Aor.), iſt nach I Kor 1₁₄ von P. per= ſönlich getauft. Unter den vielen Korinthern, die „es hörten" (d. i. im Sinne des Vf. d. AG.: die von dem Bruche des P. mit der Synagoge hörten) und „gläubig wurden und ſich taufen ließen" (hier Imperfekta wegen der häu= figen Wiederholung des Vorgangs in längerem Zeitraum; ſ. 3. 6₇), werden auch Juden geweſen ſein (Sp.), weil ſonſt wohl τῶν ἐθνῶν oder τῶν Ἑλλή= νων geſagt wäre.

1. Die neueren Kritiker ſtimmen in dem Urteile überein, daß in dem Abſchnitte V. 4—8 Beſtandteile verſchiedener Art vorliegen. Nach Sorof S. 26f. ſtammt V. 1—4 aus der Lukasſchrift, während von V. 5 an Timotheus erzählt. Richtiger iſt es, mit O. Hltzm. ZwTh 1889 S. 404, Sp. S. 224, Jgſt S. 164, Hilgf. Acta p. 291, Clemen, Paul. I S. 271 in V. 5b (von διαμαρτυρόμενος an; nach Hilgf. von συνείχετο an) und 6 eine redaktionelle Zutat zur Quelle zu ſehen. In V. 5b wird das ſchon in V. 4 Geſagte wiederholt, als Überleitung zu der Erzählung von dem Bruch des P. mit der Synagoge V. 6. Aber zu eben dieſer Erzählung V. 6 ſteht nicht in rechtem Einklang die folgende Angabe V. 7, daß ſich P. in das der Synagoge benachbarte Haus des Proſelyten Tit. Juſt. begeben habe. Denn die Wahl dieſes Hauſes zeugt nicht dafür, daß P. jede Gemeinſchaft mit der Synagoge gelöſt hatte, ſondern viel= mehr dafür, daß er ihr zum Zwecke weiteren Verkehrs nahe ſein wollte. Dies iſt ver= ſtändlich, wenn ſich in der Quelle V. 7 gleich an V. 5a anſchloß. Der Wohnungs= wechſel des P. war bedingt durch die ihn damals ganz beherrſchende Predigttätigkeit. Weil er in der Synagoge gute Gelegenheit zu ihr und ſpeziell auch zur Einwirkung auf die σεβόμενοι τ. ϑ. fand, ſiedelte er in die Nähe der Synagoge über. Der Vf. der AG. aber deutete dieſe Überſiedlung des P. wohl nach Analogie des Falles 19₉ und meinte deshalb einen vorangegangenen völligen Bruch des P. mit der Synagoge annehmen zu ſollen.
2. D* 137 flor. haben ſtatt ἐκεῖθεν: ἀπὸ τοῦ Ἀκύλα. So Hilgf. Blaß hat in= konſequenter Weiſe dieſe LA nicht in den β=Text aufgenommen.

V. 9. Vgl. 16₉f. u. f. oben 3. **V. 5.** Die Aufforderung: „rede" wird durch den Zusatz: „und schweige nicht" nachdrücklich verstärkt. **V. 10.** Durch den ersten Satz mit διότι wird die Aufforderung: „fürchte dich nicht" (V. 9), durch den zweiten die Aufforderung zum Predigen begründet (B. Wß). Durch die Zusicherung: „Niemand wird sich an dich machen, dir ein Leid anzutun", soll nicht der Versuch, den P. anzugreifen, wohl aber das Gelingen solches Versuches ausgeschlossen werden. Die W.: „weil ich ein großes Volk in dieser Stadt habe", sind proleptisch gesagt (vgl. Joh 10₁₆) von der Menge der τεταγμένοι εἰς ζωὴν αἰώνιον (13₄₈) in Kor. (Mey.). **V. 11.** „Er weilte (ἐκάθισεν wie Lk 24₄₉) 1 Jahr und 6 Monate unter ihnen." Diese Zeit-bestimmung ist gewiß bis zur Abreise des P. V. 18, nicht nur bis zu dem Vorgange V. 12ff. (so de W., Mey.) gerechnet. ἐν αὐτοῖς bezieht sich κατὰ σύνεσιν auf ἐν τῇ πόλει ταύτῃ V. 10.

V. 12. Über den Prokonsul Gallio vgl. Prosopographia Imp. Rom. II 1897 p. 237 s. Er hieß ursprünglich Annaeus Novatus, war aber adop-tiert von dem Rhetor Junius Gallio und führte dann den Namen L. Jun. Annaeus Gallio. Er war Bruder des Philosophen L. Ann. Seneca. Über die Zeit seines Prokonsulates von Achaja f. o. S. 59 ff. Achaja, durch Tiberius zur imperatorischen Provinz gemacht (Tacit. Ann. 1, 76), war durch Clau-dius wieder zur senatorischen gemacht (Sueton. Claud. 25). **V. 13**f. „Ein-mütig traten die Juden gegen P. auf (κατεφιστάναι ist ἅπαξ λεγ.; vgl. 16₂₂: συνεφιστάναι) und zogen ihn vor den Richterstuhl², indem sie sagten: der da reizt die Menschen auf zu einer Gottesverehrung wider das Gesetz." Aus V. 15 ist ersichtlich, daß hier das jüd. Gesetz gemeint ist. Die Juden hatten im röm. Reiche das Recht freier Religionsübung nach ihrem Gesetz (Jos. Ant. 14, 10, 20—24; vgl. Schür. III³ S. 67ff.). Dem P. wird vorgeworfen, daß die von ihm gelehrte Gottesverehrung dem jüd. Gesetze zuwiderlaufe, also nicht religio licita sei.

V. 14. Ohne die Verteidigung des P. abzuwarten, weist der Prokonsul die Anklage ab: „Wenn eine Übeltat oder ein schlechter Streich vorläge, hätte ich euch gemäß Erwarten ertragen", d. h. hätte ich es mir gefallen lassen müssen, eurem Erwarten gemäß auf eure Anklage einzugehen. Zu κατὰ λόγον vgl. III Mak 3₁₄ und Deißm., Bibelstud. S. 209. Das Gegenteil ist παρὰ λόγον: „wider Erwarten" (III Mak 7₈). **V. 15.** „Wenn es sich aber (wie die Sache in Wirklichkeit liegt) um Streitigkeiten handelt über Lehre und Namen und euer Gesetz, so möget ihr selbst zusehen (näml. wie ihr euch helfen könnt; vgl. Mt 27₄); Richter über diese Sachen will ich meinesteils nicht sein." Man sieht aus der Antwort des Prokonsuls, wie die Anklage spezialisiert war. Die drei artikellosen Begriffe λόγου καὶ ὀνομάτων καὶ νόμου bezeichnen den Gegenstand des Streits verächtlich als einen, der in

---

1. Ohne genügenden Grund hält Jgst S. 165 f. den Abschnitt V. 12—17 für redaktionelle Zutat.

2. D flor. bieten den Text in folgender Erweiterung: κατεπέστησαν ὁμοθυμαδὸν οἱ Ἰουδ. συλλαλήσαντες μεθ᾽ ἑαυτῶν ἐπὶ τὸν Π. καὶ ἐπιθέντες τὰς χεῖρας ἤγαγον αὐτὸν ἐπὶ τὸ βῆμα, καταβοῶντες καὶ λέγοντες κτέ.

die Kategorie bloß der Worte hineingehört. ὀνομάτων ist generischer Plural: in betracht kam der Messias-Titel. In den Schlußworten ist sowohl das vorangestellte κριτής als auch ἐγώ betont. Gallio verweist die Sache vor das Forum der Juden selbst, gemäß der eigenen Jurisdiktion, welche die jüd. Gemeinden im röm. Reiche besaßen (vgl. Schür. III³ S. 71f.). Während sich die Anklage der Juden darauf gründete, daß die Lehre des P. nicht dem jüd. Gesetze entspreche und demgemäß nicht den röm. Rechtsschutz, wie die legitime jüd. Religion, genießen dürfe, betrachtet der Prokonsul den Streit zwischen den Juden und P. als einen rein innerjüdischen. Das Verhalten des Gallio ist Ausdruck nicht seiner Milde oder seiner Weisheit (Mey.), son= dern nur seiner hochmütigen Verachtung der Juden.

V. 17. Nach dem Zusammenhang der Erzählung können die den So= sthenes Ergreifenden nur das griechische Publikum sein, welches der Gerichts= szene beiwohnt. Als diese Leute die Verachtung merken, mit der der Pro= konsul die Juden abweist, glauben sie ihrem eigenen Hohn und Haß gegen die Juden darin Ausdruck geben zu dürfen, daß sie den Anführer der Juden durchprügeln. So die gewöhnliche Auffassung, welche viele Handschr. (DEHLP d. meist. Min.) durch Zufügung von οἱ Ἕλληνες zu πάντες verdeutlicht haben. Beim Fehlen dieses Zusatzes liegt freilich für πάντες die Beziehung auf das voranstehende αὐτούς formell am nächsten. So geben auch einige Handschr. den Zusatz: Ἰουδαῖοι und so erklären Hofm., d. h. Schr. NT II, 2² S. 4, Sp. S. 225, B. Wß, die Juden selbst hätten ihren Synagogenvorsteher ge= schlagen, weil er ein Gesinnungsgenosse des P. gewesen sei und ihre Sache nicht erfolgreich vor dem Prokonsul vertreten habe. Aber von solchem An= lasse zum Einschreiten der Juden gegen ihren Anführer deutet der Text nicht das Geringste an. Schwerlich würde jemand diesen Zusammenhang des Ge= schichtsverlaufs kombinieren, wenn nicht P. I Kor 1₁ einen Christen Sosthenes als Mitabsender des I Kor.briefes nennte. Indem man den Sosthenes u. St. mit dem von I Kor 1₁ identifizierte (so schon Theodoret, Erasm., Calv. u. A.), meinte man diesen Mann schon bei der Szene vor Gallio als ganzen oder halben Christen denken zu müssen. Aber diese Identifizierung ist sehr pro= blematisch. Der Name Sosthenes war bei den Griechen nicht selten. Als „Synagogenvorsteher" war Sosthenes wahrscheinlich der Amtsnachfolger des Krispus V. 8, wenn es nicht auch in Kor., wie im pisidischen Antiochia, ein Kollegium mehrerer Synagogenvorsteher gab (s. zu 13₁₅). „Und Gallio kümmerte sich hierum (d. h. um diese brutale Behandlung des Anführers der Judenschaft) garnicht." Blaß, Gr. § 36, 7 faßt οὐδέν als Subj. zu ἔμελεν und τούτων als Gen. partit.: „nichts hiervon kümmerte den Gallio". Aber da gewöhnlich konstruiert wird: μέλει τινὶ τινός (vgl. I Kor 9₉) oder μέλει τινὶ περί τινος (z. B. Mk 12₁₇. I Petr 5₇), ist es wohl richtiger, τούτων direkt mit μέλει zu verbinden und οὐδέν als verstärkenden Ersatz für das einfache οὐ zu verstehen (vgl. Apk 3₁₇; dazu Raderm. S. 26).

V. 18—23. Weiterreise des P. nach Ephesus, Antiochia und zurück nach Kleinasien¹. V. 18. Daß die Abreise des P. mit dem Vor=

---

1. Fortsetzung des Quellenberichts. S. d. Anm. zu V. 19 u. 22.

gang vor Gallio nicht in Zusammenhang stand, wird durch die Bemerkung, er sei „noch geraume Zeit" (über ἡμέραι ἱκαναί s. zu 9₂₃) dort verblieben, hervorgehoben. ἀποτάσσεσθαί τινι = „Jemandem Lebewohl sagen". Fraglich ist, ob sich der partizipiale Zusatz κειράμενος κτέ.: „der sich in Kenchreä (der östl. Hafenstadt Korinths) den Kopf geschoren hatte, weil er ein Gelübde hatte", auf P. bezieht (so nach August., Luth., Calv. u. A. de W., Nösg., K. Schmidt I S. 381, Sp. S. 244 f., B. Wß, Felt., Belser S. 92 ff., Harnack IV S. 57) oder auf Aquila (so mit Vulg. u. vielen Älteren Mey., Overb., Weizs. Übers., Blaß, Zöckl.). Für die Beziehung auf P. spricht, daß die Notiz nur in diesem Falle ein Interesse zu haben scheint. Für die Beziehung auf Aquila dagegen spricht die Wortstellung. Der Umstand freilich, daß Priscilla vor Aquila genannt ist (anders V. 2), kann nicht als sicherer Beweis dafür gelten, daß der Zusatz mit Ἀκύλας verbunden werden soll. Denn da die= selbe Voranstellung von Priscilla auch in V. 26 (nach den besten Textes= zeugen) und ebenso in Röm 16₃. II Tim 4₁₉ stattfand, so kann sie in der be= sonderen Bedeutung der Frau, die ihr einen Vorrang vor Aquila gab, be= gründet sein. Aber an u. St. bleibt die Tatsache bestehen, daß sich der Zusatz κειράμενος κτέ. unmittelbar an Ἀκύλας anreiht und daß der Vf. der AG., wenn er die Beziehung auf P. beabsichtigt hätte, sich sehr ungeschickt aus= gedrückt hätte (er hätte statt: καὶ σὺν αὐτῷ Πρ. κ. Ἀκ. einfach zu schreiben brauchen: σὺν Πρισκίλλα κ. Ἀκύλα). Auch der Plur. κατήντησαν in V. 19 beweist, daß dem Vf. das pluralische Subjekt von V. 18 bewußt war, wäh= rend man bei Beziehung des κειράμενος auf Π. annehmen müßte, daß ihm trotz der formellen Erweiterung dieses Subj. durch den Zusatz καὶ σὺν αὐτῷ Πρ. κ. Ἀκ. doch P. allein als das eigentliche Subj. des Satzes bewußt geblieben wäre. Deshalb ist wahrscheinlich der Zusatz κειράμενος κτέ. auf Aquila zu beziehen, wenn auch die Beziehung auf P. nicht ganz ausgeschlossen ist (vgl. Overb.). Daß die Übernahme eines Gelübdes für P. selbst unmöglich ge= wesen wäre, kann man nicht rundweg sagen. Sein Fundamentalsatz von der Heilserlangung allein durch den Glauben war damit verträglich, daß er bei besonderem Anlasse — welcher Anlaß in unserm Falle etwa vorgelegen hätte, wissen wir nicht — eine jüd.=zeremoniale Sitte beobachtete (vgl. zu 21₂₆). Immerhin läge etwas Auffallendes in solchem Verhalten des P. (Krenkel, Beitr. 3. Gesch. u. Br. d. P. S. 114 vermutet, daß der eigentliche Anlaß des Scherens in der epileptischen Krankheit des P. gelegen habe.) Aber auch, wenn nicht P., sondern Aquila der Träger des Gelübdes war, ist dies in= direkt für P. charakteristisch und wird es von dem Vf. der AG. wohl mit der Absicht erzählt, zu zeigen, daß P. die geborenen Juden keineswegs zum Abfall vom mosaischen Gesetze anleitete, wie es ihm später vorgeworfen wurde (21₂₁), sondern auch bei seinen nächsten Anhängern von jüd. Herkunft die Beobachtung jüd. Gesetzessitte litt (vgl. Schneckenb. S. 66). — Die Lösung eines eigentlichen Nasiräergelübdes (Num 6) mußte beim Tempel in Jerus. geschehen (vgl. 21₂₃ff.). In unserem Falle wird ein Privatgelübde freierer Art vorgelegen haben, wie es unter den Juden der Diaspora wohl als Sur= rogat für das eigentliche Nasiräat üblich war (vgl. v. Orelli, Art. „Nasiräat"

in R. C.[3]). Jgſt S. 167 vermutet, daß Aquila eine ſchon zur Zeit der Vertreibung aus Rom übernommene, eigentlich eine Reiſe nach Jeruſ. bedingende
Verpflichtung kurzerhand in Kenchreä löſte, ſo zwiſchen der erkannten Geſetzes-
freiheit und dem durch das Gelübde ſich noch gebunden fühlenden Gewiſſen
vermittelnd.

V. 19. Epheſus war damals die anſehnlichſte Stadt Vorderaſiens, Sitz
des Prokonſuls der Provinz, Mittelpunkt eines großen Handelsverkehrs, beſonders aber wegen ſeines Artemis-Tempels und -Kults berühmt und viel
beſucht. Vgl. die Art. „Eph." in Win. RW u. in BL; Zimmermann, Eph.
im erſten chriſtl. Jahrh. 1874; J. T. Wood, discoveries at Eph. 1877;
J. Wß, Art. „Kleinaſien" in R. C.[3]. P. „ließ jene (Aquila u. Priscilla) dort
zurück; er ſelbſt aber ging in die Synagoge und disputierte mit den Juden".
Das Zurücklaſſen der beiden in Eph. iſt in Gegenſatz zu dem Weiterreiſen
des P. von dort gedacht (V. 21b). Darin, daß an dieſes Zurücklaſſen zunächſt gegenſätzlich das Gehen des P. in die Synagoge angereiht wird, liegt
eine harte Ungefügigkeit der Darſtellung[1]. Nach Mey. u. Hilgf. Acta
p. 250 s. iſt gemeint, daß P. die beiden zurückließ, als er in die Synagoge ging (nach Hilgf.: weil ſie von Rom her aus der Synagoge ausgeſchloſſen waren). Aber das auf Eph. bezügliche αὐτοῦ hat ſeinen begrifflichen
Gegenſatz in einem Orte außerhalb und nicht innerhalb Eph. Und nach der
Mitteilung V. 18 über die gemeinſame Ausreiſe von P. mit Aquila u. Priscilla bedarf auch die nachher in V. 26ff. vorausgeſetzte Anweſenheit von
Aquila u. Priscilla in Eph. einer vermittelnden Angabe über ihre Trennung
von P. in Eph. **V. 21f.** Im beſtbezeugten Texte (אABE einige Min. u.
Verſſ.) iſt Jeruſalem nicht direkt als Reiſeziel genannt[2]. P. „fuhr von Eph.

---

1. Wir dürfen hier eine Spur der Quellenbearbeitung finden. Wahrſcheinlich
war in der Quelle die Notiz über die Zurücklaſſung des Aquila und der Priscilla unmittelbar mit der Angabe verbunden, daß P. weitergereiſt ſei (Schluß von V. 21).
Der Vf. der AG. aber empfand das Bedürfnis, die ſpätere Rückkehr des P. nach Eph.
zu motivieren und fügte deshalb die Mitteilung ein, daß P. ſchon auf der Hinreiſe
nach Syrien eine gewiſſe Anknüpfung daſelbſt gefunden habe. Durch dieſe Einfügung
wird nun aber nicht nur formell der Erzählungsfortſchritt geſtört, ſondern auch das
Zurückbleiben von Aquila und Priscilla in Eph. in eine verkehrte Beleuchtung gerückt.
Denn gewiß blieben dieſe Beiden in Eph. nicht unabhängig von dem Entſchluſſe des
P., ſpäter dorthin zurückzukehren, wie es jetzt erſcheint, wo das Motiv der ſpäteren
Rückkehr des P. erſt nach der Zurücklaſſung jener Freunde berichtet wird. Vielmehr
wird jener Entſchluß des P. gerade ſchon der Grund geweſen ſein, weshalb die Freunde,
die dem P. für ſeine Handwerksarbeit und dadurch indirekt für eine ſelbſtändige
apoſtol. Wirkſamkeit ſo wichtig waren, daſelbſt zurückblieben. Dieſe letztere Erwägung
ſpricht auch gegen die Annahme Sp.s S. 226f., daß nur V. 19b (αὐτὸς δὲ κτέ.) Zutat
des Red. ſei und in der Quelle V. 20 u. 21a als Abſchiedsgeſpräch zwiſchen Aquila
u. Priscilla u. P. gemeint geweſen ſei.
   Die Ungefügigkeit des Erzählungsfortſchritts an u. St. iſt in 137 syr. [p. marg.]
syr. [sch.] dadurch beſeitigt, daß ſie die Notiz über die Zurücklaſſung des Aquila und
der Priscilla ſtatt in V. 19 erſt nach den Abſchiedsworten V. 21 einflechten (ſo Blaß
im β-Text).
   2. In V. 21 haben DHLP d. meiſt. Min. syr. hinter εἰπὼν die W.: δεῖ με
πάντως τὴν ἑορτὴν τὴν ἐρχομένην ποιῆσαι εἰς Ἱεροσόλυμα (Rec.; Blaß im β-Text; Hilgf.).
Dieſer Zuſatz iſt wahrſcheinlich dadurch veranlaßt, daß man in V. 22 eine kurze Reiſe
des P. nach Jer. bezeichnet fand und die Dringlichkeit derſelben nach Analogie von 20₁₆
motiviert dachte. Freilich liegt bei D syr. in 19₁ ein weiterer Texteszuſatz vor, der

ab und als er in Cäsarea gelandet war (κατέρχεσθαι wie 21 3. 27 5), ging er hinauf und zog nach Begrüßung der Gemeinde hinunter nach Antiochia". Aber fraglich ist der Sinn des „Hinaufgehens" (ἀναβάς) in diesem Zusammen= hang. Die nächstliegende Deutung ist, daß P. vom Hafen in die höher ge= legene Stadt Cäsarea hinaufgegangen ist und die dortige Gem. (vgl. 21 8ff.) begrüßt hat (so nach Älteren Blaß; Jäg. II S. 32ff.; Hltzm. ThLZ 1896 S. 82; Baljon; Harnack, Sitzungsber. d. Berl. Akad. 1900, S. 5). Da aber Cäsarea der Hafenplatz für die Jerusalem=Reisenden ist und da ἀναβαίνειν der regelmäßig vom Hinaufziehen nach Jer. (vgl. 11 2. 15 2. 21 12. 15. 24 11. 25 1. 9 u. oft in d. Evv.), καταβαίνειν ebenso der vom Hinunterziehen von Jer. ins Tiefland (vgl. 8 15. 26. 24 1. 22. 25 6f.) gebrauchte Ausdruck ist, so kann man an u. St. in dem ἀναβάς eine Reise des P. nach Jer. zur Be= grüßung der dortigen Gem., der ἐκκλησία κατ' ἐξοχήν, bezeichnet finden (so die gewöhnliche ältere Auffassung in Zusammenhang mit dem Text. rec. von D. 21; von den Neueren Weizs. S. 210; Zöckl.; B. Wß; Ramsay, S. Paul. p. 264f.; Belser S. 89ff.; Clemen, Paul. I S. 276f.). Die bloß andeutende Kürze der Bezeichnung dieses Besuchs des P. in Jer. wäre freilich um so auffallender, als in D. 18 nicht Jer., sondern Syrien als Reiseziel bezeichnet war [1]. D. 23. In Antiochia hat P. „einige Zeit zugebracht". χρόνον

---

von einer beabsichtigten, aber nicht zur Ausführung kommenden Reise des P. nach Jer. redet (s. d. Anm. zu 19 1). Hier scheint der in dem β=Texte von 18 21 angegebene Reiseplan als noch unausgeführt gedacht, in 18 22 also nicht eine Bezeichnung der Ausführung dieser Reise gefunden zu sein (vgl. Corßen GGA 1896 S. 440f.; Hltzm. ThLZ 1896 S. 82). Aber einerseits kann diese Beziehung des β=Textes 19 1 auf den in dem β=Texte von 18 21 bezeichneten Reiseplan bezweifelt werden. P. könnte ja, nachdem er gemäß diesem Plane in Jer. gewesen (18 22) und dann wieder nach Ga= latien und Phrygien gereist wäre (18 23), von neuem die Absicht gehabt haben, nach Jer. zu gehen (vgl. Belser S. 97f.). Andrerseits kann auch dann, wenn sich der β= Zusatz in 19 1 wirklich noch auf die 18 21 bezeichnete Reiseabsicht des P. zurückbezieht, doch der ursprüngliche Anlaß zu dem Zusatze in 18 21 darin gelegen haben, daß man das ἀναβάς κτέ. 18 22 von einer Reise des P. nach Jer. verstand. Denn die Zusätze in 18 21 u. 19 1 stammen nicht notwendig von derselben Hand. Der 18 21, der eine viel weitere Bezeugung hat als der in 19 1, kann der ältere sein und einer richtigen Deutung des ἀναβάς D. 22 auf einen Besuch in Jer. seine Entstehung verdanken. Der spätere Zusatz in 19 1 kann dann durch den 18 21 veranlaßt sein, weil man in 18 22 das Bezeichnetsein einer Jerusalem=Reise nicht mehr erkannte.

1. Zu dem Auffallenden dieser Kürze kommt das Auffallende der Sache hinzu. Gegen die Geschichtlichkeit einer damaligen Reise des P. nach Jer. erheben sich be= rechtigte Zweifel. Wenn man erwägt, mit welchen Schwierigkeiten die vorangehende Besuch des P. in Jer. zum Apostel=Konvente verknüpft gewesen war, welche tief be= gründete Besorgnisse seiner weiteren letzten Reise dorthin vorausgingen (20 22f. Röm 15 30f.) und welchen Ausgang diese wirklich nahm, so ist es schwer begreiflich, daß da= zwischen ein flüchtiger Gelegenheitsbesuch des P. gelegen hätte, zu dem ihn keine Pflicht gezwungen und der keinerlei sachliche Bedeutung bekommen hätte. Das Nichterwähnt= sein dieser Reise nach Jer. im Galaterbriefe, trotzdem sie vor Abfassung desselben ge= legen haben müßte (s. o. zu D. 23), beweist zwar für sich allein nicht die Ungeschicht= lichkeit der Reise, unterstützt aber die anderweitigen Gründe für ihre Unwahrscheinlich= keit. Wenn der Text an u. St. wirklich eine Reise des P. nach Jer. meint, so muß man in dieser Angabe eine redaktionelle Zutat des Vfs.s zum AG. zum Quellenberichte sehen, nach Analogie seiner Zutat 11 30 (s. zu d. St.). Die Quelle erzählte nur von einer Reise nach Syrien (D. 18). Es konnte aber durch die Schiffahrtsverhältnisse be= dingt sein, daß er in Cäsarea landete und dann zu Lande nach Antiochia reiste. — Sp. S. 226f. hält in unserm Abschnitte D. 19b, Jgst S. 166f. D. 19b—21a für re= daktionelle Zutat.

ποιεῖν wie 15₃₈. Darüber, daß der damalige Aufenthalt des P. in Ant. nicht ganz kurz gewesen sein wird und wahrscheinlich dem Wiederbesuche auch anderer, von P. gegründeter christlicher Gemeinden in Syrien galt, vgl. oben S. 61 f. P. durchzog dann „die galatische Landschaft und Phrygien (s. zu 16₆), indem er alle Jünger stärkte" (στηρίζειν wie ἐπιστηρ. 14₂₂. 15₃₂. ₄₁). Bemerkenswerte Voraussetzung des Bestehens von Gemeinden in diesen Landschaften. Dieser Besuch des P. bei den Galatern ist der in dem τὸ πρότερον Gal 4₁₃ indirekt angezeigte zweite. Das πάντας vor τοὺς μαθητὰς deutet nicht an, daß es neben den von P. bekehrten auch noch andere Christen dort gab (B. Wß), sondern nur, daß P. von den verstreuten Gemeinden oder Gemeindegliedern keine überging.

V. 24—28. Bekehrung und Entsendung des Apollos durch Aquila und Priscilla[1]. V. 24. Apollos[2], derselbe, auf den P. I Kor 1₁₂. 3₅f. 4₆. 16₁₂ bezug nimmt, wird als ἀνὴρ λόγιος bezeichnet. Letzteres W. bed. „gelehrt" oder „beredt". An u. St. wird gewöhnlich die zweite Bedeutung angenommen, weil am Schlusse d. V. die Schriftgelehrsamkeit noch besonders hervorgehoben und andrerseits in V. 28 die Beredtsamkeit vorausgesetzt wird (Men.). Aber entscheidend sind diese Gründe nicht. **V. 25.** „Er war unterrichtet über den Weg des Herrn (d. i. über das Christentum, vgl. zu 9₂) und glühend im Geiste (vgl. Röm. 12₁₁) lehrte er genau das auf Jesus Bezügliche, während er nur die Johannes=Taufe kannte." Unter dem πνεῦμα ist hier schwerlich der heilige Geist als bewirkende Ursache der glühenden Erregung verstanden (B. Wß, Jäg. II S. 35), sondern das menschliche Geistesleben als Stätte dieser Erregung (vgl. 17₁₆. 20₂₂. Mt 5₃. Mk 8₁₂. Joh 11₃₃. 23₂₁). Sehr merkwürdig ist die Charakteristik der religiösen Stellung des Apollos. Darin, daß er „nur die Johannes=Taufe kannte", gleicht er den Johannes=Jüngern 19₁ff. Aber diese wußten nichts von Jesus; sie wußten nicht, daß die messianischen Erwartungen des Täufers in Jesu eine Verwirklichung gefunden hatten. Apollos dagegen soll über das Christentum und die Sache Jesu schon genau unterrichtet gewesen sein. War denn eine Taufe, die mit der Kenntnis von Jesus als dem erschienenen Messias verbunden war, noch bloß eine „Johannes=Taufe"?[3] Unmöglich ist es, unter τὰ περὶ τοῦ

---

1. Fortsetzung des Quellenberichts. S. d. Anm. zu V. 25.
2. Bei ℵ* lautet der Name Ἀπελλῆς, bei D Ἀπολλώνιος. Dies sind verschiedene Formen desselben Namens (Ἀπέλλων dorisch = Ἀπόλλων). Vgl. Blaß, Gr. § 6, 2; Zahn, Einl. I § 17, Anm. 10. Ich halte es mit Blaß für wahrscheinlich, daß in der AG. ursprünglich die Form Ἀπελλῆς gegeben war, die nach I Kor geändert wurde.
3. Zu dieser Schwierigkeit, daß der Johannes=Jünger Apollos so anders charakterisiert wird als die Johannes=Jünger 19₁ff., kommt die andere hinzu, daß die Johannes=Jünger 19₁ff., trotzdem sie ebenso in Ephesus leben, wie Apollos, durch die Bekanntschaft desselben mit dem Christentum und durch seine nähere Beziehung zu Aquila u. Priscilla ganz unbeeinflußt erscheinen. Diese Schwierigkeiten finden ihre befriedigende Lösung nur durch die Erkenntnis, daß die Charakteristik des Apollos 18₂₅ eine Zutat des Vf.s der AG. zu seinen Quellenberichte ist, und zwar eine solche, welche der sekundären, auch in Lk 1 vorausgesetzten Anschauung entspricht, daß der Täufer Jesum als Messias kannte. Die aus der Quelle stammende Erzählung 19₁ff. dagegen steht mit der primären, in Mk 1₁₋₁₁ und in dem Logiastücke Mt 11₂₋₆. Lk 7₁₈₋₂₃ vorliegenden Überlieferung über den Täufer in Einklang. Vgl. oben S. 32 f. In der Quelle der AG. wird Apollos nur als ein nach Eph. gekommener alexandrinisch=jüd.

ʼIησοῦ einen „Meſſianismus" ohne Kenntnis von der geſchichtlichen Perſön=
lichkeit Jeſu zu verſtehen (ſo Baldenſperger, d. Prolog d. 4. Evangeliums,
1898, S. 93 ff., der an u. St. „eine ſprachliche Ungenauigkeit oder Nach=
läſſigkeit" findet, und W. B. Smith, d. vorgeſchichtl. Jeſus, deutſche Über=
ſetzung, 1906 S. 6 ff., der hier die Spur eines vermeintlichen vorchriſtlichen
Jeſus=Dogma und Jeſus=Kultus ſieht). V. 26. Priscilla und Aquila legten
dem Apollos „genauer den Weg des Herrn dar". Offenbar ſteht das ἀκριβέστερον hier in Beziehung zu dem ἀκριβῶς V. 25. Wahrſcheinlich iſt der
Vf. der AG. durch das ἀκριβέστερον, das er an u. St. in der Quelle vor=
fand, zu dem (freilich unlogiſchen) Schluſſe verleitet worden, Apollos ſei vorher
ſchon ἀκριβῶς über den Weg des Herrn unterrichtet geweſen.

V. 27[1]. „Als er aber den Wunſch hatte, nach Achaja hinüberzufahren,
ermunterten (ihn) die Brüder dazu und ſchrieben den Jüngern (dort), ſie
möchten ihn aufnehmen." „Die Brüder" ſind ſchwerlich noch andere Chriſten
in Eph. (B. Wß), ſondern Aquila u. Priscilla, die der Kürze halber ſo be=
zeichnet werden. Bei προτρεψάμενοι können als Obj. die Chriſten in Kor.
gedacht ſein, die zur Aufnahme des Apollos ermuntert werden (Luth. u. And.;
Mey., Overb., Nösg., Zöckl., B. Wß). Aber einfacher iſt die Beziehung auf
Apollos, deſſen Wunſch nach Achaja zu reiſen von Aquila u. Priscilla unter=
ſtützt und vollends befeſtigt wurde (Calv. u. And.; Weizſ. Überſ., Hltzm.).
„Dort angekommen war er ſehr förderlich für die Gläubiggewordenen durch
ſeine Begabung." Zu συμβάλλειν vgl. Sap 5 8. Die W. διὰ τ. χάριτος
werden von Overb., B. Wß u. And. mit τοῖς πεπιστευκόσιν verbunden, wären
dann aber ein ſehr bedeutungsloſer Zuſatz. Dagegen ſind ſie gewichtig in
der Verbindung mit συνεβάλετο πολύ. χάρις iſt die von Gott empfangene
Begabung (vgl. 6 8). Durch den Art. wird ſie als die dem Apollos zuge=
hörige bezeichnet (vgl. Win. § 18, 2b). V. 28. „Denn nachdrücklich (zu
εὐτόνως vgl. Lk 23 10) bekämpfte er (in Disputationen) die Juden öffentlich,
indem er aus der Schrift (vgl. 17 2) bewies, daß Jeſus der Meſſias ſei (vgl.

Lehrer bezeichnet geweſen ſein (18 24). Der Vf. der AG. aber dachte ihn auch als
Johannes=Jünger nach Analogie derjenigen Johannes=Jünger in Eph., von denen die
Quelle gleich nachher berichtete. Und die Art dieſer Johannes=Jünger ſtellte er ſich
nun vor nach Maßgabe der nicht mehr ganz richtigen Anſchauung, welche die nach=
apoſtoliſche Generation von dem Verhältniſſe des Täufers zu Jeſus hatte. Die neueren
Kritiker haben die in den Verhältnis unſerer St. zu dem Abſchnitt 19 1 ff. liegende
Schwierigkeit in verſchiedener Weiſe zu löſen verſucht. Sorof S. 29 ff. ſchreibt den Ab=
ſchnitt 19 1 b—10 der erſten Lukas=Schrift, 18 24—19 1a dem Überarbeiter zu. Sp. S.
227 f. betrachtet in 18 25 nur die Anfangsworte οὗτος — τοῦ κυρίου und die W. ἀκριβῶς
τὰ περὶ τοῦ ʼI. als Zutat des Red. zur Quelle A, weiſt aber 19 1 b—7 der Quelle B
zu. Jgſt S. 168 f. hält 18 25 (und daneben aus V. 27 b u. 28 a die W.: συνεβάλετο
εὐτόνως γὰρ), Schmiedel, Hand=Komm. II, 1 2 S. 55 f. V. 25 c und daneben V. 26 b c
(Bekehrung des Apollos durch Aquila und Priscilla) und V. 28 (Judenpredigt des
Apollos in Kor.), Clemen, Paul. I S. 277 f. nur die Schlußworte von V. 25 für ſekun=
däre Zutat.

1. Bei D syr. p. marg. iſt eine umſtändlichere Motivierung der Reiſe des A. nach
Kor. gegeben. V. 27 lautet bei ihnen: ἐν δὲ Ἐφέσῳ ἐπιδημοῦντές τινες Κορίνθιοι καὶ
ἀκούσαντες αὐτοῦ παρεκάλουν διελθεῖν σὺν αὐτοῖς εἰς τὴν πατρίδα αὐτῶν. συγκατανεύ-
σαντος δὲ αὐτοῦ οἱ Ἐφέσιοι ἔγραψαν τοῖς ἐν Κορίνθῳ μαθηταῖς, ὅπως ἀποδέξωνται τὸν
ἄνδρα· ὃς ἐπιδημήσας εἰς τὴν Ἀχαΐαν πολὺ συνεβάλλετο ἐν ταῖς ἐκκλησίαις.

17₃. 18₅).'' Das Doppelkompositum διακατελέγχεσθαι nur hier. Es ist
wohl als Verschärfung des sonst gebrauchten διαλέγεσθαι (17₂ u. ö.) gemeint.
Durch den Begriff ἐλέγχειν wird die überführende Beweiskraft seines Dis-
putierens ausgedrückt. Das δημοσίᾳ wird mit bezug darauf gesagt sein, daß
in der Synagoge auch Nichtjuden, σεβόμενοι τ. θ., anwesend zu sein pflegten.
Über das förderliche Wirken des Apollos in Kor. vgl. I Kor 3₆.

Kap. 19.

D. 1—41. P. in Ephesus¹. D. 1². Nachdem P. „die oberen Gebiete" d. i. das gebirgige Hochland Kleinasiens durchzogen hatte, „kam er
hinunter" (in die breite, nach dem Meere zugehende Talebene des Kayster)
nach Ephesus. Hier traf er „einige Jünger". Unter μαθηταί sind in der
AG. sonst immer Jünger Jesu, Christen, verstanden (6₁f. u. ö.). Die nur
die Johannes=Taufe kennenden Leute heißen so, sofern bei ihnen dieselbe Bekanntschaft mit Jesus und wesentliche Zugehörigkeit zum Christentum vorausgesetzt ist, wie bei Apollos 18₂₅. Aber eben diese Voraussetzung ist unzu-
treffend, wie der weitere Verlauf unserer Geschichte zeigt. Der Ausdruck
μαθηταί hier wird also ebenso auf den Vf. der AG. zurückzuführen sein wie der
Einschub 18₂₅ (s. zu d. St.). In der Quelle waren die Leute vielleicht direkt
als μαθηταὶ τοῦ Ἰωάννου bezeichnet. **D. 2.** Die dem P. in den Mund
gelegte Frage: „empfingt ihr (über das εἰ s. zu 1₆) heiligen Geist, als ihr
gläubig wurdet?" hat den schriftstellerischen Zweck, die Selbstäußerung der
Leute über das, was ihnen mangelt, zu veranlassen. Deshalb sind Reflexionen
darüber, wie P. zu dieser Frage kam, nicht angebracht. Die Antwort wird
mit ἀλλά eingeführt, sofern sie in Gegensatz zu dem in der Frage Vorausgesetzten steht: „doch nicht einmal, ob heiliger Geist da ist, haben wir gehört".
Es handelt sich nicht um die Existenz des h. Geistes im allgemeinen, sondern
um sein Dasein auf Erden für die Menschen (vgl. Joh 7₃₉). Die Antwort
ist verständlich bei solchen Jüngern des Täufers, welche von diesem gehört
hatten, daß der demnächst kommende Messias, entsprechend den Verheißungen
der Propheten (Jes 32₁₅. 44₃. Sach 12₁₀. Jo 3₁f.), mit dem h. Geiste taufen
werde (Mk 1₈. Lk 3₁₆), welche aber nicht gehört hatten, daß Jesus der erschienene Messias sei, der diese verheißene Gabe nun wirklich gebracht habe.
D. 3. „Auf was seid ihr denn getauft?" Das οὖν folgert aus der voran-

---

1. Fortsetzung des Quellenberichts. Über die Beurteilung des auf die Johannes-
Jünger bezüglichen Abschnittes D. 1b—7 bei Sorof u. Sp. s. d. Anm. zu 18₂₅. Jgst
169f., Hilgf. ZwTh 1896 S. 357ff., Acta p. 291s., Clemen, Paul. I S. 281f. schreiben
ihn dem Red. zu. Mir scheint die Hand des Red. nur in dem μαθητάς am Schlusse
von D. 1 und dann in D. 6 erkennbar zu sein. Wahrscheinlich ist D. 6 ein Zusatz
nach Analogie von 8₁₇. Über eine weitere Zutat zur Quelle in diesem Kap. s. d.
Anm. zu D. 11.
   2. D syr. ᵖ·ᵐᵃʳᵍ· bieten D. 1 in folgender Fassung: Θέλοντος δὲ τοῦ Παύλου
κατὰ τὴν ἰδίαν βουλὴν πορεύεσθαι εἰς Ἱεροσόλυμα, εἶπεν αὐτῷ τὸ πνεῦμα ὑποστρέφειν
εἰς τὴν Ἀσίαν. διελθὼν δὲ τὰ ἀνωτερικὰ μέρη ἔρχεται εἰς Ἔφ., καὶ εὑρὼν τινάς μαθητάς
κτέ. Vgl. über diesen Zusatz die Anm. zu 18₂₁.

gehenden Antwort, daß sie nicht die Taufe auf Jesum Chr. empfangen haben
können. Da andrerseits dem P. bekannt ist, daß die Eigentümlichkeit dieser
Leute in ihrem Getauftsein und ihrem Wertlegen auf die Taufe besteht, so
fragt er nach dem Beziehungspunkte ihrer Taufe, durch den dieser, an sich
in verschiedenem Sinne anwendbaren, symbolisch-kultischen Handlung ihre be=
sondere Richtung und Deutung gegeben ist. Zu dem εἰς bei βαπτίζειν vgl.
8₁₆. Mt 28₁₉. Röm 6₃. I Kor 1₁₃. 10₂. Gal 3₂₇. Die Antwort lautet:
„auf die Taufe des Johannes". Der Ausdruck ist eine Zusammenziehung
zweier Wendungen. Die Frage, „auf was" sie getauft sind, wird indirekt
beantwortet mit der Angabe, daß sie mit der Taufe des Joh., d. i. mit der
von Joh. geforderten und vollzogenen Taufe getauft sind. Aber formell
wird diese Antwort so gestaltet, als beantwortete sie direkt die Frage nach
dem „auf was". V. 4. Vgl. 13₂₄. „(Johannes) sagte dem Volke (Israel),
daß sie an den nach ihm Kommenden glauben sollten, — das ist an Jesum."
Mit großem Nachdruck ist der Hauptbegriff εἰς τὸν ἐρχόμενον (vgl. Lk 3₁₆)
dem ἵνα vorangestellt (vgl. Gal 2₁₀. II Kor 2₄). Die letzten W.: τοῦτ᾽ ἔστιν
εἰς τὸν Ἰησοῦν sind nicht als Erklärung, die schon der Täufer seinem Hin=
weise auf den ἐρχόμενος gegeben habe, zu fassen, sondern als das neue Mo=
ment, durch welches jetzt P. die Verkündigung des Täufers ergänzt. Den
vom Täufer als nahe bevorstehend verkündigten Messias bezeichnet P. als in
der Person Jesu erschienen. V. 5. Das Hören der Botschaft, daß Jesus der
erschienene Messias sei, gibt den Johannes=Jüngern den Entschluß, sich nun
„auf den Namen des Herrn Jesus" taufen zu lassen. V. 6. Vgl. 8₁₇ (s. d.
Anm. zu V. 1ff.). „Sie redeten glossolalisch und prophetisch." Über Glosso=
lalie s. d. Exkurs hinter 2₁₃; über Prophetie s. zu 11₂₇; zur Verbindung
von Glossolalie und Prophetie vgl. I Kor 14, bef. V. 26—30 ¹. V. 7. Ist
diese Zwölfzahl als Anspielung auf die Urapostel ein Anzeichen des alle=
gorischen Charakters der ganzen Erzählung (Weizs. S. 341)? B. Wß bemerkt
mit Recht, daß das ὡσεί gegen das Erdichtetsein der Zahl um einer be=
stimmten Bedeutung willen zeugt.

V. 8. Das Auftreten des P. in der Synagoge wird ebenso charakterisiert
wie 17₂f. 18₄. Mit πείθειν ist das eindringliche Zureden, nicht aber auch
der überzeugende Erfolg desselben bezeichnet ². V. 9. „Als sich aber einige
verhärteten und ungehorsam blieben (gegenüber der Aufforderung zum Glauben),
indem sie die (christliche) Richtung (über ὁδός s. zu 9₂) vor der versammelten
Gemeinde (πλῆθος wie 6₂) lästerten, ging P. fort und sonderte die Jünger

---

1. In syr. ᵖ· ᵐᵃʳᵍ· par. und einigen südfranzösischen Handschriften ist neben der
Glossolalie auch die Gabe der ἑρμηνεία γλωσσῶν genannt. So rekonstruiert Blaß den
β=Text u. St. folgendermaßen: ἐλάλουν τε γλώσσαις ἑτέραις, καὶ ἐπεγίνωσκον ἐν ἑαυτοῖς,
ὥστε καὶ ἑρμηνεύειν αὐτὰς ἑαυτοῖς. τινὲς δὲ καὶ ἐπροφήτευον. Vgl. Blaß StKr 1896
S. 452 u. 467. Wegen der bestimmten Äußerungen des P. über die wünschenswerte
Ergänzung der Glossolalie durch die Interpretationsgabe (I Kor 14₅. ₁₃. ₂₇f.) schien
diese Ergänzung zu postulieren zu sein in diesem Falle, wo P. die Gaben des Geistes
vermittelte.
2. Das τὰ vor περὶ τ. βασιλείας τ. θ., von T. nach אAEHLP Min. beibehalten,
ist mit W.=H., B. Wß, Blaß nach BD zu streichen. Auch in 8₁₂ haben die späteren
Handschr. diesen Zusatz.

ab, indem er (fortan) täglich seine Unterredungen in dem Hörsaal des Ty=
rannus hielt". Also eine Separation von der Synagoge wie 18₇. Tyrannus
ist nicht für einen jüd. Lehrer zu halten, der eine Privat=Synagoge, ein Beth=
Midrasch, hatte (Mey.), sondern für einen Heiden (Overb. u. A.). Ob er
selbst als Rhetor oder Philosoph lehrte, oder ob der Hörsaal nur nach ihm
als dem Hausbesitzer hieß, bleibt dahingestellt[1]. V. 10. „Dies geschah auf
zwei Jahre." $\dot{\varepsilon}\pi\acute{\iota}$ c. acc. wie 13₃₀. Diese 2 Jahre kommen zu den 3 Mo=
naten V. 8 hinzu. Man sollte zunächst denken, daß die 2 Jahre nun bis
zum Schlusse des Aufenthaltes des P. in Eph. gerechnet wären (Mey.). Aber
da die Gesamtzeit dieses Aufenthaltes in 20₃₁ als $\tau\varrho\iota\varepsilon\tau\acute{\iota}\alpha$ bezeichnet wird, so
scheinen sie doch nur bis zu dem Zeitpunkte V. 21 gerechnet zu sein, wo P.
von Eph. wegzureisen beschloß, so daß dann noch der in V. 22 bezeichnete
Zeitraum hinzukam. S. zu V. 21. Über den Erfolg der Predigt des P. in
Eph. vgl. I Kor 16₉. Zur Hyperbolie der Aussage, daß „alle Bewohner
Asiens (s. zu 16₆), Juden sowohl wie Hellenen, das Wort des Herrn hörten",
vgl. I Th 1₈. Röm 15₁₉.

V. 11f.[2] „Auch außergewöhnliche (zu $o\dot{v}$ $\tau\nu\chi o\acute{v}\sigma\alpha\varsigma$ vgl. 28₂. III Mak 3₇)
Machttaten vollbrachte Gott durch die Hände des P., so daß sogar (vgl. 5₁₅)
zu den Kranken von seiner Haut weg Schweißtücher und Schürzen gebracht
wurden und (dadurch) die Krankheiten von ihnen beseitigt wurden und die
bösen Geister ausfuhren." Vgl. 5₁₂ u. ₁₅f. Das, was mit seiner Haut in
Berührung gestanden hatte, wurde als Übertragungsmittel der an seinem
Leibe haftenden Wunderkraft gedacht. Zu $\sigma o\nu\delta\acute{\alpha}\varrho\iota\alpha$ vgl. Lk 19₂₀. Joh 11₄₄.
20₇. $\sigma\iota\mu\iota\varkappa\acute{\iota}\nu\vartheta\iota o\nu$ ist das latein. W. semicinctium, die bei der Arbeit nach
Ablegung des Obergewandes getragene Schürze. **V. 13.** „Es versuchten aber
auch einige von den umherziehenden jüd. Exorcisten über den von bösen
Geistern Besessenen den Namen des Herrn Jesus zu nennen, indem sie sagten:

---

1. Bei D syr. ᴾ· ᵐᵃʳᵍ· steht hinter $T\nu\varrho\acute{\alpha}\nu\nu o\nu$ nicht nur $\tau\iota\nu\acute{o}\varsigma$ (dieses auch bei
EHLP viel. Min. vulg.), sondern auch der Zusatz: $\dot{\alpha}\pi\grave{o}$ $\ddot{\omega}\varrho\alpha\varsigma$ $\pi\acute{\varepsilon}\mu\pi\tau\eta\varsigma$ $\ddot{\varepsilon}\omega\varsigma$ $\delta\varepsilon\varkappa\acute{\alpha}\tau\eta\varsigma$.
Dieser Zusatz gehört zu den vereinzelten Fällen, in denen D wahrscheinlich Elemente
des ursprünglichen Textes bewahrt hat, die bei unseren sonst besten handschriftlichen
Zeugen verloren gegangen sind. Der sachliche Grund für die Wahl eben dieser Tages=
stunden wird darin gelegen haben, daß die Hauptzeit für die Arbeit und auch für
den Unterricht in den frühesten Tagesstunden lag, so daß der Hörsaal des Tyrannus
erst von der fünften Stunde an für P. disponibel wurde. Vgl. Ramsay, St. Paul
p. 271 und die dort angeführte Inschrift aus Attaleia in Lydien (Bulletin de Corresp.
Hellen., 1887 p. 400), nach welcher eine öffentliche Verteilung von Öl „von der ersten
bis zur fünften Stunde" geschehen sollte. B. Wß, Cod. D S. 110 vermutet, daß die
Notiz des β=Textes nach alter mündlicher Tradition, Clemen, Paul. I S. 283, daß sie
auf Grund einer Kenntnis von jener üblichen Arbeits= und Unterrichtszeit nachträglich
eingefügt sei.
2. Der Abschnitt V. 11—20 wird von Sorof S. 31 als Zusatz des redigierenden
Timoth. zur Lukas=Quelle aufgefaßt, von Sp. S. 220 aus der Quelle B hergeleitet
(V. 10b entweder auch aus B oder vom Red.), von Jgst S. 170; Hilgf. ZwTh 1896
S. 359ff., Acta p. 292; Clemen, Paul. I S. 283 auf den Red. zurückgeführt. Auch
ich halte ihn für eine aus der mündlichen Überlieferung geschöpfte Zutat des Vf.s zum
AG. zum Quellenbericht. Hierfür spricht außer dem legendarisch übertreibenden Cha=
rakter des Inhalts, der in V. 11f. in deutlicher Analogie zu 5₁₂. ₁₅f. steht, der Um=
stand, daß sich der Anfang von V. 21 ebenso wenig passend an V. 20 oder an V. 11ff.
anschließt, wie er in passender Beziehung zu V. 10a steht. Dann findet die Differenz
zwischen der Zeitbestimmung V. 10 und 20₃₁ die einfachste Lösung. S. zu V. 21.

.

ich beschwöre euch bei dem Jesus, den P. predigt." Durch das (von den späteren Handschr. fortgelassene) καὶ hinter τινες werden diese Exorzisten dem die Dämonen austreibenden P. zur Seite gestellt. Jüd. Exorzisten waren damals innerhalb (vgl. Lk 11 19; auch 9 49) wie außerhalb Palästinas zahlreich. Nach Jos. Ant. 8, 2, 5 wandten sie vorzugsweise auf Salomo zurückgeführte Zauberformeln und -mittel an. Vgl. J. Wß, Art. „Dämonische" in R. E.³; Jülicher, Art. „Exorzismus im NT" in RGG; Wendland² S. 194 f. ἐπί c. acc. von der Richtung der Beschwörungsformel auf die Besessenen hin. Vgl. προσεύχεσθαι ἐπί τινα Jak 5 14. ὁρκίζειν mit doppeltem Akk. wie Mk 5 7. I Th 5 27. V. 14. „Es waren von einem gewissen[1] Skeuas, einem jüdischen Hohenpriester, sieben Söhne, die das taten." Skeuas, sonst unbekannt, heißt ἀρχιερεύς als zugehörig zu einem der jüd. Priesteradels-Geschlechter (s. zu 4 6). Weil in V. 16 nur von zwei Personen die Rede ist, konjiziert Overb. an u. St. δύο (Gig. hat duo), während Blaß nach D auch im α-Texte das Zahlwort weglassen möchte. Aber wie sollte das ἑπτά nachträglich in den Text gekommen sein? V. 15. Schilderung des üblen Ausganges einer solchen Beschwörung mittelst illegitimer Anwendung des Namens Jesu. Daß in anderen Fällen diese Beschwörungsversuche anders verliefen, ist nicht ausdrücklich erwähnt, aber daraus zu entnehmen, daß nach V. 16 es von den 7 Söhnen des Skeuas nur 2 waren, denen gegenüber der Dämon in so gefährlicher Weise auf diese Beschwörungsform reagierte. V. 16. „Der Mensch, in dem sich der böse Geist befand, sprang auf sie, überwältigte beide und erwies seine Kraft gegen sie (d. h. mißhandelte sie)." Das auffallende ἀμφοτέρων nach dem ἑπτά V. 14 hat verschiedene künstliche Erklärungsversuche veranlaßt, bei denen es möglich bleiben soll, an das Beteiligtsein aller 7 Söhne des Skeuas in dem vorliegenden Falle zu denken. Nach Ewald S. 478 soll ἀμφοτέρων neutrisch bed.: „von beiden Seiten", d. i. von oben und unten. K. Schmidt S. 129 übersetzt: „ihrer zwei zusammen überwältigend (mit jeder Hand einen packend) bezwang er sie (die sieben)". Jäg. II S. 46 f. ergänzt χειρῶν: „er überwältigte ihre beiden Hände". Nestle, Berl. philol. Wochenschr. 1900, Nr. 47, bemerkt (im Anschluß an Bury Class. Rev. 11, 8), daß im späteren Griechisch ἀμφότεροι die Bedeutung „alle miteinander" haben kann. Aber am richtigsten ist es, das befremdliche Moment nur durch die Kürze der Erzählungsweise zu erklären. Einige der genaueren Umstände: das Beteiligtsein von nur zweien der 7 Söhne des Skeuas und das sich Abspielen des Vorganges innerhalb eines Hauses (s. die Schlußworte von V. 16), sind nur indirekt aus dem Verlauf der Erzählung ersichtlich.

---

1. T. liest nach אAHLP d. meist. Min. vulg. syr. ᴾ·: τινες. Dieser Nomin. in Verbindung mit dem folgenden ἑπτὰ υἱοί ist sehr hart. Durch B(D)E 36. 180 syr. ˢᶜʰ· cop. arm. ist τινος bezeugt (W.-H., B. Wß, Blaß). Es ist leicht möglich, daß dieser Gen. aus Versehen geändert wurde. — Bei D syr. ᴾ· ᵐᵃʳᵍ· lautet D. 14: ἐν οἷς καὶ υἱοὶ Σκευᾶ τινὸς ἱερέως ἠθέλησαν τὸ αὐτὸ ποιῆσαι, [οἳ] ἔθος εἶχαν τοὺς τοιούτους ἐξορκίζειν. Καὶ εἰσελθόντες πρὸς τὸν δαιμονιζόμενον ἤρξαντο ἐπικαλεῖσθαι τὸ ὄνομα λέγοντες· παραγγέλλομέν σοι ἐν Ἰησοῦ, ὃν Π. κηρύσσει, ἐξελθεῖν. So Hilgf. u. Blaß im β-Texte, aber letzterer mit Einsetzung von ἄρχοντος (nach gig.²) für ἱερέως. Über den sekundären Charakter dieses Textes s. oben S. 53 f. und vgl. B. Wß, Cod. D S. 95 f.

V. 17. Zum Anfang vgl. 1 19. Der Eindruck des außerordentlichen Ereignisses wird geschildert wie 2 43. 5 5. 11. Zu ἐπέπεσεν φόβος vgl. Lk 1 12.
Apk 11 11. Verbindung des Lobpreises mit der Furcht wie Lk 5 26. 7 16.
V. 18. „Auch viele von den Gläubiggewordenen kamen und gestanden und
erzählten ihre (früheren) Praktiken." Das Part. Perf. τῶν πεπιστευκότων
scheint von solchen, die schon früher gläubig geworden waren, nicht von
solchen, die erst jetzt infolge des Ereignisses V. 14ff. gläubig wurden, verstanden werden zu müssen (Baumg., B. Wß, Blaß). Es ist freilich auffallend,
daß diese Gläubigen erst jetzt sich zum vollen Eingeständnis ihres früheren
Treibens veranlaßt fühlen. πρᾶξις ist an sich vox media (vgl. Mt 16 27.
Röm 12 4). So will Jäg. II S. 47 f. (im Anschluß an Luth.) das W. an
u. St. von ausgerichteten Taten im Dienste des Evang.s verstehen. Aber da
das W. im NT vorzugsweise von bösen Handlungen gesagt ist (Lk 23 51.
Röm 8 13. Kol 3 9) und im profanen Sprachgebrauch gerade mit bezug auf
Zaubereien viel gebraucht wird (vgl. Deißm., Bibelstud. S. 5), so kann im
Zusammenhange u. St. die üble Bedeutung des Begriffes nicht zweifelhaft
sein. **V. 19.** „Zahlreiche aber von denen, die den Zauberkram getrieben
hatten, brachten ihre Bücher zusammen und verbrannten sie vor Allen."
περίεργα ist Term. techn. für die Zauberei (vgl. Wetst. u. Deißm. a. a. O.).
βίβλοι sind Bücher und Zettel mit Zauberformeln, wie solche gerade von Eph.
aus als Ἐφέσια γράμματα massenhaft verkauft wurden. Vgl. Wetst.; Wesseln,
Ephesia grammata, Wien 1886; auch die Mitteilungen Deißm.s a. a. O.
S. 4 ff. 21 ff. aus den ägyptischen Zauberpapyri, denen die an u. St. erwähnten gleichartig zu denken sind. Den Wert berechneten sie auf „50000
in Silber". Das Silbergeld sind Drachmen. 50000 attische Drachmen sind
ca. 36000 Mark. **V. 20.** „In dieser Weise wuchs und verstärkte sich
(Imperfekta wegen der Fortdauer) des Herrn Wort mit Macht." Vgl. 6 7.
Das τοῦ κυρίου, das nach א*AB vor, nicht nach ὁ λόγος zu stellen ist, wird
wohl passender mit diesem Begriffe ὁ λόγος (vgl. V. 10), als mit τὸ κράτος
verbunden. Es ist nachdrücklich vorangestellt im Gegensatz zum heidnischen
Unwesen (B. Wß).
V. 21. Die Anfangsworte: „als dies aber vollendet war", können sich
nicht auf V. 20 beziehen, weil das dort bezeichnete Wachstum nicht als ein
zum Abschluß gekommenes gedacht sein kann. Aber auch die Beziehung auf
das in V. 11—19 Berichtete, die vom Vf. der AG. gemeint sein muß, ist
deshalb ungeschickt, weil hier von dem apost. Missionswerke, das P. zur vollen
Durchführung gebracht hätte (vgl. 14 26), gerade nicht die Rede war. Wenn
V. 11—20 eine episodische Zutat zur Quelle ist, so bezog sich in dieser letzteren der Begriff πληροῦσθαι wahrscheinlich auf die ἔτη δύο V. 10 (Sp.
S. 229); vgl. διετίας πληρωθείσης 24 27. Dann war es in dem Quellenberichte ganz klar, daß für den Gesamtaufenthalt des P. in Eph. der χρόνος
V. 22 noch zu den 2 Jahren V. 10 (und den 3 Monaten V. 8) hinzuzu-
rechnen war. „P. beschloß (zu τίθεσθαι ἐν τῷ πνεύματι vgl. 5 4) nach
Durchwanderung von Macedonien und Achaja (um die hier gegründeten Gemeinden zu besuchen; vgl. I Kor 16 5 f.) nach Jer. zu ziehen." Der besondere

Zweck dieſer Reiſe war nach I Kor 16₁—₄. Röm 15₂₅—₂₇ die Überbringung einer Kollekte (vgl. 24₁₇). Nach I Kor 16₄ hatte P. dieſe Reiſe damals nur bedingungsweiſe vor. Bei der urbanen Art, in der er ſtets die Kollekten= ſache beſpricht, iſt es freilich möglich, daß der hypothetiſche Ausdruck I Kor 16₄ nur eine zartere Form für die Aufforderung iſt, der Kollekte deshalb, weil er ſelbſt ſie mit überbringen wollte, auch eine entſprechende Höhe zu geben. Sein Plan, hinterher „auch Rom zu ſehen" (vgl. Röm 1₁₃—₁₅. 15₂₃f.), wird durch das δεῖ als dem Willen Gottes entſprechend gekennzeichnet (vgl. 23₁₁).

V. 22. „Nach Entſendung zweier ſeiner Gehülfen (vgl. 13₅), des Timotheus und des Eraſtus, nach Macedonien verweilte er ſelbſt noch eine Zeitlang in Aſien." Über die damalige Sendung des Timoth. nach Korinth vgl. I Kor 4₁₇. 16₁₀f. Eraſtus iſt der II Tim 4₂₀ erwähnte, vielleicht identiſch auch mit dem Röm 16₂₃ genannten. εἰς τ. Ἀσίαν iſt hier wohl einfach gleichbed. mit ἐν τῇ Ἀσίᾳ (wie D auch lieſt). Aſien iſt gewiß abſichtlich genannt, um den Aufenthalt des P. nicht auf Eph. zu beſchränken.

V. 23¹. „Es entſtand aber um jene Zeit (vgl. 12₁) eine nicht geringe Unruhe in betreff der Richtung (d. i. des Chriſtentums; über ὁδός ſ. zu 9₂)." Sorof S. 33 u. v. Manen S. 115 vermuten, daß in der Quelle ſtatt τῆς ὁδοῦ geſtanden habe: τῆς θεοῦ, nämlich der Göttin κατ' ἐξοχήν von Eph.

V. 24. „Ein Mann namens Demetrius, ein Silberſchmied, der ſilberne Tempel der Artemis (d. i. Nachbildungen ihres Tempels) anfertigte, verſchaffte den Künſtlern nicht geringen Verdienſt." Über den berühmten, nach dem durch Heroſtratus 356 v. Chr. angeſtifteten Brande neu erbauten, zu den 7 Welt= wundern gerechneten Artemis=Tempel in Eph. vgl. Ferguſſon, The temple of Diana at Eph. 1883 und die zu 18₁₉ angeführte Literatur. Miniaturnach= bildungen des Tempels in Silber oder in Terracotta mit dem Bildnis der Göttin darin wurden teils von den auswärtigen Beſuchern des Tempels mit= genommen (vgl. Amm. Marc. 22, 13; Dio Caſſ. 39, 20), teils als Weih= geſchenke im epheſ. Tempel dargebracht (vgl. Ramſay, Church p. 123ff.).

---

1. Der Bericht V. 23—41 iſt durch charakteriſtiſche Lokalfarbe (vgl. Lightfoot CR 1878 p. 292ff., abgedruckt in ſ. Essays on supernat. relig. p. 297ff.) und anſchau= liche Detaillierung ausgezeichnet. Ich halte es für wahrſcheinlich, daß er mit aus der Quelle ſtammt (ſo auch O. Hltzm. ZwTh 1889 S. 405; Sorof S. 33; Hilgf. ZwTh 1896 S. 365; J. Wß, Abſicht der AG. S. 31; Clemen, Paul. I S. 285ff.). Sp. S. 230f. be= trachtet ihn als epiſodiſche Zutat aus der Quelle B; Jgſt S. 171 ſchreibt ihn dem Red. zu. — Mit Unrecht haben Br. I S. 217 u. Overb. S. 321 die Geſchichtlichkeit dieſer Erzählung beanſtandet. Nach Wellhauſen NGW 1907 S. 15ff. liegt die Beſchreibung einer Judenhetze in Eph. zugrunde; der Vf. der AG. hat dieſe Beſchreibung für ſeine Zwecke oberflächlich umgearbeitet. Vgl. hiergegen Harnack III S. 179f. Auch Weizſ. S. 328ff. ſieht in der Erzählung nur „einen ſchwachen Schattenriß wirklicher Erinne= rungen", da der von P. ſelbſt I Kor 15₃₂ bezeugte Tierkampf in der Arena zu einem Tumulte im Theater ohne direkte Lebensgefährdung des Ap.s abgeblaßt ſei. Aber unberechtigt iſt eben dieſe Jdentifizierung unſeres Ereigniſſes mit demjenigen I Kor 15₃₂, bei dem es ſich um eine direkte Todesgefahr des P. handelte, wenn auch gewiß nicht um einen wirklichen Tierkampf, der in II Kor 11₂₃ff. mit aufgezählt ſein würde (vgl. die ebenſo bildliche Bezeichnung einer Todesgefahr Röm 16₄). Daß unſer Ereignis identiſch iſt mit der Trübſal, die nach II Kor 1₈ff. in Aſien über P. gekommen iſt (vgl. Pfleid. S. 593; Hilgf. ZwTh 1896 S. 363; Blaß), iſt zwar nicht ausgeſchloſſen; aber nach den in II Kor 1₈ff. gebrauchten Ausdrücken halte ich es für wahrſcheinlicher, daß P. hier auf eine ihn dem Tode naheführende Krankheit bezug nimmt.

Gegen die Meinung von Hicks, Exp. 1890 II p. 401 ff., daß Demetrius der
Verfertiger silberner Artemis=Statuetten gewesen und die Angabe unserer St.,
er habe silberne Tempel verfertigt, aus einer irrigen Deutung seines Titels
νεοποιός, d. i. Beisitzer der Zivilbehörde von Tempelprovisoren, geflossen sei,
s. Ramsay a. a. O. p. 112 ff. Von den τεχνῖται, die Demetrius in Verdienst
setzte (vgl. 16 ₁₆)¹, werden in V. 25 die ἐργάται unterschieden. Demetrius ist
als Chef eines großen Betriebes zu denken, vielleicht des einzigen dieser Art
in Eph., in welchem alle mit der Anfertigung der silbernen Tempelchen be=
schäftigten Kunsthandwerker wie zu einer Gilde zusammengeschlossen waren
(vgl. Ramsay a. a. O. p. 128).
V. 25. Demetrius versammelte diese Künstler und „die mit Derartigem
beschäftigten Handwerker", d. i. nicht nur die unter den τεχνῖται stehenden
niederen Arbeiter, sondern auch Leute, deren Arbeit indirekt mit dem Gewerbe
des Dem. und der τεχνῖται in Beziehung stand oder welche ein ähnliches, mit
dem Artemis=Kult zusammenhängendes Gewerbe betrieben. Nur dann hat
das τοιαῦτα seine volle Bedeutung. Alle diese Interessenten erinnert Dem.
daran, „daß aus diesem Gewerbe der Wohlstand für uns herkommt". **V. 26.**
Indem er es als „Verführung" (μετέστησεν) des Volkes kennzeichnet, daß P.
lehrt: „nicht (wirkliche) Götter sind die mit Händen gemachten" (θεοὶ ist
Präd.), erscheint Dem. als Vertreter des vulgären Aberglaubens, der das
Götterbild mit der Gottheit identifiziert. Durch sein Gewerbe war er für
die Aufrechterhaltung dieses Aberglaubens interessiert. **V. 27.** „Aber nicht
nur dieses Stück (nämlich unser gewinnbringendes Gewerbe; zu μέρος vgl.
II Kor 3 ₁₀. 9 ₃. Kol 2 ₁₆) läuft Gefahr in Mißachtung zu geraten, sondern
auch das Heiligtum der großen Göttin Artemis (läuft Gefahr) für nichts ge=
achtet zu werden und in Zukunft gar verlustig zu gehen der Majestät der=
selben (d. i. der Göttin), welche doch ganz Asien und die ganze Welt ver=
ehrt." Der (durch אABE mehr. Min. bezeugte) Gen. τῆς μεγαλειότητος
wird von Mey., Zöckl., B. Wß als Gen. partitivus und das hierbei zu er=
gänzende τι als Subj. zu μέλλειν καθαιρεῖσθαι gefaßt: „und (es droht) sogar
etwas von ihrer Majestät vernichtet zu werden". Kann aber in dieser Weise
der Subjektsakk. ausgelassen sein? Richtiger scheint es mir, aus dem Voran=
gehenden noch τὸ ἱερόν als Subj. zu nehmen und den Gen. zu καθαιρεῖσθαι
zu ziehen nach Analogie des Gen. bei Verbis der Absonderung oder des Be=
raubens. Vgl. I Tim 6 ₅ u. s. Kühner=Gerth, Gramm. d. griech. Sprache ³ II
§ 421, 3; Win. § 30, 6. Blaß ändert den Text in: μέλλει τε καὶ καθαι=
ρεῖσθαι ἡ μεγαλειότης αὐτῆς. **V. 29.** „Die Stadt wurde mit der Ver=
wirrung erfüllt² und man stürmte einmütig in das Theater", das wie in

---

1. Blaß erreicht den Gedanken, daß die übrigen τεχνῖται selbständig neben dem
τεχνίτης Dem. standen, durch Einfügung eines δ vor παρείχετο, so daß das ποιεῖν ναοὺς
κτέ. als das Gewinn Bringende genannt ist. Er muß dann aber am Anfang von
V. 25 auch im α=Texte nach D anstatt οὕς: οὗτος lesen und das καί hinter συναθροίσας
weglassen. Den β=Text von V. 25 rekonstruiert er nach syr. ˢᶜʰ· folgendermaßen:
οὗτος συναθροίσας πάντας τοὺς τεχνίτας καὶ τοὺς συνεργάτας αὐτῶν ἔφη πρὸς αὐτούς
κτέ. Vgl. ed. Act. sec. form. rom. p. XXVII.
2. Statt der durch אAB bezeugten ᴸA: καὶ ἐπλήσθη ἡ πόλις τῆς συγχύσεως (T.,
W.=H.) haben gig. syr. ˢᶜʰ·: καὶ συνεχύθη ὅλη ἡ πόλις (so Blaß im β=Text), D aber:

anderen antiken Städten so gerade auch in Eph. den Mittelpunkt für das öffentliche Leben bildete, wo alle Publikationen und andere öffentliche Akte vorgenommen wurden. Vgl. die bei Wood a. a. O. im Appendix; Lightfoot CR 1878 p. 293f.; Deißm., Licht v. Osten S. 77 mitgeteilten Inschriften. Dabei „schleppte man mit die Macedonier Gajus und Aristarchus, Reise= gefährten (σύνέκδημος wie II Kor 8 19) des P.". Man scheint diese beiden unterwegs getroffen und als Gefährten des P. erkannt zu haben. Der Mace= donier Gajus ist von dem gleichnamigen Derbäer 20 4 zu unterscheiden, ebenso von dem Korinthier I Kor 1 14. Röm 16 23. Über Aristarchus vgl. 20 4. 27 2. Kol 4 10. Phm 24.

V. 30. P. wollte sich hinbegeben zu dem δῆμος d. i. „zu dem (im Theater) versammelten Volk". Vgl. 12 22. 17 5. **V. 31.** „Auch einige von den Asiarchen — — mahnten ihn, sich nicht selbst ins Theater zu begeben." Ασιάρχης heißt der Vorsitzende des κοινόν (d. i. des Landtages) der Prov. Asien; in den anderen Provinzen hießen die entsprechenden Beamten Γαλα= τάρχης, Βιθυνιάρχης, Συριάρχης usw. Da die Provinziallandtage speziell Festgemeinschaften zum Kulte des Kaisers waren, so waren diese Beamten die ἀρχιερεῖς der betreffenden Provinzen; sie hatten auch auf eigene Kosten die Spiele zu veranstalten. Sie wurden auf ein Jahr gewählt, und zwar aus den angesehensten und reichsten Männern; ihr Titel blieb ihnen aber auch nach Beendigung ihres Amtsjahres. So konnten also, während es nur einen einzigen fungierenden Asiarchen gab, doch in Eph. mehrere angesehene Männer mit dem Titel eines Asiarchen vorhanden sein (wie die ἀρχιερεῖς der Juden; s. zu 4 6). Vgl. Marquardt, röm. Staatsverwaltung I ² S. 504ff.; Zimmer= mann a. a. O. S. 130; Stark in BL I S. 263; Brandis, Hermes 1897 S. 509ff. u. Art. ἀσιάρχης bei Pauly=Wissowa R. E.; J. Wß, Art. „Klein= asien" in R. E. ³ X S. 538f.

V. 32. Mit μὲν οὖν wird wieder an die in V. 29 bezeichnete Situation angeknüpft. Im Theater „schrie jeder etwas anderes", d. i. schrieen alle durch= einander. Zu ἄλλοι — ἄλλο τι vgl. 21 34. „Denn die Versammlung (ἡ ἐκ= κλησία hier nicht die rechtlich zusammenberufene, sondern die zusammenge= laufene Volksversammlung; vgl. nachher V. 39) war wirr." **V. 33.** „Aus der Menge heraus aber unterwies[1] man den Alexander, da ihn die Juden vorschoben." Man muß συμβιβάζειν hier, wie I Kor 2 16, im Sinne von „unterweisen" fassen und diese Unterweisung, gemäß dem Schlusse von V. 32, auf den Grund des tumultuarischen Zusammenlaufs und des Geschreies V. 28

καὶ συνεχύθη ὅλη ἡ πόλις αἰσχύνης. Diese letztere LA, deren sekundäre Art Corßen GGA 1886 S. 430 dargelegt hat, ist von Hilgf. ZwTh 1897 S. 633f. verteidigt worden mit der mehr interessanten als einleuchtenden Begründung, daß αἰσχύνη hier jüdische Bezeichnung für die Artemis sei, so wie in LXX III Reg 18 19. 25 בעל mit αἰσχύνη wiedergegeben sei (= בשׁת Hof 9 10. Jer 3 24. 11 13). Weil dem Begleiter des P. die Stadtgöttin von Ephesus eine αἰσχύνη war, habe er entrüstet geschrieben: „verwirrt ward die ganze Schandstadt!"

1. Durch אABE ein. Min. ist συνεβίβασαν bezeugt (so T., W.=H., B. Wß); HLP d. meist. Min. haben προεβίβ. (Rec.); D*: κατεβίβ. (so Blaß in beiden Texten, Hilgf. ZwTh 1896 S. 364 u. 366). Für den Sinn ist συνεβίβ. die schwierigste, κατεβίβ. die leichteste LA. Daß man das συνεβίβ. abzuändern suchte, lag sehr nahe.

beziehen. Aleſ. wird aus der Volksmenge heraus über jenen Grund unter=
richtet. Er war zur Erkundung dieſes Grundes vorgeſchoben von den Juden,
die wohl das Eine erkannten, daß es ſich um eine Demonſtration gegen Der=
ächter der Artemis handelte, und die deshalb für ſich ſelbſt eine Gefahr
fürchteten. Auf Grund der empfangenen Inſtruktion verſucht Aleſ. zu reden,
und zwar verteidigend (ἀπολογεῖσθαι), im Intereſſe natürlich nicht des P.,
ſondern der gefährdeten Juden. Kaum erkennt man aber, daß er Jude iſt,
ſo erhebt ſich gegen' ſeine Rede allgemeine Oppoſition (D. 34), weil man
von einem Juden ſelbſtverſtändlich vorausſieht, daß er nicht im Intereſſe der
Göttin ſprechen wird. B. Wß nimmt für συμβιβάζειν die Bedeutung „ſchließen“
an (wie 16₁₀) und erklärt: „Einige aus der Menge ſchloſſen, daß Aleſ. (ſcil.
es ſei, um deswillen man zuſammengekommen, alſo der Attentäter), weil ihn
vorſchoben die Juden“. Bei der LA προεβίβασαν würde der Sinn ſein:
Dornſtehende zogen den von den Juden von hinten vorgeſchobenen Aleſ. aus
der Menge vor (Meŷ.). Bei der LA κατεβίβασαν wäre an ein Herunter=
holen des Aleſ. aus der in den höheren Teilen des Theaters angeſammelten
Menge in die Arena zu denken. Daß dieſer Aleſ. identiſch wäre mit dem
I Tim 1₂₀ oder dem II Tim 4₁₄ Genannten (Nösg., Zöckl.), iſt nicht wahr=
ſcheinlich. Hltzm., Paſtoralbr. S. 256 meint, daß der Df. der Paſtoralbriefe
durch die Notiz an u. St. zu ſeinen Angaben über den Aleſ. veranlaßt ſei.

D. 34. Der Satz: ἐπιγνόντες — φωνὴ ἐγένετο μία enthält eine Anako=
luthie wie Mk 9₂₀. Joh 7₃₈ (vgl. Win. § 63 I, 1; Blaß, Gr. § 79, 8).
Wenn im Folgenden κράζοντες zu leſen iſt[1], ſo iſt die durch den Sinn ſehr
nahegelegte Anakoluthie verdoppelt. Der Ausruf: μεγάλη ἡ Ἄρτεμις Ἐφε-
σίων ſteht bei B doppelt, ſchwerlich nur durch Abſchreiberverſehen. Die An=
dauer des Geſchreies wird dadurch geſchildert (B. Wß).

D. 35. Der „Stadtſchreiber“ beruhigte die Menge. γραμματεύς iſt
der Titel einer bei öffentlichen Derſammlungen und Erlaſſen in Eph. betei=
ligten Magiſtratsperſon, die auf den von Wood a. a. O. im App. mitgeteilten
Inſchriften eine große Rolle ſpielt. Dgl. Liebenam, Städteverwaltung im
röm. Reich, 1900 S. 548f. „Wen von Menſchen gibt es denn (über das
γάρ in der Frage ſ. z. 8₃₁), der die Stadt der Epheſier nicht kennte als
Tempelhüterin der großen Artemis und des vom Himmel gefallenen Bildes?“
νεωκόρος bezeichnet eigentlich den Tempelkehrer, dann den Tempelhüter und
iſt Epitheton von Städten, beſonders in Kleinaſien, welche ſich die Pflege
eines Tempels zu Ehren einer Gottheit oder beſonders auch des Kaiſers an=
gelegen ſein ließen. Dgl. J. Wß, Art. „Kleinaſien“ in R. E.³ X S. 543f.
Als διοπετές, vom Himmel gefallen, galt das im Tempel aufgeſtellte Artemis=
bild, das die Göttin als πολύμαστος, multimammia, darſtellte. Dgl. v. Dob=
ſchütz, Chriſtusbilder I, 1899, S. 11f. 14f. u. Belege S. 41. Die War=
nung **D. 36:** „nichts überſtürztes zu tun“, wird in **D. 37** begründet durch
die Tatſache, daß „dieſe Männer“ d. i. die in **D. 29** genannten, nichts gegen

---

1. So nach אA T., B. Wß, während W.=H., Blaß, Hilgf. mit der Rec. κραζόν-
των beibehalten. Leicht konnte der anakoluthiſche Nomin. in den Gen. umgeſetzt, leicht
aber auch der Gen. gemäß dem vorangehenden ἐπιγνόντες abgeändert werden.

den Tempel und die Göttin verbrochen haben, was zum Einschreiten berech=
tigten Anlaß gäbe. V. 38. „Wenn nun Dem. und die Künstler mit ihm
gegen irgend jemanden etwas vorzubringen haben (λόγος wie 15₆), so werden
Gerichts=Versammlungen abgehalten und gibt es Prokonsuln." ἀγοραῖοι scil.
σύνοδοι (anders 17₅). Der generische Plur. ἀνθύπατοι ist gesagt de eo,
quod nunquam non esse soleat (Beng.). V. 39. „Wenn ihr aber etwas
darüber hinaus[1] begehrt (d. i. wenn außer den etwaigen Privatansprüchen
des Dem. und seiner Genossen bei euch noch andere Beschwerden und Wünsche
vorliegen), so wird das in der gesetzmäßigen Volksversammlung erledigt
werden." Über ἔννομος ἐκκλησία vgl. Ramsay Exp. 1896 I p. 137 ff. Man
kann unterscheiden zwischen νόμιμοι ἐκκλησίαι, die regelmäßig an bestimmten
Tagen abgehalten, und σύγκλητοι ἐκκλησίαι, die auf besonderen Anlaß zu=
sammenberufen wurden. Es liegt nahe, die ἔννομος ἐκκλησία an u. St. im
Sinne einer solchen νόμιμος ἐκκλ. zu verstehen im Unterschiede von einer
auch gesetzlich berufenen und verlaufenden, aber außerordentlichen Volksver=
sammlung (vgl. Lightfoot CR 1878 p. 295). Aber Ramsay betont mit
Recht, daß es im Zusammenhange u. St. doch nur auf den Gegensatz der
gesetzmäßigen Versammlung zur ungesetzlichen ankommt. Er weist jedoch im
Anschluß an Lévy, Revue des études grecques 1895 p. 203 ss., darauf
hin, daß in der damaligen Zeit wahrscheinlich von der röm. Behörde gar=
keine anderen, als die regelmäßigen Volksversammlungen gestattet wurden.
Praktisch wäre denn also doch die ἔννομος ἐκκλ. mit einer νόμιμος ἐκκλ.
identisch gewesen. Aber unser Vf. hätte wohl absichtlich den Ausdruck ἔννομος gewählt, um nicht sowohl das Moment des Regulären, als das des Ge=
setzmäßigen hervorzuheben. V. 40. „Wir laufen Gefahr, wegen des heu=
tigen (Tages) unter Anklage des Aufruhrs gestellt zu werden, ohne daß eine
Schuld vorliegt; und wir werden uns mit bezug hierauf, auf diesen Zusammen=
lauf, nicht verantworten können." Zu περὶ τῆς σήμερον ist die Ergänzung
des Begriffs ἡμέρας (vgl. Mt 11₂₃. 27₈. 28₁₅ und die Auslassung von
ἡμέρα AG 16₁₁. 20₁₅.₁₆.₁₈) näherliegend, als die dem Sinne nach auch sehr
passende des Begriffs ἐκκλησίας (B. Wß, Blaß, Ramsay Exp. a. a. O. p. 145).
Luth., Calv. u. A., auch Buttm. S. 154, Overb., betrachten στάσεως als das
zu περὶ τῆς σήμερον gehörige Subst. Blaß wünscht die W. περὶ τῆς zu
streichen und σήμερον mit κινδυνεύομεν zu verbinden. αἴτιον ist nicht mit
Vulg., Overb. maskulinisch, sondern wie Lk 23₄.₁₄.₂₂ neutrisch zu verstehen,
und zwar von der schuldvollen Ursache. Die Absicht des Zusatzes μηδενὸς
αἰτίου ὑπάρχοντος ist nicht, den P. als schuldlos hinzustellen, sondern die
Menge selbst als nicht wirklich schuldig des Aufruhrs zu bezeichnen, dessen sie
doch von den Römern beschuldigt zu werden riskiere. Wenn weiterhin nach
den besten Zeugen zu lesen ist: περὶ οὗ οὐ δυνησόμεθα ἀποδοῦναι λόγον
περὶ τῆς συστροφῆς ταύτης[2], so kann περὶ οὗ nicht auf μηδενὸς αἰτίου be=

_____

1. περαιτέρω ist bezeugt durch B mehr. Min. d. Gig. (W.=h., B. Wß, Blaß).
Das περὶ ἑτέρων (T., Hilgf.) der übrigen Zeugen ist gewiß Korrektur des sonst im NT
nicht vorkommenden Wortes.
2. Durch ℵABHLP viel. Min. syr. arm. ist bezeugt: περὶ οὗ οὐ δυνησόμεθα
κτἑ., dann durch ℵABE mehr. Min. arm.: περὶ τῆς συστροφῆς ταύτης (so T., W.=h.,

3ogen werden. Sondern hinter ὑπάρχοντος ist ein Kolon 3u setzen und περὶ οὗ (neutriſch) iſt auf den vorher be3eichneten Sachverhalt, der 3ur Aufruhr= anklage führen könnte, d. i. κατὰ σύνεσιν auf περὶ τῆς σήμερον, 3u be3iehen; περὶ τῆς συστροφῆς iſt dann eperegetiſche Appoſition 3u dieſem περὶ οὗ. Ähnlich B. Wß, der aber περὶ οὗ auf ἐγκαλεῖσθαι στάσεως 3urückbe3ieht: „in betreff welcher Anklage wir nicht werden Rechenſchaft geben können in Anſehung des gegenwärtigen 3uſammenlaufs". Das doppelte περί neben ἀποδοῦναι λόγον wäre dann mit verſchiedener Be3iehung geſagt. Diejenigen Erklärer, welche die Rec. περὶ οὗ δυνησόμεθα κτέ. feſthalten, be3iehen das περὶ οὗ auf μηδενὸς αἰτίου und wünſchen dabei den Sinn 3u bekommen: „ohne daß eine Urſache da wäre, womit wir dieſen Auflauf rechtfertigen könnten" (Wei3ſ. Überſ.; vgl. Mey., 3öcl., Ramſay Exp. a. a. O. p. 144 ff.). Aber kann dieſer Sinn wirklich in jenen W. liegen: kann ſich περὶ οὗ auf das be3iehen, worauf man ſich beim ἀποδιδόναι λόγον 3u ſeiner Entſchul= digung beruft?

Kap. 20.

V. 1—6. Reiſe des P. nach Hellas und Aufbruch 3ur Reiſe nach Jeruſ.[1]. V. 1. Direkt wird nur das 3eitliche Folgen des Wegziehens des P. von Eph. auf das Aufhören des Tumults be3eichnet. Aber die be= ſondere Bemerkung, daß P. „die Jünger holen ließ und ihnen 3uſprach" (παρακαλεῖν wie 14₂₂. 16₄₀), deutet darauf, daß er ſich durch den Tumult 3u unerwartet früher Ausführung der geplanten Abreiſe (19₂₁) veranlaßt ſah. ἀσπάζεσθαι iſt hier vom Abſchiedsgruße geſagt, wofür 21₆ ἀπασπά= ζεσθαι ſteht. V. 2. „Nachdem er jene Gebiete (μέρη wie 19₁) durch3ogen und ihnen (d. i. den Chriſten dort) reichlichen mündlichen 3uſpruch gebracht hatte (vgl. 15₃₂), kam er nach Hellas." Der Name Ἑλλάς nur hier im NT, und 3war

---

B. Wß). Bei DE viel. Min. fehlt das οὗ hinter περὶ οὗ und bei D*HLP d. meiſten Min. das περὶ vor τῆς συστροφῆς ταύτης (ſo Rec.; Blaß in beiden Terten). Natürlich kann das οὗ hinter οὗ leicht durch Schreibverſehen in den Tert gekommen ſein. Aber ebenſo leicht möglich iſt, daß es aus Verſehen oder Abſicht weggelaſſen wurde. Jener beſtbe3eugte Tert iſt ſtiliſtiſch entſchieden hart. Das legte den Verſuch nahe, ihn durch kleine Weglaſſungen 3u erleichtern. Der Text. rec. iſt auch nicht ſo klar, daß man ihn des Sinnes wegen entſchieden bevor3ugen müßte. W.=H. meinen durch Konjektur helfen 3u müſſen: ſtatt αἰτίου ὑπάρχοντος ſei wahrſcheinlich αἴτιοι ὑπάρχοντες 3u leſen.

1. Fortſetzung des Quellenberichtes. Daß derſelbe am Anfange weſentlich ver= kür3t wiedergegeben iſt, iſt deshalb wahrſcheinlich, weil in unſerm Terte keine Erwäh= nung des 3weiten Beſuches des P. in Korinth geſchieht, der unſerm 3weiten Kor.=Briefe vorangegangen ſein muß (vgl. II Kor 12₁₄. 13₁f.) und der durch die Oppoſition, die P. damals innerhalb der Gem. fand, für ihn 3u einem beſonders ſchmer3lichen ge= worden war. Vgl. oben S. 62 f. Wahrſcheinlich iſt der Vf. d. AG. mit Abſicht über dieſen traurigen Beſuch des P. in Kor. hinweggegangen, um die erbauliche Schönheit ſeines Bildes von der Anfangsentwicklung der Kirche nicht 3u beeinträchtigen. — Von V. 5 an tritt die erſte Perſ. Plur. in der Er3ählung auf, ein An3eichen dafür, daß der Vf. der Quelle jetzt wieder als Begleiter des P. berichtet. Eine Ungefügigkeit des Anſchluſſes dieſes Wirſtückes an die vorangehende Darſtellung der AG. findet Sorof S. 9 doch nur deshalb, weil er in V. 5 den P. mit 3u den ἡμεῖς rechnet und nun eine Angabe über die Hinkunft des P. nach Philippi vermißt. Aber ſ. 3. V. 4.

hier im Unterschiede von Macedonien Bezeichnung speziell für die Prov. Achaja. Vgl. dazu J. Wß, Art. „Griechenland in d. apost. Zeit" in R. E.[3]; Harnack III S. 94. V. 3[1]. „Dort verbrachte er ($\pi o \iota \varepsilon \tilde{\iota} \nu$ wie 15 33. 18 23) 3 Monate; da ihm dann, als er im Begriff war sich nach Syrien einzuschiffen (um von hier weiter nach Jeruf. zu kommen, 19 21), von den Juden nachgestellt wurde, faßte er den Entschluß, den Rückweg durch Macedonien zu nehmen." $\acute{\nu}\pi o \sigma \tau \varrho \acute{\varepsilon} \varphi \varepsilon \iota \nu$ ist wohl nicht mit bezug auf den Ausgangspunkt Ephesus (B. Wß) oder Syrien (Hilgf. ZwTh 1896 S. 369), sondern mit bezug auf die Route durch Macedonien gesagt, auf der P. hergekommen war. Daß P. die Nachstellung der Juden zum Anlaß nahm, den direkten Seeweg nach Syrien zu vermeiden, ist wahrscheinlich mit Ramsay, S. Paul p. 287, so zu erklären, daß die in der Richtung nach Paläst. gehenden Schiffe mit jüd. Festpilgern gefüllt waren, deren Begleitung für P. gefährlich gewesen wäre.

V. 4. „Es begleitete ihn aber [bis Asien][2] Sopatros usw." Die natürliche Erklärung dieser W. ist, daß die Genannten den P. auf seiner eben bezeichneten Reise durch Maced. begleitet haben. Dazu paßt auch der Zusatz $\check{\alpha}\chi\varrho\iota\ \tau\tilde{\eta}\varsigma\ '\!A\sigma\iota\alpha\varsigma$. Denn derselbe braucht nicht zu bed., daß diese Männer den P. nicht auch noch über Asien hinaus begleitet hätten (vgl. Trophimus in Jer 21 29 und Aristarchus in Caesarea 27 2); sondern er ist nur im Gegensatze dazu gesagt, daß nach V. 5 f. andere Freunde des P., nämlich der Schreiber der Wirstücke mit einem oder einigen Gefährten, noch nicht während der Reise durch Maced. bis Asien mit P. zusammenreisten, sondern erst in Troas mit ihm und seiner bisherigen Begleitung zusammentrafen. Die gewöhnliche Erklärung der St. ist aber eine andere. Man nimmt an, daß P. mit zu dem $\acute{\eta}\mu\varepsilon\tilde{\iota}\varsigma$ V. 5 f. gehört habe, so daß die in V. 4 als seine Begleiter aufgeführten Männer erst von Troas an in seine Begleitung eingetreten oder nach zeitweiliger Unterbrechung wiedereingetreten wären. Aber dann wären nicht nur die textkritisch zweifelhaften W. $\check{\alpha}\chi\varrho\iota\ \tau.\ '\!A\sigma\iota\alpha\varsigma$ und

---

1. Bei D d. syr. p. marg. lautet der Text so: $\pi o \iota \acute{\eta} \sigma \alpha \varsigma\ \delta \grave{\varepsilon}\ \mu \tilde{\eta} \nu \alpha \varsigma\ \tau \varrho \varepsilon \tilde{\iota} \varsigma\ \kappa \alpha \grave{\iota}\ \gamma \varepsilon \nu \eta\vartheta \varepsilon \acute{\iota} \sigma \eta \varsigma\ \alpha \mathring{v} \tau \tilde{\wp}\ \mathring{\varepsilon} \pi \iota \beta o \upsilon \lambda \tilde{\eta} \varsigma\ \mathring{v} \pi \grave{o}\ \tau \tilde{\omega} \nu\ '\!I o \upsilon \delta \alpha \acute{\iota} \omega \nu\ \mathring{\eta} \vartheta \acute{\varepsilon} \lambda \eta \sigma \varepsilon \nu\ \mathring{\alpha} \nu \alpha \chi \vartheta \tilde{\eta} \nu \alpha \iota\ \varepsilon \mathring{\iota} \varsigma\ \Sigma \upsilon \varrho \acute{\iota} \alpha \nu\cdot \varepsilon \mathring{\iota} \pi \varepsilon \nu\ \delta \grave{\varepsilon}\ \tau \grave{o}$ $\pi \nu \varepsilon \tilde{v} \mu \alpha\ \alpha \mathring{v} \tau \tilde{\wp}\ \mathring{v} \pi o \sigma \tau \varrho \acute{\varepsilon} \varphi \varepsilon \iota \nu\ \delta \iota \grave{\alpha}\ \tau \tilde{\eta} \varsigma\ M \alpha \kappa \varepsilon \delta o \nu \acute{\iota} \alpha \varsigma$. So Hilgf. Da der Sinn dieses β-Textes aber so erheblich von dem α-Texte abweicht, daß nicht gut derselbe Autor das Eine und das Andere geschrieben haben kann, beseitigt Blaß (ihm folgend Belser, Beitr. S. 108f.) die Differenz dadurch, daß er von sich aus die W. $\mathring{\eta} \vartheta \acute{\varepsilon} \lambda \eta \sigma \varepsilon \nu\ \mathring{\alpha} \nu \alpha \chi \vartheta \tilde{\eta} \nu \alpha \iota\ \varepsilon \mathring{\iota} \varsigma$ $\Sigma \upsilon \varrho \acute{\iota} \alpha \nu$ vor die W. $\kappa \alpha \grave{\iota}\ \gamma \varepsilon \nu \eta \vartheta \varepsilon \acute{\iota} \sigma \eta \varsigma\ \alpha \mathring{v} \tau \tilde{\wp}\ \mathring{\varepsilon} \pi \iota \beta o \upsilon \lambda \tilde{\eta} \varsigma\ \mathring{v} \pi \grave{o}\ \tau.\ '\!I o \upsilon \delta.$ stellt. — Zu der in dem β-Text bezeichneten Geistesweisung vgl. 16 6f. und den β-Text in 17 15. 19 1.

2. Die W. $\check{\alpha}\chi\varrho\iota\ \tau\tilde{\eta}\varsigma\ '\!A\sigma\iota\alpha\varsigma$ fehlen bei אB 13 vulg. cop. sah. aeth. ar. (T., W.-H., B. Wß, Blaß im α-Text). Da sie anscheinend in Widerspruch zu der Angabe über Trophimus 21 29 stehen, ist es sehr begreiflich, daß man sie wegen dieses Anstoßes ausschied, während ihre spätere Einsetzung schwer verständlich wäre. Deshalb muß ihre Echtheit für sehr wahrscheinlich gelten. Indirekt wird sie bestätigt durch das von אAB*EHLP viel. Min. bezeugte $\pi \varrho o \sigma \varepsilon \lambda \vartheta \acute{o} \nu \tau \varepsilon \varsigma$ V. 5, das seine Beziehung auf $\check{\alpha}\chi\varrho\iota\ \tau\tilde{\eta}\varsigma\ '\!A\sigma.$ hat. D hat dafür $\pi \varrho o \varepsilon \lambda \vartheta \acute{o} \nu \tau \varepsilon \varsigma$, in Zusammenhang mit der LA $\alpha \mathring{v} \tau \grave{o} \nu$ statt $\mathring{\eta} \mu \tilde{\alpha} \varsigma$ (s. d. folgd. Anm.). Dieses $\pi \varrho o \varepsilon \lambda \vartheta \acute{o} \nu \tau \varepsilon \varsigma$ wird auch von T., W.-H., B. Wß, Blaß in den Text genommen, entsprechend ihrer Weglassung des $\check{\alpha}\chi\varrho\iota\ \tau\tilde{\eta}\varsigma\ '\!A\sigma.$ und ihrer Auffassung, daß P. mit zu den $\mathring{\eta} \mu \tilde{\alpha} \varsigma$ V. 5 gehöre. Aber es fragt sich sehr, ob diese Auffassung die richtige ist. Die Möglichkeit freilich, daß im Kompos. hier wie sonst oftmals (vgl. B. Wß S. 20) $\pi \varrho o \sigma$ irrig für $\pi \varrho o$ geschrieben ist, will ich nicht bestreiten.

in D. 5 die beſtbezeugte LA προσελϑόντες unverſtändlich, ſondern es würde auch bei Weglaſſung der W. ἄχρι τ. ᾽Ασίας und bei Annahme der LA προελϑόντες in D. 5 eine ſtörende Ungeſchicktheit der Darſtellung vorliegen. Denn da das Ausſcheiden des P. aus der Reiſegeſellſchaft D. 4 nicht bemerkt iſt, muß man in D. 5 zunächſt annehmen, daß unter den οὗτοι die Begleiter des P. mitſamt dieſem ſelbſt gemeint ſind, während ſie in Wirklichkeit ohne ihn und er in anderer Begleitung befindlich gedacht wäre[1]. Aber iſt es denn ſelbſtverſtändlich, daß das Pron. d. 1. Perſ. Plur. den P. einſchließt? In der Fortſetzung des Wirberichts D. 13f. bezeichnet es evident den Schreibenden und ſeine Gefährten im Unterſchiede von P. (ebenſo 21₁₂). Warum ſoll dies nicht auch in D. 5f. der Fall ſein können? Die 1. Perſ. Plur. bezeichnet den Df. der Wirquelle und die jeweilige, am Anfange der Reiſe wechſelnde Geſellſchaft, in der dieſer ſich befand. Ob P. zu dieſer Geſellſchaft gehörte oder nicht, kann man im einzelnen Falle nur aus dem Zuſammenhange erſehen, der an u. St., bei der Entgegenſetzung des ἡμεῖς gegen das die Perſonen von D. 4 zuſammenfaſſende οὗτοι, den P. ausſchließt (ſo auch Hltzm.; Jäg. III S. 5; Knopf). – Zu συνέπεσϑαι (nur hier im NT) vgl. II Mak 15₂. III Mak 5₄₈. 6₂₁. Das συν- hat ſeine Gedankenbeziehung nicht auf den Schreiber des Wirberichts (B. Wß), ſondern auf αὐτῷ, d. i. P. Sopatros (= Sopater), des Pyrrhus Sohn aus Beröa, kann identiſch ſein mit dem Soſipatros Röm 16₂₁. Von den Theſſalonichern Ariſtarchus (ſ. z. 19₂₉) und Sekundus iſt der letztere ſonſt unbekannt. Da Ariſtarchus nach Kol 4₁₀f. Judenchriſt war, vermutet Harnack (Sitzungsber. d. Berl. Akad., phil.-hiſt. Kl., 1910 S. 565), daß Sekundus Vertreter der Heidenchriſten in Theſſal. war. Der Derbäer Gajus iſt ein anderer als der 19₂₉ genannte Macedonier gleichen Namens. Um beide identifizieren zu können, haben einige Erklärer das W. Δερβαῖος durch Komma von Γάϊος getrennt und zu Τιμόϑεος gezogen, indem ſie teils das καί mit „auch" überſetzen (Wieſel. S. 26; K. Schmidt I S. 42), teils es durch δέ erſetzen (ſo nach älteren Blaß). Aber in Anbetracht der Häufigkeit des Namens Gajus ſind dieſe Faſſungen unnötig. Timotheus iſt nach 16₁ ein Lyſtrenſer. Dies wird an u. St. als bekannt vorausgeſetzt. „Aſiaten" waren Tychikus u. Trophimus. Der Begriff ᾽Ασιανοί wird bei D syr.[p. marg.] ſachlich richtig ſpezialiſiert zu ᾽Εφέσιοι. Über Tychikus vgl. Kol 4₇. Eph 6₂₁. II Tim 4₁₂. Tit 3₁₂; über Trophimus 21₂₉. II Tim 4₂₀. – Da der Zweck dieſer Reiſe des P. nach Jer. war, die Kollekte zu überbringen (ſ. z. 19₂₁), kann es kaum zweifelhaft ſein, daß die zahlreichen Gefährten des P. die Delegierten ſeiner Gemeinden zu demſelben Zwecke waren. P. legte nach I Kor 16₃f. II Kor 8₁₈ff. großen Wert darauf, daß die Gemeinden durch ſelbſtgewählte Vertreter bei dieſer Angelegenheit beteiligt waren. Die aufgezählten Männer ſind Vertreter der

---

1. Bei D iſt in D. 5 ſtatt ἡμᾶς geſetzt: αὐτὸν, alſo P. deutlich von den οὗτοι unterſchieden. Aber hier iſt auch in D. 4 das W. συνείπετο fortgelaſſen. Der Anfang von D. 4 lautet hier ſo: μέλλοντος οὖν ἐξιέναι αὐτοῦ μέχρι τῆς ᾽Ασίας Σώπ. κτέ. So Hilgf. Dieſen β-Text hat Blaß noch weiter zurechtgeſtutzt, indem er als Verb. fin. vor μέχρι einſchiebt: προήρχοντο. Dann iſt die Schwierigkeit allerdings gelöſt.

Provinzen Macedonien, Galatien (wozu ja auch Lykaonien gehörte) und Asien, also drei großer röm. Verwaltungsbezirke, in denen P. missioniert hatte. Es fehlen Vertreter der Prov. Achaja, die wir nach I Kor 16₃f. gerade besonders erwarten. Möglich ist, daß diese aus besonderen Gründen allein gereist sind, aber auch, daß einer oder einige der Genannten, z. B. Timoth., zugleich Vertrauensmänner der Gemeinden Achajas waren. Auch kommen zu den Aufgezählten noch hinzu die ἡμεῖς V. 5f. d. i. der Vf. der Wirquelle mit einem oder einigen Gefährten, die von Philippi aus allein nach Troas fuhren. Auch diese werden Gemeindedelegierte gewesen sein.

V. 5. „Diese (d. i. die ganze in V. 4 genannte Reisegesellschaft einschließlich P.) hingekommen (προσελθόντες, nämlich nach Asien; s. Anm. 2 auf S. 283) erwarteten uns (d. i. den Verf. des Wirberichts mit seinen Gefährten; s. z. V. 4) in Troas." Da von den οὗτοι die ἡμεῖς unterschieden werden, müssen die Vertreter der Hypothese, daß Timoth. der Vf. des Wirberichts sei, zu der künstlichen Erklärung greifen, daß οὗτοι sich nur auf die beiden zuletzt genannten Asiaten beziehe, von denen das Besondere gesagt werde, daß sie erst in Troas mit den ἡμ., d. h. mit den 5 vorher Genannten und P. zusammengekommen seien (Bleek, Beitr. I S. 52, de W. u. A., neuerdings Sorof S. 38f.). V. 6. Aus der Angabe, daß die Abfahrt „nach den Tagen der ungesäuerten Brote" stattfand, kann man nicht (mit Men., B. Wß) schließen, daß die ruhige Feier des Passahfestes den Zweck des längeren Weilens der ἡμεῖς in Phil. bildete (vgl. Hilgf. ZwTh 1896 S. 371). Von den 7 Tagen dieses Festes waren nach dem Gesetze (Ex 12₁₆. Lev 23₇f. Num 28₁₈.₂₅. Dtn 16₈) auch nur der erste und letzte durch völlige Arbeitsruhe zu weihen. Es soll nur für die weiterhin beschriebene Reise hier am Anfang die Zeitlage festgestellt werden. Wenn aber nicht in der Passahfestfeier der Grund für den Aufschub der Abreise bis nach dem Feste lag, so ist es auch keineswegs sicher, daß der Abfahrtstag gleich der erste Tag nach der Passahfestwoche war. „Binnen 5 Tagen" gelangte man nach Troas — die Reise 16₁₁f. in umgekehrter Richtung hatte nur 3 Tage gewährt — und dort blieb man 7 Tage, wobei Ankunfts- u. Abreisetag eingeschlossen sein werden[1]. Daß bei der 1. Pers. Plur. διετρίψαμεν nun P. mit allen in V. 4 Genannten eingeschlossen ist, ist durch den Zusammenhang ebenso klar, wie bei dem ἤλθομεν V. 14.

V. 7—12. Ereignis des letzten Abends in Troas. V. 7. „Als wir aber am ersten Wochentage (τὰ σάββατα = die Woche wie Lk 24₁ und

---

1. Ramsay Exp. 1896 I p. 336ff. hat aus den Zeitangaben unserer St. eine wichtige chronologische Folgerung ziehen zu können gemeint. Nach V. 7 falle die Abreise des P. von Troas auf einen Montag, der 7tägige Aufenthalt dort (V. 6) habe also an einem Dienstag begonnen; die Abreise aus Philippi sei am 5. Tage vorher, also an einem Freitag geschehen; diese Abreise sei der Passahfestwoche gefolgt, welche also am Donnerstag geschlossen habe, so daß auch der Tag der Schlachtung der Passahlämmer, der 14. Nisan, ein Donnerstag gewesen sei; dies treffe nur auf das J. 57, nicht auf die umliegenden Jahre zu. Allein diese ganze Berechnung hängt an der Voraussetzung, daß die Abreise von Philippi blos aus Rücksicht auf die Ruhe der Passahfestwoche hinausgeschoben und gleich am ersten Tage nach Schluß dieser Festwoche angetreten sei. Eben diese Voraussetzung aber ist durchaus problematisch.

Parall.; Joh 20₁. ₁₉; ebenso τὸ σάββατον: Lk 18₁₂. Mk 16₉. I Kor 16₂)
versammelt waren zum Brotbrechen (s. z. 2₄₂), unterredete sich P. mit ihnen
(d. i. mit den versammelten Christen von Troas)." Unsere St. ist (neben
I Kor 16₂ und Apk 1₁₀) Anzeichen für die frühzeitige gottesdienstliche Feier
des Sonntags in den christl. Gemeinden. Denn wahrscheinlich war die Feier
des Herrnmahles durch den festlichen Charakter des Tages und nicht nur
durch die Abreise des P. am folgenden Tage bedingt. Vgl. Weizs. JdTh
1876 S. 480f. und Ap. Z. S. 550; Zöckl., Art. „Sonntagsfeier" in R. E.³
Die Stiftung einer Gem. in Troas ist in 16₈₋₁₀ ebenso wenig erwähnt, wie
die der galatischen Gemeinden in 16₆ (vgl. 18₂₃). Nach II Kor 2₁₂f. kam
P. vor seinem letzten Besuche in Kor. nach Troas, um das Evang. zu predigen, war aber wegen seines unruhigen Dranges, mit dem von Kor. kommenden Titus wieder zusammenzutreffen, nicht in der Lage, die sich ihm dort
öffnende Gelegenheit zur Mission auszunutzen. Christen in Troas sind in
II Kor 2₁₃ vorausgesetzt. Darin, daß P. am nächsten Tage abfahren wollte,
liegt die Erklärung dafür, daß er seine dem beabsichtigten Herrnmahle vorangehende (V. 11) Rede über das gewöhnliche Maß, bis Mitternacht, „aus-
dehnte". Das Herrnmahl wurde also abends gehalten. V. 8. Die Mitteilung, daß zahlreiche Lampen in dem Obergemach (s. z. 1₁₃) waren, wo man
sich versammelt hatte, soll wohl dem Gedanken vorbeugen, daß der Sturz
durch mangelnde Vorsorge für Beleuchtung bedingt gewesen sei (Nösg., B. Wß).
V. 9. Der Jüngling saß ἐπὶ τῆς θυρίδος d. i. „auf (oder in) dem (offenen)
Fenster". Auffallend ist die Zusammenstellung von καταφερόμενος ὕπνῳ
βάθει und κατενεχθεὶς ἀπὸ τοῦ ὕπνου: „in tiefen Schlaf verfallen — —
stürzte er vom Schlaf hinuntergezogen vom dritten Stock hinab". Der Art.
vor ὕπνου steht wegen der Beziehung auf den schon bezeichneten ὕπνος.
V. 10. P., der sich nach dem Vorbilde des Elia und Elisa in ähnlichen
Fällen (I Reg 17₂₁. II Reg 4₃₄) über den als tot Aufgehobenen geworfen
hat, konstatiert: „sein Leben ist in ihm". Die Meinung des Schriftstellers
ist, daß das schon entflohene Leben zurückgekehrt ist (vgl. I Reg 17₂₁). V. 11.
Jetzt endlich wird das beabsichtigte Herrnmahl gehalten, bei dem P. das
Brot verteilt. Der Art. vor ἄρτον steht in Bezugnahme auf V. 7. Daß
γεύεσθαι nicht nur das oberflächliche Kosten (wie Mt 27₃₄), sondern auch
das Genießen zur Stillung des Hungers bedeuten kann, zeigt 10₁₀. ὁμιλεῖν
wird von der vertraulichen Unterhaltung gebraucht (vgl. 24₂₆. Lk 24₁₄).
Zu οὕτως ἐξῆλθεν vgl. 17₃₃. 27₁₇. V. 12. „Den Knaben aber führten
sie lebendig davon", d. h. nicht zu den Versammelten zurück (B. Wß), sondern jetzt, wo die Versammlung auseinanderging, nach Hause[1]. „Sie wurden
über die Maßen getröstet", nicht über den Weggang des P. (B. Wß), sondern über den Unfall des Knaben.

---

1. Bei D heißt es: ἀσπαζομένων δὲ αὐτῶν ἤγαγεν τὸν νεανίσκον ζῶντα. Hier ist
an ein Hinführen des Knaben zur Verabschiedungsszene gedacht (vgl. ἀσπασάμενος
V. 1). Anstatt des ἤγαγεν setzt Blaß im β-Texte ohne weitere Bemerkung ἤγαγον ein.
Es ist aber sehr zu bezweifeln, daß ἤγαγεν ein bloßes Schreibversehen ist. P. selbst
ist als der den Knaben heranführende gedacht (vgl. B. Wß, Cod. D S. 99). Hilgf.
Acta p. 91 hat mit Recht ἤγαγεν in seinen Text aufgenommen.

D. 13—16. Reise bis Milet. D. 13. Das ἡμεῖς umfaßt hier wie D. 5 den Berichterstatter und seine Gefährten ohne P. Ob nicht doch einer oder einige der Freunde D. 4 den P. auf seiner Landreise begleiteten, bleibt dahingestellt. Man fuhr nach Assos, einer südl. von Troas gelegenen Küsten= stadt. Der Weg zu Land dorthin ist kürzer als der um die vorspringende Landspitze gehende Seeweg. „Denn so hatte er es angeordnet (διατάσσεσ-θαι in medialem Sinne wie 7₄₁), indem er selbst den Landweg machen wollte." Das Motiv hierfür läßt sich nicht angeben. (Vermutungen darüber s. bei Jäg. III S. 5f.) D. 14. „Als er aber mit uns zusammengetroffen war (συμβάλλειν intransitiv wie Lk 14₃₁)[1] in Assos (εἰς prägnant gemäß der mitwirkenden Vorstellung von dem Hingelangen; s. z. 2₅), nahmen wir ihn an Bord und kamen nach Mitylene", einer reichen Stadt an der Ostküste der Insel Lesbos. Die ältere Form des Namens ist Μυτιλήνη. D. 15. „Von dort abfahrend kamen wir am folgenden Tage auf die Höhe von Chios; am anderen Tage[2] aber fuhren wir hinüber nach Samos, und nachdem wir in Trogylion Station gemacht hatten[3], gelangten wir am nächsten Tage nach Milet." Trogylion (bei Plin. u. andr. klass. Autoren: Τρωγίλιον; vgl. Win.= Schmied. § 5, 16; Blaß, Gr. § 6, 3) ist das Vorgebirge der kleinasiat. Küste Samos gegenüber. Wenn die Textesworte echt sind, so sind sie nicht mit B. Wß auf ein kurzes Landen zu deuten, sondern auf das Stationmachen zum nächtlichen Aufenthalt. Bei der trockenen Aufzählung aller nächtlichen Stationen hat der Schriftsteller den Ausdruck zu variieren gesucht. Milet ist die alte Hauptstadt Joniens, Mutterstadt vieler Kolonieen, südl. von der Mündung des Mäander am Meere gelegen. Jetzt ist die Stätte durch breite Alluvionen vom Meere getrennt. Über Ausgrabungen und Inschriftenfunde dort s. Wiegand, Abhandl. der Berl. Akad. 1911, Anhang; auch Deißm., Licht v. Osten S. 326f. u. 328ff. D. 16. Aus der Angabe, daß „P. be= schlossen hatte an Ephesus vorüberzufahren, um keine Zeit in Asien zu ver-

---

1. Das Jmp. συνέβαλλεν ist bezeugt durch ℵABEP 40. 100 (T., W.=H., B. Wß); aber es ist dem Sinne nach nicht so passend, wie der durch CD al. bezeugte Aor., den Blaß in beide Texte aufgenommen hat.

2. Für ἑτέρᾳ hat B die von B. Wß aufgenommene LA ἑσπέρᾳ. Bei ihr ist der Sinn, daß die Fahrt an dem einen Tage an Chios vorüber bis Samos gegangen sei. Aber diese Strecke ist für eine Tagestour, auch wenn man sie schon in der Nacht be= ginnen läßt, doch wohl zu lang und stände jedenfalls außer Verhältnis zu der Länge der übrigen Tagesstrecken. Das Motiv zur Änderung in ἑσπέρᾳ kann darin gelegen haben, daß der Abschreiber die W. κατηντήσαμεν ἄντικρυς Χίου von nächtlichen Stationmachen bei Chios verstand und deshalb den nächstgenannten Zielpunkt noch als Abendstation desselben Tages auffaßte.

3. Der Text: καὶ μείναντες ἐν Τρωγυλίῳ [D: Τρωγυλίᾳ, so Hilgf.] τῇ ἐχομένῃ κτέ. ist bezeugt durch DHLP b. meist. Min. syr. sah. (so Blaß im β-Text u. Hilgf.). Da= gegen haben ℵABCE ein. Min. u. Verss. nur: τῇ δὲ ἐχομένῃ (T., W.=H.). Auch B. Wß (vgl. Cod. D S. 109) nimmt in diesem Falle die LA von D auf, weil sich in der Tat schwer ein Grund einsehen läßt, aus dem nachträglich diese sachliche Notiz eingefügt wäre. Vgl. auch Corßen GGA 1896 S. 441; anders Clemen, Paul. I S. 294. Als Grund der Auslassung vermutet B. Wß S. 57 mechanische Konformation, da die W. den Rhythmus der übrigen Stationsaufzählung unterbrächen. Lag nicht der Grund etwa in der Erwägung, daß P., wenn er in Trogylion die Küste Kleinasiens wieder erreicht gehabt hätte, nicht nach dem von Ephesus entfernten Milet weitergefahren sein würde, während er doch die ephesin. Presbyter zu sprechen wünschte?

bringen", ist nicht zu schließen, daß P. das Schiff ganz zur eigenen Verfügung hatte (Mey.). Denn dann wäre es bei seinem Wunsche, möglichst bald nach Jer. zu kommen, sehr auffallend, daß er die Station in Milet machte, wo sich der Wunsch, die ephes. Presbyter zu sehen, nur bei einem Aufenthalte von mindestens 2 Tagen ermöglichen ließ. Unsere St. ist vielmehr so zu verstehen, daß P. absichtlich keine Fahrgelegenheit nach Eph. gewählt hatte, wo er neue Gelegenheit zur Weiterfahrt hätte suchen müssen, aber vielleicht nicht gleich gefunden hätte. Sondern er hatte ein Schiff genommen, das ohne Eph. zu berühren nach Milet oder noch weiter fuhr. Einen Aufenthalt in Milet, der bei dieser Route ohne sein Zutun eintrat, benutzte er dann, um doch noch eine Zusammenkunft mit den ephesin. Presbytern herbeizuführen. Vgl. Ramsay, S. Paul p. 293 f. Auch sein längerer Aufenthalt in Troas V. 6 wird nicht freiwillig, sondern durch die Schiffahrtsverhältnisse bedingt gewesen sein. Über den Aufenthalt in Tyrus s. z. 21 4. „Er eilte, um, wenn es ihm möglich wäre, zum Pfingsttage nach Jerus. zu gelangen (zu γίνεσθαι εἰς vgl. 13 5. 21 17)." Bei der Ungewißheit, ob sich passende Schiffs=gelegenheiten fänden, konnte dies zweifelhaft sein, auch wenn der Zeitraum an sich reichlich für die Reise genügte[1]. Daß P. Verlangen getragen hätte, selbst einmal wieder das jüd. Fest in jüd. Weise in Jer. mitzufeiern, ist in Anbetracht seiner W. Gal 4 10. Kol 2 16 schwer denkbar. Doch braucht darum die Notiz u. St. nicht unglaubwürdig zu sein. Die Hinkunft nach Jer. zu diesem Festtermine konnte dem P. wegen seines eigentlichen Reisezweckes, der Überbringung der Kollekte, insofern erwünscht sein, als er zur Festzeit auf ein Versammeltsein vieler Häupter der Urgemeinde in Jer. rechnen konnte, die sonst missionierend umherzogen.

V. 17—38. Zusammenkunft mit den ephesin. Presbytern in Milet. Die Abschiedsrede des P. V. 18—35 mit ihren Rückblicken und Vorausblicken steht bedeutsam an der Schwelle zwischen der Missionszeit und der Gefangenschaftszeit des Ap.s. Sie charakterisiert sowohl in dem, was P. über sein eigenes früheres Wirken sagt, als auch in dem, wozu er die Presbyter für ihr weiteres Wirken mahnt, sein warmes seelsorgerliches Interesse für seine Gemeinden. Sie hat eine über die spezielle

---

1. Daß P. sein Ziel bis zu dem gewünschten Termin erreicht hat, wird später nicht ausdrücklich bemerkt, ist aber nach den Daten des Reiseberichts nicht so unwahr=scheinlich, wie es Overb. S. 336 ff. hinstellt. Vgl. die Berechnungen von Wiesel. S. 100 f., K. Schmidt I S. 70 ff., Ramsay, S. Paul p. 294 f. Mir scheint folgende Berechnung am meisten für sich zu haben, bei der angenommen ist, daß bei dem Aufenthalte in Troas (20 6) und in Tyrus (21 4) je der Ankunfts= und Abfahrtstag in die angegebenen 7 Tage eingerechnet sind: 5 T. bis Troas, 5 volle T. in Troas, 1 bis Assos, 1 bis Mitylene, 1 bis Chios, 1 bis Samos, 1 bis Trogyllion (s. z. 20 15), 1 bis Milet, 2 in Milet, 1 bis Kos, 1 bis Rhodos, 1 bis Patara, 1 bis Myra (? s. z. 21 1), 4 bis Tyrus, 5 volle T. in Tyrus, 1 bis Ptolemais, 1 in Ptol., 1 nach Cäsarea, 4—6 in Cäs., 2 bis Jerus. Das sind im ganzen 40—42 Tage. Nach Ablauf der 7 Passahtage waren bis zum Pfingsttage 42 Tage disponibel. Ob die Abreise von Philippi gleich am ersten Tage nach der Passahwoche erfolgte, wissen wir nicht (s. z. 20 6). Aber dieser Unsicher=heit entspricht die unbestimmte Größe der ἡμέραι πλείονες in Cäsarea (21 10). Hätte die Reise bis Cäs. schon die in 20 16 bezeichnete Frist überschritten gehabt, so würde P. schwerlich in Cäs. noch einen mehrtägigen freiwilligen Aufenthalt gemacht haben. Wohl aber ist ein solcher erklärlich, wenn der Pfingsttermin noch nicht erreicht war. Vgl. die Berechnung von Harnack III S. 29; Clemen, Paul. I S. 295 f. Über die Schnelligkeit damaliger Schiffsreisen vgl. Schmiedel im Hand=Komm. II, 1² S. 85.

Situation hinausreichende Bedeutung: was P. hier mit bezug auf sein Verhältnis zur epheſin. Gem. ſagt, gilt mit bezug auf ſein Verhältnis zu ſeinen Gemeinden über= haupt. Wegen dieſer allgemeineren, zur ſchriftſtelleriſchen Anlage der AG. in Be= ziehung ſtehenden Bedeutung der Rede und ihres teils für P. apologetiſchen, teils weisſagenden Charakters halten Br., Paſtoralbr. S. 92ff.; Paul. I S. 203ff.; Zell. S. 269ff.; Overb.; Pfleid. S. 594f.; Hilgf. ZwTh 1896 S. 373f.; Acta p. 293s.; Clemen, Paul. I S. 297 ſie für eine freie Kompoſition des Vf.s d. AG. Nach H. Schulze StKr 1900 S. 119ff. iſt ſie vom Vf. der AG. weſentlich auf der Grundlage des I Theſſa= lonicherbriefs ausgeſponnen. Allein ſie ſteht doch in ſo enger Verbindung mit den umgebenden Stücken des Wirberichts und enthält auch ſo eigentümliche, der beſonderen Situation entſprechende Züge, daß wir ihren Grundbeſtand auf die gute ohrenzeugen= ſchaftliche Überlieferung des Schreibers der Wirquelle zurückführen müſſen (ſo auch Harnack III S. 109). Nur hat der Vf. d. AG. dieſen Grundbeſtand überarbeitet und erweitert. Der Gedankengang iſt folgender. P. erinnert zuerſt an die Treue ſeiner früheren chriſtl. Predigtwirkſamkeit in Eph. (V. 18—21). Dann weiſt er auf ſeine jetzige Reiſe hin, die ihn laut prophetiſcher Kundgebungen in Gefangenſchaft führen wird, ſo daß er ſeinen Abſchied für einen definitiven halten muß (V. 22—25). Nach einer Beteuerung ſeines Unſchuldigſeins an jedem etwaigen Verderben der Gem. (V. 26f.) mahnt er die Älteſten zu wachſamer Sorge für die ihnen anvertraute Gem., der ſchwere Gefährdung bevorſteht (V. 28—31), und befiehlt ſie Gott (V. 32). Er ſchließt mit einem Hinweis auf die vorbildliche Uneigennützigkeit, mit der er unter ihnen gewirkt hat (V. 33—35)[1]. — Auf die rhetoriſchen Geſichtspunkte, die bei der Gliederung der Rede hervortreten, macht J. Wß S. 33f. aufmerkſam.

V. 17. Über „die Älteſten der Gemeinde" ſ. 3. 14₂₃. **V. 18f.** Die W. $\dot{\alpha}\pi\dot{o}$ $\pi\rho\dot{\omega}\tau\eta\varsigma$ $\dot{\eta}\mu\dot{\epsilon}\rho\alpha\varsigma$ — 'Aσίαν gehören zum folgenden Satze $\pi\tilde{\omega}\varsigma$ — $\dot{\epsilon}\gamma\epsilon\nu\dot{o}\mu\eta\nu$; ſie ſind des Nachdrucks halber vorangeſtellt: „Ihr wißt, wie vom erſten Tage an — — ich die ganze Zeit hindurch mit euch verkehrt habe ($\gamma\dot{\iota}\nu\epsilon\sigma\vartheta\alpha\iota$ $\mu\epsilon\tau\dot{\alpha}$ wie 7₃₈. 9₁₉), indem ich dem Herrn (d. h. vielleicht: Gott nach 4₂₉. 16₁₇; vielleicht: Chriſtus nach Röm 1₁. 12₁₁. Gal 1₁₀. Phl 1₁) diente unter allerlei Erniedrigung ($\tau\alpha\pi\epsilon\iota\nu\circ\varphi\rho\circ\sigma\dot{\upsilon}\nu\eta$ wie Eph 4₂. Kol 2₂₃; zum Gedanken I Th 2₆—₉. I Kor 2₃. 4₉—₁₃. II Kor 10₁) und Thränen (vgl. V. 31. II Kor 2₄. Phl 3₁₈) und Anfechtungen (d. i. hier: Leiden, vgl. Lk 22₂₈), die mir bei den Nachſtellungen der Juden (vgl. V. 3) wider= fuhren". Angriffe der Juden in Eph. auf P. ſind in K. 19 nicht beſonders

---

1. In dieſem Gedankengange ſind ungefüge Elemente die beiden Abſchnitte V. 26f. u. 33—35. Durch die Beteuerung V. 26f. wird der natürliche Zuſammenhang zwiſchen dem Hinweiſe auf ſeinen definitiven Abſchied V. 25 und dem daraus folgenden Abſchiedsermahnung V. 28—31 ſtörend unterbrochen. Der Hinweis auf ſeine Uneigennützigkeit aber V. 33—35 erſcheint als ein Anhang an die Rede, nachdem ihr natürlicher Abſchluß ſchon mit der Anbefehlung an Gott V. 32 erreicht iſt (vgl. auch B. Wß z. V. 35). Das Gebet V. 36 iſt die praktiſche Ausführung dieſer Anbefehlung an Gott. So dürfen wir in erſter Linie V. 26f. u. 33—35 als Zutaten des Vf.s d. AG. betrachten. Die übrigen Glieder der Rede bilden einen natürlich fortſchreitenden Gedankenzuſammenhang, der ſeinem allgemeinen Inhalte nach trefflich der Situation entſpricht. Weder darin, daß P. von ſeinem bisherigen Verhalten in der Gem., noch darin, daß er von trüben Ahnungen bei ſeiner jetzigen Reiſe, noch darin, daß er von bevorſtehenden Gefährdungen der Gem. redet, liegt etwas Befremdliches. Aber freilich zeigt die Ausführung dieſer Gedanken in vielen Punkten das charakteriſtiſche Gepräge des Vf.s d. AG. Ich halte es für unmöglich, die Zutaten dieſes Red.s genau abzu= grenzen von dem aus der Quelle ſtammenden Grundbeſtande der Rede. S. jedoch die Anm. 3. V. 24 u. 28. — Sp. S. 252ff. findet in der aus der Quelle A hergeleiteten Rede keine Spuren redaktioneller Zutat. Jgſt S. 173ff. folgt Sp. in der Zurückfüh= rung der Rede auf die Quelle A, aber betrachtet als redaktionelle Zuſätze V. 19b. V. 23—30. 33—35. 38a.

erwähnt, haben aber bei der feindseligen Stellungnahme der dortigen Juden zum Evang. (19₉) selbstverständlich nicht gefehlt (vgl. 21₂₇f.). **V. 20.** „Wie ich mit nichts von dem, was zuträglich war (zu eurem Heile; vgl. I Kor 10₃₃. 12₇), zurückhielt, daß ich es euch nicht verkündigt und euch belehrt hätte öffentlich und in den Häusern (vgl. 5₄₂)." Mit dem ὡς wird das πῶς V. 18 wieder aufgenommen. Das Med. ὑποστέλλεσθαι bed.: „sich feige zurückhalten" (vgl. Hbr 10₃₈), so daß das οὐδέν nicht als einfacher Objekts-akk. gefaßt werden kann. Der davon abhängige Inf. mit τοῦ bezeichnet nicht die Absicht, in der das ὑποστέλλεσθαι stattgefunden hätte (Mey., Nösg., B. Wß), sondern steht wie sonst nach Verbis des Abhaltens, Verhinderns in konsekutivem Sinne. S. 3. 10₄₇ und vgl. Win. § 44, 4. **V. 21.** Der μετάνοια wird die Beziehung auf Gott gegeben, wie dem ἐπιστρέφειν 14₁₅. 15₁₉. 26₂₀. Die durch denselben Art. eng damit verbundene πίστις bekommt dann die besondere Beziehung auf den Herrn Jesus, wie 10₄₃. 11₁₇. 14₂₃. 16₃₁. 19₄. Zum Gedanken vgl. I Th 1₉f.

V. 22. Mit dem καὶ νῦν ἰδού wird der Hinweis auf die gegenwärtige Situation lebhaft eingeführt (vgl. 13₁₁; anders das κ. νῦν 3₁₇): „Und, siehe, nun reise ich gefesselt im Geiste nach Jer.". Die W. δεδεμένος τῷ πνεύματι werden gewöhnlich auf die von P. empfundene innere Nötigung gedeutet, nach Jer. zu reisen. Dabei bezieht man τῷ πνεύματι entweder auf den eigenen Geist des P. (Mey., Overb., Bethge S. 133, Hltzm., Blaß) oder auf den heiligen Geist (Nösg., Zöckl., B. Wß). Aber der charakteristische bildliche Ausdruck ist gewiß mit Beziehung auf die dem P. bevorstehende und ihm während der Reise überall vorherverkündigte Fesselung in Jer. gebraucht (vgl. V. 23. 21₁₁. ₁₃). Sofern er dieselbe vorausschaut, ist sie bei ihm im Geiste schon wie eine vollzogene Tatsache vorhanden (so Erasm., Grot. u. Ältere). Mit τῷ πνεύματι ist also der menschl. Geist des P. als die Stätte bezeichnet, wo das Gefesseltsein schon statthat (s. 3. 18₂₅). Diese Erklärung wird nicht ausgeschlossen durch die folgenden W. des P., daß er nicht wisse, was ihm in Jer. begegnen werde. Denn dieses Nichtwissen hat nach **V. 23** die eine Ausnahme, daß ihm Kundgebungen des h. Geistes (in prophetischer Rede wie 21₄. ₁₀f.) in jeder Stadt bezeugen, daß „Fesseln und Bedrängnisse" ihn erwarten. Mit der bestimmten Ahnung seiner Gefangenschaft konnte ein völliges Nichtwissen mit bezug auf das Wann und Wie der Gefangensetzung und auf die Dauer und den Ausgang der Haft zusammenbestehen. Daraus, daß bisher derartige prophetische Kundgebungen noch nicht erwähnt sind, ist nicht zu schließen, daß der Schriftsteller hier proleptisch auf die später zu berichtenden bezug nimmt (Schneckenb. S. 135). Vgl. die Fälle 22₁₇ff. 24₁₇, wo ebenfalls in Reden des P. auf etwas bezug genommen wird, was vorher im Geschichtsberichte nicht erwähnt war. **V. 24.** „Jedoch nicht für irgendwelcher Rede wert halte ich meine Seele (mein Leben) für mich selbst, um zu vollenden meinen Lauf[1] und den Dienst, den ich von dem

---

1. Nach אֵ*BC Derss., Dät. ist zu l.: ἀλλ' οὐδενὸς λόγου ποιοῦμαι τὴν ψυχὴν τιμίαν ἐμαυτῷ (T., W.-H., B. Wß). Die Rec. nach EHLP Min.: οὐδενὸς λόγου ποιοῦμαι οὐδὲ ἔχω τὴν ψυχ. μου τιμ. ἐμ. und die von Lach. u. Blaß (im α- u. β-Text)

Herrn Jesus empfangen habe", d. h. meine irdische Lebenserhaltung gilt mir nichts, wo es sich um die Ausführung der mir übertragenen Aufgabe handelt. δρόμος (vgl. 13 25) ist bildliche Bezeichnung nicht sowohl für den Lebenslauf, als vielmehr für die auf eine bestimmte Aufgabe gerichtete Lebensarbeit (vgl. I Kor 9 24. Gal 2 2. Phl 2 16. II Tim 4 7). Der Begriff wird an u. St. durch den Zusatz: κ. τ. διακονίαν κτέ. gedeutet und spezialisiert[1]. Zu εὐαγγέλιον τῆς χάριτος τ. ϑ. vgl. V. 32 u. 14 3. V. 25. Die Gewißheit des P.: „ihr alle, unter denen ich mit der Predigt vom Reiche (Gottes) umherzog (διέρχεσϑαι absolut wie 8 4), werdet mein Angesicht nicht wieder sehen", ist begründet durch den Vorausblick auf die Gefangenschaft, die ihn sogar zum Tode führen kann (vgl. 21 13). Der Gedanke an seine Pflicht, im Falle der Rettung aus den in Jer. drohenden Gefahren ein neues Missionsgebiet im Westen aufzusuchen (B. Wß), liegt unserer St. fern. Diese Pflicht würde das Wiedersehen nicht so allgemein für alle bisherigen Gemeinden des P. ausschließen. Darin, daß die Stimmungen des Ap.s beim Blick auf die Zukunft wechselten, liegt nichts Unwahrscheinliches. Nach Röm 15 22ff. hatte er vor der Reise nach Jer., trotzdem er auch Besorgnisse mit bezug auf sie hegte (V. 30 f.), die bestimmte Hoffnung, hinterher eine weitere Missionswirksamkeit im Westen entfalten zu können. Die an u. St. sich äußernde Hoffnungslosigkeit ist vermittelt gedacht durch die ihm inzwischen gewordenen prophetischen Kundgebungen (V. 23). Nach 23 11 ist ihm, als er wirklich gefangen war, die Hoffnung wiedergegeben worden, nach Rom zu kommen.

aufgenommene LA von אᶜA 13. 40. 43. 68. vulg.: ἀλλ' οὐδενὸς λόγον ἔχω οὐδὲ ποιοῦμαι τὴν ψυχ. τιμ. ἐμ. (D* hat noch ein μοι hinter ἔχω und ein μου hinter ψυχήν; so Hilgf.) erscheinen als erleichternde Auseinanderlegung des etwas schwerfälligen Wortgefüges. — Sodann haben die meisten Textzeugen: ὡς τελειῶσαι (T.); aber אB: ὡς τελειώσω (so W.=H., B. Wß). Vielleicht ist dies die ursprüngliche LA. Das finale ὡς kommt im NT sonst weder mit dem Inf. noch mit dem Konj. vor. So lag den Abschreibern eine Korrektur nicht näher als die andere. Blaß macht für den α= Text die Konjektur: ὥστε τελειῶσαι. Allerdings konnte das τε vor τελ. leicht ausfallen. Im β=Texte haben Blaß u. Hilgf. nach D: τοῦ τελειῶσαι.

1. In der Aussage des P., daß er die gefahrdrohende Reise nach Jer. ohne Rücksicht auf sein Leben ausführe zu dem Zwecke, seine Missionsaufgabe zur Vollendung zu bringen, liegt eine große Paradoxie. Man sollte meinen, daß er gerade behufs Fortsetzung und Vollendung seines Missionswerkes hätte suchen müssen, diese Gefahr zu meiden. Inwiefern die Reise sich seinem Missionswerke unterordnete und deshalb trotz aller Lebensgefahr für ihn pflichtmäßig war, wird weder an u. St. selbst noch im übrigen Zusammenhange unserer Rede angedeutet. Wir wissen aus den Briefen des P., daß es die Kollektenangelegenheit war, die ihn nach Jer. trieb. Die Kollekte war nach Gal 2 10 die Lösung eines Versprechens. Sie bedeutete für P. eine Besiegelung der inneren Gemeinschaft zwischen seinen heidenchrist. Gemeinden und den Christen aus der Beschneidung (II Kor 9 12—14). Ihre Überbringung konnte ihm als ein pflichtmäßiger Abschluß seines kleinasiatischhellenischen Missionswerkes erscheinen, der erreicht sein mußte, bevor er in ein neues Arbeitsgebiet eintrat. Ist es eine zu kühne Vermutung, daß in der Quelle, nach der unsere Rede wiedergegeben ist, an u. St. eben dieser besondere pflichtmäßige Zweck der Reise bezeichnet war und daß davon noch eine Spur vorliegt in dem Begriffe διακονία, der in der Quelle im Sinne von II Kor 9 1. Röm 15 25. 31 gebraucht war? Wenn es in der Quelle etwa hieß: ὡς τελειῶσαι (vgl. das ἐπιτελέσας Röm 15 28) τὴν διακονίαν ἣν [παρ]έλαβον (vgl. Kol 4 17), ist es leicht begreiflich, daß der Bearbeiter den in speziellem Sinne gemeinten Begriff διακ. in dem allgemeineren Sinne von 1 25 auffaßte und erläuterte. Vgl. d. Anm. 3. 21 19.

Nach Phm 22. Phl 2 24 hat er noch später auch die Hoffnung gehegt, wieder ganz frei zu werden.

D. 26. Das διότι — oder richtiger: δι' ὅ τι (vgl. Win.-Schmied. § 5, 7d) — bed. hier soviel wie διό (vgl. I Th 2 13). Die Tatsache, daß P. jetzt auf Nimmerwiedersehen scheidet, begründet es, daß er an diesem Tage sein Freisein von Verantwortlichkeit für etwaiges Verderben in seinen Gemeinden beteuert, unter Berufung darauf, daß er rückhaltlos den ganzen Heilsratschluß Gottes verkündigt habe. „Deshalb beteuere ich (μαρτύρομαι wie Gal 5 3), daß ich an dem Blut von niemandem Schuld habe." Der Ausdruck καθαρός ἀπό: „rein von" d. i. „schuldfrei an" (vgl. Tob 3 14) ist kein Hebraismus (so Grimm Lex.); vgl. Demosth. 59, 78 und die von Deißm., Neue Bibelstud. S. 24 beigebrachten Belege. αἷμα bed. den gewaltsamen Tod (wie Mt 27 24 u. ö.), und zwar hier den ewigen, das Gerichtsverderben im Gegensatz zum messianischen Heile. πάντων ist nach D. 25 auf die Christen nicht nur in Eph., sondern in allen Gemeinden des P. zu beziehen. **D. 27.** Zu οὐ γὰρ ὑπεστειλάμην τοῦ μὴ κτὲ. s. z. D. 20.

D. 28. Asyndetisch geht P. weiter zur Ermahnung an die Presbyter, denen nun, wo er nicht wiederkommen wird, die ganze Verantwortung für die Gem. zufällt. Wie auf die zu leitende Gem., so sollen sie in erster Linie auch auf sich selbst Acht geben (vgl. I Tim 4 16). Zum Bilde von der Herde vgl. Lk 12 32. I Pt 5 2f. Der h. Geist hat sie zu ἐπίσκοποι in der Herde bestellt. Dieses W. scheint hier noch nicht fester Titel für ein spezielles kirchliches Amt zu sein (wie Phl 1 1. I Tim 3 2. Tit 1 7), sondern den allgemeineren Sinn „Aufseher" zu haben, in welchem es von allen leitenden und fürsorgenden Organen der Gem. gelten konnte (Mey., Bethge, Zöckl.). Der Gebrauch des W.s in diesem Sinne war durch das Bild von der Herde nahe gelegt (vgl. I Pt 2 25)[1]. Die kathol. Exegese, welche die ἐπίσκοποι hier als Bischöfe im amtlichen Sinne auffaßt, andrerseits nicht die Identität von Presbytern und Bischöfen und das Vorhandensein eines Kollegiums von Bischöfen in der einen Gem. von Eph. anerkennen will, muß sich mit der auf D. 25b gestützten Annahme helfen, daß in Milet Presbyter (und darunter Bischöfe) auch aus anderen Gemeinden Kleinasiens anwesend gewesen seien (so schon Iren. adv. haer. 3, 14, 2; vgl. Felt. S. 230—234. 379). — Die Einsetzung der ἐπίσκοποι durch den h. Geist ist weder darauf zu deuten, daß sie durch prophetische Kundgebungen (wie 13 2) zu ihrem Amte designiert (B. Wß), noch darauf, daß sie unter sakramentaler Weihe in das Amt eingeführt waren (Felt.), sondern im Sinne von I Kor 12 4—30. Röm 12 6—8 darauf, daß das Vorhandensein lehrender und leitender Organe mancherlei Art in der Gem. dem Willen Gottes entspricht und daß alle Begabung zu solcher Tätigkeit im Dienste der Gem. aus dem h. Geist stammt. Vgl. 1 2.

---

1. Wenn ἐπίσκοπος hier als festgeprägter Amtstitel, und zwar gleichbed. mit πρεσβύτερος, zu verstehen wäre, so würde dieser Gebrauch des Begriffs wohl nicht auf die Quelle, sondern auf den Bearbeiter zurückzuführen sein, der eine später übliche Bezeichnungsweise in die Zeit des P. zurücktrug. Vgl. Réville, les origines de l'épisc. I p. 169 ss.

Die „Gemeinde des Herrn"[1] wird näher bestimmt als die, „welche er durch sein eigenes Blut erworben hat". Zum Gedanken vgl. Eph 1₁₄. Tit 2₁₄. I Pt 2₉. Das αἷμα Christi steht gegenüber dem αἷμα der Gemeindeglieder (V. 26), auf dessen Abwendung es abzweckt. Das nachgestellte τοῦ ἰδίου ist betont (statt τοῦ ἰδίου αἵματος oder blos τοῦ αἷμ. αὐτοῦ), weil in ihm das Moment der Selbstlosigkeit bei der stellvertretenden Hingabe in den Tod (vgl. Gal 3₁₃f.) stark hervortritt. **V. 29.** „Ich weiß, daß nach meinem Weggang schlimme Wölfe zu euch kommen werden." Das begründende Verhältnis dieser Voraussicht der Gefahren der Zukunft zu der Mahnung V. 28 ist klar, auch wenn es nicht ausdrücklich durch eine Begründungspartikel hervorgehoben ist[2]. ἄφιξις, nur hier im NT, bed. sonst die Hinkunft (vgl. III Mak 7₁₈; Jos. Ant. 4, 8, 47). Aber der Etymologie nach ist auch die an u. St. vorliegende Bedeutung möglich. In Fortsetzung des Bildes von der Herde (V. 28) werden die verderblichen Irrlehrer als „Wölfe" bezeichnet (vgl. Lt 10₃. Mt 7₁₅. Joh 10₁₂). Ihre Charakteristik bleibt in den folgenden W. so allgemein, daß man nicht die Deutung auf eine besondere Sorte von Häretikern der nachapostol. Zeit zu geben hat (vgl. die viel speziellere Charakteristik I Tim 4₁₋₅. II Tim 3₁₋₉). **V. 30.** „Und aus eurer eigenen Mitte (im Unterschiede von den von außen her eindringenden) werden Leute auftreten (vgl. 5₃₆f. und das ἐγερθήσονται Mk 13₂₂), die Verdrehtes (vgl. 13₁₀. Lt 9₄₁) reden, um die Jünger in ihren Anhang abzuziehen (s. z. 5₃₇ und vgl. Mk 13₂₂: πρὸς τὸ ἀποπλανᾶν τοὺς ἐκλεκτούς)." **V. 31.** Die Aufforderung: „deshalb wachet!" entspricht noch dem Bilde von Hirt und Herde: unermüdlich sollen sie aufpassen, um den Gefährdungen gleich begegnen zu können. Die Erinnerung an die Unermüdlichkeit des Ap.s in seiner Seelsorge soll ihnen

---

1. Die W. τοῦ κυρίου sind bezeugt durch AC*DE mehr. Min. sah. cop. arm. Iren. und viele Vät. (T., Blaß, Hilgf.); dagegen haben אB ein. Min. vulg. syr.ᵖ· viele Vät.: τοῦ θεοῦ (so Rec., W.=H., B. Wß). Diese letztere LA ist deshalb schwierig, weil man wegen des folgenden Relativsatzes unter dem θεός Christus verstehen müßte und diese Bezeichnung Christi gerade da, wo von seinem eigenen Blute geredet wird, besonders paradox wäre. Solche Paradoxie hätte zwar in den Schriften der apost. Väter (vgl. I Clem 21; Ign. ad Eph. 1, 1; ad Rom. 6, 3), aber nicht im NT Analogieen. B. Wß sucht dieser Schwierigkeit zu entgehen durch Fassung von τοῦ ἰδίου in maskul., substantiviertem Sinne: Christus heiße der ἴδιος Gottes schlechthin (so auch Harnack IV S. 74). Aber dann hätte der Vf. diese ungewöhnliche Bezeichnung Christi in höchst ungeschickter, ein Mißverständnis provozierender Weise angewandt. Denn neben τοῦ αἵματος muß man τοῦ ἰδίου als adjektivisches Attribut auffassen. W.=H. vermuten, daß hinter τ. ἰδίου das W. υἱοῦ ausgefallen sei. Das konnte freilich leicht durch Schreibversehen geschehen. Aber noch mehr Wahrscheinlichkeit, als diese Konjektur, hat doch die LA τ. κυρίου für sich. Die Fälle, in denen die Abschreiber die W. θεός und κύριος vertauscht haben, sind gerade in der AG. zahlreich (vgl. B. Wß S. 5). An u. St. lag die Umsetzung des ursprünglichen κύριος in θεός um so näher, als die Begriffsverbindung ἐκκλησία τοῦ θεοῦ bei P. häufig ist (I Kor 1₂. 10₃₂. 11₁₆.₂₂. 15₉ u. ö.), aber ἐκκλησία τοῦ κυρίου sonst nirgends im NT vorkommt. Möglich ist es, daß man diese Umsetzung ohne Rücksicht auf den folgenden Relativsatz und die dadurch bedingte Schwierigkeit vornahm; möglich auch, daß man sich im monarchianischen Interesse gerade an der Verbindung des τ. θεοῦ mit dem Relativsatze freute. Vgl. Hltzm. u. Esra Abbot, Bibliotheca sacra 1876 p. 313 ff.

2. Bei א*AC*D ein. Min. vulg. Iren. Lucif. fehlt eine solche, während B ὅτι ἐγώ (B. Wß), א° ἐγὼ δὲ, C³EHLP δ. meist. Min. syr. sah. arm. ἐγὼ γὰρ haben.

ein Motiv zu gleicher Unermüdlichkeit sein. „Drei Jahre lang (s. 3. 19 10. 21) habe ich bei Nacht und bei Tage nicht aufgehört, mit Thränen (vgl. V. 19) jeden einzelnen zu vermahnen (vgl. I Th 2 11)". In dem Begriffspaar *νύκτα καὶ ἡμέραν* steht *νύκτα* voran, wie meist im NT (26 7. Lk 2 37. Mt 4 27. 5 5. I Th 2 9. 3 10. I Tim 5 5. II Tim 1 3; anders Lk 18 7. AG 9 24. Apk 4 8 u. ö.), weil durch die Betonung der Nacht die Unaufhörlichkeit am stärksten bezeichnet wird. Vgl. I Th 2 11.

V. 32. „Und nunmehr (s. 3. 4 29) befehle ich euch Gott (vgl. 14 23) — —, ihm, der euch erbauen und das Erbe unter den Geheiligten allen geben kann." Es ist nicht unmöglich, den partizipialen Zusatz *τῷ δυναμένῳ κτέ.* mit dem nächstvoranstehenden *τῷ λόγῳ* zu verbinden, da auch sonst im NT (vgl. Röm 1 16. I Kor 1 18. I Th 2 13. Jak 1 21) dem Worte Gottes Heilskraft zuge- schrieben wird (Nösg., Bethge, Knopf). Aber die Aussage, daß das Wort Gottes das messian. Heilserbe verleiht, wäre doch ungewöhnlich und müßte jedenfalls als Umschreibung des Gedankens gefaßt werden, daß Gott, der das Gnadenevang. verkündigen läßt, dieses Erbe verleiht (vgl. die Ausdrucksweise Hbr 4 12f.). Deshalb ist es einfacher, der gewöhnlichen Erklärung zufolge die W. *καὶ τῷ λόγῳ τῆς χάριτος αὐτοῦ* als eine Art Näherbestimmung zu *τῷ θεῷ* zu fassen und die W. *τῷ δυν. κτέ.* über sie hinweg direkt auf *τῷ θεῷ* zu beziehen (Mey., B. Wß u. A.). Der bildliche Begriff *οἰκοδομῆσαι* bezieht sich auf die Förderung ihres christlichen Heilsstandes während des Erdenlebens; das *δοῦναι τὴν κληρονομίαν κτέ.* auf die Vollendung ihres Heilsstandes im zukünftigen vollendeten messianischen Heilsreiche. Vgl. 26 18. Kol 1 12. Eph 1 18.

V. 33—35. Zu dem Hinweise des P. auf seine Uneigennützigkeit und fleißige Handwerksarbeit vgl. I Th 2 3—9. II Th 3 8f. I Kor 9 4—18. II Kor 11 7—12. 12 14f. P. betrachtete freilich die Unentgeltlichkeit seiner Darbietung des Evang.s als etwas Besonderes, was er über seine eigentliche Pflicht hinaus leistete (I Kor 9 15—18). Aber dadurch ist nicht ausgeschlossen, daß er diese seine Opferwilligkeit Anderen zum Vorbild aufstellte. Er wird vielmehr den besonderen Wert dieses Verhaltens gerade auch in der Vorbildlichkeit desselben gesehen haben (vgl. II Th 3 7—9). Zu der Spezialisierung: „Gold oder Silber oder Kleidung" vgl. Jak 5 2f. Nach **V. 34.** hat P. mit „diesen Händen" (das Pron. demonstr. entspricht der Geste des Vorzeigens der Hände) wenigstens gelegentlich auch für den Unterhalt seiner Gefährten gesorgt. Vgl. wie er II Kor 12 17f. betont, daß er auch nicht indirekt durch seine Sendboten und Gefährten die Gemeinde übervorteilt habe.

V. 35. Das *πάντα* am Anfang ist jedenfalls adverbiell zu fassen: „in allen Stücken" (vgl. I Kor 9 25. 10 33. 11 2). Vielleicht ist es mit Lachm., Overb., Nösg., Bethge, B. Wß, Blaß noch zum vorangehenden Satze zu ziehen. Doch ist auch die Verbindung mit den folgenden W. (Mey., Weizs. Übers., Knopf) nicht unpassend. „Ich habe euch gezeigt, daß man in dieser Weise arbeitend sich der Schwachen annehmen soll." Mit Erasm., Calv. u. A. deuten Mey. u. Blaß die *ἀσθενοῦντες* auf die in christlicher Gesinnung Schwachen (vgl. I Kor 9 22. Röm 14 1. 15 1), die an dem Wirken eines

Missionars gegen Entgelt Anstoß nehmen würden. Aber dieser Sinn paßt
weder zu dem Begriff ἀντιλαμβάνεσθαι (vgl. den Ausdruck I Kor 9₁₂.
II Kor 11₁₂), noch zu dem folgenden, zur Begründung zitierten Ausspruche Jesu.
Dieses Zitat beweist, daß eine helfende Fürsorge für Bedürftige gemeint ist,
welche das Gegenteil selbstsüchtigen Nehmens von Anderen ist. Man soll sich
erinnern „der Worte des Herrn Jesus". Der Plur. τῶν λόγων (vgl. 15₁₅)
zeigt, daß an eine größere Kategorie von Aussprüchen Jesu gedacht ist, aus
welcher der eine zitiert wird: „glückselig ist es vielmehr (d. h. glückseliger ist
es) zu geben als zu nehmen". Ein „Agraphon" Jesu, welches auch in
I Clem. 2, 1; Did. 1, 5; Const. ap. 4, 3, 1 berücksichtigt zu sein scheint.
Vgl. Resch, Agrapha (TU V, 4) 1889 S. 100f. 150f.; Ropes, Sprüche Jesu
(TU XIV, 2) 1896 S. 136.

V. 37. Das Kompos. κατεφίλουν bezeichnet das intensive Küssen. Die
Andauer desselben ist zugleich durch das Imp. angedeutet (vgl. Lk 7₃₈ u. ₄₅;
dagegen Aor.: Lk 15₂₀. Mk 14₄₅). **V. 38.** προπέμπειν vom Geleitgeben,
wie 15₃. 21₅.

Kap. 21.

V. 1—16. Weiterreise bis Jerusalem. V. 1. „Als wir aber
ausgelaufen waren, nachdem wir uns von ihnen losgerissen hatten (ἀπο-
σπᾶσθαι wie Lk 22₄₁), kamen wir in gerader Fahrt (vgl. 16₁₁) nach Kos",
der damals durch Wein, Gewänder und Salben berühmten Insel, jetzt Stanchio
(über die Form Κῶ statt Κῶν vgl. Win.-Schmied. § 10 Anm. 7; Blaß, Gr.
§ 7, 5), „am folgenden Tage aber nach Rhodos und von da nach Patara
[u. Myra]"¹, zwei Hafenplätzen Lyciens, an der Südwestecke Kleinasiens. Von
beiden Plätzen aus konnte die Überfahrt nach Syrien unternommen werden.
Es wird sich für den von Nordwesten kommenden Reisenden darum gehandelt
haben, ob er schon in Patara Schiffsgelegenheit und Wind günstig zur Überfahrt fand, oder ob er besser noch bis Myra an der kleinas. Küste weiterfuhr.
V. 2. Man traf ein Schiff, das „quer hinüberfuhr nach Phönizien", was
im Unterschiede von einem Schiff gesagt ist, das an der Küste entlang bis
Phönizien gefahren wäre. **V. 3.** „Nachdem wir aber Cypern in Sicht bekommen (ἀναφάναντες, eigentl.: zur Erscheinung gebracht) und es links gelassen hatten, fuhren wir nach Syrien und landeten (κατέρχεσθαι wie 18₂₂.
27₅) in Tyrus; denn dorthin (ἐκεῖσε prägnant wie 22₅, gemäß der eingeschlossenen Vorstellung vom Hinkommen des Schiffes) entlud das Schiff seine
Fracht." Der ungewöhnliche Gebrauch von ἀναφαίνειν stammt wohl aus der
Schiffersprache (Blaß, Gr. § 53, 2). Zur Form des Aor. I Akt. ἀνέφανα

---

1. Die W. καὶ Μύρα sind bezeugt durch D gig. sah. Vielleicht darf man sie
für ursprünglich halten. Es ist freilich möglich, daß sie nach 27₅f. später zugesetzt sind
(B. Wß, Cod. D S. 109; Clemen, Paul. I S. 298). Möglich ist aber auch, daß man
sie wegließ, weil man wußte, daß schon von Patara aus direkte Schiffe nach Cypern
und Syrien zu gehen pflegten, und es deshalb, in Anbetracht der Eile des P. 20₁₆,
unwahrscheinlich fand, daß er von Patara aus erst nach Myra gefahren sei.

vgl. Win.=Schmied. § 13, 12; Blaß, Gr. § 16, 3. ἀναφανέντες (so ACEHLP
b. meist. Min.) wäre Aor. II Paff. **V. 4.** „Als wir aber die Jünger gefunden hatten, verweilten wir dort 7 Tage." Der Art. vor μαθητὰς (vgl.
V. 7) bezeichnet die dort befindlichen Jünger, von deren Existenz man wußte
(vgl. zu 28 14f.), deren Auffindung aber in der großen Stadt schwierig gewesen sein mag. Wahrscheinlich war die Christengemeinde dort eine Schöpfung
des P. selbst (vgl. oben S. 61 f.). Das längere Verweilen in Tyrus wird
durch die Auffindung der Jünger motiviert. Wenn die Weiterreise aber mit
demselben Schiff erfolgte, mit dem man gekommen und das inzwischen ent=
laden war (s. zu V. 6), so lag in der Auffindung der Jünger das Motiv
eben hierzu, daß P. die Weiterfahrt des Schiffes abwartete, statt eine frühere
Schiffsgelegenheit zu suchen. Man kann aus der Bereitschaft des P. zu diesem
Aufenthalte nicht schließen, daß der Wunsch, um deswillen er nach 20 16 eilte,
sich schon als unerreichbar herausgestellt hatte (B. Wß). Es ist auch möglich,
daß er sich diesen Aufenthalt jetzt, nach Erledigung des Hauptteils der Reise,
deshalb gestatten konnte, weil noch reichlich Zeit bis zum gewünschten An=
kunftstermine vorhanden war (s. d. Anm. zu 20 16). Die Christen in Tyrus
„sagten dem P. durch den Geist (d. i. in prophetischer Rede; vgl. 11 28. 20 23),
er solle nicht hinziehen nach Jer.", aus dem in 20 23. 21 11 angegebenen
Grunde [1]. **V. 5.** „Als wir aber mit den Tagen fertig waren, gingen wir
fort (aus dem Quartier in der Stadt) und reisten weiter, während sie alle
— — uns bis vor die Stadt hinaus (zu ἕως ἔξω vgl. ἕως ἐπὶ 17 14) das
Geleit gaben (vgl. 20 38)." ἐξαρτίζειν kann hier nicht die gewöhnliche Bedeutung „herrichten" haben (II Tim 3 17), sondern muß „vollenden" bed., wie
ἀπαρτίζειν (vgl. ἀπαρτισμός Lk 14 28). Eine besondere Absicht der um=
schreibenden Konstruktion ἐγένετο ἐξαρτίσαι läßt sich nicht, wenigstens nicht
sicher, erkennen. Nach K. Schmidt I S. 71 ist dadurch angedeutet, daß der
Ablauf der Wartezeit als ersehnter endlich eintrat; nach B. Wß dagegen, daß
es nicht leicht war, die Tage zu Ende zu bringen. **V. 6.** „Wir nahmen
Abschied von einander (ἀπασπάζεσθαι wie das Simplex 20 1) und bestiegen
das Schiff." Daß es das schon früher gebrauchte Schiff war, ist mit Sicherheit weder aus dem Art. zu schließen (Ramsay, S. Paul p. 300), noch aus
der Erwähnung des Zurückkehrens der Begleitung (B. Wß). Denn dieses
konnte man beobachten nicht nur, wenn man noch eine Zeitlang auf dem
Schiffe (dessen Entfrachtung nach B. Wß noch nicht fertig war) im Hafen lag,
sondern auch wenn man mit dem Schiffe weiterfuhr.

V. 7. „Indem wir nun die Schiffahrt zu Ende brachten (διανύειν nur
hier im NT; vgl. II Mak 12 17; Part. Aor. wie 1 24), gelangten wir von Tyrus
nach Ptolemais." Die W. ἀπὸ Τύρου sind nicht mit τὸν πλοῦν διανύσαντες
zu verbinden (B. Wß, Blaß), sondern mit κατηντήσαμεν εἰς Πτολ. Denn bei
ersterer Verbindung ist der ganze Partizipialsatz bedeutungslos; bei letzterer
aber hebt er hervor, daß mit dieser Fahrt von Tyrus nach Ptolemais nun
die lange Seereise von Macedonien an beendet wurde. Ptolemais ist das

---

1. Overb., v. Manen S. 77. 116, Hilgf. ZwTh 1896 S. 377, Acta p. 294 halten
V. 4b für einen Zusatz des Red. zur Quelle, aber ohne durchschlagenden Grund.

alte Akko (hebr.) oder Ake (griech.), jetzige St. Jean d'Acre, Hafenstadt im Norden Paläst.s. Vgl. Schür. II³ S. 111 ff., Buhl S. 228. V. 8. Über Cäsarea f. zu 8 40. Der Philippus hier wird näherbestimmt als „der Evangelist, der zu den Sieben gehörte (vgl. 6 5)". Der Begriff „Evangelist", der hier im Rückblick auf das εὐαγγελίζεσθαι des Phil. 8 12. 35. 40 gebraucht wird, bezeichnet eine spezielle Art von Verkündigern des christl. Evangeliums (vgl. Eph 4 11. II Tim 4 5), nämlich die nach Apostelweise zur Ausbreitung des Evang.s umherziehenden Missionare (vgl. Euf. h. e. III, 37, 2. 4). Er ist von dem Begriffe „Apostel", wo dieser im weiteren Sinne gebraucht wird (f. zu 1 2), nicht zu unterscheiden. Er scheint aber in Gebrauch gekommen zu sein infolge der Eingrenzung des Aposteltitels auf die Zwölfe, weil man nun einen anderen Titel für die übrigen Missionare brauchte (vgl. Eph 4 11, wo εὐαγγελισταί neben ἀπόστολοι steht, und dagegen I Kor 12 28, wo εὐαγγελισταί fehlt). Vgl. Harnack 3. Did. 11, 6 (TU II, 1 S. 38) und Proleg. 3. Did. (TU II, 2) S. 113 f.¹. V. 9. Phil. hatte „vier jungfräuliche prophetisch redende Töchter". Gemeint ist nicht, daß sie damals prophetisch redeten, sondern daß sie überhaupt die Gabe der Prophetie hatten (f. zu 11 27). Ihre Jungfräulichkeit war gewiß ein Ausdruck ihres Gottgeweihtseins (vgl. I Kor 7 32. 34). Auch in der kirchlichen Überlieferung, nach der Philippus später in Hierapolis in Phrygien lebte (vgl. hierzu Zahn, Forschungen zur Gesch. d. neut. Kanons VI S. 158 ff.), geschieht seiner Töchter Erwähnung (Euf. h. e. III, 31; 39, 9; V, 24, 2). Der Phil., von dem Clem. Al. Strom. III, 52 (Euf. h. e. III, 30, 1) berichtet, er habe seine Töchter heiraten lassen, war vielleicht der zu den Zwölfen gehörige (Selt.). Euf., bezw. seine Gewährsmänner Polykrates und Cajus, bezeichnen auch den Phil. in Hierapolis als einen der Zwölfapostel, doch nur aus Irrtum, wahrscheinlich weil dieser zu den Siebenmännern gehörige Phil. auch als Apostel im weiteren Sinne, d. i. als Missionar, bezeichnet wurde. Vgl. Corßen ZNW 1901, S. 289 ff.².

---

1. An u. St. stammt der Ausdruck wahrscheinlich nicht aus der Quelle. Denn in dieser war der Begriff ἀπόστολος im weiteren Sinne gebraucht (f. zu 14 4). Phil. wird in ihr nur als „der zu den Sieben gehörige" bezeichnet gewesen sein im Unterschiede von dem Phil., der zu den Zwölfen (6 2) gehörte.

2. Es ist sehr auffallend, daß nichts weiter als die Existenz dieser prophetischen Töchter des Phil. mitgeteilt wird. Die Voraussagung des Geschickes des P. geben nicht sie, sondern der hinzukommende Agabus. So erscheint die Mitteilung über sie bloß als „gelegentliche merkwürdige Notiz" (Men.). Gieseler StKr 1829 S. 139 ff. und Renan, l. Apôtr. p. 151 halten die Notiz wegen dieser Beziehungslosigkeit für eine Interpolation, Hilgf. ZwTh 1896 S. 377 f., Acta p. 294 für einen Einschub des Red. in den Quellenbericht. Der Einschiebende habe irrtümlich die Tradition, daß der Apostel Phil. prophetische Töchter gehabt habe, auf den Siebenmann Phil. bezogen und sie deshalb an u. St. eingebracht. Aber viel wahrscheinlicher ist es, daß die Verwechslung des Siebenmannes mit dem Ap. dem Euf. und seinen Quellen zugehört. Und das Fehlen einer Angabe über die Beziehung der Prophetie jener Töchter auf das Schicksal des P. bleibt auch dann seltsam, wenn jene Notiz V. 9 von einem Späteren eingefügt ist. Jgst S. 177 vermutet, nach der Quelle habe eine der Töchter des Phil. den Gürtel des P. genommen und die Weissagung V. 11 gesprochen; aus Gründen der Dezenz habe aber der Red. dieses Verhalten lieber einem Manne, dem von 11 27 f. bekannten Agabus, zugeschrieben. Aber gerade die Art, wie Agabus an u. St. eingeführt wird, zeugt dafür, daß der Vf. der AG. diesen Mann nicht von sich aus in Erinnerung an 11 27 f., sondern nach seiner Quelle genannt hat (f. oben zu V. 10).

V. 10. „Als wir aber mehrere Tage verweilten usw." Das Subj. bei dem Gen. abs. ἐπιμενόντων fehlt, wie V. 31. Lk 12 36. Im Text. rec. ist dem Sinne nach richtig ἡμῶν ergänzt. Über den wahrscheinlichen Umfang der „mehreren Tage" s. d. Anm. zu 20 16. Der mehrtägige Aufenthalt er= klärt das Kommen des Agabus insofern, als dasselbe nicht ein zufälliges war, sondern veranlaßt dadurch, daß die Kunde von der Ankunft des P. in Cäf. ins Innere Judäas gelangt war. Agabus kam eigens zu dem Zwecke, um dem P. sein in Jer. bevorstehendes Geschick zu verkünden. Die Einführung des Agabus: „ein gewisser Prophet aus Judäa namens A." lautet trotz 11 28 so, als wäre bisher von ihm noch nicht die Rede gewesen. K. Schmidt I S. 85 f. erklärt dies daraus, daß der Vf. der AG. den zweiten Teil seines Buches früher geschrieben habe als den ersten. Richtiger dürfte die Erklärung sein, daß er einen Quellenbericht reproduziert, in welchem Agabus hier zum ersten Male auftritt. Da nun gewichtige Gründe dafür sprechen, daß das Stück 11 27 f. aus derselben Quelle geflossen ist, wie unsere Erzählung, so ist zu folgern, daß in 11 28 die W. ὀνόματι Ἄγαβος nicht mit aus dieser Quelle stammten (so auch Jacobsen S. 14; B. Wß; Hilgf. ZwTh 1896 S. 379). **V. 11.** „Er nahm den Gürtel des P. und band seine eigenen Füße und Hände." Das αἴρειν ist nicht notwendig vom Aufnehmen des abgelegten Gürtels zu verstehen (Men.), sondern kann auch vom Wegnehmen des ge= tragenen (vgl. Lk 6 29) gemeint sein (B. Wß). Die Selbstfesselung war eine symbolische Handlung, wie solche auch die alten Propheten vornahmen; vgl. Jes 20; Jer 19; Ez 4 u. ö. Zum Gürtel als Symbol der Fesseln vgl. Joh 21 18. Die Weissagung: „den Mann, dem dieser Gürtel gehört, werden in dieser Weise in Jer. die Juden fesseln und in Hände von Heiden aus= liefern", stimmt nicht genau zu dem wirklichen Hergange bei der Verhaftung des P. 21 27 ff. Doch trifft sie das Wesen des Vorganges, sofern die Juden die eigentlichen Urheber der Gefangenschaft des P. waren. Deshalb die ähnliche kompendiarische Darstellung des Vorganges in 28 17 (vgl. das Ver= hältnis von 2 23 zum Hergange der Kreuzigung Jesu). Es kann auch die Erinnerung an das Geschick Jesu die Gestaltung der Weissagung an u. St. beeinflußt haben (vgl. Mk 10 33. 15 1). **V. 12.** Mit den Reisegefährten zu= sammen redeten „die Einheimischen", d. i. die Christen in Cäsarea, dem P. zu. Das W. ἐντόπιοι nur hier im NT. **V. 13.** „Was tut ihr mit eurem

---

Ich schließe mich der Vermutung Sp.s S. 231 an, daß an u. St. aus dem Berichte der Quelle etwas ausgefallen ist, nämlich die Angabe, daß diese Töchter des Phil. unter Thränen von des P. Geschick geredet hätten (vgl. in V. 13 die Bezugnahme auf ein vorher nicht erwähntes Weinen). Man braucht aber nicht mit Sp. anzunehmen, daß dann die Mitteilung über Agabus V. 10 f. nicht aus derselben Quelle stamme (nach Sp. aus B), so daß in ihrer Einschiebung der Anlaß zu jenem Ausfallen gelegen habe. Das Reden und Weinen der Philippus-Töchter konnte dem Vf. der AG. der wichtigeren Weissagung des Agabus gegenüber unbedeutend erscheinen und verloren gehen gerade so gut, wenn diese Agabus-Weissagung in derselben Quelle folgte, als wenn er sie nach anderweitiger Überlieferung einschaltete. Für die Zugehörigkeit der Agabus= Episode V. 10 f. zu derselben Quelle, aus der V. 1—9 stammt, zeugt das ἡμᾶς V. 11, das Sp. dem Red. zuschreiben muß, hierin Overb. folgend, der den ganzen Abschnitt V. 10—14 als eine Einschaltung des Red. in den Wirbericht betrachtet (ebenso v. Manen S. 78. 118).

Weinen und Brechen meines Herzens?" d. h. was bezweckt ihr mit diesem
Verhalten? Vgl. Mt 11 5. Die Frage vertritt die Versicherung, daß ihr
herzbrechendes Jammern doch keinen Erfolg hat. Deshalb reiht sich die
Aussage des P. über sein Bereitsein zu Gefangenschaft und Tod mit γάρ an.
S. zu 20 25. εἰς Ἱερ. prägnant wie 2 5. 8 40. V. 14. „Wir wurden still
(d. h. hörten auf, weiter zuzureden; vgl. 11 18), indem wir sprachen: des
Herrn Wille geschehe." τοῦ κυρίου steht betont voran, im Unterschiede von
den menschlichen Wünschen der Freunde des P.

V. 15. „Nach diesen Tagen zogen wir, zugerüstet (zur Weiterreise),
nach Jer. hinauf." Beim Übergang von der Seereise zu der noch 102 Kilo=
meter betragenden, also wenigstens 2 tägigen Landreise mögen besondere Vor=
bereitungen notwendig gewesen sein. Gewiß erforderte auch der Transport
der Kollektengelder besondere Vorsichtsmaßregeln. Belser S. 122 denkt an
eine Zurüstung durch Einwechseln der in den verschiedenen Ländern gesam=
melten Gelder in das in Paläst. gangbare Geld. V. 16. „Es kamen aber
auch von den Jüngern aus Cäsarea einige (τινες zu ergänzen) mit uns, die
uns zu einem gewissen Mnason brachten, bei dem wir herbergen sollten [1]."
Die Attraktion ist aufzulösen: ἄγοντες πρὸς Μνάσονα, ἵνα ξενισθῶμεν παρ᾽
αὐτῷ (Blaß, Gr. § 50, 2. 65, 8). Grammatisch auch möglich, aber dem
Sinne nach minder passend wäre die Auflösung: ἄγοντες Μνάσονα, παρ᾽ ᾧ
ξενισθῶμεν, was von Einigen (Vulg., Erasm. u. A.) erklärt wird: „die mit
sich führten (von Cäs. her) den Mnason", von B. Wß: „die (als sie im Be=
griff waren, nach Jer. zu kommen) den Mnason herbeiholten". Daraus, daß
erst in V. 17 die Ankunft in Jer. bemerkt wird, ist nicht zu schließen, daß
die Notiz über Mnason sich auf die Zeit der Reise vor dieser Ankunft bezieht
(Sp. S. 234, B. Wß). Die Hinführung ins Quartier in Jer. wird deshalb
vorweg erzählt, weil sie noch mit zu dem gehörte, was die Cäsareenser für
P. taten, während dann in V. 17 berichtet wird, wie sich die jerusalem.
Christen bei der Ankunft des P. verhielten. Darin, daß die Cäsareenser den
P. bis in sein Quartier geleiteten, drückte sich ihre angelegentliche Sorge für
seine Sicherheit und Wohlfahrt aus, hinsichtlich deren man nach V. 10 ff. so
schwere Befürchtungen hegte. B. Wß betont mit Recht, daß P. mit einer
Gesellschaft von Unbeschnittenen kam, die bei strengen Judenchristen keine Auf=
nahme erwarten konnten. Deshalb war die Fürsorge für das Quartier eine
wichtige und vielleicht nicht ganz leichte Sache. Mnason war „Cyprier, ein

---

1. D syr. P· marg· bieten statt ἄγοντες κτέ. folgenden Text: οὗτοι δὲ ἤγαγον ἡμᾶς
πρὸς οὓς ξενισθῶμεν, καὶ παραγενόμενοι εἴς τινα κώμην ἐγενόμεθα παρὰ Μνάσονι
Κυπρίῳ, μαθητῇ ἀρχαίῳ. κἀκεῖθεν ἐξιόντες ἤλθομεν εἰς Ἱερ., ὑπεδέξαντό τε ἡμᾶς
ἀσμένως οἱ ἀδελφοί. Hiernach hätte Mnason nicht in Jer., sondern in einem Dorfe
halbwegs zwischen Cäs. und Jer. den Reisenden Quartier gegeben. Für die Ursprüng=
lichkeit dieses Textes sind nach Blaß auch Hltzm. ThLz 1896 S. 81, Hilgf. ZwTh 1896
S. 381, Belser S. 121, Zahn, Einl. II § 59, S. 343f. eingetreten. Vgl. dagegen Corßen
GGA 1896 S. 438ff., B. Wß, Cod. D S. 101. Warum man diesen Text, wenn er der
ursprüngliche wäre, in den Text. rec. abgeändert hätte, ist nicht abzusehen. Dagegen
wird die umgekehrte Abänderung der Reflexion entsprungen sein, daß die Ankunft des
P. doch erst in V. 17 bezeichnet werde, das Quartier bei Mnason also eine Station
zwischen Cäs. und Jer. gewesen sein müsse.

alter (d. h. zum alten Bestande der Gemeinde gehöriger) Jünger". Hatte
er etwa mit zu den cyprischen Männern gehört, welche bei der stephanischen
Verfolgung von Jer. ausgezogen und die Begründer der heidenchristl. Gem.
in Antiochia geworden waren (11 20)? Dann war er wohl von Antiochia
her dem P. bekannt. **V. 17—26.** Verabredung des P. mit Jakobus und den Ältesten
in Jer.[1]. **V. 17.** „Als wir aber in Jer. angelangt waren (γίνεσθαι εἰς
wie 20 16), empfingen uns die Brüder mit Freuden." Gewiß langte man erst
abends an, so daß man die Häupter der jerus. Gem. erst am nächsten Tage
aufsuchen konnte. Die Brüder, die dem P. und seinen heidenchristlichen Gefährten freundlichen Empfang bereiteten, können nicht die jerus. Christen im
allgemeinen sein, von deren Mißtrauen gegen P. in V. 21 die Rede ist und
von denen es in V. 22 futurisch heißt, daß sie von seiner Ankunft hören
werden. Es können auch nicht die Häupter der Gem. sein, mit denen P.
erst am folgenden Tage zusammentraf (V. 18 f.). Es waren also einzelne,
wahrscheinlich zur Familie oder den Freunden und Nachbarn des Mnason gehörige Christen. **V. 18.** Über Jakobus, den Bruder des Herrn, s. zu 12 17.
Neben ihm werden die Zwölf nicht besonders erwähnt. Manche von ihnen
mögen damals missionierend in Palästina oder unter der jüd. Diaspora um-
hergezogen sein. Diejenigen aber, die in Jer. anwesend waren, sind unter
dem allgemeinen Titel πρεσβύτεροι mitbefaßt (s. zu 11 30). **V. 19.** „Nachdem
P. sie „begrüßt" hatte (woraus ersichtlich, daß es sich um ein erstes Zusammentreffen handelt), legte er im einzelnen dar, was Gott unter den Heiden durch
seinen Dienst (d. i. sein apostol. Amtswirken) getan hatte." Vgl. 15 4. 12 und
zu διακονία 20 24[2].

V. 20. Sie sagten: „du siehst, Bruder, wie viele Myriaden von Gläubig-

---

1. Das Pron. d. 1. Pers. in V. 17 u. 18, nach Overb. S. 378 freilich nur in
Nachahmung der Quelle vom Vf. der AG. gebraucht, zeugt dafür, daß auch die durch
V. 18 eingeleitete Szene V. 19 ff. aus der Wirquelle stammt. Aber wieweit reicht die
Quelle? Die meisten neueren Kritiker finden einen Widerspruch zwischen der freundlichen Aufnahme des P. V. 17 u. 20a und den gegen ihn erhobenen und von ihm zu
beseitigenden Bedenken von V. 20b und sehen hierin ein Anzeichen des Zusammengefügtseins verschiedenartiger Bestandteile. So leitet Sorof S. 10 f. V. 20b—24 u. 26
aus der Lukas-Quelle ab, während er das übrige dem diese Quelle bearbeitenden Vf.
der Wirstücke zuschreibt. Sp. S. 260 ff., der besonders einen Anschluß von V. 27 an
V. 26 vermißt, hält V. 20b—26 für einen Einschub aus der Quelle B in den Bericht
der Quelle A. Dasselbe Stück schreibt Hilgf. Acta p. 295 dem
Red. zu. Mir scheinen die Gründe für diese Ausscheidung von V. 20b—26 aus dem
Zusammenhang der Quelle nicht triftig. Der Grundbestand des ganzen Abschnittes
V. 17—26 kann aus der Quelle stammen (vgl. O. Hltzm. ZwTh 1889 S. 405 f.; J. Wß
S. 36 ff.). Anzeichen der Hand des Red.s finde ich in V. 19, am Schluße von V. 24
und in V. 25.
2. Der Gebrauch desselben Begriffes διακονία wie 20 24 legt die Vermutung nahe,
daß derselbe in der Quelle hier ebenso wie dort mit bezug auf die Kollekte gebraucht
war (vgl. B. Wß). Auch Sp. S. 262 und J. Wß S. 35 vermuten, daß aus dem Quellenberichte an u. St. eine Mitteilung über die Übergabe der Kollekte ausgefallen sei.
Liegt nicht in dem Begriffe διακονία noch ein Rest dieser Mitteilung vor? Auch die
Ähnlichkeit des übrigen Inhaltes von V. 19 mit 15 12 macht es wahrscheinlich, daß der
Vf. der AG. hier den Quellenbericht umgestaltet hat. Ihm schien es selbstverständlich,
daß Mitteilungen des P. über seine διακονία Mitteilungen über sein apostolisches Amt
waren.

gewordenen es unter den Juden[1] gibt, und die sind alle Gesetzeseiferer." Hyperbolisch ist die große Menge bezeichnet wie Lk 12₁. Der Zusammenhang, bes. V. 21 f., zeugt dafür, daß nicht von Judenchristen im allgemeinen, auch solchen außerhalb Palästinas (Overb.), sondern von den palästinensischen die Rede ist, von denen eine große Masse damals zum Feste in Jer. gewesen sein wird (vgl. Jäg. III S. 13). ζηλωταὶ τ. νόμου bed. Eiferer für die Geltung und praktische Befolgung des mos. Gesetzes. Vgl. Gal 1₁₄. **V. 21.** „Man hat ihnen aber in betreff deiner mitgeteilt, daß du alle Juden unter den Heiden (d. i. die Diaspora-Juden im Unterschiede von den palästinensischen, V. 20) Abfall von Moses lehrst, indem du ihnen sagst, sie sollten ihre Kinder nicht beschneiden und nicht nach Maßgabe der Sitten (d. i. der jüdischen Gesetzesordnung, vgl. 6₁₄. 15₁) wandeln." περιπατεῖν c. dat. wie Röm 13₁₃. II Kor 12₁₈. Gal 5₁₆. Der Vorwurf, daß P. die Diaspora-Juden zum Abfall von der Beobachtung des mos. Gesetzes auffordere, war ohne Zweifel unrichtig. P. forderte, daß den Heiden nicht das Joch des Gesetzes auferlegt würde. Wie er aber den Apostelberuf des Petrus zum Beschneidungs-Evangelium als einen von Gott gegebenen anerkannte (Gal 2₇f.), so erkannte er die Berechtigung an, daß die geborenen Juden weiter nach dem mos. Gesetze lebten (s. zu 15₂₁. 18₁₈), und fügte er sich selbst um der Juden willen gelegentlich diesem Gesetze (I Kor 9₂₀). Aber freilich betonte er überall den beschränkten Wert des Gesetzes: die Unmöglichkeit, durch Gesetzeswerke die Gerechtsprechung Gottes zu erlangen (Gal 2₁₆). Denn hierin lag der Grund dafür, daß den Heiden das Gesetz nicht auferlegt zu werden brauchte und daß auch er selbst, trotzdem er geborener Jude war, frei von dem Zwange des Gesetzes war. Diese Lehre des P. vom Gesetze wurde von seinen Gegnern zu dem an u. St. bezeichneten Vorwurfe entstellt.

V. 22. τί οὖν ἐστίν; = „was ist demnach?" d. h. was ist bei dieser Sachlage zu tun? Vgl. I Kor 14₁₅. ₂₆. „Jedenfalls werden sie hören, daß du gekommen bist[2]." Diese Bemerkung motiviert, weshalb in dem gegenwärtigen Momente etwas geschehen muß, um die Richtigkeit oder Verkehrtheit jenes Vorwurfes V. 21 darzutun. Da die Anwesenheit des P. nicht verborgen bleiben kann (wie vielleicht einst bei dem Besuche Gal 1₁₈f.), wird man Aufklärung mit bezug auf den die jüd. Gemüter beunruhigenden Vorwurf verlangen. In den textkritisch zweifelhaften Worten δεῖ συνελθεῖν πλῆθος kann das artikellose πλῆθος nicht, wie 6₂ u. ö., die Gemeindeversammlung bed., sondern nur eine Menge, wie 14₁. 17₄. **V. 23.** „Es sind bei uns vier Männer, die ein Gelübde auf sich haben." Durch ἐφ᾽ ἑαυτῶν

---

1. Die W.: ἐν τ. Ἰουδαίοις sind zu l. nach ABCE mehr. Min. vulg. cop. aeth. (W.-H., B. Wß.). T. hat sie nach א 3. 4*. 95*. 97 ausgelassen. D syr.sch. sah. Aug. haben: ἐν τῇ Ἰουδαίᾳ (Blaß β-Text). Rec.: Ἰουδαίων.
2. Nach אADEHLP etc. lautet der Text: πάντως δεῖ συνελθεῖν πλῆθος · ἀκούσονται γὰρ ὅτι ἐλήλυθας (so T., Blaß, Hilgf.). Aber die W. δεῖ συνελθεῖν πλῆθος und nachher γὰρ fehlen bei BC* einig. Min. u. b. meist. Verss. und werden danach gestrichen von W.-H., B. Wß. Wahrscheinlich sind sie ein sekundärer Zusatz, um an Stelle der Myriaden von Judenchristen in Palästina (V. 20) eine Menge von Judenchristen in Jer. als Subj. zu dem ἀκούσονται und dem γνώσονται V. 24 auffassen zu können (vgl. B. Wß S. 56).

ift ausgedrückt, daß die εὐχή, das Naſiräer=Gelübde (ſ. zu 18 18), als unge=
löſte Pflicht auf ihnen liegt (B. Wß). **v. 24.** „Die nimm zu dir und weihe
dich mit ihnen und beſtreite die Koſten für ſie, damit ſie ſich das Haupt
ſcheeren laſſen." P. ſoll ſich ihrem Naſiräate anſchließen und dann als Ge=
noſſe ihres Gelübdes für ſie die Koſten (für die Opfer) bei der Löſung des=
ſelben (Num 6 14ff.) tragen, damit ſie ſo des Gelübdes ledig werden und ſich
als Anzeichen dafür das Haupt ſcheeren laſſen können. Die Sitte, daß man
in ein Naſiräats=Gelübde Anderer eintreten konnte, um für ſie die erheblichen
Koſten zu übernehmen, iſt auch anderweitig bezeugt (Joſ. Ant. 19, 6, 1; vgl.
Mischna Nasir 2, 6). Wieweit die Naſiräerpflichten eines ſo dem Naſiräate
Anderer Beitretenden gingen, ob ſie über das hinausgingen, was in v. 26
von P. berichtet wird, wiſſen wir nicht. Vielleicht ſtand der dem P. ge=
machte Vorſchlag in Zuſammenhang mit ſeiner Überbringung der Kollekte
(vgl. J. Wß S. 35; anders Ramſay, S. Paul p. 310). Man ſchlug dem P.
eine ſolche Verwertung derſelben oder eines Teiles derſelben vor, welche ihrem
Zwecke, eine Liebesunterſtützung für die Armen zu ſein, entſprach und zu=
gleich das auf den Vorwurf v. 21 ſich gründende Mißtrauen der Juden=
chriſten gegen P. zerſtören konnte. „So werden Alle erfahren (das καὶ
γνώσονται κτέ. iſt nicht mehr von ἵνα abhängig), daß an dem, was ihnen
über dich mitgeteilt iſt, nichts iſt (vgl. 25 11), ſondern daß auch du ſelbſt als
Geſetzesbeobachter wandelſt." Einen jüdiſch=geſetzlichen Wandel führte P. in
Wirklichkeit nicht und er hätte die von den Presbytern ihm vorgeſchlagene
einzelne zeremonialgeſetzliche Handlung nicht vornehmen dürfen, wenn er da=
durch den Schein hätte erwecken ſollen, als lebte er regelmäßig in dieſer ge=
ſetzlichen Weiſe. Es handelte ſich aber nach v. 21 auch nicht um die Frage,
ob er ſelbſt regelmäßig das Geſetz beobachte, ſondern um den Vorwurf, daß
er die Juden in der Diaſpora von der Geſetzesbeobachtung abtrünnig zu
machen ſuche. Wenn er jetzt dem Vorſchlage zufolge Judenchriſten zur Aus=
führung eines jüdiſch=geſetzlichen Werkes unterſtützte, ſo bekundete er deutlich
und mit Recht, daß an jenem Vorwurfe nichts war. Aber darüber hinaus
über ſeinen eigenen geſetzlichen Wandel konnte er nichts und ſollte er auch
gewiß nichts bekunden. Wahrſcheinlich haben dieſe den Sinn der dem P. zu=
gemuteten Handlung übertreibenden Schlußworte von v. 24 nicht mit in der
Quelle geſtanden (vgl. B. Wß; J. Wß S. 36). **v. 25.** „Aber in betreff der
gläubig gewordenen Heiden haben wir Botſchaft geſandt[1] mit dem Erachten,
daß ſie ſich hüten ſollten vor uſw.". Erinnerung an die für die Heidenchriſten
getroffene Beſtimmung 15 20 (ſ. zu d. St. u. den Exkurs bei 15 21), die dieſen
durch beſondere Botſchaft zugegangen iſt (15 27). Durch dieſe Erinnerung
wird indirekt ausgedrückt, daß die frühere Beſtimmung noch fortbeſteht und
durch die jetzige Verabredung nicht berührt werden ſoll[2].

---

1. Die meiſten Texteszeugen haben ἐπεστείλαμεν (T., B. Wß); aber BD 40. cop.
syr. P· arm.: ἀπεστείλ. (W.=H.). Wegen 15 20 ſcheint die erſtere LA die paſſendere.
Aber bei dem Zuſammentreffen von B u. D kann man das ἀπεστ. nicht für ein ge=
dankenloſes Schreibverſehen (B. Wß) halten. Wenn das mit eigentümlicher Prägnanz
gebrauchte ἀπεστ. urſprünglich war, ſo lag die Abänderung nach 15 20 ſehr nahe.
2. Im Zuſammenhange, in welchem es ſich nur um die Geſetzespflicht der Juden

V. 26. Gleich am folgenden Tage entsprach P. der Aufforderung: „mit ihnen sich weihend ging er in den Tempel, indem er den Abschluß der Weihe=zeit, bis wohin für jeden Einzelnen von ihnen das Opfer dargebracht wurde, anmeldete". Das Part. Aor. ἀγνισθείς kann sich auf Reinigungsriten be= ziehen, die dem Tempelgange vorausgingen; es kann aber auch nach Analogie der Phrase ἀποκριθεὶς εἶπεν (f. 3u 1₂₄) von dem Eintritte ins Nasiräat ge= sagt sein, der sich eben darin vollzog, daß P. jetzt mit den vier Männern in den Tempel ging und dort die zum Abschlusse ihres Nasiräats gehörigen Opfer veranlaßte. Da die kürzeste Dauer eines Nasiräats 30 Tage betrug (Mischna Nasir 1, 3; vgl. Jos. Bell. 2, 15, 1), muß das Nasiräat der vier Männer damals schon länger bestanden haben. Der Abschluß wird nur wegen Mangels an den erforderlichen Geldmitteln hinausgeschoben gewesen sein. Die W.: ἕως οὗ προσηνέχθη ὑπὲρ ἑνὸς ἑκάστου αὐτῶν ἡ προσφορά kann man an den Hauptsatz εἰσῄει εἰς τὸ ἱερόν anknüpfen, in dem Sinne, daß P. im Tempel geblieben bezw. wiederholt zum Tempel hinaufgegangen sei, bis für jeden Einzelnen das Opfer (nämlich das für den Abschluß des Nasiräats vor= geschriebene) dargebracht war (Wiesel. S. 108; Nösg.; B. Wß). Aber rich= tiger dürfte die Verbindung mit dem unmittelbar vorangehenden Begriffe τὴν ἐκπλήρωσιν τῶν ἡμερῶν τοῦ ἁγνισμοῦ sein (Men., Weizs. Übers.). Der Abschluß des Nasiräats ist, wie aus V. 27 hervorgeht (f. zu d. St.), mehr= tägig; er währt so lange, bis das Opfer für jeden Einzelnen dargebracht ist. P. meldet an, daß dieses letzte Stadium des Nasiräats bis zum Ende durch= geführt werden soll. Nach Schwartz NGW 1907 S. 290 liegt an u. St. eine widerspruchsvolle Zusammenschiebung von zwei Formulierungen vor: „am fol=

bezw. Judenchristen handelt, erscheint dieser Hinweis auf die nach K. 15 für die Heiden= christen gültige Vorschrift der Proselytengebote sehr unvermittelt. Eine gewisse Ver= mittlung ist im Text. rec. gegeben (nach CEHLP d. meist. Min.), wo zwischen κρί= ναντες und φυλάσσεσθαι die W. eingefügt sind: μηδὲν τοιοῦτον τηρεῖν αὐτοὺς εἰ μή; noch mehr bei D, wo außer diesem Zusatze schon vorher hinter ἐθνῶν eingefügt ist: οὐδὲν ἔχουσι λέγειν πρός σε, dann hinter ἡμεῖς: γὰρ (Blaß im β=Text; Hilgf. ZwTh 1896 S. 382). Indem hier anstatt der Forderung der Proselytengebote vielmehr die Nichtforderung von etwas weiterem mit bezug auf die Heidenchristen bezeichnet ist, wird der Besorgnis vorgebeugt, als solle jetzt die frühere Konzession 15₁₉ aufgehoben werden. — Mit Recht hat Schür. ThLz 1882 S. 348 in der durch den Zusammenhang nicht gehörig motivierten Bezugnahme auf die Heidenchristen ein Anzeichen dafür ge= sehen, daß V. 25 ein redaktioneller Zusatz zum Quellenstücke ist (ebenso Clemen, Paul. I S. 301f.; Schwartz NGW 1907 S. 207). Der Vf. der AG. meinte hier wie 16₄ (f. zu d. St.) dem Berichte seiner Hauptquelle eine Beziehung auf das nach anderweitiger Überlieferung berichtete Apostel=Dekret einflechten zu sollen. Er verrät hier ebenso wie 16₄ seine sekundäre Auffassung dieses Apostel=Dekrets dadurch, daß er, abweichend von der ursprünglichen Adresse desselben 15₂₃, seine universale Bestimmung für die Heiden= christen aller Länder voraussetzt. Nach Harnack IV S. 55 ist V. 25 nicht Zusatz eines Redaktors zum Quellenbericht, sondern eines Interpolators zur fertigen AG. (vgl. B. Wß). Sp. (S. 260f.), der V. 20b—26 aus derselben Quelle B herleitet, wie K. 15, findet an u. St. doch nicht eine bloße Erinnerung an 15₂₂ff., sondern die neue Mit= teilung, daß man nach 15₂₃ den Heidenchristen von Syrien und Cilicien gemachte Auf= lage jetzt für die Heidenchristen überhaupt eingeführt sei. Andere (O. Hltzm. ZwTh 1889 S. 406; Gercke, Hermes XXIX S. 375f.; J. Wß S. 37f.; Knopf S. 65; Diehl ZNW 1909 S. 292 u. 295; Meinh, Bibl. Theol. d. NT § 89, 4) meinen, daß im Sinne der Quelle nicht eine Rückbeziehung auf ein von früherem bekanntes Dekret, sondern die dem P. ganz neue Mitteilung gegeben sei, man habe neuerdings von Jer. aus ein solches Dekret an die Heidenchristen erlassen.

genden Tage wurde er Nazir mit den übrigen und ging in den Tempel um
anzukündigen, wie lange er und die übrigen Nazir bleiben wollten", und:
„er pflegte den Tempel zu besuchen, bis das Opfer für einen jeden Nazir
dargebracht war".

Daß P. wirklich dem Presbytervorschlage entsprechend in ein Nasiräat eingetreten
sei und sich den damit verbundenen gesetzlichen Zeremonien unterworfen habe, ist besonders von den Kritikern der Tübinger Schule als unvereinbar mit der relig. Überzeugung des P. bestritten worden (vgl. Overb. S. 373ff.; Hausr. III S. 352; Hltzm.;
Hilgf. ZwTh 1896 S. 383). Andere sehen in diesem Verhalten des P. eine Konzession,
zu der er sich aus Schwäche verleiten ließ (so z. B. Trip, P. nach der AG. S. 246f.;
Renan, S. Paul p. 517f.). Aber dieses Urteil ist unberechtigt. In der gegebenen
Situation konnte P. gemäß seinem Grundsatze I Kor 9 20 jene zeremonialgesetzliche
Leistung ausführen, ohne seine Überzeugung zu verleugnen. Er tat mit ihr nichts
prinzipiell Anderes, als was er tat, wenn er auf seinen Reisen in die Synagogen ging
und dort selbstverständlich die zeremonialgesetzlichen Gebräuche mitmachte. Er hätte
gerade dann nicht mit voller innerer Freiheit dem mosaischen Gesetze gegenüberge-
standen, wenn er sich nicht unter Umständen zu solcher Betätigung in den Formen der
jüd. Gesetzlichkeit frei gewußt hätte. Mit Recht bedeutete es für ihn einen wesentlichen Unterschied, ob geborene Heiden Beschneidung und jüd. Gesetzlichkeit annahmen,
um dadurch erst Anwartschaft auf das messian. Heil zu erlangen (vgl. Gal 4 9—11.
5 2—4. Kol 2 20—22), oder ob geborene Juden als Christen nach der von den Vätern
überlieferten Gesetzesweise weiterlebten. Aus Gal 2 7f. geht deutlich hervor, daß P.
diesen geborenen Juden das Recht zum weiteren Wandel in jüd. Gesetzlichkeit nicht
bestritt. In unserm Falle kam es darauf an, die Verkehrtheit des ihm gemachten
Vorwurfes V. 21 darzutun. Durch die zeremonialgesetzliche Leistung, die er übernahm,
bewies er, daß er selbst als geborener Jude und sofern er unter Juden lebte
und verkehrte, die Beobachtung des jüd. Gesetzes nicht schroff ablehnte, sondern
unter Umständen mitmachte und bei Anderen unterstützte. — Als im ganzen geschichtlich verständlich wird der Vorgang beurteilt z. B. auch von Schür. ThLz 1882 S. 348;
Pfleid. S. 599f.; J. Wß S. 36ff.; Knopf; Harnack IV S. 54ff.

21 27—22 29. Verhaftung des P.[1]. V. 27. „Als aber die 7 Tage
im Begriffe waren zu Ende zu gehen, erblickten ihn die von Asien gekommenen Juden im Tempel und brachten die ganze Volksmenge in Aufruhr."
Schwierig ist die Erklärung des Art.s von ἑπτὰ ἡμέραι[2]. Dadurch werden

---

1. Das Geschichtliche in diesem Abschnitte (über die Rede 22 1—21 s. d. Anm. zu
22 1) wird im wesentlichen aus der Quelle stammen. So auch O. Hltzm. ZwTh 1889
S. 406f.; Sp. S. 279; Jgst S. 180f.; Hilgf. ZwTh 1896 S. 383f. 517f.; J. Wß S. 39f.;
Clemen, Paul. I S. 302f. Bestimmten Anlaß, eine redaktionelle Zutat anzuerkennen, finde
ich mit J. Wß am Anfange von 21 30, wo der Vf. der AG. aus V. 31 die Angabe über
die Erregung der ganzen Stadt vorweggenommen hat. Dagegen scheint mir die Annahme von J. Wß, daß in der Quelle als Vorbereitung auf den Vorwurf V. 28 b
wahrscheinlich zwischen V. 26 u. 27 eine Notiz über den Verkehr des P. mit Trophimus
gestanden habe, während V. 29 ein nachträglicher Zusatz des Red. sei, unnötig zu sein.
Ebenso wenig kann ich das Urteil billigen, daß man nach der Frage des P. in V. 37
eine Ansprache des P. nicht an das Volk, sondern an den Chiliarchen erwarte, weshalb Jgst a. a. O. V. 37b u. 38 mit den Einleitungsworten von V. 39 dem Red.
zuschreibt. Es ist ganz verständlich, daß der Verhaftete zuerst fragt, ob er überhaupt
jetzt eine Bitte dem Chiliarchen vortragen darf. Hilgf. a. a. O. S. 518f., Acta p. 297
weist das ganze Stück V. 37—40 als Einleitung zur folgenden Rede dem Red. zu.

2. Erleichternd hat E den Art. weggelassen (wonach Blaß im α-Text ihn ein-
klammert) und hat D die Umschreibung gegeben: συντελουμένης δὲ τῆς ἑβδόμης ἡμέρας
(so Blaß im β-Text; Hilgf.). Schwartz NGW 1907 S. 290 macht die Konjektur, der
ursprüngliche Text habe gelautet: ὡς δὲ ἔμελλον αἱ ἑπτα [ἑβδομάδες] συντελεῖσθαι, „als
die Festzeit der Schabu'oth zu Ende ging", die Festzeit der 7 Wochen nach dem Passah.

die 7 Tage als die bestimmten oder bekannten hingestellt. Im Vorangehenden ist aber von 7 Tagen wenigstens direkt nicht die Rede. Wiesel. S. 110f.; Baumg. II S. 152; Sp. S. 264; Jäg. III S. 14; Clemen, Paul. I S. 302 nehmen eine Beziehung auf die 7 Tage der Pfingstzeit an, zu der P. nach 20₁₆ in Jer. zu sein wünschte. Aber wenn es auch wahrscheinlich ist, daß P. zum gewünschten Termine wirklich in Jer. war (s. d. Anm. zu 20₁₆), so ist doch in V. 15ff. auch nicht indirekt von dem Pfingstfeste die Rede. Dasselbe wurde aber auch nicht mehrtägig, sondern eintägig gefeiert (Num 23₁₅—₂₁. Lev 28₂₆; vgl. Dillmann in BL IV S. 512). Deshalb konnte von der Woche nach Pfingsten nicht als von „den (bekannten) 7 Tagen" gesprochen werden. Man muß annehmen, daß in der Mitteilung V. 26 über den angemeldeten Abschluß des Nasiräats der 4 Männer für das Bewußtsein des Schriftstellers indirekt von den 7 Tagen geredet war. Wahrscheinlich waren es nicht gerade in diesem besonderen Falle 7 Tage, deren es bis zum vollen Abschluß der Nasiräatszeit bedurfte (Br., Theol. Jahrb. 1849 S. 482ff.; Nösg.; Zöckl.), sondern war es eine allgemeine (uns freilich sonst nicht bezeugte) Ordnung, daß der Abschluß eines Nasiräats von der Anmeldung beim Priester bis zur Scheerung des Hauptes 7 Tage in Anspruch nahm (Mey., B. Wß). Der Art. steht also ebenso wie bei προσφορά V. 26, wo das bekannte, zum Nasiräatsabschluß gehörige Opfer bezeichnet wird. — Durch ἔμελλον συντελεῖσθαι ist in unbestimmter Weise ein Zeitpunkt gegen Ende der 7 Tage bezeichnet. Wegen 24₁₁ (s. zu d. St.) ist es wahrscheinlich, daß es der fünfte Tag war. „Die aus Asien gekommenen Juden" werden durch den Artikel als eine geschlossene Gruppe hingestellt, die in ihrer Gesamtheit den P. im Tempel erblickte und den Tumult gegen ihn veranlaßte. Der Tempelbesuch des P. muß mit den Nasiräatsopfern V. 26 in Verbindung gestanden haben. — Statt des Imperf. συνέχεον bevorzugt Blaß (nach C u. einig. Min.) den Aor. συνέχεαν, weil als Präs. im NT gewöhnlich die Form χύνω gebraucht wird (s. zu 9₂₂). Aber die Präsensform χέω ist im NT nicht ausgeschlossen (Lk 10₃₄: ἐπιχέων). Vgl. Win.-Schmied. § 13 Anm. 13. **V. 28.** „Dies ist der Mensch, der überall (πανταχῇ statt des im NT gewöhnlichen πανταχοῦ) gegen das Volk (Israel, wie 10₂ u. ö.) und das Gesetz und diese Stätte (vgl. die Anklage 6₁₃) lehrt, und obendrein hat er sogar Hellenen in den Tempel hineingebracht usw." Der nach V. 29 vermutete Fall wird verallgemeinernd dargestellt. Der äußere Vorhof des Tempels war auch Heiden zugänglich. Aber der Zutritt in den durch eine steinerne Einfriedigung abgeschlossenen inneren Vorhof war allen Nichtjuden bei Todesstrafe verboten. Von den Inschriften, die dieses Verbot aussprechen (vgl. Jos. Ant. 15, 11, 5; Bell. 5, 5, 2; 6, 2, 4), ist eine aufgefunden, die so lautet: μηθένα ἀλλογενῆ εἰσπορεύεσθαι ἐντὸς τοῦ περὶ τὸ ἱερὸν τρυφάκτου καὶ περιβόλου· ὃς δ' ἂν ληφθῇ, ἑαυτῷ αἴτιος ἔσται διὰ τὸ ἐξακολουθεῖν θάνατον (Clermont-Ganneau, Athenaeum 1871 July 8 p. 48; Revue archéol. N. S. XXIII 1872, p. 214ss. 290ss.; vgl. dazu: Schür. II³ S. 272f. und Bertholet, die Stellung der Isr. u. der Juden zu den Fremden, 1896 S. 311f.). **V. 29.** „Denn sie hatten vorher gesehen (προορᾶν hier in anderer Bedeutung als 2₂₅; vgl. das προγινώσκειν

26, 5; auch προακούειν Kol 1 5; προαιτιᾶσθαι Röm 3 9) den Ephesier Tro=
phimus (vgl. 20 4) in der Stadt (im Unterschied vom Tempel) in seiner Be=
gleitung, und von dem nahmen sie an, daß ihn P. in den Tempel hinein=
gebracht hätte." Zu ὃν ἐνόμιζον ὅτι vgl. Joh 8 54. **V. 30.** „Und es geriet
die ganze Stadt in Unruhe und es entstand ein Zusammenlauf des Volks;
und man ergriff den P. und zerrte ihn aus dem Tempel heraus." Es ist
kaum denkbar, daß zwischen dem Anfange des Tumults V. 27, wo die asiat.
Juden schon Hand an P. legten, und dem Hinauszerren des P. aus dem
Tempel eine so lange Zeit verstrich, daß sich inzwischen die Aufregung durch
die ganze Stadt verbreiten und das Volk aus der Stadt im Tempel zusammen=
laufen konnte. B. Wß nimmt an, das Handanlegen sei in V. 27 proleptisch
bezeichnet; in Wirklichkeit sei es erst eingetreten, nachdem die asiat. Juden
die Stadt in Unruhe versetzt und mit der Volksmasse von dort wieder in den
Tempel gekommen seien. Aber viel wahrscheinlicher ist es, daß die Angabe
über den Aufruhr in der ganzen Stadt nicht ursprünglich in den Zusammen=
hang unserer St. gehört, sondern redaktioneller Zusatz wegen V. 31 ist. Im
Sinne der Quelle wird die συνδρομὴ τοῦ λαοῦ ein Zusammenlauf des im
Tempel befindlichen ὄχλος V. 27 gewesen sein, in unmittelbarem Anschluß an
das Handanlegen und Schreien der asiat. Juden V. 27 f. Man zerrte den
P. aus der Tempelstätte hinaus, damit diese nicht durch seine Anwesenheit
und auch nicht durch seine Tötung entweiht werde. Um auch der weiteren
Möglichkeit solcher Entweihung vorzubeugen, wurden dann sofort von der
levitischen Tempelwache die in den inneren Vorhof führenden Tore geschlossen.
V. 31. „Als man ihn aber zu töten suchte (Fehlen des Subj.s beim
Gen. abs. wie V. 10), kam eine Meldung (φάσις nur hier im NT) hinauf
(auf die Burg Antonia, westl. neben dem Tempelberg) an den Tribunen
(χιλίαρχος = Militärtribun; nach 23 26 namens Claudius Lysias) der Cohorte:
ganz Jerusalem ist in Aufruhr." Starke Bezeichnung des sich vom Tempel
in die Stadt fortpflanzenden Tumults. Über συγχύννεσθαι s. zu 9 22. **V. 32.**
Mit seinem Militär „eilte er hinunter auf sie (d. i. die den P. schlagenden
Juden) zu". **V. 33.** Der Tribun befahl die Fesselung des P., weil er an=
nahm, daß es ein Verbrecher sei, an dem das Volk Lynchjustiz übe. Zum
Wechsel des Modus in den W. τίς εἴη καὶ τί ἐστιν πεποιηκώς vgl. Win.
§ 41 b, 3 c (S. 281). **V. 34.** Um bei dem Durcheinanderrufen der Menge
(vgl. 19 32) „das Zuverlässige zu erfahren (vgl. 22 30)", ließ er den P. in
die παρεμβολή, „das Lager", bringen, d. i. in den befestigten Platz auf der
Burg Antonia, wo die röm. Garnison ihr Quartier hatte. Vgl. 22 24. 23 10.
16. 32. **V. 35.** „Als er aber auf die Stufen kam, die zur Burg hinauf=
führten (Jos. Bell. 5, 5, 8), passierte es, daß er von den Soldaten getragen
wurde wegen des Andrangs der Menge." **V. 36.** Man schrie: αἶρε αὐτόν,
„weg mit ihm"; vgl. Lk 23 18. Joh 19 15. **V. 37.** Zu dem εἰ bei der di=
rekten Frage vgl. zu 1 6. Bei der Frage: Ἑλληνιστὶ γινώσκεις; „griechisch
verstehst du?" braucht nicht λαλεῖν ergänzt zu werden (wie Neh 13 24), da
auch συριστὶ ἐπίστασθαι bezeugt ist (Xen. Cyrop. 7, 5, 31); vgl. graece
nescire (Cic. p. Flacc. 4). **V. 38.** „Du bist also nicht der Ägypter, der

vor einiger Zeit (πρὸ τούτων τῶν ἡμερῶν wie 5₃₆) die 4000 Mann Sikarier
aufgewiegelt und in die Wüste hinausgeführt hat?" Gemeint ist der ägyp=
tische Pseudoprophet, von dem Jos. Bell. 2, 13, 5; Ant. 20, 8, 6 erzählt,
er habe während der Prokuratur des Felix eine Schar von Anhängern aus
der Wüste auf den Ölberg geführt, damit sie von dort sähen, wie auf seinen
Befehl die Mauern Jer.s einstürzen würden; er sei dann, als Felix mit dem
röm. Militär seinen Anhang überwältigt habe, selbst entkommen. Die Zahl=
angaben des Jos. stimmen nicht zu unf. St., aber auch nicht zu einander:
nach Bell. 2, 13, 5 wurden von den ca. 30000 Anhängern des Ägypters
die meisten vernichtet oder gefangen; nach Ant. 20, 8, 6 wurden 400 ge=
tötet und 200 gefangen. Verschiedene Versuche zur Vereinbarung dieser
differenten Angaben f. bei Krenkel, Jos. und Lk. S. 243f. Daß die fog.
Sikarier (d. i. Banditen, eigentlich Dolchmänner) unter Felix an Zahl zu=
nahmen und ihr Unwesen trieben, wird von Jos. Ant. 20, 8, 10 hervor=
gehoben. Wie der Tribun auf die Vermutung kam, daß P. mit jenem
Ägypter identisch sei, läßt sich nicht sagen. V. 39. Das μέν — δέ hier läßt
sich wegen des inhaltlichen Verhältnisses der beiden Aussagen zu einander
nicht mit „zwar — doch" (Men.) wiedergeben. Es wird nur ein Erstes, was
P. zu sagen hat: wie es sich mit seiner Person verhält, von einem Zweiten:
daß er um Redeerlaubnis bittet, unterschieden. Sich selbst bezeichnet P. als
„Jude, aus Tarsus, Bürger einer nicht wenig berühmten (οὐκ ἀσήμου, Li=
totes) Stadt Ciliciens". Zur Unterscheidung vom Αἰγύπτιος würde Ταρσεύς
genügen. Aber für die Bezeichnung der Nationalität des P. war das vor=
angestellte Ἰουδαῖος ein wesentlich ergänzendes Moment, welches auch des=
halb nicht fehlen durfte, weil der Tribun aus dem Geschrei, daß P. den
Tempel entweiht habe, in Verbindung mit seiner griech. Sprache schließen
konnte, P. sei kein Jude und solle deshalb wegen seines Tempelbesuchs ge=
tötet werden. Der Angabe der AG. (vgl. 9₁₁. 22₃), daß P. aus Tarsus ge=
bürtig gewesen sei, steht entgegen die von Hieronymus (de vir. ill. 5 u. zu
Philem ₂₃) aufbewahrte Überlieferung, daß die Eltern des P. und er selbst
ursprünglich in Gischala in Galiläa gewohnt hätten und als Kriegsgefangene
nach Tarsus transportiert seien. Diese Überlieferung hat Krenkel, Paulus
S. 215f. u. Beitr. z. Gesch. u. Br. d. P. S. 1ff. gegenüber derjenigen der
AG. als die richtigere zu verteidigen gesucht (vgl. gegen ihn Bahnsen ThLz
1891 S. 143f.); Zahn NkZ 1904 S. 23ff.; Art. „Paulus" in R. E.³ unter
II sucht sie mit der Angabe der AG. zu vereinbaren durch die Annahme, daß
nur die Eltern des P. aus Gischala stammten, P. selbst aber in Tarsus ge=
boren wurde, nachdem sein Vater dort freigelassen war und römisches Bürger=
recht erworben hatte. V. 40. P. redete zur Volksmenge „in hebräischer
Sprache" (vgl. 22₂). Über διάλεκτος f. zu 1₁₉. Gemeint ist im Unterschiede
von der griech. Sprache die damalige jüdische, d. i. die aramäische, nicht aber die
alt=hebräische. Vgl. A. Meyer, Jesu Muttersprache, 1896 S. 42. War die
Muttersprache des Tarsen P. das Griechische, so daß er die aram. Sprache erst
später hinzugelernt hatte (vgl. Deißm., Bibelstud. S. 72), oder war er etwa bei
seiner echt hebräischen Herkunft (Phl 3₅) von Kind auf zweisprachig gewesen?

                                                                    20*

Kap. 22.

D. 1¹. Über die Anrede ſ. 3u 7₂. „Höret auf meine jetzige Verteidigung euch gegenüber". Das μου iſt nicht ein ſelbſtändig von ἀκούσατε abhängiger Gen., ſo daß ἀκούσατε mit doppeltem Gen. verbunden wäre (Mey.),
ſondern gehört 3u τῆς ἀπολογίας (B. Wß, Blaß). Ebenſo Joh 12₄₇. **D. 2.**
Als die Leute ſeine aramäiſche Sprache hörten „boten ſie noch mehr Ruhe",
d. i. ſteigerte ſich noch die ſchon 21₄₀ bezeichnete Stille. 3u μᾶλλον vgl. 5₁₄.
Von dem Feinde des jüd. Volkes (21₂₈) erwartete man nicht den Gebrauch
der jüd. Volksſprache. **D. 3.** Es iſt der Situation angemeſſen, daß P. zuerſt ſeine jüd. Nationalität feſtſtellt. Natürlich war er der großen Menge derer, die von den
aſiatiſchen Juden aufgehetzt auf ihn eindrangen, perſönlich unbekannt. Viele
mochten annehmen, daß er, der ein rabiater Feind des jüd. Volkes, Geſetzes
und Tempels ſein und den Tempel durch Einführung von Heiden geſchändet
haben ſollte (21₂₈), ſelbſt kein echter Jude und widerrechtlich in den Tempel
eingedrungen ſei. Demgegenüber betont er nun, daß er Jude ſei und trotz
ſeiner Geburt in Tarſus „aufgewachſen in dieſer Stadt (Jeruſ.), 3u den Füßen
Gamaliels (d. i. als Schüler desſelben) erzogen nach Genauigkeit des väterlichen
(d. i. von den Vätern überkommenen; πατρῷος auch noch 24₁₄. 28₁₇) Geſetzes, ein Eiferer für Gott". Die Notiz, daß P. Schüler des Gamaliel (ſ. 3u
5₃₄) war, ſteht nur an u. St. Man kann zweifelhaft ſein, ob die das Schüler-
verhältnis anſchaulich malende W.: παρὰ τ. πόδας Γαμ. noch 3u dem vorangehenden (Men., W.-H.) oder 3u dem folgenden Partiz. (T., B. Wß, Blaß)
3u ziehen ſind. Für die erſtere Faſſung ſpricht der formelle Grund, daß

---

1. Den Hauptinhalt der Rede V. 1–21 bildet eine Darſtellung der Bekehrung
des P. Zufolge unſerer früheren Unterſuchung (ſ. d. Exkurs hinter 9₁₉a) trägt dieſe
Darſtellung gegenüber derjenigen von K. 26 einen ſekundären Charakter. Sie kann
nicht aus derſelben Quelle ſtammen, wie die Rede K. 26, ſondern iſt, wie der Bericht
in K. 9, auf den Vf. der AG. zurückzuführen. Gleichwohl iſt es wahrſcheinlich, daß
auch in der Quelle eine Anſprache des P. an die Volksmenge berichtet, oder vielmehr
Erinnerungen an Fragmente einer damaligen Anſprache ſkizziert waren. Da der Schluß-
abſchnitt der uns vorliegenden Rede, V. 17–21, durchaus originell iſt gegenüber den
Berichten in K. 9 u. 26 und da er auch in guter innerer Beziehung 3u der konkreten
Situation der Rede ſteht (ſ. 3u V. 17), ſo dürfen wir in ihm wohl einen Beſtandteil
der in der Quelle überlieferten Anſprache ſehen. Als Einleitung der Anſprache kann
in der Quelle V. 1f. und der Grundbeſtand von V. 3 gegeben geweſen ſein. Wahrſcheinlich ſchloß ſich daran eine Bemerkung des P. über die ihm ſpäter offenbarte
Meſſianität Jeſu und ſeinen von Gott empfangenen Beruf zum Zeugniſſe von dieſem
Meſſias. Eben dieſe Bemerkung wird den Vf. der AG. zur ausführlichen Darſtellung
der Bekehrung des P. veranlaßt haben. Ich vermute, daß in der Quelle vor V. 17
auch der Gedanke des P. Ausdruck fand, er habe ſeinerſeits wohl den Wunſch gehegt,
zuvörderſt in Jer. ſeinen Brüdern nach dem Fleiſche die meſſianiſche Predigt zu bringen.
Denn dieſer Wunſch iſt die Vorausſetzung des Geſpräches mit dem Herrn V. 17ff. (ſ.
3u V. 18). — Sp. S. 270ff. u. Jgſt S. 85ff. leiten unſere Rede im ganzen aus der
Quelle A her. Doch findet Sp. Zuſätze des Red. in V. 4b. 5b. 10. 11b. 19. 20. 21a;
Jgſt in V. 4b und in V. 10 (von πορεύου an) –20 (bis πορεύου). O. Hltzm. 3wTh
1889 S. 467 u. J. Wß S. 41f., auch McGiffert p. 350, ſchreiben die ganze Rede dem
Red. 3u. Auch Hilgf. 3wTh 1895 S. 443ff.; 1896 S. 522 weiſt die Rede dem Autor
ad Theoph. 3u; nur ſtammen „vielleicht" V. 17–19 u. 21 aus den Acta Pauli
(Acta p. 296).

bann mit den 3 Part. γεγεννημένος, ἀνατεθραμμένος, πεπαιδευμένος je
eine neue Näherbestimmung anhebt. Aber für die zweite Fassung spricht der
sachliche Grund, daß das Sitzen zu den Füßen Gam.s dem Sinne nach zu der
Aussage über die Gesetzeserziehung gehört. Zur Sache vgl. Gal 1 14. Phl 3 6.
Zu ζηλωτής mit Gen. vgl. 21 20. Seinen früheren ζῆλος τοῦ θεοῦ betrach=
tete P. vom christl. Standpunkte aus natürlich ebenso wie den gegenwärtigen
der Juden als einen ζῆλος οὐ κατ᾽ ἐπίγνωσιν (Röm 10 2). Blaß verbindet
τ. πατρῴου νόμου mit ζηλωτής und hält τοῦ θεοῦ für Interpolation.
Zu V. 4 vgl. 8 3. 9 2. 26 10. I Kor 15 9. Phil 3 6. V. 5. Der da=
malige Hohepriester (9 1) und die ganze Ältestenschaft (τὸ πρεσβυτέριον wie
Lt 22 66), d. i. das Synedrium, welches 9 1f. nicht erwähnt ist (doch vgl. den
Plur. ἀρχιερεῖς 9 14, 21), in dessen Namen aber der Hopepriester damals ver=
fahrend gedacht ist, werden von P. als die jetzt noch vorhandenen Zeugen
(Präf.) für seinen damaligen Verfolgungseifer geltend gemacht. Mit Briefen
an die „Brüder", d. h. hier an die jüd. Volksgenossen (vgl. die Anrede V. 1),
war P. nach Damaskus gezogen, „um auch die die dorthin Gekommenen ge=
fangen nach Jer. zu bringen, damit sie bestraft würden (vgl. 26 11)". Über
die Prägnanz der Ausdrucksweise τοὺς ἐκεῖσε ὄντας s. z. 2 5. 39. 21 3. Zu
V. 6—11 vgl. 9 4—8. 26 12—16 a. Über die Differenz zwischen V. 9 u. 9 7
s. zu dieser St.[1]. Weil die nach 9 5f. zusammenhängenden W. des erschei=
nenden Christus an u. St. durch die geschichtliche Bemerkung V. 9 unter=
brochen sind, wird ihre Wiederaufnahme durch die neue Frage des P.: τί
ποιήσω, κύριε; eingeleitet. In V. 11 ist das absolut gebrauchte ἐμβλέπειν
= Sehvermögen haben („als ich nicht sehen konnte infolge des Glanzes usw.")
ohne Analogie[2]. V. 12. Die in 9 10 fehlende Charakteristik des Ananias
als eines „frommen, von allen dort wohnenden Juden anerkannten Mannes"
steht in Analogie zu den Aussagen des P. über sich selbst V. 3 u. 5. Sie
ist in unserer Rede durch den Zweck bedingt, zu zeigen, daß das Christsein
und christliche Missionswirken des P. nicht in einem Haß gegen das jüd. Volk
und Gesetz ihre Wurzeln gehabt haben. Zu μαρτυρούμενος vgl. 6 3. 10 22.
V. 13. In der Aufforderung ἀνάβλεψον bed. das absolute ἀναβλέπειν
ebenso wie 9 12, 17f.: „wieder sehend werden". Bei dem folgenden ἀνέβλεψα
εἰς αὐτόν mischt sich aber diese Bedeutung mit der anderen: „hinaufsehen"
(vgl. Lt 19 5. 21 1). Wir können diese Doppelbedeutung nicht mit demselben
W. wiedergeben, sondern müssen, um den ganzen Sinn des ἀνέβλεψα εἰς
αὐτόν auszudrücken, umständlich umschreiben: „ich wurde wieder sehend und
sah zu ihm auf"[3]. V. 14. „Der Gott unserer Väter hat dich dazu be=

---

1. Der Zusatz: καὶ ἔμφοβοι ἐγένοντο, den DELP sah. syr. P. gig. in V. 9 hinter
ἐθεάσαντο haben (Blaß im β=Text), ist eine Ergänzung nach 9 7. Es ist leicht begreif=
lich, daß statt des ungewöhnlichen ἐνεοί (9 7) das im lukan. Sprachgebrauch mehrfach
vorkommende ἔμφοβοι (Lt 24 5. 37. AG 10 4. 25 25) aufgenommen wurde.

2. Deshalb ist vielleicht die LA von B: οὐδὲν ἔβλεπον (vgl. 9 8) trotz ihres Allein=
stehens doch die ursprüngliche, aus der die LA οὐκ ἐνέβλεπον durch frühes Schreib=
versehen entstand (Blaß).

3. In d. sah. fehlen die W. εἰς αὐτόν. Danach haben Blaß im β=Texte und
Hilgf. sie gestrichen und Schmiedel SchwThZ 1898 S. 50 erklärt sie für einen aus

ſtimmt (über προχειρίζεσθαι ſ. 3. 3 20 u. vgl. 26 16), zu erkennen ſeinen Willen (näml. den auf das meſſianiſche Heil bezüglichen) und zu ſehen den Gerechten uſw." Jeſus wird als δίκαιος bezeichnet, weil ſein Erſcheinen als Auferſtandener insbeſondere darauf abzielte, ihn als den von den Juden unſchuldig Getödteten, von Gott als gerecht Anerkannten zu beglaubigen. Vgl. 3 14f. 7 52. Zu V. 15 vgl. 9 15 u. 26 16. Der Wechſel des Tempus in den W.: ὧν ἑώρακας καὶ ἤκουσας iſt für zufällig zu halten. Blaß (vgl. Gr. § 59, 3) findet in ihm ausgedrückt, daß das Sehen des Herrn das wich= tigere, die Apoſtelweihe gebende Moment, das Hören das minder weſentliche war. Aber in der Parallelſtelle 26 16 iſt gerade der Aor. εἶδες gebraucht. Blaß ſelbſt (a. a. O. Anm. 1) weiſt darauf hin, daß dieſelbe Verbindung: ἑώρακεν καὶ ἤκουσεν auch Joh 3 22 vorliegt und daß das Perf. ἀκήκοα im NT ſelten iſt und bei Lk. nirgends vorkommt. V. 16. „Und nun was zögerſt du? (dieſe Bedeutung von μέλλειν nur hier im NT). Steh auf und laß dich taufen und abwaſchen von deinen Sünden." Zur Bedeutung der Media βάπτισαι καὶ ἀπόλουσαι vgl. Blaß, Gr. § 55, 2. Der Taufe wird wie 2 38 eine Zweckbeziehung auf die Sündenvergebung gegeben.

V. 17. „Als ich aber nach Jer. zurückgekehrt war und im Tempel betete, geriet ich in Verzückung." Dieſe Rückkehr nach Jer. iſt vom Vf. d. AG. gedacht als die in 9 26 — 30 beſchriebene. Wir müſſen ſie identifizieren mit der von P. ſelbſt Gal 1 18f. bezeugten, 3 Jahre nach der Bekehrung des P. ſtattgehabten (ſ. d. Exkurs hinter 9 30). Hilgf. ZwTh 1895 S. 443 ff.; 1896 S. 522 nimmt an, daß in der Quelle (C) eine flüchtige Anweſenheit des eben bekehrten P. in Jer., noch verſchieden von derjenigen Gal 1 18f., berichtet geweſen ſei. — Die Anreihung des Gen. abs. καὶ προσευχομένου μου an den Dativ μοι ὑποστρέψαντι, worauf dann noch der Akk. με folgt, iſt eine ſtiliſtiſche Härte, die Blaß (vgl. Gr. § 74, 5) durch Streichung des καὶ zu mildern ſucht. Bei E einig. Min. und vulg. iſt ſie durch Einſetzung des Dat. προσευχομένῳ beſeitigt. — Daß der Vorgang, von dem P. hier erzählt, im Tempel ſtattfand, iſt für P. ein wichtiges Moment ſeiner Ver= teidigung gegen den Vorwurf des Tempelhaſſes und der Tempelentweihung (21 28). Man ſoll ſehen, daß ihm, auch nachdem er Chriſt geworden, der Tempel eine geweihte Stätte der Gottesverehrung geblieben war und daß er gerade während des Betens an dieſer Stätte einen göttlichen Antrieb zu jener Heidenmiſſion bekommen hat, die den Juden fälſchlich als ein Produkt ſeines Haſſes gegen die jüd. Nation und Religion erſchien. Über ἔκστασις ſ. 3. 10 10. γίνεσθαι ἐν ἐκστάσει iſt Gegenſatz zum γίνεσθαι ἐν ἑαυτῷ 12 11. V. 18. Die Aufforderung: „beeile dich und geh ſchnell fort aus Jer." wird nicht motiviert durch eine Gefahr, die dem P. in Jer. drohte, ſondern nur dadurch, daß ſein Zeugnis dort erfolglos bleiben würde. Sie tritt entgegen

---

irriger Auffaſſung des ἀνέβλεψα entſprungenen ſpäterer Zuſatz. Iſt nicht vielmehr zu urteilen, daß den Überſetzern die Wiedergabe des prägnanten ἀνέβλεψα εἰς αὐτόν ſchwer wurde und daß es ihnen ſehr nahe lag, bei dem für den Zuſammenhang not= wendigen Begriffe des Wiederſehendwerdens das im εἰς αὐτόν liegende Moment des Aufblickens zum Ananias wegzulaſſen?

dem in der uns vorliegenden Rede bisher nicht bezeichneten, aber der Einrede D. 19f. zu Grunde liegenden Wunsche des P., in Jer. zu bleiben, um
dort den Juden zu predigen (vgl. oben b. Anm. 3. D. 1). Daß P. seinem
natürlichen Herzen nach diesen Wunsch hegte und daß derselbe mit besonderer
Macht in ihm lebendig wurde, als er zum ersten Male nach seiner Bekehrung wieder in Jer. und im Tempel weilte, ist durchaus verständlich (vgl.
Röm 9₁₋₅. 10₁. 11₁₈f.). Aber was ihm schon gleich bei seiner Bekehrung
bewußt geworden war, daß sein besonderer Beruf an die Heidenwelt gehe,
das wurde ihm nach u. St. bei der im Tempel erlebten Ekstase als Wille
des Herrn, in dessen Dienst er stand, bestätigt. Der ihm auch als möglich
erschienene Weg: erst unter dem Volk Isr. zu predigen und sich die Heidenmission für später vorzubehalten, wurde ihm als ein verkehrter untersagt.
Sein Versuch, zuerst das Volk Isr. zu gewinnen, würde nur einen unnützen
Zeitverlust für seine Hauptaufgabe, die Heidenmission, bedeuten. Denn: „von
dir werden sie ein Zeugnis über mich nicht annehmen". Das vorangestellte
σου ist betont: in seiner Person wird für die Juden ein Anlaß liegen, sein
Zeugnis über den Messias abzulehnen. **D. 19.** Die Einrede des P. beruht
auf dem Gedanken, daß doch gerade sein Zeugnis vom Messias insofern ein-
druckvoll auf die Juden wirken werde, als sie sich sagen müßten, daß einer,
der früher selbst so entschiedener Gegner des Christentums war, nur aus
zwingenden Gründen ein Verkündiger desselben geworden sein könne. Der
Ton liegt hier auf dem ἐγώ entsprechend dem σου D. 18. **D. 20.** Vgl.
7₅₈. 8₁. Darin daß der zeitlich der Verfolgung D. 19 vorangehende Ste-
phanusmord erst hinter D. 19 berücksichtigt wird, liegt kein Anzeichen des
nachträglichen Eingeschobenseins von D. 20 (Sorof S. 63f.). D. 20 bringt
im Verhältnis zu D. 19 insofern eine sachliche Steigerung, als der Christen-
haß des P. sich nicht nur in der Gefangensetzung und Züchtigung der Christen,
sondern sogar im Interesse an ihrer Tödtung betätigte (vgl. D. 4: ἄχρι θανάτου). καὶ αὐτός: „auch ich". Vgl. 21₂₄. **D. 21.** In der kurzen Wiederholung des Befehles von D. 18 liegt indirekt, daß die Erwägung, aus der
heraus P. seine Einsprache erhoben hat, keine richtige ist. Der Befehl: „zieh
fort (aus Jer.)", wird dann ergänzt durch die positive Bezeichnung der Absicht des Herrn mit ihm: „denn ich (betontes ἐγώ im Gegensatz zum eigenen
Wunsche des P.) will dich zu Heiden in der Ferne hinaussenden (vgl. 26₁₇)".

D. 22. Die Rede des P. wurde unterbrochen. Die Erwähnung seiner
Heidenmission als einer ihm direkt von Gott zugewiesenen Aufgabe brachte
den Fanatismus der Juden gegen ihn von neuem zum Ausbruch, weil ihnen
seine Heidenmission gerade als Gipfel seiner Auflehnung gegen die heilige
Gottesordnung erschien. Sie schrieen: „weg (αἶρε wie 21₃₆) von der Erde
mit dem; denn es gehört sich nicht, daß er am Leben ist". Statt des Imperf.
καθῆκεν würde im Attischen das Präs. stehen, weil doch nicht nur die Meinung ausgedrückt werden soll, daß das Leben des P. ziemlicher nicht statt-
hätte (vgl. Win. § 41a, 2), sondern vielmehr die Forderung, daß das un-
geziemende Dasein des P. beseitigt werde (vgl. Blaß ThLz 1894 S. 339;
Gr. § 63, 4). **D. 23.** Das Abreißen der Oberkleider und Staubwerfen in

die Luft wird von Men., Nösg., B. Wß u. A. als Ausdruck des Wunsches,
die Steinigung vorzunehmen, verstanden. Aber da jedenfalls an ein wirk=
liches Steinigen des in den Händen des röm. Militärs befindlichen P.
nicht gedacht werden konnte, ist das geschilderte Gebahren wohl nur Ausdruck
stürmischer Erregung im allgemeinen (vgl. Ovid. Amor. 3, 2, 74; so Wetst.,
de W., Overb. u. A.). Das ῥιπτεῖν der Kleider wird dann nicht als Ab=
legen (wie 7₅₇) gedacht sein, aber auch nicht als Zerreißen (Weizs. Übers.),
sondern als Hin= und Herwerfen, d. i. aufgeregtes Gestikulieren mit ihnen.
V. 24. Der Tribun „sagte, daß er mit Geißelung verhört werden solle".
Das Part. Aor. II εἴπας ist selten (vgl. Win.=Schmied. § 13, 13; Blaß Gr.
§ 21, 1), an u. St. aber durch die besten Handschriften bezeugt statt εἰπών.
Der Tribun hatte die aramäische Ansprache des P. schwerlich verstanden,
würde aber auch, wenn er sie verstanden hätte, schwerlich aus ihr haben
entnehmen können, was eigentlich gegen P. vorlag. Da er aus dem neuen
Ausbruche der Wut der Menge schloß, daß P. irgend einen Frevel begangen
haben müsse, aber auch nicht auf ein gutwilliges Geständnis desselben rechnete,
verordnete er ein peinliches Verhör, wie es gegenüber Sklaven angewendet
zu werden pflegte.

V. 25. „Als sie (die zur Exekution befehligten Soldaten) ihn aber für
die Riemen vorgestreckt hatten (d. .h. ihn so ausgestreckt an einen Block ge=
bunden hatten, daß er für die Riemen der Peitsche bereit lag), sagte P. — —:
ist es erlaubt (vgl. 21₃₇), einen röm. Mann noch dazu ohne richterliches Ver=
fahren zu geißeln?" S. zu 16₃₇. Die Frage nach dem Erlaubtsein ist iro=
nischer Ausdruck des Erstaunens darüber, daß das offenbar Unerlaubte ge=
schehen soll. **V. 27.** In dem betonten σύ in der Frage des Tribunen drückt
sich die Verwunderung darüber aus, daß dieser bisher von ihm verachtete
Mensch römischer Bürger zu sein beansprucht. **V. 28.**[1] „Ich meinerseits
habe um eine große Summe dieses Bürgerrecht erworben." Nach Dio Cass.
60, 17 trieb die Gemahlin des Kaisers Claudius Mißbrauch mit dem Ver=
kaufe des röm. Bürgerrechts. Daß der Militärtribun auf eben diesem Wege
dieses Recht erlangt hatte, ist um so wahrscheinlicher, als er Claudius Lys.
hieß (23₂₆). Er wird durch Aufnahme in die gens Claudia röm. Bürger
geworden sein. Vgl. O. Hltzm.[2] S. 90f. Der Hinweis des Tribunen auf
seinen eigenen teuren Erwerb des röm. Bürgerrechts ist wohl nicht als in=
direkter Ausdruck des Zweifels zu betrachten, wie der anscheinend unbemittelte
Tarse zu diesem Rechte gekommen sein könnte (Men., B. Wß). Denn dann
wäre in der Erwiderung des P. das καί nicht am Platze. Vielmehr wollte
der Tribun nur ausdrücken, daß er den hohen Wert dieses Rechtes wohl zu
würdigen wisse. Sonst hätte er sich den Erwerb desselben nicht eine hohe

---

1. Das Gespräch V. 26—29 ist bei D mit gewissen, aber für den Sinn nicht er=
heblichen Modifikationen wiedergegeben. V. 28 lautet hier: καὶ ἀποκριθεὶς ὁ χιλίαρ=
χος [καὶ] εἶπεν· ἐγὼ οἶδα πόσον κεφαλαίου κτέ. Einige Verss. (bei Beda; cod. dubl.
bei Berger; vers. bohem.) haben hierbei noch den Zusatz: tam facile dicis civem
Romanum esse? [bezw.: quam facile te civem Rom. dicis?] ego enim scio etc.
Danach rekonstruiert Blaß den β=Text. Vgl. Belser S. 126f. — Der Cod. D bricht
bei dem ἀπ' αὐτοῦ 22₂₉ ab.

Summe toſten laſſen. Indem P. die andere Art bezeichnet, wie er ſelbſt zum
röm. Bürgerrecht gekommen iſt, drückt er durch das καί zugleich aus, daß er
als geborener Römer noch einen gewiſſen Vorzug vor dem erſt durch
Kauf dazu gewordenen hat. Über das röm. Bürgerrecht des P. ſ. zu
16 37 u. 21 39. V. 29. „Der Tribun aber (καί — δέ wie 2 44. 3 24) geriet
in Furcht, da er erfuhr, daß er Römer ſei, und weil er ihn hatte feſſeln
laſſen." Äußerlich ſcheint es, als ſei der Satz: ὅτι αὐτὸν ἦν δεδεκώς in
Koordinierung mit dem vorangehenden: ὅτι Ῥωμ. ἐστιν abhängig von ἐπιγνοὺς (B. Wß). Dem Sinne nach paßt dies aber nicht, ſondern iſt der Satz
in Koordinierung mit ἐπιγνοὺς ὅτι κτέ. abhängig von ἐφοβήθη (Men.).
Noch beſſer träte das logiſche Verhältnis hervor, wenn man mit Blaß (nach
syr. sch. gig.) das καί ſtreichen dürfte.

22 30 — 23 11. P. vor dem Synedrium[1]. V. 30. Am folgenden Tage
aber, wo er das Zuverläſſige zu erfahren wünſchte (vgl. 21 34), weshalb er
von den Juden angeſchuldigt werde (exegetiſche Näherbeſtimmung zu τὸ
ἀσφαλές mit vorgeſetztem Artikel wie 4 21), ließ er ihn losmachen und befahl
eine Verſammlung der Hohenprieſter und des ganzen Synedriums (ſ. zu 4 5)
und ließ P. hinunterbringen (von der Burg Antonia hinunter auf den Tempel=
platz, wo das Gebäude des Synedriums lag; ſ. zu 6 13) und vor ſie ſtellen."
Nach V. 29 wäre anzunehmen, daß der Tribun den P., nachdem er von dem
röm. Bürgerrechte deſſelben erfahren hatte, ſogleich der (ſchweren) Feſſelung
habe entledigen laſſen[2]. Deshalb bezieht Overb. (auch Hltzm., B. Wß) die
Zeitbeſtimmung nur auf βουλόμενος γνῶναι, nicht auch auf ἔλυσεν und
ἐκέλευσεν. Aber da die dritte Ausſage im Verb. fin.: καὶ καταγαγὼν τὸν
Π. ἔστησεν εἰς αὐτούς jedenfalls vom folgenden Tage gilt, iſt es mindeſtens
wahrſcheinlich, daß im Sinne des Vf. d. AG. die Zeitbeſtimmung ſich auch
auf die beiden anderen Verba fin. bezieht. Nur im Sinne der Quelle, wo
V. 30 b fehlte (vgl. die vorletzte Anm.) wird ſie zu βουλόμενος γνῶναι ge=
hört haben. — Da P. auch weiterhin als Gebundener erſcheint (23 18. 24 27.

---

1. Das Stück 22 30 — 23 10 iſt für einen Einſchub in den Bericht der Quelle zu
halten. In dieſem Urteile ſtimmen überein Sp. S. 264 ff. (der es aus der Quelle B
entnommen ſein läßt); Jgſt S. 181 f.; Hilgf. ZwTh 1896 S. 525 ff.; J. Wß S. 43;
Clemen, Paul. I S. 307 ff. Der entſcheidende Grund für dieſes Urteil liegt darin, daß
der Inhalt des Stückes ſowohl in ſeiner erſten wie in ſeiner zweiten Hälfte an ſolchen
Unwahrſcheinlichkeiten leidet, wie ſie ſonſt den Quellenſtücken nicht anhaften (ſ. zu
22 30. 23 5. 6). Bei Ausſcheidung des Stückes fehlt nichts für den übrigen Zuſammen=
hang. Vielmehr paßt der Zuſpruch des Herrn an P. 23 11 (den freilich J. Wß auch
dem Red. zuſchreibt) ſeiner Bedeutung nach am beſten in die Nacht, die dem Ver=
haftungstage folgte. An dieſem, nicht aber bei der Verhandlung vor dem Synedrium,
hatte P. „Zeugnis für den Herrn vor Jer. abgelegt". Auch die Erzählung 23 12 ff.
ſetzt nicht voraus, daß eine Verhandlung vor dem Synedrium ſchon ſtattgefunden hatte.
Wahrſcheinlich lag für den Vf. d. AG. der Anlaß zum Einſchube von 22 30 — 23 10 darin,
daß ein Grundbeſtand von 22 30a in der Quelle ſtand: die Bemerkung, der Tribun
habe den P. ſeiner Feſſeln entledigt und beſchloſſen, am folgenden Tage zu unter=
ſuchen, weſſen man den P. anſchuldige (vgl. Sp. S. 269). Vielleicht beſtärkte ihn der
Kompar. ἀκριβέστερον 23 15 in der Vorſtellung, daß zuerſt eine erfolgloſe Unterſuchung
vor dem Synedrium ſtattgefunden habe (vgl. z. 18 26).

2. So geſchieht es nach dem Texte von 137. syr. p. marg. sah. S. darüber oben
S. 55.

26 29), ift das ἔλυσεν nur auf die Abnahme der fdweren Feffeln (21 33) zu
deuten, während die zur custodia militaris gehörige Anfeffelung an einen
Soldaten (f. zu 12 6) beftehen blieb.

Kap. 23.

V. 1. Daß die Mitglieder des Synedriums nur als „Männer, Brüder",
und nicht zugleid) refpektvoll als „Volksobere" und „Väter" (vgl. 4 8. 7 2)
angeredet werden, ift auffallend, bef. im Vergleidp mit 22 1, und ift gewiß
nicht unbeabfidptigt. Es wird dadurd) angedeutet, daß P. das Synedrium
nicht als übergeordnete Autorität für fid) anerkennt (Oberb.).   „Ich habe
mit völlig gutem Gewiffen meinen Wandel vor Gott geführt bis auf diefen
Tag." P. felbft (das ἐγώ ift nachdrüdlich vorangeftellt) ift fid) keiner Schuld
bewußt. Vgl. 24 16. I Kor 4 3f. II Kor 1 12. Zu συνείδησις ἀγαθή vgl.
I Tim 1 5. 19.   I Pt 3 16. 21; zu πολιτεύεσθαι Phl 1 27.

V. 2. Über den Hohenpriefter Ananias, den Sohn des Nebedaeus, den
Nachfolger des Jofeph, Sohnes des Kami, vgl. Jof. Ant. 20, 5, 2; 9, 2—4.
Seine Regierungszeit läßt fid) nicht genau feftftellen (nach Schür. ca. 47—59
n. Chr.). Er wurde gegen Ende der Prokuratur des Felix abgefeßt (Jof.
Ant. 20, 8, 8), behielt aber feines Reichtums wegen aud) hinterher großen
Einfluß. Zu Anfang des jüd. Krieges wurde er von Juden ermordet (Jof.
Bell. 2, 17, 6. 9). Vgl. Schür. II ³ S. 219; O. Hlßm. ² S. 164.   Die
„neben ihm Stehenden" find anwefende Diener; vgl. Lk 19 24. Joh 18 22.
V. 3. In lebhaftem Unwillen über die brutale, rechtswidrige Art, wie ihn
der Hohepriefter mißhandeln läßt, fagt ihm P.: „fdlagen wird did) Gott, du
getünchte Mauer! Und du fißeft da, um über mich nach dem Gefeße zu
richten, und wider das Gefeß befiehlft du mid) zu fdlagen?" Vgl. den Grund=
faß Röm 12 19, andrerfeits die ruhigere Haltung Jefu in analoger Lage Joh
18 22f. Für die göttliche Strafe wird der bildliche Ausdrud τύπτειν (vgl.
Ex 7 27. Ez 7 9) gebrauct und nachdrüdlich vorangeftellt um die Korrefpondenz
zwifchen dem, was der Hohepriefter tut, und dem, was er erfahren wird, her=
vortreten zu laffen. Der Ausdrud: „getünchte Mauer" wird nicht als Bild
für heucherifches Wefen (vgl. Mt 23 27), fondern im Anfchluß an Ez 13 10—15
als Bild für etwas fdeinbar Feftes, aber fdnell Zerftörbares gedacht fein
(vgl. Rönfch ZwTh 1884 S. 360ff.). In dem folgenden καὶ σύ bed. das καί
nicht „aud)" (Mey., Blaß), fondern ift kopulativ. Vgl. das eine Frage an=
fügende καί Lk 10 29.   Durd) die einfache Nebeneinanderftellung der zu ein=
ander in Widerfprud) ftehenden Tatfachen, daß der, welcher gemäß dem Ge=
feße richtet, d. h. zu richten berufen ift, dabei felbft widergefeßlich verfährt,
wird die Verkehrtheit diefes Verhaltens draftifdp hervorgehoben. παρανομεῖν
nur hier im NT (das Subft. παρανομία II Pt 2 16). **V. 4.** „Du fdmähft
den Hohenpriefter Gottes?" Der Gen. τ. θεοῦ ift zu verftehen nach Ana=
logie des Gen. bei ἱερεύς: 14 13. Hbr 7 1. Apt 20 6. Er wird hier zuge=
feßt, weil die befondere Beziehung des Priefters, und nun gar des oberften

Priesters, zu Gott seine besondere Würde begründet. V. 5. Die Aussage des P.: „ich wußte nicht, daß er Hoherpriester ist", ist sehr befremdlich. Denn wenn P. auch nach seiner langen Abwesenheit von Jer. den Hohenpriester nicht schon vor der Verhandlung gekannt haben wird, so mußte er ihn doch bei der Verhandlung selbst sofort an seiner Tracht und seinem Vorsitze er= kennen. Viele Ausleger nehmen deshalb an, der Hohepriester habe nicht regelmäßig den Vorsitz im Synedrium gehabt (Bethge S. 218 f.; Zöckl.), oder P. habe das Befehlswort V. 2 nur gehört, aber nicht den Sprecher desselben gesehen und deshalb vermutet, ein gewöhnliches Mitglied des Richterkollegiums habe es gesprochen (so schon Chrys.; neuerdings Blaß, Belser S. 127 ff.). Aber diese Erklärung ist ebenso unwahrscheinlich, wie die von Jäg. III S. 19 ff., P. habe wegen Kurzsichtigkeit den Hohenpriester nicht erkannt. Andere Aus= leger (τινές bei Chrys.; Calv.; von neueren Br. I S. 236 f.; Men.; K. Schmidt I S. 277; B. Wß) legen der Aussage des P. einen ironischen Sinn unter: in einem Manne von solcher Gemeinheit und Ungesetzlichkeit konnte ich den Hohenpriester nicht erkennen. Aber dann hätte dieser Grund, welcher für die ethische Beurteilung das Erkennen des Hohenpriesters unmöglich machte, ausdrücklich bezeichnet sein müssen. Noch andere Ausleger (z. B. Olsh., Nösg.) übersetzen οὐκ ᾔδειν: „ich bedachte nicht" oder „ich dachte nicht daran". Aber diese Bedeutung läßt sich nicht belegen. Die W. bezeichnen das wirk= liche Nichtgewußthaben des P. Da dieses aber sehr unwahrscheinlich ist, andrerseits eine direkte Unwahrheit dem P. nicht zuzutrauen ist, so dürfte es am richtigsten sein, die Rätselhaftigkeit des Vorganges, wie er uns mit= geteilt wird, anzuerkennen und ihren Grund darin zu sehen, daß der Vf. d. AG. hier eben nicht seine gute Hauptquelle reproduziert. Wieweit ihm für seine Darstellung der Szene eine Anknüpfung in anderweitiger Überlieferung gegeben war, wieweit er seine eigene Phantasie (oder Tendenz? Overb.) hat walten lassen, können wir nicht sagen. Durch das Schriftwort Ex 22₂₈ (nach LXX), auf das sich P. beruft, wird nur indirekt das οὐκ ᾔδειν, direkt der zu ergänzende Zwischengedanke: sonst würde ich ihn nicht so gescholten haben, begründet.

V. 6. P. „rief laut im Synedrium: ich bin Pharisäer, Sohn (hier = Nachkomme) von Pharisäern; wegen Hoffnung und Todtenauferstehung stehe ich vor Gericht". Dieser Ausruf ist als Fortsetzung der in V. 1 begonnenen Rechtfertigung nach der Episode V. 2 — 5 gedacht. Das (von אBC bezeugte) Imperf. ἔκραζεν ist auffallend; es steht nach Analogie des Imp. bei den Verbis des Befehlens, Fragens usw. (vgl. Blaß, Gr. 187). Durch seine Selbst= bezeichnung als Pharisäer will P. seine Zugehörigkeit zu dieser einen der beiden im Synedrium vertretenen Parteien nicht als eine in der Vergangen= heit gewesene, sondern als eine noch jetzt fortbestehende hinstellen. Deshalb ist u. St. ganz verschieden von solchen Aussagen wie 22₃. 26₅. Phl 3₅. Inwiefern sich P. gegenwärtig als Pharisäer den Sadducäern gegenüber be= zeichnen konnte, wird nun auch· in den folgenden W. besonders hervorge= hoben: er teilte den pharisäischen Glauben an Totenauferstehung. Aber seiner Übereinstimmung mit den Pharisäern in diesem einen Punkte stand ein prin=

zipielles Getrenntsein von ihnen in den wesentlichsten anderen Beziehungen gegenüber. Deshalb ist es kaum denkbar, daß er sich wirklich so uneinge=schränkt, wie es an u. St. angegeben ist, als Pharisäer bezeichnet hat. Das καί zwischen ἐλπίδος und ἀναστάσεως νεκρῶν, das Blaß ausscheiden möchte, ist wahrscheinlich mit Men. epexegetisch zu fassen: „und zwar". Die St. 26₆−₈, die das Motiv für die unsrige gegeben hat, legt freilich die Auf=fassung nahe, daß unter ἐλπίς die Hoffnung auf das messianische Verheißungs=heil verstanden und dieser dann der Glaube an Totenauferstehung angereiht sei (B. Wß; vgl. auch Schwartz NGW 1907 S. 289). Aber an der St. 24₁₅, die in dem gleichen Verhältnisse wie die unsrige zu 26₆ff. steht, ist der ἐλπίς, welche P. als wesentliches Moment seiner Anschauung hinstellt, eine direkte Beziehung auf die Auferstehung gegeben. Daß diese Beziehung auch an u. St. gemeint ist, wird dadurch bestätigt, daß nicht nur bei dem an diese Äuße=rung des P. anknüpfenden und durch sie provozierten Streite im Synedrium nur die Auferstehungshoffnung in betracht gezogen wird, sondern auch in der späteren ausdrücklichen Bezugnahme auf diesen Ausspruch des P. 24₂₁ nur der Begriff ἀνάστασις νεκρῶν gebraucht wird. − P. charakterisiert hier das Wesen der Anschauung, um deren willen er angeklagt werde, so allgemein, daß nur die Übereinstimmung derselben mit den Grundsätzen des Pharisäismus hervortritt. So werden denn auch die Pharisäer zu ihrer Verteidigung statt zu ihrer Bekämpfung veranlaßt. Der Vf. d. AG. sah in dieser Art, wie P. seine Rechtfertigung führt, gewiß eine besondere Klugheit. Aber weder wäre es des P. würdig gewesen, durch eine solche zu allgemeine und deshalb miß=verständliche Darstellungsweise den Sachverhalt undeutlich zu machen (s. zu 24₁₁), noch auch ist es wahrscheinlich, daß sich die Mitglieder des Syne=driums wirklich durch diese kluge Darstellungsweise des P. hätten irreführen und von dem gemeinsamen Gegensatze gegen den christlichen Heidenapostel zu einem Streite um ihre Parteidifferenzen unter einander ablenken lassen. Vgl. Br. I S. 233ff.; Overb. S. 404f.; Reuß, Gesch. d. h. Schr. NT. I § 112¹.
V. 7. „Als er dies sagte, trat eine Aufregung der Pharisäer und Saddu=cäer ein". Das Part. Präf. λαλοῦντος² kann nicht als Anzeichen dafür gelten, daß in V. 6 nur kurz der Gegenstand einer längeren Appellation des P. an die pharisäische Partei bezeichnet war (B. Wß); sondern es hebt hervor, daß an die Worte des P. sich der jetzt berichtete Erfolg unmittelbar anschloß (s. zu 10₄₄). **V. 8.** „Denn die Sadducäer behaupten, daß es nicht Aufer=stehung und nicht Engel oder Geistwesen gebe; die Pharisäer aber bekennen sich zu beiden." Durch μή — μηδέ — μήτε³ wird angezeigt, daß die drei

---

1. Verteidigt wird die Geschichtlichkeit der Darstellung von Harnack IV S. 57ff., doch mit Zulassung der Möglichkeit, daß der Vf. d. AG. gewisse einleitende Äuße=rungen des P., in denen derselbe seinem missionarischen Zwecke entsprechend Anknüpfung bei den Hörern suchte, stärker betont hat, als P. selbst.
2. Wahrscheinlich ist nach B das Part. Präf. zu l. (W.=H., B. Wß). CHLP Min. haben λαλήσαντος (Rec., T., Blaß); אּ* εἰπαντος; אᶜAE: εἰπόντος (Lachm.).
3. Handschriftlich am besten bezeugt (durch אABCE mehr. Min.) ist μήτε ἄγγε=λον (T., W.=H., B. Wß). Aber dem Sinne nach wäre dieses μήτε unpassend, da μή − μήτε − μήτε dann gebraucht wird, wenn nach einem negierten allgemeinen Be=griffe die unter ihm befaßten spezielleren Begriffe negiert werden sollen: nicht −

Begriffe einander nicht einfach koordiniert sind, sondern die beiden letzten ein zusammengehöriges Paar bilden, das dem ersten Begriffe zur Seite tritt. Deshalb werden nachher dem Sinne nach ganz richtig alle genannten Begriffe mit τὰ ἀμφότερα zusammengefaßt. Über die sadducäische Leugnung der Totenauferstehung vgl. Lk 20₂₇ und f. zu 4₂. Daß die Sadducäer auch die Existenz von Engeln und Geistwesen leugneten, ist nicht anderweitig bezeugt. Wahrscheinlich lehnten sie speziell diejenige Ausgestaltung des Engel- und Dämonenglaubens ab, welche von den Pharisäern und Essenern gepflegt wurde (vgl. Schür. II³ S. 415f.; O. Hltzm.² S. 212). Zu πνεῦμα = Geistwesen, vgl. Lk 24₃₇. ₃₉. Hbr 1₁₄. 12₂₃. V. 9. Nach den W.: „wenn aber ein Geistwesen zu ihm geredet hat oder ein Engel" ist der Nachsatz ausgelassen, wie Joh 6₆₂. Röm 9₂₂ (nach Blaß, Gr. § 81, 1 u. 2 nicht eine eigentliche Apofiopese). Er ist zu ergänzen etwa: „was läßt sich dann gegen ihn sagen?"[1] Die pharisäischen Schriftgelehrten scheinen mit ihrer Frage auf die Vision bezug zu nehmen, von der P. in seiner Rede an das Volk 22₆ff. erzählt hatte. Sie lassen diese Vision natürlich nicht als eine Messiaserscheinung gelten, aber halten es doch für möglich, daß sie eine wirkliche Erscheinung aus der höheren Welt war. V. 10. Den Tribunen befiel die Furcht, „P. möchte von ihnen zerrissen werden." Die aufgeregte Parteinahme für oder gegen P. betätigte sich in einem Hin- und Herreißen desselben, bei welchem er zerrissen zu werden in Gefahr kam. So befahl der Tribun, „ihn herauszureißen aus ihrer Mitte und in das Lager zu führen". Der Wechsel zwischen dem Inf. Aor. ἁρπάσαι und Präf. ἄγειν[2] ist dadurch bedingt, daß die beiden Gegenstände des Befehls dem Sinne nach nicht einfach koordiniert sind, sondern der erste das Mittel für die Ausführung des bezweckten zweiten angibt (vgl. B. Wß).

V. 11. Nach der Quelle folgte diese nächtliche Vision wahrscheinlich gleich auf den Verhaftungstag (f. d. Anm. 3. 22₃₀ff.). Die Befürchtungen, unter denen P. nach Jer. gekommen, hatten sich erfüllt; er war Gefangener geworden. Aber durch den Zuspruch des Herrn wird ihm jetzt die Zuversicht gegeben, daß seine Gefangenschaft doch nicht gleich zum Tode führen wird (vgl. z. 20₂₅), daß er vielmehr trotz ihrer sein Ziel, nach Rom zu kommen (19₂₁), erreichen wird. Die Vision hier gleicht in ihrer Art derjenigen von 16₉. 18₉f. 27₂₃f. — Bei dem prägnant statt ἐν gebrauchten εἰς vor Ἰερ. u. Ῥώμην kann man zweifelhaft sein, ob der Gedanke an das Hinkommen des P. nach Jer. und Rom (Mey.), oder der an die Richtung der Predigt an die Städte d. i. an ihre Einwohner (B. Wß; vgl. Mt 1₃₉) maßgebend war.

---

weder — noch (vgl. Mt 5₃₄f. Lk 9₃, und dazu Blaß, Gr. § 77, 10). Deshalb wird an u. St. mit Blaß das von HLP d. meift. Min. Chrys., Theophyl. bezeugte μηδὲ der Rec. beizubehalten sein.

1. Die Rec. hat nach HLP d. meift. Min. die Ergänzung: μὴ θεομαχῶμεν (vgl. 5₃₉).

2. Bei B 31. cop. fehlt das τε (so W.-H.). Bei dieser LA wäre ἁρπάσαι von καταβὰν abhängig und ἄγειν von ἐκέλευσεν. Aber dabei wäre ein zweites αὐτὸν hinter ἄγειν doch kaum zu entbehren.

23₁₂—₃₅. Überführung des P. von Jer. nach Cäsarea[1]. **V. 12.**
Die Juden „sich zusammenrottend verschworen sich". Zu συστροφή vgl. 19₄₀.
Pſ 64₃. Über das Part. Aor. ſ. zu 1₂₄. Die Juden als die Gegenpartei
des P. (vgl. 22₃₀) werden zunächst im ganzen als die ſich gegen ihn Ver=
ſchwörenden hingeſtellt. Aus V. 13 erhellt dann, daß es doch nur ein be=
ſtimmter Kreis innerhalb der jüd. Gegnerſchaft war. Im Text. rec. iſt
gleich in V. 12 geſagt: τινες τῶν Ἰουδαίων. ἀνεθεμάτισαν ἑαυτούς bed.
eigentl.: „ſprachen gegen ſich ſelbſt ἀνάθεμα (d. i. Bann, Fluch = חֵרֶם)
aus", nämlich für den Fall, daß ſie die im Folgenden bezeichnete feierliche
Verſicherung nicht halten würden. Vgl. Mk 14₇₁. Num 21₂f. Joſ 6₂₁ u. ö.
πεῖν, wie wahrſcheinlich mit B* zu l. iſt (auch Joh 4₉ u. ö.), iſt kontrahiert
aus πιεῖν. Vgl. Win.=Schmied. § 5, 23 b; Blaß, Gr. § 24. **V. 13.** „Es
waren mehr als 40 (vgl. 4₂₂), welche dieſe Verſchwörung machten." **V. 14.**
Sie wandten ſich an „die Hohenprieſter und Älteſten", d. i. an die Mitglieder
des Synedriums (vgl. zu 4₅). Doch erhellt aus V. 15, daß trotz des Art.
nicht an die geſamte Korporation, ſondern an einzelne Vertreter derſelben
gedacht iſt. Zu ἀναθέματι ἀνεθεματίσαμεν ἑαυτοὺς: „wir haben uns feier=
lich verſchworen" vgl. LXX Dtn 13₁₅. 20₁₇, und ſ. zu 5₂₈. **V. 15.** „Nun
werdet ihr (ὑμεῖς dem folgenden ἡμεῖς δὲ gegenüberſtehend) vorſtellig (ἐμ=
φανίζειν wie 24₁. 25₂. ₁₅) bei dem Tribunen zuſammen mit dem Synedrium,
als wolltet ihr ſeine Sache genauer zur Entſcheidung bringen (διαγινώσκειν
wie 24₂₂); wir aber ſind vorbereitet ihn, bevor er nahe kommt (d. h. bevor
er im Gebäude des Synedriums anlangt), umzubringen." Zu ἕτοιμος mit
folgendem τοῦ c. inf. vgl. LXX Ez 21₁₁. Mch 6₈. I Mak 3₅₈ u. ö.

V. 16. Daß ein Sohn der Schweſter des P. in Jer. wohnte, hören
wir nur hier. **V. 20.** „Er ſagte: die Juden haben ſich verabredet (συν=
τίθεσθαι wie Lk 22₅), dich zu bitten, daß du morgen den P. hinunterbringen
läſſeſt in das Synedrium, als wollte es (das Synedrium) Genaueres über ihn
erforſchen." Dies der Sinn bei der LA μέλλον[2]. Bei der LA μέλλων wird

---

1. Stammt dieſer Abſchnitt im ganzen aus der Quelle? Die neueren Quellen=
kritiker bejahen dieſe Frage und ſehen nur in der in dem Brief V. 26—30 enthal=
tenen Bezugnahme auf die Szene V. 6—10 eine redaktionelle Zutat. Nach Sp. S. 269
ſtammt von V. 28; nach Jgſt S. 182 und J. Wß S. 43 V. 28 u. 29; nach Hilgf.
Acta p. 297 V. 27—29; nach Clemen, Paul. I S. 342 V. 26—30 vom Red. Ich da=
gegen halte es für ſehr unwahrſcheinlich, daß die Erzählung in der behaglich breiten
Ausführung, in der ſie uns vorliegt, in der Quelle ſtand. Eine ähnliche Breite zeigt
die Quelle ſonſt nie, auch nicht in ſolchen detaillierten Berichten wie 19₂₃ff. Die un=
ſtändliche Art, wie die Erzählung V. 12—16 in dem Geſpräche V. 20f. wiederholt
wird, hat ihre Analogieen in der Korneliusgeſchichte: 10₃₀—₃₂. 11₄—₁₇. Freilich wird
in der Quelle die Überführung des P. von Jer. nach Cäſ. und der Grund derſelben
mitgeteilt geweſen ſein. Aber wahrſcheinlich war doch nur ganz kurz angegeben, der
Tribun, der den P. am Tage nach der Verhaftung vor das Synedrium vorführen
wollte (22₃₀a), habe durch den Schweſterſohn des P. erfahren, daß ein Mordanſchlag
gegen dieſen geplant ſei, und habe deshalb den P. unter ſtarker Bedeckung zum Pro=
kurator nach Cäſ. abführen laſſen. Dieſe kurze Angabe malte der Vf. d. AG. zu un=
ſerer Erzählung aus.

2. Wahrſcheinlich iſt dieſe durch א* 13 bezeugte LA die urſprüngliche (vgl. Butt=
mann ZwTh 1866 S. 220; Overb.). Aus ihr entſtand ebenſo leicht durch ABE
ein. Min. cop. aeth. bezeugte LA μέλλων (T., W.=H., B. Wß; auch Schwarz אGW

der Tribun als derjenige hingestellt, der durch die Verhandlung etwas Genaueres über die Gefangenen erkunden soll. Der Sinn wäre freilich nicht
unmöglich (vgl. 22₃₀), ist aber wegen des Verhältnisses unserer St. zu V. 15
und auch deswegen nicht wahrscheinlich, weil in der dem Tribunen vorzu-
tragenden Bitte die Synedriumsmitglieder passender von ihrer eigenen Absicht, die Sache des P. genauer zu untersuchen, als von der des Tribunen
reden. V. 21. ἐπαγγελία, sonst im NT nur von Verheißungen Gottes gebraucht, steht hier von der „Zusage" des Tribunen.

V. 22. Er schärfte dem jungen Mann ein, „Niemandem herauszusagen
(d. i. auszuplaudern), was du mir angezeigt hast". Übergang in die oratio
directa wie 1₄. **V. 23.** Er rief zu sich τινας δύο τῶν ἑκατονταρχῶν,
d. i. nicht: „etwa zwei" (Mey.), wohl auch nicht: „gewisse zwei", auf die
er besonderes Vertrauen setzte (B. Wß), sondern: „irgendwelche zwei von den
Centurionen" (Jäg. III S. 27f.). Vgl. Lt 7₁₉. Über das dann angegebene
röm. Militär vgl. Egli ZwTh 1884 S. 20ff. Die στρατιῶται sind wegen
der daneben besonders aufgeführten ἱππεῖς als Fußsoldaten, und zwar wegen
der ferner genannten δεξιολάβοι als schwerbewaffnete, aufzufassen. Da diese
Unterscheidung der στρατ. von anderen Fußtruppen ungewöhnlich ist, da
außerdem die Zahl der aufgebotenen Mannschaften für den Zweck der sicheren
Überführung des P. unverhältnismäßig groß erscheint und da endlich auffällt, daß die Aufgabe, bis nach Cäsarea zu ziehen, gerade für die στρατιῶται bemerkt wird, während sie nach V. 32 nur von der Reiterei ganz
ausgeführt wird, stellt Blaß (nach flor.) die ansprechende Vermutung auf,
das διακοσίους hinter στρατιώτας und das καί vor ἱππεῖς sei unecht. Dann
wären στρατιῶται der übergeordnete, durch die Apposition ἱππεῖς ἑβδομήκοντα καὶ δεξιολάβους διακοσίους spezialisierte Begriff. Beachte auch, wie
in V. 31 στρατιῶται Allgemeinbezeichnung für das Militär ist, von dem in
V. 32 die ἱππεῖς als spezieller Teil unterschieden werden, während die δεξιολάβοι dort nicht mehr besonders erscheinen. Der Ausdruck δεξιολάβοι ist aus
jener Zeit anderweitig nicht bezeugt. Er wird der Vulgärsprache angehört
haben. Er findet sich erst wieder im 7. Jahrh. bei Theophylactus Simo-
cattes 4, 1 und im 10. Jahrh. bei Constant. VII Porphyrog. de themat.
1, 1 (wo die δεξιολάβοι unterschieden werden von τοξοφόροι und πελτα-
σταί). Der Etymologie nach scheint das W. „mit der Rechten Fassende" zu
bedeuten, d. i. wohl Wurfspeerträger, die ihre leichte Bewaffnung nur in
der rechten Hand bei sich führen (vgl. vulg.: lancearios). Minder wahrscheinlich leitet Ewald S. 577 das W. von λαβή, „Griff des Schwertes",
ab; es seien spiculatores cum lanceis (Sueton. Claud. 35), die das Schwert
nicht links, sondern rechts getragen hätten. Egli a. a. O. S. 21f. schlägt
vor, δεξιόλαβοι zu akzentuieren und darunter zu verstehen: „an der rechten
Hand Gefaßte (d. i. Gehinderte)" als Übersetzung des hebr. אֲשֶׁר יַד־יְמִינׁוֹ,
Jdt .3₁₅. 20₁₆; diese „Linkshändigen" wären eine Art syrischer Schleuderer

---

1907 S. 291), wie die durch die meist. Min. und Verss. bezeugte Rec. μέλλοντες (nach
V. 15; so Blaß, Hilgf.).

gewesen. A hat die Variante: δεξιοβόλους (vgl. syr.^sch.: jaculantes dextra; ar^e.: jaculatores). Die Mannschaften sollten bereit sein „von der dritten Nachtstunde" d. i. ca. 9 Uhr abends an. **V. 24.** „Und Reittiere sollten sie bereitstellen (Übergang in die oratio obliqua), um den P. aufsitzen zu lassen und sicher hinzubringen zu dem Prokurator Felix." Da die Reittiere für den Gebrauch des P. bestimmt sind, sind wohl nur zwei gemeint, von denen eines zur Reserve diente. Der Prokurator Antonius Felix (von ca. 52 — ca. 60; vgl. oben S. 63f.), ein Freigelassener der kaiserlichen Familie, Bruder des am Hofe des Claudius mächtigen Günstlings Pallas, war durch seine dritte Gemahlin Drusilla (vgl. 24₂₄) Schwager des Königs Agrippa II. Tacitus hist. V, 9 charakterisiert ihn mit den Worten: per omnem saevitiam ac libidinem jus regium servili ingenio exercuit. Die Mißwirtschaft, die während seiner Verwaltung Judäas herrschte, diente sehr wesentlich zur Aufreizung der Juden gegen die röm. Oberherrschaft und zur Herbeiführung des jüd.=röm. Krieges. Vgl. über ihn Schür. I³ S. 571ff.; O. Hltzm.² S. 64f. 135f.; Prosopographia Imp. Rom. 1897 I p. 95s. **V. 25.** γράψας schließt sich grammatisch noch an εἶπεν V. 23a an. Der Brief hatte „folgende Fassung". Zu τύπος vgl. III Mak 3₃₀. Über das Formale des Briefes vgl. Wendland² S. 411ff. **V. 26.** „Claudius Lysias (s. zu 22₂₈) dem hochgeehrten (κράτιστος Titulatur wie 24₃. 26₂₅. Lk 1₃) Prokurator Felix Gruß (χαίρειν wie 15₂₃)." **V. 27.** Bei dem grammatischen Verhältnis des μαθὼν ὅτι Ῥωμαῖός ἐστιν zu ἐξειλάμην scheint es, als habe der Tribun zuerst von dem röm. Bürgerrechte des P. Kunde erlangt und infolge davon ihn aus den Händen der Juden befreit. Soll man in dieser von 21₃₁ff. 22₂₅ff. abweichenden Darstellung eine schlaue Fälschung des Tatbestandes sehen, sei es nun, daß der Vf. der AG. auf Grund authentischer Kenntnis des Briefes diese Fälschung mitgeteilt (Men., Nösg.), sei es, daß er seinerseits sie dem Tribunen zugeschrieben hätte (B. Wß)? Wahrscheinlich handelt es sich doch nur um eine solche Ungenauigkeit bei der kompendiarischen Darstellung des Vorganges, wie sie in anderer Beziehung in 21₁₁ (s. zu d. St.), 28₁₇ und in analoger Weise bei der Bezugnahme auf die Leidensgeschichte Jesu 2₂₃. 13₂₉ vorliegt (vgl. Overb., Zöckl.). **V. 29.** Der Tribun beurteilt die Anklage gegen P. ähnlich wie Gallio 18₁₅: es handelt sich um innerjüd. „Gesetzesstreitigkeiten". **V. 30.** „Da mir aber angezeigt ist, daß ein Anschlag gegen den Mann stattfinden soll, sende ich ihn sofort zu dir (ἔπεμψα Aor. des Briefstils, wie Eph 6₂₂. Kol 4₈. Phm 11) und habe auch seinen Anklägern aufgetragen, vor dir (als Richter, vgl. 24₁₉. 25₉) ihre Sache gegen ihn vorzubringen[1]." Die Verbindung des Inf. ἔσεσθαι mit dem Gen. abs.

---

1. Hinter ἔσεσθαι ist nach BHLP zu l.: ἐξαυτῆς (W.=H.; B. Wß; Blaß). NAE ein. Min. syr. ᵖ· haben: ἐξ αὐτῶν (T.); HLP d. meist. Min.: ὑπὸ τῶν Ἰουδαίων ἐξαυτῆς (Rec.). Diese beiden Varianten sind offenbar dem Bedürfnis entsprungen, die Urheber der Nachstellung bezeichnet zu finden (vgl. B. Wß S. 37). — Hinter λέγειν wird mit B zu l. sein: πρὸς αὐτόν (W.=H.; B. Wß). EHLP Min. haben: τὰ πρὸς αὐτόν (Blaß). T. hat nach NA 13. 40 vulg. aufgenommen: αὐτούς. — Am Schlusse des V. haben NEL d. meist. Min. u. Verss.: ἔρρωσο (Blaß), welches aber bei AB 13 sah. cop. gig. fehlt (T.; W.=H.; B. Wß). Es ist leicht begreiflich, daß man das W. zur formellen Abrundung des Briefes zusetzte. Einige Handschr. haben ἔρρωσθε nach 15₂₉.

beruht auf einer Vermischung zweier Konstruktionen: 1) μηνυθείσης μοι ἐπι-
βουλῆς ἐσομένης und 2) ὡς ἐμηνύθη μοι ἐπιβουλὴν ἔσεσθαι. Als „Ankläger" des P. sind jetzt nicht mehr die Juden im allgemeinen gedacht (wie
22₃₀), sondern die Mitglieder des Synedriums (vgl. V. 35. 24₁—₈), die die
Beschuldigungen der Volksmenge gegen P. (21₂₈) sich angeeignet haben und
offiziell vertreten. Zu dem λέγειν hier vgl. λόγος 15₆. 19₃₈.
V. 31. Die Angabe, die Mannschaften hätten den P. „zur Nachtzeit"
nach Antipatris gebracht, kann nur mit bezug auf den Anfang, nicht den
ganzen Verlauf der Expedition gemeint sein (Blaß). Bei der weiten, über
8 geograph. Meilen betragenden Entfernung wird man erst im Laufe des
nächsten Vormittags in Antipatris angelangt sein. Antipatris war die nord-
westliche Grenzstadt Judäas, an der Straße zwischen Lydda und Cäsarea gelegen, von Herodes I. erbaut und nach seinem Vater genannt. Die Stadt
wird gewöhnlich, nach Jos. Ant. 13, 15, 1. 16, 5, 2, identifiziert mit der
alten Stadt Kapharsaba, dem jetzigen Dorfe Kefrsaba. Vgl. Schür. II³ S. 156f.
Doch steht nach Buhl S. 199 diese Identifizierung und demnach die Lage der
Stadt nicht ganz fest. **V. 32.** Weil in der Küstenebene nicht mehr die Gefahr eines plötzlichen Überfalls drohte, wurde hier die Bedeckung vermindert.
Über das Verhältnis der ἱππεῖς zu den στρατιῶται s. zu V. 23. **V. 34.** Der
Prokurator stellt die Frage: „aus welcher Art von Provinz er sei", ob aus
einer imperatorischen oder senatorischen. Dieser Punkt wird bei der Prozeß-
führung in betracht gekommen sein. Cilicien war eine imperatorische Provinz. **V. 35.** Zu διακούσομαί σου: „ich werde dich verhören" vgl. Dtn 1₁₆.
Job 9₃₃ u. Deißm., Neue Bibelstud. S. 57. Das „Prätorium des Herodes",
in dem P. in Haft gehalten werden sollte, war der Palast, den Herodes I.
in Cäsarea erbaut hatte und der dann den Prokuratoren als Residenz diente.
Das Gewahrsam in diesem Prätorium bedeutete, wie es scheint, eine leichte
Form der Haft.

Kap. 24.

V. 1—23. Gerichtliche Verhandlung über P. vor Felix[1]. **V. 1.**
Die Zeitangabe: „nach 5 Tagen" ist gewiß vom Tage der Ankunft des P.

---

1. In diesem Abschnitte trägt die Rede des P. V. 10—21 insofern einen ungeschichtlichen Charakter, als P. sein Gebliebensein auf dem Boden der jüd. Religion
(V. 14 f.) und sein Interesse für das jüd. Volk (V. 17) und den jerusalemischen Tempelkult (V. 11. 17) in einer unpräzisen, den wirklichen Sachverhalt dem Prokurator ver-
hüllenden Weise darstellt (s. zu V. 11 u. 17). Die Art seiner Verteidigung ist hier im
Prinzip dieselbe wie an der St. 23₆, auf welche auch unsere Rede in V. 20 f. bezug
nimmt. Es scheint mir nun aber nicht ohne Willkür möglich, die einzelnen anstößigen
Glieder als redaktionelle Zutaten aus der Rede auszuscheiden, um den Grundstock der
Rede als zur Quelle gehörig festhalten zu können. So weist Sp. S. 270 in V. 17 f.
die W. κ. προσφοράς — ἱερῷ und V. 20 f. dem Red. zu; Jgst S. 184 f. außerdem in
V. 11 das προσκυνήσων und V. 14 c—16; Hilgf. ZwTh 1896 S. 536 ff.; Acta p. 298
in V. 14 die W. τοῖς κατὰ τ. νόμον καὶ und V. 17—21; J. Wß S. 45 f. V. 14—16.
20 f. und in V. 17 die W. εἰς τ. ἔθνος μ. und κ. προσφοράς. Richtiger wird man die
ganze Rede des P. für eine Komposition des Vfs. der AG. halten. Wahrscheinlich
gilt dann aber das Gleiche von der voranstehenden Rede des Tertullus V. 2—8, auf

in Cäſarea an gerechnet, da von dieſem Termine zuletzt die Rede war (Oberb., B. Wß). Und zwar wird dieſer Tag als der erſte, der der Anfunft des Hohenprieſters als der fünfte gezählt ſein. S. zu V. 11 und zu 20 6. Vgl. Mt 8 31: μετὰ τρεῖς ἡμέρας = Mt 16 21. Lf 9 22: τῇ τρίτῃ ἡμέρᾳ. Es fam „der Hoheprieſter Ananias mit einigen Älteſten (einer Deputation des Sy= nedriums) und einem gewiſſen Rhetor Tertullus, welche beim Profurator gegen P. vorſtellig wurden (ἐμφανίζειν wie 23 15)“.. „Rhetor“ war in der ſpäteren Zeit Bezeichnung für den Sachwalter vor Gericht, den συνήγορος, causidicus (vgl. die von Blaß zitierte St. des Thomas Mag. p. 324 s.). Die Mitglieder des Synedriums brachten einen ſolchen, im röm. Recht und Prozeßweſen er= fahrenen Anwalt mit ſich. Hat der Vf. der AG. ihn, den Träger bloß eines röm. Namens, als Juden gedacht? Wären in V. 6 die W. κατὰ τὸν ἡμέ= τερον νόμον echt (ſ. d. Anm. zu V. 6), ſo wäre die Frage zu bejahen. Da ſie für unecht zu halten ſind, ſo iſt wegen der Art, wie Tertullus in V. 3 von dem jüd. Volf als dem ἔθνος τοῦτο redet (wie die Heiden 10 22; freilich nachher auch P. V. 10) und wegen der einfachen Anreihung „der Juden“ (nicht: der πρεσβύτεροι) an Tertullus in V. 9 die Frage wahrſcheinlich zu verneinen.

    V. 2. „Nachdem er (P.) herbeigeholt war“, begann Tertullus ſeine Anflage. Bei dem κληθέντος iſt vielleicht das Subj. αὐτοῦ ausgelaſſen (ſo B. Wß nach B); vgl. zu 21 10. 25 17. V. 3. Die Rede hebt an mit einer captatio benevolentiae: „Wo wir durch dich tiefen Frieden genießen und wo dieſem Volfe durch deine Fürſorge in allen Beziehungen und an allen Orten Reformen (διόρθωμα nur hier im NT) zu Teil werden, ſo nehmen wir (dies) — — mit großer Danfbarfeit auf“. Es war ein beſonderer Ruhm der Provinzialchefs, pacator provinciae zu ſein (Wetſt., Men.). Felix war zwar mannigfach gegen Sicarier und Aufrührer erfolgreich eingeſchritten (Joſ. Ant. 20, 8, 5 s., Bell. 2, 13, 2 ss.); aber im allgemeinen förderte gerade ſeine ſchlechte Verwaltung den unruhigen Zuſtand des Landes. Die W. πάντη τε καὶ πανταχοῦ ſind mit Lachm. als Näherbeſtimmung zum Vorangehenden διορθωμάτων γινομένων κτέ. zu ziehen. Der folgende Begriff ἀποδεχόμεθα, deſſen Obj. indireft durch die vorangehenden Partizipialſätze gegeben iſt, be= fommt ſeine Steigerung durch den Zuſatz μετὰ πάσης εὐχαριστίας (Men.). Über die Anrede: κράτιστε Φ. ſ. zu 23 26. V. 4. „Um dich aber nicht länger zu behindern[1], bitte ich dich mit deiner (d. i. der dir eigenen) Nach=

---

welche die des P. die Antwort bildet. Die elegante rhetoriſche Art, wie dieſe Rede des Tertullus beginnt, fann natürlich nichts für ihre Authentie beweiſen. Auch der Vf. der AG. fonnte einen Rhetor, dem er eine Rede in den Mund legte, nach Rhe= torenart reden laſſen. Ich vermute, daß in der Quelle nur die geſchichtlichen Angaben V. 1 u. 22 f. ſtanden und daß der Vf. der AG. die beiden Reden einfügte, um einer= ſeits die Art der nach der Verhaftung des P. von dem jüd. Synedrium aufgenommenen Anflagen gegen ihn, andrerſeits die Art der Verteidigung des P. zu charafteriſieren. Nach Clemen, Paul. I S. 315 dürfte wenigſtens der allgemeine Inhalt der Rede des P. in der Quelle bezeichnet geweſen ſein.

    1. Statt ἐνκόπτω lieſt Blaß nach A* 13. 19. 31: κόπτω: „damit ich dich nicht ermüde“ (vgl. ſyr. utr.: fatigem; sah., cop.: molestus sim). Die Behauptung, ἐν= κόπτω ſei dem Sinne nach nicht paſſend, iſt unrichtig.

ſicht kurz (συντόμως nur hier im NT) uns anzuhören." Die Kürze der fol=
genden Darſtellung des Sachverhalts wird höflich mit der Rückſicht auf die
koſtbare Zeit des Prokurators motiviert. Als das, woran der Redner den
Prokurator nicht behindern will, iſt nicht nach V. 3 ſeine Fürſorge für das
Gemeinwohl zu denken (B. Wß), ſondern gemäß dem natürlichen Sinne jener
Höflichkeitsphraſe ſeine anderweitige Beſchäftigung im allgemeinen. **V. 5f.**
„Da wir dieſen Mann angetroffen haben, der eine Peſt iſt und bei allen Juden
auf dem Erdkreis Unruhen herbeiführt und Hauptführer der Partei der Na=
zarener iſt, der jetzt ſogar den Tempel zu ſchänden verſucht hat, ſo haben
wir uns ſeiner auch bemächtigt." Der Satz εὑρόντες κτέ. verläuft anako=
luthiſch. Nach dem partizipialen Vorderſatze, in dem alle Momente zuſammen=
geſtellt ſind, die Grund zur Anklage gegen P. geben, ſollte nach βεβηλῶσαι
in V. 6 der Nachſatz eintreten: ἐκρατήσαμεν αὐτόν. Aber der Gedanke dieſes
Nachſatzes wird an den Relativſatz V. 6 a als neuer Relativſatz angereiht,
als hätte der Satz in V. 5 ſchon mit einem Verb. fin.: εὕρομεν begonnen.
Vgl. Win. § 63, I, 1; Blaß, Gr. § 79, 9. Das εὑρόντες kann man vom
„erfinden" oder „befinden" verſtehen und λοιμὸν κτέ. prädikativiſch faſſen
(wie 5 39. 23 29): „da wir dieſen Mann erfanden als eine Peſt" (de W. u. A.).
Aber der in Gedankenverbindung mit ἐκρατήσαμεν V. 6 ſtehende Begriff hat
noch vollere Bedeutung, wenn man ihn vom „antreffen" verſteht. Man hat
ſich des gefährlichen Mannes bemächtigt, ſobald man ihn traf. Dann iſt
λοιμὸν κτέ. Appoſition, welche anzeigt, weshalb dieſer Menſch ſofort ſiſtiert
werden mußte. Als λοιμός „Peſt" werden auch ſonſt verderbliche, ver=
brecheriſche Menſchen bezeichnet (Pſ 1 1. I Mak 10 61. 15 21). Der Ausdruck
iſt an u. St. wahrſcheinlich in Bezugnahme auf den röm. Erlaß I Mak 15 21
gebraucht, wonach λοιμοί jüdiſcher Herkunft ausdrücklich dem jüd. Gerichte
zugewieſen wurden. Vgl. O. Hltzm. ZKG 1894 S. 495 ff. In den W.:
κινοῦντα στάσεις πᾶσιν τοῖς Ἰουδαίοις τοῖς κατὰ τὴν οἰκουμένην iſt der
Vorwurf von 21 28: P. lehre überall feindſelig gegen das jüd. Volk, Geſetz
und Heiligtum, ſo verallgemeinert, daß für Felix der Schein entſteht, als er=
rege P. politiſche Unruhen unter den Juden in den verſchiedenen Provinzen
des röm. Reichs (vgl. 17 6). πρωτοστάτης iſt eigentlich der Vordermann oder
Flügelmann unter Kriegern (vgl. Job 15 24). αἵρεσις iſt ſonſt in der AG
(ſ. zu 5 17) von den innerjüdiſchen Parteien ohne üble Nebenbedeutung ge=
braucht. An u. St. aber iſt es durch den Tenor der Anklage bedingt, daß
das W. den üblen Nebenſinn einer ſich abſpaltenden, den Frieden ſtörenden
Partei hat (vgl. Gal. 5 20. I Kor 11 19. II Pt 2 1). Deshalb die Erwiderung
des P. V. 14. Ναζωραῖοι heißen die Chriſten als Anhänger des Nazareners
(ſ. zu 2 22). Im Sinne der Juden kann dieſer Titel verächtlich ſein; er ent=
hält indirekt einen Hinweis auf die nicht verheißungsgemäße Herkunft des
vorgeblichen Meſſias (Joh 1 47). An u. St. aber ſcheint er hauptſächlich des=
halb gebraucht zu ſein, weil er als bloße Bezeichnung nach einer Ortſchaft
nicht ahnen läßt, um welche Sache es ſich bei der Partei handelt. Der Aus=
druck verhüllte dem Felix den religiöſen, unpolitiſchen Charakter der Partei,
deren Vorkämpfer P. war. **V. 6.** Zu der Tatſache, daß P. ein Unruhen

21*

erregender Parteiführer ist, kommt als steigerndes Moment hinzu, daß er
eine Tempelschändung versucht hat. Mit Vorsicht wird dieses unerweisbare
Verbrechen nicht als vollzogen, sondern nur als versucht hingestellt (B. Wß)[1].
V. 8. „Von ihm wirst du selbst beim Verhöre (ἀνακρίνειν vom richterlichen
Verhör wie 4 9. 12 19. 28 18) genaue Kenntnis von alledem gewinnen können,
dessen wir ihn beschuldigen." Die W. περὶ πάντων τούτων sind mit ἐπι-
γνῶναι zu verbinden (vgl. Lk 1 4). **V. 9.** „Die Juden (d. i. die Synedriums=
mitglieder im Unterschiede von dem nichtjüdischen Sachwalter; s. zu V. 1)
griffen mit an (d. h. schlossen sich dem Angriff des Tertullus gegen P. an),
indem sie behaupteten, es verhielte sich so." Zu φάσκειν vgl. 25 19. Röm 1 22.
V. 10—21. Auch P. beginnt seine Rede (vgl. über sie die Anm. zu V. 1 ff.)
mit einer gewissen captatio benevolentiae (V. 10). Gegenüber den 3 Anklage=
punkten von V. 5 u. 6 a führt er aus: 1) er habe keinerlei Unruhen erregt (V. 11—13);
2) er gehöre zwar der christlichen Richtung an, aber sei dabei doch der alten jüd.
Religion treu geblieben (V. 14—16); 3) er sei nur zu frommen Zwecken nach Jer.
gekommen und in den Tempel gegangen (V. 17—19). Zum Schlusse verweist er auf
die Synedriumsverhandlung 23 1—10, bei der sich bereits herausgestellt habe, daß man
ihm kein wirkliches Unrecht vorwerfen könne (V. 20 f.).

V. 10. „Da ich weiß, daß du seit vielen Jahren Richter für dieses

---

1. Hinter ἐκρατήσαμεν hat die Rec. nach E viel. Min., vulg., gig., syr. ᵘᵗʳ· die
W.: καὶ κατὰ τὸν ἡμέτερον νόμον ἠθελήσαμεν κρίνειν· κατελθὼν δὲ Λυσίας ὁ χιλίαρχος
μετὰ πολλῆς βίας ἐκ τῶν χειρῶν ἡμῶν ἀπήγαγε, κελεύσας τοὺς κατηγόρους αὐτοῦ ἔρ-
χεσθαι ἐπὶ σέ. Da diese W. bei ℵABHLP (C hat von 23 18—24 15 eine Lücke) viel.
Min., sah., cop. fehlen, sind sie von Lach., T., W.=H., B. Wß gestrichen. Dagegen
hat neuerdings Blaß sie in seine beiden Texte aufgenommen und im Anschluß an Blaß
ist ihre Authentie auch von Zöckl., Hltzm. ThLz 1896 S. 82 f, Hilgf. ZwTh 1896 S. 535,
Belser S. 135 f. vertreten worden. Für ihre Echtheit soll der Sinn der St. entscheidend
sein. Nach dem kürzeren Texte würde sich das παρ' οὗ in V. 8 auf P. beziehen.
Dabei würde aber nach Blaß der Unsinn herauskommen, daß der Ankläger nach wenigen Worten den Richter auf den Angeklagten als Zeugen verweise, von dem alles
Weitere zu erfragen sei. So liegt jedoch der Sachverhalt nicht. Im Sinne des Vf.s
der AG. sind die Anklagepunkte der Juden gegen P. in V. 5 u. 6a zwar in kompen-
diarischer Kürze, aber in sachlicher Vollständigkeit bezeichnet. Zum Schlusse sagt dann
der Ankläger, daß der Angeklagte selbst, wenn der Richter ihn verhören wolle, die
Richtigkeit der ihm vorgeworfenen Tatsachen nicht werde leugnen können. Man kann
ja zweifeln, ob die Rede des Tertullus in Wirklichkeit diesen Schluß gehabt hat. Jedenfalls enthält derselbe in der schriftstellerischen Komposition dieser Gerichtsverhandlung
das Motiv dazu, daß hinterher dem P. das Wort gegeben wird. P. gesteht dann
auch das wahre Moment in der Anklage zu (V. 14), aber setzt es nun in eine andere
Beleuchtung. In dieser Darstellung liegt nichts Widersinniges. Wohl aber bietet gerade der erweiterte Text einen recht unpassenden Sinn. Nach ihm würde sich das
παρ' οὗ in V. 8 auf den Tribunen Lysias beziehen. Aber was konnte dieser Mann
mit bezug auf die Anklagen der Juden gegen P. bezeugen? Nach der Darstellung
der AG. mußte er ja selbst erst zu erkunden suchen, wessen man eigentlich den P. be-
schuldige (22 30), und die zu diesem Zwecke veranstaltete Synedriumsverhandlung 23 1—10
hatte ihm gerade die überzeugung verschafft, daß P. kein Verbrecher sei, sondern nur
in betreff innerjüdischer Gesetzesstreitigkeiten beschuldigt werde (23 28 f.). Hätte in der
Rede des Tertullus eine Verweisung auf die Aussage dieses Tribunen gestanden, so
wäre es unbegreiflich, daß in der Verteidigungsrede des P. bei V. 20 f. die Berufung
auf das Zeugnis dieses Tribunen fehlte. Felix erklärt in V. 22, er wolle sich erst
beim Tribunen über die Sache erkundigen. Dies bedeutet eine Vertagung des Prozesses auf unbestimmte Zeit. Soll man annehmen, die Juden selbst hätten durch ihren
Anwalt den Prokurator zu solcher Vertagung aufgefordert? Meines Erachtens hat
man guten Grund zu dem Urteile, daß an u. St. der von den besten Handschr. bezeugte Text der richtige ist, den eine ungeschickte Hand durch die Einschiebung nur
scheinbar verbessert hat. So auch Schwartz NGW 1907 S. 292.

Volk bist, führe ich guten Mutes (zu εὐθύμως vgl. 27 22. 25. 26) die Verteidi=
gung in meiner Sache." Felix hatte die Prokuratur in Judäa seit dem J. 52
inne. So konnte P. jetzt, b. h. wahrscheinlich im J. 59 (oder 58), mit Recht
sagen, daß er „seit vielen Jahren Richter", b. i. oberste richterliche Behörde
für das jüd. Volk war (vgl. oben S. 63). Die mehrjährige Amtsführung
des Felix motiviert den guten Mut des P. insofern, als sie verbürgt, daß
der Richter die Verhältnisse, auf die es bei der Beurteilung der vorliegenden
Sache ankommt, kennt oder leicht verstehen wird. Vgl. 26 2f. V. 11. „Da
bu feststellen kannst, daß es nicht mehr als (πλείους ohne ἤ wie 4 22 u. ö.)
12 Tage her ist, seit ich zur Anbetung nach Jer. hinaufgezogen bin." Dem
Sinne nach gehört diese Mitteilung über die Zeitumstände seiner Hinkunft nach
Jer. mehr zu V. 12; formell aber wird sie an das Exordium der Rede V. 10
angehängt. Die 12 Tage sind wahrscheinlich so berechnet, daß nur die vollen
Tage gezählt, also der Tag der abendlichen Ankunft des P. in Jer. 21 17
und der gegenwärtige Tag der Gerichtsverhandlung nicht mitgezählt sind.
Diese Berechnungsweise entspricht dem Interesse des P., die Kürze des Zeit=
raums hervorzuheben. Sie ist auch durch die W. ἀφ᾽ ἧς ἀνέβην nicht aus=
geschlossen, da durch diese W. der Ankunftstag in Jer. nur als der Termin
bezeichnet wird, von dem ab gezählt wird, während unbestimmt bleibt, ob
er mitgezählt wird oder nicht. Dann ist der 1. gezählte Tag der der Zu=
sammenkunft mit Jakobus 21 18ff.; der 2. der des Eintritts in das Nasiräat
21 26; der 6. der der Verhaftung des P. gegen Ende, b. i. am vorvorletzten
Tage der 7 Tage 21 27; der 7. der der Verhandlung vor dem Synedrium
22 30 — 23 10; der 8. der der jüd. Verschwörung 23 12ff.; der 9. der der An=
kunft des P. in Cäsarea 23 32f.; der 13. der der gegenwärtigen Verhandlung
24 1 (s. zu b. St.) [1]. — Die Anbetung in Jer. (vgl. 8 27) wird von P. als der
Zweck seiner Reise dorthin bezeichnet. In Wirklichkeit kam er nach Jer., um
die Kollekte der Heidenchristen an die Urgemeinde zu überbringen (Röm 15 25ff.).
Er beteiligte sich dort freilich auch an dem jüd. Tempelkult, dem er früher
als Jude zugetan gewesen war und den er als berechtigte Kultusform der
Judenchristen anerkannte (s. zu 21 26). Aber dadurch wird noch nicht ge=
rechtfertigt, daß er diese Kultusleistung als Zweck seiner Reise nach Jer. hin=
stellt. Auch nachher V. 17 wird der Zweck der Überbringung einer Kollekte
an seine Volksgenossen nur neben dem Zwecke der Opferdarbringung ange=
führt. Das apologetische Motiv dieser Darstellung ist klar: die Verkehrtheit

1. Vgl. Anger, de temp. rat. p. 110. Mey. weicht von dieser Berechnung in=
sofern ab, als er einerseits den Tag der Ankunft in Jer. als ersten mitrechnet, andrer=
seits die 5 Tage 24 1 von der Abreise in Jer. an zählt. Auch Overb. rechnet den
Ankunftstag in Jer. mit, schließt aber in die 5 Tage 24 1 den Ankunftstag in Cäsarea
nicht ein; er muß daher die Tage des Nasiräats in Jer. auf einen vollen und 2 nicht
volle Tage einschränken, was doch mit der Angabe 21 27 kaum vereinbar ist. Nach
B. Wß u. Knopf sind einfach die 7 Tage (21 27) und die 5 (24 1) addiert; in jene 7 Tage
könnten die Tage 21 18 und 22 30, in die 5 der Reisetag 23 12. 31 eingerechnet sein,
während der Verhandlungstag nicht mitgezählt sei. Aber daß der Tag 21 18 in die
7 Tage 21 27 eingerechnet ist, ist ebenso unwahrscheinlich, wie daß dieser Tag außer
Berechnung geblieben ist. Nach Hilgf., Acta p. 297 und Clemen, Paul. I S. 314 ist
bei der aus der Quelle stammenden Zahlangabe unserer St. der vom Redaktor ein=
gefügte Verhandlungstag 22 30 — 23 10 nicht mitgerechnet gewesen.

der jüd. Anklagen tritt deutlich hervor, wenn P. gerade zum Zwecke der Teilnahme am jüd. Kultus nach Jer. gekommen ist. Aber die ungenaue Darstellung eines Sachverhalts wird dadurch, daß sie zur Verteidigung wirksam ist, nicht entschuldigt. Da wir dem P. selbst eine solche Ungenauigkeit nicht zutrauen dürfen, so haben wir an u. St. und in V. 17 Anzeichen dafür zu sehen, daß unsere Rede eine Komposition des Vf.s der AG. ist. Dieser hat dabei den gleichen Mißgriff begangen, wie vorher 23 6: er läßt den P. Äußerungen tun, deren Vorteil für seine Verteidigung darauf beruht, daß gewisse wahre Momente in einer ungenauen Verallgemeinerung aufgestellt werden, wodurch sie für diejenigen, die mit der wirklichen Sachlage und deshalb mit den Schranken der Richtigkeit der Aussage nicht Bescheid wissen, einen für die Verteidigung des P. besonders günstigen Sinn darbieten. Der Vf. der AG. hat hieran deshalb keinen Anstoß genommen, weil diese Äußerungen doch auch Wahrheitsmomente einschließen, so daß ihnen von den Kundigen eine richtige Beziehung gegeben werden kann. V. 12. P. versichert, daß er auch nicht zu einer ἐπίστασις ὄχλου d. i. zu einem „Zusammenlauf des Volks", einem Stehenbleiben der Leute, Anlaß gegeben hat, geschweige denn zu etwas Schlimmerem. Die Rec. hat statt ἐπίστασιν (vgl. II Mak 6 3. II Kor 11 28) minder passend den stärkeren Ausdruck ἐπισύστασιν. V. 13. Mit dem durch אB 61 bezeugten οὐδὲ wird der durch οὔτε — οὔτε — οὔτε gegliederten Aussage von V. 12 eine steigernde neue angereiht. Nachdem P. in V. 12 negiert hat, daß er in Jer. irgendwelche Unruhe veranlaßt habe, weist er jetzt durch die allgemeine Behauptung: „auch kann man dir keine Beweise beibringen für das, dessen man mich jetzt beschuldigt", zugleich den Vorwurf von V. 5 zurück, daß er überall im röm. Reiche Unruhestifter für die Juden gewesen sei. V. 14. Antwort auf den Vorwurf V. 5b, daß er πρωτοστάτης τῆς τῶν Ναζωραίων αἱρέσεως sei. Anstatt der von den Gegnern gebrauchten Bezeichnung αἵρεσις, welche einen üblen Nebensinn haben kann (s. zu V. 5), wendet er den Ausdruck ὁδός (s. zu 9 2) auf das Christentum an. „Gemäß der Richtung, welche sie eine Sekte nennen, diene ich dem Gotte meiner Väter (πατρῷος wie 22 3) in der Weise, daß ich allem glaube, was im Gesetz und in den Propheten geschrieben ist." Daß οὕτως weist nicht auf das vorangehende κατὰ τὴν ὁδὸν (B. Wß), sondern auf die folgenden Partizipialsätze hin, welche die Art des λατρεύειν näher bestimmen (Men., de W.). Bei seiner der neuen Richtung entsprechenden Gottesverehrung ist nichts von dem korrekten jüd. Glauben weggefallen. Die anerkannte Norm dieses jüd. Glaubens sind „Gesetz und Propheten", die h. Schriften. Auffallend ist der Wechsel der Präpos.: κατὰ τὸν νόμον u. ἐν τοῖς προφήταις. Das ungewöhnliche κατὰ ist wohl gewählt, um zu betonen, daß das Gesetz vom Anfang bis zu Ende gläubig festgehalten wird. V. 15. Der asyndetisch angereihte Partizipialsatz: ἐλπίδα ἔχων κτέ. ist nicht koordiniert dem πιστεύων κτέ. V. 14, sondern bestimmt dieses seinem Inhalte nach näher: „indem ich die Hoffnung zu Gott habe, welche auch diese selbst (die anwesenden Juden) hegen, daß eine Auferstehung von Gerechten und Ungerechten (vgl. Dan 12 2; Joh 5 29) eintreten wird (μέλλειν ἔσεσθαι wie 11 28)". Man sollte erwarten, daß P. nach der allgemeinen Bezeichnung seines Schriftglaubens speziell seinen Glauben an die messianischen Verheißungen der Schrift hervorhöbe (vgl. 26 6f. 22f.). Statt dessen spricht er von seiner allgemeinen Auferstehungshoffnung, weil es ihm aus taktischen Gründen wichtig ist, seine dogmatische Übereinstimmung mit den Pharisäern hervorzukehren (vgl. V. 21 u. 23 6—10). Darüber, daß es sich bei der „Richtung", der P. zugehört, um den Messias handelt, erfährt nach unserm Berichte der Prokurator ebenso wenig von P. etwas, wie vorher von Tertullus. Da in den Anfangsworten ἐλπίδα ἔχων πρὸς τὸν θεὸν der Begriff ἐλπίς deutlich den subjektiven Sinn „Hoffnungsglaube" hat, ist auch in dem Relativsatze für die ἐλπίς als Obj. von προσδέχονται derselbe Sinn anzunehmen, nicht aber der objektivierte: „Hoffnungsgut" (wie Tit 2 13. Kol 1 5. Hbr 6 18). Der Ausdruck ἐλπίδα προσδέχεσθαι ist dann ebenso pleonastisch gebraucht wie φόβον φοβεῖσθαι Lk 2 9. Mt 4 41. **V. 16.** „Hierbei (ἐν τούτῳ wie Joh 9 30. 16 30 auf den ganzen voranstehenden Sachverhalt bezüglich) bemühe auch ich selbst (ebenso wie die Juden) mich durchweg ein gutes Gewissen Gott und den Menschen gegenüber zu haben." Das ἐν τούτῳ bed. hier nicht „deswegen" (Blaß), sondern: „bei dieser Sachlage", d. h. bei diesem meinem Glauben an Gott und eine künftige Auferstehung. Er bemüht sich, mit seinem Glauben einen tadellosen Wandel zu verbinden. Zum passivischen ἀπρόσκοπος vgl. Phl 1 10. Zum Gedanken s. zu 23 1.

V. 17. „Nach Verlauf mehrerer Jahre (διά wie Gal 2 1. Mt 2 1) aber bin ich hergekommen, um Almosen für mein Volk zu bringen und Opfer." Zu dem εἰς „für" vgl. I Kor 16 1. II Kor 8 4. 9 1. 13. Röm 15 26 und dazu Deißm., Bibelstud. S. 113 ff. Bemerkenswert ist, daß an u. St. einmal auf die sonst in der AG. nicht erwähnte Kollekte (s. d. Anm. zu 20 24. 21 19) bezug genommen wird. P. bezeichnet sie als eine Liebesgabe „für sein Volk", d. i. das jüd. Volk. Dies erklärt sich aus seinem Verteidigungszwecke, dem es besser entsprach, wenn er die Überbringung der Kollekte als Erweis der treu bewahrten Anhänglichkeit an sein jüd. Volk erscheinen ließ, als wenn er ihre Bestimmung speziell für die Christen, die Anhänger der Nazarenerpartei V. 5, hervorhob. Das Wahrheitsmoment bei dieser Darstellung des P. liegt darin, daß ja auch die palästin. Christen geborene Juden waren. Aber in der Allgemeinheit, in welcher die Bestimmung der Kollekte für das jüd. Volk ausgesprochen wird mit Übergehung der für die Verteidigung ungünstigen Beschränkung dieser Bestimmung, liegt doch eine Ungenauigkeit, welche eine gewisse Irreleitung des Urteils des Felix zu Gunsten des P. bedingt. Aus demselben Motive und mit ebenso zweifelhaftem Rechte stellt P. als zweiten Zweck seiner Reise die Darbringung von Opfern, die Beteiligung am Tempelkult in Jer., hin. S. zu V. 11. **V. 18.** „Bei diesen letzteren (ἐν αἷς[1] auf

---

1. Die Rec. nach HLP d. meist. Min. hat ἐν οἷς (so auch Blaß), während durch ℵABCE das Fem. bezeugt ist. Der Gedanke liegt ja nahe, daß das Fem. Korrektur behufs besseren Anschlusses an προσφοράς ist (Mey.). Aber das Fem. kann auch unpassend erschienen sein, weil man in 21 27 nicht ausgedrückt fand, daß P. bei der Opfer-

προσφοράς bezüglich) trafen sie, nämlich einige Juden aus Asien, mich als Geweihten (d. i. im Nasiräat Befindlichen; s. zu 21₂₄. ₂₆) im Tempel." Die Betonung des kultischen Zweckes seines Aufenthaltes im Tempel steht in Gegen=satz zu dem Vorwurfe der Tempelschändung V. 6. Die W.: τινὲς δὲ ἀπὸ τ. Ἀσίας Ἰουδαῖοι sind nachträgliche Näherbezeichnung des Subj.s von εὗρον. Das (bei HLP d. meist. Min. fehlende, von Blaß in Klammern gesetzte) δὲ ist wohl nicht aus dem gedachten Gegensatze gegen die anwesenden Ankläger zu erklären (Mey.), sondern nach Analogie des einen vorangegangenen Be=griff zur Anfügung einer Näherbestimmung aufnehmenden δὲ Röm 3₂₂. 9₃₀. I Kor 2₆. Phl 2₈: „und zwar". V. 19. „Diese müßten vor dir (bei dieser Gerichtsverhandlung, vgl. 23₃₀) anwesend sein, wenn sie etwas gegen mich (vorzubringen) hätten." Durch den Opt. wird die Möglichkeit ausgedrückt, daß jene Abwesenden etwas zu klagen hätten. Vgl. Win. § 41, 2c; Blaß, Gr. § 66, 4.

V. 20. Anstatt dessen, daß eigentlich nicht die Anwesenden, sondern jene asiatischen Juden als Ankläger auftreten müßten, will P. es auch gelten lassen, daß die Anwesenden selbst Auskunft geben über das Ergebnis des Verhöres vor dem Synedrium 23₁—₁₀. V. 21. „Es sei denn wegen des einen Wortes usw." Der Ausruf im Synedrium 23₆ ist der einzige Punkt, auf den sich etwa ein Vorwurf gegen P. beziehen könnte. Aber P. weiß sehr wohl, daß ein solcher Vorwurf kein strafwürdiges Unrecht beträfe, da er in diesem Punkte gerade die ganze Pharisäerpartei auf seiner Seite hat. Zu dem ἢ am Anfang ergänzt B. Wß aus V. 20 εἰπάτωσαν: oder, wenn sie sonst kein Unrecht gefunden haben, so mögen sie in betreff dieses einzigen Wortes, das ich damals rief, sagen (nämlich inwiefern in ihm ein Unrecht liegt). Aber einfacher ist die gewöhnliche Fassung, welche das ἢ von einem zu τί V. 20 zu ergänzenden ἄλλο abhängig sein läßt.

V. 22. „Felix aber vertagte sie (d. h. ihre Sache), da er aufs ge=naueste (Komparativ mit superlativem Sinn wie 17₂₁. 25₁₀; vgl. Blaß, Gr. § 44, 3) Bescheid wußte in betreff der Richtung (d. i. des Christentumes)." ἀναβάλλεσθαι ist term. techn. für das Verschieben der gerichtlichen Entschei=dung, entsprechend dem lat. ampliare aliquem, oder pronuntiare „amplius" (vgl. Cic. in Verrem I, 29). Als die αὐτοί, deren Sache Felix vertagte, sind nach dem Zusammenhange, wo zuletzt P. gesprochen hat, beide Parteien zu verstehen (Mey.); im Sinne der Quelle (s. d. Anm. zu V. 1 ff.) waren es wahrscheinlich nur die Ankläger. — Woher wußte der Prokurator um das Christentum Bescheid? Ist gemeint, daß er schon vor der Verhandlung Kenntnis vom Christentum hatte (εἰδὼς wie 2₃₀. 5₇. 20₂₂), oder daß er jetzt durch die Verhandlung merkte, wie es sich mit dem Christentum verhielt (εἰδ. wie Lk 11₁₇. Joh 6₆₁)? Vielleicht war in der Quelle das Erstere gemeint, während der Vf. der AG. das Letztere annahm. Felix sagte (über εἴπας s. zu 22₂₄): „wenn der Tribun Lysias herabgekommen ist, werde ich die euch

darbringung selbst begriffen war, als der Tumult stattfand. Deshalb änderte man in das neutrische ἐν οἷς, das sich auf das in V. 17 Bezeichnete im allgemeinen bezieht: „während dem" (vgl. 26₁₂).

angehende Sache zur Entscheidung bringen". διαγινώσκειν wie 23₁₅. **V. 23.**
„Er befahl dem Centurio, daß er (P.) in Haft gehalten werden und (dabei)
Erleichterung haben sollte und daß er (der Centurio) keinen seiner Zuge=
hörigen (d. i. der Freunde des P.) hindern sollte ihm Dienste zu leisten."
Das Subj. wechselt in diesen Infinitivsätzen. Daß trotz der Milde, mit der
die Haft des P. gehandhabt werden sollte, seine Fesselung bestehen blieb,
zeigt V. 27 (s. zu 22₃₀).
V. 24—27. Weitere Haft des P. unter Felix[1]. **V. 24.** Aus
dem παραγενόμενος läßt sich nicht (mit B. Wß u. Blaß) schließen, daß Felix
nicht selbst im Prätorium des Herodes (23₃₅) wohnte. Gewiß war dieses
ein weitläufiger Bau und waren die Gefangenen nicht in demselben Teile
untergebracht, in welchem der Prokurator wohnte. So konnte sich Felix auch
von seiner Wohnung im Prätorium aus dahin begeben, wo P. in Haft lag,
und diesen holen lassen. Die Frau des Felix, Drusilla, Tochter des Königs
Agrippa I., durch Schönheit ausgezeichnet, war an den König Azizus von
Emesa verheiratet gewesen, aber von Felix durch Vermittlung des Goëten
Simon diesem Gemahl abspenstig gemacht (vgl. Jos. Ant. 20, 7, 1 f.). Sie
war die dritte Gattin des Felix. Die Angabe des Tacitus Hist. 5, 9, daß
auch seine erste Gattin, Enkelin des Antonius und der Cleopatra, Drusilla
hieß, beruht wohl auf Verwechslung (Schür. I³ S. 572 f.). Der Zusatz an
u. St., daß sie Jüdin war, motiviert indirekt das Kommen des Felix mit ihr.
In einer Texterweiterung bei syr. ᵖ· ᵐᵃʳᵍ· (Blaß β=Text) wird direkt gesagt,
daß Drusilla den P. zu sehen und zu hören wünschte und Felix ihr hierin
Genüge schaffen wollte. **V. 25.** Daß Felix furchtsam wird und die Rede
des P. unterbricht, als derselbe auf Gerechtigkeit und Enthaltsamkeit und das
zukünftige Gericht, bei welchem die Vergeltung für das Verhalten der Men=
schen auf Erden stattfinden wird, zu sprechen kommt, ist bedingt durch seine
entgegengesetzten Untugenden. Nicht ohne Ironie wird an u. St. die Art
und Grenze des Interesses des Felix für P. charakterisiert. Es beruhte auf
einer gewissen Neugier in betreff der Lehre des P., auch vielleicht auf einem
Wohlwollen für seine Person und auf der Erkenntnis seines Rechtes gegen=
über der jüd. Anklage, nicht aber auf sittlich=religiösem Verständnis und hörte
deshalb auf, sobald P. den sittlichen Ernst des Christentums geltend machte.
Diese sittliche Charakterlosigkeit des Felix bietet denn auch die Erklärung für
sein weiteres, in V. 26 f. bezeichnetes Verhalten gegen P. Er antwortete
ihm: „für diesmal (τὸ νῦν ἔχον eigentlich: „bei jetzigem Sachverhalt"; vgl.
Tob 7₁₁) gehe; wenn ich aber passende Zeit bekomme, werde ich dich holen
lassen". **V. 26.** Der Partizipialsatz ἅμα καὶ ἐλπίζων κτέ. tritt dem ἔμφοβος
γενόμενος V. 25 zur Seite, die Geldgier als weiteres Motiv angebend, aus
dem Felix die Haft des P. hinauszog. Nach Renan, S. Paul. p. 538, Sp.
S. 280, B. Wß hat Felix aus der in V. 17 erwähnten Kollekte geschlossen,

---

1. Dieses Stück kann im wesentlichen aus der Quelle stammen. So auch Sp.,
Jgst, Clemen, Paul. I S. 315 f. Nach Hilgf. ZwTh 1896 S. 539, Acta p. 298 ist V. 25
ein störender Einschub. J. Wß S. 46 f. hält „die ganz inhaltlose Episode" V. 24—26
für eine Nachbildung der Parallele Agrippa und Bernice.

daß P. Geldmittel zur Verfügung habe. Ramſay, S. Paul p. 310 ff. ver=
mutet, daß P. infolge einer eben damals angetretenen Erbſchaft in Cäſarea
als wohlhabender Mann aufgetreten ſei. Richtiger iſt wohl die Erklärung,
daß Felix aus den Mitteilungen des P. ſelbſt und ſeiner jüd. Gegner erſah,
P. ſei ein Hauptführer der außerpaläſtinenſiſchen Chriſten und habe einen
großen Anhang in vielen Städten Kleinaſiens und Griechenlands. Deshalb
nahm er an, daß P., wenn er nur ſeinen Einfluß dahin geltend machen
wollte, ſehr wohl Geldmittel zum Zwecke ſeiner Freilaſſung zuſammenbringen
könnte. Wegen ſeiner Hoffnung auf Geld (διό) ließ ſich Felix auf häufige
Unterhaltungen mit P. ein. Dieſe ſollten dem P. einen Anlaß oder eine
indirekte Aufforderung zu einem Beſtechungsverſuche geben.

V. 27. „Nach Ablauf von 2 Jahren (zum W. διετία hier u. 28 30 vgl.
Deißm., Neue Bibelſtud. S. 86) aber erhielt Felix zum Nachfolger (zu διάδοχος vgl. II Mak 4 29. 14 26. Joſ. Ant. 20, 8, 9) den Porcius Feſtus." Die
2 Jahre ſind vom Beginn der Haft des P., nicht vom Amtsantritt des Felix
an gerechnet. S. oben S. 63 Anm. 1. Über den Prokurator Porcius Feſtus
berichtet Joſ. Ant. 20, 8, 9. Bell. 2, 14, 1 nur, daß er energiſch das Sicarier=
unweſen zu bekämpfen ſuchte. Er ſtarb nach kurzer Amtsführung in Paläſtina.
Vgl. Schür. I³ S. 579 ff.; O. Hltzm. ² S. 65 f. „Indem Felix die Juden ſich
zu Dank zu verpflichten (χάριτα καταθέσθαι eigentl.: ſich Dank niederzulegen,
vgl. 25 9) wünſchte, ließ er den P. gefeſſelt (ſ. zu 22 30) zurück[1]." Zur ſel=
tenen Form χάριτα (im NT nur noch Jud 4) vgl. Win.=Schmied. § 9, 7;
Blaß, Gr. § 8, 1.

Hat P. wirklich zwei volle Jahre der Haft in Cäſarea zugebracht? Weizſ. S. 440 ff.
zieht dies in Zweifel, weil der zweijährige Zeitraum leer von Ereigniſſen ſei und ſich
für die lange Hinhaltung der Sache des P. durch Felix kein Grund erkennen laſſe. Die
Wiederholung, welche der Verlauf des Prozeſſes unter Felix und unter Feſtus nach
der Darſtellung der AG. zeige, ſei ein Anzeichen dafür, daß der Bericht über die Beteiligung dieſer beiden Prokuratoren an dem Prozeſſe auf einer ungeſchichtlichen Verdoppelung beruhe, weil der Schriftſteller über den Namen des beteiligten Prokurators
keine ſichere Kunde mehr hatte und eine ſchwankende Überlieferung vereinigen wollte.
Vgl. Wellhauſen NGW 1907 S. 8 und Schwartz ebendaſ. 1907 S. 294 ff., und dazu
oben S. 63 Anm. 1. Ich kann die Gründe gegen die zweijährige Haft in Cäſ. nicht für
triftig erachten. Daß die 2 Jahre ereignisleer erſcheinen, war durch das Weſen der
ſich hinſchleppenden Haft bedingt. Auch iſt zu beachten, wie der Vf. der AG. (bezw.
der Quellenſchrift) in ſeinen früheren Berichte längere Perioden der Miſſionswirkſam-
keit des P., die gewiß nicht ereignisleer waren, ganz kurz abmacht, nur einzelne Epi-
ſoden beſonders des Anfanges und des Schluſſes breiter ausführend (18 11 ff. 19 10 ff.).
Daß der Prozeß des P. durch den Prokurator hinausgeſchleppt wurde, hatte gewiß
keine berechtigten Gründe, iſt aber bei der Schlechtigkeit des Charakters und der Amts=
führung des F. nicht unbegreiflich. Die in V. 26 u. 27 angegebenen Motive des F.,

_____

1. In 137 syr. p. marg. iſt ſtatt der W. θέλων τε κτέ. folgender Satz gegeben:
τὸν δὲ Παῦλον εἴασεν ἐν τηρήσει διὰ Δρούσιλλαν (Blaß im β=Text). Soll man dieſen
Text bloß wegen ſeiner Eigentümlichkeit und Schwierigkeit für den urſprünglichen
halten (J. Wß S. 47)? Dem Textbeſſerer, der in V. 24 das Beeinflußtſein des F.
durch ſeine Gattin hervorgehoben hatte (ſ. zu d. St.), mag es plauſibler erſchienen
ſein, daß F. auch bei ſeinem Schlußverhalten gegen P. durch Rückſicht auf die Frau
(vgl. Mk 6 17. Mt 14 3), als daß er durch Rückſicht auf die Juden beſtimmt war. Inwiefern aber Druſilla für die weitere Gefangenhaltung des P. intereſſiert war, iſt
nicht einzuſehen.

die dem P. ganz wohl direkt oder indirekt bemerkbar geworden sein können, haben nichts Unwahrscheinliches. Es ist auch verständlich, daß P. das Mittel einer Appellation an den Kaiser, welches abgesehen von der nur bedingten Zulässigkeit doch zugleich seine bedenklichen Seiten hatte, nicht schnell, sondern erst im äußersten Notfalle ergriff, wo ihm eine andere Möglichkeit der Rettung abgeschnitten schien. Der Parallelismus aber zwischen dem in K. 22—24 und dem in K. 25 u. 26 Berichteten erklärt sich daraus, daß die Neubesetzung der Prokuratur natürlicher Weise zu einer Erneuerung der Anklage gegen P. und der Untersuchung seiner Sache führte. Zugleich kommt in betracht, daß der Vf. der AG. dem ausführlicheren Bericht seiner Quelle über den Schluß der cäsareensischen Haft gewisse Motive dazu entnommen hat, die kurzen Mitteilungen der Quelle über den Anfang dieser Haft weiter auszuführen. So bot die Rede K. 26 das Motiv zur Ausgestaltung der Rede K. 22; die Äußerung 26₂f. das Motiv für 24₁₀f.; 26₅—₇ für 23₆ u. 24₁₄f. Hierdurch ist die in der Natur der Sache liegende Ähnlichkeit zwischen dem Anfange des Prozesses und seiner Wiederaufnahme gesteigert worden.

Kap. 25.

V. 1—12. Wiederaufnahme des Prozesses und Appellation des P. vor Festus[1]. **V. 1.** „Als Festus nun die Statthalterschaft angetreten hatte usw." Zu dem adjektivischen ἐπαρχείῳ[2] ist zu ergänzen: ἐξουσίᾳ (B. Wß). Das W. ist außer durch Euf. h. e. 2, 10, 3; 2, 26, 2; 3, 33, 3 auch inschriftlich bezeugt: Corp. Inscr. Gr. It. n. 911 (Blaß). Es ist an u. St. passender als ἐπαρχία (23₃₄), weil nicht die Provinz, sondern das Amt der Prokuratur gemeint ist (B. Wß S. 8). **V. 2.** Zu ἐνεφάνισαν f. zu 23₁₅. Zu οἱ ἀρχιερεῖς f. zu 4₆. Regierender Hoherpriester war damals Ismael, Sohn des Phabi, als Nachfolger des Ananias (Jos. Ant. 20, 8, 8. 11). Unter den „Ersten (d. i. Vornehmsten) der Juden" (vgl. Lk 19₄₇) sind Mitglieder des Synedriums verstanden (vgl. V. 15: οἱ πρεσβύτεροι), aber wohl nicht die sämtlichen, sondern einzelne besonders angesehene derselben. **V. 3.** Sie „erbaten sich als Vergünstigung wider ihn (P.), daß er ihn nach Jer. kommen lasse, indem sie den feindseligen Plan machten, ihn unterwegs

---

1. Diese Darstellung der bedeutsamen Wendung, welche der Prozeß des P. gleich nach dem Regierungsantritte des Festus nahm, ist ebenso wie der Grundbestand der folgenden Erzählung von der Vorführung des P. vor Agrippa durch Anschaulichkeit und Glaubhaftigkeit ausgezeichnet. Gewiß stammt dieser Bericht K. 25 u. 26 im wesentlichen aus der Quelle. Der Schreiber derselben erzählt nachher von 27₁ an über die Reise des P. von Cäf. nach Rom als Mitreisender in der 1. Perf. Plur. Er war also aller Wahrscheinlichkeit nach auch schon in der letzten Zeit vor dem Antritt der Reise in der persönlichen Umgebung des P. in Cäf. Daß in K. 25 u. 26 noch nicht die 1. Perf. Plur. auftritt, wird nur darin begründet sein, daß es sich hier um solche Tatsachen handelt, die den Vf. der Quelle, obgleich er damals schon in Cäf. war, nicht unmittelbar mitangingen. Als redaktioneller Zusatz ist in unserm Abschnitt vielleicht V. 3b zu betrachten (f. zu d. St.). J. Wß S. 47ff. hält den ganzen V. 3 (nebst den Schlußworten von V. 2) und die Verteidigung des P. V. 8 für redaktionelle Zutat (vgl. zu letzterem Punkte Jgt S. 185; Hilgf. ZwTh 1896 S. 541 f.; Acta p. 298 s.). Ich sehe keinen triftigen Grund dazu.

2. Wahrscheinlich ist mit T., B. Wß nach ℵ*A die LA ἐπαρχείῳ (ℵ*: ἐπαρχίῳ) aufzunehmen. Die übrigen Handschr. haben: ἐπαρχία (B: ἐπαρχείᾳ) und so lesen Lachm., W.-H., Blaß. Aber daß man aus Versehen das geläufige W. ἐπαρχία in das ungebräuchliche umgesetzt hätte, ist nicht wahrscheinlich, während die umgekehrte Abänderung sehr nahe lag.

zu töten". Die jüd. Hierarchen suchen als Vergünstigung zu erlangen, was
sie nicht als Recht fordern können, daß P. der Aburteilung durch das Syne=
drium überlassen werde. S. zu V. 9. Daß das eigentliche Motiv zu diesem
Wunsche ein Mordplan war, hat der Vf. der AG. doch wohl nur nach Ana=
logie der ἐνέδρα 23₁₂—₂₁ vorausgesetzt. **V. 4.** Festus weist die Bitte der
Hierarchen zunächst einfach zurück (anders nachher V. 9). Der Hinweis auf
die Tatsache, „daß P. in Cäsarea in Haft gehalten werde", bedeutet indirekt,
daß es bei dieser Tatsache bleibt. Das εἰς ist hier prägnant gebraucht im
Gedanken daran, daß P. nach Cäsarea gebracht war. Durch den Zusatz, „daß
er selbst in Kürze abreisen werde", macht der Prokurator bemerklich, daß die
Verweisung der Prozeßführung nach Cäsarea keinen langen Aufschub bedeutet.
V. 5. „Also mögen, sagte er, die Gewalthaber unter euch (d. i. diejenigen,
welche die dazu gehörige Amtsgewalt haben) mit hinunterkommen (nach Cä=
sarea) und, wenn irgend etwas an dem Manne ungehörig (ἄτοπον wie Lk 23₄₁)
ist, Anklage gegen ihn erheben." Der allgemeine Ausdruck οἱ ἐν ὑμῖν δυνατοὶ
ist gewählt, weil der eben erst ins Land gekommene Römer redet, der die
lokalen Bezeichnungen (V. 1 u. 15) noch nicht anwendet (Overb.). Man
kann nicht mit Mey. aus dem Ausdrucke an u. St. schließen, der Begriff οἱ
πρῶτοι in V. 2 müsse noch andere Primaten als die Mitglieder des Syne=
driums eingeschlossen haben. Auch bei Jos. kommt der Ausdruck δυνατοί zur
Bezeichnung der Synedriumsmitglieder häufig vor (s. Schür. II³ S. 200 Anm.).
   V. 6. Die unbestimmte Zeitangabe: „als er nicht mehr als 8 oder 10
Tage bei ihnen geweilt hatte", erklärt sich, wie B. Wß richtig bemerkt, vom
Standpunkte des P. und seiner Freunde in Cäsarea aus, die wohl wußten,
daß Festus über 10 Tage von Cäsarea abwesend gewesen war, aber nicht,
wieviel er davon in Jer., wieviel auf der Reise zugebracht hatte. Gleich am
folgenden Tage nach seiner Rückkehr, also unverweilt, wie nachher V. 17 noch
besonders betont wird, „setzte er sich auf den Richtstuhl (βῆμα wie 18₁₂. ₁₆f.)
und befahl den P. vorzuführen". **V. 7.** „Die von Jer. heruntergekommenen
Juden (die nach V. 5 u. 17 mit dem Prokurator zusammen gereist waren)
umringten ihn, viele und schwere Anschuldigungen gegen ihn vorbringend."
Die an u. St. durch alle besseren Handschr. bezeugte Form αἰτίωμα statt αἰ=
τίαμα kommt sonst nicht vor. Doch hat Eustath. p. 1422, 21 αἰτίωσις statt
αἰτίασις (Mey.). **V. 8.** P. verteidigte sich: „weder gegen das Gesetz der
Juden noch gegen den Tempel noch gegen den Kaiser habe ich mich ver=
gangen". Mit diesen drei Punkten der Verteidigung ist indirekt zugleich der
Inhalt der gegen ihn erhobenen Anklagen bezeichnet. Die beiden ersten
Punkte entsprechen den Anklagen 21₂₈. Der dritte ist auch in 24₅ ange=
deutet. Es ist sehr begreiflich, daß die Juden den P., nachdem einmal seine
Sache vor das röm. Forum gekommen war, politisch als einen für die röm.
Reichsordnung gefährlichen Menschen zu verdächtigen suchten. Andrerseits
konnten sie natürlich auch die Anklage, daß P. sich gegen ihr Gesetz und ihr
Heiligtum vergangen habe, nicht fallen lassen, weil sich auf sie der Anspruch
gründete, daß P. eigentlich vor ihr jüd. Forum gehöre.
   V. 9. Zu χάριν καταθέσθαι s. zu 24₂₇. Festus fragt den P.: „willst

du nach Jer. hinaufkommen und dort vor mir (d. i. in meiner Gegenwart) hierüber gerichtlich verhandeln lassen?" Wäre bei dieser Frage bloß eine örtliche Verlegung der Prozeßführung, nicht zugleich eine Verrückung des Prozeßforums gemeint (B. Wß), so wäre weder einzusehen, inwiefern der Vorschlag des Festus eine besondere Vergünstigung für die Juden bedeutete, noch weshalb P. ihn so bestimmt ablehnte. Die Frage muß bedeuten, ob P. einwillige, daß seine Sache vor dem jüd. Synedrium verhandelt werde. Indem der Prokurator den Eindruck hatte, daß es sich wesentlich um jüd. Lehrstreitigkeiten handele (V. 19), war er jetzt geneigt, dem in V. 2f. be= zeichneten Wunsche der Juden zu willfahren (vgl. 18 14f.). Er wahrte dabei freilich im Prinzip sein Recht, selbst die entscheidende richterliche Instanz zu sein. Dies liegt in dem ἐπ' ἐμοῦ (vgl. 23 30). Aber praktisch wäre P. damit doch einfach dem Synedrium, d. h. seinen Anklägern, preisgegeben worden. Dasselbe würde ihn unter Berufung auf das jüd. Gesetz als des Todes schuldig befunden haben und dem Prokurator wäre nur übrig geblieben, dieses Todes= urteil zu bestätigen und vollstrecken zu lassen (vgl. Joh 18 29 — 31. 19 7).

V. 10. Daß P. berechtigt war, den Vorschlag des Festus zurückzuweisen, geht aus der Frage des Prokurators selbst, ob er einwillige, hervor. So fordert nun P. als sein Recht, daß sein Prozeß weiter vor kaiserlichem Forum verhandelt werde. „Ich stehe vor kaiserlichem Richtstuhl, und hier (d. i. vor diesem Forum) muß die gerichtliche Verhandlung über mich stattfinden. Juden habe ich nichts zu Unrecht getan, wie auch du aufs beste (Komparativ mit superlativer Bedeutung wie 17 21. 24 22) einsiehst." Zu ἐπὶ τοῦ βήματος Καίσαρος vgl. den Satz Ulpians, Digest. I, 19, 1: quae acta gestaque sunt a procuratore Caesaris, sic ab eo comprobantur, atque si a Cae= sare ipso gesta sint. Das artikellose Ἰουδαίους ist generisch. Weil P. gegen Juden nichts verbrochen hat, gehört er auch nicht vor ein jüd. Gericht. Zu ἀδικεῖν mit doppeltem Akk. vgl. Gal 4 12. Phm 18. Die Berufung auf das eigene Einsehen des Festus enthält weniger einen Vorwurf gegen diesen (Mey., Zöckl.), als eine gewisse captatio benevolentiae (B. Wß). P. rechnet darauf, daß Festus aus der Verteidigung V. 8 den Sachverhalt richtig er= kannt hat. V. 11. „Wenn ich nun im Unrecht bin und etwas Todes= würdiges begangen habe, so weigere ich mich nicht, den Tod zu leiden." Das absolute ἀδικῶ zwischen den beiden Perfekta ἠδίκηκα und πέπραχα be= zeichnet den Zustand, der durch begangene Vergehen hergestellt ist. Vgl. Blaß, Gr. § 56, 6. Das in den besten Handschriften statt γάρ bezeugte (von Blaß in Klammern gesetzte) οὖν leitet über zu solchen Aussagen, welche bei der in V. 10 bezeichneten Sachlage gelten, daß P. vor das kaiserliche Gericht gehört und daß er gegen die Juden nichts verbrochen hat. Er will für ein todeswürdiges Verbrechen, wenn er dessen (vor dem kaiserlichen Ge= richte) überführt wird, auch den verdienten Tod erleiden. Vgl. die ähnliche Ausdrucksweise Jos. Vit. 29. Durch den Art. vor ἀποθανεῖν wird dieser Begriff in Beziehung zu dem vorher bezeichneten θάνατος gesetzt (vgl. Blaß, Gr. § 71, 2). „Wenn es aber mit dem, wessen mich diese anklagen, nichts ist (vgl. 21 24), so kann mich niemand ihnen aus Gefälligkeit preisgeben

($\chi\alpha\varrho\iota\zeta\varepsilon\sigma\vartheta\alpha\iota$ wie 3₁₄)." Wenn sich vor kaiserlichem Gericht seine Unschuld
ergibt, so darf man ihn nicht dem jüd. Gerichte ausliefern, sondern muß ihn
einfach freilassen. „An den Kaiser appelliere ich." Über das Recht zu solcher
Appellation vgl. Schür. I ³ S. 467 f.; O. Hltzm. S. 91 f.; Mommsen ZNW
1901 S. 92 f. P. wird sich zu ihr nur deshalb entschlossen haben, weil er
in ihr den einzigen Ausweg zu seiner Rettung sah. Da der Prokurator die
Entscheidung der Sache im wesentlichen dem Synedrium zu überlassen wünschte,
mußte P. befürchten, daß, wo er sich diesem Wunsche widersetzte, der Pro=
kurator zwar formell selbständig die richterliche Entscheidung geben, tatsäch=
lich sich aber bei ihr ganz durch das Urteil der Synedriumsmitglieder be=
stimmen lassen würde. So mußte P. suchen, vor einen nicht ebenso durch
die Juden beeinflußbaren Richter zu kommen. Mitbestimmend war für ihn
gewiß der durch die Vision 23₁₁ wiederbelebte Gedanke, daß es noch seine
Aufgabe sei, in Rom (und über Rom hinaus, Röm 15₂₃f. ₂₈) von Christo zu
zeugen. Die Appellation erschien ihm als das von Gott gewiesene Mittel,
um diese Aufgabe zu erfüllen.

V. 12. Bevor Festus seine Antwort gab, besprach er sich mit dem
$\sigma\upsilon\mu\beta\text{o}\acute{\upsilon}\lambda\iota\text{o}\nu$, consilium, „Beirat". Dieser Beirat wurde von den Beamten
des Gefolges des Prokurators gebildet, die ihn bei der Verwaltung und
Rechtsprechung zu unterstützen hatten. Vgl. Schür. I ³ S. 469. Die Appel=
lation an den Kaiser war offenbar nicht unter allen Umständen zulässig. Der
Prokurator mußte sich darüber beraten, ob sie es im Falle des P. sei. Gewiß
erkannte er, daß es sich in diesem Falle schließlich um die Frage handelte,
ob die „messianische" Richtung, als deren Vertreter P. von den Juden an=
geklagt wurde, eine innerjüdische Sekte sei, über deren besondere Lehren die
jüd. Instanz des Synedriums zu urteilen habe, oder ob sie wesentlich vom
Judentum abweiche und dann etwa als religio illicita gelten müsse. Diese
Frage mag dem Prokurator schwierig und präjudiziell genug erschienen sein,
um der Entscheidung des Kaisers unterbreitet zu werden. Er antwortet:
„an den Kaiser hast du appelliert; zum Kaiser sollst du reisen". Die An=
fangsworte sind nicht als Frage zu fassen. Die beiden kurz neben einander
gestellten Tatsachen der Vergangenheit und der Zukunft entsprechen einander.
Die eine ist die Konsequenz der anderen.

25₁₃—26₃₂. P. vor Agrippa und Bernice¹. V. 13. „Als aber
einige Tage verstrichen waren ($\delta\iota\alpha\gamma\acute{\iota}\nu\varepsilon\sigma\vartheta\alpha\iota$ wie 27₃. Mt 16₁), kamen der

---

1. Über diesen Abschnitt im ganzen s. d. Anm. 3. V. 1 ff. In ihm sind die pri=
vaten Besprechungen des Festus mit Agrippa 25₁₄—₂₂ u. 26₃₁f. der Natur der Sache
nach mit schriftstellerischer Freiheit komponiert. Hatte schon der Vf. der Quelle diese
Privatgespräche gegeben, oder hat erst der Vf. der AG. sie dem Quellenberichte hin=
zugefügt? Ich vermute das Letztere (ebenso Clemen, Paul. I S. 317; vgl. Jgst S. 186
mit bezug auf 25₁₄—₂₁; J. Wß S. 50 mit bezug auf 26₃₁f.). In der Ansprache des
Festus 25₂₄—₂₇ verrät V. 24 b die Hand des Vf.s der AG. (s. z. d. St.). Mir ist es
wahrscheinlich, daß nicht nur, wie Jgst a. a. O. annimmt, V. 24 b (von $\pi\varepsilon\varrho\grave{\iota}$ $\text{o}\tilde{\upsilon}$ an),
25 u. 27, sondern das ganze Stück V. 24—27 dem Vf. der AG. zugehört. Die Rede
26₁—₃₀ stammt gewiß aus der Quelle. Sie hat dem Vf. der AG. den Hauptstoff für
seine früheren Darstellungen der Bekehrung des P. geboten (s. d. Exkurs hinter 9₁₉a).
In ihr mit J. Wß S. 50 V. 6—8 dem Red. zuzuweisen, finde ich keinen Grund. Doch

König Agrippa und Bernice nach Cäſarea zur Begrüßung des Feſtus." Marcus
Julius Agrippa II war der Sohn Agrippas I, der letzte Herodianer, der über
Paläſtina herrſchte. Er war in Rom am Hofe des Claudius erzogen und
empfing von dieſem Kaiſer zuerſt, wahrſcheinlich im J. 50, das kleine König=
reich Chalkis am Libanon nebſt dem Aufſichtsrechte über den Tempel · und
dem Rechte, die Hohenprieſter zu ernennen. Im J. 53 erhielt er ſtatt Chalkis
die früheren Tetrarchieen des Philippus und Lyſanias und das am Libanon
gelegene Gebiet des Varus [ob. Noarus]. Dieſes ſein Herrſchaftsgebiet wurde
ſpäter unter Nero durch Stücke Galiläas und Peräas noch bedeutend erweitert.
Er war ein ſchwacher Fürſt, unbedingt der röm. Oberherrſchaft ergeben, auf
deren Seite er auch während des jüd.=röm. Krieges ſtand. Er ſtarb erſt im
J. 100. Vgl. Joſ. Ant. 20, 1, 1. 3; 7, 1; 8, 4. 11. Bell. 2, 12, 1. 8;
13, 2; 15, 1; dazu Schür. I³ S. 585 ff.; O. Hltzm. ² S. 60 f.; Wellhauſ.
S. 341. Bernice (Βερνίκη = Βερενίκη oder Φερενίκη) war die Schweſter
des Agrippa, zuerſt vermählt mit ihrem Oheim Herodes von Chalkis. Nach
deſſen Tode wohnte ſie bei ihrem Bruder und ſtand, wie man annahm, in
unſittlichem Verhältnis zu ihm. Dann heiratete ſie den König Polemon von
Cilicien, den ſie aber nach kurzer Zeit verließ, um zu ihrem Bruder zurück=
zukehren. Später trat ſie in ein Liebesverhältnis zu Titus und dachte deſſen
Gattin zu werden, wurde aber wegen der Unzufriedenheit der Römer mit
dieſem Verhältnis von Titus entlaſſen. Vgl. Joſ. Ant. 20, 7, 3; Tacit. Hist.
2, 2; Sueton. Tit. 7; dazu Schür. I³ S. 589 ff.; O. Hltzm. S. 62. Das
Part. Aor. ἀσπασάμενοι, das alle Majuskelhandſchriften ſtatt des im Text.
rec. ſtehenden Part. Fut. bieten, wird von W.=H. für eine urſprüngliche
Textverderbnis gehalten und von Blaß (Gr. § 58, 4) für unmöglich erklärt.
Es iſt aber zu verſtehen nach Analogie von ἀποκριθεὶς εἶπεν (ſ. z. 1₂₄ und
vgl. auch 10₃₃: καλῶς ἐποίησας παραγενόμενος; 13₂₇: ἐπλήρωσαν κρίναντες). Es ſoll ausgedrückt werden, daß die Begrüßung des Prokurators nicht
das Eintreffen in Cäſ. blos zeitlich begleitete (Part. Präſ.), auch nicht ein
hinterher abzumachender Zweck desſelben war (Part. Fut.), ſondern daß das
Kommen ſelbſt die Begrüßung ausmachte.

V. 14. Zu ἀνέθετο „legte dar" vgl. Gal 2₂. **V. 15.** „Als ich nach
Jer. kam (γίνεσθαι εἰς wie 20₁₆. 21₁₇), wurden in betreff ſeiner die Hohen=
prieſter und die Älteſten der Juden vorſtellig, indem ſie wider ihn um Ver=
urteilung baten." Nach V. 3 hatte ſich die Bitte der Synedriumsmitglieder
nicht direkt auf die Verurteilung des P. gerichtet. Darum hat der Text.
rec. δίκην ſtatt καταδίκην. Aber es iſt doch ganz verſtändlich, daß Feſtus
erkannte, die Auslieferung des P. an die von ſeinen Anklägern gebildete jüd.
Gerichtsinſtanz wäre identiſch mit ſeiner Preisgabe zur Verurteilung. **V. 16.**
χαρίζεσθαι wie V. 11. Die Optative ἔχοι u. λάβοι in der orat. indir.,
wo in der orat. dir. der Konj. ſtände. Vgl. Blaß, Gr. § 66, 5. **V. 17.**

ſ. über die Stellung von V. 8 die Anm. 3. d. St. Über die Spuren redaktioneller
Zutat in 26₁₇ u. 20 ſ. d. Anm. 3. 26₁₇. Hilgf. ZwTh 1896 S. 549; Acta p. 299 f.
ſchreibt unſern ganzen Abſchnitt 25₁₃—26₃₂, Clemen, Paul. I S. 318 die Rede in
K. 26 dem Red. zu.

„Als sie nun hierher mitgekommen waren (mit mir zusammen, nach V. 5) usw." Nach B fehlt das Subj. αὐτῶν im Genit. abs. wie 21 ₁₀.₃₁. 24₂. **V. 18.** „In betreff seiner brachten die Ankläger, als sie auftraten, keine Beschuldigung solcher Freveltaten¹, wie ich sie vermutete, vor." Das περὶ οὗ kann statt zu dem Verb. fin. auch zu dem danebenstehenden σταθέντες gezogen werden: „die Ankläger, die sich um ihn gestellt hatten" (so B. Wß u. Knopf). Bei dem absolut gebrauchten σταθέντες sind die Ankläger in feierlicher Rednerposition (vgl. 2₁₄. 17₂₂), bei dem mit περὶ οὗ verbundenen σταθέντες sind sie nach V. 7 in feindseligem Andrang auf P. gedacht. Die erstere Auffassung ist an u. St. doch bezeichnender. Gerade bei der formellen Ausführung der Anklage ergab sich, daß keine solche politische Vergehen des P. vorlagen, wie sie Festus vermutet hatte. Der Sinn unserer Aussage ist nicht, im Widerspruch zu V. 8, daß die Juden gegen P. überhaupt keine politische Anklage erhoben hätten (Overb.). Festus wird ja gerade erst durch solche Anschuldigungen seitens der Juden auf seine Vermutung gekommen sein. Wohl aber erwiesen sich diese Anschuldigungen als ganz andersartig, als Festus vermutet hatte. P. wurde politisch verdächtigt auf Grund seines Messiasglaubens (vgl. 17₆f.). Hatte nun Festus über diesen Messiasglauben die in V. 19 bezeichnete Meinung, so ergibt sich eben daraus, daß er in dem, was dem P. vorgeworfen wurde und was vorgeblich ein politisches Verbrechen war, doch kein wirkliches politisches Verbrechen finden konnte. **V. 19.** „Sie hatten aber gegen ihn gewisse Streitpunkte (ζητήματα wie 18₁₅. 23₂₉) in betreff ihrer eigenen Religion und in betreff eines gewissen Jesus, der gestorben ist, von dem P. behauptet, er lebe." Das W. δεισιδαιμονία ist auch hier (s. z. 17₂₂) mit Feinheit gewählt: der Nichtjude spricht dem Juden gegenüber von dem jüd. Glauben mit einem neutralen Ausdrucke, bei welchem die eigene Vorstellung von der abergläubischen Verkehrtheit desselben vorbe= halten ist. Durch die Art, wie Festus von Jesus spricht, wird seine Ver= ständnislosigkeit für das, warum es sich beim Christenglauben handelt, drastisch hervorgehoben. **V. 20.** „Indem ich aber ratlos war mit bezug auf die Untersuchung hierüber, sagte ich usw." ἀπορεῖσθαι wird sonst im NT nicht mit einfachem Akk. verbunden (Lk 24₁ mit περί; Gal 4₂₀ mit ἐν; außerdem nur: Joh 13₂₂. II Kor 4₈). Aber da die Verbindung mit dem Akk. gut griechisch ist, liegt kein Grund vor, sie an u. St. für unwahrscheinlich zu halten und mit Blaß die minder gut bezeugte LA εἰς τὴν περὶ κτέ. zu be= vorzugen. **V. 21.** „Da aber P. mittelst Appellation verlangte, daß er für die Entscheidung der Majestät (τοῦ Σεβαστοῦ, des Augustus) in Haft be= halten würde, befahl ich ihn in Haft zu halten, bis ich ihn zum Kaiser über= senden werde." Zum technisch=juristischen Begr. διάγνωσις = cognitio vgl. Deißm., Licht v. Osten S. 247. Der Infinitivsatz τηρηθῆναι αὐτὸν ist von ἐπικαλεσαμένου abhängig, sofern dieser Begriff in eigentümlicher Prägnanz den des Forderns einschließt (Blaß, Gr. § 69, 4). Die akkusativische Be=

---

1. πονηρῶν ist zu I. nach אᶜBE 61. 100 (W.=H.; B. Wß; Blaß). T. liest πονηράν nach AC* ein. Min. u. Verss. (א*C²: πονηρά). Im Text. rec. ist das W. ganz weggelassen.

zeichnung des Subj.s in diesem Infinitivsatze ist nach klassischem Sprachgebrauch nicht korrekt. Vgl. 3. 5₈₆ (Blaß, Gr. § 72, 2). ἀναπέμπειν bed. eigentlich: „hinaufsenden", näml. an den hohen Richter (vgl. Lk 23₇. ₁₅; dazu: Deißm., Neue Bibelstud. S. 56). V. 22. Agrippa sagt: „ich hätte auch selbst wohl den Wunsch, den Menschen zu hören". Durch das Imperf. ἐβουλόμην ist der Wunsch nicht als ein der Vergangenheit angehöriger, sondern bescheiden als ein bedingter, von der Verfügung des Prokurators abhängiger, hingestellt. Vgl. Röm 9₃. Gal 4₂₀. Da der Wunsch erfüllbar ist, würde im Attischen gesagt sein: βουλοίμην ἄν. Vgl. Win. § 41, a, 2. Blaß, Gr. § 63, 5. V. 23. Agrippa u. Bernice „kamen mit großem Gepränge (φαντασία nur hier im NT) und gingen in den Hörsaal (ἀκροατήριον nicht speziell Gerichtssaal) zusammen mit den Tribunen (der in Cäs. stationierten Cohorten) und mit den an der Spitze stehenden Männern der Stadt". In syr. ᵖ· ᵐᵃʳᵍ· ist hinzugefügt, daß auch Leute aus der Provinz vertreten waren. V. 24. Festus berichtet: „die ganze Menge der Juden ging mich an (der Plur. ἐνέτυχον steht κατὰ σύνεσιν)". Nach V. 2 u. 15 waren nur die Synedriumsmitglieder bei Festus vorstellig geworden. Ist an u. St. gemeint, daß dieselben von einer ungestümen Volksmenge begleitet waren (Mey. u. A.), oder daß sie ihre Bitte als einen Wunsch der ganzen jüd. Bevölkerung bezeichnet hatten? Richtiger ist wohl die Bemerkung von B. Wß, es schiebe sich dem Erzähler unwillkürlich die Erinnerung an die Volksszene 21₃₆. 22₂₂ unter. Zu V. 25 vgl. V. 18f.[1]; zum Ausdruck V. 11. V. 26. „Ich habe über ihn nichts Zuverlässiges dem (kaiserlichen) Herrn zu schreiben." Bei Übersendung des Gefangenen an die höchste Instanz bedurfte es eines Begleitschreibens, der literae dimissoriae, um den Kaiser über die Sachlage zu unterrichten. κύριος, dominus, war seit Caligula Titel für den Kaiser. Vgl. dazu: Kattenbusch, d. apost. Symbol 1900, II, S. 611ff.; Deißm., Licht v. Osten S. 253ff. Die Vorführung des P. hat den Zweck, „daß ich, wenn diese Untersuchung geschehen ist, etwas habe, was ich schreiben kann". B. Wß denkt an die Untersuchung der Sache, die nach Anhörung des P. stattfinden wird. Aber der Art. vor ἀνακρίσεως deutet darauf, daß eine im Vorangehenden schon bezeichnete Untersuchung, d. h. die in der Vorführung des P. zum Zwecke seiner Verhörung liegende, gemeint ist. V. 27. „Denn es scheint mir unvernünftig, bei der Hinsendung eines Gefangenen nicht auch die Beschuldigungen (αἰτία wie V. 18) gegen ihn darzulegen." Nach V. 7f. kann nicht gemeint sein, daß Festus bisher überhaupt nicht die Beschuldigungen der Juden gegen P. kannte, sondern nur, daß er ihre Bedeutung und Berechtigung nicht einsah (V. 18 f.). Hierüber hoffte er durch das jetzige Verhör des P. aufgeklärt zu werden.

Kap. 26.

V. 1. Der König erscheint als Leiter der Verhandlung. Er erteilt

---

1. Statt der kompendiarischen Bezugnahme auf das in V. 1—12 Erzählte gibt syr. ᵖ· ᵐᵃʳᵍ· (ähnlich die Vers. bohem. u. der Cod. dublin. bei Berger) eine umständlichere Wiedererzählung. Danach hat Blaß den β-Text rekonstruiert.

dem P. das Wort: „es wird dir erlaubt über dich selbst zu sprechen"[1]. Auch
P., dessen rednerische Handbewegung veranschaulichend angeführt wird, richtet
seine Rede dann speziell an ihn (V. 2. 7. 13. 19. 27).
  V. 2—23. Apologie des P. Nach den einleitenden Worten V. 2 f. bezeichnet
P. zuerst das Verhältnis seines Christenglaubens zu der jüd. Frömmigkeit, von der er
selbst ausgegangen ist: der christl. Glaube bezieht sich auf eben das, was Gegenstand
der frommen Hoffnung ganz Israels ist (V. 4—7). Dann schildert P., wie er selbst
aus einem Gegner Jesu Christi zu seinem Apostel geworden ist: durch die vor Damaskus erlebte Erscheinung des auferstandenen Jesus und dessen Auftrag (V. 8—18).
So ist also die christl. Predigtwirksamkeit, um deren willen ihn die Juden ergriffen
haben, nur eine Ausführung himmlischen Befehles, inhaltlich in Einklang stehend mit
der Verkündigung der heiligen Schriften (V. 19—23).
  V. 2. „Ich schätze mich selbst glücklich, mich in betreff alles dessen, was
mir von Juden (artikellos wie 25 10) vorgeworfen wird, vor dir heute verteidigen zu sollen." Das Perf. ἥγημαι hat hier, wie im Klassischen, präsen-
tischen Sinn (anders Phl 3 7; vgl. Blaß, Gr. § 59, 2). Das betonte Pron.
reflex. ἐμαυτὸν kann nicht wohl besagen, daß P. es schon an und für sich,
ohne Rücksicht auf den in V. 3 bezeichneten Grund, für ein Glück hält, vor
dem Könige seine Verteidigung führen zu dürfen (B. Wß). Es steht in unausgesprochenem Gegensatze dazu, daß P. den Vorzug der Verteidigung vor
diesem königlichen Sachkenner nicht einem Anderen, einem Freunde oder Sachwalter, zu überlassen braucht.   **V. 3.** „Da du vorzüglich Kenner aller Sitten
und Streitfragen bei den Juden bist." μάλιστα ist eng mit dem Begriffe
γνώστην zu verbinden, als Umschreibung eines Superlativs: ein bester, vor-
züglicher Kenner. Die Anreihung des Akk. γνώστην ὄντα σε an das vorangehende ἐπὶ σοῦ ist ein harter Anakoluth. Von der sonst häufigen Anakoluthie der Partizipialsätze (Win. § 63 I, 2; Blaß, Gr. § 79, 10) ist dieser
Fall insofern verschieden, als sonst das anakoluth. Part. immer im Nomin.
steht[2]. „Deshalb bitte ich geduldig mich anzuhören." Das Adv. μακρο-
θύμως im NT nur an dieser St. Zu V. 2 f. im ganzen vgl. 24 10 f. Unsere
St. war das Vorbild für jene.
  V. 4 f. Mit einem μὲν οὖν, dem kein δέ folgt, wird der erste Punkt
der Darlegung eingeleitet. „Meine Lebensführung (βίωσις nur noch Sir.
Prol. 1; Symm. Ps 38 6) von Jugend auf[3], die sich von Anfang an in
meinem Volke (d. h. innerhalb jüdischer Bevölkerung) und zwar in Jer. (also
im Zentrum des Judentums) vollzog, kennen (ἴσασι attische Form statt οἴδασι,

---

1. Es ist kaum zu entscheiden, ob besser nach אACEH einig. Min. zu I. ist:
περὶ σεαυτοῦ (T.), oder nach BLP d. meist. Min.: ὑπὲρ σ. (W.-H., B. Wß, Blaß).
ὑπὲρ kann in das geläufigere περὶ (B. Wß S. 36 f.), περὶ aber auch in das den Umständen nach passender scheinende ὑπὲρ abgeändert sein.
  2. Beseitigt ist der Anakoluth in einigen Handschr. durch Zufügung von ἐπιστάμενος teils hinter ζητημάτων (№AC 13. 38. 80. 105) teils hinter μάλιστα (15. 18 al.),
in anderen Handschr. durch Einfügung von εἰδὼς hinter ὄντα σε (6. 29. 31). Schon
die verschiedene Stellung dieses Zusatzes ist ein Anzeichen seiner sekundären Art. Gleichwohl hat Blaß ἐπιστάμενος hinter ζητημάτων in den Text genommen. Er verbindet
dann das μάλιστα dem Sinne nach mit diesem ἐπιστάμενος.
  3. Das τὴν vor ἐκ νεότητος ist mit W.-H. u. B. Wß nach BC*H ein. Min. zu
streichen. T. behält es bei. Ebenso Blaß, der aber die W. τὴν ἀπ᾽ ἀρχῆς mit gig.
weglassen möchte.

nur hier im NT) alle Juden, die mich von früher her von Anfang an
(ἄνωθεν wie Lk 1₃) kennen (zu προγινώσκειν = antea cognoscere vgl.
das προορᾶν 21₂₉), wenn sie Zeugnis ablegen wollen, nämlich daß ich nach
der strengsten Partei (über αἵρεσις f. z. 5₁₇) unserer Religion als Pharisäer
gelebt habe." Der Satz ὅτι κτέ. ist noch von ἴσασι abhängig als nähere
Ausführung des schon gegebenen Objektes τὴν βίωσίν μου. Durch den par=
tizipialen Zusatz προγινώσκοντές με ἄνωθεν wird das Urteil, daß alle Juden
seine Lebensführung kennen, erklärt und zugleich auf diejenigen Juden ein=
geschränkt, die ihn eben von früher kennen. Der Zwischensatz ἐὰν θέλωσι
μαρτυρεῖν drückt den Vorbehalt aus, daß die Juden ihr Wissen um sein
Vorleben nur dann anerkennen werden, wenn sie offen die Wahrheit sagen
wollen. In dem Ausdruck τῆς ἡμετέρας θρησκείας ebenso wie in dem ἡμῶν
V. 6 u. 7, faßt sich P. mit dem jüd. König zusammen. Beachte den Unter=
schied· des Präter. ἔζησα Φαρισαῖος von dem Präf. Φαρισαῖός εἰμι 23₆.
V. 6. Die Hoffnung, um derentwillen P. jetzt angeklagt wird, steht nicht
in Gegensatz zu seiner früheren streng jüd. Richtung. Sie ist vielmehr ge=
rade die rechte Hoffnung Gesamtisraels. Deshalb steht mit gutem Bedacht
kein gegensätzliches δέ (B. Wß). Um so widerspruchsvoller erscheint freilich
die Tatsache, daß P. um dieser jüd. Hoffnung willen vor Gericht steht (ἕστηκα
κρινόμενος), als ein von Juden Verklagter (V. 7). P. meint nicht die Hoff=
nung auf Todtenauferstehung (Grot.), sondern die auf den Messias. Er be=
zeichnet aber den Glauben an den Messias als Hoffnung, nicht sofern er
speziell an die Parusie und das zukünftige Herrlichkeitsreich Christi denkt,
sondern sofern er vom jüd. Standpunkte aus spricht. Er glaubt und ver=
kündigt die Erfüllung der messianischen Verheißung, auf die sich die Hoffnung
Israels richtet. Vgl. 13₂₃ff. 17₃. 18₅. 19₄. ₈. 28₂₀. **V. 7.** „Zu welcher
(scil. Verheißung, aber im objektivierten Sinne von Verheißungsheil) unser
Zwölfstamm mit Intensität (ἐν ἐκτενείᾳ = ἐκτενῶς 12₅) bei Nacht und Tage
(f. z. 20₃₁) betend zu gelangen sucht." δωδεκάφυλον ist feierliche Bezeich=
nung Gesamtisraels. Dasselbe W. I Clem 55, 6. Protev. Jak. 1. Vgl.
Jak 1₁. „Wegen dieser Hoffnung werde ich angeklagt von Juden!" Die
Stellung des artikellosen, generischen ὑπὸ Ἰουδαίων am Schlusse des Satzes
dient zur starken Hervorhebung der Paradoxie dieser Anklage.

    V. 8. „Was (d. h. inwiefern) wird es bei euch für unglaubhaft er=
achtet, wenn Gott Tote auferweckt?" Mit der asyndetischen Frage wird
lebhaft der neue Abschnitt der Rede eingeleitet, in welchem P. seinen Glauben
an die Messianität Jesu als begründet durch die Erscheinung des aus dem
Tode auferstandenen Christus hinstellt. Ist eine solche Totenauferstehung für
jüd. Anschauung etwas Unglaubhaftes? Der Satz εἰ κτέ. bildet das logische
Subj. für κρίνεται. Auf die Frage mit τί ist die Antwort gedacht: in keiner
Beziehung wird dies für unglaubhaft erachtet (vgl. I Kor 5₁₂). Aus der
Glaubhaftigkeit von Totenerweckung durch Gott im allgemeinen soll gefolgert
werden, daß auch die Auferstehung Christi, auf die P. seinen christl. Glauben
gründet, nicht an sich unglaubhaft ist (vgl. I Kor 15₁₃. ₁₆). Auf denselben
Sinn kommt hinaus Jäg. III S. 37 f., welcher τί ἄπιστον nach Analogie von

τί περισσόν Mt 5 47 erklärt: „was Unglaubliches" d. i. „für was für ein
unglaubliches Ding wird das bei euch gehalten ufw." Gewöhnlich faßt man
τί = warum? (3. B. Mey., Zöckl., B. Wß, Blaß). Dann würde die Frage
den Sinn eines Vorwurfs darüber haben, daß die Juden nicht an Totenerweckung durch Gott glauben. Aber da die Juden diesen Glauben im allgemeinen haben (vgl. 24 15), so dürfte sich der Vorwurf nur darauf richten,
daß sie speziell die Auferweckung Jesu nicht glaubhaft finden. Das pluralische νεκρούς kann nicht in dieser Spezialisierung verstanden werden. Nach
Beza u. Andr. faßte de W. das τί als selbständige Frage auf: „wie? für
unglaubhaft wird ufw.?" Dagegen bemerkte Mey. mit Recht, daß das bloße
τί nicht so gebraucht wird; es würde τί γάρ; τί οὖν; oder τί δέ; gesagt
sein. Overb. und Nösg. nehmen τί als Subj. der Frage: „was wird bei
euch für unglaublich erachtet, wenn Gott Tote auferweckt?" Aber der hierin
ausgedrückte positive Gedanke, die Juden müßten, unter dieser Bedingung
alles für glaublich halten, wäre weder an sich richtig noch im Zusammenhange passend. Dadurch, daß der Vordersatz durch εἰ statt durch ὅτι eingeleitet wird, bekommt das jüd. Urteil über die Glaubhaftigkeit von Totenerweckung durch Gott den Charakter theoretischer Gültigkeit auch abgesehen
von der Entscheidung über die Wirklichkeit solcher Totenerweckung[1].

V. 9. „Ich meinte nun zwar für mich selbst, gegen den Namen des
Nazareners Jesus (d. i. gegen seinen Messiasnamen) viel Feindliches tun zu
sollen." Durch das μὲν οὖν wird das in V. 9—11 geschilderte Verhalten
als erste Folge seiner vorher bezeichneten früheren streng jüdischen Frömmigkeit hingestellt. Als weitere Folge sollte dann mit einem δέ sein Gläubigwerden an Jesus, sobald er ihn durch die himmlische Erscheinung als den
verheißenen Messias erkannt hatte, bezeichnet werden. Dem Sinne nach wird
dieser weitere Gedanke von V. 19 an gegeben. — Die Phrase δοκῶ μοι
ist auch attisch. Das Reflexivum ἐμαυτῷ an u. St. ist nicht bedeutungslos
(Blaß), sondern betont, daß es sich um die selbstgebildete Meinung des P.
handelte, bevor er durch die göttl. Offenbarung erleuchtet war. V. 10. δ
καὶ ἐποίησα wie Gal 2 10. Mit dem allgemeinen ποιεῖν wird der spezielle
Begriff ἐναντία πράσσειν (V. 9) aufgenommen. Die Anhänger Jesu bezeichnet P. als „die Heiligen" (s. 3. 9 13) von seinem christl. Standpunkte
aus; von seinem vorchristl. Standpunkte, bezw. von dem des Agrippa, aus

---

1. Nestle, Philologica sacra 1896 S. 54, stellt die sehr beachtenswerte Vermutung auf, daß V. 8, der ohne festen Zusammenhang zwischen V. 7 u. 9 stehe, hier
nicht seinen richtigen Platz habe, sondern ursprünglich hinter V. 22 gestanden habe,
eng verbunden mit dem jetzt gleichfalls zusammenhanglosen V. 23. Es ist freilich nicht
unmöglich, V. 8 an seinem jetzigen Platze zu verstehen. Es fehlt aber auch nichts,
wenn er hier ausgeschaltet wird. Andrerseits schließt sich V. 8 nicht nur formell aufs
beste mit V. 23 zusammen, sondern wird durch seine Einfügung auch die erhebliche
Schwierigkeit gehoben, welche sonst in dem Anschlusse des Satzes εἰ κτέ. V. 23 an
V. 22 vorliegt (s. zu d. St.), eine Schwierigkeit, welche auch Blaß durch Konjektur zu
beseitigen sucht (s. d. Anm. zu V. 22). Wo anderweitige Gründe zu der Annahme
vorhanden sind, daß der wesentliche Bestand unserer Rede vom Vf. d. AG. aus seiner
Hauptquelle geschöpft ist, so drängt sich die Vermutung auf, daß in dieser Quelle V. 8
mit V. 23 verbunden war, die Zerreißung ihres Zusammenhanges also nicht durch
einen Abschreiber der AG., sondern durch den Vf. d. AG. geschah.

wäre die indifferente Bezeichnung τῶν τῆς ὁδοῦ ὄντων (9 2) anzuwenden ge=
wesen. In der Aussage: „wenn sie getötet wurden, stimmte ich zu" ver=
allgemeinert P. den Stephanusfall und sein Verhalten bei ihm. Daß in Wirk=
lichkeit mehrere Tötungen von Christen nach Analogie derjenigen des Stephanus
damals vorgekommen seien, ist wegen Joh 18 31 nicht wahrscheinlich (B. Wß).
Auch der Ausdruck καταφέρειν ψῆφον ist nur als bildliche Umschreibung des
συνευδοκεῖν 8 1. 22 20 zu verstehen. Er bed. eigentlich das Niederlegen des
Stimmsteins. Aber P. war kein Mitglied des Synedriums und konnte dem=
nach auch nicht an einer eigentlichen Abstimmung dieser Behörde teilnehmen.
V. 11. „In allen Synagogen habe ich oftmals mit Anwendung von Strafen
(vgl. 22 5. 19) sie zum lästern (des Namens Jesu; vgl. Jak 2 7) gezwungen."
Da P. weiterhin von seiner Verfolgung der Christen in den außerpalästin.
Städten spricht, hat er hier wahrscheinlich an Synagogen in allen Orten
Palästinas gedacht, weil sich die Christen eben damals durch ganz Palästina
zerstreuten (8 1). Das Imperf. ἠνάγκαζον ist einerseits de conatu gebraucht,
andrerseits zugleich, ebenso wie das folgende ἐδίωκον, wegen der Wieder=
holung des Verhaltens in vielen Fällen (vgl. Blaß, Gr. § 57, 2). Die
Christenverfolgung des P. ist hier detaillierter geschildert als 8 3. 9 1. 22 4. 19.
V. 12—18. Über das Verhältnis dieser Darstellung der Bekehrung des
P. zu 9 1—19 und 22 4—16 s. d. Exkurs hinter 9 19 a unter I. **V. 12.** „Als
ich hierbei (d. i. bei dieser Verfolgung der Christen) mit Vollmacht und Ge=
nehmigung der Hohenpriester nach Damaskus reiste." **V. 13.** Die zwischen=
geschobene Anrede βασιλεῦ soll für das jetzt zu Erzählende die besondere
Aufmerksamkeit des Königs in Anspruch nehmen. Daß das Licht vom Himmel
her auch die Begleiter des P. umstrahlte, ist in den früheren Berichten nicht
angegeben. **V. 14.** Vgl. zu 9 7f. Daß die himmlische Stimme an P. „in
hebräischer Sprache" (s. zu 21 40) erging, wird hier besonders bemerkt, weil
P. vor Agrippa griechisch redet. Der Ausspruch: „hart ist es für dich, gegen
Stacheln auszuschlagen", fehlt den früheren Berichten. Die bei den Griechen
sprichwörtliche Redensart (vgl. Aeschyl. Agam. 1624: πρὸς κέντρα μὴ λάκ-
τιζε; Pindar Pyth. 2, 173; andere Beispiele bei Wetst.) bezieht sich auf das
eingespannte Tier, welches, wenn es gegen den Stachel des Antreibers aus=
schlägt, sich nur desto größere Schmerzen zuzieht. In der Anwendung auf P.
bedeutet dieses Bildwort, daß seine Widerspenstigkeit gegen den erfahrenen
Antrieb zum Christentum ihm nichts nützt. Gewiß ist dies nicht gemeint mit
bezug auf eine Widerspenstigkeit, die er gegenüber der jetzt erlebten Offen=
barung versuchen könnte, sondern mit bezug auf eine solche, welche er bisher
gegenüber einem inneren Zuge zum Christentum hin bewährt hat, jetzt aber
aufgeben soll (s. oben den Exkurs hinter 9 19 a unter II; vgl. Curtius, Sitzungsber.
d. Berl. Akad. 1893, S. 938). Daraus, daß dieser bedeutsame Ausspruch
die Form eines griechischen Sprichworts trägt, läßt sich nicht schließen, daß
nicht doch sein wesentlicher Gedankeninhalt mit zum ursprünglichen Bestande
der dem P. gewordenen Offenbarung gehörte. Wenn P. in der Rede vor
Agrippa über diese Offenbarung berichtete, so prägte er selbst natürlich die
griechische Form für jenen Gedankeninhalt. **V. 16.** Die W.: καὶ στῆθι ἐπὶ

τοὺς πόδας σου ſtehen ſtatt der Aufforderung 9₆, nach Damaskus zur Ent-
gegennahme weiteren Beſcheides zu gehen. Denn dieſer Beſcheid wird nach
unſerm Berichte dem P. ſofort durch den auferſtandenen Herrn zu teil. Neben
dem „ſteh auf" iſt die Aufforderung: „ſtelle dich auf deine Füße" inſofern
nicht tautologiſch, als ſie das Gedankenmoment hinzufügt: ſchicke dich an zum
Gehen, nämlich, wie aus dem folgenden Begründungsſatze erhellt, zum Hinausziehen als ἀπόστολος des Herrn (V. 17). „Denn ich bin dir zu dem
Zwecke erſchienen, dich zu beſtimmen (ſ. zu 3₂₀. 22₁₄) zum Diener und zum
Zeugen ſowohl deſſen, was du geſehen haſt¹, als auch deſſen, was ich dir
zu Geſicht bringen werde." Die normale Auflöſung des attrahierten ὧν in
τούτων ἅ (Akk.), welche zu dem aktiviſchen εἶδες paßt, paßt nicht zu dem
paſſiviſchen ὀφθήσομαί σοι. Den in jedem Falle harten und inkorrekten Aus-
druck kann man dadurch erklären, daß man ὀφθήσομαι in ſeiner einfach
paſſiven Bedeutung beläßt, aber in dem zugehörigen ὧν eine unregelmäßige
Attraktion, aufzulöſen in τούτων δι' ἅ, „weshalb", findet (ſo Mey., Baumg.,
Bethge, Zöckl., Hltzm.). Aber noch wahrſcheinlicher iſt, daß das ὧν beide
Male in τούτων ἅ aufzulöſen iſt, ὀφθήσομαι aber einen ſolchen prägnanten
Sinn hat, gemäß welchem es mit einem Akk. verbunden werden konnte. Dieſes
Paſſivum kann zwar nicht einfach kauſative Bedeutung haben: „erſcheinen
laſſen" (Luth., Beng. u. A.). Es bed. direkt: „erſcheinen", ſpeziell: „viſionär
erſcheinen". Sofern aber eine Viſion zum Zwecke einer Mitteilung erfolgt,
kann vielleicht das W. an u. St. prägnant bedeuten: „durch viſionäre Erſcheinung mitteilen". Gemeint iſt dann dasſelbe, wie in dem ἐγὼ ὑποδείξω
an der unſere St. umſchreibenden St. 9₁₆; nur iſt durch den Ausdruck an
u. St. die viſionäre Form des Zeigens beſtimmter hervorgehoben (vgl. Overb.).
B. Wß gibt bei der Annahme der LA εἶδές με folgende Erklärung: nach
dem den Relativſätzen vorangehenden Begriffe ſei zu ὧν τε εἶδές με zu ergänzen: μάρτυρα, zu ὧν τε ὀφθήσομαί σοι: μάρτυς; Chriſtus ſei dem P.
erſchienen als Zeuge ſeiner Auferſtehung und werde ihm erſcheinen als Zeuge
ſeiner weiteren Heilsabſichten. Aber dann hätte der Vf. einen unnötig umſtändlichen Gedanken (P. Zeuge für den Zeugen Jeſus) in unverſtändlich
knapper Form ausgedrückt. V. 17. „Indem ich dich rette vor dem Volke
(Israel) und vor den Heiden, zu denen ich dich entſende." Vgl. 22₂₁. Jer 1₇.
Nach Overb. bed. ἐξαιρούμενος: „indem ich dich ausſondere". Für dieſe
Faſſung ſpricht die Analogie von σκεῦος ἐκλογῆς 9₁₅. Aber gegen ſie entſcheidet nicht nur der ſonſtige Sinn von ἐξαιρεῖσθαι in der AG. (7₁₀. ₃₄. 12₁₁.
23₂₇), ſondern namentlich auch die St. Jer 1₈, welche offenbar auf die Ge-
ſtaltung unſerer St. eingewirkt hat. Die in V. 18 folgenden Abſichtsſätze
ſcheinen ſpeziellen Bezug auf die Heidenbekehrung zu nehmen. Gleichwohl iſt
wegen V. 20, wo P. ſeine gehorſame Ausführung des bei der Chriſtus-

---

1. Hinter εἶδες haben BC* (?) 105. 137. syr. arm. Amb. Aug.: με (W.-H.,
B. Wß; vgl. Buttmann StKr 1860 S. 360). Daß die ſpätere Einbringung dieſes
ſchwierigen με ganz undenkbar wäre (B. Wß S. 48), iſt doch nicht richtig. Wenn man
das ὧν wegen der folgenden W. ὧν τε ὀφθήσομαι σοι durch τούτων δι' ἅ auflöſte, ſo
ſchien die Einſetzung des με geboten.

erſcheinung erhaltenen Auftrages bezeichnet, anzunehmen, daß ſich das εἰς οὕς, wenigſtens im Sinne des Vf.s der AG., nicht nur auf die ἔϑνη (Calv., Grot. u. A.; auch B. Wß), ſondern auch auf den λαός bezieht[1]. **V. 18.** „Um ihre Augen zu öffnen, damit ſie ſich bekehren (ἐπιστρέφειν intranſ. wie V. 20. 3₁₉ u. ö.) von Finſternis zum Licht (vgl. Kol 1₁₂f. Eph 5₈. II Kor 4₄. ₆. II Clem 1₄—₆) und von der Gewalt des Satans (vgl. Eph 2₂. Lt 22₅₃) zu Gott, auf daß ſie Sündenvergebung und Erbteil unter den Geheiligten (ſ. zu 20₃₂) durch Glauben an mich empfangen". In ἀνοῖξαι κτἑ. wird der Zweck des Ausſendens, in τοῦ ἐπιστρέψαι κτἑ. der Zweck dieſer geiſtigen Augenöffnung, in τοῦ λαβεῖν κτἑ. wiederum der Zweck dieſer Bekehrung be= zeichnet. Die W.: πίστει τῇ εἰς ἐμέ ſind nicht mit ἡγιασμένοις zu verbinden, ſondern mit λαβεῖν κτἑ. Sie bezeichnen die Bedingung für den Empfang der Sündenvergebung und des meſſianiſchen Heils. Vgl. 10₄₃.

V. 19. „Daher (ὅϑεν wie Mt 14₇. Hbr 2₁₇ u. ö., auf die ganze von V. 12 an geſchilderte Offenbarung bezug nehmend), König (neue Anrede beim Beginne einer neuen Wendung der Rede), ward ich nicht ungehorſam der himmliſchen Erſcheinung gegenüber." Zu ὀπτασία vgl. Lt 1₂₂. 24₂₃. II Kor 12₁; οὐράνιος heißt ſie gemäß dem οὐρανόϑεν V. 13. **V. 20.** P. bezeichnet 3 Gebiete ſeiner Predigtwirkſamkeit: „ich verkündigte 1) denen in Damaskus zuerſt und (denen in) Jer., 2) und in der ganzen Landſchaft Judäas, 3) und den Heiden". Die enge Verbindung der Predigt in den beiden Städten Da= maskus und Jer. (durch τε καί) iſt dadurch bedingt, daß eigentlich die drei= gliedrige Reihe: Jer., Judäa, Heiden beabſichtigt iſt (vgl. 1₈) und die Pre= digt in Damaskus, welche wegen des Ortes der Berufung zeitlich den Anfang machte, gewiſſermaßen nur wie ein Vorſpiel mit dem erſten Gliede jener Reihe verbunden iſt. Die Predigt in Jer. denkt der Vf. der AG. zur Zeit des erſten Aufenthaltes des P. daſelbſt gleich nach ſeiner Bekehrung (aber ſ. d. Exkurs hinter 9₃₀). Die Ortsbezeichnung εἰς πᾶσάν τε τὴν χώραν τῆς Ἰουδαίας[2] kann man noch untergeordnet denken dem τοῖς vor ἐν Δαμ. Dann iſt das für ἐν eintretende εἰς freilich auffallend, doch auch nicht ganz unbe= greiflich. Es würde mit dem Gedanken an die Verbreitung der Einwohner über das Land hin geſagt ſein (vgl. 2₃₉: τοῖς εἰς μακράν). Man kann aber auch das εἰς als dem vorangehenden und dem folgenden Dativ parallel ſtehend

---

1. Die Frage liegt nahe, ob nicht die Bezugnahme auf das jüd. Volk ſowohl in V. 17 wie in V. 20 erſt vom Vf. der AG. in den Quellenbericht hineingebracht iſt. P. ſelbſt war nach Gal 1₁₆. 2₈ deſſen gewiß, durch die Offenbarung des Auferſtandenen zum Heidenapoſtel berufen zu ſein. Daß auch in dem Quellenbeſtande unſerer Rede nur die Beſtimmung des P. zur Heidenmiſſion bezeichnet war, iſt wegen V. 18 ſehr wahrſcheinlich. In V. 20 iſt der Inhalt der Predigt des P. unverkennbar durch den Vf. der AG. formuliert. So wird ſeine redaktionelle Hand dort auch die Bezeichnung des Miſſionsgebietes des P. beeinflußt haben.

2. Das εἰς vor πᾶσαν fehlt bei אAB und iſt deshalb von T. und W.=H. ge= ſtrichen. Es iſt aber unentbehrlich und gewiß nur durch Schreibverſehen nach dem vorhergehenden οις ausgefallen (B. Wß). Blaß nimmt an dem Sinn der Ausſage Anſtoß, weil von einer Predigt des P. in Judäa vorher in der AG. keine Rede ſei und möchte deshalb (im a= wie im β=Texte) leſen: εἰς πᾶσάν τε [τὴν] χώραν Ἰουδαίοις καὶ τοῖς ἔϑνεσιν. Dieſe Konjektur findet er beſtätigt durch den Cod. par., der Judaeis hat (vgl. StKr 1896 S. 455. 468).

faffen, im Gedanken an das Hineinpredigen in die Landfchaft gefagt (vgl.
23 11. Lt 8 34). Der Ausdruck τὴν χώραν τῆς Ἰουδαίας ſtatt τὴν Ἰουδαίαν
iſt gewählt, um deutlich die Landfchaft von der Hauptftadt zu unterfcheiden
(vgl. 8 1 und Mt 1 5). Die Predigt des P. in dieſer Landfchaft denkt der
Vf. der AG. wohl bei Gelegenheit der Reifen 11 30 und 15 3. Auch in Röm
15 19 fpricht P. von feiner Verkündigung des Evangeliums in „Jer. und Um=
gegend". Vor dem Apoſtel=Konvente hat eine folche nach Gal 1 22 nicht ge=
legen. P. wird fein Auftreten bei diefem Apoſtel=Konvente felbſt meinen.
Aber ein Predigen „in der ganzen Landfchaft Judäas" hat auch damals
fchwerlich ſtattgefunden, weil P. ſich nicht zum „Apoſtolat der Befchneidung"
berufen wußte und beim Apoſtel=Konvente ausdrücklich die Trennung feines
Mifſionsgebietes von dem der Urapoſtel verabredete (Gal 2 7—9). Wahr=
fcheinlich iſt an u. St. die ganze Bezugnahme auf die Miffion unter den Juden
von dem Vf. der AG. zu dem Quellenbericht hinzugetan [1]. Über μετανοεῖν
καὶ ἐπιστρέφειν ἐπὶ τ. ϑ. ſ. zu 3 19 u. 9 35. ἄξια τῆς μετανοίας ἔργα (vgl.
Lt 3 8) ſind „der Sinnesänderung entſprechende Werke".

V. 21. „Deswegen (wegen diefer Miffionswirkſamkeit; vgl. 21 28) haben
die Juden mich, als ich im Tempel war, ergriffen und umzubringen (δια=
χειρίζεσθαι wie 5 30) verfucht (ἐπειρῶντο Imperf. de conatu)." Zur attifchen
Form ἕνεκα ſtatt der im NT gewöhnlichen ἕνεκεν oder εἵνεκεν vgl. Blaß,
Gr. § 6, 1. **V. 22.** „Da ich nun (οὖν hier nicht folgernd, fondern weiter=
leitend; vgl. Win. § 53, 10, 4; Blaß, Gr. § 78, 5) Hülfe (ἐπικουρία wie
Sap 13 18) von Gott bis zum heutigen Tage erlangt habe, ſtehe ich da,
Zeugnis ablegend für jung und alt (vgl. 8 10), nichts anderes fagend, als
was die Propheten als kommend verkündigt haben und Mofes (vgl. 3 18.
21—24) [2]: daß ufw." **V. 23.** Den Satz: εἰ παθητὸς ὁ Χριστός κτέ. denken
Men., de W., Nöfg. von ἐλάλησαν abhängig, Overb., Hltzm., Bethge, A. See=
berg, Tod Chrifti S. 336, von λέγων, B. Wß von μαρτυρόμενος. Die Ver=
bindung mit λέγων empfiehlt ſich deshalb, weil bei ihr noch am erſten die
Einführung des abhängigen Satzes durch εἰ ſtatt ὅτι verſtändlich iſt. Aber
freilich bleibt diefes εἰ, durch welches das in V. 23 Bezeichnete nicht fowohl
als Tatfache, als vielmehr als Möglichkeit und Problem hingeſtellt erfcheint,
auch in der Anknüpfung an λέγων auffallend, da diefes doch nur den voran=
gehenden Begriff μαρτυρόμενος wieder aufnimmt. Eine rechte Erklärung
findet das εἰ bei der Konjektur Neftles (ſ. d. Anm. zu V. 8), daß vor V. 23
der urſprüngliche Platz für den Fragefatz V. 8 war. Dann hätte ſich an die

---

1. Vgl. die Anm. zu V. 17. Ebenfo McGiffert p. 355.
2. Für καὶ Μωϋσῆς haben flor. und gig. die W.: scriptum est in Moysen.
Blaß nimmt an, daß dies der fragmentarifche Reſt des urſprünglichen β=Textes fei, der
etwa folgendermaßen gelautet haben könnte: γέγραπται γὰρ ἐν Μωϋσεῖ καὶ τοῖς προ=
φήταις πολλὰ περὶ τούτων, τοῖς ἐρευνήσασιν (Pt 1 11) εἰ παθητὸς κτέ. Corßen GGA
1896 S. 429f. macht darauf aufmerkfam, daß auch Tertull. de resurr. carn. 39 die
LA von flor. und gig. vorausfetzt und fpeziell die auf die körperliche Auferſtehung
bezogene LA Gen 9 5 als von P. zitiert betrachtet. Corßen vermutet wohl mit Recht,
daß in einer Grundhandſchrift des occidentalifchen Textes diefe Genefisſtelle am Rande
notiert war. Diefe Randnotiz beantwortete die Frage, wo denn Mofes von den in
V. 23 bezeichneten Anfchauungen rede.

Behauptung des P. V. 23, daß seine Predigt in Übereinstimmung mit der Verkündigung der Propheten und des Moses stehe, die lebhafte Frage ge- schlossen, inwiefern es denn nach jüd. Anschauung unglaubwürdig ist, wenn — wie P. es behauptet — Gott Tote auferweckt, und „wenn (speziell) der Messias Leiden unterworfen ist, wenn er als Erster aus Totenauferstehung Licht verkündigen soll sowohl dem Volke (Israel) als auch den Heiden". Das W. παθητός im NT nur hier. Es könnte an sich auch: „leidensfähig", pa- tibilis, bedeuten. Zum Gedanken vgl. 17 3. In den W.: εἰ πρῶτος ἐξ ἀναστάσεως νεκρῶν φῶς μέλλει κτέ. ist betont sowohl der Punkt, daß der Messias „Erster aus Totenauferstehung" sein wird, weil hierin eine wesent- liche Ergänzung des Gedankens an seine Leidensbestimmung liegt (vgl. 17 3), als auch der Punkt, daß er Juden und Heiden Licht verkündigen soll. Für die Anschauung des P. steht die universalistische Bestimmung des christl. Evan- geliums in engem Zusammenhang mit dem Leiden und der Auferstehung Jesu Christi. Denn durch Tod und Auferstehung Christi ist die Sündenvergebung erworben und die für alle Glaubenden gültige Gnadenordnung begründet (vgl. Gal 2 21. I Kor 15 17. Röm 4 25). Zu πρῶτος ἐξ ἀναστάσεως νεκρῶν vgl. Kol 1 18. I Kor 15 20. Zu φῶς — τοῖς ἔθνεσιν vgl. Jes 42 6. 49 6 (AG 13 47. Lk 2 32). Sofern als Hauptzeugnis des AT.s für das Leiden und Auferstehen des Messias ohne Zweifel Jes 53 gedacht ist, ist die Bezeichnung auch der messian. Heilsverkündigung in Reminiszenz an die deutero-jesajanischen Stellen sehr angemessen. Der auferstandene Messias vollzieht diese Verkündi- gung des Evang.s mittelst seiner App. (V. 17 f.; vgl. 1 8). — Mit der Be- hauptung, daß seine apostol. Predigt mit der alttest. Verkündigung vom kom- menden Messias in Einklang stehe, kehrt P. zum Hauptgedanken des Anfangs seiner Rede zurück (V. 6 f.). Die dazwischen stehende ausführlichere Darstellung davon, wie er selbst seinen Glauben an die Messianität Jesu und seinen Apostelberuf erlangt hat, mag in der wirklichen Rede des P. die Ausführung dieser Behauptung der Schriftgemäßheit seines christl. Evang.s nicht so sehr überwogen haben, wie in der uns vorliegenden Wiedergabe der Rede. Dar- auf, daß P. in einen eingehenden Schriftbeweis für diese seine Behauptung eingetreten ist, weist das Wort des Festus V. 24 hin. Es ist aber leicht verständlich, daß sich das Interesse des Aufzeichners der Rede auf die Wieder- gabe jener die Person des P. betreffenden Episode konzentrierte.

V. 24. „Als er dies zu seiner Verteidigung sprach, sagte Festus mit lauter Stimme: du bist wahnsinnig, Paulus!" ταῦτα ist nicht mit Mey. auf die ganze Rede zu beziehen, sondern auf die letzten Worte V. 22 f., besonders weil auch das τούτων V. 26 auf V. 22 zurückgeht (Overb.). Wegen der Fortsetzung der an den König gerichteten Ansprache in V. 27 ist anzunehmen, daß die Rede des P. durch den Ausruf des Festus unterbrochen wurde. Aus dem Part. Präs. ἀπολογουμένου allein wäre diese Unterbrechung nicht sicher zu erschließen (s. zu 10 44). ἀπολογεῖσθαί τι wie Lk 12 11. Der Ausruf: μαίνῃ ist hyperbolisch, aber nicht scherzhaft (Olsh.), sondern ernst gemeint; er zeigt, wie fremdartig und absurd dem Prokurator die zuletzt ausgesprochenen Ge- danken des P. erschienen. Vgl. 17 32. Erklärend fügt Festus hinzu: „die

große Gelehrsamkeit (zu γράμματα vgl. Joh 7 15) verdreht dich zum Wahn=
sinn". Betont ist das durch das zwischengeschobene σε von γράμματα gesperrt
gestellte πολλά. Dadurch wird die Paradoxie der Aussage aufgehoben. Ge=
lehrsamkeit im allgemeinen macht den Menschen weise; große Gelehrsamkeit
aber kann ihn auch um den natürlichen Verstand bringen. Die große Ge=
lehrsamkeit des P. hat der Prokurator gewiß nicht auf Grund anderweitiger
Mitteilungen über P. vorausgesetzt, sondern unmittelbar aus der jetzt ge=
haltenen Verteidigungsrede des P. erkannt. P. muß die in V. 23 nur
thematisch bezeichneten Probleme in der wirklich gehaltenen Rede mit einer
auch dem Prokurator imponierenden Gelehrsamkeit erörtert haben. Aber un=
sinnig erschien diesem, was P. mit dieser Gelehrsamkeit beweisen wollte.
     V. 25. P. ist sich dessen bewußt, „Worte von Wahrheit und Besonnen=
heit (genitivi qualitatis; vgl. Lk 4 22: λόγοι τῆς χάριτος)" gesagt zu haben.
ἀλήθεια bezeichnet hier, wie aus der Begründung V. 26 zu schließen ist, nicht
die subjektive, sondern die objektive Wahrheit; σωφροσύνη, abzuleiten von
σάος und φρένες, bezeichnet die Gesundheit des Denkvermögens im Gegensatz
zu Ekstase und Wahnsinn. Vgl. Lk 8 35. II Kor 5 13. V. 26. „Denn es weiß
um diese Dinge der König, zu dem ich deshalb auch mit Freimut rede; denn
ich bin überzeugt, daß ihm nichts hiervon irgendwie (das οὐθέν neben τι
= in keiner Hinsicht) verborgen ist[1]; denn nicht im Winkel (Litotes) ist dies
vorgegangen." περὶ τούτων bezieht sich auf das in V. 23 Gesagte, aber
freilich, wie der folgende Begründungssatz zeigt, nicht nur auf die dort direkt
bezeichnete Tatsache, daß nach alttestamentlicher Lehre der Messias leiden und
auferstehen soll, sondern auf die Haupttatsache, auf die es dem P. dabei an=
kommt: daß Jesus als rechter Messias gemäß den messian. Verheißungen ge=
litten hat und auferstanden ist. V. 27. Mit der Frage: „glaubst du, König
Agrippa, den Propheten?" knüpft P. nach der zwischengeschobenen Unter=
haltung mit Festus wieder direkt an seine an den König gerichtete Erörterung
V. 22 f. an. Nach der Behauptung des in der alttest. Schrift begründeten Rechtes
des Glaubens an einen gestorbenen und auferstandenen Messias soll die Frage,
ob der König selbst den Propheten glaubt, zu der Schlußfolgerung hinüber=
leiten, die sich im bejahenden Falle als notwendig ergibt: daß der König selbst
diesen Messiasglauben des P. anerkennen und annehmen muß. Indem P.
die bejahende Antwort des Königs nicht abwartet, sondern sie seinerseits
gleich hinzufügt, weil sie für einen Juden selbstverständlich ist, stellt er den
König unmittelbar vor jene Schlußfolgerung.
     V. 28. Der am besten bezeugte Text: ἐν ὀλίγῳ με πείθεις Χριστιανὸν
ποιῆσαι[2] ergibt, wenn er grammatisch korrekt verstanden wird, den unpassenden

---

1. Durch אHLP d. meist. Min. ist folgender Text bezeugt: λανθάνειν γὰρ αὐτόν
τι τούτων οὐ πείθομαι οὐθέν (T.). Das Nebeneinanderstehen des τι und οὐθέν (so
אB; die übrigen Handschr. οὐδέν; vgl. dazu Win.=Schmied. § 5, 27 f. Anm. 62; Blaß,
Gr. § 6, 7) reizte natürlich zur Weglassung des einen dieser W. So ist bei B 36. 69.
137. 180 das τι weggelassen (W.=H., B. Wß, Blaß), bei א°AE 13 al. das οὐθέν (Lachm.).
Vgl. d. Anm. zu V. 31.
2. Diesen Text bieten אB 13. 17. 40. 61. syr. p. marg. cop. und haben T. und
B. Wß aufgenommen. Wegen der großen Härte dieser LA ziehen Lachm. praef. p. X,
Nösg., Blaß, Belser S. 141 die durch A bezeugte LA πείθῃ (für πείθεις) vor, die den

Sinn: „in Wenigem überredest du mich, einen Christen zu machen" d. h. daß
ich, Agrippa, einen Christen mache. Wenn man diesen Text festhält, muß
man ihn aus der Zusammenziehung zweier Ausdrucksweisen erklären: 1) in
Wenigem überredest du mich, ein Christ zu werden, und 2) in Wenigem wirst
du mich zum Christen machen. Zu übersetzen ist also: „in Wenigem wirst
du mich durch deine Überredung zum Christen machen". Die genauere Erklärung hängt davon ab, wie man das ἐν ὀλίγῳ und den Begriff πείθεις
auffaßt. ἐν ὀλίγῳ kann in zeitlichem Sinne gefaßt werden: „in Kurzem" (so
nach vielen älteren de W., Weizs. Übers., Blaß). Aber wegen des Gegensatzes ἐν μεγάλῳ V. 29 (wo der Text. rec. ἐν πολλῷ hat) ist die instru-
mentale Fassung: „mit Wenigem" vorzuziehen. Denn es ist nicht anzunehmen,
daß P. das ἐν ὀλίγῳ in einem anderen Sinne gefaßt hat, als der König.
Ferner ist zu fragen, ob der König bei dem „Wenigen" an die bisherige
kurze Rede des P. denkt, oder an das Wenige, das noch hinzuzufügen
wäre, um zum Überredungserfolg zu kommen. Der Begriff πείθειν aber kann
gebraucht sein von der eindringlichen Rede, die den Anderen zu überzeugen
sucht (vgl. 13 43. 19 8. 28 23), oder von der Rede, die Überzeugungserfolg
hat (vgl. 12 20. 14 19. 19 26). Die erstere Bedeutung wird man dann vor-
ziehen, wenn man das ἐν ὀλίγῳ auf die bisherige kurze Rede des P. bezieht,
so daß die W. den Sinn einer kühlen Abweisung des warmen Appells des
P. bekommen: mit so Wenigem (bezw.: in so kurzer Zeit) suchst du mich zur
Anerkennung des Christentums zu nötigen, während dies doch so einfach nicht
ist (so Men., Overb., Bethge, Zöckl., B. Wß, Blaß, Belser S. 141). Dagegen
ist die Deutung des πείθειν auf das erfolgreiche Überreden dann notwendig,
wenn man das ἐν ὀλίγῳ auf das Wenige bezieht, dessen es zur Herbeiführung des πείθειν noch bedarf. Mir scheint diese letztere Fassung, für welche
die meisten älteren Erklärer, Chrys., Luth., Beza, Grot. u. A., eintreten, in
der gegebenen Situation den treffendsten Sinn zu geben. Der König merkt,
daß nach der Darlegung V. 22 f. die W. des P. V. 27 darauf abzielen, ihn
selbst zur Anerkennung der Messianität Jesu zu zwingen. Er kann auch die
überzeugende Kraft der Argumentation des P. nicht leugnen. Seine Worte,
es fehle nur noch Weniges, daß P. ihn durch seine Überredung zum Christen
mache, haben nicht ironischen Sinn, sondern sind eine ernst gemeinte, wenn
auch mit einer gewissen Übertreibung ausgedrückte Anerkennung der Über-
redungskunst und -kraft des P. Aber freilich bedeutet diese Anerkennung
nicht, daß er irgendwie gewillt ist, die Konsequenz zu ziehen, auf die P. ihn
hindrängt. Er empfindet es als Paradoxie, daß er, der jüd. König, ein
Anhänger der Messiassekte würde. Deshalb ist eben dies, daß er die überführende Macht der Worte des P. spürt, für ihn nicht ein Anlaß dazu, in
aufrichtiger Wahrheitsliebe nach solcher weiterer Mitteilung des P. zu ver-

Sinn gibt: „du überredest dich, d. i. du glaubst, mich zum Christen zu machen". Aber
alle Wahrscheinlichkeit spricht dafür, daß dieses πείθῃ ein Versuch ist, jene Härte der
durch אB überlieferten LA zu beseitigen. Wenn EHLP und die meist. Min. πείθεις
haben, aber statt ποιῆσαι: γενέσθαι, so ist dies ein anderer Versuch zu demselben Zwecke.
Die Möglichkeit, daß eine ursprüngliche Textverderbnis vorliegt, ist nicht auszuschließen.
W.-H. vermuten, daß με πείθεις aus πέποιθας entstanden sei.

langen, welche ihn etwa zur vollen Überzeugung bringen könnte, sondern
vielmehr ein Anlaß, die zu so bedenklichen praktischen Konsequenzen führende
Rede des P. abzubrechen (V. 30). Über den Ausdruck Χριστιανός f. zu 11₂₆.
Er ist an u. St. mit Feinheit gewählt gemäß dem für das Christentum
freundlichen, halb und halb zustimmenden Sinne der Aussage des Königs,
da die Bezeichnung Ναζωραῖος für den Messias und seine Anhänger im
Munde eines Juden einen verächtlichen Nebensinn haben würde (f. zu 24₅).
Man kann in dem Gebrauche des Christennamens, an u. St. nicht mit Lipsius,
Urspr. u. ältest. Gebr. d. Christennamens 1873 S. 4, einen Beweis dafür
sehen, daß der Vf. der AG. in unhistorischer Weise vorausgesetzt habe, dieser
Name sei damals auch bei den Juden schon allgemein gangbar gewesen.

V. 29. „Ich möchte wohl zu Gott beten, daß, sei es mit Wenigem,
sei es mit Großem, nicht nur du, sondern alle, die mir heute zuhören, solche
Menschen würden, wie ich es bin, — mit Ausnahme dieser Fesseln (f. zu
22₃₀).“ Der Opt. εὐξαίμην [1] mit ἄν ist echt attische Form des bescheidenen
Wunsches. S. zu 25₂₂. εὔχεσθαι mit dem Dat. nur hier im NT (vgl.
II Kor 13₇: πρὸς τ. ϑ.). P. möchte von Gott das Christwerden der An=
wesenden erflehen, auch wenn nicht nur Geringes, wie der König gesagt
hatte, sondern Großes, d. h. vieles Reden und Zureden, noch nötig wäre,
um diesen Erfolg herbeizuführen. Anstatt des vom König gebrauchten Aus=
drucks Χριστιανός wählt P. die Umschreibung: „solche Menschen, wie ich es
bin“, weil in ihr eine Hindeutung auf den Vorzug liegt, den P. als Jünger
des Messias zu haben sich bewußt ist und den er nun den Anwesenden wünscht.

V. 30. Der König als Leiter der Verhandlung (f. zu V. 1) bricht sie
durch sein Aufstehen ab. Die mit ihm Aufstehenden sind ihrem Range nach
genannt, und zwar so, daß der Prokurator mit dem König und dann wieder
Bernice mit den übrigen Beisitzenden (συγκαθήμενοι, vgl. Mk 14₅₄) durch
τε-καὶ enger verbunden sind. **V. 31f.** Die Anerkennung der Unschuld des
P. durch alle Honoratioren, die der Verhandlung beigewohnt hatten, und
ausdrücklich auch durch den jüdischen König dem Prokurator gegenüber, bildet
den bedeutsamen Abschluß des Berichtes über seine cäsareensische Haft. Über
das οὐδὲν neben τι f. zu V. 26 [2].

Kap. 27.

271₁—28₁₆. Seereise des P. nach Rom[3]. a) V. 1—13. Fahrt

---

1. So nach אᵒAB Min. (W.=H., B. Wß, Blaß); T. liest nach א*HLP 1. 56. 61:
εὐξάμην.
2. Hier ist das τι hinter ἄξιον bezeugt durch אA 13. 31. 40. 61. 68 (T.), wäh=
rend es bei BHLP Min. fehlt (B. Wß; Blaß).
3. Vgl. zu dieser Reiseschilderung besonders: James Smith, the voyage and
shipwreck of St. Paul, Lond. 1848, ⁴ 1880; Dömel, Gymnas.=Progr. Frankf. 1850;
Dalton, Reisebilder aus Griechenl. u. Kleinasien, 1884, S. 341ff.; Breusing, die Nautik
der Alten, Brem. 1886; Ramsay, S. Paul p. 314ff.; von Goerne NkZ 1898 S. 352ff;
Balmer, die Romfahrt des Ap. Paul. und die Seefahrtskunde im röm. Kaiserzeitalter,
1905. Über den lukan. Sprachcharakter speziell von 271₋₃ u. 281₋₁₆ vgl. Harnack
IV S. 5—15; I S. 38—47.

bis Kreta. — V. 1 [1]. „Als aber beschloffen war (vom Prokurator), daß wir nach Italien abfahren follten (das beim Beschluffe Beabsichtigte ist im Infinitivsatz mit τοῦ bezeichnet; vgl. 21 12. Lt 4 10), übergab man (auffallendes Imperf.) den P. und einige weitere Gefangene einem Centurio namens Ju= lius von der kaiserlichen Cohorte." Mey. und Zöckl. finden in dem Ausdruck τινας ἑτέρους δεσμώτας angedeutet, daß es sich um Gefangene anderer Art, nicht auch um verhaftete Christen, gehandelt habe. Mit Unrecht. Denn wenn ἕτερος und ἄλλος im NT nicht einfach als synonym gebraucht werden (wie 4 12. I Kor 12 8ff. 15 40f.), so betont gerade ἄλλος den Unterschied stärker als ἕτερος: dieses bezeichnet einfach einen Zweiten (3. B. 7 18. 8 34) bezw. im Plur. weitere Menschen (3. B. 15 35. 17 34), ἄλλος dagegen den Verschiedenen, Fremden (3. B. 19 32. 21 34. I Kor 9 27. 10 29. II Kor 11 8). Über die Bedeutung der Bezeichnung σπεῖρα Σεβαστή = cohors Augusta vgl. Schür. ZwTh 1875 S. 416 ff.; Gesch. d. jüd. V. I[3] S. 462; Egli ZwTh 1884 S. 16 ff. Es war ein ehrendes Prädikat, das uns auch sonst mit bezug auf Cohorten der auxi= liarii überliefert ist. Nach Jos. Ant. 19, 9, 1 f.; 20, 8, 7 bestanden damals die in Cäsarea stationierten röm. Truppen größtenteils aus Einheimischen, Cäsareensern und Sebastenern. Doch kann der Ausdruck an u. St. nicht eine Cohorte aus Sebaste, der Hauptstadt Samariens, bezeichnen, also gleichbedeutend mit σπ. Σεβαστηνῶν sein (Schwarz, de cohorte Ital. et Aug., Altorf 1720). Sondern von den 5 Cohorten in Cäsarea trug wahrscheinlich eine den be= sonderen Titel Augusta. Die Möglichkeit, daß der Centurio Julius einer in Rom stationierten Truppe mit diesem Ehrentitel angehörte und nur vorüber= gehend in besonderer Angelegenheit nach Cäsarea gekommen war, ist nicht ausgeschlossen, aber minder wahrscheinlich. So denken Wiesel., Chron. S. 351; Beitr. 3. Würdig. d. Ev. S. 325, und Belser S. 154 an die von Sueton. Nero 25, Tacit. Ann. 14, 15; Dio Cass. 61, 20; 63, 8 erwähnte, aus röm. Rittern gebildete kaiserliche Leibgarde der Augustani oder Augustiani in Rom.

Durch die Erzählung in der 1. Perf. Plur. ist dieser Abschnitt als Stück der Quelle gekennzeichnet. Auch durch die lebendige Anschaulichkeit seines Inhalts, durch die Fülle und Genauigkeit seiner nautischen Angaben und durch die treffende Zeichnung der unter schwierigen äußeren Verhältnissen sich erweisenden geistigen Überlegenheit des P. über seine Umgebung auf dem Schiffe bewährt sich der Abschnitt als Bericht eines Augenzeugen. Vgl. Weizf. S. 446 ff. Es kann sich nur fragen, ob dieser Quellenbericht ganz seine ursprüngliche Gestalt hat, oder etwa durch Zusätze des Vf.s der AG. er= weitert ist. Mit großer Wahrscheinlichkeit ist die Episode 27 21—26 für eine solche Er= weiterung zu halten (s. Anm. zu 27 26). Overb. (im Anschluß an Zell. S. 290 u. 515) erklärt auch 27 3 b. 33—36. 43 a. 28 15 für Zutaten zur Quelle und meint, daß in 28 1—10 der Quellenbericht über den Aufenthalt in Malta teils stark zusammengezogen, teils durch Wundererzählungen erweitert sei (vgl. v. Manen I S. 80 ff.). Nach Wellhauf. NGW 1907 S. 17 ff., dem Schwartz ebendaf. 1907 S. 295 zustimmt, sind V. 9—11. 21 (von τότε an)—26. 31. 33 b—38 a, d. h. alle die Stellen, wo P. eingreift, sekundäre Einschübe in einen älteren Seefahrtsbericht, der mit dem früheren Wirbericht in der AG. nichts zu tun hatte. Lk. habe die Beschreibung einer stürmischen Überfahrt vom Osten nach Rom von anderswo fertig übernommen und auf P. zugepaßt. Aber durch= schlagende Gründe für eine so kühne Hypothese fehlen.

1. Den β=Text von V. 1 rekonstruiert Blaß nach flor. gig. syr. [p. marg.] folgender= maßen: Οὕτως οὖν ὁ ἡγεμὼν πέμπεσθαι αὐτὸν Καίσαρι ἔκρινεν, καὶ τῇ ἐπαύριον προσκα= λεσάμενος ἑκατοντάρχην τινὰ σπείρης Σεβαστῆς, ὀνόματι Ἰούλιον, παρέδωκεν αὐτῷ τὸν Παῦλον σὺν τοῖς λοιποῖς δεσμώταις.

Ramſay p. 315 nimmt ein beſonderes Corps von „Offizier=Courieren" an, die den Derkehr des Kaiſers mit den Truppen in den Provinzen vermittelt hätten.

V. 2. Man beſtieg „ein Schiff aus Adramyttium", einer Küſtenſtadt Myſiens, nicht zu verwechſeln mit der nordafrikan. Küſtenſtadt Adrumetum. Die Schreibung des Namens ſchwankt (AB* 16: Ἀδραμυντηνῷ; ſo W.=H.; B. Wß); vgl. darüber Win.=Schmied. § 5, 26d. Dieſes Schiff „ſollte die Ort= ſchaften an Aſien hin (d. h. die Küſtenplätze Dorderaſiens) anlaufen". κατά wie 11 1. „Mit uns", d. i. mit P. und dem Df. des Wirberichts, fuhr auch der Macedonier Ariſtarchus aus Theſſalonich (vgl. über ihn 19 29. 20 4. Kol 4 10. Phm 24). Auf welchem Wege es dem Ariſtarchus und dem Df. des Wirberichts gelang, in der Begleitung des P. reiſen zu dürfen, läßt ſich nicht ſagen. Ramſay p. 315 f. vermutet, die Beiden hätten als Sklaven des während der ganzen Gefangenſchaft als vermögender Mann auftretenden Apoſtels fungiert und als ſolche die Erlaubnis der Mitreiſe erlangt, die den Freunden verſagt worden wäre. Aber da der Transport der Gefangenen nicht mit einem eigens zu dieſem Zwecke direkt nach Rom fahrenden Schiffe, ſondern mit Benutzung privater Schiffsgelegenheit geſchah, ſo iſt es ſehr wohl denkbar, daß die beiden Freunde des P. formell als ſelbſtändige Paſſagiere auf den Handelsſchiffen mitreiſten. **V. 3.** „Am anderen Tage aber (τῇ δὲ ἑτέρᾳ wie 20 15) landeten wir in Sidon." Wegen der folgenden Mitteilung iſt wahrſcheinlich, daß hier eine längere Station gemacht wurde, wohl um weitere Fracht und Paſſagiere zu ſuchen. „Julius, menſchenfreundlich mit P. verfahrend (χρῆσθαι wie II Kor 13 10; zur Sache vgl. D. 43), geſtattete ihm zu den Freunden zu gehen (na= türlich in Begleitung des ihn bewachenden Soldaten)[1] und Fürſorge (der= ſelben) zu erhalten." Ob unter „den Freunden" die Chriſten am Orte als ſolche (φίλοι = dem ſonſtigen ἀδελφοί; vgl. zu dieſer ſonſt im NT nicht vorkommenden Bezeichnung der Chriſten: Harnack, Miſſion ² I S. 352 ff.), oder ſpezielle Freunde des P. gemeint ſind, muß wohl dahingeſtellt bleiben. Wahr= ſcheinlich gab es in Syrien und Phönizien ſpezielle Miſſionsgemeinden des P. (vgl. oben S. 61 f. und zu 21 4), zu denen auch eine in Sidon gehört haben kann. Ob nur an liebevolle Pflege des P. während der Zeit ſeines Aufent= haltes in Sidon, oder auch an Dorſorge für die Zeit ſeiner Seereiſe (Zöckl., B. Wß) gedacht iſt, läßt ſich nicht entſcheiden. **V. 4.** „Don dort auslaufend ſchifften wir unter Cypern hin", d. h. längs der cypriſchen Küſte, und zwar, wie aus dem Folgenden erſichtlich, an der öſtl. Seite Cyperns bis zur weit vorgeſtreckten Nordoſtſpitze der Inſel. Dieſe Fahrt unter der Küſte Cyperns bot den beſten Schutz gegen die widrigen Winde, d. h. gegen den Weſtwind, der im Spätſommer in dieſem Teile des Mittelmeeres ſtets zu herrſchen pflegt und der für die damalige Schiffahrt die direkte Überfahrt von Sidon nach Myra, wobei Cypern rechts liegen gelaſſen wäre (vgl. 21 3), zu dieſer Jahres=

---

1. In flor. iſt ſtatt des Hingehens des P. zu den Freunden das Hinkommen der= ſelben zu P. bezeichnet: permisit amicis qui veniebant [ad eum] uti curam eius agerent. Danach Blaß β=Text.

3eit verbot (vgl. Ramſay p. 316f.; Goerne S. 356; Balmer S. 289f.). **V. 5.** „Das Meer an Cilicien und Pamphylien entlang durchfahrend[1] gelangten wir nach Myra in Lycien." S. 3u 21₁ u. vgl. Balmer S. 294f. B hat die Schreibung *Μύρρα* (ſo T., W.=H., B. Wß); doch iſt auch durch Inſchriften die Schreibung des Text. rec.: *Μύρα* be3eugt (Win.=Schmied. § 5, 26d). Das W. iſt Neutr. Plur.

V. 6. „Da der Centurio dort ein Schiff aus Alexandria fand, das auf der Fahrt nach Italien war, ſo brachte er uns auf dasſelbe an Bord." Nach V. 37 war es ein ſehr großes Schiff mit vielen Paſſagieren. Nach V. 38 ſcheint es als Ladung Getreide aus Ägypten, der Kornkammer Roms, geführt 3u haben. Derſelbe Weſtwind, der die Fahrt des bisher benutzten Schiffes von Sidon nach Myra erſchwert hatte, hatte das alexandrin. Schiff veranlaßt, ſtatt des direkten Kurſes weſtwärts nach Italien 3unächſt den nördlichen Kurs bis 3um Hafen an der Südſeite Kleinaſiens 3u nehmen (Ramſay p. 319). Blaß accentuiert: *Ἀλεξανδρῖνον.* **V. 7.** „Indem wir aber an vielen Tagen langſam vorwärts kamen und mühſam nach Knidos gelangten, fuhren wir, da der Wind uns nicht weiter ließ (*προσεᾶν* nur hier), unter den Schutz von Kreta nach Salmone." Die Fahrt ging längs der ſüdweſtlichen Küſte von Kleinaſien, nördlich an Rhodus vorbei, bis an das Vorgebirge von Knidos. Der motivierende 3wiſchenſatz: *μὴ προσεῶντος ἡμᾶς τοῦ ἀνέμου* ſoll wahr= ſcheinlich nicht beſagen, daß der Wind die Landung in Knidos (Mey., B. Wß), ſondern daß er die Weiterfahrt von Knidos, der Südweſtſpitze Kleinaſiens, in direkt weſtl. Richtung nach der Südſpitze des Peloponnes nicht 3uließ (vgl. syr.^[sch.]: quia non sinebat ventus, ut proficisceremur recta; Grot., Felt., Ramſay p. 320). Blaß macht um dieſes letzteren Sinnes willen die Kon= jektur: *προσεῶντος.* Vor dem aus dem Ägeiſchen Meere wehenden Nordwinde, der die Fahrt an der Nordſeite von Kreta 3u einer gefährlichen gemacht hätte, bot Kreta für die an der Südſeite der Inſel hinfahrenden Schutz. Bei dem Vorgebirge Salmone an der Oſtſpitze der Inſel wurde dieſer Schutz er= reicht. 3u *ὑπεπλεύσαμεν* vgl. V. 4. Aber dort iſt die Fahrt unter dem Schutze der Küſte hin, an u. St. die Fahrt in den Schutz der Küſte gemeint. **V. 8.** „Und mühſam daran (an Kreta) entlangfahrend (*παραλέγεσθαι* = oram legere; vgl. V. 13) kamen wir nach einem Orte namens Schöner Hafen, in deſſen Nähe die Stadt Laſaea[2] war." Beide Ortſchaften ſind ſonſt aus dem Altertum nicht bekannt, aber ihre Lage unmittelbar öſtlich von Kap Matala (Lithinos), der ſüdlichſten Spitze Kretas, iſt nicht 3weifelhaft (vgl. Smith p. 88. 262; Balmer S. 313ff.). Eine Bucht dort trägt noch jetzt denſelben Namen: „Schöner Hafen".

V. 9. „Da aber viel 3eit verlaufen und die Schiffahrt ſchon unſicher (3u *ἐπισφαλής* vgl. Sap 44.ʾ9₁₄) war, weil auch das Faſten ſchon vorüber

---

1. Bei 137. syr.^[p. c.*] flor. iſt 3u *διαπλεύσαντες* die bemerkenswerte 3eitangabe hinzugefügt: *δι᾽ ἡμερῶν δεκάπεντε.* Vielleicht iſt dies eine der guten Sonderlesarten der occidental. Textüberlieferung.
2. Die Schreibung dieſes Namens iſt unſicher. ℵ* hat *Λασσαία;* HLP die meiſt. Min. Chryſ. Hieron.: *Λασαία;* B einige Min.: *Λασέα* (W.=H.); ℵ°: *Λαῖσσα;* A 40. 96: *Ἄλασσα* (Lachm.); syr.^[p. marg.]: Alaſa; vulg.: Thalaſſa.

war, mahnte P." Da am Anfang nicht ἐκεῖ hinzugefügt ist, wird nicht ge=
meint sein: seit der Ankunft in Καλοὶ λιμένες (B. Wß, Ramsay p. 321),
sondern: seit dem Antritt der Reise sei viel Zeit verlaufen (Mey.). Der Gen.
πλοός von πλοῦς ist nach der 3. Deklin. gebildet, ebenso wie νοός von νοῦς.
Vgl. Win.=Schmied. § 8, 11; Blaß, Gr. § 9, 3. Unter „dem Fasten" κατ᾽
ἐξοχήν muß das Fasten des großen Versöhnungstages am 10. Tisri (Lev
16 29 — 31. 23 26 — 32) verstanden sein, zur Zeit der herbstlichen Tag= und Nacht=
gleiche. Die Bezeichnung nach jüd. Kalender kann nicht als Beweis für die
jüd. Nationalität des Berichterstatters gelten (K. Schmidt I S. 115). Da dem
P. die Rechnung nach dem jüd. Kalender ohne Zweifel die geläufige war
(vgl. I Kor 16 8), so kann sie bei seinem Reisegefährten nicht befremden (vgl.
20 6), auch wenn derselbe Heidenchrist war. Unberechtigt ist deshalb auch
die Vermutung Nösg.s, νηστεία an u. St. sei ein uns sonst nicht aufbewahrter
Ausdruck der Schiffersprache für den Spätherbst. V. 10. Auf Grund seiner
reichen Erfahrungen zur See (vgl. II Kor 11 25f.) urteilt P.: „ich sehe, daß die
Fahrt unter Unbill und großem Schaden nicht nur an der Ladung und dem
Schiff, sondern auch an unserm Leben vor sich gehen wird". θεωρῶ ist vom
geistigen Voraussehen des in der Phantasie lebhaft Vergegenwärtigten gesagt.
ὕβρις ist hier nicht: „Übermut" (Mey.), sondern hat wie V. 21 passive Be=
deutung: „Unbill", die seitens der Elemente erfahren wird; vgl. II Kor 12 10.
Jos. Ant. 3, 6, 4 (τὴν ἀπὸ τῶν ὄμβρων ὕβριν). In den W.: καὶ τῶν
ψυχῶν ἡμῶν schließt sich P. mit den übrigen Personen auf dem Schiffe zu=
sammen. Darin liegt kein Widerspruch zu 23 11 (Overb. S. 448). Die Lebens=
gefahr im Falle der Weiterreise galt ihm ebenso, wie den Anderen, und sein
Vertrauen auf Gottes Fürsorge schloß nicht aus, daß er diese Gefahr auch
für sich selbst als eine ernstliche beurteilte. Die Verbindung des ὅτι hinter
θεωρῶ mit dem Acc. c. inf. μέλλειν ἔσεσθαι τὸν πλοῦν ist ein Anakoluth,
veranlaßt durch die abgeschwächte Bedeutung des ὅτι im Sprachgebrauch der
Koine (vgl. Raderm. S. 159). — Für das Schiff, auf dem P. war, handelte
es sich darum, ob man jetzt im Herbst noch die große Fahrt von Kreta durchs
offene Meer hinüber nach Sicilien machen sollte, eine Fahrt, die bei widrigen
Winden und bei bedecktem, keine Orientierung ermöglichendem Nachthimmel
sehr gefährlich war, — und eventuell ob man, wenn man in Kreta zu über=
wintern beschloß, doch wenigstens noch einen anderen Hafen der Insel auf=
suchen sollte. Aus dem Folgenden ergibt sich, daß P. gegen beides war und
zum Verbleiben in Καλοὶ λιμένες riet. Jede Weiterfahrt über Kap Matala
(Lithinos) hinaus, wo die Küste Kretas sich zunächst scharf nach Norden
wendet, schien ihm bedenklich, weil der Nordwind hier das Schiff ganz von
der Insel abtreiben konnte.

V. 11. Es scheint hier, als hätte der Centurio die Weiterfahrt auch
gegen den Rat des Steuermanns und Kapitäns hindern können. Daraus
schließt Ramsay p. 323f., daß das Schiff ein im Dienste der kaiserl. Regierung
stehendes Getreidetransportschiff war, auf dem der röm. Offizier selbstver=
ständlich gleich das oberste Kommando übernommen hatte. Aber V. 12 zeigt,
daß nicht der Centurio allein, sondern die Majorität entschied. Doch wird

seiner Stimme besonderes Gewicht beigelegt sein. Und er folgte nicht dem Rate des P. Ob der ναύκληρος = „Kapitän" der Eigentümer des Schiffes war, steht dahin (vgl. Ramsay p. 324). V. 12. „Da aber der Hafen un= geeignet zur Überwinterung war, so faßte die Mehrheit Beschluß, von dort abzufahren, (mit dem Wunsche) ob man etwa (zu εἴπως vgl. Röm 1 10. 11 14. Phl 3 11) nach Phoenix, einem Hafen von Kreta, der gegen den Südwest= und gegen den Nordwestwind gerichtet ist, gelangen und dort überwintern könnte". Also darin, daß man nicht mehr die Weiterfahrt bis Italien ris= kieren dürfe, war man einig. Vielleicht sind unter den πλείονες die drei in V. 11 Genannten gemeint, die dem P. gegenüber die Mehrheit bildeten (B. Wß); wahrscheinlich aber ist die Mehrheit eines größeren Kreises von Schiffsleuten und Passagieren gemeint, die sich über die Frage der Weiter= fahrt berieten. Dann ist in dem οἱ πλείονες ausgedrückt, daß doch Einige für Befolgung des Rates des P. waren. Die Hafenstadt Φοῖνιξ mit dem Hafen Φοινικοῦς nennt auch Ptolem. 3 17 (vgl. Strabo 10, 475). Wahr= scheinlich ist der Platz identisch mit dem heutigen Lutro an der westl. Seite der Südküste Kretas. Vgl. Balmer S. 319ff. Die Näherbestimmung: βλέ= ποντα κατὰ λίβα καὶ κατὰ χῶρον kann nicht den Sinn haben, daß der Hafen gegen den Südwest= und Nordwestwind offen liegt, sondern vielmehr daß das ihn einschließende Land die Richtung gegen jene Winde hat und also den Schiffen im Hafen Schutz gegen sie bietet. V. 13. „Da sie aber bei schwach wehendem Südwinde meinten ihres Vorsatzes sicher geworden zu sein (d. h. ihn sicher ausführen zu können), lichteten sie die Anker (αἴρειν scil. τὰς ἀγκύρας, ein auch im klass. Griechisch gebräuchlicher elliptischer Ausdruck vom Ausfahren zu Schiffe) und fuhren ganz nahe an der Küste Kretas entlang." Der Kompar. ἆσσον (von ἄγχι) ist nicht im Vergleich mit V. 8 gesagt (Men., B. Wß), sondern in superlativem Sinne, wie 24 22. 25 10. Der Südwind be= gründete die Hoffnung, daß man bei der Umschiffung von Kap Matala nicht von Kreta abgetrieben würde.

b) V. 14—44. Sturm und Schiffbruch. V. 14. „Nach kurzem aber stürzte sich von dort herunter (κατ' αὐτῆς scil. τῆς Κρήτης) ein Wirbel= wind, der sogenannte Euraklon".[1] βάλλειν nur hier im NT intransitiv. Jäg. III S. 44 f. meint die transf. Bedeutung festhalten zu können, indem als Obj. τὸ πλοῖον zu ergänzen sei. κατά wie Mt 8 32: der Wind kam vom hohen Gebirgsland Kretas herunter und trieb nun das Schiff von der Küste ab. Das sonst nicht überlieferte W. εὐρακύλων ist zusammengesetzt aus εὖρος, Südostwind, und dem lat. aquilo; es bed. wahrscheinlich einen scharfen Nordostwind. Vgl. Balmer S. 336ff. V. 15. „Da aber das Schiff mit fortgerissen ward (mit dem Winde) und keinen Widerstand leisten (zu ἀντ-

---

1. Der Name ist unsicher überliefert. Bei אAB* lautet er: εὐρακύλων; bei HLP Min. Chrys.: εὐροκλύδων (zusammengesetzt aus εὖρος, Südostwind, und κλύδων: Süd= ostwoge); bei B³ 40. 133: εὐρυκλύδων (zusammengesetzt aus εὐρύς, breit, und κλύζειν: Breitspüler d. i. breite Wogen bringender Wind). Die letztere LA ist verteidigt von Men. u. Nösg. Wahrscheinlich sind die Varianten dadurch entstanden, daß griech. Abschreiber das mit dem lat. aquilo zusammengesetzte W. nicht zu deuten wußten und eine solche Wortform suchten, welche für Griechen etymologisch verständlicher war.

οφθαλμεῖν vgl. Sap 12₁₄) konnte, wurden wir es preisgebend dahinge=
trieben." Bei *ἐπιδόντες* ist wahrscheinlich als Obj. *τὸ πλοῖον* gedacht. An=
dere (auch B. Wß) erklären reflexiv: „uns preisgebend". **V. 16.** „Als wir
aber unter einer kleinen Insel namens Klauda (oder: Kauda)[1] hinliefen, ver=
mochten wir kaum des Bootes habhaft zu werden." Gemeint ist eine kleine
Insel im Süden Kretas, jetzt Gavdos heißend. Sie bot einen gewissen Schutz
vor dem Sturm und dadurch die Gelegenheit zum Aufziehen des Bootes,
nämlich des hinten am Schiffe angebundenen Bootes, welches durch den Sturm
abgerissen werden konnte, im Notfalle aber als Rettungsboot sehr wichtig
war. **V. 17.** „Nachdem man dieses aufgezogen hatte, wandte man hülfs=
mittel an, indem man das Schiff unterband." Der allgemeine Begriff *βοή-*
θειαι ist auffallend. Man erwartet die Bezeichnung eines dem speziellen
Zwecke des Unterbindens dienenden hülfsmittels. So ist die Konjektur Nabers
(Mnemosyne 1895 S. 267 ff.), für *βοηθείαις* zu lesen: *βοείαις* „mit Riemen",
recht plausibel. Doch ist die Möglichkeit nicht ausgeschlossen, daß *βοήθειαι*
in der Schiffersprache technischer Ausdruck für Taue war. Die Untergürtung
geschah wahrscheinlich in der Weise, daß man von zwei Seiten gehaltene
Taue vom Bugspriet aus unter dem Schiffskiel durchzog und dann oben zu=
sammenband, um dadurch den Zusammenhalt der Planken gegenüber dem
Anprall der Wellen zu festigen. Vielleicht ist auch an eine Umgürtung des
Schiffes in horizontaler Richtung gedacht (Böckh, Urkunden über d. Seewesen
d. Attischen Staats S. 133 ff.; Breusing S. 170 ff. 182 f.; Goerne S. 364).
Da der Nordoststurm das Schiff mit großer Schnelligkeit von Kreta abtrieb,
„fürchtete man an die Syrte (d. i. an die Sandbänke der afrikanischen Küste)
angeworfen zu werden". Um dieser Gefahr zu entgehen, mußte man das
Möglichste zur Verminderung der Geschwindigkeit der Fahrt tun. Deshalb
„ließ man das Geschirr nieder und ließ sich in diesem Zustande (*οὕτως* wie
17₃₃. 20₁₁) treiben". *σκεῦος* ist ein Allgemeinbegriff, mit dem Schiffszeug
aller Art bezeichnet werden kann. An u. St. liegt die Deutung speziell auf
das Segel sehr nahe und wird von den meisten Erklärern angenommen.
Aber freilich ist auffallend, daß das Segel erst nach den in V. 16 u. 17a
bezeichneten Verrichtungen eingezogen sein soll. In Wirklichkeit muß diese
Maßregel gleich zuerst beim Losbrechen des Sturms getroffen sein. Balmer
S. 355 ff. versteht unter dem *σκεῦος* die Großrahe, die man noch mit einem
Sturmsegel benutzt habe; dieses habe man jetzt niedergelassen. Dagegen er=
klären Breusing S. 177 f. und Goerne S. 364 ff. *σκεῦος* vom Ankergeschirr,
d. i. von Ankern und zugehörigen Ketten und Tauen, welche man ins Wasser
hinuntergelassen habe, nicht um damit zu ankern, sondern als Schleppvor=
richtung, um den Lauf des Schiffes zu hemmen. Das Auslassen solcher Schlepp=

---

1. Die Namensform, ob mit oder ohne *λ*, muß unsicher bleiben. א* einig. Min.
u. Verss. haben *Κλαῦδα* (T., B. Wß). Auch bei A ist der Wortanfang *Κλα* bezeugt.
HLP d. meist. Min. haben *Κλαύδην* (Rec.). Dagegen heben א°B vulg.: *Καῦδα* (W.-h.,
Blaß). Für ein bloßes Schreibversehen (Ausfall des *Λ* vor *A*) kann man die *ΣΛ* von
B nicht halten (B. Wß S. 10). Denn auch sonst ist die Differenz der Schreibung des
Namens bezeugt. Ptolem. 3, 7 nennt die Insel *Κλαῦδος*. Aber bei Pompon. Mela
2, 7 und Plin. 4, 20 heißt sie Gaudos, in einem Strabo=Fragmente *Καῦδα* (Zöckl.).

taue mit Ankern war auch sonst im Altertum üblich. **D. 18.** „Da wir aber
sehr (σφοδρῶς = σφόδρα) vom Sturm bedrängt wurden, machte man Aus-
wurf", d. h. warf man Ladung über Bord, noch nicht die ganze Ladung (vgl.
D. 38), sondern einen Teil, um den Tiefgang des Schiffes zu mindern. **D. 19.**
„Am dritten Tage warf man eigenhändig das Schiffsgerät über Bord." Vgl.
Jon 1 5. Unter der σκευή wird die für die Menschen an Bord dienliche
Schiffseinrichtung verstanden sein. Das αὐτόχειρες hebt die Paradoxie der
Tatsache hervor, daß die Menschen selbst diesen für sie so wichtigen Apparat
wegwarfen. Es steht im Gegensatze dazu, daß sie nicht warteten, bis ihnen
diese Schiffseinrichtung direkt durch die Macht der Elemente fortgerissen wurde.
D. 20. „Da mehrere Tage hindurch weder Sonne noch Sterne schienen",
also auch jede Möglichkeit einer Orientierung genommen war, so schwand
ihnen „fürder" (λοιπὸν, vgl. II Tim 4 8. Mt 26 45) jede Hoffnung auf Rettung.
D. 21. Es bestand große ἀσιτία d. i. „Speiseenthaltung", nicht aus
Mangel an Nahrungsmitteln (Weizs. Übers.), auch wohl nicht nur wegen der
Schwierigkeit der Speisezubereitung während des Sturms (Ramsay p. 332),
sondern besonders wegen der völligen Verzagtheit und unaufhörlichen Todes-
angst aller (D. 20). Gegen diese Verzweiflung richtete sich die Mahnung
des P., gutes Mutes zu sein (D. 22 u. 25). „Man hätte zwar — — diese
Unbill und Schädigung (wie D. 10) ersparen (zu κερδαίνειν in diesem Sinne
vgl. Jos. Ant. 2, 3, 2) müssen." **D. 22.** Den eigentlichen Gegensatz zu
dem ἔδει μέν κτέ. D. 21, nämlich die Bezeichnung dessen, was man wirklich
getan hat, übergeht P. und schreitet gleich zu der Mahnung fort, die der
„nunmehr" (über καὶ τὰ νῦν s. z. 4 29) gegebenen Lage entspricht. „Es
wird kein Verlust eines Lebens aus unserer Mitte eintreten, sondern nur
(unpräzise steht: πλὴν) der des Schiffes." **D. 23 f.** Die nächtliche Vision,
von der P. erzählt, gleicht den 18 9f. u. 23 11 berichteten, nur daß anstatt
des Herrn selbst der Engel Gottes erscheint, wie 10 3. Dem P. ist durch die
Vision das Vertrauen wiedergegeben, daß er trotz der gegenwärtigen Todesgefahr das ihm vom Herrn bestimmte und vorausgesagte Ziel, auf welches
auch seine Appellation an den Kaiser abgezweckt hatte, erreichen soll, in Rom
Zeuge für den Herrn zu werden (23 11). „Geschenkt hat dir Gott alle mit
dir Fahrenden", d. h. um deinetwillen, in gnädiger Erfüllung deines Wunsches
und Gebetes, hat Gott (in seinem Ratschluß) ihnen allen, die eigentlich ihr
Leben verwirkt haben, das Leben geschenkt. **D. 26.** „Wir müssen an irgend
eine Insel angeworfen werden", — also nicht auf die Syrte D. 17 [1].

---

1. Nach dem Vorgange von Zell. S. 515 u. Overb. S. 455 ff. sehen Hilgf. Einl.
S. 592; ZwTh 1896 S. 550; Acta p. 300 s.; v. Manen I S. 81 f.; Hltzm.; Jgst S. 187 f.;
Clemen, Paul. I S. 322 f.; Wellhausen NGW 1907 S. 17 ff. in dem Abschnitte D. 21
—26 eine Einschaltung des Red. in den Quellenbericht. In der Tat enthält dieser
Abschnitt einige befremdliche Punkte. 1. Die Ansprache des P. wird durch die Ein-
leitungsworte D. 21 a in besondere Beziehung gesetzt zu der „bestehenden großen
Nahrungsenthaltung", während sie doch inhaltlich auf diese keinen direkten Bezug
nimmt. Erst die spätere Ansprache des P. D. 33 f. bezieht sich wirklich auf die ἀσιτία.
2. Die Mitteilung zwar, daß P. durch eine Vision nach Analogie der Visionen 18 9f.
23 11 seiner Rettung und seines Hingelangens nach Rom gewiß geworden sei, ist nicht
unglaubhaft. Wohl aber ist auffallend, daß P. in D. 26 den äußeren Umstand des

D. 27. „Als die vierzehnte Nacht (seit der Abfahrt von *Kαλοὶ Λιμένες*
D. 13) kam, wo wir im Adriatischen Meer umhertrieben, merkten gegen
Mitternacht die Schiffsleute, daß sich ihnen irgend ein Land näherte." Der
Name ὁ Ἀδρίας hat hier den auch sonst vielfach bezeugten (z. B. Ptolem.
3, 17; Jos. Vita 3) weiteren Sinn, in welchem er das Jonische Meer mitumfaßt. Vgl. Zahn, Einl. II § 61 Anm. 20. Die Nähe des Landes merkten
die Schiffsleute entweder an einer Reibung des nachschleppenden Ankergeschirrs (s. z. D. 17; vgl. Goerne S. 309), oder auch an einer hörbaren
Brandung (Smith, Ramsay p. 334 f.). προσάγειν intrans. wie Jos 3 9. I Sam
9 18. 30 21 u. ö. in LXX. Die Wendung, das Land nähere sich, statt: man
nähere sich dem Lande, gehört der Schiffersprache an. **D. 28.** „Das Senkblei auswerfend fanden sie 20 Klafter (1 Kl. = 1,85 Meter; über die
Accentuation von ὀργυιά vgl. Win.-Schmied. § 6, 7 a), als sie aber kurzen
Abstand gemacht hatten (d. h. nach kurzem Abstand von neuem maßen),
15 Klafter." Die schnelle Abnahme der Tiefe deutete auf unmittelbares
Nahekommen der Küste. Einen Versuch, diese Stelle, wo man dann Anker
warf, genauer zu bestimmen, s. bei Balmer S. 394 ff. **D. 29.** „Und indem
sie befürchteten, wir möchten auf harte Stellen (Klippen) aufgeworfen werden,
warfen sie vom Hinterschiff vier Anker aus und ersehnten, daß es Tag würde."
Von den vier Ankern waren wahrscheinlich je zwei übereinander in angemessener Entfernung an demselben Tau befestigt (Goerne S. 370). **D. 30.**
Die Schiffsleute, die verräterisch das Schiff zu verlassen suchten, ließen das
Boot (vgl. D. 16 f.) hinunter „unter dem Vorwand, als wollten sie aus dem
Vorderschiff Anker hinausziehen", um das Schiff auch an der Vorderseite zu
verankern. Zu diesem Zwecke konnten sie nicht, wie vorher bei dem noch in
Fahrt begriffenen Schiffe, die Anker vom Schiffe aus auswerfen, damit dieselben nachschleppend im Meeresgrunde eingriffen, sondern mußten sie mit
dem Boote die Anker in eine Entfernung vom Schiffe hinausziehen und dann
die Taue an den niedergelassenen Ankern anziehen. **D. 31.** P. wendet sich

---

Aufgeworfenwerdens auf eine Insel genau so vorher weiß, wie er nachher eintritt.
Das Vorauswissen dieses Umstandes wird nicht als ein durch die Vision gegebenes
bezeichnet. P. konnte es aber auch nicht aus seiner allgemeinen frommen Überzeugung
schöpfen. Es tritt also ganz unvermittelt auf. 3. An die Ansprache des P. knüpfen
sich in der Erzählung keine Wirkungen. Weder direkt noch indirekt wird von einem
solchen Eindrucke derselben berichtet, wie nachher in D. 36 von der Wirkung der Ansprache D. 33 f. Wenn man die Episode D. 21—26 ausschaltet, geht für das Verständnis der weiteren Erzählung D. 27—32 nichts verloren. — Meines Erachtens läßt
sich aus den angegebenen Punkten als wahrscheinlich folgern, daß die Ansprache des
P. D. 21—26 in der uns vorliegenden Gestalt nicht zum Quellenberichte gehörte.
Aber es ist nicht ausgeschlossen, daß in der Quelle gewisse Grundelemente des Abschnittes standen (über Vf. b. AG. den Anlaß zur Ausgestaltung dieser Ansprache
gaben. Gewiß stammt aus der Quelle die Notiz über die Nahrungsenthaltung D. 21a.
Hätte der Vf. sie seinerseits aus D. 33 f. vorweggenommen, so würde er auch den
Inhalt der Ansprache in Beziehung zu ihr gebracht haben. In der Quelle mögen
gleich an den Schluß von D. 20 angeknüpft gewesen sein die W.: πολλή τε ἀσιτία
ὑπῆρχεν. Vielleicht folgte dann die Bemerkung, daß nur P. nicht verzagte, sondern
an der durch eine Vision erlangten Gewißheit festhielt, daß er sein Ziel Rom erreichen
werde. Vielleicht war dabei eine frühere Vision 23 11 gedacht, vielleicht auch an
eine neu erlebte.

an den Centurio und die Soldaten, welche letzteren zur Bedeckung der Ge=
fangenen (V. 1) dienten (vgl. V. 42).

V. 33. Die Zeit der Erwartung (V. 29), „bis es Tag werden wollte",
wo man noch nicht wußte, welche Aufgaben und Gefahren der anbrechende
Tag bringen würde, benutzte P. dazu, auf die Hebung der körperlichen Kräfte
und der Stimmung der Menschen auf dem Schiffe einzuwirken: „vierzehn Tage
lang seid ihr heute andauernd in Spannung ohne Nahrung". διατελεῖν mit
Part. oder Adjekt. bed.: andauernd in einem Zustande oder einer Tätigkeit
sein. Vgl. zum Sprachgebrauch Raderm. S. 168 f. An u. St. bezeichnet
nicht das ἄσιτοι allein, sondern das zusammengehörige προσδοκῶντες ἄσιτοι
den Zustand, in dem sie sich dauernd befinden. Der voranstehende Acc.
temporis bed.: „es ist heute der 14. Tag, seit" (vgl. Blaß, Gr. § 34, 8).
V. 34. Die Nahrungsaufnahme „gereicht zu eurer eigenen Rettung". πρός
mit Gen. im NT nur hier; es bed. eigentlich: „auf Seiten" (Win. § 47, 5 f.;
Blaß, Gr. § 43, 8). ὑμετέρας hebt stärker als ὑμῶν hervor, daß es sich
um ihre eigene Sache handelt. Die Versicherung: „Keinem von euch wird
ein Haar von seinem Haupte verloren gehen", bezeichnet in sprichwörtlicher
Form ihr völliges Unverletztbleiben (vgl. Lk 21 18; I Sam 14 45. II Sam 14 11.
I Reg 1 52). **V. 35.** Das Dankgebet und das Brotbrechen des P. erinnern
zwar an das Verfahren Jesu beim letzten Mahle (Lk 22 19) und an die Feier
des Herrnmahles in der christl. Gemeinde (2 42. 46. 20 7. 11), aber doch nur
insofern, als sich dieses christliche Mahl an den allgemeinen Brauch der jüd.
Mahlzeit anschloß, daß man vor dem Essen ein Dankgebet sprach und daß
man von den großen Broten die zu essenden Stücke abbrach und event. ver=
teilte (vgl. Lk 24 40. Mt 6 41. 8 6. Joh 6 11. Röm 14 6 u. f. zu 2 42). An
u. St. ist nicht die Abhaltung einer christl. Agape (Olsh., Ewald), sondern
ein gewöhnlicher, aber in frommer Gesinnung geschehender Brotgenuß ge=
meint[1]. P. selbst „machte den Anfang zu essen". Als Fortsetzung ist das
Essen der anderen gedacht, die seinem Beispiel folgen (V. 36). **V. 36.** Bei
προσελάβοντο τροφῆς hat der Gen. partitiven Sinn wie bei μεταλαμβάνειν
V. 33 f., κορέννυσθαι V. 38, γεύεσθαι 23 14 u. ö. Vgl. dagegen in V. 33:
μηδὲν προσλαβόμενοι, wo ein Gen. partit. nicht am Platze gewesen wäre[2].
V. 37. Die Angabe, daß die Seelenzahl auf dem Schiffe 276 betrug[3], ist

---

1. Bei 137. sah. syr. P. c.* folgt hinter ἐσθίειν der Zusatz: ἐπιδιδοὺς καὶ ἡμῖν
(Blaß β=Text). Blaß u. Belser S. 143 f. mögen Recht haben mit der Deutung, daß
hier nicht ein Austeilen des Brotes an die ganze Schiffsgesellschaft, von welcher der
Erzähler in kommunikativem Ausdrucke spräche, gemeint sei, sondern die Feier des
Herrnmahles mit den beiden christlichen Reisegenossen Lukas und Aristarchus zusammen.
2. Nicht richtig ist die Behauptung, in der Overb. und Ramsay p. 337 überein=
stimmen, daß der Abschnitt V. 33—36 als Glied des Wirberichtes mit dem Abschnitte
V. 21—26 stehe und falle, woraus Overb. folgert, daß wie V. 21—26 so auch V.
33—36 eine Einschaltung in die Wirquelle sei, Ramsay dagegen, daß wie V. 33—36
so auch V. 21—26 zum ursprünglichen Bestande des Wirberichts gehört habe. Warum
die beiden Abschnitte unlöslich zusammengehören sollen, ist nicht einzusehen. Ähnlich
sind sie einander, weil sie beide Ermunterungsansprachen des P. enthalten. Aber
solche besondere Anzeichen für ein späteres Eingeschaltetsein, wie sie bei V. 21—26
vorliegen, sind bei V. 33—36 nicht vorhanden.
3. B sah. Epiph. haben statt διακόσιαι ἑβδομήκοντα ἕξ: ὡς ἑβδομ. ἕξ (W.=H.).

nicht unglaubwürdig. Nach Joſ. Vit. 3 waren ca. 600 Perſonen auf dem Schiffe, mit dem Joſ. nach Rom fuhr. Vgl. auch die von Kromayer, Philo= logus 1897 S. 481 ff., zuſammengeſtellten Daten über die Aufnahmefähigkeit von Kriegsſchiffen in der damaligen Zeit. **V. 38.** Iſt unter dem jetzt über Bord geworfenen „Weizen" der für Schiffsmannſchaft und Paſſagiere be= ſtimmte Proviant verſtanden (Mey., Overb., B. Wß) oder „Getreide", welches das Schiff als Ladung führte (Baumg., Smith, Nösg., Zöckl., Blaß)? Die erſtere Bedeutung iſt inſofern durch den Zuſammenhang nahegelegt, als die vorangehende Sättigung als Motiv dafür erſcheint, daß man ſich des übrigen Proviants entledigte. Andrerſeits wäre dieſe Maßregel ſehr voreilig und unvorſichtig geweſen, wo man das weitere Schickſal des Schiffes und der Menſchen auf ihm noch nicht ſicher vorausſehen konnte, und ſie hätte wohl auch kaum dem Zwecke einer weſentlichen Erleichterung des ſehr großen Schiffes gedient. Entſcheidend für die Bedeutung „Getreide" iſt nach Blaß, daß der Begriff Proviant durch σιτία oder ἄρτοι ausgedrückt ſein würde. Gegen die Faſſung von der Getreideladung ſpricht nicht V. 18, da der dort bezeichnete „Auswurf" ſich nur auf einen Teil der Ladung zu beziehen braucht (Hltzm.). Deshalb iſt auch die Konjektur von Naber, Mnemoſyne 1895 S. 267 ff., ſtatt σῖτον ſei zu leſen: ἱστόν d. i. den Maſt, nicht notwendig.

V. 39. „Man erkannte nicht das Land", das man vor ſich ſah, d. h. man wußte nicht, wohin es geographiſch gehöre. „Man nahm aber eine Bucht wahr, die einen Strand hatte und beſchloß, auf dieſen womöglich das Schiff auflaufen zu laſſen"[1]. αἰγιαλός iſt die zur Schiffslände geeignete flache Küſte (vgl. 21 5. Mt 13 2. 48. Joh 21 4). Die traditionell als St. Pauls= bucht bezeichnete Bucht auf Malta kann ganz wohl die an u. St. gemeinte ſein (vgl. Smith). **V. 40.** Weil das mühſame Geſchäft des Aufziehens der Anker unter den vorliegenden Verhältniſſen nicht ausführbar war, „kappte man die Anker (d. i. die Ankertaue) und ließ ſie ins Meer; zugleich löſte man die Verſchnürungen der Steuerruder und zog das Artemonſegel für den Wind (τῇ πνεούσῃ scil. αὔρᾳ) auf und hielt auf den Strand zu". Die beiden Steuerruder an dem großen Schiffe waren während der Zeit der Ver= ankerung feſtgebunden geweſen. Der techniſche Ausdruck ἀρτέμων iſt ſonſt nicht überliefert. An u. St. iſt aus dem Zuſammenhang klar, daß ein Segel gemeint iſt. Einige denken an das Bramſegel oben am Hauptmaſt (Mey., Baumg., Zöckl., B. Wß), Andere an das Beſanſegel am Hinterteile des Schiffes, für das ſonſt der Name ἐπίδρομος überliefert iſt, das aber noch jetzt italie= niſch artimone heißt (de W.). Wahrſcheinlich iſt aber das ſonſt δόλων ge= nannte Fockſegel am Vorderteile des Schiffes gemeint (Grot. u. A.; Smith S. 153 ff., Breuſing S. 79). **V. 41.** „Da ſie aber auf eine Stelle trafen

---

im Texte). Zu der unabgerundeten Zahl 76 paßt dieſes ὡς nicht. Es iſt offenbar durch Schreibverſehen entſtanden, indem das Zahlzeichen Σ = 200 mit dem Schluß= buchſtaben des vorangehenden πλοίῳ zuſammengeleſen wurde.
1. Statt ἐξῶσαι haben B*C cop. arm. die LA: ἐκσῶσαι (W.=H.). Sie gibt den auch nicht unpaſſenden Sinn, daß man auf dieſen Strand das Schiff retten, d. h. es durch Auflaufen auf den Strand in Sicherheit bringen wollte. Leicht konnte dieſe Variante aber auch durch Schreib= bezw. Hörverſehen entſtehen.

(зu περιπίπτειν vgl. Lf 10₃₀), wo zwei Seen sich begegnen, ließen sie das Schiff auflaufen." Zweifelhaft ist der Sinn von τόπος διϑάλασσος. Als „Ort, der an beiden Seiten Meer hat", kann eine Landzunge bezeichnet sein, die in unserm Falle als unter dem Wasserspiegel sich vorstreckend zu denken wäre (Mey.), oder auch eine vor dem eigentlichen Strande vorgelagerte Sand= bank, ein „Außengrund", der vor und hinter sich tieferes Wasser hat (Breu= sing). In letzterem Falle wäre die vor der St. Paulsbucht liegende St. Paulsbank gemeint. Aber unter τόπος διϑάλασσος kann auch ein „Sund" verstanden sein, d. i. eine Wasserstraße, die zu beiden Seiten offene See hat. Danach beziehen Smith p. 143 u. Balmer S. 413 ff. den Ausdruck auf den Sund zwischen Malta und der kleinen Insel Salmonetta (Gzeier). — Die sonst nicht bezeugte Aoristform ἐπέκειλα (bei Hom. Od. 9, 148 u. ö.: ἐπέ= κελσα) von ἐπικέλλειν ist doch normal gebildet und hat in dem vom gleichen Verbalstamme gebildeten Aor. ἐπώκειλα (von ἐποκέλλειν; so haben auch B³LP die meist. Min. an u. St. ἐπώκειλαν) ihre bestätigende Analogie. Auffallend ist der transitive Begriff, wo man den intransitiven des Strandens erwartet. Gemeint muß sein, daß die Schiffer bei der plötzlich bemerkten seichten Stelle das Schiff nicht noch zu hemmen und abzulenken suchten, son= dern absichtlich auf den Sand auflaufen ließen, natürlich in der Hoffnung, daß das Schiff dabei fest zu liegen käme und erhalten bliebe. Es kam aber anders: „das Vorderteil (des Schiffes) setzte sich fest (ἐρείσασα; von ἐρείδειν in intrans. Sinne, wie Prv 4₄) und blieb unbeweglich; das Hinterteil aber (das im tiefen Wasser frei blieb) ging durch den Anprall auseinander". Unter der βία ohne genitivischen Zusatz[1] kann nur der Stoß verstanden sein, den das Schiff beim Auflaufen des Vorderteiles auf den Grund erhielt. Das Imperf. ἐλύετο besagt, daß das Auseinanderbrechen begann und sich dann allmählich weiter vollzog (Blaß, Gr. § 57, 2). Bei der LA: ὑπὸ τῆς βίας τῶν κυμάτων wäre der Sinn, daß das Hinterteil des Schiffes nicht durch den Stoß beim Auflaufen auf den Grund, sondern hinterher durch die Ge= walt der gegen das vorn festsitzende Schiff anschlagenden Wellen zertrümmert wurde (B. Wß).

V. 42. „Bei den Soldaten (f. з. V. 31) entstand ein Plan, die Ge= fangenen zu töten, damit keiner herausschwimmend entflöhe." **V. 43 f.** An der Ausführung dieses Planes hinderte sie der Centurio, der von Anfang der Reise an dem P. wohlgesinnt war (V. 3) und dann besonders durch das Ver= halten des P. während des Sturmes einen mächtigen Eindruck von der Be= deutung seines Geistes und Charakters bekommen haben wird. „Er befahl, daß die, welche schwimmen konnten, zuerst absprängen (vom Schiff) und sich ans Land retteten (von wo aus sie dann den übrigen Hülfe leisten könnten) und die übrigen teils auf Brettern, teils auf irgendetwas (anderem) vom

---

1. א*AB haben nur ὑπὸ τῆς βίας (T., W.=H.), während die übrigen Textzeugen noch die W. τῶν κυμάτων hinzufügen. Auch B. Wß u. Blaß haben diese W. aufge= nommen, indem sie vermuten, daß dieselben wegen der folgenden τῶν δὲ στρατιωτῶν aus Versehen weggefallen wären. B. Wß S. 41 hält den Zusatz auch dem Sinne nach für unentbehrlich. Jedoch auch das einfache ὑπὸ τῆς βίας ist ganz verständlich. Es lag aber den Abschreibern sehr nahe, ihm eine genitivische Näherbestimmung anzufügen.

Schiffe." ἐπί ist offenbar in demselben Sinne zuerst mit dem Dativ und gleich darauf mit dem Genitiv verbunden.

Kap. 28.

c) **V. 1—16. Aufenthalt auf Malta und Weiterreise nach Rom. V. 1.** Was sie vom Schiffe aus nicht hatten erkennen können (27₃₉), erfuhren sie nach vollzogener Rettung durch die sich am Strande sammelnden Einwohner (V. 2): „daß die Insel Malta heißt". Einige ältere Erklärer (vgl. Win. RW. Art. „Melite") haben den Namen Μελίτη auf die Insel Melite illyrica, das jetzige Meleda, an der illyr. Küste bezogen, besonders weil der im engeren Sinne verstandene Begriff Ἀδρίας 27₂₇ auf diese Insel zu weisen schien. Neuerdings hat Jäg. III S. 45 ff. alle Gründe zu Gunsten dieser Annahme zusammengestellt, entscheidet sich aber doch auch nicht für sie, weil die Tradition auf Malta selbst für diese Insel spreche und auch die Acta Petri et Pauli die Insel des Schiffsbruchs des P. als Γαυδομελέτη (= Gozzo-Malta) bezeichnen (vgl. Lipsius, Apokr. Apostelgesch. II, 1 S. 305 ff.; Acta apost. apocrypha I p. LIX s). Aber nicht nur diese Tradition, son= dern auch die in unserm Berichte der AG. enthaltenen Angaben über die Fahrt vor dem Schiffbruch und über die Weiterreise 28₁₁ff. sprechen für Malta und der Begriff Ἀδρίας 27₂₇ entscheidet nicht dagegen. Vgl. Balmer S. 447 ff. **V. 2.** Die Bewohner der Insel, die punischer Herkunft waren, werden als βάρβαροι bezeichnet, weil sie eine unverständliche Sprache (vgl. I Kor 14₁₁), nicht die griechische oder lateinische, sondern punische hatten. Vgl. Zahn, Einl. II § 61 Anm. 20. Ihre „außergewöhnliche (οὐ τὴν τυχοῦ= σαν wie 19₁₁) Menschenfreundlichkeit" erwies sich darin, daß sie „nachdem sie ein Feuer angezündet hatten, uns alle zu sich nahmen[1] (an das Feuer) wegen des eingetretenen Regens und wegen der Kälte".

V. 3. „Als aber P. einen Haufen Reisig zusammenraffte und aufs Feuer legte, fuhr eine Viper von wegen der Hitze heraus (aus dem Reisig) und biß seine Hand." Καϑάπτειν ist terminus technicus vom giftigen Schlangenbiß (vgl. Hobart, The medical language of St. Luke, p. 288f.; Harnack I S. 123f.). Statt καϑῆψεν würde nach attischem Sprachgebrauch das Med. καϑήψατο stehen (Blaß, Gr. § 53, 3). **V. 4.** „Als die Barbaren das Tier von seiner Hand herunter hängen sahen, sagten sie zu einander: jedenfalls (πάντως wie 21₂₂) ist dieser Mensch ein Mörder, den, wo er dem Meer entronnen ist, die (göttliche) Gerechtigkeit nicht leben läßt." Wenn ein Gefangener, der als solcher schon im Verdacht steht, ein Verbrecher zu sein, von der einen Todesgefahr, der er kaum entgangen ist, gleich in eine neue

---

1. Statt προσελάβοντο hat א*: προσανελάμβανον, 137: προσελάμβανον, vulg. par.: reficiebant, gig.: refecerunt. Blaß hat die LA von א in seine beiden Texte auf= genommen, und zwar in dem Sinne von reficiebant: „sie ließen uns uns erholen". Viel= leicht war dies wirklich die ursprüngliche LA. — Das folgende W. πάντας fehlt bei A Chrys. cop. gig. und wird von Blaß im α-Texte in Klammern gesetzt, im β-Texte weggelassen.

stürzt und von ihr hingerafft wird, so muß er wirklich ein Verbrecher sein, den die Nemesis unentrinnbar ereilt. 'Η Δίκη ist die als persönliche Gott= heit aufgefaßte Justitia, Tochter des Zeus (Hesiod. Theogon. 902). Ob der Schriftsteller meint, daß die Insulaner, die er als βάρβαροι bezeichnet, wirk= lich an diese griech. Göttin gedacht haben, oder ob er nur ihre barbarische Vorstellung durch Übertragung in die seinen Lesern verständliche griech. An= schauungsform zu charakterisieren sucht, muß dahingestellt bleiben. Der Aor. οὐκ εἴασεν steht, weil das Todesverhängnis als durch den Schlangenbiß prinzipiell schon vollzogen gedacht ist. V. 6. Sie erwarteten sein πίμπρασ= θαι, „anschwellen". א* hat ἐμπίπρασθαι (T.). Zur Accentuation (T. u. B. Wß: [ἐμ]πιπρᾶσθαι) vgl. Win.=Schmied. § 14, 14; Blaß, Gr. § 23, 2. Der Übergang von der Konjugation auf -μι in die Konjugation auf -ω ist nur für das Aktivum, nicht auch für das Passivum anzunehmen. „Als sie aber lange (ἐπὶ πολὺ scil. χρόνον; vgl. 20₁₁: ἐφ᾽ ἱκανόν) warteten und nichts Außergewöhnliches (ἄτοπον, hier in anderem Sinne als 25₅) ihm widerfuhr, sagten sie umschlagend (in ihrer Meinung), er sei ein Gott." Vgl. das Urteil der Lystrenser 14₁₁f. Über den durch ABP ein. Min. bezeugten Aor. μεταβαλόμενοι (so W.=H., B. Wß, Blaß) s. 3. 1₂₄.

V. 7. „In der Gegend bei jener Stelle gehörte ein Landgut dem an= gesehensten Manne der Insel." Zu τῷ πρώτῳ vgl. 13₅₀. 25₂. Die Be= zeichnung als πρῶτος Μελιταίων findet sich auch auf einer in Malta ge= fundenen Inschrift (Insc. gr. Italiae et Sic. 601). Wahrscheinlich ist der oberste röm. Beamte auf der Insel gemeint, d. h. (nach Cicero in Verr. 4, 18) der Legat des Prätors von Sicilien. Πόπλιος ist gewöhnlich Wieder= gabe des latein. Publius. Auffallend ist aber die Bezeichnung des ange= sehenen Mannes nur mit diesem Vornamen. Vielleicht ist der Name an u. St. Wiedergabe von Popilius (Ramsay p. 343). „Er nahm uns auf und be= herbergte uns freundlich (zu φιλοφρόνως vgl. II Mak 3₉. IV Mak 8₅) drei Tage lang." Das ἡμᾶς bezeichnet den Vf. des Reiseberichts und seine Ge= nossen. Darunter könnte an u. St. wie V. 2 die Gesamtheit der Schiff= brüchigen verstanden sein (Baumg., B. Wß). Es könnten aber auch wie V. 10 nur die drei Christen verstanden sein (Mey.). Wahrscheinlich ist jedoch weder das Eine noch das Andere gemeint, sondern eine größere Zahl der Schiffbrüchigen, soviel sich eben auf dem Landgute unterbringen ließen. Zu dieser Zahl gehörten auch P. und der Schreiber des Berichts. Gewiß fanden in erster Linie der Centurio und die unter seinem Kommando stehenden Per= sonen bei dem Chef der Insel Aufnahme. Daß es sich dabei nur um eine provisorische Unterbringung handelte, zeigt die Zeitangabe. V. 8. „Der Vater des Publius lag darnieder behaftet (συνεχόμενον vgl. Lk 4₃₈. Mt 4₂₄) mit Fieberanfällen und Ruhrkolik." Über die medizinischen Ausdrücke vgl. Hobart, The medical language of St. Luke, p. 52; Harnack I S. 11. Statt δυσεντερίῳ hat der Text. rec. die ältere feminin. Form: δυσεντερία. V. 9. Vgl. II Kor 12₁₂. Röm 15₁₉. V. 10. „Sie ehrten uns auch mit vielen Ehrenbezeugungen und als wir abfuhren, rüsteten sie uns mit dem zum Be= darf Gehörigen aus." Unter den τιμαί ist gewiß nicht ärztliches Honorar

gemeint, ſo wenig wie JSir 38₁. Zum Plur. χρείας, ſtatt deſſen die Rec.
den Sing. hat, vgl. 20₃₄. — Das ἡμᾶς an u. St. verwertet Harnack I S. 11 f.
als Anzeichen dafür, daß der Vf. des Wirberichtes (und der ganzen AG.)
Arzt war. Da die dankbaren Ehrungen nicht dem P. allein, ſondern auch
dem Wirberichterſtatter erwieſen ſeien, ſo müſſe dieſer auch an den in V.
9 bezeichneten Heilungen beteiligt geweſen ſein; und aus der präziſen Krank=
heitsbezeichnung in V. 8 ſei zu ſchließen, daß er eben als Arzt dabei be=
teiligt geweſen ſei. Allein aus V. 10 iſt nur zu ſchließen, daß die Ehrungen
und Abſchiedsgaben um des P. willen auch ſeinen beiden Begleitern und
Freunden mit zu teil wurden. Wenn ſich dieſe — was durchaus wahr=
ſcheinlich iſt — an der Heiltätigkeit des P. beteiligt hatten, ſo kann man
doch aus u. St. nur entnehmen, daß ſie es in derſelben Weiſe getan hatten,
wie nach V. 8 f. P. ſelbſt, d. h. mit Gebet und Handauflegung. Daß der
eine der beiden Gefährten auch gelernte ärztliche Kunſt dabei verwendete,
kann man etwa aus Kol 4₁₄ zu unſerm Berichte der AG. ergänzen, aber
auch nicht indirekt an u. St. ſelbſt ausgedrückt finden.

V. 11. Nach drei Monaten wurde die Weiterreiſe angetreten. Nach
27₉ u. ₂₇ iſt anzunehmen, daß der Schiffbruch gegen Ende Oktober ſtattge=
funden hatte. Dann wäre nach u. St. die Weiterreiſe bereits zu Anfang
Februar erfolgt. Bei günſtigem Winde konnte die Überfahrt nach Sicilien
wohl ſchon ſo früh im Jahre riskiert werden. Das neue alexandriniſche
Schiff war „mit dem Schiffszeichen verſehen: den Dioskuren". παράσημον
oder ἐπίσημον iſt das Schiffswappen am Vorderteil des Schiffes. An u. St.
kann παρασήμῳ aber nicht dieſes Subſt. ſein (ſo Mey., der das W. mit
ἀνήχθημεν verbindet und Διοσκούροις als Appoſ. dazu faßt: „wir lieſen
aus — mit einem Zeichen, welches die Dioskuren waren"). Das W. muß
adjektiv. Attribut zu πλοίῳ Ἀλεξανδρινῷ ſein: „bezeichnet", d. h. „mit einem
παράσημον verſehen" (de W., Overb. u. A.). Schwierig iſt dabei aber der
Dat. Διοσκούροις. Er kann nicht wohl bedeuten: „mit den Dioskuren" oder
„durch" ſie (de W., B. Wß u. A.). Beſſer wird man in ihm bezeichnet
finden, daß das Schiff durch ſein παράσημον den Dioskuren geweiht war.
Wahrſcheinlich war unter dem geſchnitzten Bilde von Kaſtor und Pollux, den
Schutzpatronen der Schiffer, die Widmungsinſchrift: Διοσκούροις angebracht.
Blaß verzweifelt an der Erklärbarkeit des uns überlieferten Textes und macht
deshalb die Konjektur: ᾧ ἦν παράσημον Διοσκούρων. V. 12. Die Fahrt
ging an die Oſtküſte Siciliens nach Syrakus, wo man drei Tage verblieb.
Vielleicht war dieſer Aufenthalt durch ungünſtigen Wind veranlaßt. Statt
ἡμέρας τρεῖς lieſt B. Wß mit B den Dat.: ἡμέραις τρισίν, der grammatiſch
auch möglich iſt (vgl. 8₁₁. 13₂₀). V. 13. „Von dort herumfahrend ge=
langten wir nach Rhegium und als nach einem Tage Südwind aufgekommen
war, kamen wir am zweiten Tage (δευτεραῖοι eigentlich: „als zweitägige";
vgl. Joh 11₃₉. Phl 3₅) nach Puteoli". Der Ausdruck περιελθόντες¹ iſt auf=

---

1. א*A haben ſtatt περιελθόντες die von W.=H. aufgenommene LA περιελόντες.
Dieſes W. wäre nach 27₄₀ vom Lichten der Anker zu verſtehen. Aber freilich iſt in
27₄₀ das Obj. τὰς ἀγκύρας ausdrücklich hinzugeſetzt und iſt das W. dort vom Kappen

fallend, wo es sich um die Fahrt an der ziemlich gerade in nordöstl. Rich=
tung laufenden Küste Siciliens entlang bis zu dem an der Meerenge auf der
festländischen Seite gelegenen Rhegium, dem jetzigen Reggio, handelte. Viel=
leicht ist durch den Ausdruck angedeutet, daß das Schiff des Windes wegen
(der Südwind trat erst später ein V. 13b) genötigt war, zuerst einen weiter
östlich führenden Kurs an die Südspitze Calabriens zu nehmen und von dort
um diese Südspitze des Festlandes herum nach Rhegium zu fahren (vgl. Lewin,
S. Paul II p. 217, Felt.). Die Schnelligkeit der Weiterfahrt bis Puteoli
wird durch den guten Wind erklärt. Puteoli ist das jetzige Pozzuoli, westl.
von Neapel an der Nordküste des Golfes von Neapel. Es war damals einer
der wichtigsten Häfen Italiens, ein Stapelplatz insbesondere für die von
Alexandria kommenden Waaren. Nach Rom wurden dieselben von hier aus
teils auf kleineren Schiffen, teils zu Lande auf der Via Appia weitertrans=
portiert. Vgl. Strabo XV, 793; Sueton, Aug. c. 98; dazu die Art. „Pu=
teoli" in Win. RW u. BL. V. 14. „Als wir dort Brüder fanden, wurden
wir (von ihnen) gebeten, bei ihnen zu bleiben sieben Tage lang." Durch
das Fehlen des Art. vor. ἀδελφοὺς (anders 21 4: ἀνευρόντες τοὺς μαϑητάς)
ist angedeutet, daß man von dem Vorhandensein dieser Christen nichts wußte.
Wie es zur Begründung einer Christengemeinde in Puteoli gekommen war,
läßt sich nicht sagen. Eine Judengemeinde existierte dort bereits seit längerer
Zeit (Schür. III³ S. 44 ff.). Der gefangene P. konnte natürlich nicht selbst
über die Dauer seines Aufenthalts in Puteoli entscheiden und der darüber
entscheidende Centurio konnte sich gewiß nicht durch gefällige Rücksichtnahme
auf P. bestimmen lassen. Die 7 tägige Dauer des Aufenthalts in Puteoli
muß also durch anderweitige Gründe bedingt gewesen sein, wahrscheinlich
dadurch, daß der Centurio von Rom aus erst genauere Anweisung holen
ließ, wohin er die Gefangenen, die von sehr verschiedener Art gewesen sein
mögen, transportieren solle. Die erfolgreiche Bitte der Christen in Puteoli
kann sich nur darauf bezogen haben, daß P. und seine christl. Reisegefährten
während des 7tägigen Aufenthalts bei ihnen Quartier nahmen. Betont ist
also das voranstehende παρ' αὐτοῖς (B. Wß)[1]. „Und unter solchen Um=
ständen (zu οὕτως vgl. 17 33. 20 11. 27 17) kamen wir nach Rom." Der Art.
vor Ῥώμην bezeichnet Rom als Ziel der ganzen Reise (Blaß, Gr. § 46, 11).
V. 15. „Von dort kamen die Brüder uns entgegen." Hier war vor ἀδελφοί
der Art. am Platze (s. z. V. 14). Es waren die Vertreter der bekannten
(vgl. Röm 1 8) röm. Christengemeinde, an welche P. schon 3 Jahre zuvor
seinen Brief gerichtet hatte. Forum Appii und Tres Tabernae sind zwei
Stationen an der Via Appia im Gebiete der pontinischen Sümpfe zwischen

---

der Ankertaue gesagt, während es an u. St. auf das Aufziehen der Anker zu deuten
wäre. B. Wß S. 21 hat gewiß Recht mit dem Urteil, daß das Θ vor Ο aus Ver=
sehen ausgefallen ist.
1. H 3. 33. 68. 95*. 137. syr.ᴾ· gig. Theophyl. haben statt ἐπιμεῖναι: ἐπιμεί-
ναντες. Bei dieser LA ist der Sinn der St.: „wir wurden bei ihnen getröstet (vgl.
20 12), während wir 7 Tage lang Aufenthalt hatten". Blaß hat diese LA in seine
beiden Texte aufgenommen. Die Möglichkeit, daß sie die ursprüngliche ist, muß man
trotz des entgegenstehenden Zeugnisses der Hauptmajuskeln wohl gelten lassen.

Terracina und Rom. Bis zu diesen Stationen konnte man an einem Tage von Rom gelangen (vgl. Horat. Sat. I, 5). Der eine Teil der dem P. Ent= gegenkommenden war nicht ganz so weit gelangt, wie die Anderen. Vgl. K. Schmidt I S. 240.

V. 16. Schon am Schlusse von V. 14 ist die Hinkunft nach Rom be= zeichnet. Dann aber ist in V. 15 zeitlich zurückgegriffen und noch die vor= hergegangene Begegnung mit den entgegengezogenen röm. Christen berichtet. So wird nun der Schluß von V. 14 wieder aufgenommen. Ramsay p. 346 f. meint, der Begriff Rom sei in V. 14 u. 16 in verschiedenem Sinne gemeint: in V. 14 bedeutete er das Territorium der Stadt, den ager romanus, in V. 16 die Stadt selbst. — „Dem P. wurde gestattet für sich zu wohnen (d. h. eine Privatwohnung zu beziehen; vgl. V. 30) zusammen mit dem ihn bewachenden Soldaten (s. z. 22₃₀)."

V. 17—28. Verhandlung des P. mit den Juden Roms. In der Erfolglosigkeit des Versuches des P., die Judenschaft Roms für den Glauben an die Messianität Jesu zu gewinnen, stellt sich noch einmal die Tatsache dar, von der die vorangehende Geschichtserzählung eine Fülle früherer Beispiele gebracht hat: daß das jüd. Volk im großen und ganzen sich ablehnend und feindselig gegen das christ= liche Evangelium verhalten und dadurch selbst die Zuwendung dieses Evangeliums an die Heiden veranlaßt hat. Die gewichtigen Worte, mit denen P. hier in Rom die Verstocktheit der Juden bezeichnet und die Predigt des Evangeliums an die Heiden proklamiert (V. 25—28), sind zugleich ein zusammenfassendes Urteil über das Ver= halten des jüd. Volkes im allgemeinen zur Apostelzeit und über den Gang, den die christl. Mission von den Juden aus zu den Heiden genommen hat. Die Heidenmission

---

1. Hinter ῾Ρώμην haben NABJ 13. 40. 61. d. meist. Verss. gleich die W.: ἐπε-τράπη τῷ Π. κτέ. Aber HLP d. meist. Min., auch die Zeugen des occidental. Textes: 137. syr. ᴾ· c.* gig. par. prov. haben die Erweiterung: ὁ ἑκατόνταρχος παρέδωκε τοὺς δεσμίους τῷ στρατοπεδάρχῃ· τῷ δὲ Π. κτέ. So Rec., Blaß im β=Texte u. Hilg . Zum β=Texte gehören nach dem Zeugnisse von 137. gig. par. prov. auch noch vor σὺν τῷ φυλάσσοντι κτέ. die W.: ἔξω τῆς παρεμβολῆς. Unter dem στρατοπεδάρχης des ersteren Zusatzes verstand man gewöhnlich den Praefectus praetorio, zu dessen Funk= tionen auch die Oberaufsicht über die dem Kaiser vorzuführenden Gefangenen gehörte (Plin. ep. X, 57). In der Regel gab es 2 Praefecti praetorio. Den Singular an u. St. hat man darauf bezogen, daß es gerade damals zeitweilig (bis zum Früh= jahr 62) nur einen einzigen Praef. praet. gab, den Burrus (Anger, de temp. rat. p. 100, Wiesel. S. 86 f., Felt.). Oder man hat erklärt: „dem betreffenden Praef. praet." (Mey.). Neuerdings aber hat Mommsen (Momms. u. Harnack, Sitzungsber. d. Berl. Akad. 1895 S. 491 ff.) zu erweisen gesucht, daß die Übersetzung des Gigas: principi peregrinorum den eigentlichen Sinn des στρατοπεδάρχης wiedergebe. Zur Kaiserzeit gab es in Rom das Corps der milites peregrini oder frumentarii, be= stehend aus Centurionen, die von auswärtigen Legionen abkommandiert waren. Dieses Corps hatte insbesondere das Verpflegungswesen unter sich, versah daneben aber auch polizeiliche Funktionen. In den castra peregrinorum auf dem Mons Caelius wurden Untersuchungsgefangene untergebracht. Mommsen deutet nun den στρατοπεδάρχης an u. St. auf den princeps (castrorum) peregrinorum. Ramsay p. 347 f. stimmt ihm zu. Aber ganz fest steht diese Deutung doch nicht, da die Institution der castra pe= regrinorum erst vom 3. Jahrh. an anderweitig bezeugt ist und also erst der späteren Kaiserzeit anzugehören scheint. Vgl. Blaß StKr 1896 S. 468, Belser S. 145 ff. Und zweifelhaft ist vor allem, ob den diesen Begriff στρατοπεδάρχης einschließende Satz des β=Textes und der Rec. als ursprünglicher Bestandteil des Textes der AG. gelten darf. Es ist wenig wahrscheinlich, daß man diesen Satz aus Versehen oder Absicht· später weggelassen hätte, aber sehr begreiflich, daß man ihn einfügte, um das bestimmt aus= gedrückt zu haben, was natürlich bei der Ankunft in Rom zuerst geschehen sein mußte: daß der Centurio Julius die von ihm begleiteten Gefangenen offiziell ablieferte.

ift nicht so unternommen worden, daß dem Volke Israel im Widerspruche zu den Ver=
heißungen des AT.s das messian. Heil überhaupt vorenthalten wurde. Vielmehr ist
diesem Volke in erster Linie und immer von neuem das messian. Heil durch die apostol.
Verkündigung dargeboten worden. Aber es hat in schuldvoller Widerspenstigkeit den
Glauben versagt. Gewiß hat der Vf. mit vollem Bedachte unsere Erzählung zum be=
deutungsvollen Abschlusse seiner Missionsgeschichte gestaltet[1].

V. 17. P. „berief die, welche die Spitzen der Juden waren, zusammen".
Zu πρώτους vgl. 13₅₀. 25₂. 28₇. Lk 19₄₇. Gemeint sind hier Presbyter,
Archonten, Synagogenvorsteher, Patrone der in getrennten Einzelgemeinden
existierenden Judenschaft Roms. Vgl. Schür. III³ S. 44ff.; d. Gemeindeverfassung
d. Juden in Rom, 1879. P. sagt ihnen: „obgleich ich nichts Feindseliges
gegen das Volk (Israel) oder die väterlichen Sitten getan hatte, wurde ich
als Gefangener von Jerusalem aus in die Hände der Römer geliefert". Weil
die Juden ihn unter dem Vorwurfe der Feindschaft gegen das jüd. Volk und
Gesetz in Gefangenschaft gebracht hatten (21₂₈; vgl. 25₈. ₁₀), betont P. gleich
anfangs nachdrücklich seine Unschuld in dieser Beziehung. Nach dem, was er
dann über seine Auslieferung an die Römer sagt, scheint es, abweichend von
der Darstellung 21₂₇ff., als wäre er von den Juden selbst verhaftet worden
und durch sie von Jer. aus nach Cäsarea in die Hände der Römer gebracht
(vgl. 21₁₁). Auch in V. 18f. wird der der Appellation des P. vorangehende
Sachverhalt etwas anders dargestellt als in 25₇ff. (Oberb.). Der Grund
dieser unpräzisen Darstellung liegt darin, daß es dem P., bezw. dem Vf. der
AG., hier nur auf den Hauptpunkt ankommt: nicht die Römer, sondern die
Juden in Palästina seien seine (des P.) eigentlichen Gegner, die Urheber
seiner Haft und seines Transports nach Rom. Um diesen Hauptpunkt deutlich
zu machen, werden in der kurz zusammenfassenden Darstellung an u. St. die

---

1. Daß der Erzählung ein geschichtlicher Kern zugrunde liegt, ist wohl möglich.
Es ist nicht unglaubhaft, daß P. bald nach seiner Hinkunft nach Rom Beziehungen zu
den dortigen Juden anzuknüpfen gesucht hat, um sie womöglich von seiner Unschuld
zu überzeugen und dadurch einer ungünstigen Einwirkung von ihrer Seite auf seinen
Prozeß vorzubeugen (vgl. Weizs. JdTh 1876 S. 277). Aber die Erzählung, wie sie
uns vorliegt, in der die 1. Pers. Plur. nicht mehr, wie im Vorangehenden, auftritt,
enthält deutliche Anzeichen der freien Detailzeichnung des Vf.s der AG. (s. zu V. 22)
und ist in ihren Hauptgedanken nächstverwandt den Stücken 13₄₆f. u. 18₆, in denen
wir früher redaktionelle Zutaten des Vf.s der AG. zu seinem Quellenberichte erkannten.
So stimmen die neueren Kritiker mit Recht in dem Urteile überein, daß dieser Abschnitt
V. 17—28 nicht aus derselben Quelle geflossen ist, wie der vorangehende Reisebericht
27₁—28₁₆. Auch B. Wß, der den Schreiber des Wirberichts für identisch hält mit dem
Vf. der AG., erklärt es für sehr zweifelhaft, ob der Erzähler nach der Ankunft in Rom
länger bei P. blieb, d. h. ob unser Bericht von ihm nach eigener Erinnerung aufge=
zeichnet ist. Sp. S. 266f. 278f. führt diesen Bericht auf die Quelle B zurück, hält
aber V. 24—28 für Zutat des Red. zur Quelle. Für diese Scheidung findet er die
Anzeichen darin, daß in V. 23 das πείθειν des P. auf die Anwesenden im allgemeinen,
in V. 24 aber nur auf einen Teil derselben bezogen sei (s. zu V. 23) und daß die
völlige Absage des P. an die Juden V. 25ff. in keinem rechten Verhältnis zu der im
Vorangehenden nicht als durchaus unfreundlich bezeichneten Stellung der Juden zu P.
stehe. Harnack I S. 46f. weist die sprachliche und stilistische Verwandtschaft dieses Ab=
schnittes mit den Wirstücken auf und verteidigt I S. 92ff. die geschichtliche Glaubwürdig=
keit seines wesentlichen Inhalts, doch mit ausdrücklicher Ausnahme des „mißglückten
Satzes" V. 22b. Schroff urteilt Schwartz NGW 1907 S. 298 über die „ungereimten"
Mitteilungen des Abschnittes. Doch will er die Episode nicht in Bausch und Bogen
verwerfen; der Red. habe an einer ihm unbequemen Überlieferung herumkorrigiert.

Juden als die direkten Urheber seiner Haft hingestellt, während sie nach dem früheren genaueren Berichte nur die indirekten Urheber derselben waren, und wird die prinzipielle Bereitwilligkeit der röm. Behörde, den P. freizulassen, als eine schon vor der Appellation des P. vorhandene und nur wegen des Widerspruches der Juden nicht ausgeführte hingestellt, während sie nach dem früheren Detailberichte erst nach vollzogener Appellation zum Ausdrucke kam (25₁₈. ₂₅. 26₃₂). Vgl. die analogen Fälle einer zum Zwecke kurzer Veran=schaulichung der Hauptsache im einzelnen unpräzisen Darstellung: 2₂₃. 13₂₉. 21₁₁. 23₂₇. **V. 19**¹. Er hat an den Kaiser appelliert, „nicht als hätte ich gegen mein Volk etwas anzuklagen". Er will sich vor dem Kaiser nur ver=teidigen, nicht Widerklage erheben. Die paläst. Juden haben durch ihre Feindseligkeit ihn zur Appellation getrieben; nicht aber hat er aus Feind=seligkeit gegen die Juden appelliert, um auf diese Weise sie verklagen zu können. **V. 20.** „Aus diesem Grunde also habe ich gebeten, euch sehen und ansprechen zu dürfen." ὑμᾶς ist als Obj. mit ἰδεῖν zu verbinden und nach ihm ist ein ὑμῖν zu προσλαλῆσαι zu ergänzen (B. Wß, Blaß). Nach Zurück=weisung verkehrter Vorstellungen über den Grund seiner Haft bezeichnet P. nun ihren wahren Grund: „wegen der Hoffnung Israels (vgl. 26₆f.) bin ich mit dieser Kette umlegt (vgl. Hbr 5₂)". Damit macht er den Übergang zu der weiteren Diskussion über seinen Messiasglauben. Die jonische Form εἵνεκεν statt ἕνεκεν ist an u. St. durch א*A bezeugt (vgl. Lk 4₁₈. 18₂₉. II Kor 3₁₀).

V. 21. Die Juden behaupten, keinerlei schriftliche oder mündliche Mit=teilungen über P. von Judäa her bekommen zu haben. Dies ist insofern glaubwürdig, als vor der Appellation des P. die palästin. Juden keinen Anlaß hatten, der Judenschaft Roms über P. zu berichten, und als es nach der Appellation schwerlich möglich gewesen war, noch vor dem Eintreffen des P. in Rom Nachrichten dorthin zu befördern (Men.). **V. 22.** „Wir erachten aber als recht (vgl. 15₃₈), von dir zu hören, was du denkst", nämlich was du mit bezug auf „die Hoffnung Israels" (V. 20) denkst, was deine An=schauung als Vertreter der Christenpartei ist. Dieser besondere Sinn des φρονεῖς erhellt aus dem folgenden Begründungssatze. Unrichtig findet Nösg. ausgedrückt, daß die Redenden auch von einer Besonderheit des Christentums des P. wissen. Die Meinung des P. kommt hier nur als die allgemeine christl. Meinung in betracht. „Denn in betreff dieser Partei ist uns freilich bekannt, daß sie überall Widerspruch findet." Über αἵρεσις s. zu 5₁₇. 24₅. ταύτης hat seine Beziehung im Vorangehenden nur indirekt, sofern die Worte des P. V. 20 ergeben, daß er zur Christenpartei gehört. Bei dem μὲν ist der Gegensatz gedacht: bekannt ist uns zwar, daß dieser Christenpartei überall widersprochen wird, aber etwas Genaueres über sie wissen wir noch nicht und möchten wir nun durch dich erfahren.

---

1. Bei 137 syr. ᵖ· c*. steht hinter Ἰουδαίων der Zusatz: καὶ ἐπικραζόντων· αἶρε τὸν ἐχθρὸν ἡμῶν (vgl. 21₃₆. 22₂₂. 25₂₄), und hinter κατηγορεῖν: ἀλλ' ἵνα λυτρώσωμαι τὴν ψυχήν μου ἐκ θανάτου. Den letzteren Zusatz haben auch gig. par. prov. Danach Blaß im β=Text.

Die Art, wie hier die röm. Juden vom Christentum wie von etwas Fremdem reden, womit sie selbst bisher noch nicht in unmittelbare Berührung gekommen sind, wozu sie selbst auch noch nicht feindselige Stellung genommen haben, sondern wovon sie nur wissen, daß es überall, wo es aufgetreten ist, Opposition findet, ist sehr befremdlich. In Rom selbst gab es schon seit langem eine ansehnliche Christengemeinde (vgl. Röm 1 8. 13. 15₂₂). War dieselbe bis dahin in keine Berührung mit der Judenschaft Roms gekommen? Wahrscheinlich waren doch schon die Judentumulte in Rom, um deren willen Claudius ums J. 50 sein Judenvertreibungsedikt gab, durch das Eindringen des Christentums veranlaßt (s. zu 18₂). Auch die ganze Art der Ausführungen des P. im Römerbriefe zeugt, nicht dafür zwar, daß die röm. Gemeinde ihrer Majorität nach judenchristlich war, wohl aber dafür, daß das Verhältnis des messian. Heiles zum jüd. Gesetze und Volke ein die Gemeinde tief bewegendes theoretisches und praktisches Problem war. Diese Umstände sprechen dafür, daß wenigstens ein Teil der röm. Christengemeinde in Beziehungen zum Judentum stand oder gestanden hatte. Aber auch wenn die röm. Christengemeinde ganz heidenchristlich gewesen sein und keinerlei Propaganda unter der Judenschaft und den zur Synagoge haltenden heidnischen Proselyten gemacht haben sollte, so wäre sie dennoch für die Juden Roms ein Ärgernis gewesen, weil sie sich die jüd. heiligen Schriften zueignete und die Verwirklichung der den Juden gegebenen messian. Verheißungen für sich in Anspruch nahm. Das langjährige Bestehen einer großen Christengemeinde in Rom ohne Konflikte mit der dortigen Judenschaft ist nicht denkbar. Ebenso wenig ist denkbar, daß solche Konflikte als weit zurückliegende Ereignisse von den jetzt mit P. verhandelnden Häuptern der Judenschaft vergessen gewesen sein sollten (B. Wß). Mey. und andere Ausleger meinen, daß die Juden aus vorsichtiger Zurückhaltung sich so geäußert hätten, als wären sie über das Christentum noch nicht genauer orientiert. Aber es ist nicht abzusehen, was die Juden dem gefangenen P. gegenüber zu so weitgehender Vorsicht und Zurückhaltung veranlaßt hätte. Richtiger ist, mit den Vertretern der Tübinger Kritik anzuerkennen, daß der Vf. der AG. hier in seiner frei detaillierenden Weise den Juden Worte in den Mund gelegt hat, wie sie in der damaligen Situation nicht wohl wirklich von ihnen gesprochen sein können. Der Vf. wollte durch diese Worte das Verhältnis, in das sich die Judenschaft Roms anfänglich zu P. stellte, als ein nicht von vornherein feindliches, sondern zunächst unbefangen entgegenkommendes charakterisieren und die Rede des P. V. 23 als eine solche hinstellen, welche die Opposition der Juden gegen seine Verkündigung noch nicht zur Voraussetzung, sondern erst zur Folge hatte.

V. 23. Die Juden kamen πλείονες, d. i. „in größerer Anzahl" als das erste Mal, in die „Herberge". Daß diese als Wohnung bei einem Gastfreunde von der späteren Mietswohnung (V. 30) verschieden gewesen sei, wird mit Unrecht von Mey. angenommen. Der Wechsel des Ausdrucks ist dadurch bedingt, daß hier die Wohnung bloß als Quartier im fremden Hause, in V. 30 aber als relativ freies Quartier bezeichnet werden soll (Overb.). P. „gab ihnen eine Auseinandersetzung (entsprechend dem Wunsche V. 22 nach genauerer Aufklärung; ἐξετίθετο ohne Obj. wie 11 4), indem er das Reich Gottes bezeugte und sie von dem Gesetz des Moses und den Propheten aus für die Sache Jesu zu gewinnen suchte". Vgl. 17₂f. 18 5. 19 8. πείθων ist hier nicht vom Überzeugungserfolge, sondern von dem auf Überzeugung abzielenden eindringlichen Zureden gesagt, wie 13₄3. 19 8. **V. 24.** „Und die Einen ließen sich überzeugen durch das Gesagte; die Anderen aber waren ungläubig." Bei den Ersteren erreichte das πείθειν V. 23 den gewünschten Erfolg. Vgl. das ἐπείσθησαν 17₄. B. Wß meint trotz der offenbaren Bezugnahme dieses ἐπείθοντο auf das πείθων V. 23 wegen des dabeistehenden Dat. den Sinn annehmen zu müssen: sie gehorchten der in dem Gesagten liegenden Aufforderung zum Glauben. *ἀπιστεῖν* hier = *ἀπειϑεῖν* 19₉. Die Imperfekte hier und in V. 25 sind schildernd.

V. 25. „Uneinig unter einander gingen sie fort (*ἀπελύοντο* eigentlich: „entließen sie sich"; vgl. Er 33₁₁), nachdem P. einen einzigen Ausspruch getan." Die präteritale Bedeutung des Part. Aor. *εἰπόντος* ist festzuhalten. Eine be= gründende Beziehung dieser Aussage des P. auf das Weggehen der Juden ist darin aber nicht ausgedrückt. Ihr Weggehen ist dadurch bedingt, daß sie sich nicht einig zum Glauben an das Evang. entscheiden können. Bevor sie aber aus diesem Grunde abgezogen sind, läßt P. sie noch seine Beurteilung ihres Unglaubens vernehmen. Trotzdem einige der Versammelten sich durch die Worte des P. hatten überzeugen lassen, ergeht das Urteil des P. doch an die anwesenden Juden im allgemeinen, weil diese hier als Repräsentanten der zusammengehörigen Judenschaft Roms in betracht kommen. Die Tatsache, daß diese Anwesenden sich nicht einhellig oder mit großer Majorität zur gläubigen Aufnahme der messian. Predigt des P. entschlossen, bedeutete, daß die Judenschaft Roms im ganzen sich gegen das christl. Evang. entschied. Darin erfüllte sich ein inspiriertes Schriftwort (vgl. 1₁₆), das „treffend" (*κα= λῶς* wie Mk 7₆) an die Vorfahren der Anwesenden gerichtet war. Das durch אAB bezeugte: *πρὸς τοὺς πατέρας ὑμῶν* ist entschieden passender als das im Text. rec. überlieferte: *πρὸς τ. πατ. ἡμῶν.* Denn gemeint sind die un= gläubigen Väter der jetzt ungläubigen Juden. Vgl. 7₅₁f. Lk 11₄₇f. **V. 26f.** Jes 6₉f. nach LXX. Vgl. die Verwertung derselben St. Mk 4₁₂. Mt 13₁₃—₁₅. Joh 12₄₀. Über die Accentuation des Imper. *εἰπόν* vgl. Win.=Schmied. § 6, 7d; Blaß (vgl. Gr. § 21, 1) accentuiert attisch: *εἶπον.* **V. 28.** Durch das *οὖν* wird die jetzt von P. proklamierte Zuwendung des Gottesheiles an die Heiden als eine Konsequenz der Ablehnung des Evang.s seitens der Juden hingestellt. Vgl. 13₄₆. 18₆ und s. zu 13₁₄. „Dieses" Gottesheil ist das in in dem Jesaja=Spruche gemeinte, von den Juden verkannte. In den Schluß= worten: *αὐτοὶ καὶ ἀκούσονται* muß der Glaubenserfolg der Predigt an die Heiden mitbezeichnet sein; also: „die werden auch Gehör schenken". **V. 29¹.**

V. 30f. Zweijähriges Leben und Wirken des P. in Rom². „Er blieb³ aber volle 2 Jahre in einer eigenen Mietswohnung." In dem Aor.

---

1. Bei אABE 13. 40. 61. 68 viel. Verss. fehlt der ganze V. 29, den die übrigen Handschr., auch syr. ᴾ· c*. vulg. ᶜˡᵉᵐ· gig. par., in folgender Gestalt geben: *καὶ ταῦτα αὐτοῦ εἰπόντος ἀπῆλθον οἱ Ἰουδαῖοι, πολλὴν ἔχοντες ἐν ἑαυτοῖς συζήτησιν.* Blaß hat den V., der eine umschreibende Wiedergabe von V. 25a ist, in den β=Text aufge= nommen; ebenso Hilgf.

2. Der Grundbestand dieses Schlusses der AG. wird auch den Schluß der Quelle gebildet haben, der unmittelbar auf V. 16 folgte (vgl. Sp. S. 318f., der V. 30f. der Quelle A zuschreibt, aber freilich meint, dieselbe sei hiermit noch nicht beendet gewesen; Jgst S. 190; Clemen, Paul. I 3. 328f.; Hilgf. ZwTh 1896 S. 550; Acta p. 301). Daß die Quelle hier abbrach und weder etwas Genaueres über die zweijährige milde Haft in Rom, noch irgend etwas über das, was nach diesen 2 Jahren erfolgte, mitteilte, war wahrscheinlich dadurch bedingt, daß sie nicht am Ende, sondern am Anfange dieser 2 Jahre geschrieben war. Die Zeitangabe *διετίαν ὅλην* wäre dann ein Zusatz des Vf.s der AG. Vielleicht ist auch V. 31 ganz oder im wesentlichen von diesem Vf. gestaltet.

3. *Ἐνέμεινεν* ist durch א*B 13. 61 bezeugt (T., W.=H., B. Wß). Blaß liest im α=Texte mit d. Rec.: *ἔμεινεν.* In den β=Text hat er nach par. das Part. aufgenommen: *ὁ δὲ Παῦλος διετίαν ὅλην ἐν ἰδίῳ μισϑώματι μένων ἀπεδέχετο κτέ.*

[ἐν]έμεινεν findet Blaß (Gr. § 57, 8) angedeutet, daß nach den 2 Jahren dieſer Zuſtand aufhörte. Über διετία ſ. zu 24 27. Daß P. in der eigenen Mietswohnung einen bewachenden Soldaten bei ſich hatte, iſt in V. 16 ge= ſagt. Ob er das Mietsgeld durch Liebesunterſtützung der Brüder (vgl. Phl 4 10ff.) gewann (Mey.), oder durch eigene Arbeit erwarb, muß dahingeſtellt bleiben. Durch die Mitteilung, daß er „alle zu ihm Kommenden empfing", ſoll nicht die univerſaliſtiſche Art der Wirkſamkeit des P. hervorgehoben werden (Mey.: Chriſten, Juden, Heiden; vgl. Overb., Zöckl.), ſondern nur das Un= gehindertſein des Zutritts zu P., daß niemandem derſelbe verwehrt wurde (K. Schmidt I S. 208, Bethge). Vgl. 24 23. Daß P. Juden nicht ausſchloß, wenn ſie zum Hören des Evang.s zu ihm kamen, iſt ſelbſtverſtändlich [1]. V. 31 [2]. P. „predigte das Reich Gottes und lehrte die Sache Jeſu mit voller Offen= heit ungehindert". Alſo ſeine Hinkunft, wenngleich in Gefangenſchaft, nach Rom führte wirklich zu dem ihm 23 11 verheißenen Ziele. Damit war zu= gleich eine herrliche Erfüllung der Verheißung des Auferſtandenen mit bezug auf die Ausbreitung des Zeugniſſes von ihm „bis ans Ende der Erde" (1 8) gegeben. Mit dieſer bedeutſamen Tatſache beſchließt der Vf. ſeinen Geſchichts= bericht. Die Wirkſamkeit des P. in Rom bedeutete einen letzten glücklichen Fortſchritt der chriſtl. Miſſion vor der großen Kataſtrophe, die im Sommer des J. 64 über die Chriſtengemeinde hereinbrach. Darüber, daß der Schluß der διετία V. 30 wahrſcheinlich im J. 64 oder ein Jahr früher lag, daß alſo der Bericht der AG. bis nahe vor die neroniſche Chriſtenverfolgung führt, ſ. oben S. 64. Über den wahrſcheinlichen Grund, aus dem der Vf. dieſe Verfolgung und ebendamit auch den Ausgang des P. nicht mit in ſeinen Geſchichtsbericht hineingezogen hat, ſ. oben S. 38 f. (vgl. auch S. 8 u. 12).

---

1. Die Deutung des πάντας auf Juden und Hellenen iſt bei 137. syr. P. c*. gig. par. hinter πρὸς αὐτόν ausdrücklich zugefügt in den W.: Ἰουδαίους τε καὶ Ἕλληνας (ſo Hilgf.). Bei gig. par. iſt dieſer Zuſatz eingeleitet durch die W.: et disputabat cum. Danach Blaß im β=Text hinter πρὸς αὐτόν: καὶ διελέγετο πρὸς Ἰουδ. τε κ. Ἕλλ.
2. Den β=Text von V. 31 rekonſtruiert Blaß nach syr. P. demidov. tolet. par. wernig. prov. folgendermaßen: κηρύσσων τὴν βασιλείαν τοῦ θεοῦ, διασχυριζόμενος καὶ λέγων ἀκωλύτως, ὅτι οὗτός ἐστιν ὁ Χριστὸς ὁ υἱὸς τοῦ θεοῦ, δι᾽ οὗ μέλλει πᾶς ὁ κόσμος κρίνεσθαι. Etwas anders Hilgf.

Abkürzungen

der in Meyers Kommentar zitierten biblischen Bücher, Zeitschriften usw.

AG	= Apostelgeschichte	Jer	= Jeremias	Num	= Numeri
Am	= Amos	Jes	= Jesaias	Ob	= Obadja
Apk	= Apokalypse	Jo	= Joel	Pt	= Petrusbriefe
Bar	= Baruch	Job	= Hiob	Phl	= Philipperbrief
Chr	= Chronik	Joh	= Johannes	Phm	= Philemonbrief
Cnt	= Canticum		(Ev. u. Briefe)	Prv	= Proverbien
Dan	= Daniel	Jon	= Jonas	Ps	= Psalmen
Dtn	= Deuteronomium	Jos	= Josua	Reg	= Reges
Eph	= Epheserbrief	Jud	= Judasbrief	Röm	= Römerbrief
Esr	= Esra	Koh	= Koheleth	Rt	= Ruth
Est	= Esther	Kol	= Kolosserbrief	Sam	= Samuel
Ex	= Exodus	Kor	= Korintherbriefe	Sap	= Sapientia
Gal	= Galaterbrief	Lk	= Lukas	JSir	= Jesus Siracida
Gen	= Genesis	Lev	= Leviticus	Th	= Thessalonicherbriefe
Hab	= Habakuk	Mak	= Makkabäer	Thr	= Threni
Hag	= Haggai	Mal	= Maleachi	Tim	= Timotheusbriefe
Hbr	= Hebräerbrief	Mch	= Micha	Tit	= Titusbriefe
Hos	= Hosea	Mk	= Markus	Tob	= Tobias
Jak	= Jakobusbrief	Mt	= Matthäus	Zch	= Zacharias
Jdc	= Judicum liber	Na	= Nahum	Zph	= Zephanias
Jdt	= Judith	Neh	= Nehemia		

BG	= Beweis des Glaubens	StKr	= Theol. Studien u. Kritiken
BiblZ	= Biblische Zeitschrift	ThLBl	= Theol. Litteraturblatt
BL	= Schenkels Bibellexikon	ThLZ	= Theol. Literaturzeitung
ChrW	= Christliche Welt	ThQ	= Theol. Quartalschrift
CR	= Contemporary Review	ThR	= Theol. Rundschau
DEBl	= Deutsch-Evangelische Blätter	ThT	= Theologisch Tijdschrift
Exp	= Expositor	TU	= Texte u. Untersuchungen zur
GGA	= Göttingische Gelehrte Anzeigen		Geschichte der altchristl. Lite-
JBL	= Journal of the Society for		ratur
	biblical literature	Win. RW	= Winer, bibl. Realwörterbuch,
JbTh	= Jahrbücher für deutsche Theo-		2. Aufl.
	logie	ZKG	= Zeitschrift für Kirchengeschichte
JprTh	= Jahrbücher für protestantische	ZlTh	= Zeitschrift für lutherische Theo-
	Theologie		logie u. Kirche
LC	= Literarisches Centralblatt	ZNW	= Zeitschrift für die neutest.
NGW	= Nachrichten der Gesellschaft der		Wissenschaft und die Kunde
	Wissenschaften zu Göttingen,		des Urchristentums
	philol.-histor. Klasse	ZPK	= Zeitschrift für Protestantismus
NkZ	= Neue kirchl. Zeitschrift		und Kirche
PrM	= Protestantische Monatshefte	ZTh	= Tübinger Zeitschrift für Theo-
PrRR	= Presbyterian and Refor-		logie
	med Review	ZThK	= Zeitschrift für Theologie und
R. E.	= Realencyklopädie für protest.		Kirche
	Theologie u. Kirche	ZWL	= Zeitschrift für kirchl. Wissen-
RGG	= Religion in Geschichte und		schaft u. kirchl. Leben
	Gegenwart	ZwTh	= Zeitschrift für wissenschaftliche
SchwThZ	= Schweizerische Theol. Zeitschrift		Theologie

Von Professor D Hans Hinrich Wendt sind ferner in unserem Verlage erschienen

Die Schichten im vierten Evangelium. 1911. IV u. 158 S.
gr. 8°. 4,40 ℳ.

Durch die neuen Arbeiten Wellhausens, Spittas und Schwartz' ist die Einheitlichkeit des Johannes-Textes wieder in Frage gestellt worden, und damit gewinnen
auch die Studien H. Wendt's, der schon 1900 in seinem Buche „Das Johannes-
Evangelium" in die gleiche Richtung gewiesen hat, erneutes Interesse. In obiger
Schrift, die sein älteres in unserm Verlage erschienenes Buch nicht antiquiert, sondern
ergänzt, setzt sich der Verfasser mit den genannten und anderen Autoren auseinander und zeigt, wieweit er mit ihnen zusammengeht, und weshalb er doch in
wichtigen Beziehungen von ihnen abweichen muß.

Eine Übersetzung des Evangeliums, in der die verschiedenen
Schichten durch besondere Schriftarten kenntlich gemacht sind, erhöht
den Wert des Buches.

System der christlichen Lehre. 1907. (XVI, 676 S.) gr. 8.
15 ℳ; in Hldr.-Bd. 17 ℳ.

„Es ist nicht schwer, neben dem Prinzipiellen auf den reichen speziellen Inhalt
dieses Werkes hinzuweisen. Man hat daran sozusagen eine kleine theolo-
gische Enzyklopädie; es kommt ja aus dem weiten Umkreis so vieles zur Sprache,
und die Angaben sorgfältig ausgewählter Literatur bei den einzelnen Abschnitten
dürften mehr Wert haben als mancher Verlegerkatalog. . . . . . An den wenigen
mitgeteilten Stichproben fällt dem Leser gewiß die ungemein klare, präzise Sprache
auf . . . . . Immer weiß man klar, wovon die Rede ist."
(Kirchenbl. f. d. ref. Schweiz XXIV, 52.)

„Die Darstellung zeichnet sich vor allem aus durch große Einfachheit und
Nüchternheit, aber verbunden mit ebenso großer Wärme und Klarheit: sie vollzieht
die Auseinandersetzung mit dem Welterkenner nicht selbst, sondern gibt nur das-
jenige, was mit ihm auseinandergesetzt werden muß." (Theol. Jahresber. 1909.)

Die Lehre Jesu. 2. verb. Aufl. 1901. (X, 640 S.) gr. 8°.
12 ℳ; Lnbd. 13,20 ℳ.

Die christliche Lehre von der menschlichen Vollkommenheit,
untersucht. 1882. (VI, 230 S.) gr. 8. 4 ℳ.

Über Ad. Harnack's Dogmen-Geschichte. Vortrag. 1888. (27 S.)
gr. 8. —,60 ℳ.

Die Aufgabe d. systemat. Theologie. 1894. (24 S.) gr. 8.
—,60 ℳ.

Der Erfahrungsbeweis für die Wahrheit d. Christentums.
1897. (40 S.) gr. 8. —,80 ℳ.

Das Johannesevangelium. Eine Untersuchung seiner Entstehung
und seines geschichtlichen Wertes. 1900. (VI, 239 S.) gr. 8. 6 ℳ.

Die Geifteskultur von Tarfos im augufteifchen Zeitalter

mit Berückfichtigung der paulinifchen Schriften. Von Lic. Hans Böhlig, Gymnafialoberlehrer in Dresden. 1913. Mit Abbildungen im Text 6 ℳ. (Aus: Forfchungen zur Religion und Literatur des Alten und Neuen Teftaments, hrsg. von Bouffet und Gunkel. Neue Folge, 2. Heft.)

Inhalt: Einleitung. I. Die Religion von Tarfos. A. Die heidnifche Volks= religion. B. Die Myftik. C. Das Weltbild. D. Der Mithra=Kult. II. Die Philo= fophie von Tarfos. III. Das Judentum von Tarfos. Schlußwort. Sach=, Wort= und Stellenregifter.

Aus dem Vorwort: Will man den Apoftel wirklich verftehn, fo müffen die Einflüffe, die auf ihn gewirkt haben, foweit es möglich ift, aufgezeigt werden. Diefe Arbeit ift im einzelnen vielfach in Angriff genommen, aber noch nicht fyfte= matifch geleiftet worden. Die Stellung unferes Themas brachte es mit fich, daß auch in diefer Arbeit nur einzelne Hauptpunkte im Anfchluß an die Gefamtdar= ftellung herausgegriffen worden find.

Kritisch-exegetischer
Kommentar über das Neue Testament,

begründet von **H. A. W. Meyer.**

☞ Bei gleichzeitigem Bezuge der 16 Bände werden diese zu einem Vorzugs-
preise geliefert, der aber demnächst wesentlich erhöht werden wird:

Vorzugspreis 75 M. (statt M. 107,30), **solid gebunden 97¹/₂ M.** (statt M.130,10).

Die meisten Buchhandlungen liefern zu diesem Preise auch gegen Teilzahlungen. — Besitzern einzelner Bände wird die Ergänzung nach bes. Übereinkunft ebenfalls zu einem ermäss. Preise geliefert.

Die durchgeführte **Umgestaltung** des Werkes hat dem Verlangen nach **grösserer Übersichtlichkeit** und **Lesbarkeit** des Textes und straffem einheitlichem Gang der Erörterung Rechnung getragen.

I. 1.	Ev. Matthäi, v. Bernh. Weiss . .	1910.	10. Aufl.	Mk.	7 50	gebunden	9 —
— 2.	Ev. Marc. u. Lucae, v. B. u. J. Weiss	01.	9. Aufl.	,,	8 —	gebunden	9 50
II.	Ev. Johannis, v. B. Weiss . . .	1902.	9. Aufl.	,,	8 —	gebunden	9 50
III.	Apostelgesch., v. H. H. Wendt .	1913.	9. Aufl.	,,	8 —	gebunden ca.	9 40
IV.	Römerbrief, v. B. Weiss . . .	99.	9. Aufl.	,,	8 —	gebunden	9 50
V.	1. Korintherbrief, v. J. Weiß . .	10.	9. Aufl.	,,	9 —	gebunden	10 60
VI.	2. Korintherbrief, v. G. Heinrici .	1900.	8. Aufl.	,,	6 20	gebunden	7 70
VII.	Galaterbrief, v. F. Sieffert . .	99.	9. Aufl.	,,	5 —	gebunden	6 50
VIII/IX.	Gefangenschaftsbriefe v. E. Haupt	1902.	7. u. 8. Aufl.	,,	9 —	gebunden	10 50
	Daraus einzeln: Einleitung 1.60; Kolosser u. Philemon 3.—; Epheser 3.60; Philipper 2.80						
X.	Thessalonicherbr., v. E. v. Dobschütz	09.	7. Aufl.	Mk.	6 40	gebunden	8 —
XI.	Timotheus u. Titus, v. B. Weiss .	1902.	7. Aufl.	,,	5 80	gebunden	7 30
XII.	Briefe Petri u. Judae, v. R. Knopf	12.	7. Aufl.	,,	6 40	gebunden	8 —
XIII.	Hebräerbrief, v. B. Weiss . . .	97.	6. Aufl.	,,	5 40	gebunden	6 90
XIV.	Johannesbriefe, v. B. Weiss . .	1900.	6. Aufl.	,,	3 20	zusammen ⎱	8 10
XV.	Jacobusbrief, v. W. Beyschlag . .	98.	6. Aufl.	,,	3 40	gebunden ⎰	
XVI.	Offenbar. Johann., v. W. Bousset .	1906.	6. Aufl.	,,	8 —	gebunden	9 60

Für die ganze Laufbahn des Theologen **wertvollstes Werk**
bei einem im Verhältnis zum Umfange ganz ungewöhnlich niedrigen Preise.

CPSIA information can be obtained
at www.ICGtesting.com
Printed in the USA
BVHW041103150819
555975BV00017B/1504/P